淘宝、天猫、微店 实战一本通 开店、装修与推广

淘小二◎编著

人民邮电出版社
北京

图书在版编目（CIP）数据

淘宝、天猫、微店实战一本通 ：开店、装修与推广 / 淘小二编著. -- 北京 ：人民邮电出版社，2016.1
ISBN 978-7-115-41029-0

Ⅰ. ①淘… Ⅱ. ①淘… Ⅲ. ①电子商务－商业经营－基本知识 Ⅳ. ①F713.36

中国版本图书馆CIP数据核字(2015)第272014号

内 容 提 要

本书以作者多年的网店管理经验为基础，详细地介绍了淘宝、天猫和微店开店、经营过程中的操作方法，希望本书所介绍的这些实用、有效的操作，能帮助个人卖家、企业卖家顺利开通店铺、提升销量，经营好自己的淘品牌、微品牌。

本书分为3篇共13章，“淘宝开店”篇首先介绍了淘宝店铺申请流程、店铺基本设置、宝贝上架、卖出宝贝这些新手卖家首先要了解的问题，然后介绍了提升销量的技巧、换货与退货、进出账目管理、店铺装修、店铺宣传与推广等内容；“天猫创业”篇主要介绍天猫开店申请流程、天猫后台管理、天猫交易管理、天猫店铺装修、天猫营销与推广等内容；“微店”篇首先介绍了微信公众号的注册与使用，然后分别介绍了在“微盟”和“有赞”开通、管理微店的方法与技巧。

本书不仅适合刚接触网店的新手阅读，同时对于正在经营网店的个人卖家、企业卖家、兼职卖家也有很高的参考价值，亦可作为各大中专院校、培训机构的教材。

◆ 编　　著　淘小二
责任编辑　马雪伶
责任印制　杨林杰

◆ 人民邮电出版社出版发行　　北京市丰台区成寿寺路 11 号
邮编　100164　　电子邮件　315@ptpress.com.cn
网址　http://www.ptpress.com.cn
北京昌平百善印刷厂印刷

◆ 开本：787×1092　1/16
印张：28.75
字数：763 千字　　2016 年 1 月第 1 版
印数：1 – 2 500 册　　2016 年 1 月北京第 1 次印刷

定价：59.00 元

读者服务热线：(010) 81055410　印装质量热线：(010) 81055316
反盗版热线：(010) 81055315

作为一位在淘宝奋战多年的老卖家来说，有过痛苦，有过迷茫，有过想放弃的念头，但是最终因为坚持而收获了快乐，收获了自信，也收获了成功。写这本书，是希望给准备踏上或者已经踏上这条艰苦之路的朋友们一些实用的、有效的操作方法和经验。

本书包括哪些内容

本书围绕网店的开通、装修以及推广、经营而展开，图文并茂、内容全面，能有效地帮助个人卖家、企业卖家，尤其是新手卖家快速掌握如何开通并经营好淘宝店铺、天猫店铺及微店。

全书分为3篇共13章。

第1篇 淘宝开店

“淘宝开店”篇包括免费开店、卖出宝贝、店铺经营管理、店铺装修、店铺宣传与推广5章内容，全面、系统地介绍了淘宝店铺的开通、装修、推广、运营、管理等方面的方法与技巧。

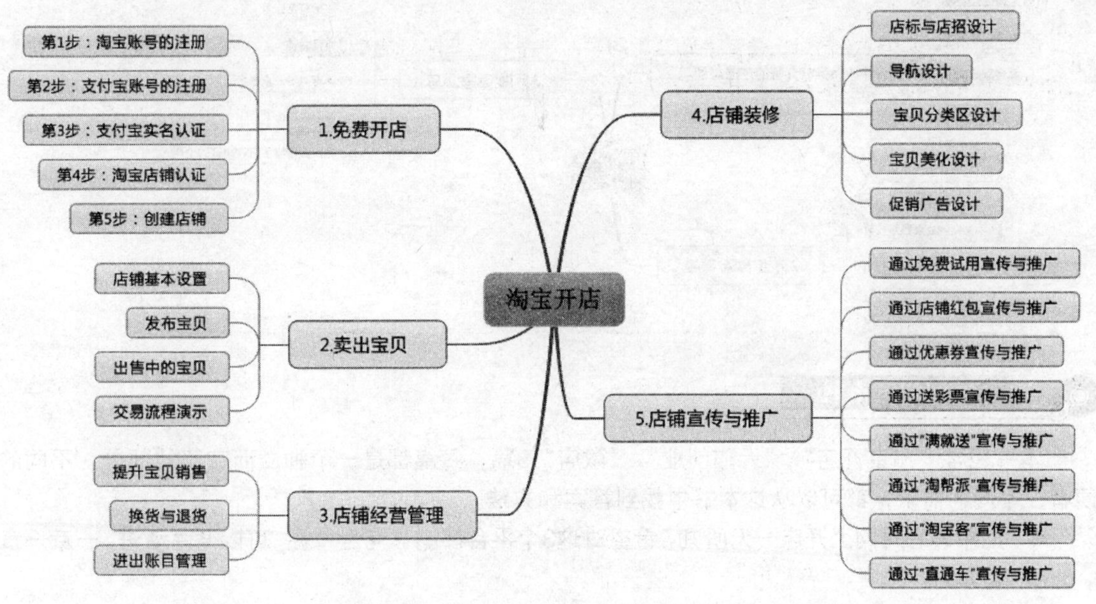

第2篇 天猫创业

“天猫创业”篇包括天猫开店准备与申请、天猫后台管理、天猫交易管理、天猫店铺装修、天猫营销与推广5章内容，详细地介绍了天猫开店的准备和申请、装修、管理与营销等方法。

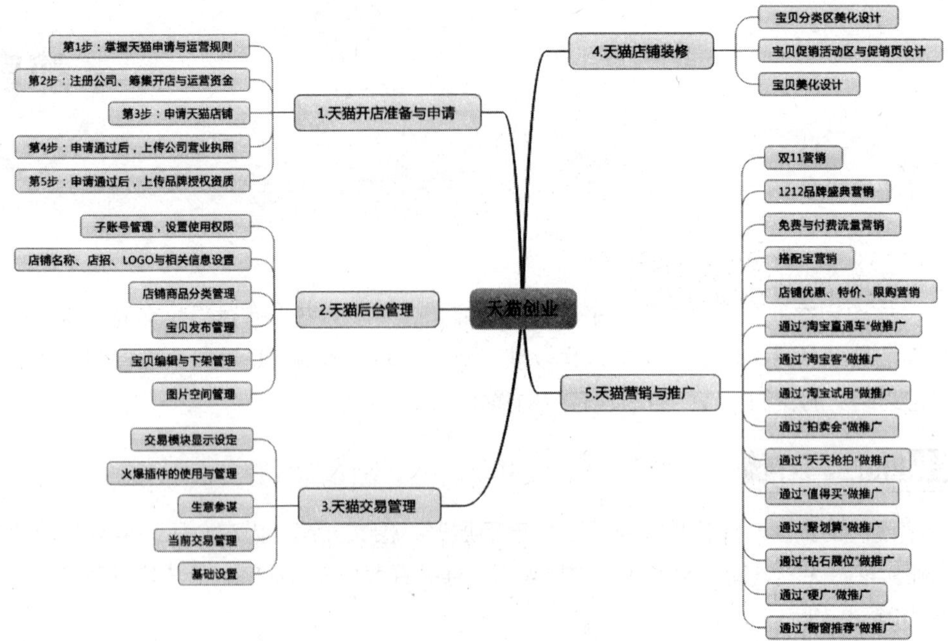

第3篇 微店

“微店”篇包括微信公众号的注册与使用、开通“微盟”微店、开通“有赞”微店3章内容，详细地介绍了在微信、微盟等热门平台上开店和运营的方法。

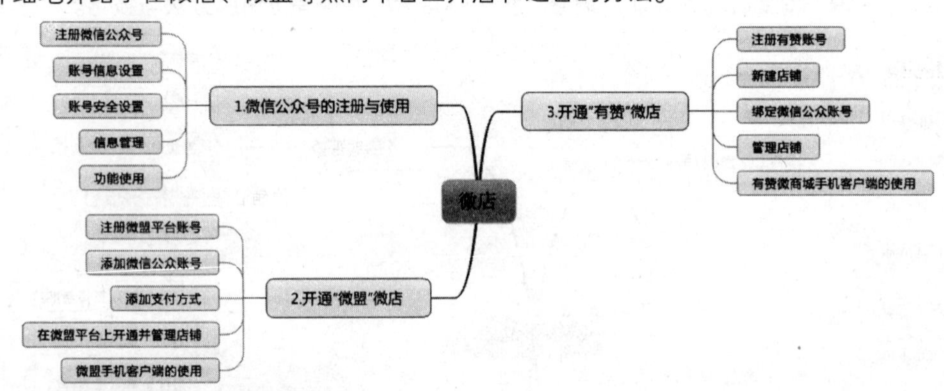

如何阅读本书

本书包含“淘宝开店”“天猫创业”“微店”3篇，每篇都是一个独立而完整的部分，不同的读者、不同的需求，都可以从这本书中找到答案和方法。

- 如果读者对网上开店一无所知，希望对这3个平台都能够完全掌握，可以循序渐进、一章一章地学习。
- 如果读者只是想在淘宝上开店，可以直接阅读“淘宝开店”篇。
- 如果读者拥有自己的注册公司，可以阅读“天猫创业”篇，因为天猫开店就是针对企业卖家的。
- 如果读者已经在淘宝或者天猫上拥有自己的店铺，希望通过其他平台扩展自己的业务范围，则可以直接阅读“微店”篇的内容。
- 每篇都有开店、装修、推广以及管理等内容，读者也可以根据自身的需求，直接阅读其中的相应章节。

由于作者水平有限，书中难免有疏漏和不足之处，恳请广大读者不吝批评指正。本书责任编辑的联系信箱：maxueling@ptpress.com.cn。

编　者

目录
Contents

第2篇 天猫创业

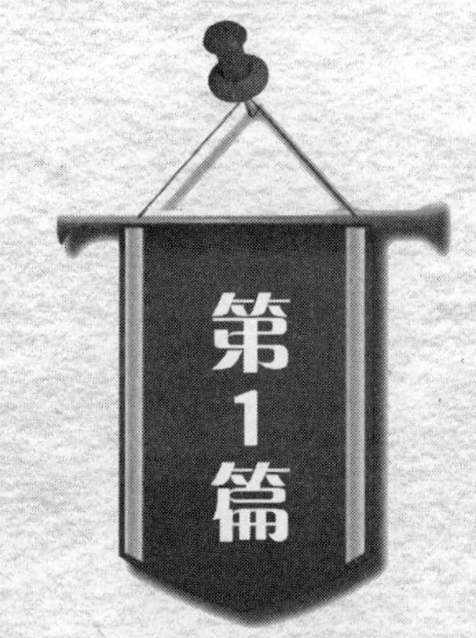

淘宝开店

在淘宝上开店虽然风险较小，但是如果想在激烈的市场竞争中站稳脚跟，掌握淘宝开店、运营、推广的相关技能是非常有必要的。本篇为新手卖家介绍了实用、专业的开店实操内容，希望能帮助新手卖家少走弯路。

第1章　免费开店

作为目前国内最大的电子商务平台之一，淘宝网绝对是简单快捷而又行之有效的网上开店场所。它既不需要用户懂得复杂的网站制作技术，自身又有得天独厚的用户流量。

那么究竟如何在淘宝网上开店呢？通过图1–1所示的淘宝开店流程图，可以大致了解其主要步骤。

图1–1

1.1　第1步：淘宝账号的注册

要想在淘宝网上开店，首先要拥有自己的淘宝账户。用户可以通过邮箱或手机号码两种方式申请与激活淘宝账户。

1.1.1　通过邮箱申请注册

下面介绍第1种淘宝账号的注册方法——通过邮箱申请注册。

01 在浏览器中输入www.taobao.com进入淘宝网主页，在右侧单击“免费注册”按钮（如图1–2所示），进入注册页面。

图1–2

02 在“1 填写账户信息”下，输入会员名、登录密码、确认密码及验证码，如图1–3所示。

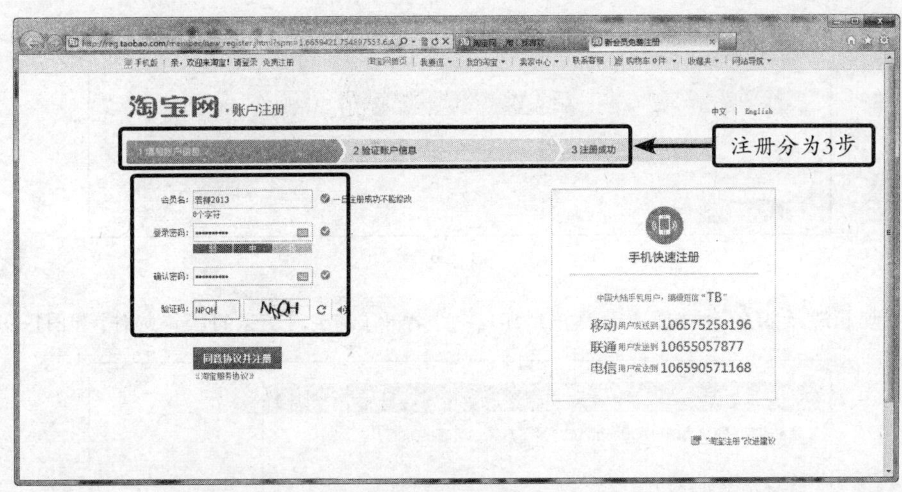

图1-3

注 意

有特色的名字更能加深买家的印象，所以会员名称很重要。尽量不使用超长的英文名或者没有意义的一串数字，使用有意义、便于记忆的中文名称有更好的效果。

03 输入完成后，单击“同意协议并注册”按钮，在打开的页面中单击左下方的“使用邮箱验证”链接，如图1-4所示。

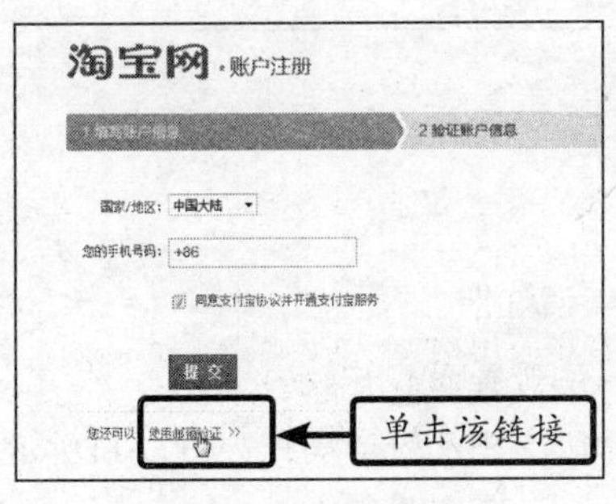

图1-4

04 在打开的页面中的“您的电子邮箱”文本框中输入常用的邮箱地址，单击“提交”按钮，如图1-5所示。

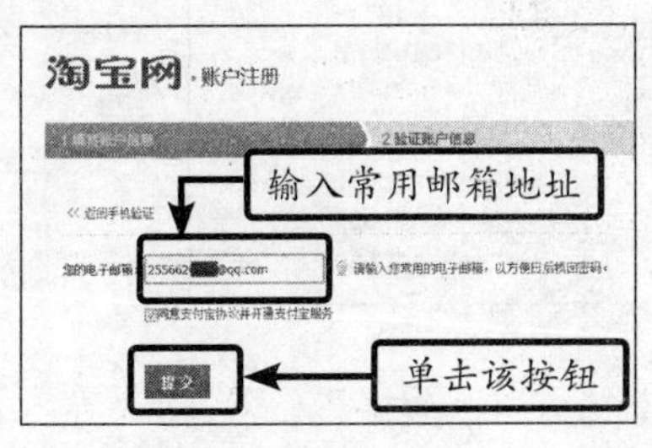

图1-5

05 弹出“手机验证”对话框，在“您的手机号码：”文本框中输入接收验证码的手机号码，如图1-6所示。

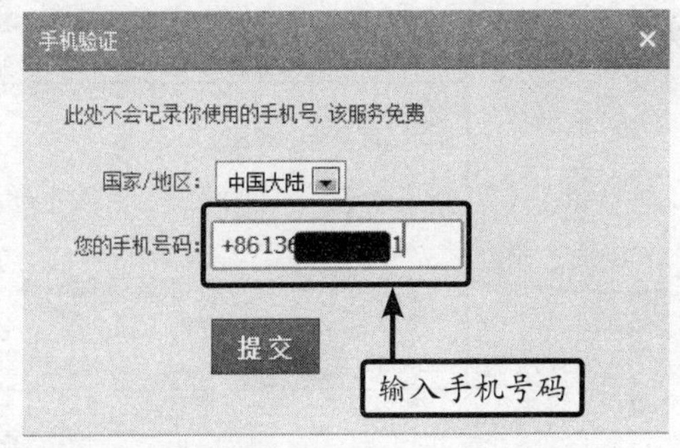

图1-6

06 单击“提交”按钮，手机会收到淘宝网发过来的验证码，在新打开的对话框中输入该验证码，如图1-7所示。

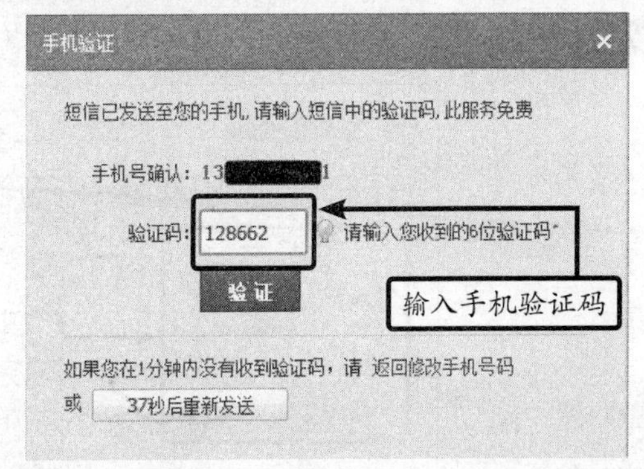

图1-7

07 单击“验证”按钮，进入“2 验证账户信息”页面，如图1-8所示。

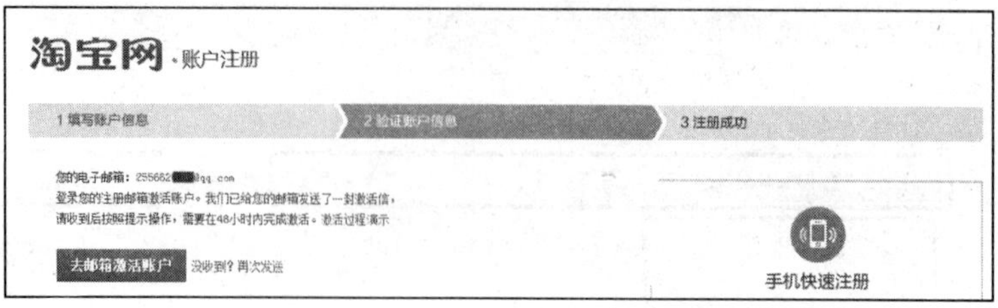

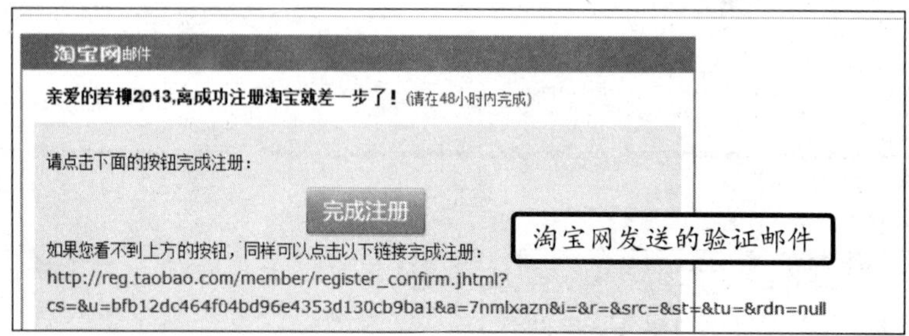

图1-8

08 单击“去邮箱激活账户”按钮，页面跳转到邮箱中并打开了淘宝网发送的验证邮件，如图1-9所示。

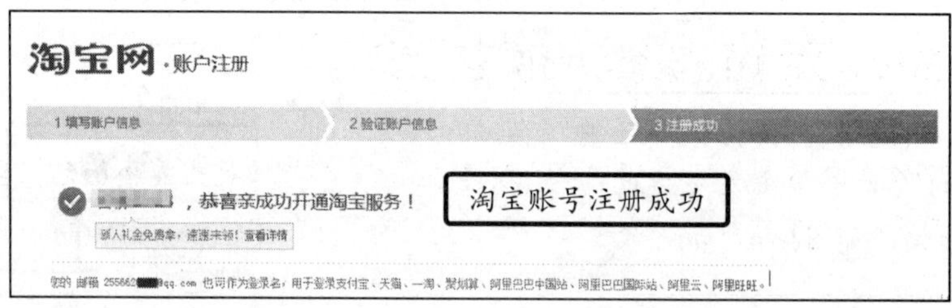

图1-9

09 单击“完成注册”按钮，即可完成淘宝账号的注册，如图1-10所示。

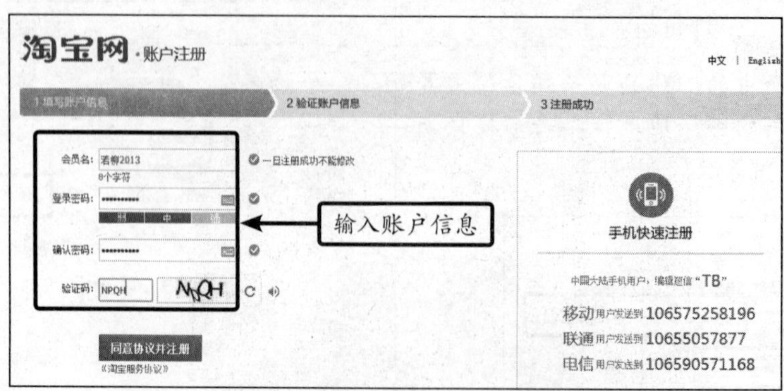

图1-10

1.1.2 通过手机申请注册

接下来介绍另一种淘宝账号的注册方法——通过手机申请注册。

01 进入淘宝网主页，在右侧单击“免费注册”按钮，进入注册页面。

02 在“1 填写账户信息”下，输入会员名、登录密码、确认密码及验证码，如图1-11所示。

图1-11

03 输入完成后，单击“同意协议并注册”按钮，在打开的页面中输入手机号码，如图1-12所示。

04 单击“提交”按钮，输入的手机号码会收到淘宝网发来的验证码。用户在打开的页面中输入该手机校验码，如图1-13所示。

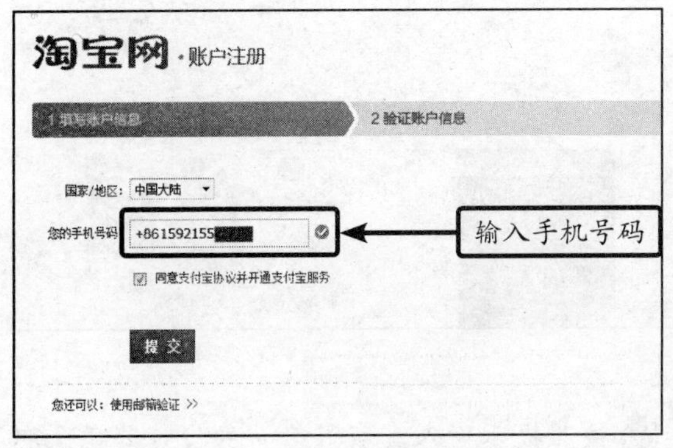

图1-12

小提示

这里输入的手机号码最好是用户正在使用的手机号码，因为接下来用户会收到淘宝端发来的验证码，并且以后在使用本淘宝账户时接收的相关信息都将发送至该绑定手机号码中。

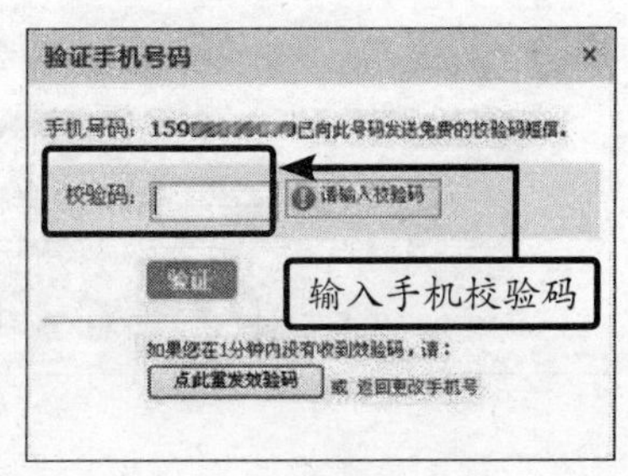

图1-13

05 单击“验证”按钮，即可完成淘宝账号的注册。

1.2 第2步：支付宝账号的注册

支付宝是阿里巴巴集团的关联公司，用于连接买方与卖方。买家先将货款打到支付宝账户由其代为保存，待买家收到商品并确认收货后，支付宝则会将货款转给卖家，至此完成一笔网络交易。可以说支付宝是淘宝网公司为了解决网络交易安全所设的“第三方担保交易模式”，是一种简单、安全、快速的在线支付平台。

注册淘宝账号之后，即可直接绑定一个支付宝账户。用户首先需要对其进行密保设置及银行卡的绑定。

01 登录淘宝网后，在页面顶部单击“我的淘宝”链接（如图1-14所示），进入“我的淘宝”页面。

图1-14

02 在页面的上方单击“我的支付宝”链接（如图1-15所示），进入支付宝页面。

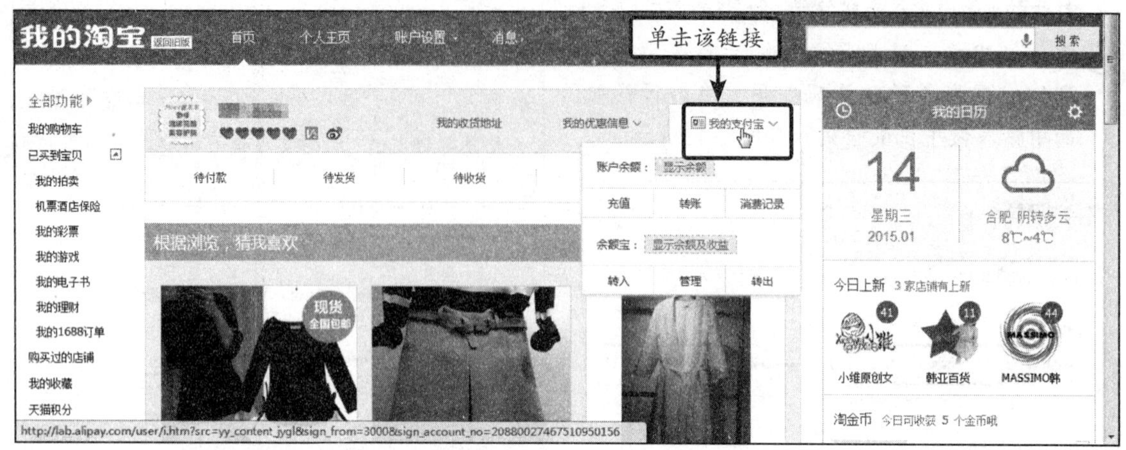

图1-15

03 在打开的页面中可以看到账户名为之前注册淘宝账户时所使用的邮箱，设置支付密码，如图1-16所示。

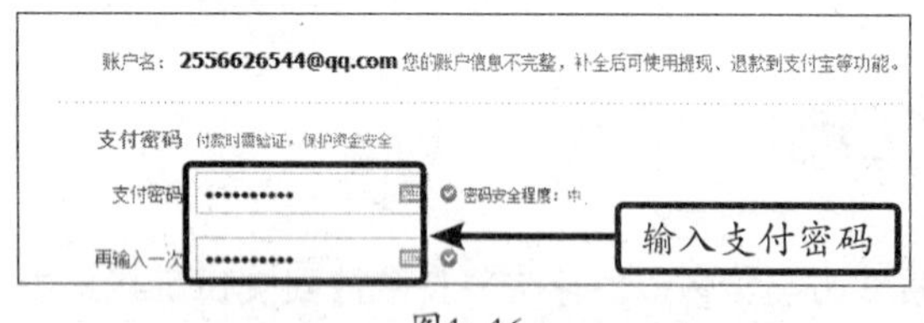

图1-16

04 单击“安全保护问题”后的下拉按钮，选择一个问题，在其下方的“安全保护答案”文本框中输入答案，如图1-17所示。

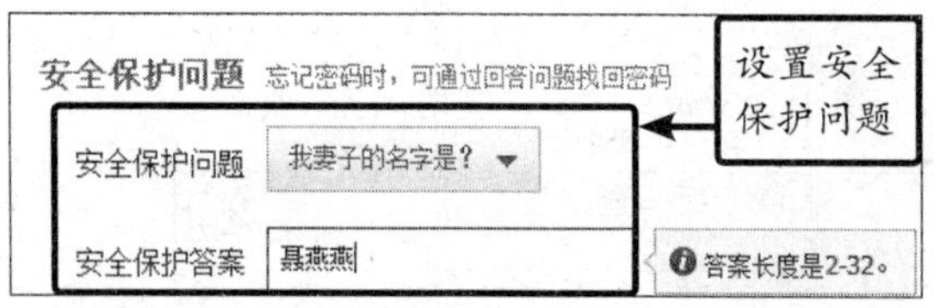

图1-17

05 按照提示输入真实姓名、身份证号码、职业、常用地址等信息，如图1-18所示。

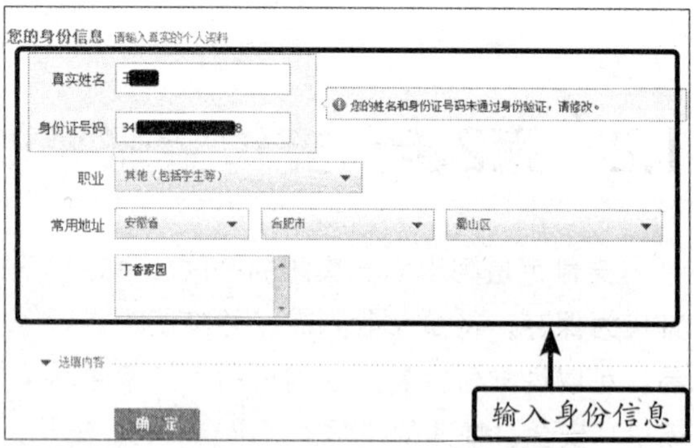

图1-18

06 单击“确定”按钮，在打开的页面中单击“立即开通”按钮，进入“快捷支付”窗口，选择银行卡发卡行和银行卡类型（必须是已开通网银的银行卡），如图1-19所示。

图1-19

07 单击“下一步”按钮，在打开的页面中输入姓名、证件、储蓄卡卡号、手机号码等信息；在“校验码”文本框后单击“免费获取”按钮，然后输入从手机中获取的校验码，如图1-20所示。

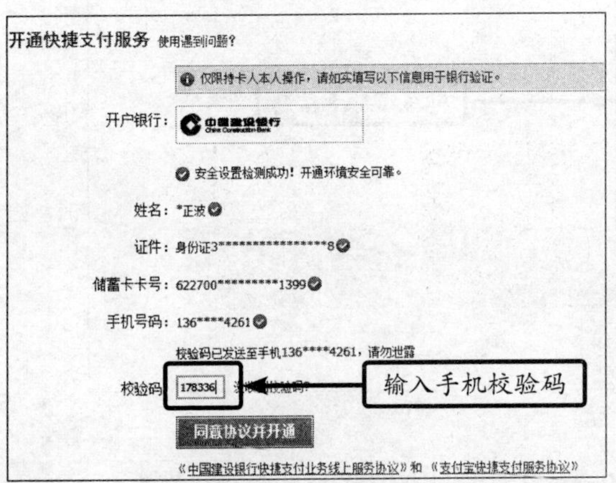

图1-20

08 单击“同意协议并开通”按钮，即可成功开通支付宝，如图1-21所示。

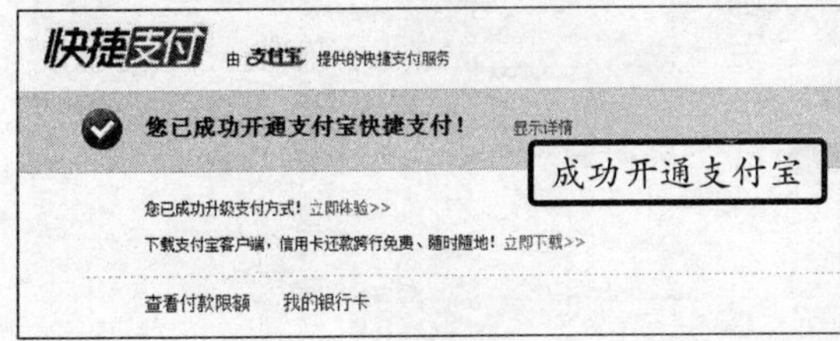

图1-21

1.3 第3步：支付宝实名认证

支付宝实名认证是针对支付宝账户提供的一项身份识别及银行账户核实的服务。其目的在于可以在一定程度上规避信用风险，保证买卖双方的资金安全。

01 在“我的淘宝”页面中单击“我的支付宝”链接，进入支付宝页面。在“我的支付宝”选项卡下单击“实名认证”链接（如图1-22所示），打开“支付宝实名认证”页面。

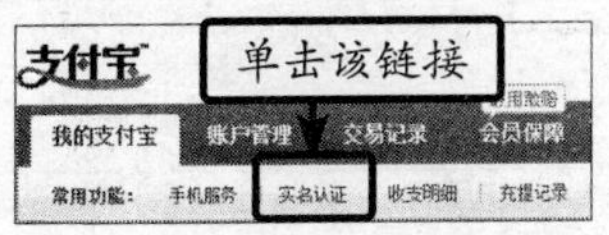

图1-22

02 阅读完《支付宝实名认证服务协议》，选中我已阅读并同意《支付宝实名认证服务协议》”前的复选框，单击“立即申请”按钮（如图1-23所示），进入支付宝实名认证方式的选择页面。

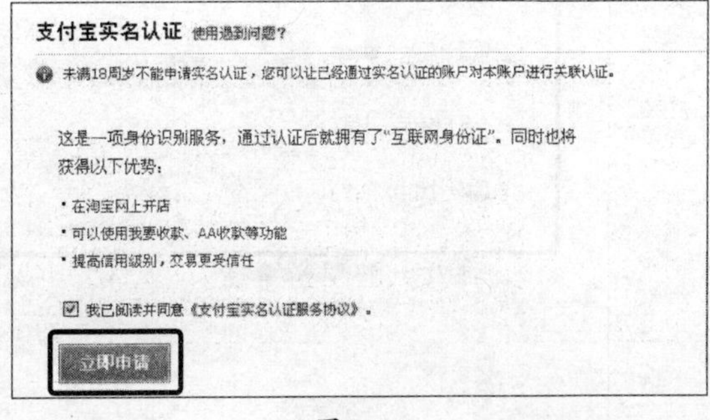

图1-23

03 单击“普通认证”方式下的“立即申请”按钮（如图1-24所示），进入支付宝实名认证页面。

图1-24

04 在页面中输入真实姓名、身份证号码、联系方式及校验码，如图1-25所示。

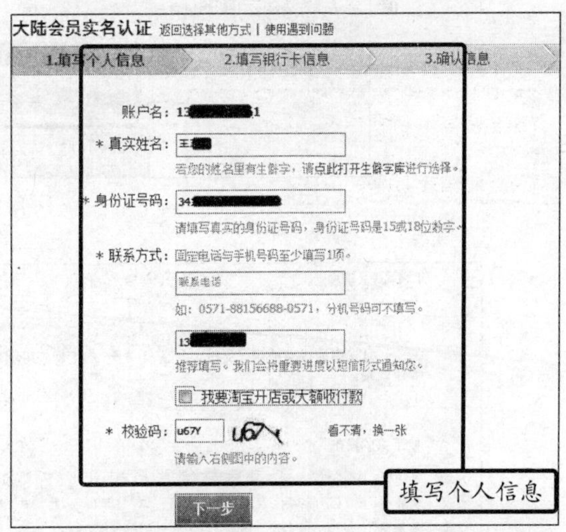

图1-25

05 单击“下一步”按钮，选择绑定银行并填写银行卡号等信息，如图1-26所示。

06 单击“下一步”按钮，弹出“请确认个人信息”的提示，如图1-27所示。

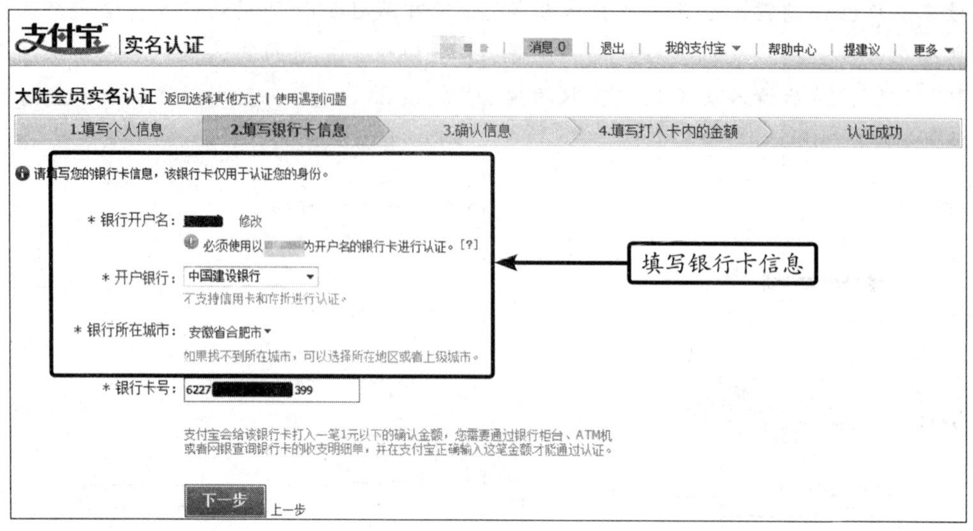

图1-26

07 单击“确认信息并提交”按钮，此时页面会显示“认证申请提交成功，支付宝会在1~2天内向您的×××银行卡汇入一笔小于1块钱的款项。”的提示，如图1-28所示（该款项用于后面的验证）。

请确认个人信息：	
真实姓名：	
身份证号码：	341 8
联系方式：	手机号码：13 1
请确认银行卡信息：	
开户姓名：	
开户银行：	中国建设银行
银行所在城市：	安徽省 合肥市
银行卡号：	622 9
	返回修改
确认信息并提交	

图1-27

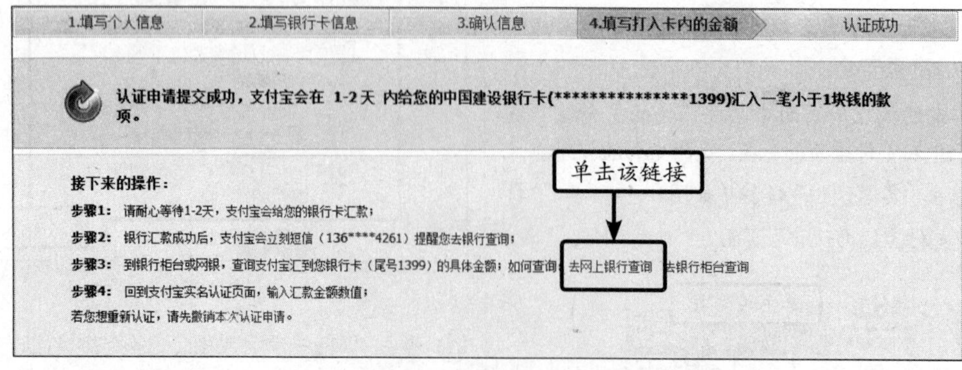

图1-28

08 单击“去网上银行查询”链接，进入网银登录界面，输入证件号码、密码和附加码，进入个人网上银行页面。单击“明细”按钮，查看支付宝所汇的金额，如图1-29所示。

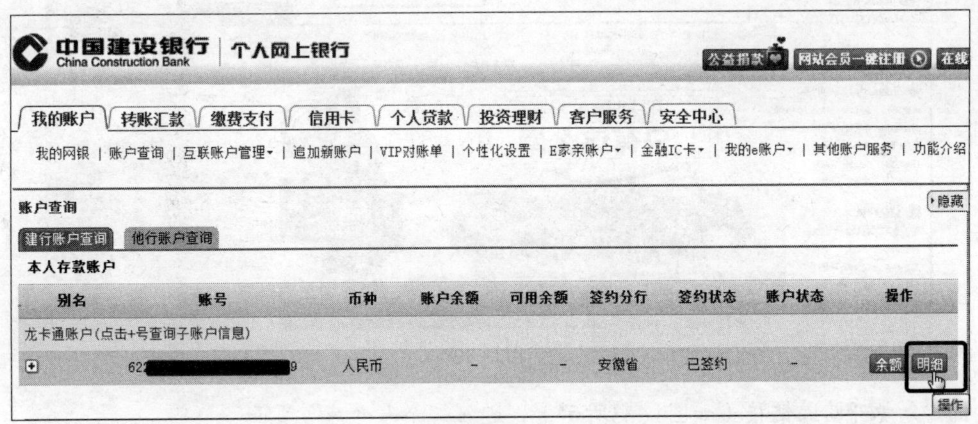

图1-29

09 返回支付宝实名认证页面，在“银行卡收到的金额”文本框中输入金额的数值，如图1-30所示。

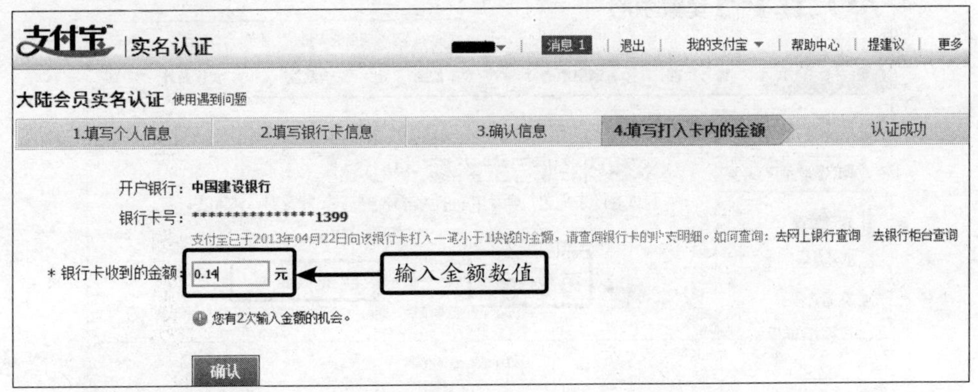

图1-30

10 单击“确认”按钮，即可完成实名认证，如图1-31所示。

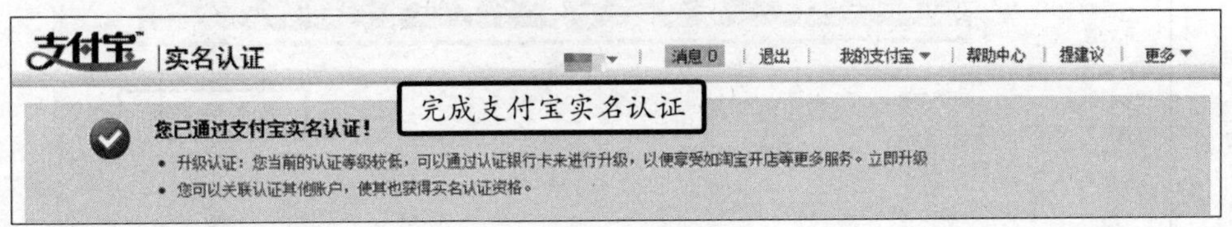

图1-31

1.4 第4步：淘宝店铺认证

淘宝店铺认证是专门针对卖家提供的一项身份识别服务。该认证需要卖家提供真实的个人信息，以便在赢得买家信任的同时，避免不必要的交易纠纷和麻烦。

01 登录淘宝后，在页面顶部单击“卖家中心”链接（如图1-32所示），进入淘宝网卖家中心。

图1-32

02 单击“免费开店”链接（如图1-33所示），进入“个人开店”页面。

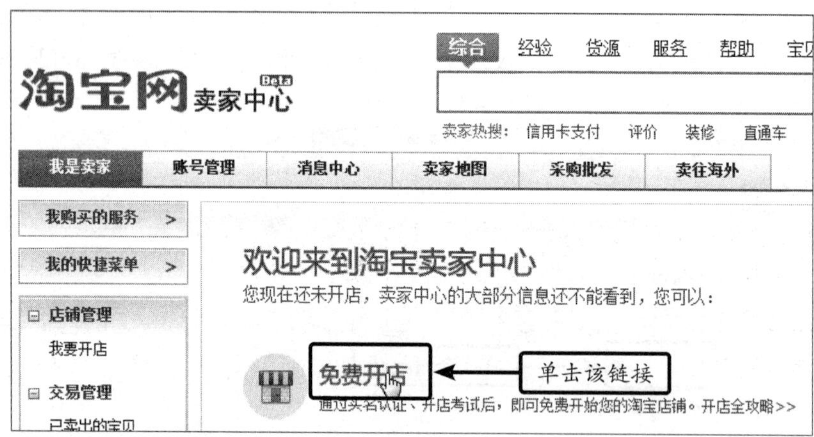

图1-33

03 单击“立即认证”链接（如图1-34所示），进入“开店认证”页面。

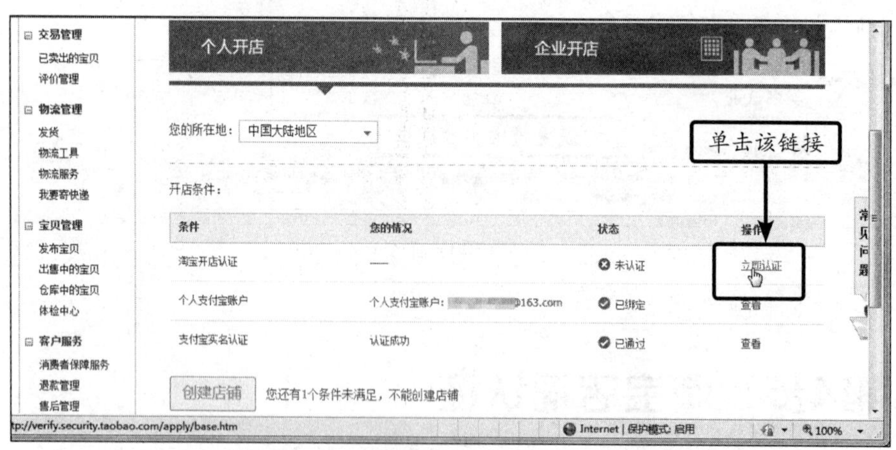

图1-34

注 意

在图1-34中可以看到在淘宝网开店有3个条件，必须同时满足才能创建店铺。

04 按照提示填写本人真实的资料，并上传身份证的正反面图片、半身照以及手持身份证的半身照等，如图1-35所示。

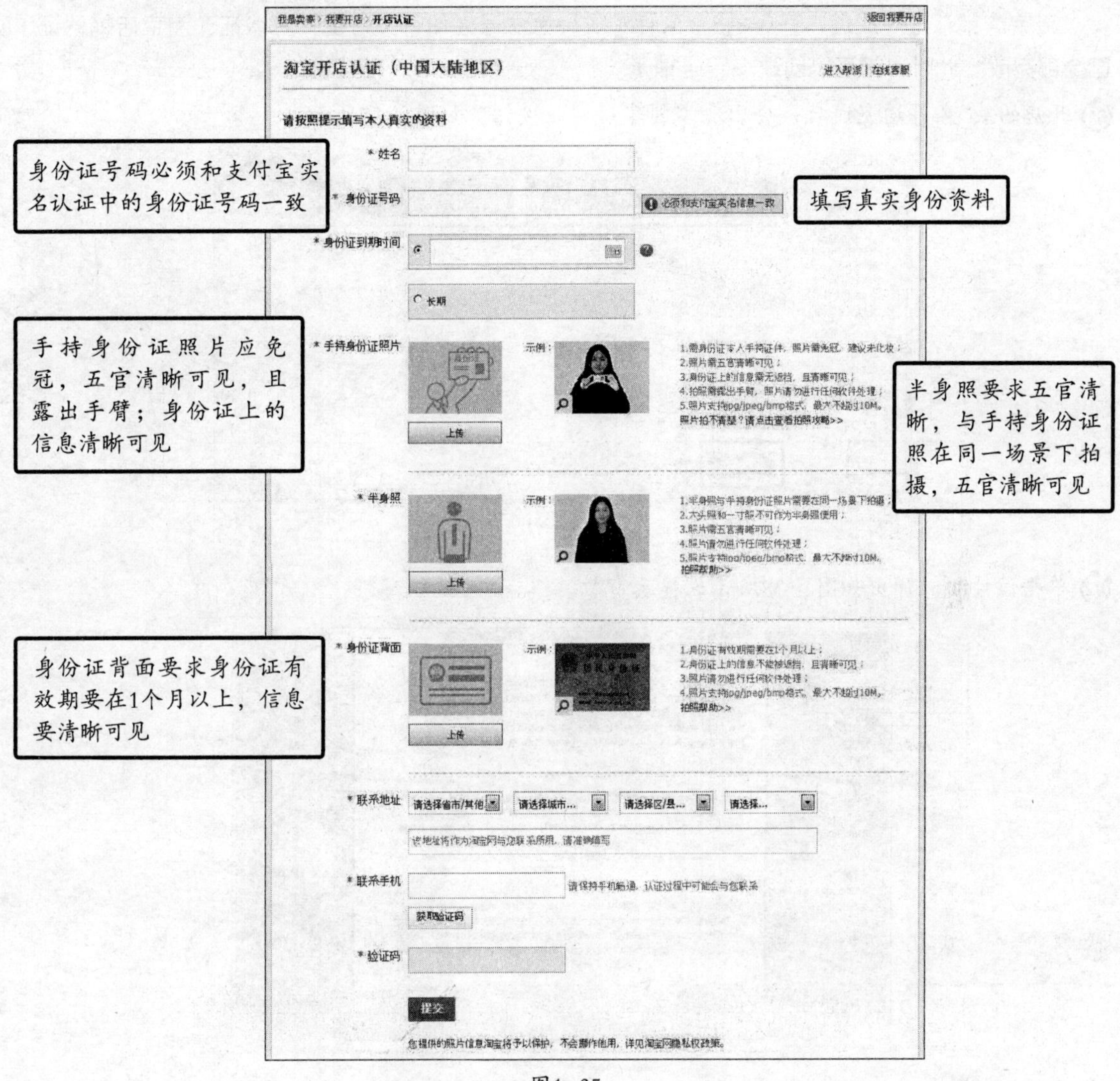

图1-35

05 单击“提交”按钮，弹出“您的证件正在人工审核中”的提示信息，如图1-36所示。

升级认证 - 进度查询

1.提交申请 2.等待人工审核证件 3.完成认证升级

您的证件正在人工审核中！

我们会尽快审核，预计最晚在 2013-05-29 00:00 前完成！请耐心等待

您的身份信息

认证渠道：支付宝个人实名认证

认证通过日期：2009 年

姓名：

18位身份证号：3****************5

身份证有效期：

等待人工审核证件

图1-36

06 审核完成后，即可完成淘宝店铺认证。

1.5 第5步：创建店铺

淘宝店铺认证完成后，开店的3个条件（支付宝账号注册、支付宝实名认证、淘宝店铺认证）已全部完成。此时，就可以创建淘宝店铺了。

01 开店的3个条件均完成后，会出现“创建店铺”按钮，如图1-37所示。

图1-37

02 单击该按钮，弹出如图1-38所示的提示窗口。

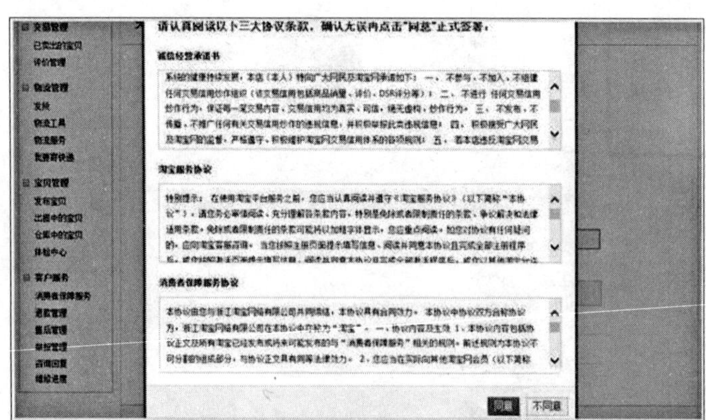

图1-38

03 阅读完3大协议条款后，单击“同意”按钮，即可成功创建店铺，如图1-39所示。

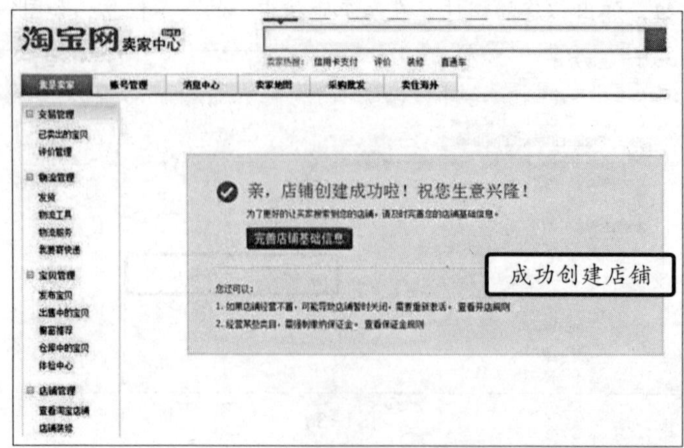

图1-39

1.6 玩转微淘

微淘，是淘宝手机客户端分支的一项功能，其核心是回归以买家为中心的淘宝。每一个移动用户都可以通过微淘关注自己喜欢的商品、感兴趣的领域，从而获得方便快捷的手机购物服务。

那么，到底如何使用微淘呢？下面详细介绍微淘的几个主要功能。

1. 账号设置

开通淘宝店铺的卖家，系统都已自动开通了微淘。微淘的名称统一显示为店铺名称，如店铺名称修改，则微淘名称将同步修改。不过，用户可以对账号的简介和店铺的标志等进行单独设置。

01 登录淘宝网，在浏览器中输入http://we.taobao.com/，进入微淘页面。

02 在页面左侧栏中单击“账号设置”标签后的下拉按钮，在下拉菜单中选择“用户设置”命令（如图1-40所示），进入“基本设置”页面。

图1-40

03 此时可以对账号的简介及店铺的标志等进行设置，如图1-41所示。设置完成后，单击“保存”按钮。

图1-41

04 在页面左侧栏中“账号设置”标签的下拉菜单中选择“二维码设置”命令，进入“码上淘”

页面，如图1-42所示。

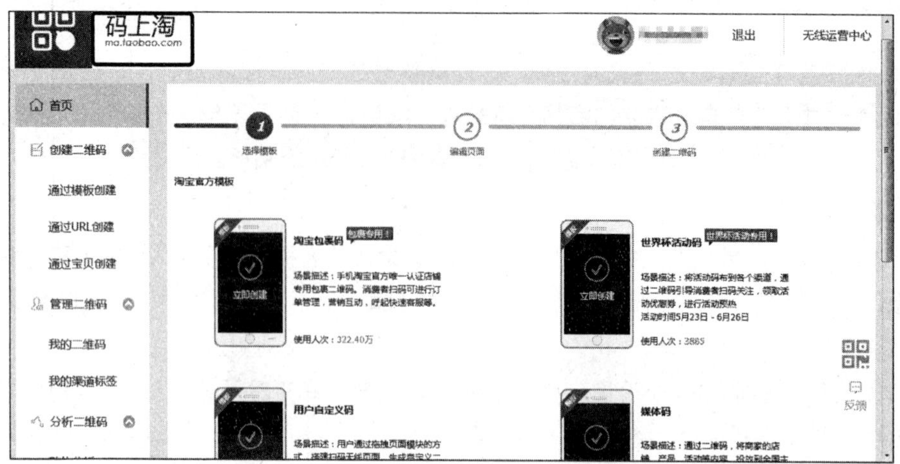

图1-42

05 在页面左侧栏中单击“通过宝贝创建”标签，进入二维码创建页面，如图1-43所示。

图1-43

06 在页面上方的宝贝列表中选择要创建二维码的宝贝，然后单击下方的“新增渠道”按钮，添加多个推广渠道，如图1-44所示。

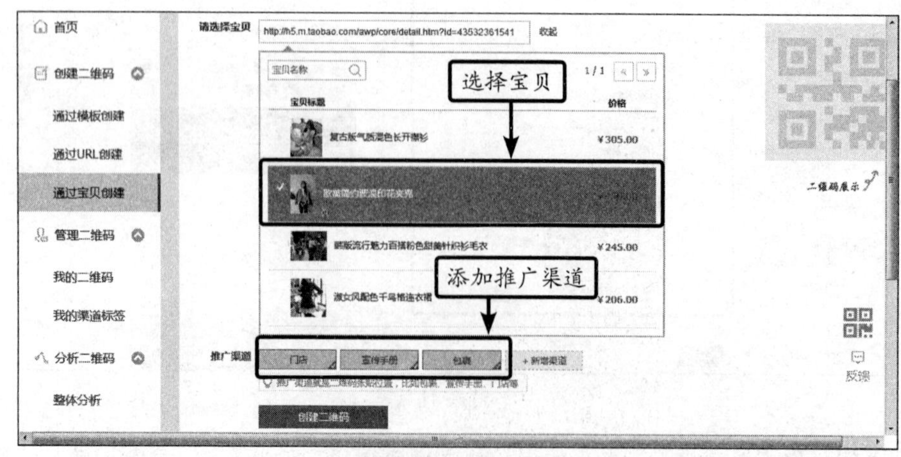

图1-44

07 单击“创建二维码”按钮，即可完成二维码的创建，如图1-45所示。有了二维码之后，他人只要用手机扫一下即可访问你店铺里的商品了。

图1-45

2. 发送广播

广播是账号推送给用户（即卖家展示给买家）的一种消息形式，由文字、图片、商品组成。调查显示微淘用户访问的高峰时段为：0点～1点、8点～10点、13点～14点、16点～17点、18点30～19点30、22点～23点。在这几个时间段发布宝贝，看的人是最多的，成交转化率也最高。

发送广播的具体操作步骤如下。

01 进入微淘页面，在其左侧栏中单击“广播管理”标签后的下拉按钮，在其下拉菜单中选择“新建图文广播”命令（如图1-46所示），进入发送广播页面。

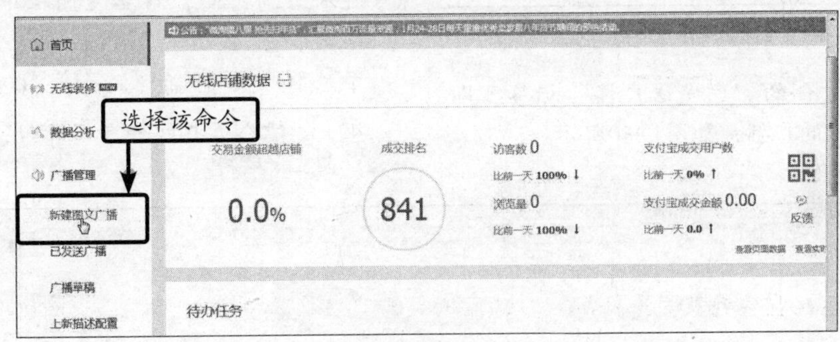

图1-46

02 在“标题内容”文本框中输入标题，并添加封面图、宝贝图和页面链接，如图1-47所示。

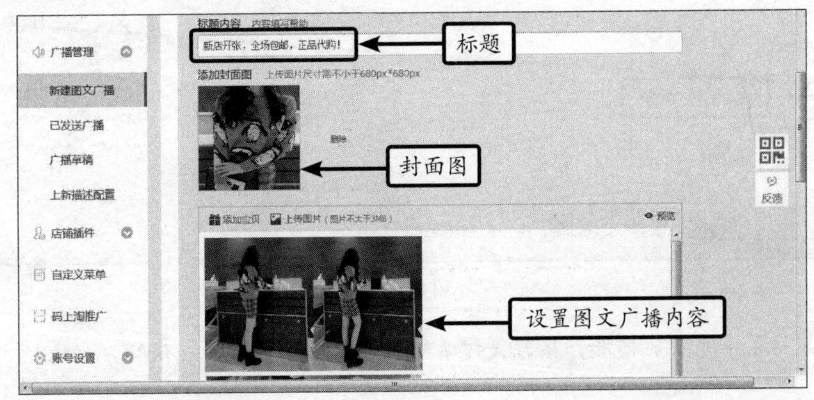

图1-47

03 单击“发送”按钮，弹出如图1-48所示的提示信息窗口。

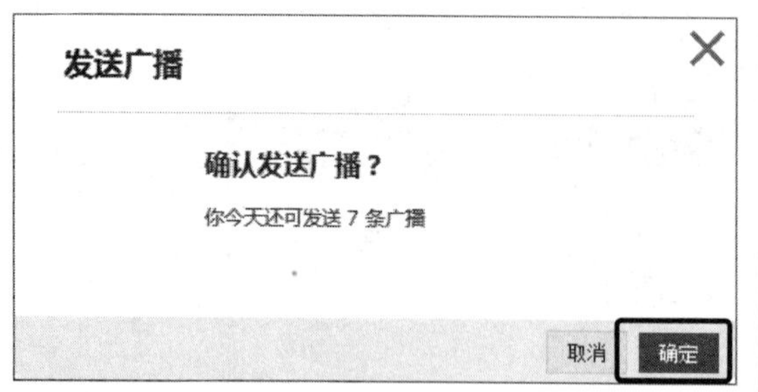

图1-48

04 单击“确定”按钮，即可完成广播的发送，如图1-49所示。

图1-49

05 此时单击左侧的“已发送广播”标签，即可看到发送的广播，如图1-50所示。

图1-50

小提示

用手机扫描图1-49中右下角的二维码，也可以在手机上查看到发布的广播。

3. 微淘插件

“微淘插件”用于为卖家提供一些实用的插件功能，如“专享价”“抽奖”“买家秀”“天天特价”等，具体添加方法如下。

01 进入微淘页面，在其左侧栏中单击“店铺插件”标签后的下拉按钮，在下拉菜单中选择“我的插件”命令（如图1-51所示），进入“我的插件”页面。

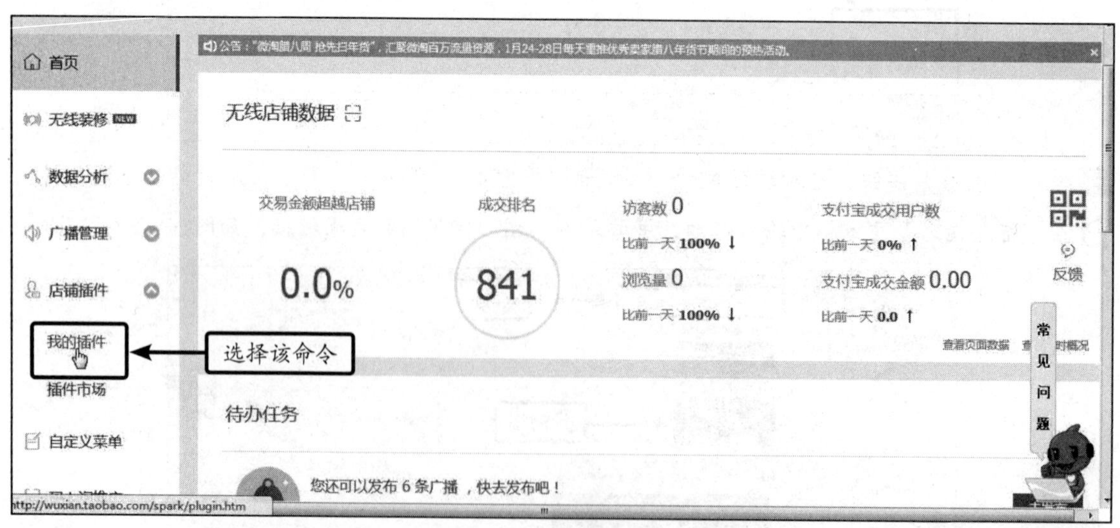

图1-51

02 在页面中显示了多个功能插件，在需要开通的插件后单击“开通”按钮，如图1-52所示。

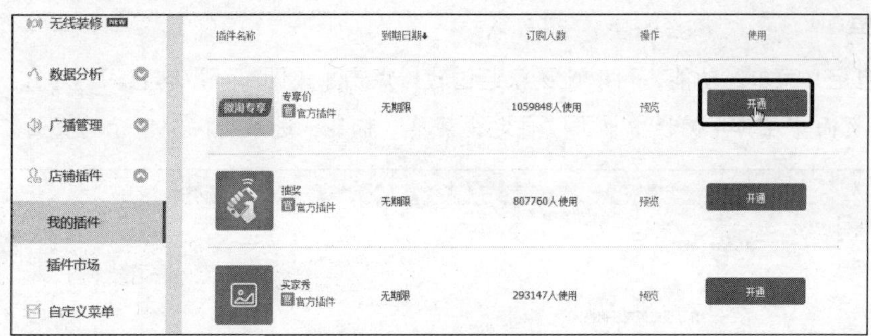

图1-52

03 在弹出的窗口中选中“已阅读并同意《微淘插件协议》”复选框，如图1-53所示。

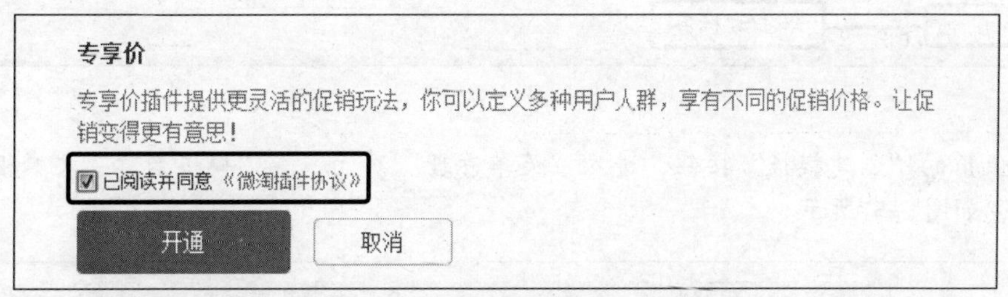

图1-53

04 单击“开通”按钮，即可开通该插件，此时按钮名称变为“进入”，如图1-54所示。

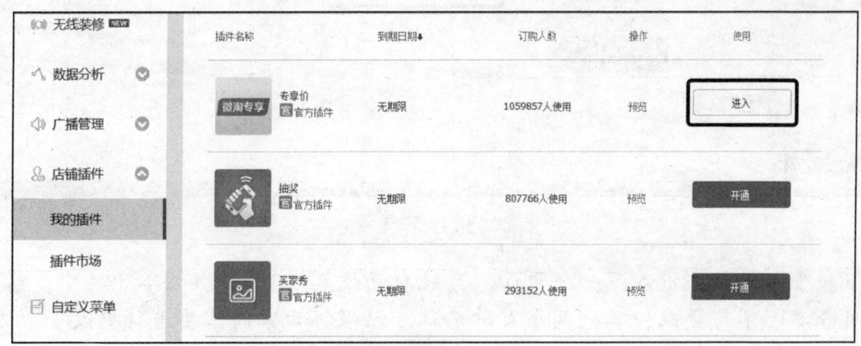

图1-54

05 单击“进入”按钮，进入该插件的功能页面（如图1-55所示），即可利用该插件进行相关活动的创建。

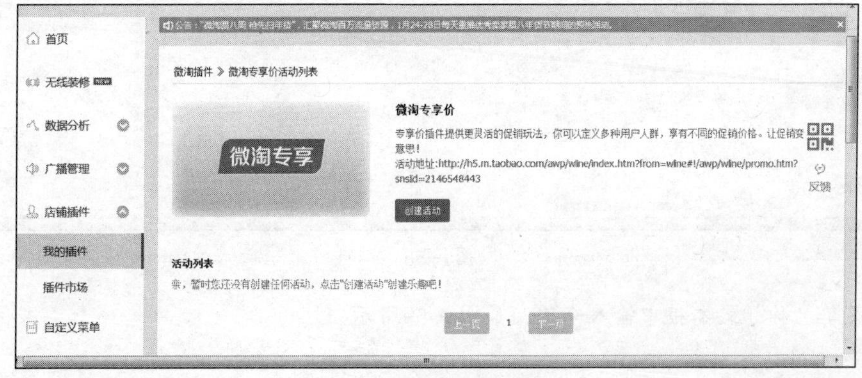

图1-55

4. 自定义菜单

利用“自定义菜单”功能，可以让买家通过轻松点击菜单即可获取内容。

01 进入微淘页面，在其左侧栏中单击“自定义菜单”标签，进入图1-56所示的页面。

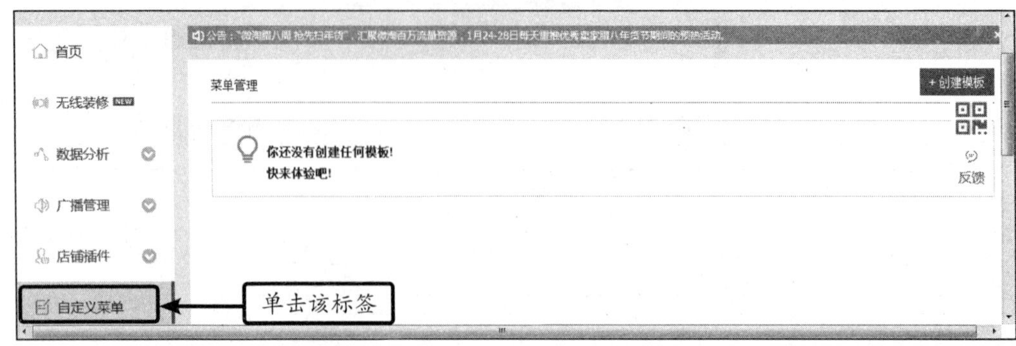

图1-56

02 单击右上角的“创建模板”按钮，进入“菜单管理”页面，在“模板名称”文本框中输入模板名称，如图1-57所示。

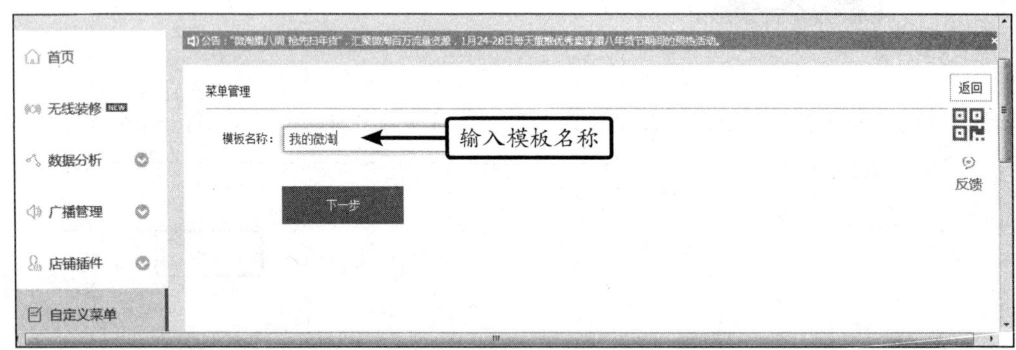

图1-57

03 单击“下一步”按钮，进入下一个页面。系统自动设置了3个一级菜单（其中，第1个菜单名称“宝贝分类”不可更改，其他两个菜单名称可以根据卖家的需要进行更改）。先在“宝贝分类”菜单下单击“添加子菜单”按钮（如图1-58所示），弹出“编辑菜单”窗口。

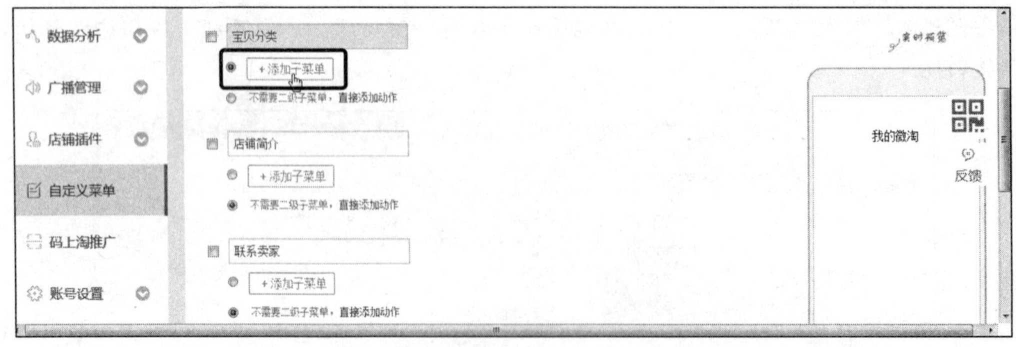

图1-58

04 在“子菜单名称”文本框中输入名称，如图1-59所示。

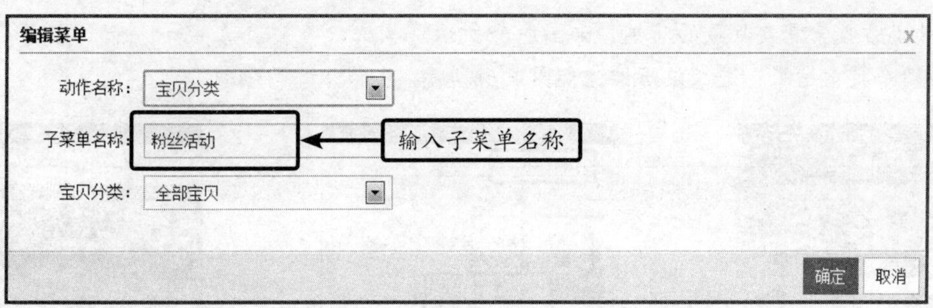

图1-59

05 单击“确定”按钮，返回上一级页面。按照同样的方法继续添加另外两个一级菜单。完成之后选中至少两个一级菜单的复选框，如图1-60所示。

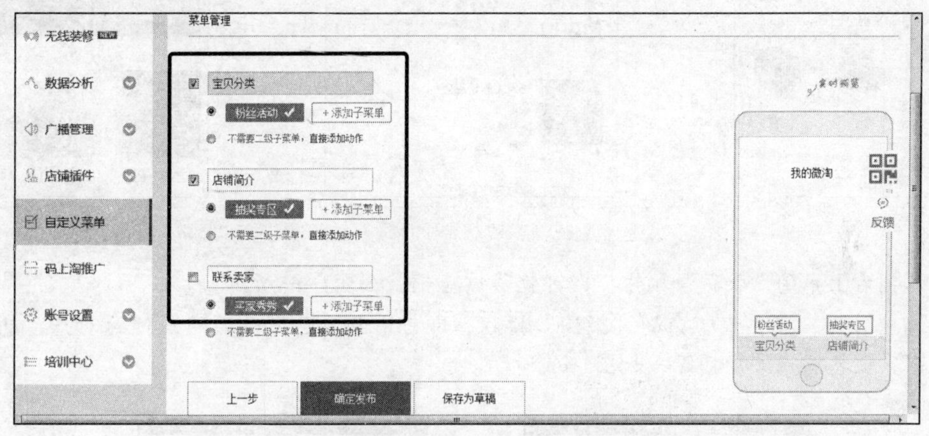

图1-60

06 单击“确定发布”按钮，即可完成自定义菜单的操作，如图1-61所示。

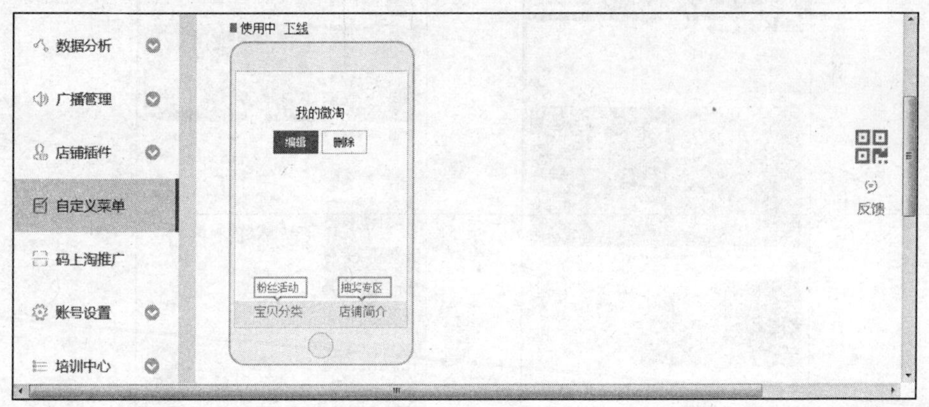

图1-61

5. 买家通过微淘关注店铺

买家可以通过微淘关注自己喜欢的店铺，随时随地收看该店铺的广播动态，随心所欲查看并购买喜欢的宝贝。

01 买家想要关注自己喜欢的店铺的微淘，先要收藏店铺：启动淘宝手机客户端，进入淘宝首页，如图1-62所示。

02 在页面上方搜索需要收藏的店铺，如图1-63所示。

03 点击第1个搜索结果，进入该店铺，如图1-64所示。

图1-62

图1-63

图1-64

04 点击店铺右上角的“收藏”按钮，即可收藏该店铺，如图1-65所示。

05 返回淘宝首页，点击左下角的“微淘”按钮，即可看到自己所收藏的店铺的动态，包括店铺的上新、优惠及微淘广播等，如图1-66所示。

图1-65

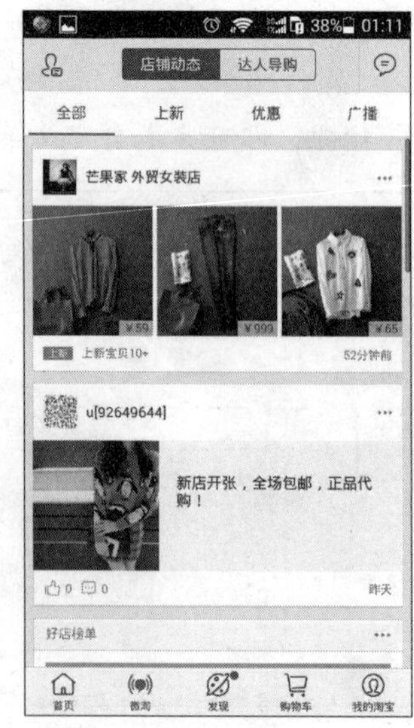
图1-66

小提示

买家还可以通过电脑直接收藏喜欢的店铺，或者在淘宝手机首页左上角点击“扫一扫”按钮，通过扫描店铺的二维码进行收藏。

第2章　卖出宝贝

2.1　店铺基本设置

创建好店铺之后，接下来要做的就是进行店铺的基本设置，完成网上开店的前期工作。

2.1.1　店铺名称、店标

店铺的基本设置包括店铺名称、标志、类目、简介等信息，具体操作步骤如下。

01 登录淘宝网，在页面右上角单击“卖家中心”链接，进入淘宝网卖家中心页面。

02 在页面左侧的“店铺管理”栏下单击“店铺基本设置”链接（如图2-1所示），进入“店铺基本设置”页面。

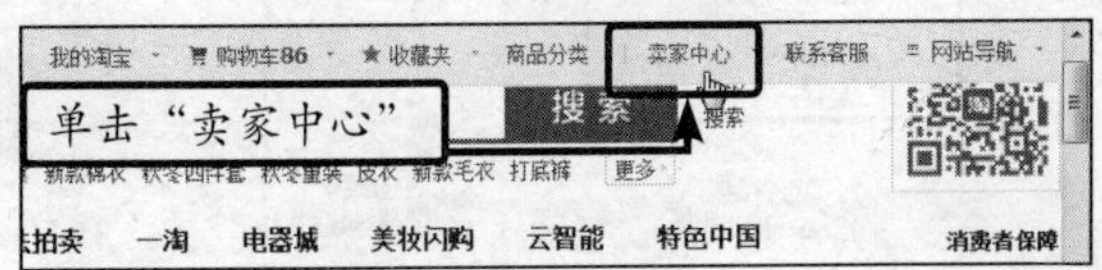

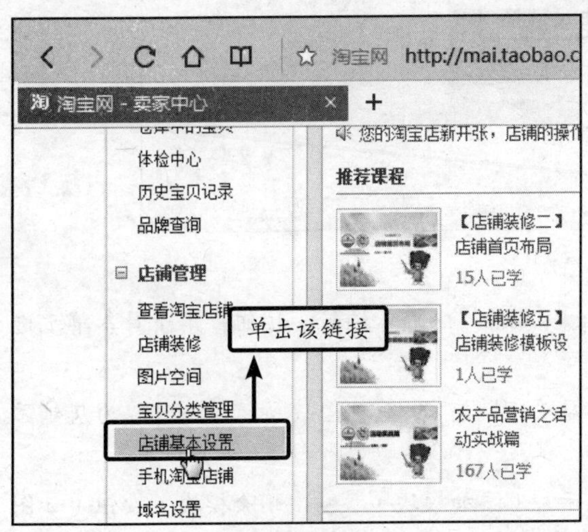

图2-1

03 根据提示填写并设置店铺名称、店标等基本信息，如图2-2所示。

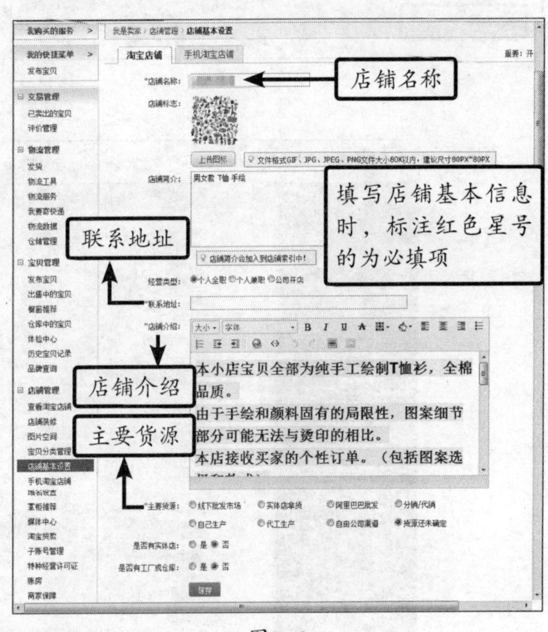

图2-2

04 填写并设置完成后，单击“保存”按钮即可。

至此店铺的基本设置工作即完成了，卖家可以单击页面左侧“店铺管理”栏下的“查看淘宝店铺”链接，查看设置后的页面效果。卖家如果不需要设置店铺布局也可按照2.2节所讲的步骤发布宝贝。

2.1.2　店铺布局与样式

店铺的布局与样式，决定了店铺首页的版块分配及店铺的整体风格，是店铺设置过程中的基础操作。

1. 店铺布局设置

01 登录淘宝网，进入“卖家中心”页面，在页面左侧的“店铺管理”栏下单击“店铺装修”链接（如图2-3所示），进入店铺装修页面。

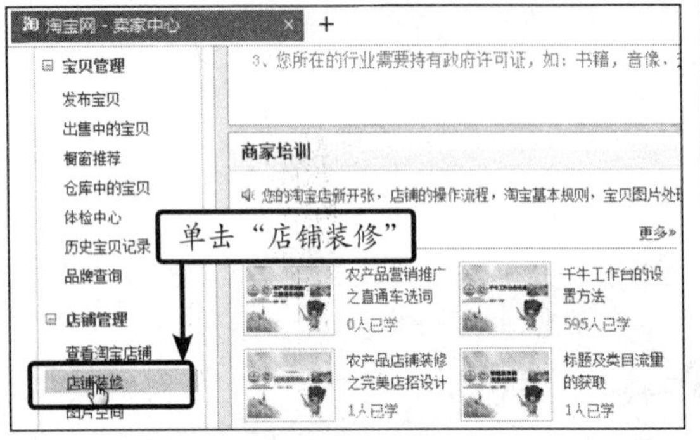

图2-3

02 在页面的上方单击“布局管理”按钮（如图2-4所示），进入“布局管理”页面，如图2-5所示。

图2-4

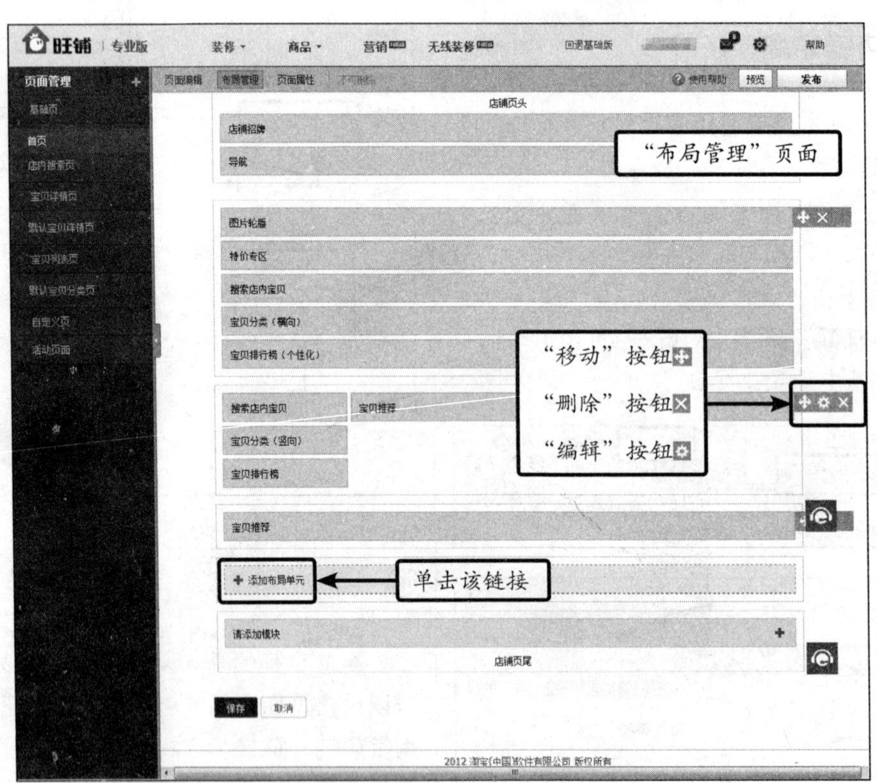

图2-5

03 此时部分布局单元的右侧显示了（移动）、（删除）、（编辑）按钮，用于对各单元进行相应的布局设置。

04 单击下方的“添加布局单元”链接，弹出“布局管理”窗口（如图2-6所示），可以为店铺添加指定像素的布局单元。

05 将鼠标指针移至各布局单元中的模块上，则显示（添加模块）、（删除模块）按钮（如图2-7所示），用于对区域中的模块进行相应的增减设置。

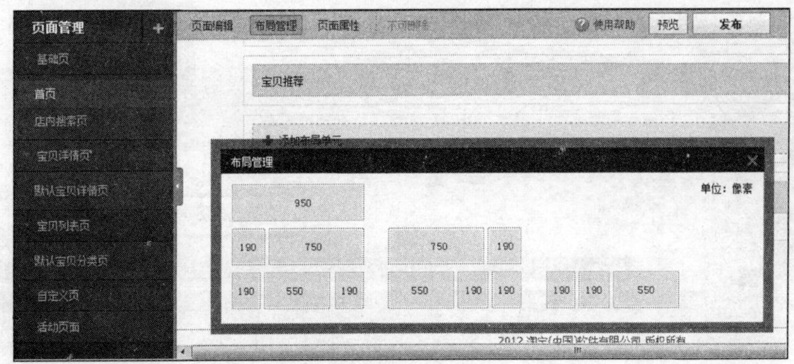

图2-6

图2-7

2. 店铺样式设置

店面样式，即店面的风格，是由配色和背景来决定的。选择一个合理的风格非常重要，因为其决定着店铺给人留下的直观印象。

01 进入店铺装修页面，将鼠标指针指向页面顶部的“装修”链接，在其下拉菜单中选择“样式管理”命令，如图2-8所示。

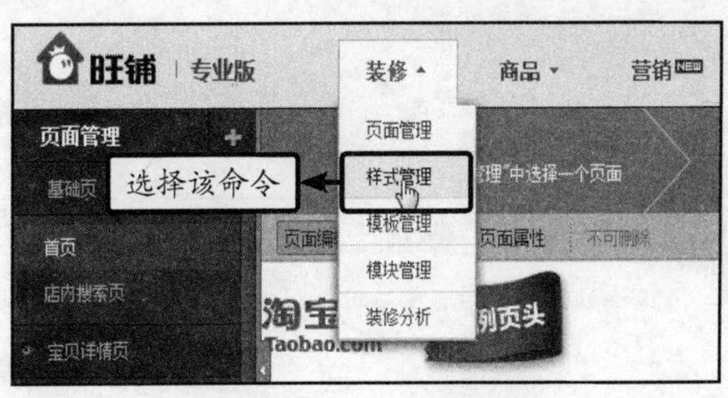

图2-8

02 此时，在页面顶部出现配色选项，选中一个选项，如“咖啡色”，如图2-9所示。

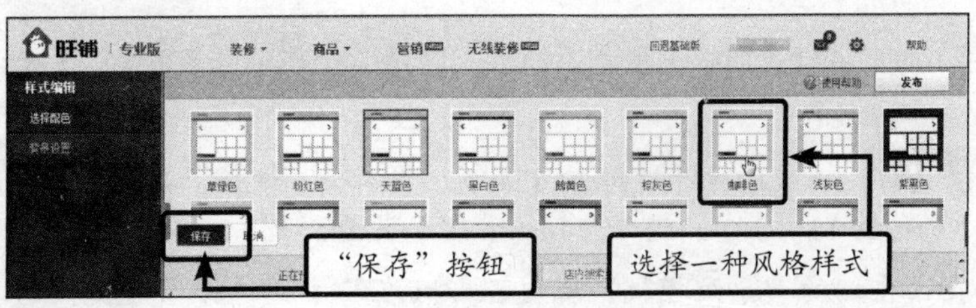

图2-9

03 单击“保存”按钮，即可将店铺的风格样式设置为“咖啡色”，效果如图2-10所示。

图2-10

04 单击页面左侧的“背景设置”标签，在默认的“页头设置”标签下可以设置各个页面的页头背景色、背景图以及背景的显示和对齐方式，如图2-11所示。

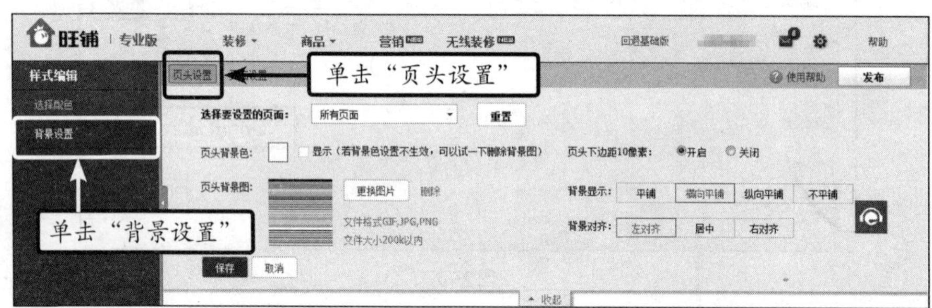

图2-11

05 切换至“页面设置”标签，则可以设置各个页面的页面背景色和背景图，如图2-12所示。

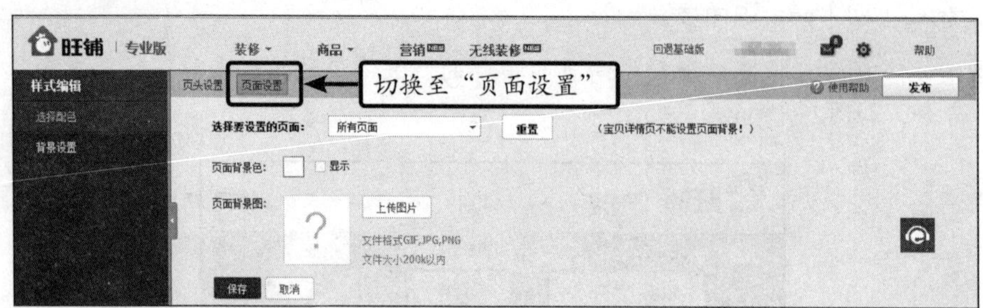

图2-12

06 设置完成后，依次单击“保存”“发布”按钮，即可完成店铺样式的设置。

2.1.3 店铺模板

1. 系统模板

店铺开通后，淘宝会自动加载一种通用模板，若用户觉得单调乏味，可以自行更换为系统提供的其他模板。

01 进入店铺装修页面，将鼠标指针指向页面顶部的“装修”链接，在其下拉菜单中选择“模板管理”命令（如图2-13所示），进入“模板管理”页面。

02 此时，单击页面左侧的“系统模板”标签，即可在其右侧选择系统提供的其他模板，如图2-14所示。

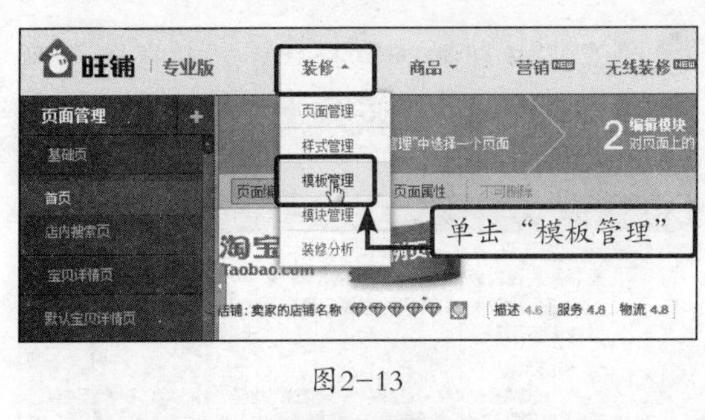

图2-13

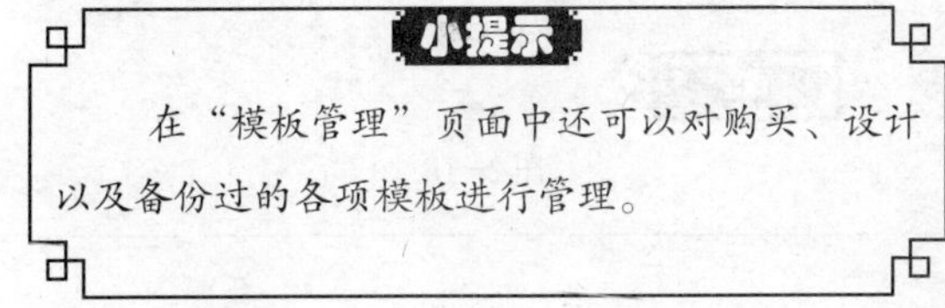

小提示

在“模板管理”页面中还可以对购买、设计以及备份过的各项模板进行管理。

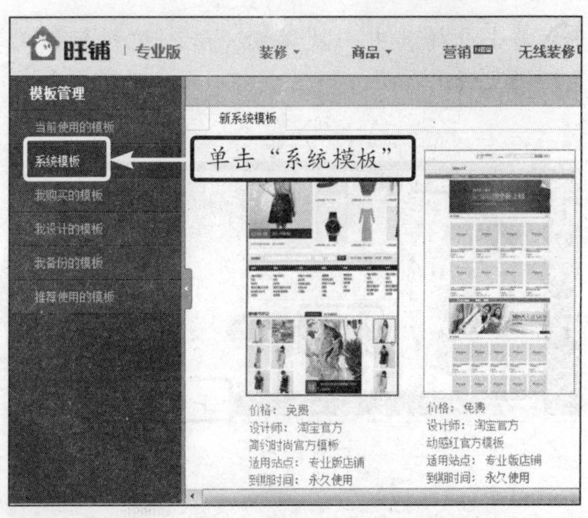

图2-14

2. 模板市场

除了系统提供的几款免费的官方模板，用户还可以去“卖家服务装修市场”选购更多样式的模板。这既可以更好地展示出所售商品的特色和品质，又可以区别于其他店铺，给客户带来不一样的视觉感受。

01 进入店铺装修页面，在其右下角单击“店铺装修模板”链接（如图2-15所示），进入“卖家服务装修市场”页面。

图2-15

02 在页面的左侧设置好所需模板的要求选项，包括旺铺版本、模板类型、行业、风格、色系等，系统即可快速地在其右侧显示出符合要求的模板，如图2-16所示。

图2-16

03 单击选择其中一款模板，进入该模板的购买及试用页面，如图2-17所示。

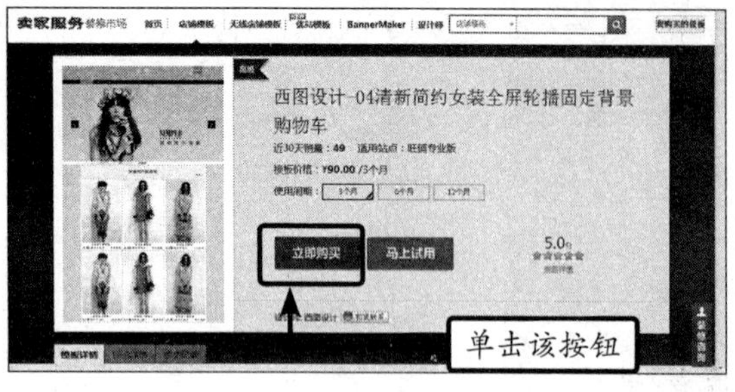

图2-17

04 单击“立即购买”按钮，然后单击“确定”按钮，即可完成模板的选购，如图2-18所示。

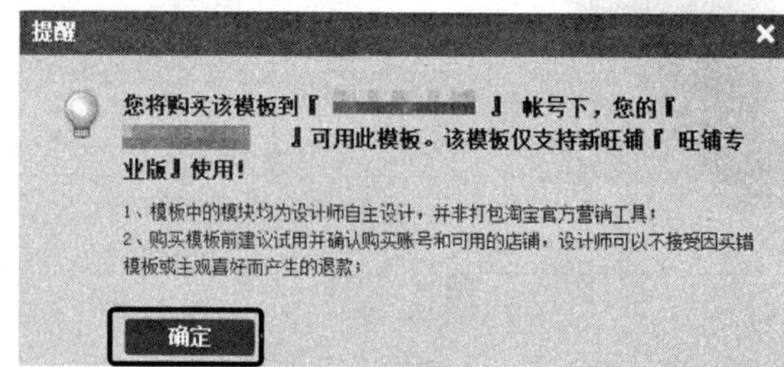

图2-18

2.2 发布宝贝

2.2.1 消保保证金的缴纳

消保保证金，是根据《消费者保障服务协议》约定的条款和条件及淘宝网其他公示规则的规定缴存并冻结于卖家的支付宝账户，当卖家未履行消费者保障服务承诺时用于对买家进行赔付的资金。

为了更好地保障消费者权益，淘宝网依照《消费者保障服务协议》，规定一些商品类目必须缴纳消保保证金。若没有缴纳该保证金，则卖家开店后无法发布这些类目的全新商品，而只能发布“二手”商品。常见类目及缴纳保证金金额如表2-1所示。

表2-1

类　目	保证金金额（元）
手机	10000
手机号码/套餐/增值业务	1000
网店/网络服务/软件	1000
台式机/一体机/服务器/笔记本电脑	1000
电脑硬件/显示器/闪存卡/U盘/存储/移动硬盘	1000
个人护理/保健/按摩器材	1000
办公设备/耗材/相关服务	1000
厨房电器/大家电/影音电器	1000
宠物/宠物食品及用品	1000
平板电脑/MID/电玩/配件/游戏/攻略	1000
生活电器	1000
彩妆/香水/美妆工具/美容护肤/美体/精油	1000
3C数码配件	1000
数码相机/单反相机/摄像机	1000
床上用品/布艺软饰	1000
玩具/模型/动漫/早教/益智	1000
童装/童鞋/亲子装	1000
零食/坚果/特产	1000
奶粉/辅食/营养品/零食	1000

小提示

消保保证金只需缴纳一次，若店铺中销售的产品覆盖多个类目，那么消保保证金不需要分别缴纳。例如，卖家A既销售玩具又销售童装，那么保证金只要缴纳1000元即可。

那么，应该如何缴纳消保保证金呢？具体操作如下。

01 进入“卖家中心”页面，在其左侧的“客户服务”栏下单击“消费者保障服务”链接（如图2-19所示），进入“消费者保障服务”页面，如图2-20所示。

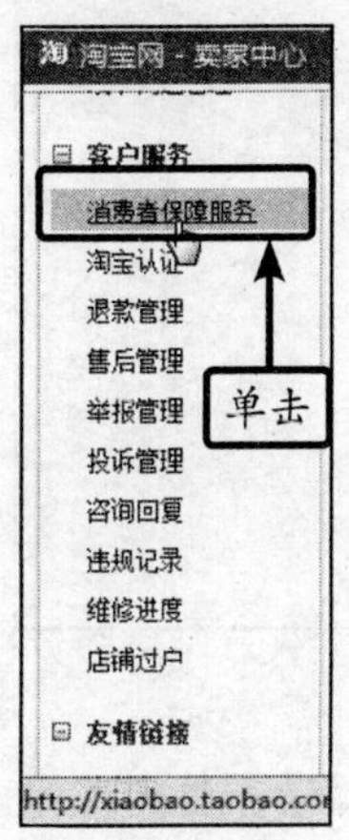

图2-19

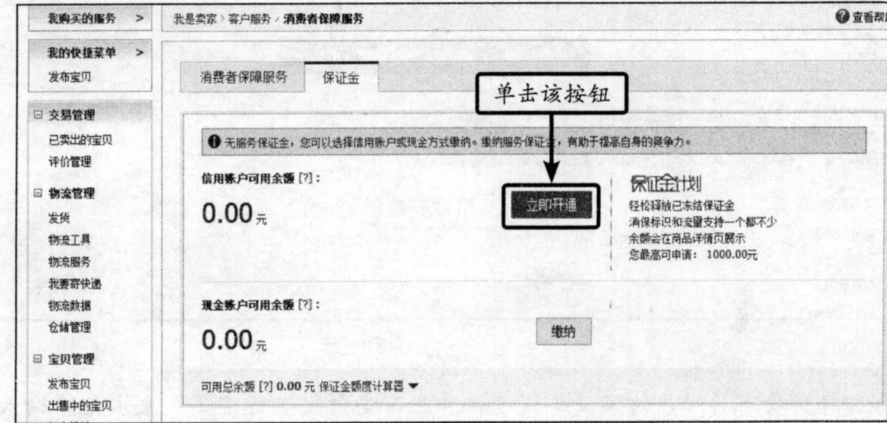

图2-20

小提示

淘宝网提供了两种缴纳消保保证金的方式：加入保证金计划和缴纳保证金。

“保证金计划”与淘宝的消保保证金有什么区别？

参加淘宝网的消保服务的大多类目都要求缴纳最低1000元的保证金，这笔保证金是冻结在支付宝账户里无法使用的；而加入“保证金计划”保险服务后卖家将无需再冻结保证金，而只需支付少额保费（最低只需30元/年），即可获得经营准入资格并且能获得详情页面1000元至20万元消费者保障额度的展示。

02 单击“立即开通”按钮，进入“加入保证金计划”页面，如图2-21所示。

03 选择一种保障周期，即可显示出相应的保障额度和费用。单击“支付保费”按钮，即可成功参加保证金计划。

04 第2种是从支付宝余额中转缴保证金：单击“缴纳”按钮，进入“缴纳保证金”页面，如图2-22所示。

图2-21

图2-22

05 选择所售商品对应的保证金额度，并在“支付宝支付密码”文本框中输入密码。单击“确定”按钮，即可完成保证金的缴纳。

2.2.2 做好宝贝分类

店铺的宝贝分类，是网店装修的细节。这一点经常被一些店长忽视，他们觉得自己的产品太少了，分不分类没什么区别。其实，不管是普通店还是旺铺，做好宝贝分类不仅能让买家快速准确地找到其感兴趣的某一类宝贝，同时也能将店铺流量合理分配到各个分类，大大降低店铺的流失率。

01 登录淘宝网，进入“卖家中心”页面，在页面左侧的“店铺管理”栏下单击“宝贝分类管理”链接（如图2-23所示），进入“宝贝管理”页面，如图2-24所示。

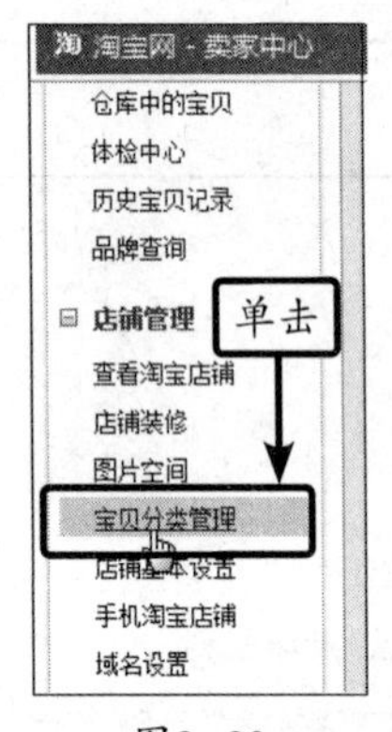

图2-23

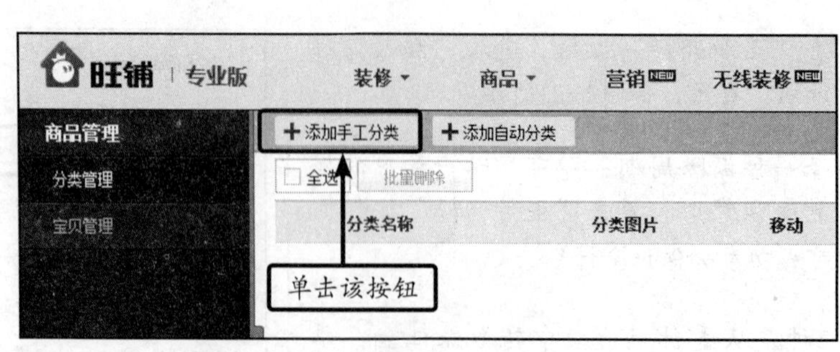

图2-24

02 单击“添加手工分类”按钮，即可在宝贝分类栏中添加第1个分类。在“分类名称”文本框中输入分类的名称，在空白处单击鼠标左键即可完成添加，如图2-25所示。

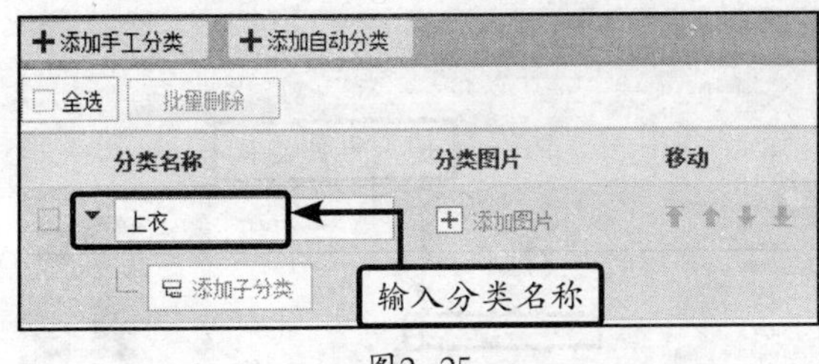

图2-25

03 为了使宝贝的分类更加细致、准确，还可以在已添加的分类下方单击“添加子分类”按钮，为其添加多个子分类，效果如图2-26所示。

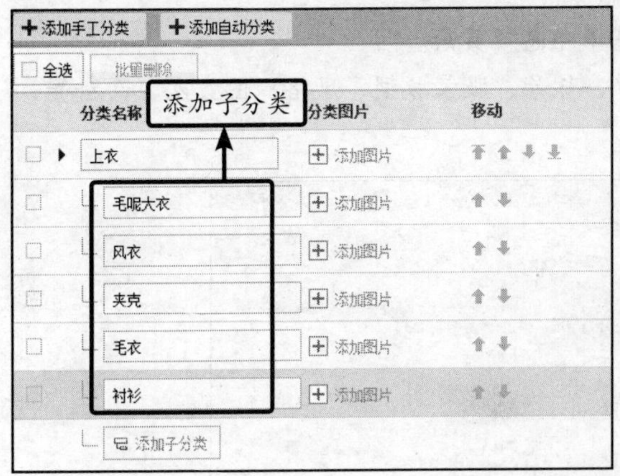

图2-26

小提示

单击分类名称后的“添加图片”按钮，可以为各个分类添加生动、形象的图片，当买家浏览店铺宝贝时，更能加深其印象。

单击分类名称后的“上移”“下移”按钮，可以调整各个分类的显示顺序。

04 所有分类添加完毕之后，单击右上角的“保存更改”按钮，返回“卖家中心”页面。在页面左侧的“店铺管理”栏下单击“查看淘宝店铺”链接，进入店铺首页，即可看到所添加的分类，效果如图2-27所示。

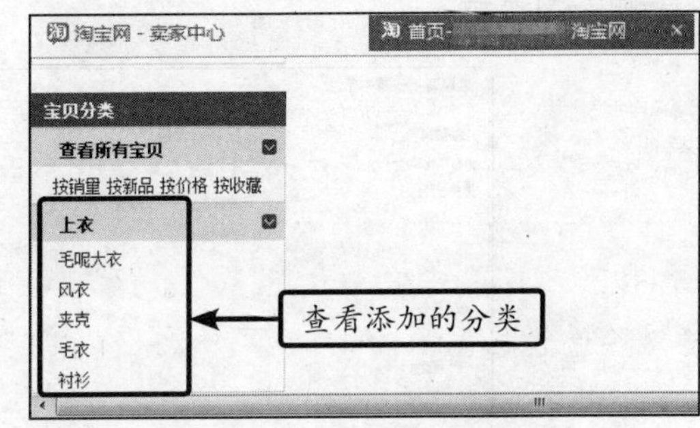

图2-27

2.2.3 宝贝上传与发布

宝贝的发布有两种方式：一种是“一口价”方式，另一种是“个人闲置”方式。这里介绍“一口价”发布宝贝（即发布全新商品）的方法，具体操作步骤如下。

01 登录淘宝网，进入“卖家中心”页面，在页面左侧的“宝贝管理”栏下单击“发布宝贝”链接（如图2-28所示），进入图2-29所示的页面。

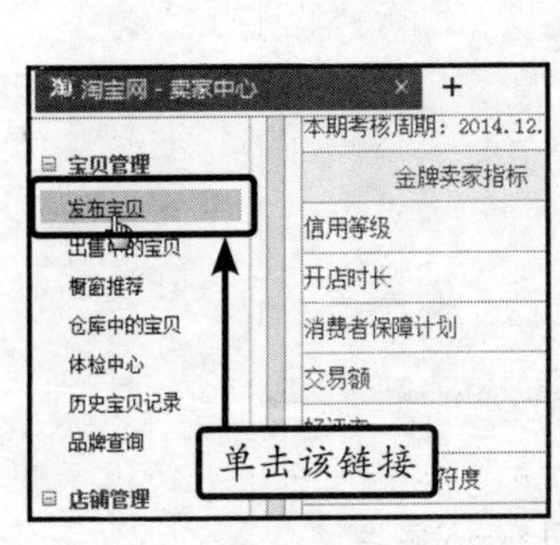

图2-28

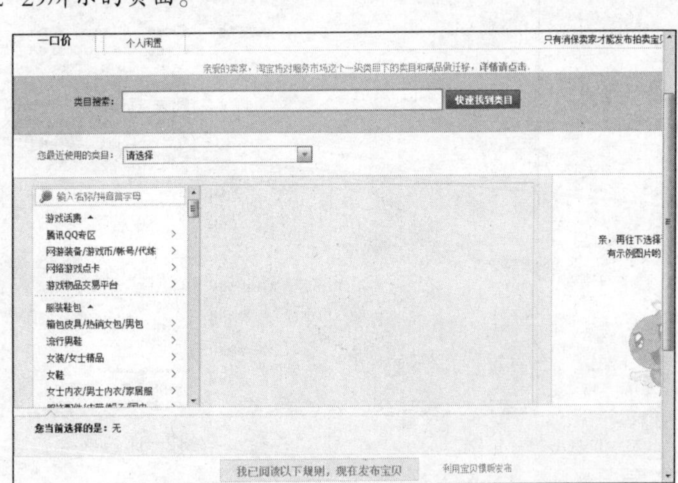

图2-29

02 在页面左侧栏中选择要发布的宝贝的类目，如图2-30所示。

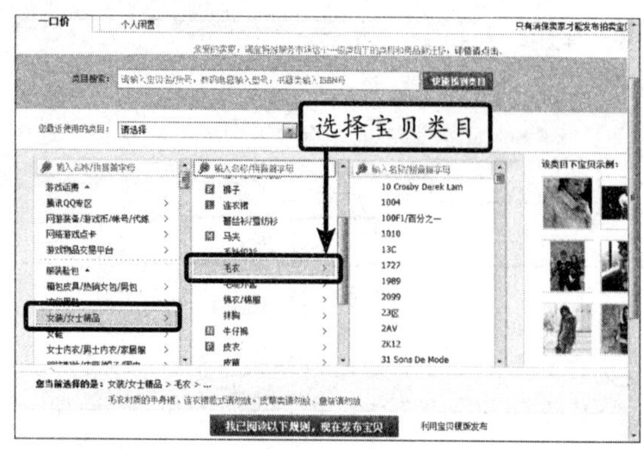

图2-30

小提示

也可以在“类目检索”文本框中输入宝贝名/货号（数码电器输入型号、书籍输入ISBN号），单击后面的“快速找到类目”按钮，从而快速地找到所要发布商品的类目。

03 单击 我已阅读以下规则，现在发布宝贝 按钮，进入“填写宝贝基本信息”页面。

04 根据提示输入宝贝类型及宝贝属性，包括品牌、货号、服装版型、风格、图案色、面料等，如图2-31所示。

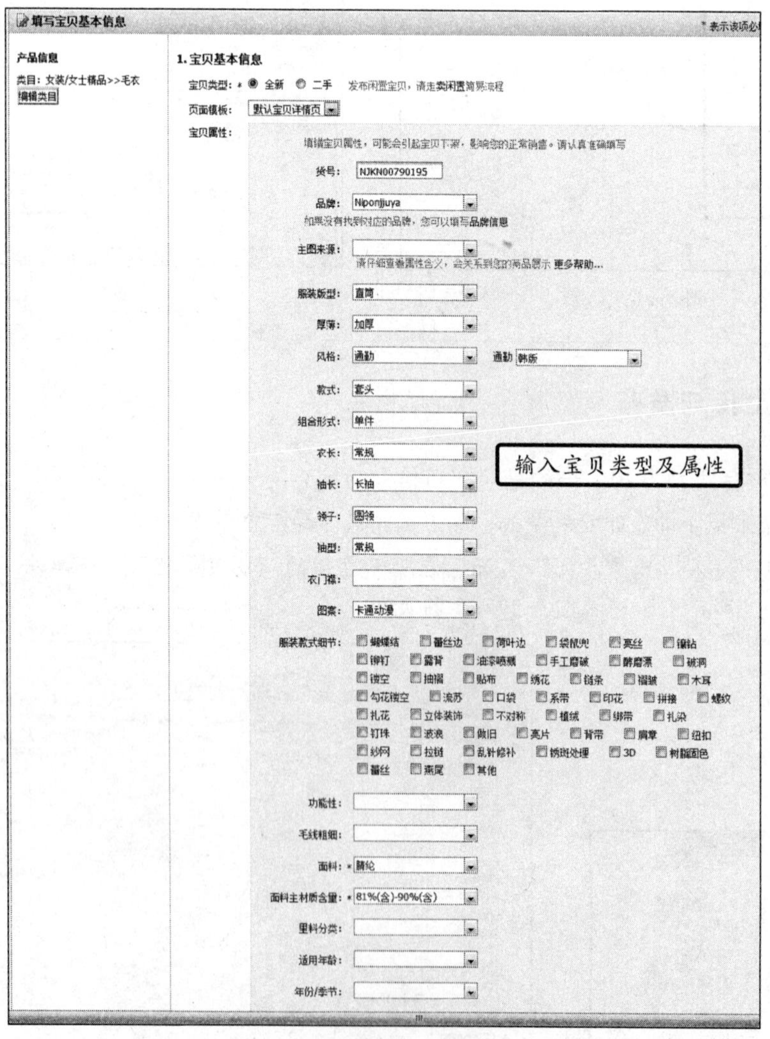

图2-31

05 输入宝贝标题、一口价、规格、数量、采购地等基本信息，如图2-32所示。

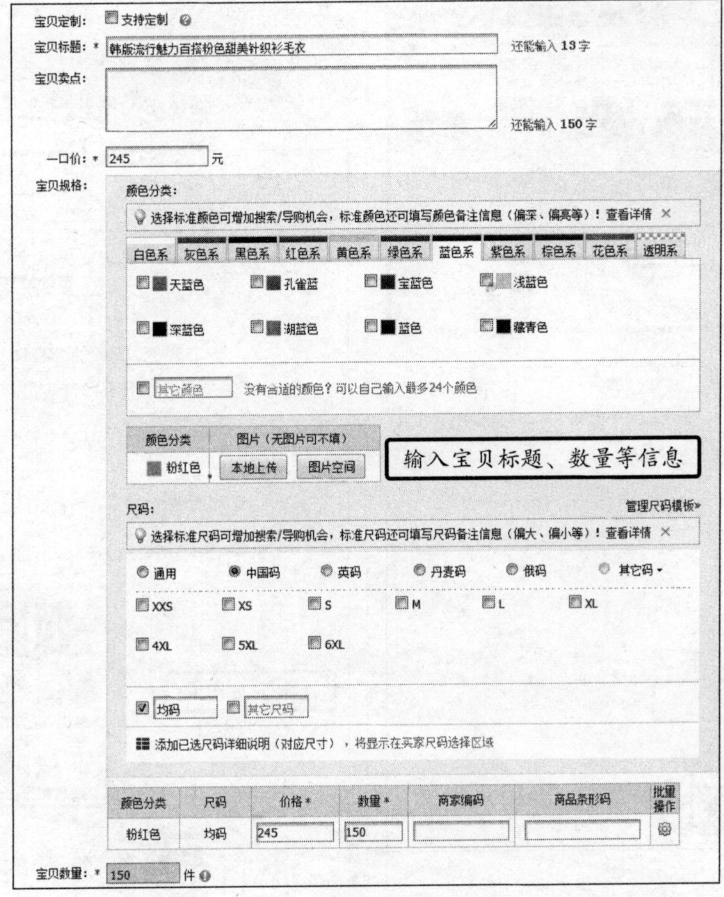

图2-32

06 在“宝贝图片”设置区域中的“本地上传”选项卡下单击“文件上传”按钮（如图2-33所示），弹出“打开”窗口。

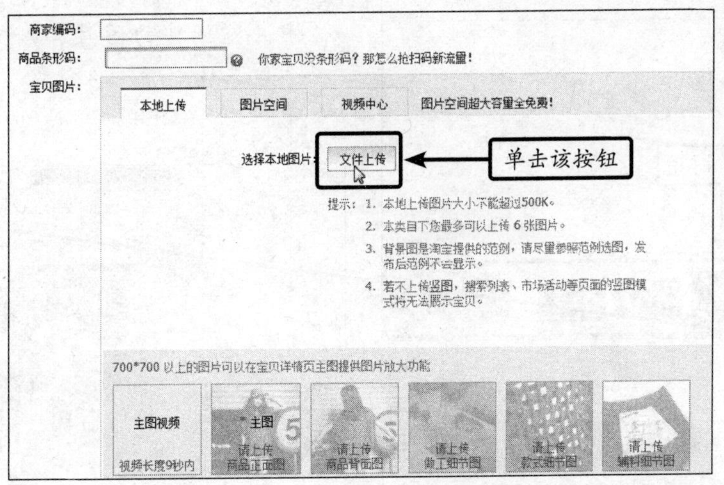

图2-33

07 在指定的保存路径中，选中事先准备好的宝贝图片，如图2-34所示。

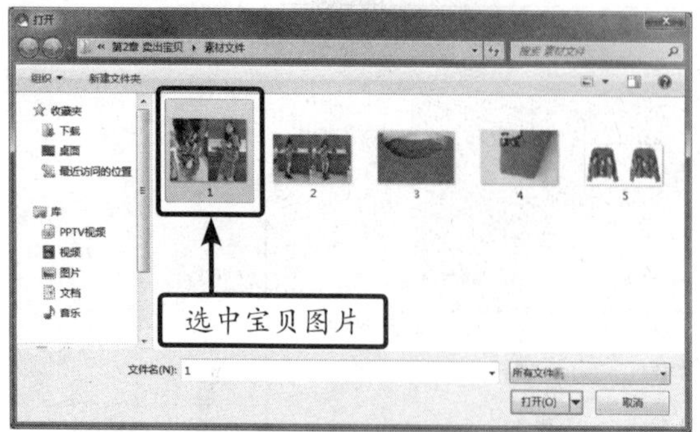

图2-34

08 单击“打开”按钮，即可完成主图的上传，效果如图2-35所示。

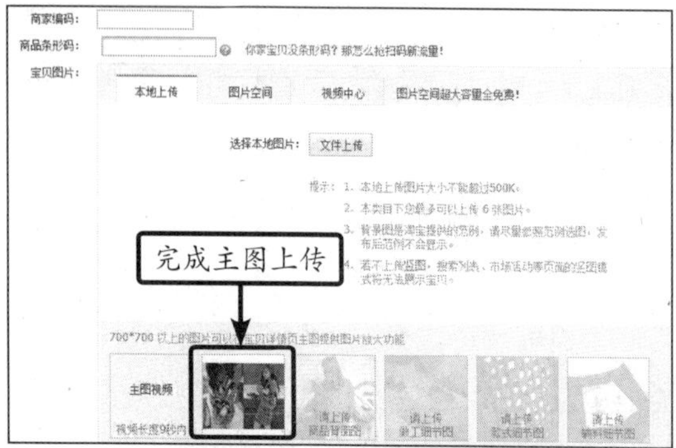

图2-35

09 按照相同的方法上传宝贝的其他细节图片（本类目下最多可以上传6张图片），效果如图2-36所示。

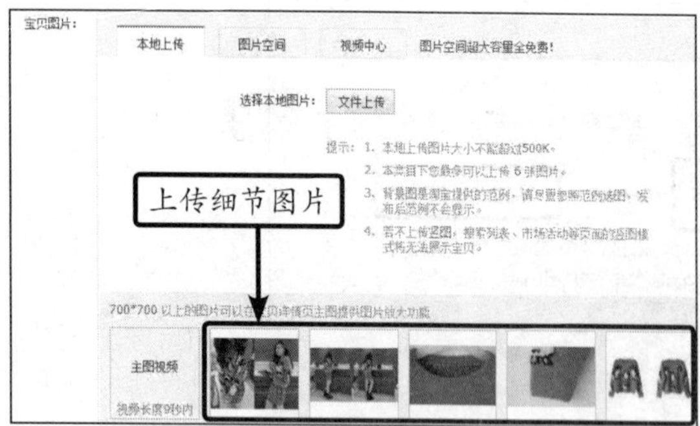

图2-36

小提示

此处上传的图片类型只能为gif、png、jpg、jpeg，且大小不能超过500KB。

10 填写宝贝详细描述信息，并设置文本的格式，单击（插入图片）按钮，在其下方显示的“从图片空间选择”选项卡中选择事先准备好的需要插入宝贝描述中的图片，如图2-37所示。

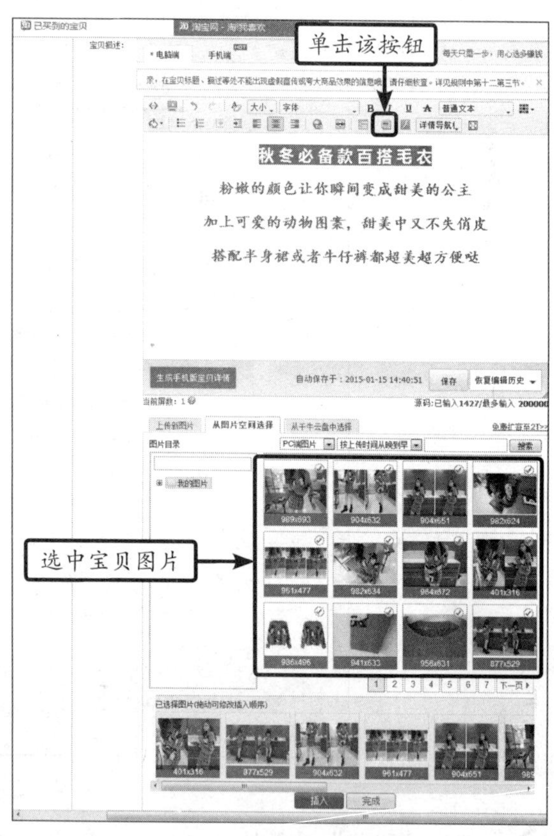

图2-37

11 依次单击“插入”“完成”按钮，即可将图片空间中的图片插入宝贝描述中。在“在店铺中所述的分类”下拉列表框中选中“毛衣”复选框，如图2-38所示。

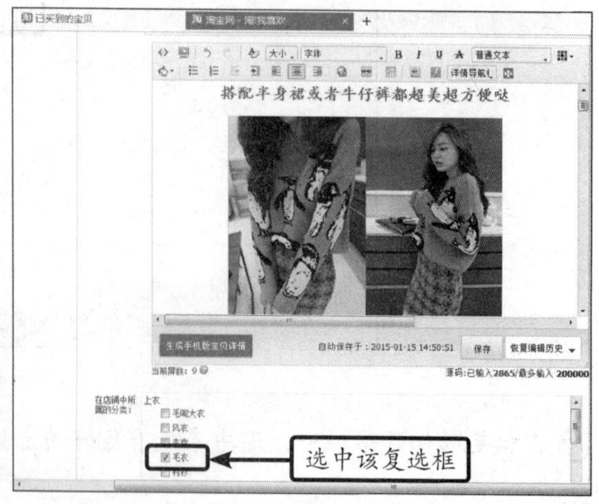

图2-38

⑫ 填写并设置宝贝的物流信息、售后保障信息及其他信息，如图2-39所示。

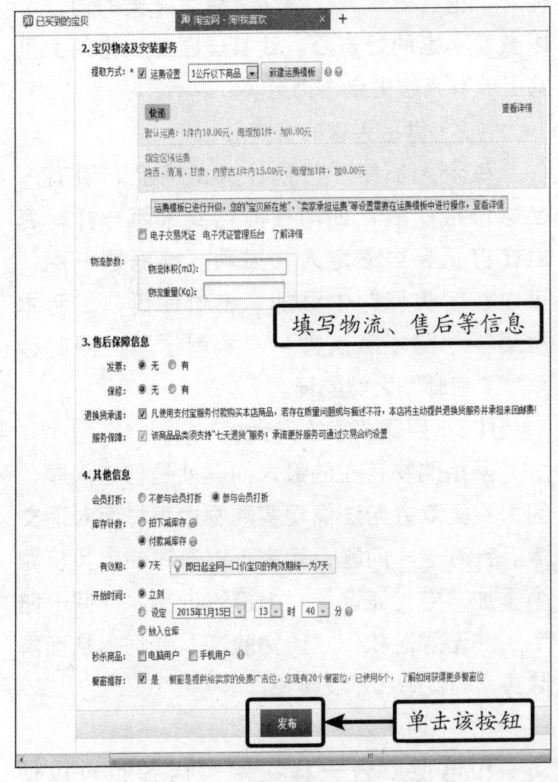

图2-39

⑬ 所有信息填写完毕后，单击“发布”按钮，即可成功发布宝贝，如图2-40所示。

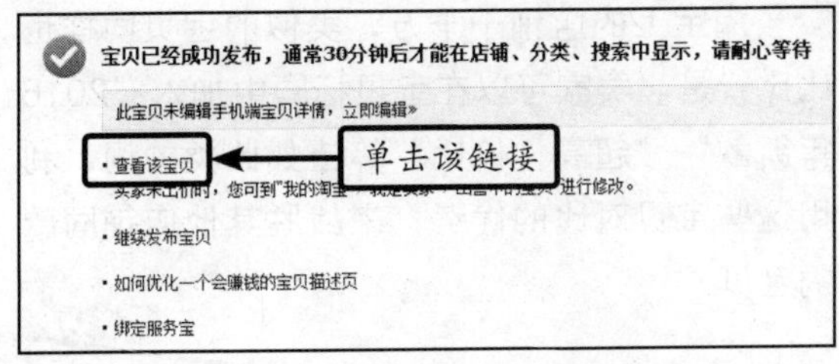

图2-40

⑭ 单击“查看该宝贝”链接，即可进入该宝贝的详情页面，如图2-41所示。

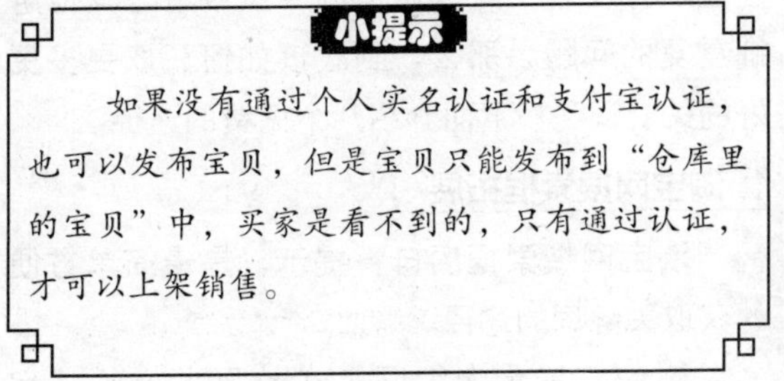
小提示

如果没有通过个人实名认证和支付宝认证，也可以发布宝贝，但是宝贝只能发布到“仓库里的宝贝”中，买家是看不到的，只有通过认证，才可以上架销售。

图2-41

2.2.4 如何写好宝贝的标题

在淘宝网购物的顾客中，85%的顾客都是通过淘宝网搜索关键词找到宝贝而进入卖家店铺的，所以要提高宝贝被搜索的曝光率，就要做好宝贝标题的优化。其中，做好宝贝标题优化的关键就是关键词的布置。

1. 关键词的设置原则

在宝贝标题中添加适当的热搜关键词，会大大地提高宝贝及店铺的曝光率，但是如果运用得不合理，效果往往会适得其反。下面介绍关键词设置的一些基本原则。

（1）不要使用大量类似、重复的标题

淘宝上很多卖家店铺里的宝贝都很相似，如果采用相同的标题，虽然省事但却对店铺毫无益处。一方面会让买家很难分辨你的产品和其他店铺产品不一样的地方，没有特点，不够有吸引力；另一方面，系统很容易把你的商品识别为重复铺货，严重影响宝贝被搜索曝光的几率。

（2）切勿堆砌产品词和关键词

在标题中添加适当的产品关键词，有利于让更多买家通过搜索这些词进入你的店铺。例如卖一款半身裙，可以写“短裙半身裙”或者“短裙半身裙毛呢裙”，但是如果写成“短裙半身裙毛呢裙打底裙包臀裙秋冬裙”等，这样一味地堆砌热搜关键词或者把不相关的产品词加入标题中，可能会被系统降权。

另外，品牌词也不能多写，写多了有欺骗买家的嫌疑。例如“耐克特价女款运动鞋李宁阿迪达斯”，这样的标题必定会被系统降权，得不偿失。

（3）不要刻意使用特殊符号

诸如©®%{【？&这些特殊符号，如果不是作为品牌名称的一部分，请务必慎用。对于/+-*！等符号，有些卖家习惯用来分隔商品之间的参数或适用的商品型号。但是当这些符号、与数字英文字母一起出现时，很可能会被系统误判，认为是数字或英文字母的一部分。

如果品牌本身含有特殊符号，可以放心使用。除此之外的其他情况，请尽量使用空格来替代。

（4）注意敏感词的过滤

淘宝搜索有自动过滤的功能，而如果宝贝标题中含有敏感词，则整个标题都会被过滤掉。例如含有“高仿”“A货”等敏感词。所以，如果发现店铺中的宝贝在搜索中搜不到，可以试着检查一下标题中是否存在敏感词。

2. 关键词的设置技巧

在设置关键词时除了要了解一些基本原则，还要掌握一定的技巧。

（1）满足买家的好奇心

在宝贝标题中添加“卖疯了”“月销千件”“销售冠军”“镇店之宝”之类的词，可以激发买家的好奇心，让其一眼看到你的宝贝马上就有兴趣去点击浏览。

（2）满足买家的贪婪心

每个人都喜欢性价比高的商品，没有人会嫌价格低的，如同在商场买东西一样，哪里在打折哪里必定人头攒动。根据这一点，可以在宝贝标题中添加“特价促销”“亏本甩卖”“赔本赚信誉”“买就送”“限时秒杀”“包邮”之类的词。

（3）照顾买家的安全感

网络购物存在的最大问题就是信任问题，因为买卖双方无法像现实购物中那样面对面交流。针对这一问题，卖家可以通过在宝贝标题中添加“专柜正品”“100%正品”“假一赔十”“无效退款”“防伪验证”等词，从而解除买家的忧虑和不安全感。

（4）名人效应

和电视广告一样，淘宝店铺也可以使用名人效应，可以在宝贝标题中加入“…同款”“…代言”“…推荐”等诸如此类的词。

（5）加入宝贝对比优势

淘宝上的店铺千千万，类似的宝贝同样也比比皆是。卖家可以在宝贝标题中加入“2016年新款”“超高性价比”等诸如此类的词，利用这些宝贝对比的优势，来战胜其他店铺同款的宝贝。

2.2.5 4招教你确定标题关键词

很多情况下，卖家能想到的关键词不多，往往还存在着不适合店铺的宝贝或者与其他店铺重复的问题。那么，到底该如何获取更多更好的关键词呢？下面介绍几个免费的途径。

1. 淘宝网搜索框拓展

淘宝网搜索框的自身提示，是最简单方便的获取关键词的途径。

例如，登录淘宝网，在首页上方的“宝

贝”搜索框中输入“连衣裙”，会自动弹出一个下拉列表，如图2-42所示。

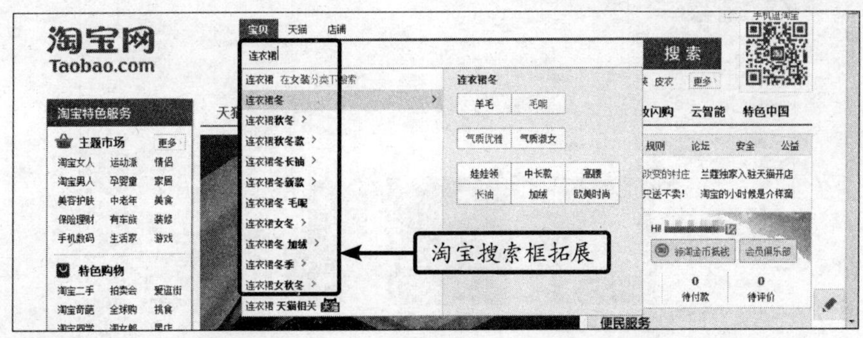

图2-42

该列表中显示的都是与连衣裙相关的搜索量比较大的词。可以将其记录下来，然后根据需要添加到宝贝标题中。

2. 淘宝排行榜

淘宝中每个行业都有一个热销产品排行榜，可以参考里面的宝贝关键词。

01 登录淘宝网，在首页上方搜索框的右下角单击“更多”按钮，如图2-43所示，进入“淘宝排行榜”页面，如图2-44所示。

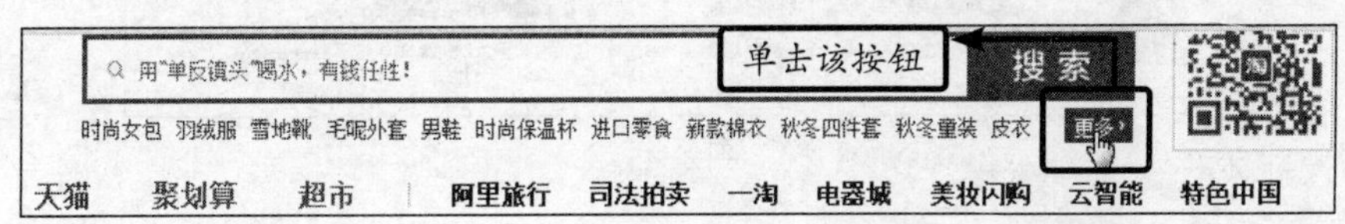

图2-43

图2-44

02 在页面左侧选择宝贝的类目“服装→连衣裙”，即可在右侧显示出销售排行榜和搜索排行榜，如图2-45所示。

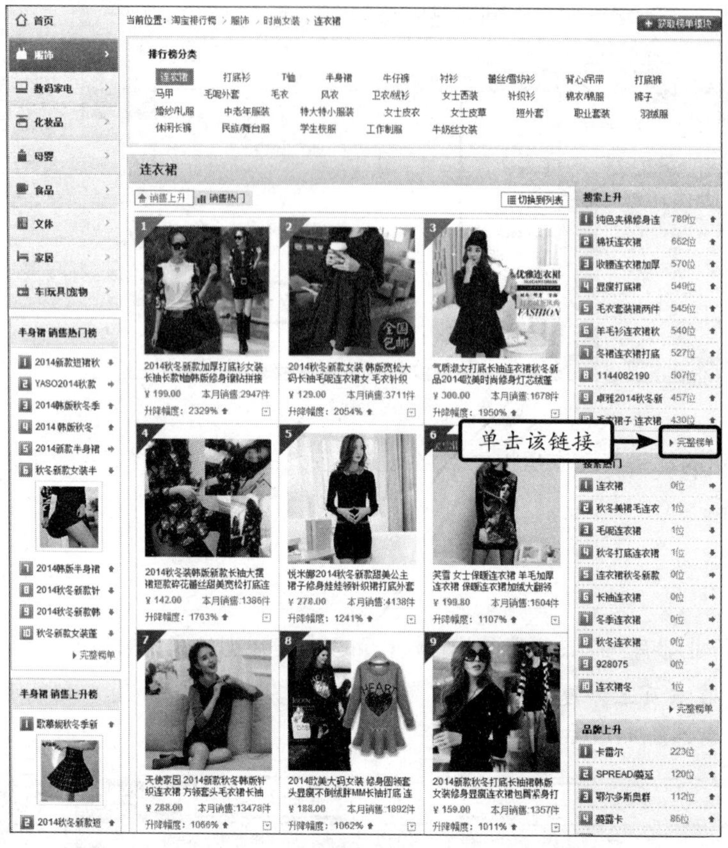

图2-45

03 单击“搜索上升”栏右下角的“完整榜单”链接，即可弹出近期搜索量上升的关键词排行榜页面，如图2-46所示。

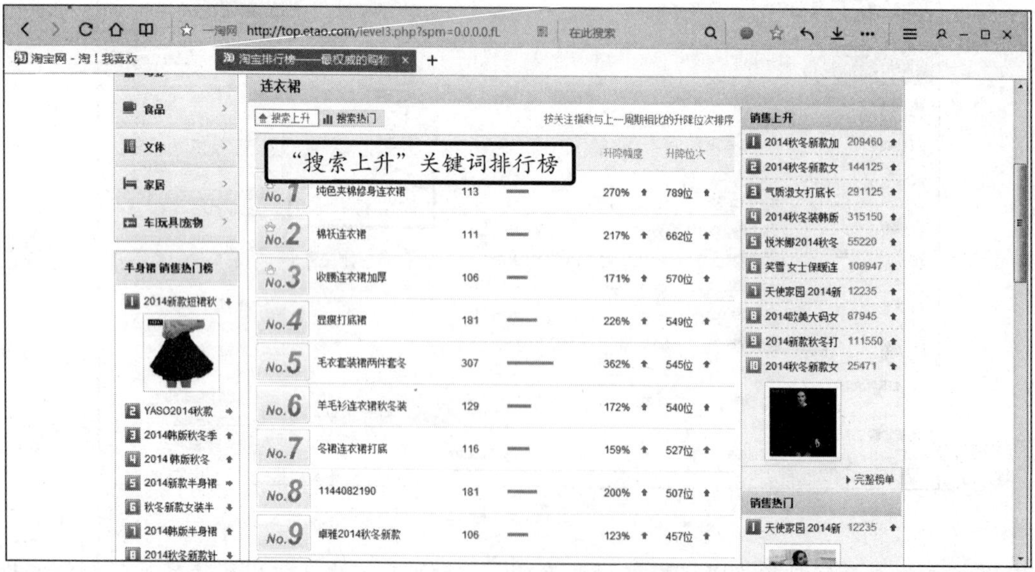

图2-46

04 切换至“搜索热门”标签，则可以看到近期与连衣裙相关的热门搜索关键词排行榜，如图2-47所示。

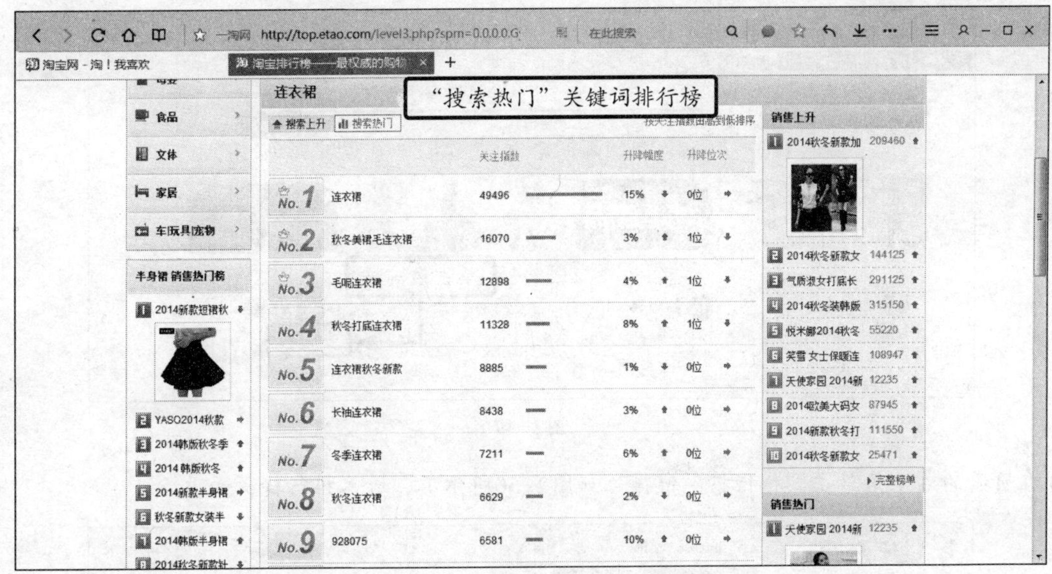

图2-47

05 对于做品牌分销的卖家，也可以通过品牌排行榜查看相关品牌的搜索热度，如图2-48所示。

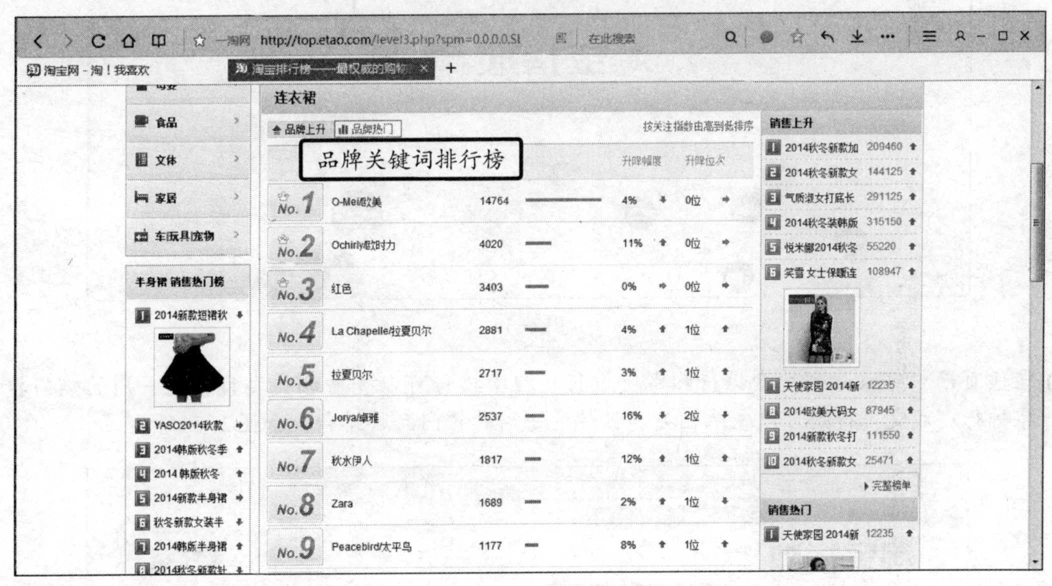

图2-48

3. 淘宝指数

淘宝指数是淘宝官方的免费数据分享平台，是一个免费而强大的市场调研分析工具。卖家可以通过该分析工具，轻松地获取某一商品类目的热搜关键词的涨幅指数，还可以了解购该类目商品的人群的年龄阶层、性别以及地域等，从而根据此数据分析，更好地优化宝贝标题，以及作出网店运营决策、产品定位和人群定位等。

01 登录淘宝网，在首页最底端的"淘宝特色"栏下单击"淘宝指数"链接（如图2-49所示），进入淘宝指数平台的首页。

图2-49

02 在页面的右上角单击“排行榜”链接（如图2-50所示），进入排行榜页面。

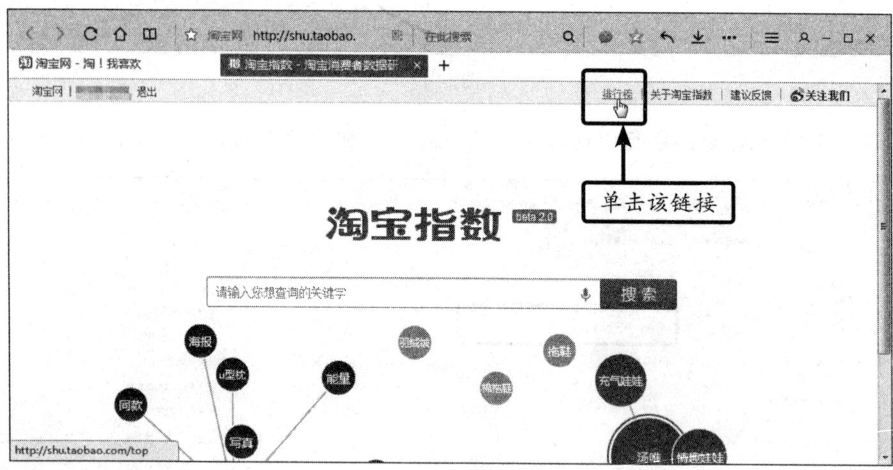

图2-50

03 在该页面中可以看到搜索排行和成交排行。搜索排行可以查看相关类目最近一周的热门搜索字排行；成交排行则可以查看相关类目最近一周的热门品牌排行，如图2-51所示。

图2-51

04 往下拖动页面，即可看到“女装”类目下的“连衣裙”最近一周的相关热搜关键词，如图2-52所示。

图2-52

4. 生意参谋

通过生意参谋平台，利用系统提供的权威数据跟踪分析，卖家可以找到网络营销的关键所在，进而得出针对性的产品信息标题。

01 登录淘宝网，进入“卖家中心”页面。在页面下方的“店铺数据”栏下单击“生意参谋”链接（如图2-53所示），进入生意参谋平台的首页。

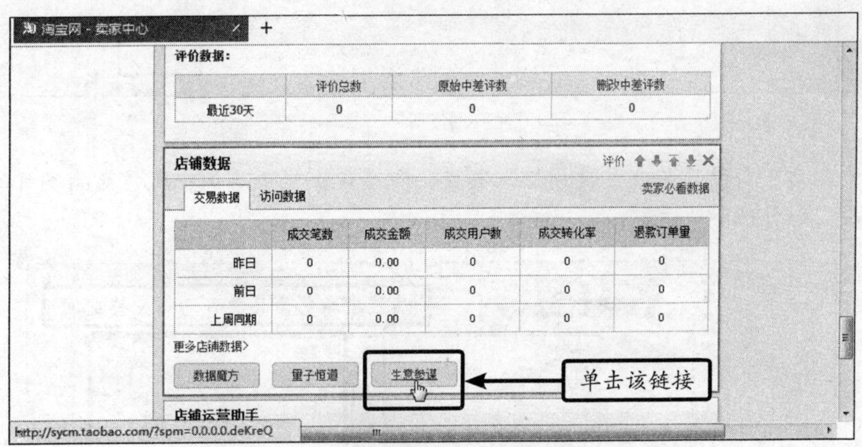

图2-53

02 在页面的右上角单击“专题工具”链接（如图2-54所示），进入图2-55所示的页面。

图2-54

图2-55

03 在该页面中单击“行业相关搜索词”链接，进入图2-56所示的页面。

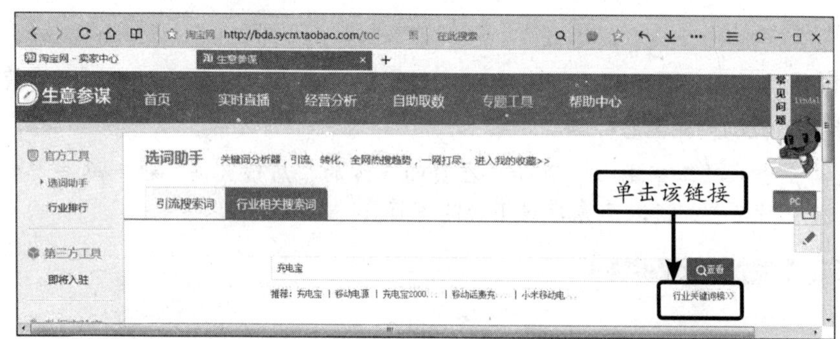

图2-56

04 单击搜索框右下角的“行业关键词榜”链接，即可弹出显示店铺中所售商品类目的相关关键词的页面，如图2-57所示。

图2-57

小提示

除了以上几个免费的途径，还可以通过购买“数据魔方”“直通车”等淘宝官方插件或服务，获取更加全面的关键词分析。

2.3 出售中的宝贝

宝贝发布成功之后，即可进入店铺中进行出售了。对于出售中的宝贝，卖家还应该掌握如何做好这类宝贝的橱窗推荐、上架下架时间及标题价格等信息的修改。

2.3.1 如何做好宝贝推荐

对于新开店的小卖家来说，宝贝推荐是一个非常重要的营销宣传手段。因为它可以大大增加商品曝光率，从而提高店铺的浏览量和成交量。

1. 橱窗推荐

淘宝的橱窗类似于实体店中的橱窗，可以通过摆放一些有特色的商品来吸引顾客的注意力。橱窗推荐的宝贝会集中在宝贝列表页面的橱窗推荐中显示，当买家想要买东西时，直接到淘宝网首页去搜索，就会出现橱窗推荐位所推荐的宝贝，如图2-58所示。

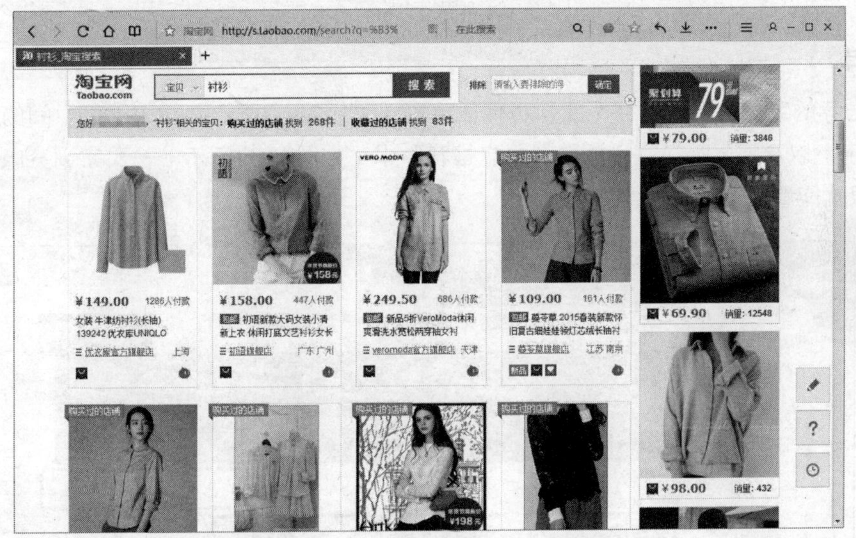

图2-58

每个卖家因信用等级与销售情况会有不同数量的橱窗推荐位，要合理利用这些推荐位，才能大大提高宝贝的点击率和浏览量。橱窗推荐的具体操作步骤如下。

01 登录淘宝网，进入“卖家中心”页面，在页面左侧的“宝贝管理”栏下单击“橱窗推荐”链接（如图2-59所示），进入“出售中的宝贝”页面。

02 选中需要推荐的宝贝前的复选框，单击“橱窗推荐”按钮进行推荐，如图2-60所示。

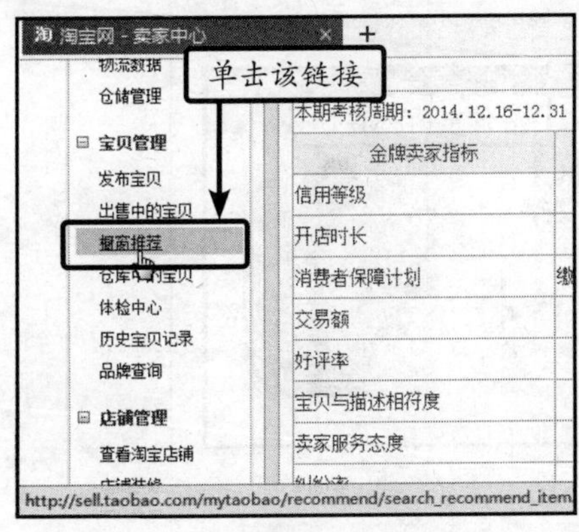

图2-59

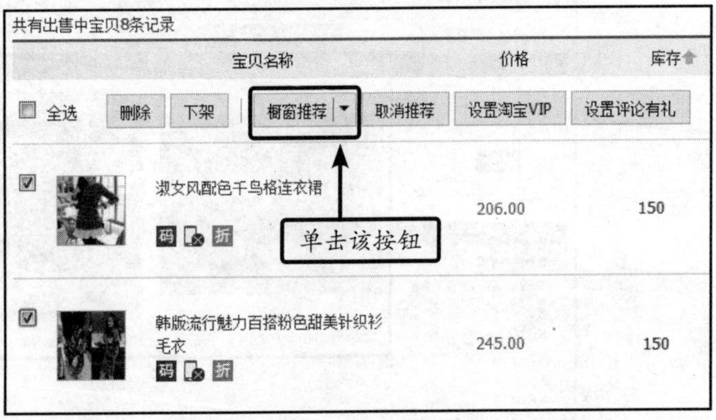

共有出售中宝贝8条记录
宝贝名称 价格 库存
全选 删除 下架 橱窗推荐 取消推荐 设置淘宝VIP 设置评论有礼
淑女风配色千鸟格连衣裙 206.00 150
单击该按钮
韩版流行魅力百搭粉色甜美针织衫毛衣 245.00 150

图2-60

03 此时，页面自动刷新，可以看到所选的宝贝前面多了“已推荐”3个红色的字，表示成功推荐宝贝，如图2-61所示。

图2-61

2. 店铺推荐

店铺推荐的宝贝会出现在每个宝贝页面的底部（如图2-62所示）、店铺最中间的推荐位（如图2-63所示）以及阿里旺旺对话框的“本店推荐”中（如图2-64所示），买家浏览店铺及其他宝贝时第一眼就能看到这些被推荐的宝贝。

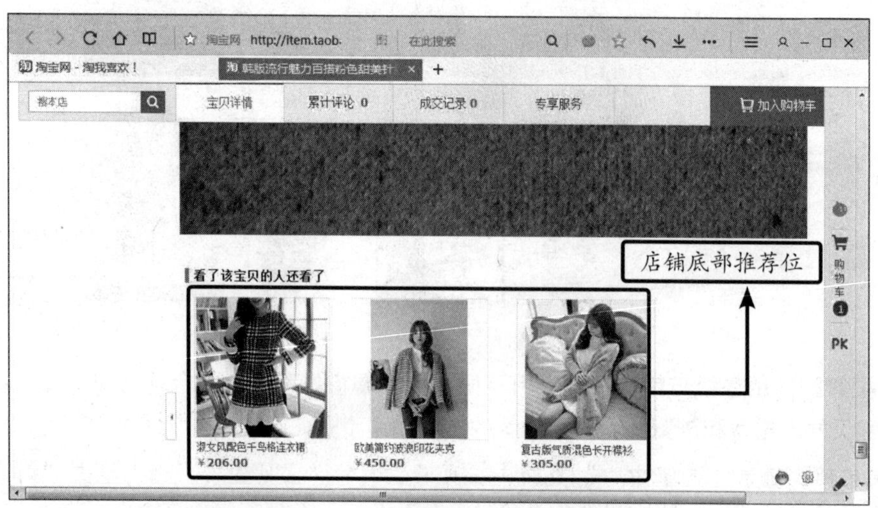

图2-62

图2-63

图2-64

店铺推荐宝贝数量共16件，由卖家自行选择。其设置方法如下。

01 进入"卖家中心"页面，在页面左侧的"店铺管理"栏下单击"掌柜推荐"链接（如图2-65所示），进入"掌柜推荐"页面。

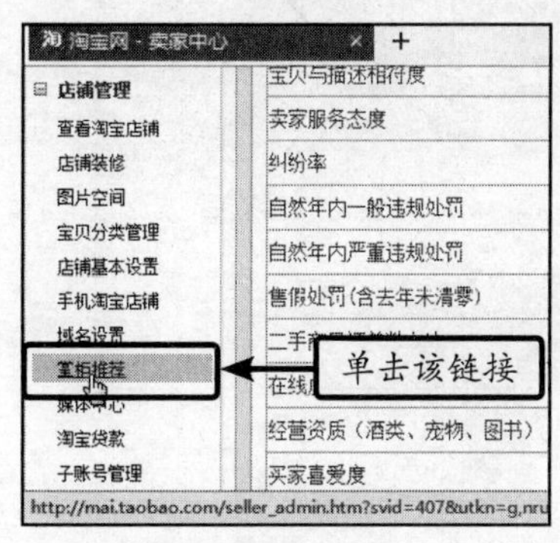

图2-65

02 单击需要推荐的宝贝后面的"推荐"链接（如图2-66所示），即可对宝贝进行推荐操作。

图2-66

03 此时，宝贝后的"推荐"会变成"已推荐"，并且宝贝的图片会同时出现在右列，如图2-67所示。

图2-67

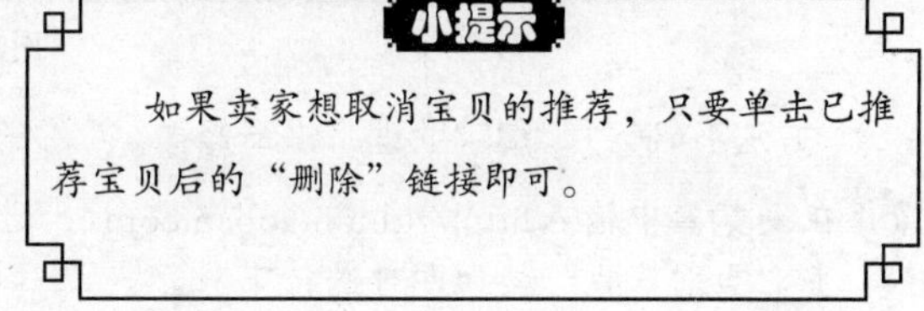

小提示

如果卖家想取消宝贝的推荐，只要单击已推荐宝贝后的"删除"链接即可。

2.3.2 如何修改宝贝标题、价格、库存数量

宝贝发布之后，因为促销降价或者仓库缺货等情况，往往需要对宝贝的价格、库存数量等基本信息进行修改。具体有以下3种方法。

方法1：进入"卖家中心"页面，在其左侧的"宝贝管理"栏下单击"出售中的宝贝"链接，进入"出售中的宝贝"页面。将鼠标指针指向需要修改的宝贝，会在其标题、价格及库存数量后面分别出现 按钮，如图2-68所示。单击该按钮，即可进入编辑状态进行编辑。

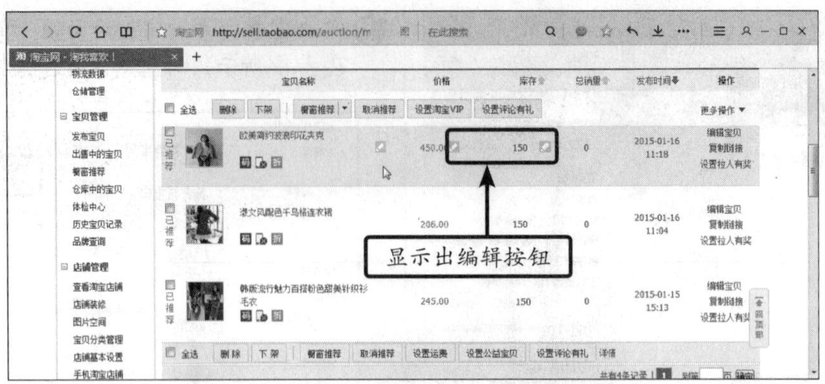

图2-68

方法2：在需要修改信息的宝贝后单击“编辑宝贝”链接，进入“填写宝贝基本信息”页面，如图2-69所示。此页面和发布宝贝时填写信息的页面相同，卖家同样可以在其中进行宝贝标题、价格及库存等信息的修改。

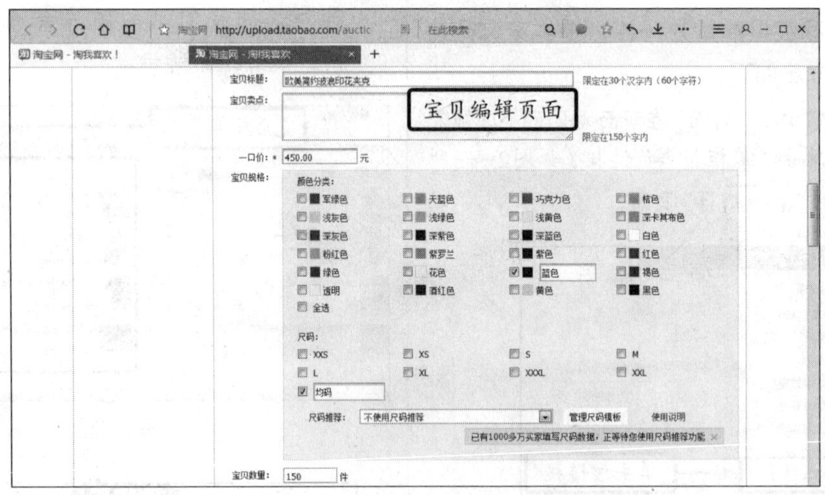

图2-69

方法3：通过“淘宝助理”进行修改。

01 在浏览器中输入http://zhuli.taobao.com/，进入“淘宝助理”下载页面（如图2-70所示）。单击“立刻下载”按钮即可进行下载。

02 安装后启动淘宝助理，打开登录界面，输入淘宝会员名和密码，如图2-71所示。

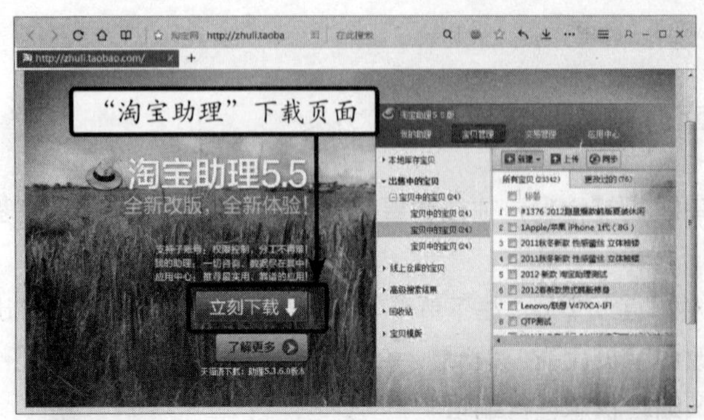

图2-70

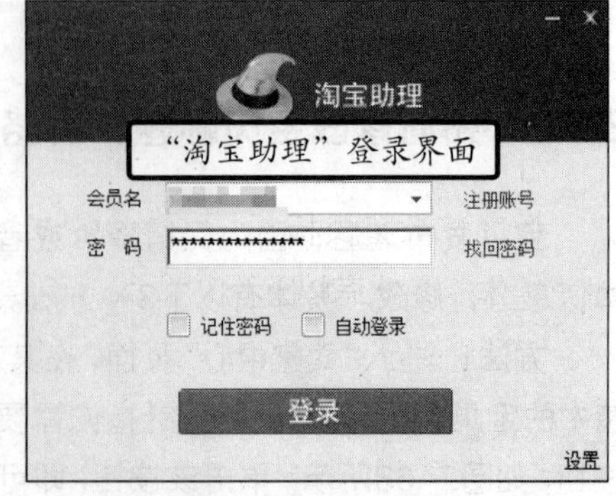

图2-71

03 单击“登录”按钮，验证用户信息成功后，系统进入淘宝助理主界面，如图2-72所示。

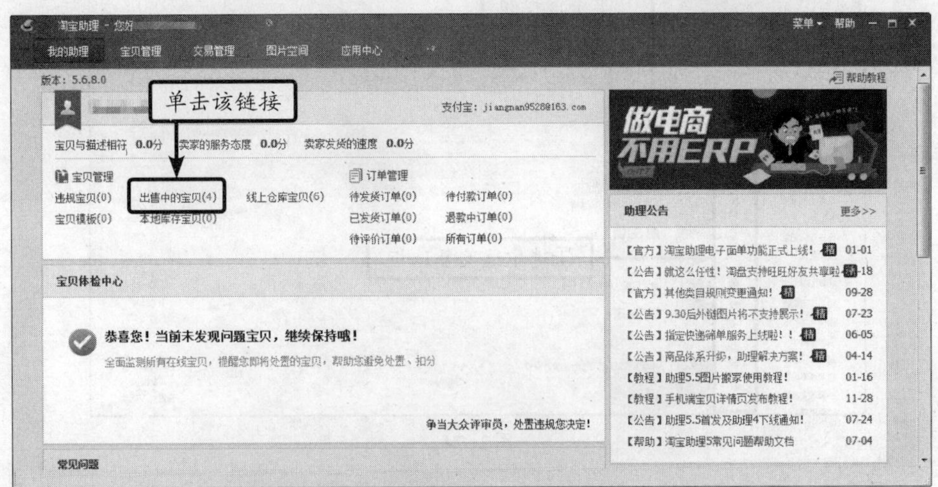

图2-72

04 单击“出售中的宝贝”链接，即可显示所有出售中的宝贝。在图2-73所示的列表框中选中需要修改信息的宝贝前的复选框，即在下方显示其当前的基本信息。

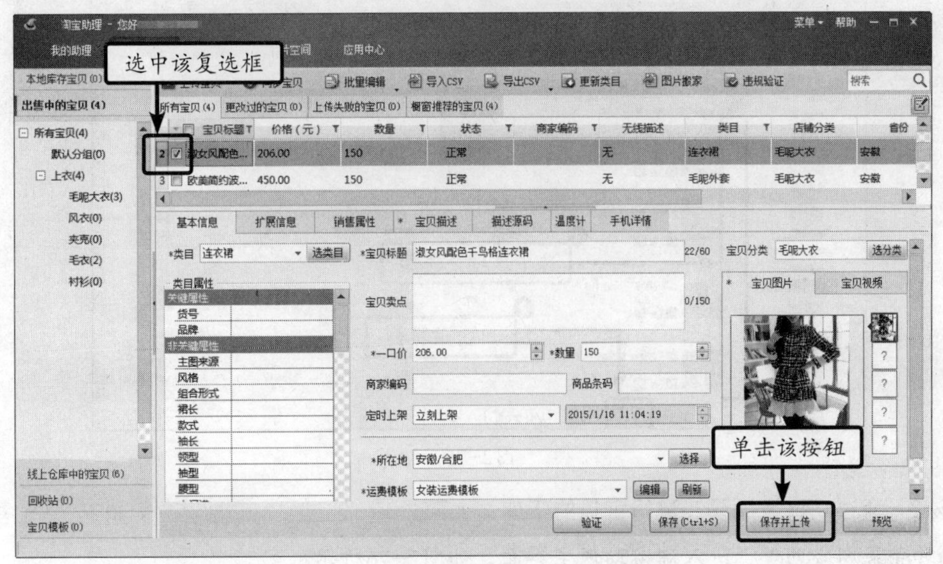

图2-73

05 修改完成后，单击“保存并上传”按钮即可。

2.3.3 如何将宝贝下架、上架

除了修改宝贝标题、价格等基本信息，淘宝卖家还经常需要对出售的宝贝进行上架、下架管理的操作。具体有以下两种方法。

方法1：在卖家中心页面进行下架、上架。

01 在“卖家中心”页面左侧的“宝贝管理”栏下单击“出售中的宝贝”链接，进入“出售中的宝贝”页面。选中需要下架的宝贝前的复选框，如图2-74所示。

图2-74

02 单击“下架”按钮，即可将其下架。

03 在页面左侧的“宝贝管理”栏下单击“仓库中的宝贝”链接，可以看到刚下架的宝贝。选中宝贝前面的复选框，如图2-75所示。单击“上架”按钮，即可将这些宝贝重新上架。

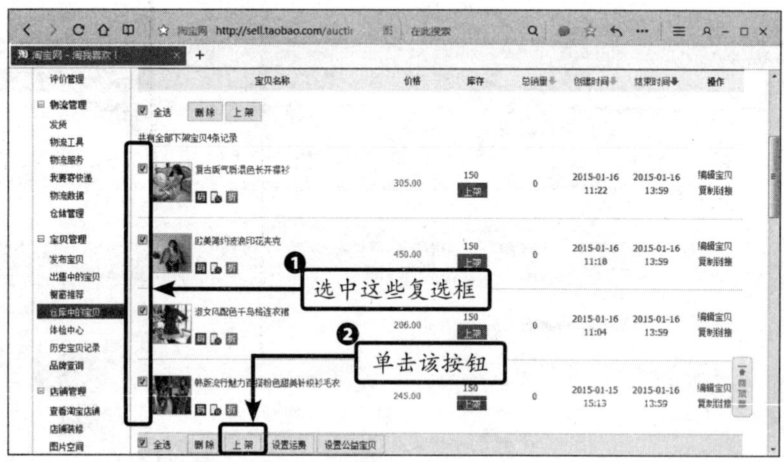

图2-75

方法2：通过“淘宝助理”进行宝贝的下架、上架。

01 启动并登录淘宝助理，进入淘宝助理主界面，如图2-76所示。

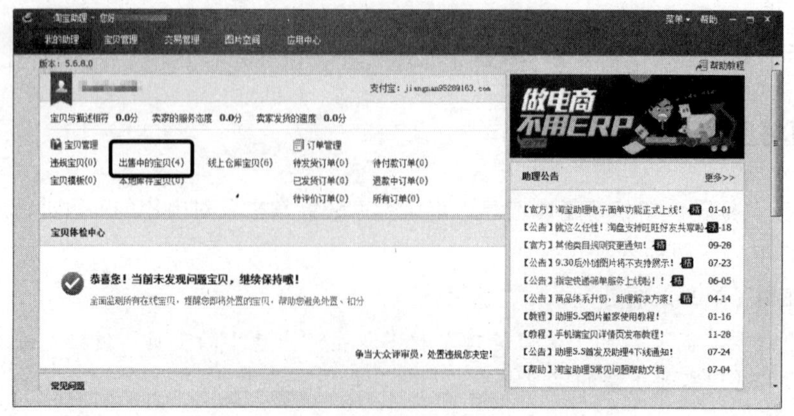

图2-76

02 单击“出售中的宝贝”链接，即可显示所有出售中的宝贝。在列表框中选中需要下架的宝贝前的复选框，单击“定时上架”框后的下拉按钮，在其下拉列表中选择“进仓库”选项，在“定时上架”栏右侧设置好下架时间，如图2-77所示。

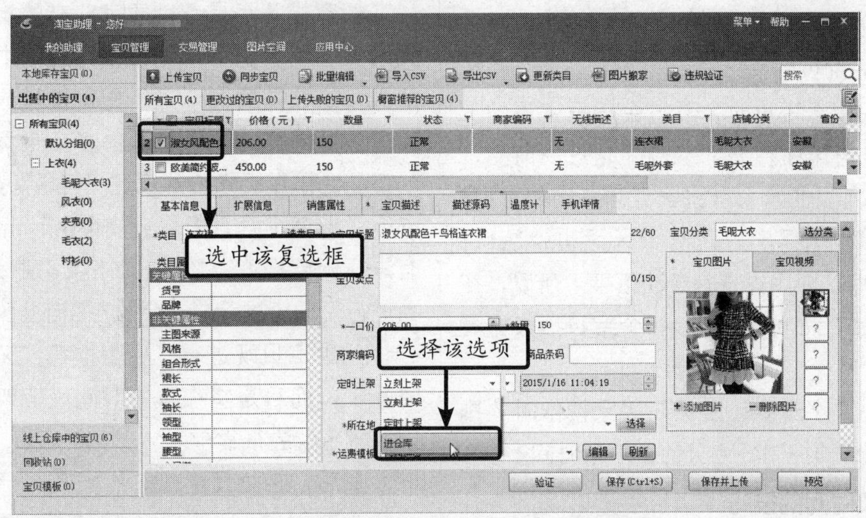

图2-77

03 单击“保存并上传”按钮，即可将该宝贝在指定的时间下架至仓库中。

04 此时，单击左侧的“线上仓库中的宝贝”按钮，可以看到全部被下架的宝贝。

05 选中宝贝前面的复选框，再次单击“定时上架”框后的下拉按钮，在下拉列表中选择“立刻上架”或者“定时上架”选项，如图2-78所示。

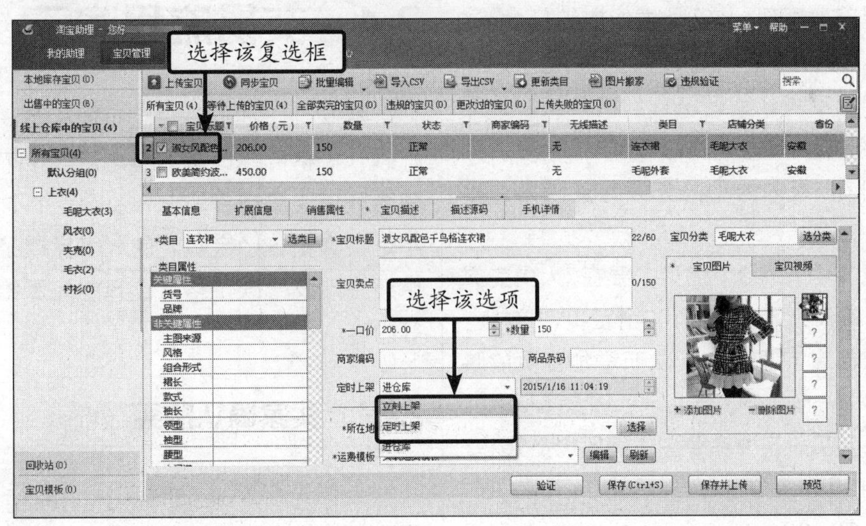

图2-78

06 单击“保存并上传”按钮，即可按设定的时间将其重新上架。

2.3.4 选对上架时间

很多开网店的新手卖家总是认为商品的上架时间越早越好。只要商品一到货，他们就迫不及待地发布商品。有的一次性把所有宝贝都上架，有的甚至在深夜里发布宝贝。因为对淘宝上下架如何引流量的原理不了解，这样的新卖家往往会错失一条通往成功的关键的捷径。

1. 淘宝的上下架原理

淘宝规定宝贝的上架时间一律为7天，这就决定了7天后宝贝的下架时间。

在淘宝搜索宝贝时，系统会根据宝贝的下架时间来进行排序，离下架时间越近的商品，排名就越靠前，越容易被买家看到。例如，1月5号晚上9点上架了5个宝贝，7天后也就是1月12号晚上9点这些宝贝将会自动下架。所以，在12号晚上8点左右的时候，这5个宝贝搜索排名会很靠前。

因此，卖家想要让宝贝在买家搜索时的排名靠前，就必须控制好宝贝的上下架时间。

2. 选择上架时间的技巧

选对宝贝的上架时间，才能被买家第一时间搜到，而不是简单地认为商品的上架时间越早越好。

首先，不要将所有宝贝安排在一天全部上架。

如果将宝贝设置在一天内全部上架，那按照淘宝的上下架原理，7天之内，店铺只会有1天是排名靠前的，而在其他的6天里，由于店铺没有快下架的宝贝，就无法排到前几页，从而就无法被买家搜索到。所以，建议卖家将店铺的宝贝安排在7天内的不同黄金时间段内分批上架。

如果仓库中有700个宝贝，要在7天内完成上架，那么每天只需要上架100个宝贝，这样就能保证每天都有宝贝上架，从而增加宝贝的曝光率。

其次，宝贝一定要在黄金时间段内上架。

据统计，一般在9:00~11:00、14:00~17:00、19:00~22:00这3个时间段中网上人流量最多。卖家应该尽量把店铺中的宝贝安排在买家上网的高峰时间段，才能提高宝贝的浏览量，从而提高店铺的销量。

当然，在黄金时间段上架，也未必就一定能达到最佳的效果。在具体操作中，还要注意在黄金时间段内，也要每隔几分钟、十几分钟或者半小时发布新商品。这样做的原因是为了避免宝贝的同时发布造成的同时消失。

再次，充分利用橱窗推荐。

橱窗推荐，是帮助卖家成交的重要工具。卖家可以利用橱窗推荐位推荐店铺中快下架的宝贝，这往往会比未进行橱窗推荐的排名要靠前很多。同样，橱窗推荐的多个宝贝，快下架的商品会排在更靠前的位置。但是，如果A商品进行了橱窗推荐，但是还剩余5天，而B商品没有进行橱窗推荐，还有1天下架，那么由于A商品进行了橱窗推荐，也会排在B商品的前面。

如果宝贝既进行了橱窗推荐，又到快下架时间了，而且是将在黄金时间段下架，那么，它的排名就会很靠前。

最后，避免设置在整点上架。

举例来说，如果有100个卖家，每个店主都设置宝贝上架的时间为20:00，并且都加入消保，也都橱窗推荐了，也许到第6天23小时59分59秒，你的宝贝仍然排在前10页中的某一页。

2.4 交易流程演示

在学习了如何管理宝贝的分类、上传以及标题、价格的修改等内容之后，接下来就应该学会如何完成店铺第一单交易。在这过程中，不是买家拍下了宝贝，就代表完成了交易，其中还会涉及修改价格、选择物流及给买家评价等内容。

2.4.1 买家确认购买

当买家浏览了店铺的宝贝之后并决定购买时，他们会先下订单，此时卖家会收到系统发来的提示信息，通知卖家该宝贝已被买家拍下，即表示买家已确认购买。

此时，进入“卖家中心”页面，在其左侧的“交易管理”栏下单击“已卖出的宝贝”链接（如图2-79所示），在“已卖出的宝贝”页面中即可看到买家拍下的订单，如图2-80所示。

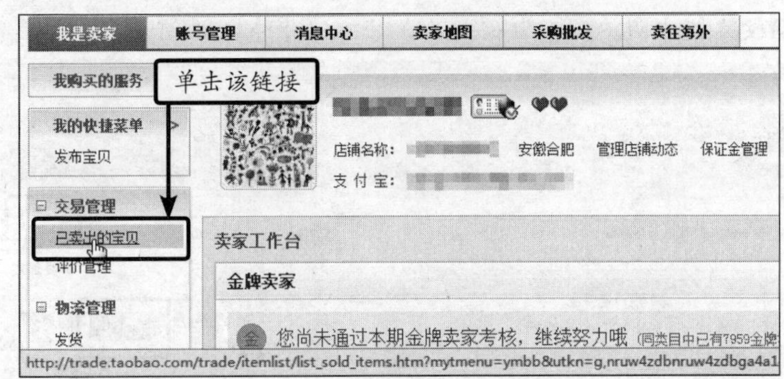

图2-79

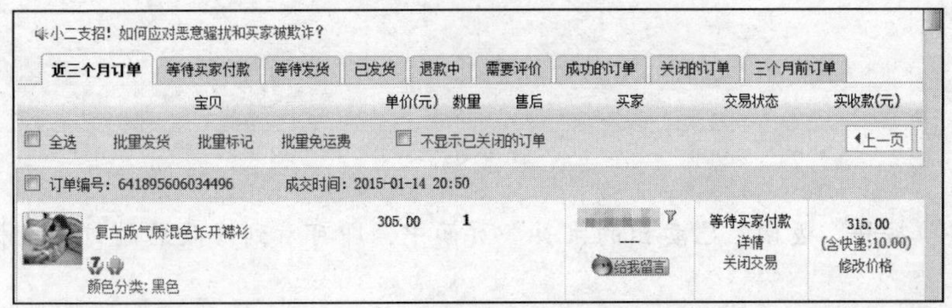

图2-80

2.4.2 卖家修改价格

在卖出商品的过程中，会遇到很多需要修改订单价格的情况，如买家讨价还价、活动促销等。

01 进入“已卖出的宝贝”页面，在需要修改价格的宝贝后面单击“修改价格”链接（如图2-81所示），弹出修改订单价格的窗口，如图2-82所示。

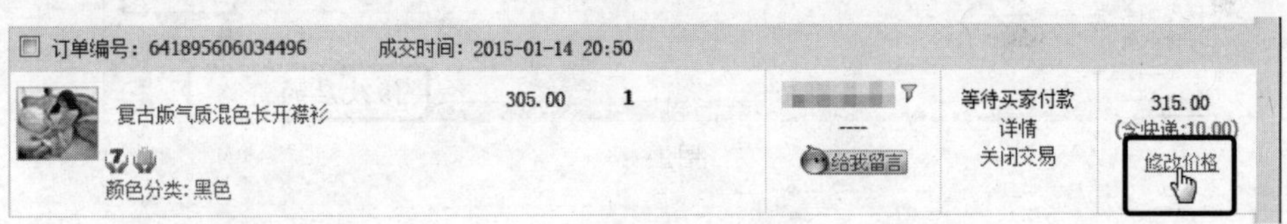

图2-81

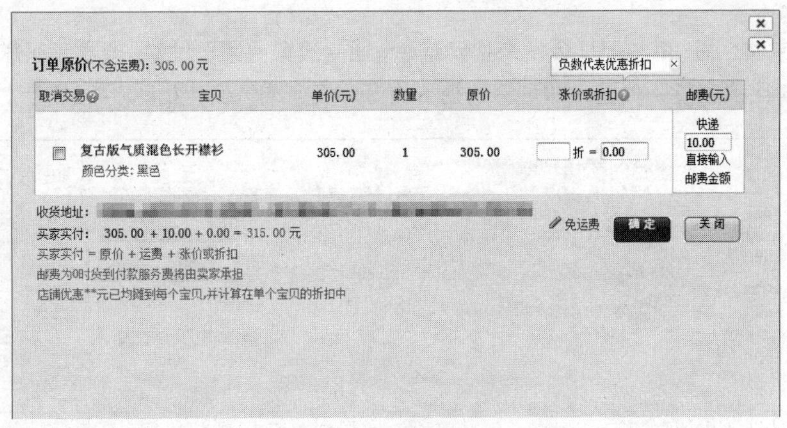

图2-82

02 将“邮费”下方文本框中的“10.00”修改为“0”，如图2-83所示。

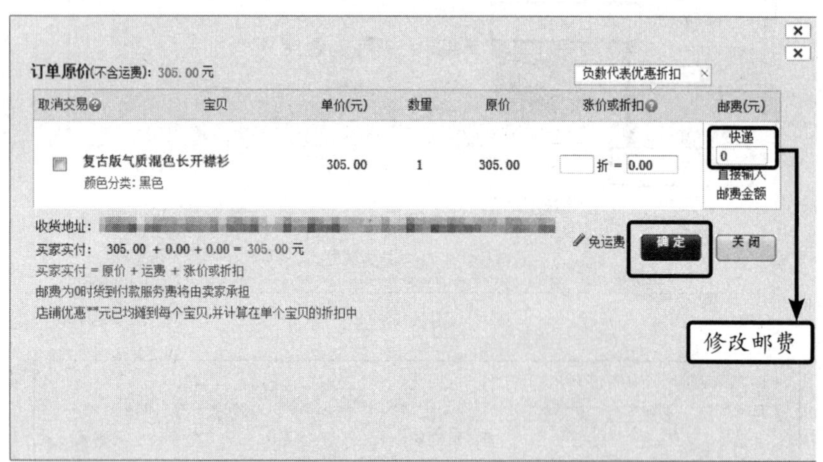

图2-83

03 单击“确定”按钮，返回“已卖出的宝贝”页面中，即可看到修改后的订单价格，如图2-84所示。

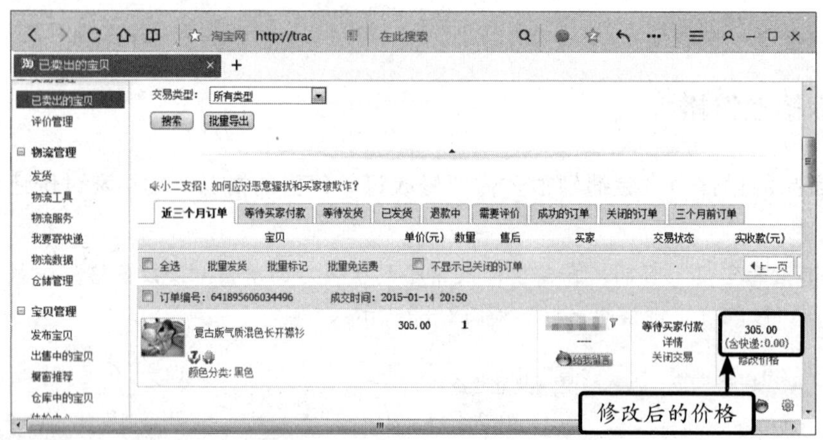

图2-84

2.4.3 买家确认付款

当买家付完款之后，系统同样会发来提示信息，通知卖家买家已付款，即表示买家确认付款。此时，进入“已卖出的宝贝”页面，即可看到拍下的订单已完成付款，如图2-85所示。

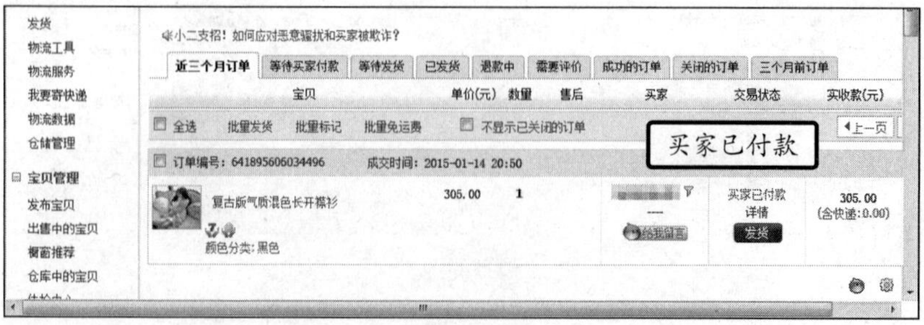

图2-85

2.4.4 卖家发货

买家付完款后，卖家就可以在线进行发货操作，并联系快递公司上门取件了。

01 进入“已卖出的宝贝”页面，在需要发货的宝贝后面单击“发货”按钮（如图2-86所示），进入“发货”页面，确认收货地址及交易信息，如图2-87所示。

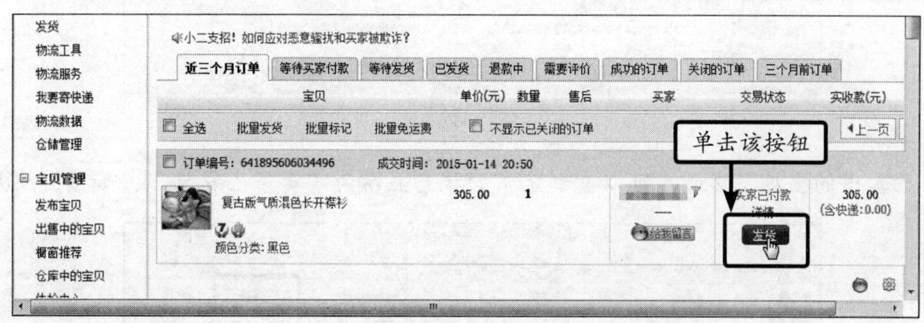

图2-86

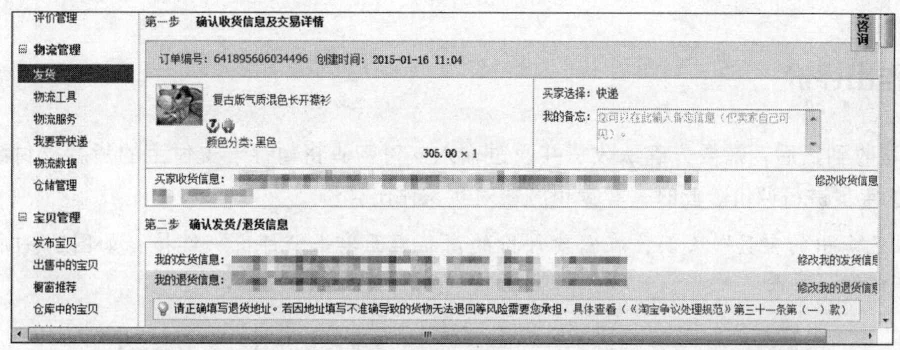

图2-87

02 在线下单或者电话联系物流公司，确定上门取货时间和地址并获取快递单号。在图2-88所示的“选择物流服务”页面中，填写好相应物流公司的快递单号。

第三步 选择物流服务（您交易发生的地区支持以下物流方式） 过去三个月中，派送过此收货地址的物流公司列表

物流发货5.6折，仅限一天

在线下单 自己联系物流 无需物流

马上去设置默认物流公司，方便您的发货！

公司名称	运单号码	备注	操作
EMS经济快递		bbbb	确认
EMS		bbbb	确认
德邦快递		bbbb	确认
凡宇速递		bbbb	确认
贝海国际速递		bbbb	确认
联昊通		bbbb	确认
全峰快递		bbbb	确认
全一快递		bbbb	确认
城市100		bbbb	确认

选择物流公司

在线咨询

图2-88

03 单击“确认”按钮即可操作成功，如图2-89所示。

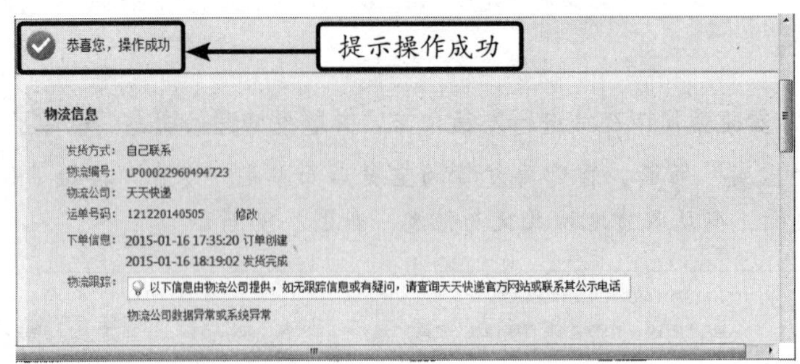

图2-89

04 返回“已卖出的宝贝”页面，可以看到宝贝的状态显示为“卖家已发货”，如图2-90所示。

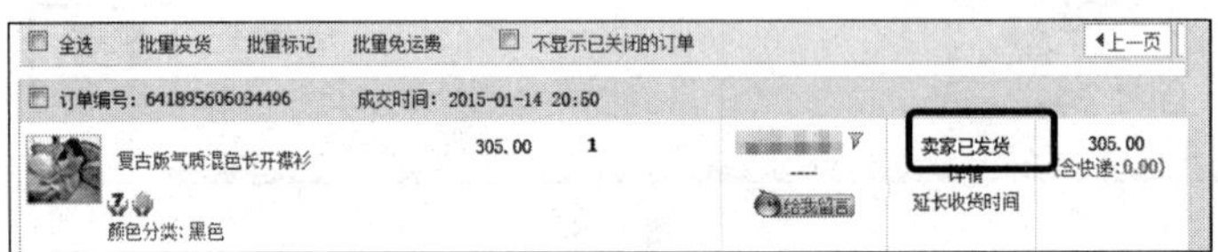

图2-90

2.4.5 作出评价

当买家收到货后，需要先确认收货并通过输入支付密码将暂存于支付宝的货款支付给卖家，并对收到的宝贝进行评价。此时，卖家也应该对买家作出评价。

01 进入“已卖出的宝贝”页面，在需要评价的商品后面单击“评价”链接（如图2-91所示），进入“评价”页面。

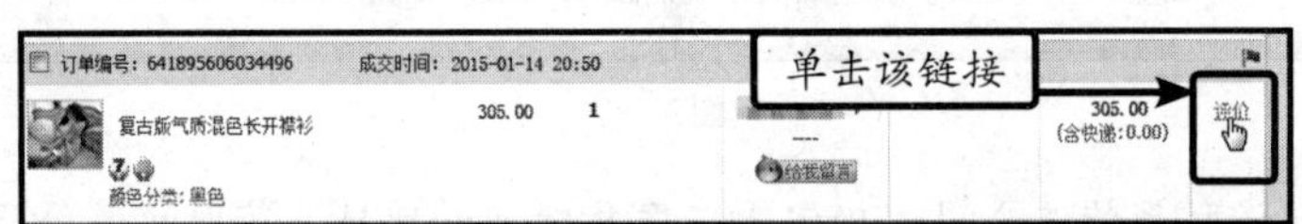

图2-91

02 对宝贝进行“好评”“中评”和“差评”的选择，并在“评价”列表框中根据实际情况填写相应的评价，如图2-92所示。

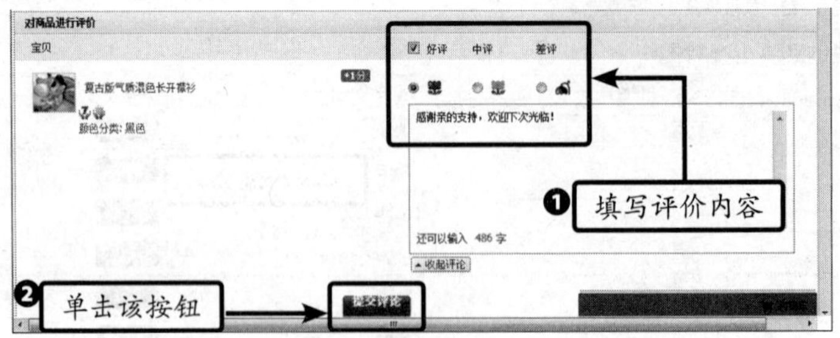

图2-92

03 单击“提交评论”按钮，即可完成对买家的评价，如图2-93所示。

图2-93

第3章　店铺经营管理

3.1　提升宝贝销售

对很多新卖家来说，宝贝的销售是需要一定的技巧和策略的。因为在淘宝上，卖家云集，买家的选择面也就很广。要战胜其他卖家，吸引越来越多的顾客，就必须要有好的销售策略，正确运用销售技巧。

3.1.1　设置VIP价格促销

1. 淘宝VIP

淘宝VIP会员成长体系包含7个会员等级（从V0会员到V6会员），该等级由“成长值”（由购物累积金额计算获得）决定。成长值越高会员等级越高，享受的会员服务更多。

卖家可以在自己的店铺中设置VIP宝贝，针对淘宝不同等级的VIP会员，给予不同的折扣，以此来进行商品的促销。

01 进入“卖家中心”页面，在左侧的“宝贝管理”栏下单击“出售中的宝贝”链接，进入“出售中的宝贝”页面。

02 选中要设置VIP的宝贝前的复选框，单击“设置淘宝VIP”按钮（如图3-1所示），进入“淘宝VIP会员卡”页面。

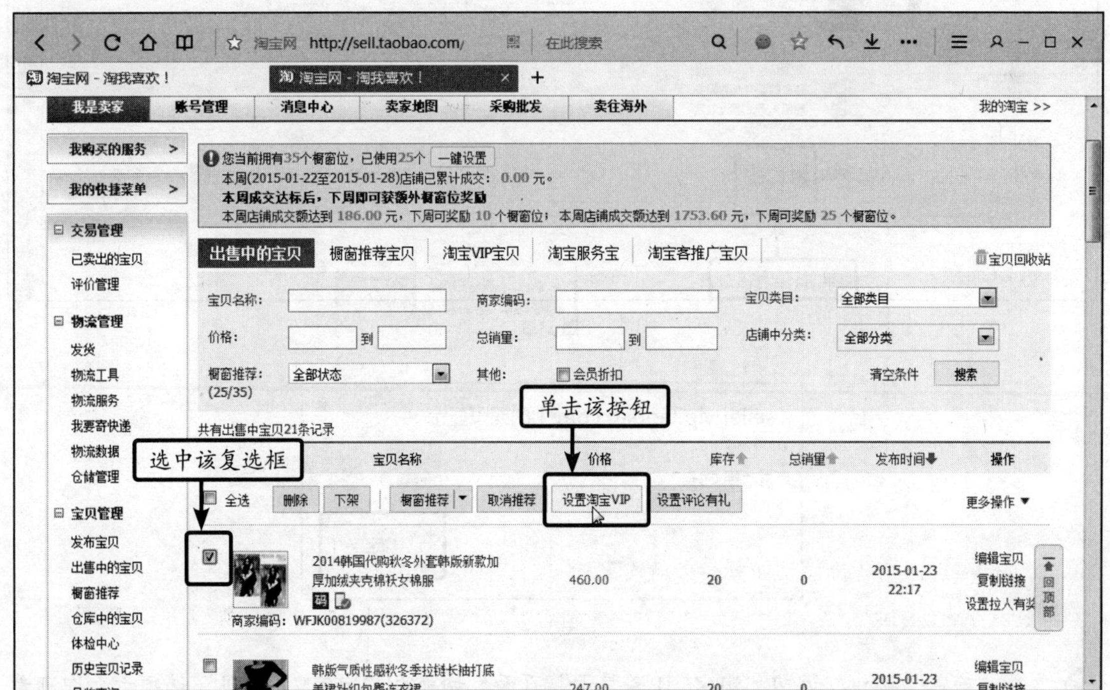

图3-1

03 选中要设置VIP的宝贝，在后面的“V1-V3（折）”“V4-V5（折）”“V6（折）”文本框中分别输入相应的折扣，如图3-2所示。

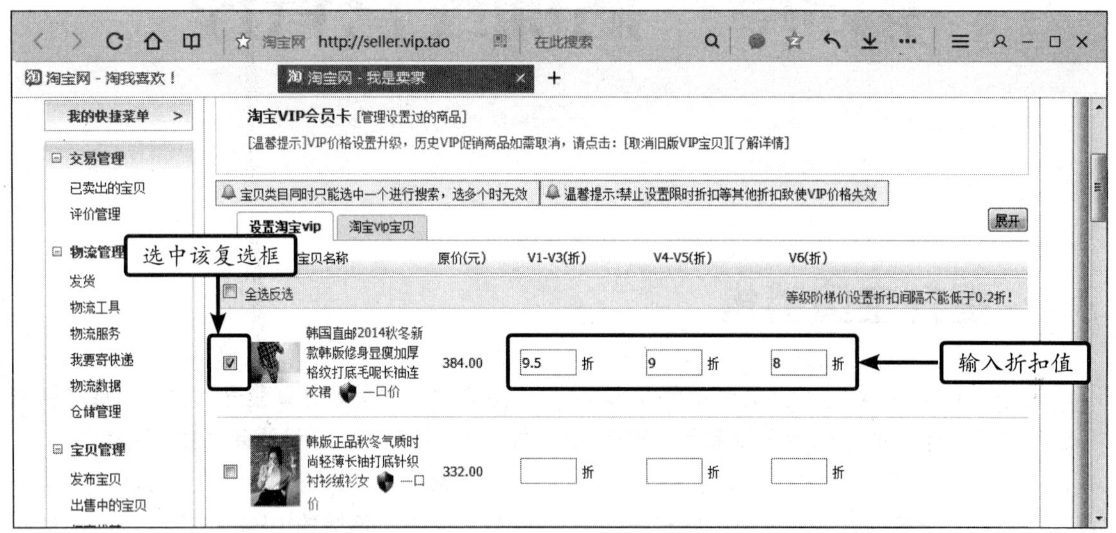

图3-2

04 设置完成后单击下方的“参加”按钮（如图3-3所示），弹出图3-4所示的提示窗口。

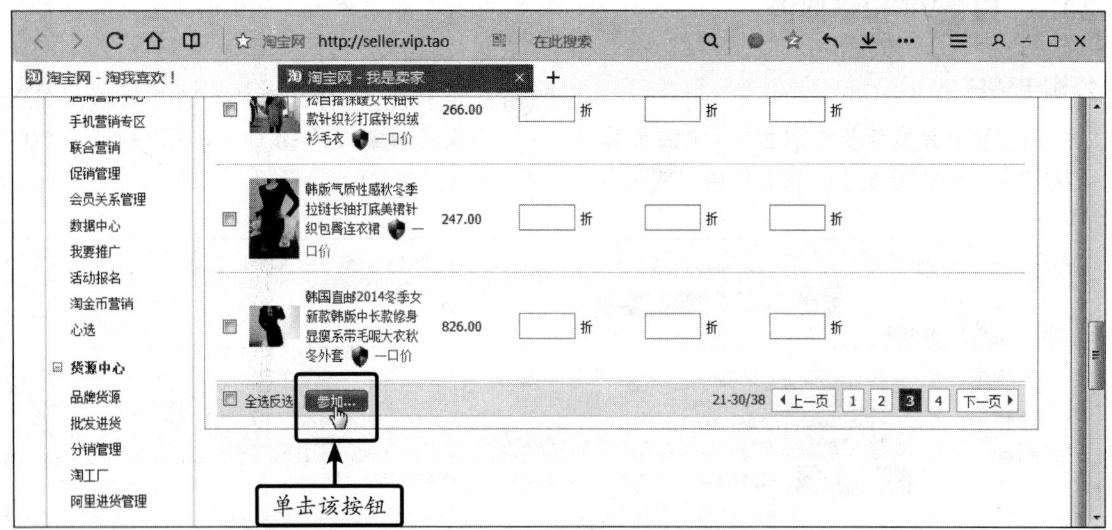

图3-3

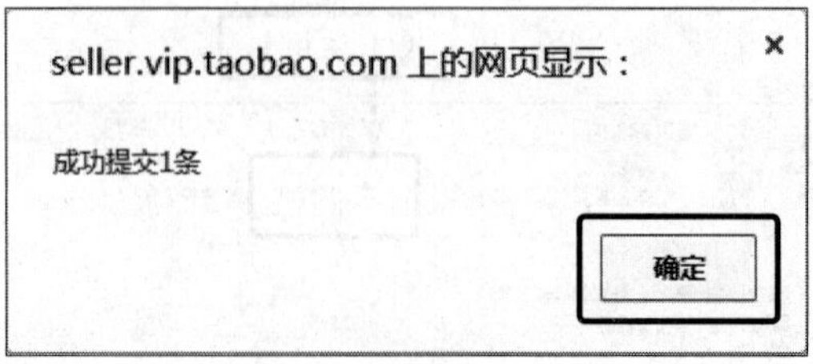

seller.vip.taobao.com 上的网页显示：

成功提交1条

确定

图3-4

05 单击“确定”按钮，返回“淘宝VIP会员卡”页面。切换至“淘宝VIP宝贝”选项卡，即可看到设置的VIP宝贝，如图3-5所示。

图3-5

06 单击宝贝图片或名称，进入该宝贝的详情页面，即可看到设置的VIP价格，如图3-6所示。

图3-6

2. 店铺VIP

店铺的会员等级分为以下4个等级。

普通会员（VIP1）：只要拍下店铺的商品并确认收货，马上会成为您的普通会员（请在设置普通会员优惠时注意）。

高级会员（VIP2）：在拍下店铺的商品并确认收货的基础上，同时符合店主设定的高级会员条件。

VIP会员（VIP3）：在拍下店铺的商品并确认收货的基础上，同时符合店主设定的VIP会员条件。

至尊VIP会员（VIP4）：在拍下店铺的商品并确认收货的基础上，同时符合店主设定的至尊VIP会员条件。

对买家设置VIP会员等级，可以充分了解自己店铺会员的信息，加强自己店铺和会员之间的联系，提高会员忠诚度。同时针对不同的会员还可以设置不同的折扣优惠，促进店铺的成交量。

下面介绍设置VIP会员等级，然后根据不同等级设置不同折扣的方法，具体操作步骤如下。

01 登录淘宝网，进入“卖家中心”页面。在左侧的“营销中心”栏中单击“会员关系管理”链接，如图3-7所示。

02 在弹出的窗口（如图3-8所示）中单击“立即开通”按钮开通“会员关系管理”服务功能。

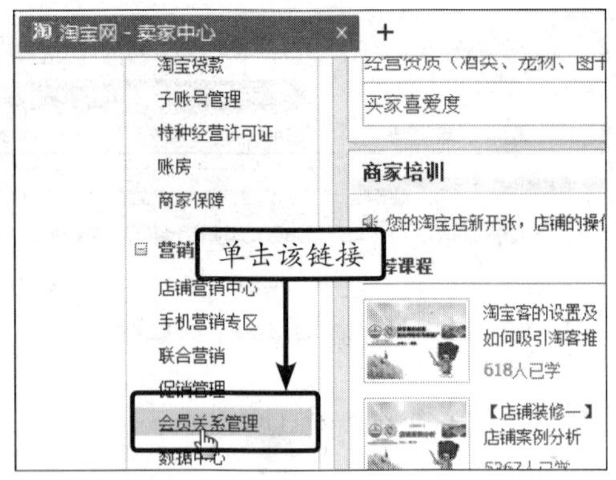

图3-7

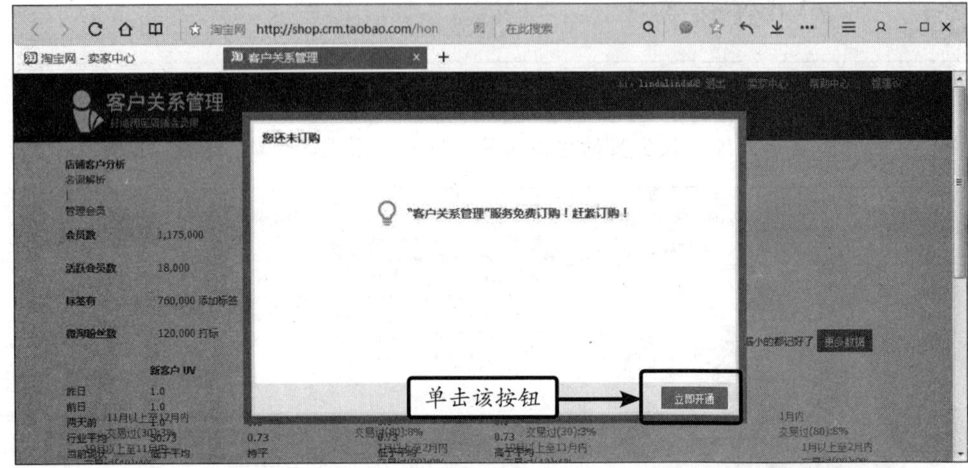

图3-8

03 开通之后，返回“客户关系管理”页面，如图3-9所示。

会员数	71	近7天增加会员	1
活跃会员数	6	沉睡会员数	65
标签数	0 添加标签	标签会员数	0
微淘粉丝数	173		

	新客户 UV	新客户转化率（%）	老客户 UV	老客户转化率（%）
昨日	2.0	0.0	0.0	0.0
前日	1.0	100.0	1.0	200.0
两天前	1.0	0.0	0.0	0.0
行业平均	5.76	3.14	1.06	4.83

图3-9

04 单击右上角的“设置”选项卡，进入“VIP设置”页面。设置不同等级会员的满足条件和相应的折扣，如图3-10所示。

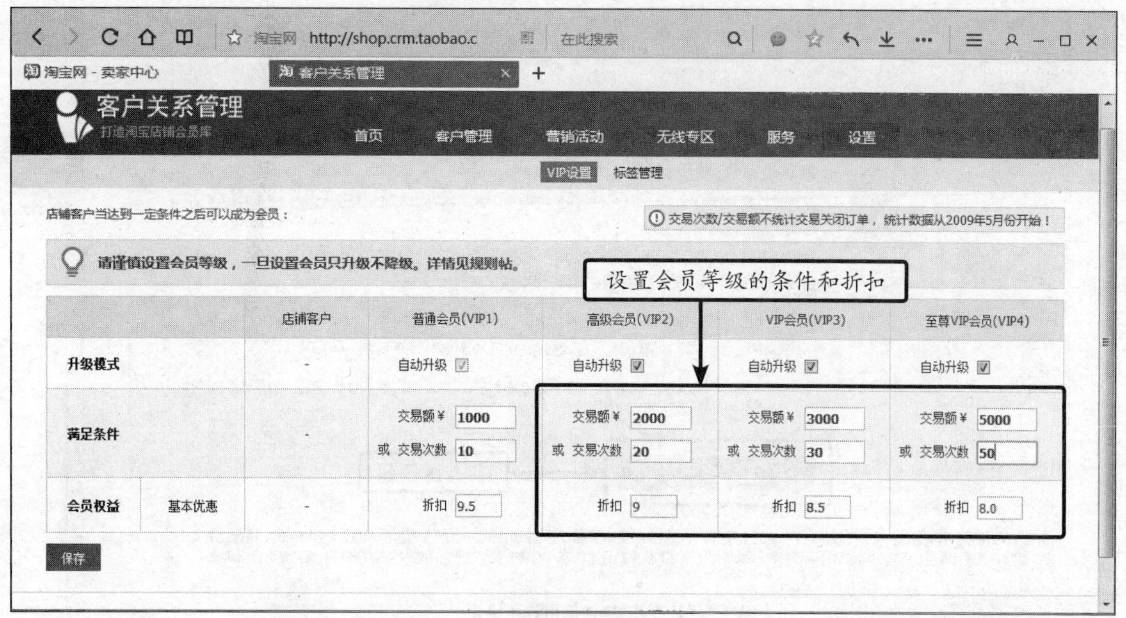

图3-10

05 单击“保存”按钮，即可完成设置。当店铺的买家达到了所设置的条件之后，就可以自动升级为相应的会员等级，同时也可以享受该等级的优惠。

3.1.2 设置评论有礼

根据淘宝用户长期的反馈信息，买家决策购物主要的参考信息，已经逐渐从卖家等级、好评率倾向于用户评论内容。已购买用户的使用感受，更能直观、细致地反映出用户使用宝贝和体验卖家服务的真正感受，同时也能反映出宝贝的优点与缺点，对后续消费者购买更能产生促进消费的作用。

“评论有礼”是一项鼓励买家进行优质评论的功能，提升买家评论质量，新品首次评论，以帮助卖家提高店铺的主动评论率。

下面介绍如何设置评论有礼，具体操作如下。

01 进入“卖家中心”页面，在左侧的“宝贝管理”栏中单击“出售中的宝贝”链接，进入“出售中的宝贝”页面。

02 选中要设置评论有礼的宝贝，单击“设置评论有礼”按钮（如图3-11所示），进入“评论有礼”页面，如图3-12所示。

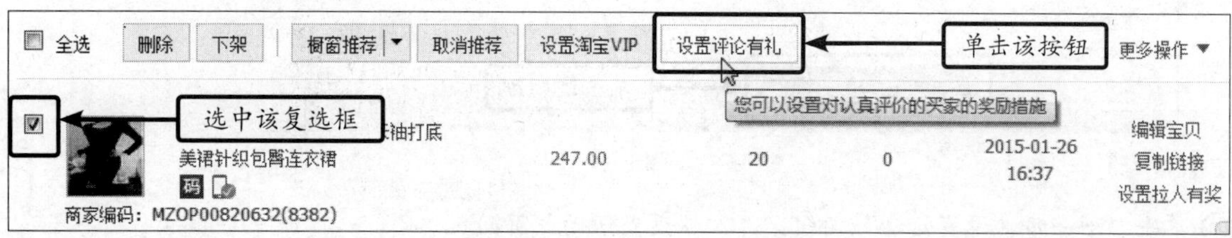

图3-11

图3-12

03 单击“同意以下协议，免费开通”按钮，进入“创建活动”页面，如图3-13所示。

图3-13

04 单击“下一步，设置活动”按钮，进入“设置活动”页面。

05 输入活动名称，选择活动类型，设置活动的截止时间和奖励方式，如图3-14所示（优惠券是需要提前在“营销中心”—“优惠券”中点击开通）。

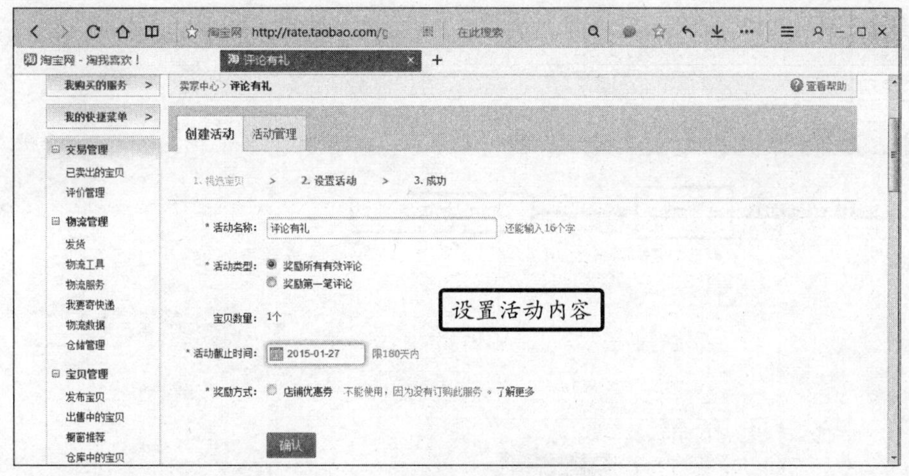

图3-14

小提示

在选择活动类型的时候，奖励第一笔评论不难理解，那么奖励所有有效评论是什么意思呢？

有效评论是指30字以上的评价、紧扣宝贝属性内容（尺码、颜色）写的评论，是淘宝网系统自动识别认定的，可以是好评也可以是差评。

3.1.3 创建营销活动

这里所说的营销活动包括发店铺优惠券、打折/减现/包邮活动等，下面介绍其中的3种活动的创建方法。

1. 创建打折活动

01 进入“卖家中心”页面，在左侧的“营销中心”栏下单击“会员关系管理”链接，进入“客户关系管理”页面，如图3-15所示。

图3-15

02 单击“创建打折活动”按钮，进入设置活动对象的页面，如图3-16所示。

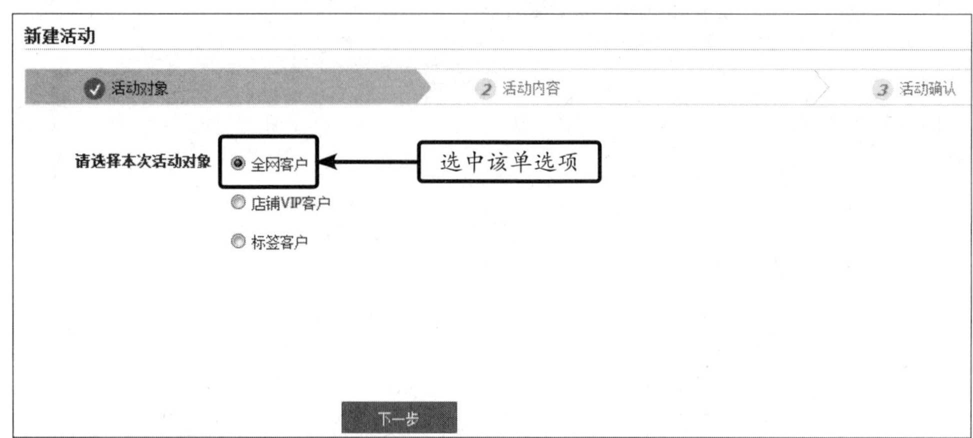

图3-16

03 选中“全网客户”单选钮，单击“下一步”按钮，进入设置活动内容的页面。

04 输入活动名称，设置活动时间，选择活动宝贝，设置促销方式，输入促销标签，如图3-17所示。

图3-17

05 单击“确定提交”按钮，弹出图3-18所示的窗口。

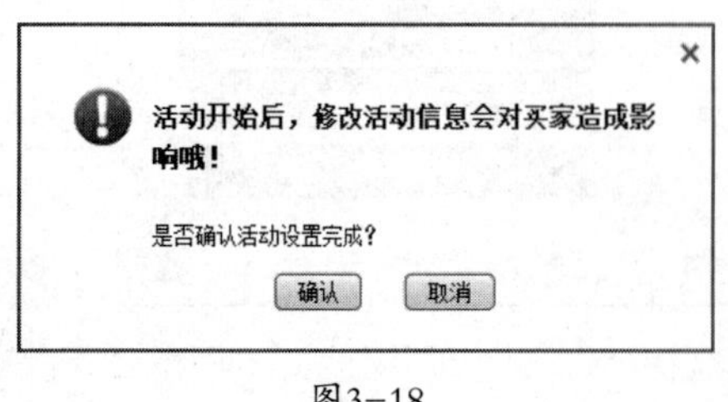

图3-18

06 单击“确认”按钮，即可完成打折活动的创建，如图3-19所示。

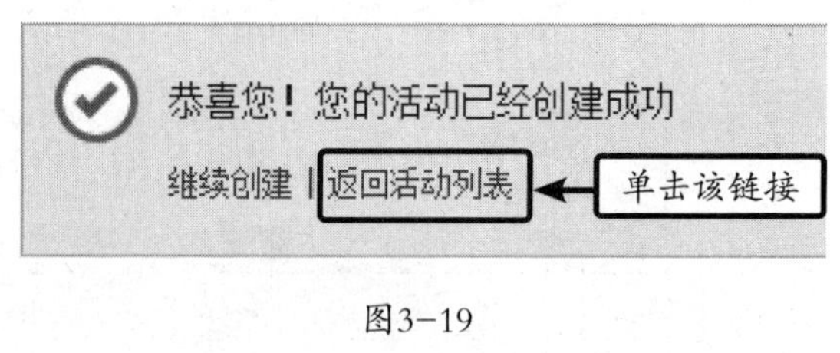

图3-19

07 单击“返回活动列表”链接，进入“活动列表”页面，即可看到创建的打折活动，如图3-20所示。

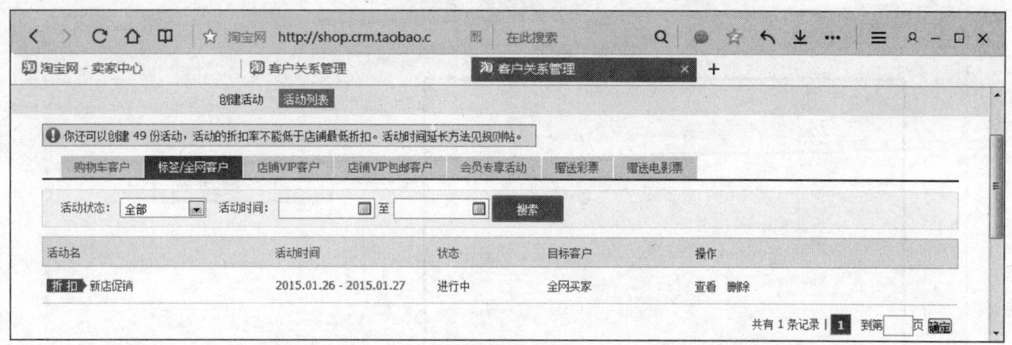

图3-20

08 打开创建了打折活动的宝贝详情页面，可以看到设置的折扣，如图3-21所示。

图3-21

2. 创建减现活动

01 进入“客户关系管理”页面，单击“创建减现活动”按钮，进入设置活动对象的页面，如图3-22所示。

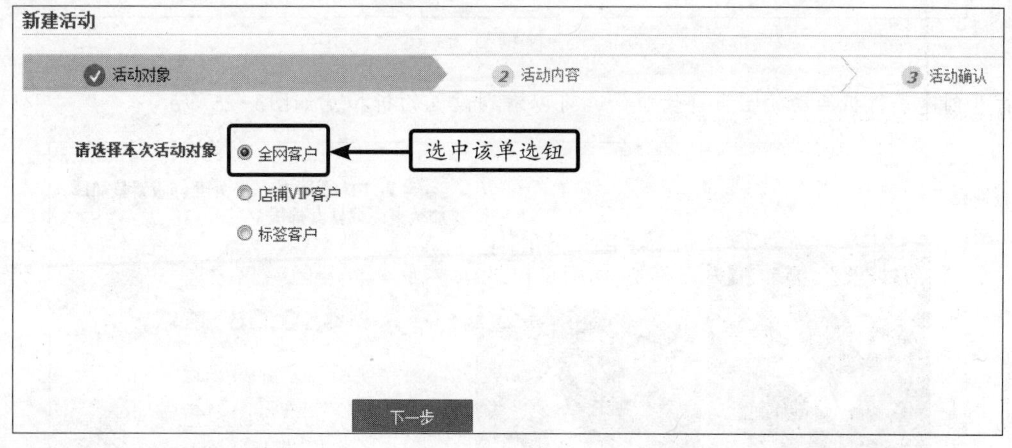

图3-22

02 选中“全网客户”单选钮，单击“下一步”按钮，进入设置活动内容的页面。

03 输入活动名称，设置活动时间，选择活动宝贝，设置促销方式，输入促销标签，如图3-23所示。

图3-23

04 单击“确定提交”按钮，弹出确认提示窗口。单击“确认”按钮，即可完成打折活动的创建。

05 进入“活动列表”页面，即可看到创建的减现活动，如图3-24所示。

图3-24

06 打开创建了打折活动的宝贝详情页面，可以看到设置的折扣，如图3-25所示。

图3-25

3. 创建包邮活动

01 进入“客户关系管理”页面，单击“创建包邮活动”按钮，进入设置活动对象的页面。

02 包邮活动的对象只能选择店铺VIP客户。单击“店铺VIP客户”单选钮后面的下拉按钮，在其下拉列表中选择本次活动的VIP等级，如图3-26所示。

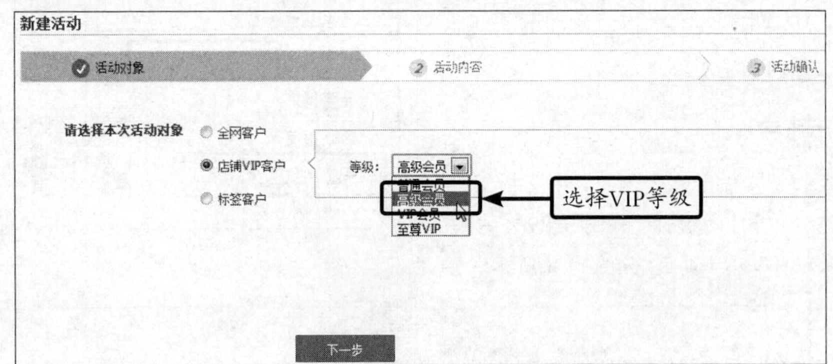

图3-26

03 单击“下一步”按钮，进入设置活动内容的页面。输入活动名称，设置活动时间，选择活动宝贝，设置促销方式，输入促销标签，如图3-27所示。

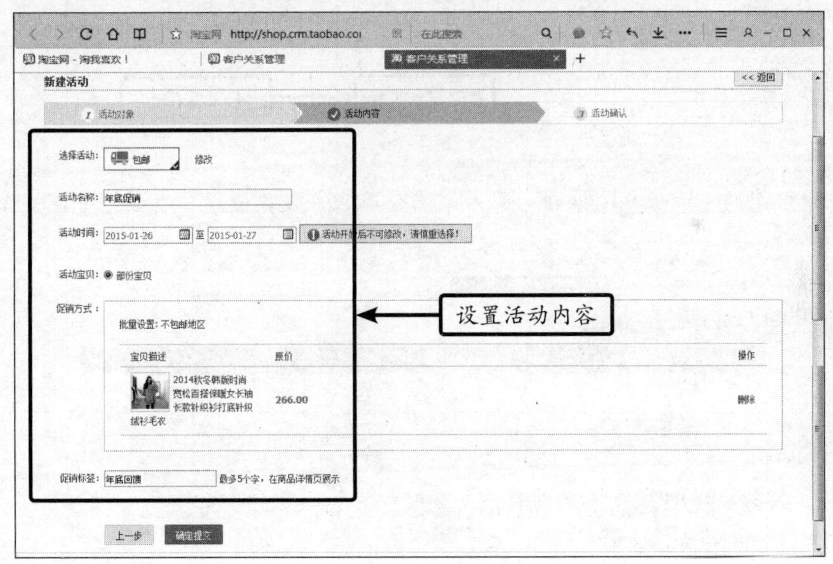

图3-27

04 单击“确定提交”按钮，弹出确认提示窗口。单击“确认”按钮，即可完成打折活动的创建。

05 进入“活动列表”页面，在“店铺VIP包邮客户”选项卡下即可看到创建的包邮活动，如图3-28所示。

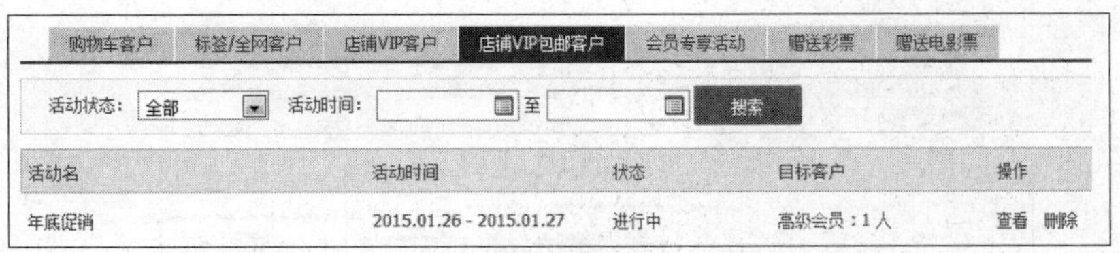

图3-28

3.1.4 创建淘金币活动

淘金币营销是为淘宝卖家量身打造的店铺营销工具，淘宝买家可以通过每天签到，参与活动，购买商品获取淘金币，卖家设置商品支持淘宝币抵钱，可以吸引买家进店消费。提高买家的忠诚度和成交转化率。

1. 申请淘金币账户

01 进入“卖家中心”页面，在左侧的“营销中心”栏下单击“淘金币营销”链接（如图3-29所示），进入“卖家服务中心”页面，如图3-30所示。

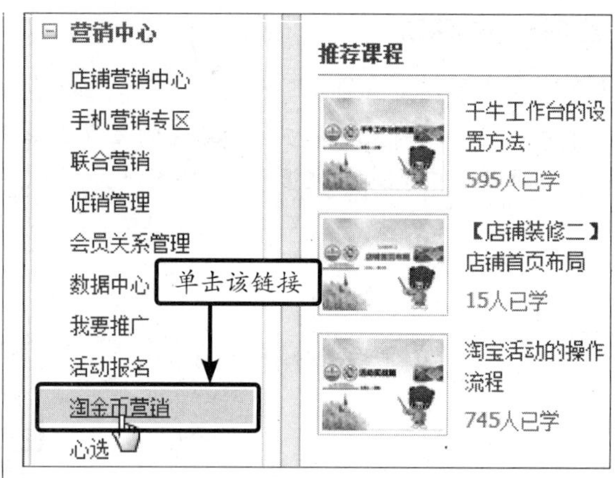

图3-29

图3-30

02 单击“立即申请淘金币账户”按钮，进入“淘金币账户服务协议”页面，如图3-31所示。

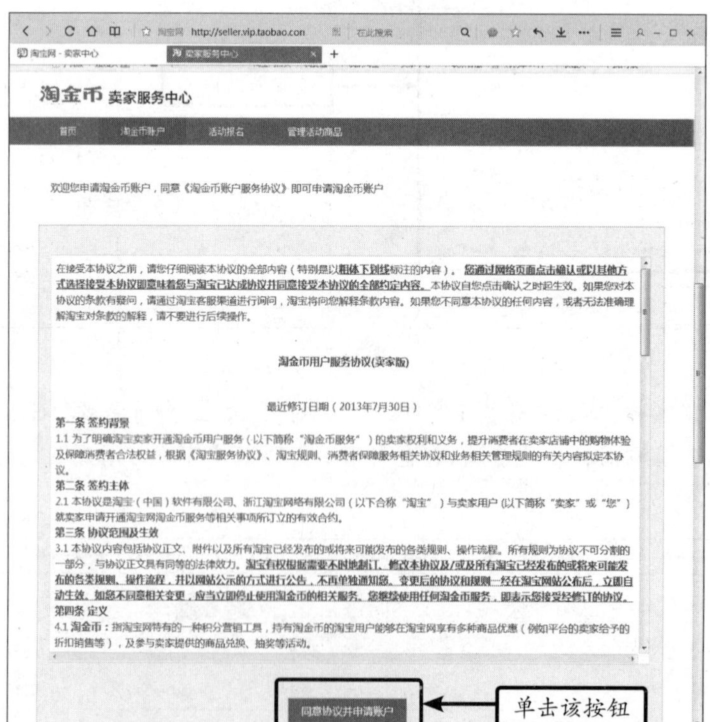

图3-31

03 单击“同意协议并申请账户”按钮，弹出图3-32所示的窗口。

04 单击“确认”按钮，即可完成淘金币账户的申请，如图3-33所示。

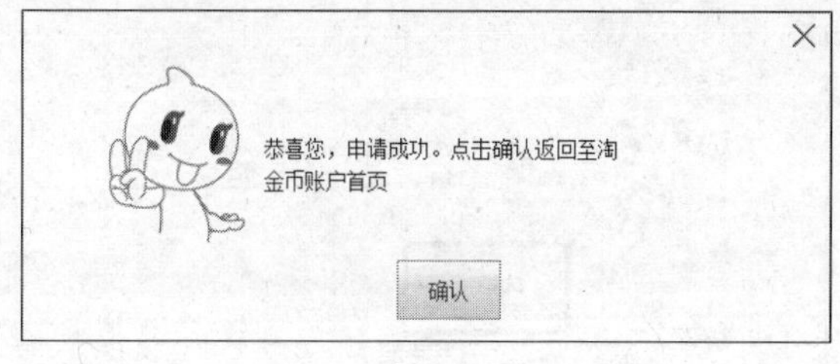

图3-32

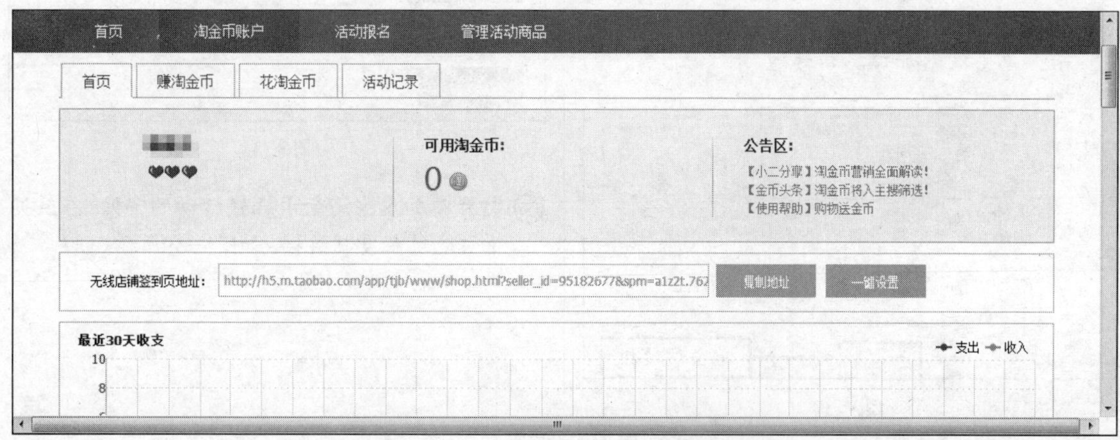

图3-33

2. 创建淘金币抵钱活动

在淘金币账户里可以看到有多种营销活动可以创建，如图3-34所示。

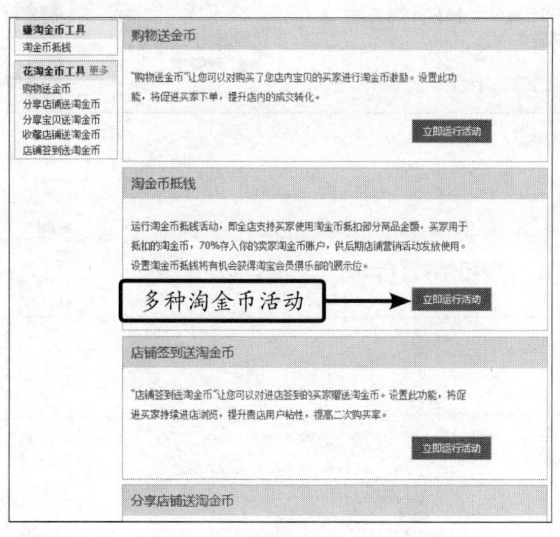

图3-34

下面介绍其中的一种活动——淘金币抵钱的创建方法，具体操作如下。

01 在“淘金币账户”页面中的“淘金币抵钱”栏下单击“立即运行活动”按钮，进入“淘金币抵钱”页面。

02 设置淘金币抵钱的最低抵扣比例及活动的时间，如图3-35所示。

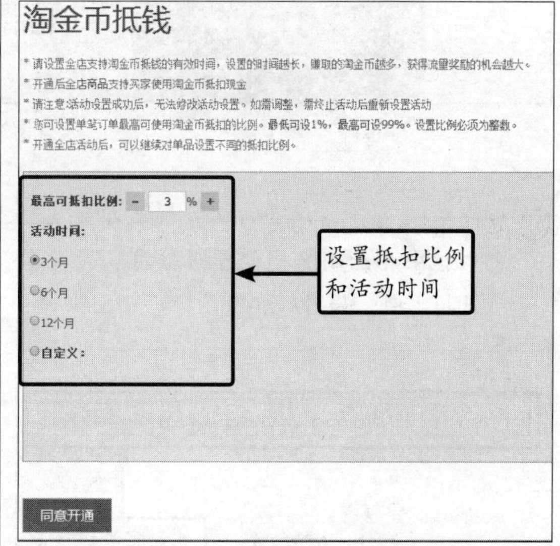

图3-35

03 单击“同意开通”按钮，弹出图3-36所示的窗口，单击“确定开通”按钮。

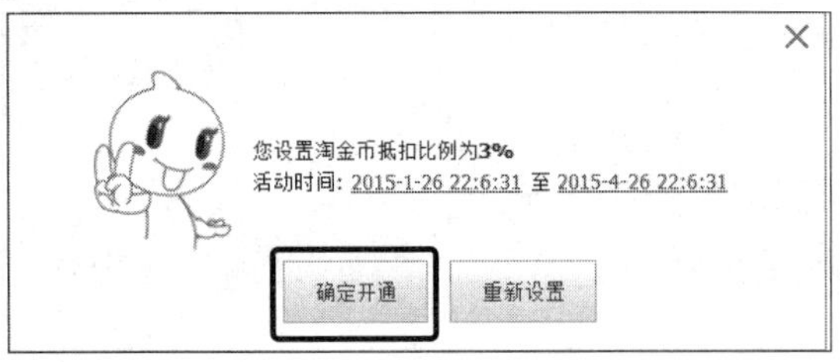

图3-36

04 返回“淘金币抵钱”页面，如图3-37所示，单击“添加单品”按钮。

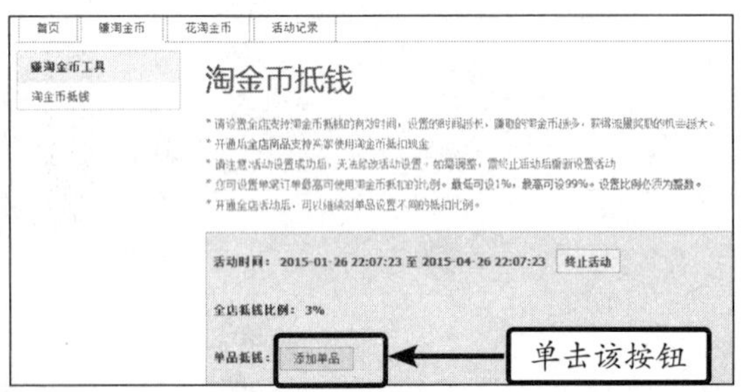

图3-37

05 弹出图3-38所示的窗口。

图3-38

06 打开参加本次淘金币抵钱活动的宝贝，在宝贝面页地址栏复制链接，如图3-39所示。

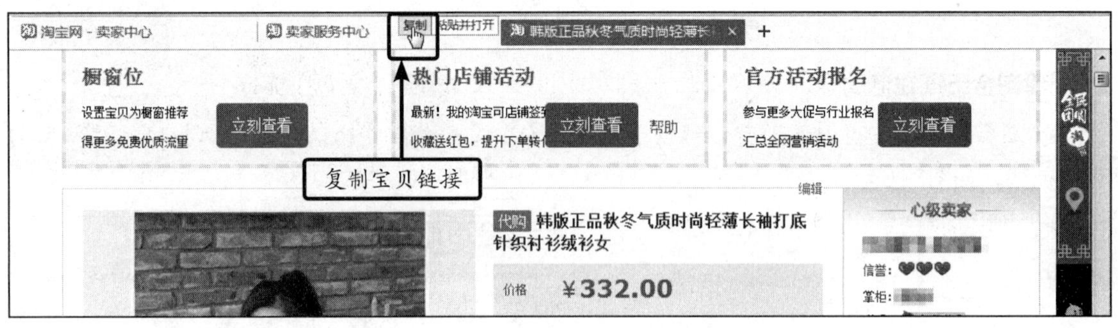

图3-39

07 返回图3-38所示的窗口，在“添加单品”文本框中粘贴刚复制的宝贝链接，设置单品抵扣比例，如图3-40所示。

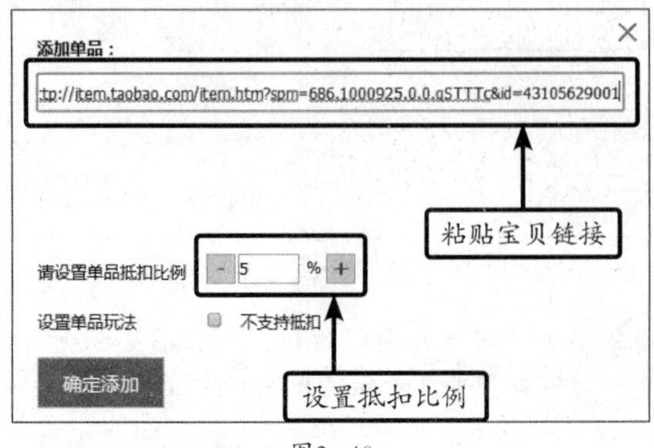

图3-40

08 单击“确定添加”按钮，即可完成操作，如图3-41所示。

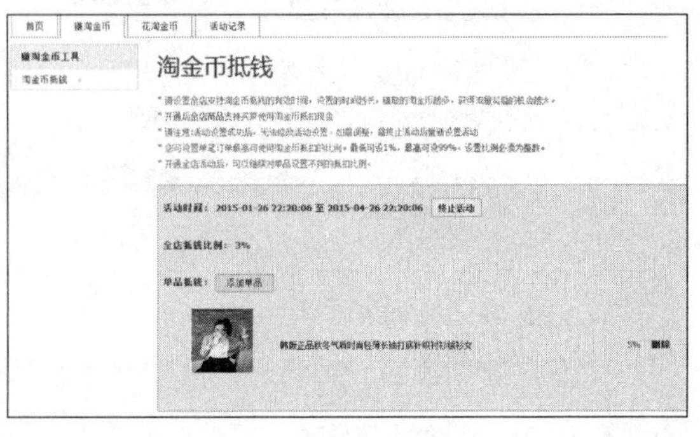

图3-41

09 完成以上步骤后，打开刚设置的宝贝，即可看到在宝贝价格的下方出现了淘金币抵钱的标识，如图3-42所示。

图3-42

3.1.5 促销宝贝的捆绑销售

在淘宝中，常看到有店铺会用到搭配套餐来进行捆绑销售。主要用来对同类型或者互补性的商品进行绑定，满足买家的需求，从而提升客单价。

这种捆绑销售有多种方式，如买A送B、第2件半价、买C送C、买A加E元送B等。

其中，买A送B相对来说是生活中比较常见的。例如，在超市中常常碰到买牙膏送牙刷、买牛奶送杯子的。不过，在淘宝店铺中很多卖家则更多的是采用“买一送多”，超值优惠。例如，买一个炒锅就送筷子、菜刀、铲子、洗碗布等，如图3-43所示。

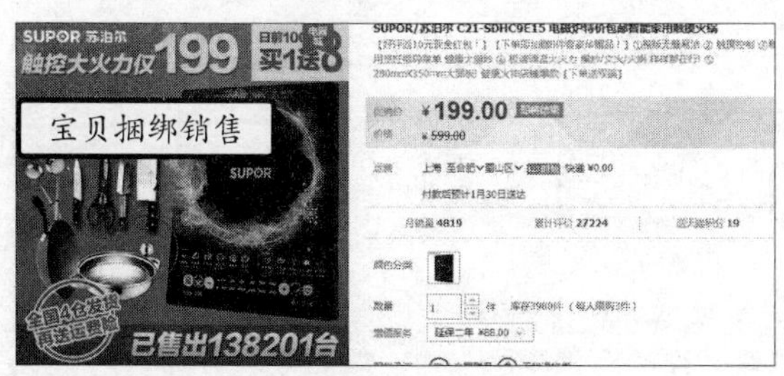

图3-43

除了这种方式，其他几种方式也被广泛应用。如第2件半价的方式也是在淘宝中时常可以看到的，如图3-44所示。

图3-44

买C送C，主要运用在同种商品上，如买了10张面膜送1张同款面膜，买的越多送得越多；

图3-45

买A加E元送B，这个主要运用在价值较高的A上。例如，在淘宝上买手机，商家就会提示加一定金额，可以赠送一块电池。

图3-46

3.2 换货与退货

在宝贝销售的过程中，不管是新手卖家还是经验老手，都会遇到顾客退货或换货的问题。其实，这是开店的正常现象，但要怎样妥善地处理好这些情况，并且从中吸取经验教训，才是卖家应该考虑的重要问题。

对于买家发出的退货或换货申请，卖家有两种处理方式。

同意申请：需要发送退换货地址给买家。买家根据该地址寄回商品进行退货或换货。

拒绝申请：需要输入拒绝的理由。之后，买家可以要求淘宝介入处理。

买家退货时可以选择退货并退款和仅退货两种方式，在提交的申请得到卖家的同意之后，需要输入退换货商品的物流信息，然后等待卖家收货并退款。

换货与退货的流程相似，下面以处理买家的换货申请为例进行详细介绍，具体操作步骤如下。

01 当买家发出换货申请，卖家会收到图3-47所示的消息通知。

02 单击“点此查看售后详情”链接，进入“卖家处理换货申请”页面，如图3-48所示。

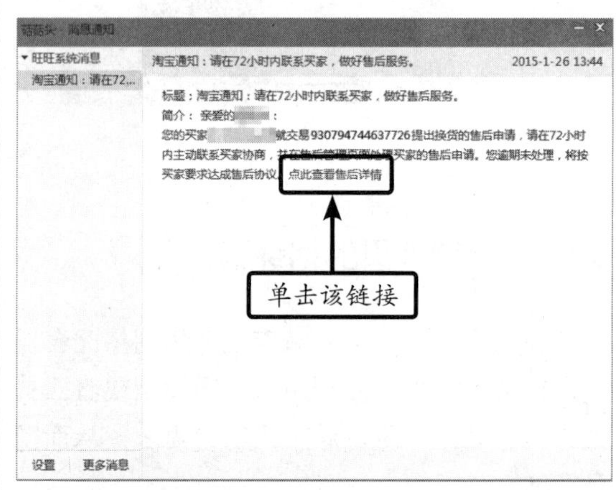

图3-47

图3-48

03 若卖家同意换货，则单击“同意换货，发送退货地址”按钮，在图3-49所示的页面中单击“发送退货地址给买家”按钮即可。

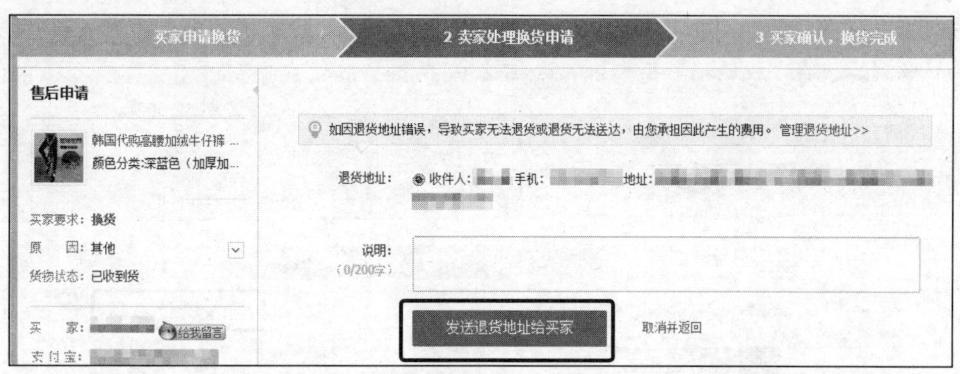

图3-49

04 若不同意换货，则单击“拒绝换货申请”按钮，在图3-50所示的页面中输入拒绝理由，并单击“确定拒绝”按钮即可。

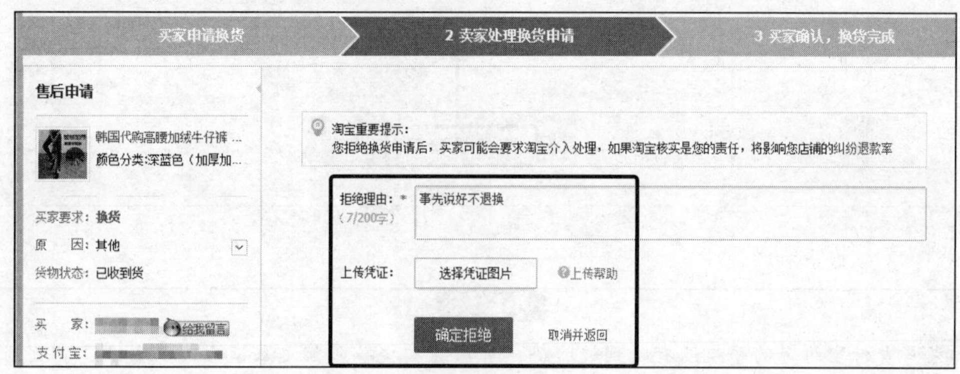

图3-50

小提示

对于买家的换货申请，卖家有5天的处理时间；对于买家的退货退款申请，卖家有24小时的处理时间。

对于卖家逾期未处理的申请，若卖家有保证金，将冻结该钱款通知买家退货。若卖家钱款不足，将通知其24小时内补足，若未补足，淘宝客服将介入处理。

买家点击要求淘宝介入后，会有3天的举证期，后续会在4个工作日内给出处理意见。

3.3 进出账目管理

卖家可以使用支付宝来管理进出账目，其好处是无须到银行查账，支付宝即时通知买家的付款情况，省时、省力、账目分明，帮卖家清晰地记录每一笔交易的详细信息，卖家省心。

3.3.1 退换买家货款及运费

有些买家买到宝贝后，因为一些情况会选择退款，这时候卖家确认退款事宜合情合理就需要给买家处理退款申请。

01 进入“已卖出的宝贝”页面中，在已申请退款的宝贝中，单击“退款”链接（如图3-51所示），进入“卖家处理退款申请”页面。

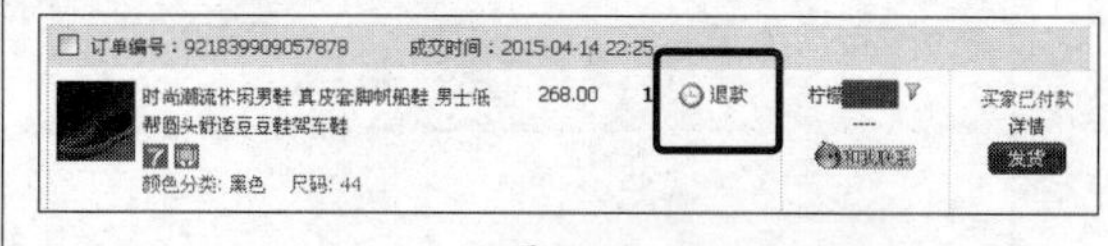

图3-51

02 在页面的“支付宝支付密码”文本框中输

入支付宝支付密码（如图5-52所示），同时与本支付宝绑定的手机号码会收到一组6位数字校验码。收到后，在“校验码”框中输入这组数字。

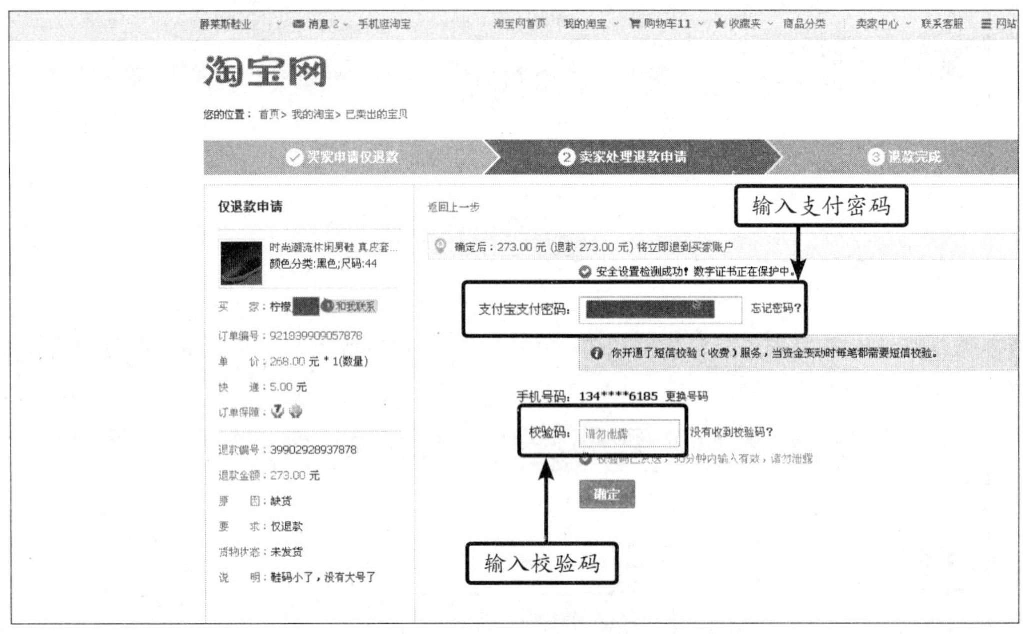

图3-52

小提示

如果与支付宝绑定的手机没有收到校验码，可以在“校验码”文本框右边单击“没有收到校验码？”链接，绑定手机会再次接收一组新的6位数字校验码。

03 完成操作后，单击“确定”按钮，进入“退款成功”页面（如图5-53所示），说明退款已经成功。已付的支付金额将会转入买家的支付宝账户中。

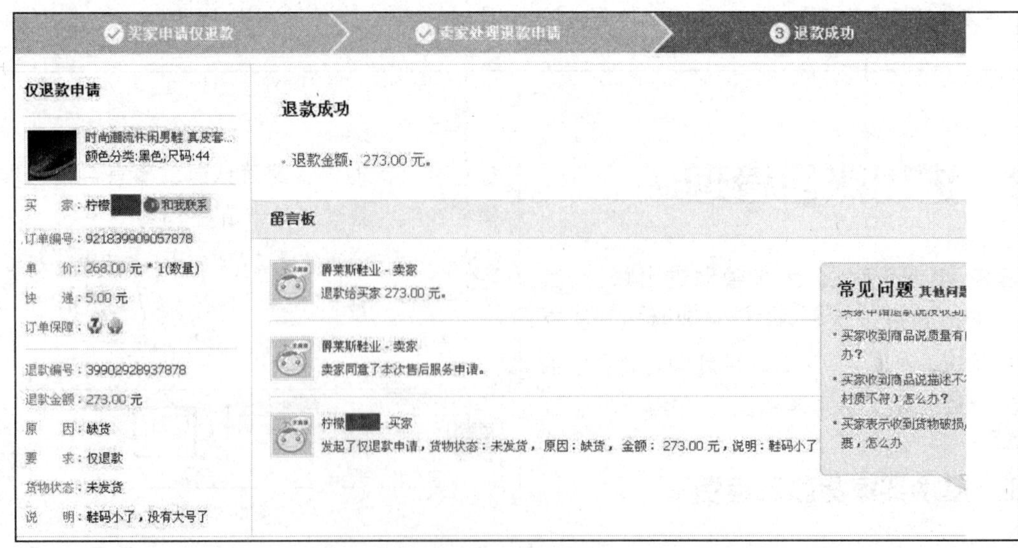

图3-53

3.3.2 将支付宝中的销售额转到银行账户

卖家发货后，若买家收到了宝贝，则会在淘宝网上确认收货，这时支付宝会把货款打入卖家的支付宝账号，如果卖家想把支付宝账户上的销售额转到银行账户，就需要从支付宝账户中提取现金。

01 进入“卖家中心”页面，在页面上方单击支付宝账号链接（如图3-54所示），进入“我的淘宝”页面（如图3-55所示），单击“进入支付宝”按钮。

02 登录支付宝平台，可以看到“账户余额”中的销售额，如图3-56所示。

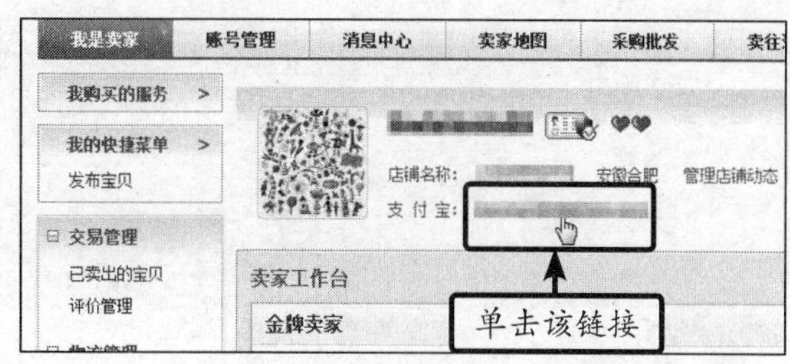

图3-54

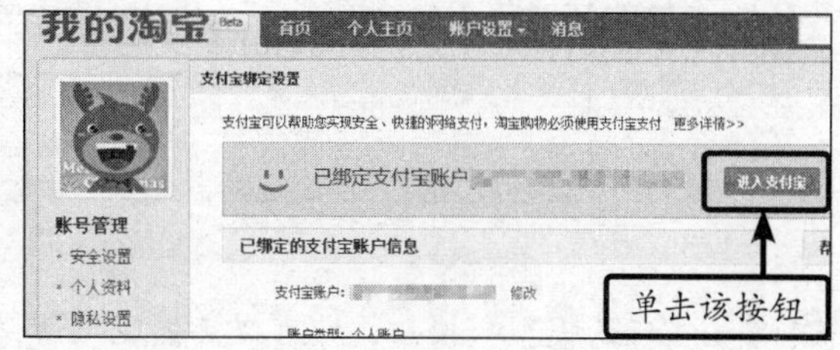

图3-55

图3-56

03 单击“提现”按钮，进入“提现”页面。选中绑定的银行卡，输入提现金额，并选择提现方式和到账时间，如图3-57所示。

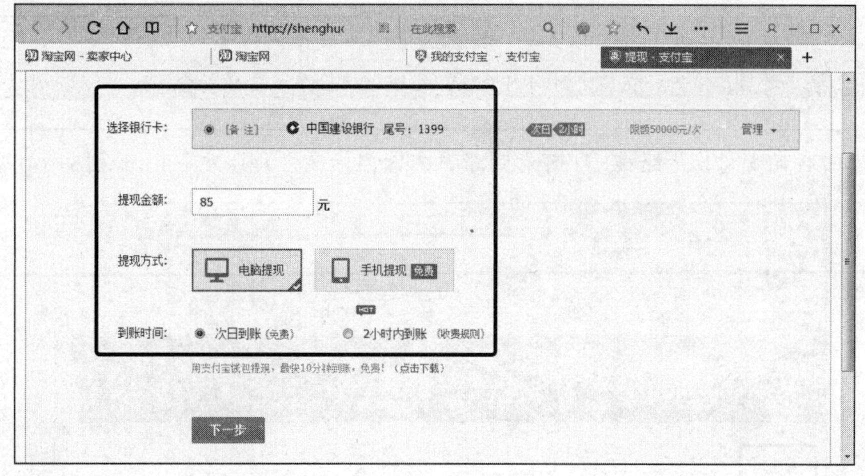

图3-57

04 单击“下一步”按钮，进入“确认提现信息”页面。在“支付密码”文本框中输入支付密码，如图3-58所示。

图3-58

05 单击“确认提现”按钮，即可提交提现申请，如图3-59所示。

图3-59

小提示

提现申请提交之后，银行会在规定时间内处理，处理成功后系统会通知卖家。

06 单击“返回我的支付宝”链接，即可看到账户余额显示为“0.00元”了，如图3-60所示。

图3-60

第4章　店铺装修

4.1　店标与店招设计

店标即店铺标志，是买家对网店的第一印象，代表店铺的风格、店主的品位以及产品的特性，其作用是将店铺的名称、经营产品类型等信息传达给广大的消费者。

店招则是店铺的招牌，是重要的宣传工具，通常用于展示店铺经营理念或者活动促销方案等。

4.1.1　静态店标设计

一个好的店标设计，不但能吸引买家的眼球，更能增加店铺的浏览量。店标显示于淘宝中的很多位置。图4-1、图4-2所示分别为搜索、收藏店铺时显示的店标。

图4-1

图4-2

一般来说静态店标由文字和图案构成，主要分为3种。

■ 文字标志：主要以文字和拼音字母等单独或者组合构成，适用于多种传播方式，如图4-3所示。

图4-3

■ 图案标志：这种标志仅用图案构成，形象生动，色彩明快，且不受语言限制，非常易于识别。但图案标志没有名称，因此表意又不如文字标志准确，如图4-4所示。

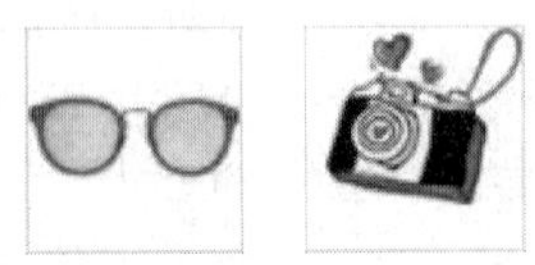
图4-4

■ 组合标志：就是由文字和图案组合而成的标志。这种标志发挥了文字标志和图案标志的优点，图文并茂，形象生动，又易于识别，如图4-5所示。

图4-5

那么，这些静态店标到底是如何制作的呢？

因为淘宝规定，店标尺寸为80像素×80像素，大小在80KB以内，支持的格式为GIF、JPG、JPEG和PNG，所以，在制作店标之前，需要先将用来制作店标的图像的宽度和高度都设置成80像素。

下面使用Photoshop CS6制作一个静态的网店店标，具体操作步骤如下。

01 启动Photoshop CS6软件，如图4-6所示。

02 按“Ctrl+N”组合键，打开“新建”窗口。在“宽度”和“高度”文本框中均输入“80”，如图4-7所示。

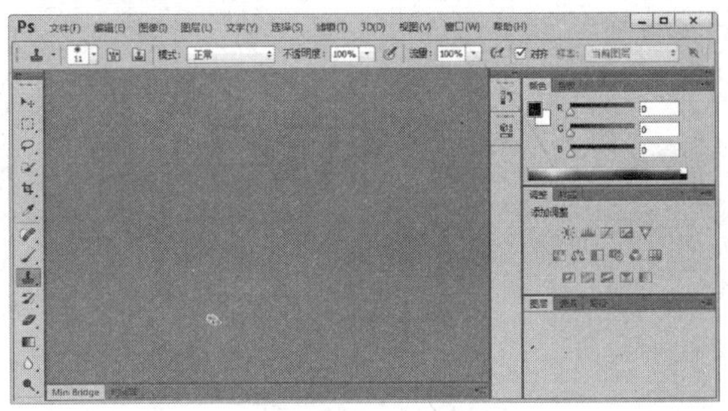
图4-6

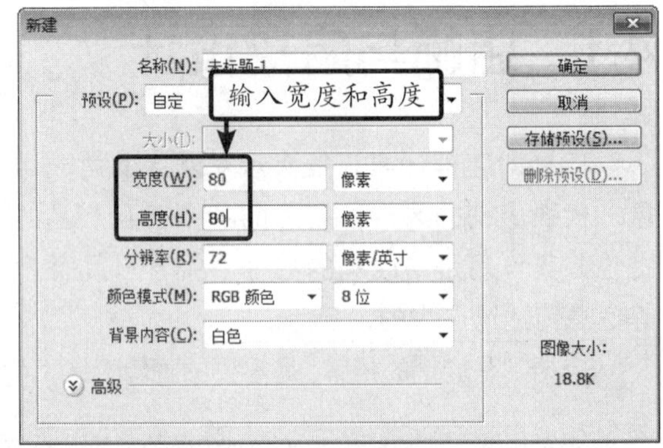

图4-7

03 单击“确定”按钮，即可新建一个80×80的文档，如图4-8所示。

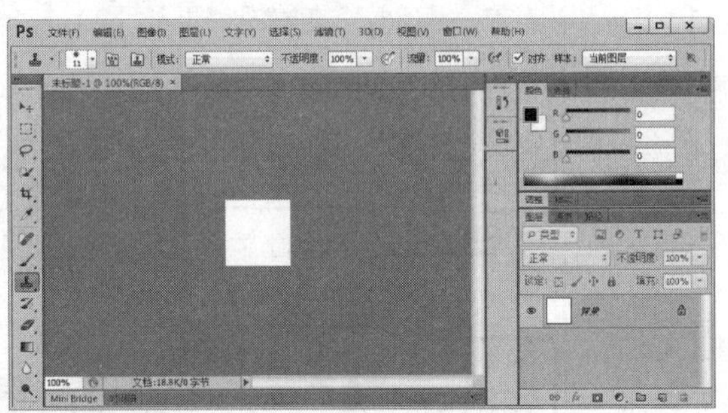
图4-8

04 按“Ctrl+O”组合键，弹出“打开”窗口，找到并选中用来制作店标的素材图片，如图4-9所示。

05 单击“打开”按钮，即可打开素材图片，如图4-10所示。

06 将鼠标指针指向工具栏中的（快速选择工具）按钮，单击鼠标右键，在弹出的快捷菜单中选择“魔棒工具”命令，效果如图4-11所示。

07 此时，鼠标指针变成形状。单击图片上女孩旁边的绿色部分，即可将该绿色背景选中，如图4-12所示。

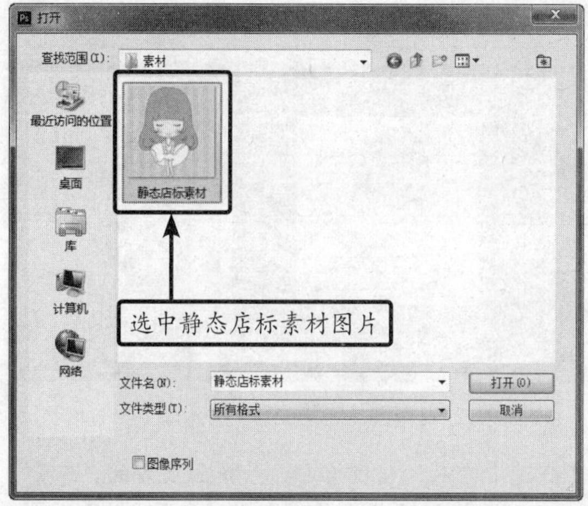

图4-9

图4-10

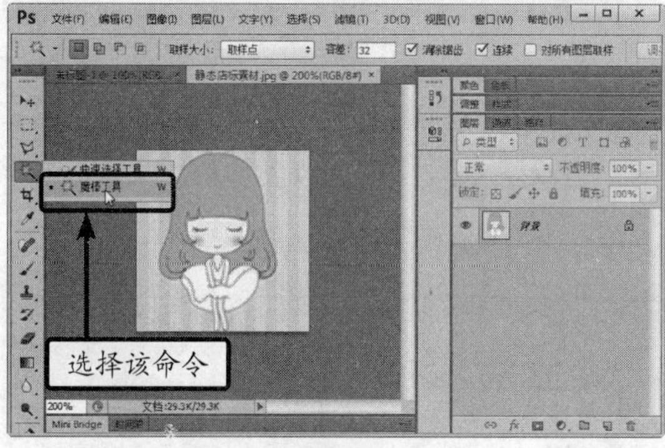

图4-11

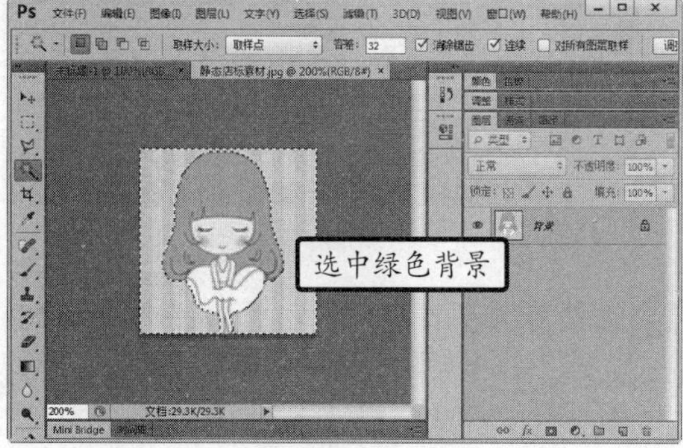

图4-12

08 按“Shift+Ctrl+ I”组合键，进行“反向”操作，即可将图中的女孩选中，如图4-13所示。

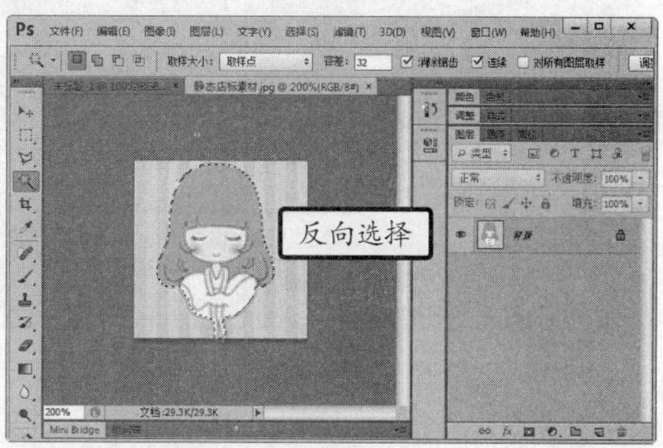

图4-13

09 按“Ctrl+C”组合键进行复制，切换至“未标题-1”窗口，按“Ctrl+V”组合键进行粘贴，效果如图4-14所示。

图4-14

10 为了更好地观察图片的设置效果，需要同时按“Ctrl”键和“+”键，将图片进行放大，效果如图4-15所示。

图4-15

11 按“Ctrl+T”组合键，进行“自由变换”操作。此时，女孩图片四周会出现节点，如图4-16所示。

图4-16

⑫ 拖动节点将图片调整至合适大小，并将其拖动至合适的位置。按“Enter”键确认，效果如图4-17所示。

图4-17

⑬ 在界面右侧的“图层”面板中单击“背景”图层，切换至背景图层。按“T”键，鼠标指针变成▯形状。将鼠标指针移至女孩图片下，按住鼠标左键进行拖动，拖动至合适大小后释放鼠标，效果如图4-18所示。

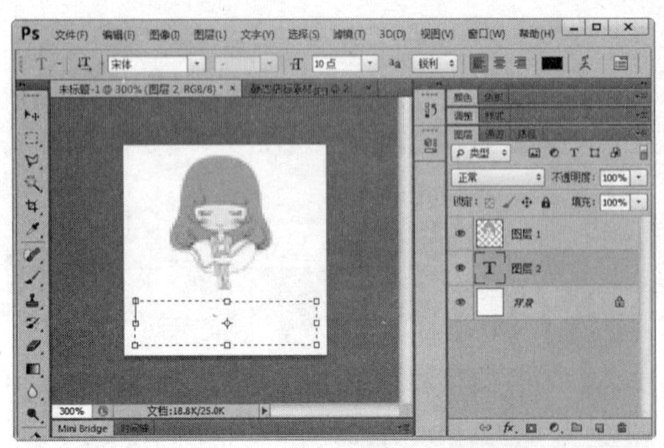

图4-18

⑭ 在拖动出来的文本框中输入店铺名称“桃子美衣”，如图4-19所示。

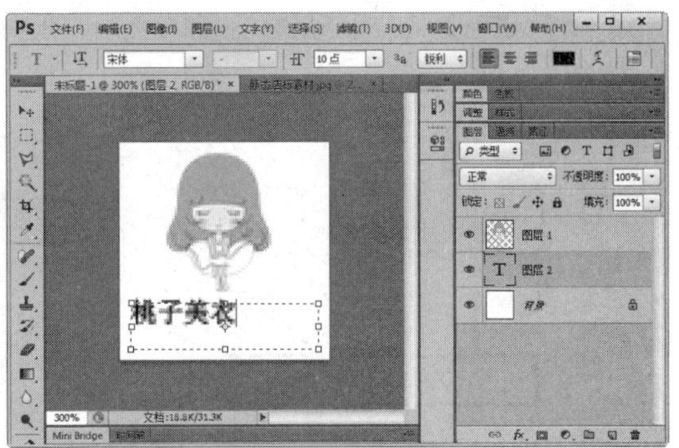

图4-19

⑮ 选中输入的店铺名称，在界面上方的“选项”面板中设置字体为“华文彩云”、字号为“14点”，单击▤（居中对齐文本）按钮，将文本居中对齐，效果如图4-20所示。

图4-20

⑯ 按同样的方法继续在店铺名称下方输入字母“TAOZI STYLE”，并设置字体为“宋体”、字号为“9点”、居中对齐文本，效果如图4-21所示。

图4-21

⑰ 调整好文字的位置，同时按“Ctrl”键和“-”键，将图片缩小至原来的大小即可，最终效果如图4-22所示。

图4-22

⑱ 按“Shift+Ctrl+S”组合键，将其存储为GIF、JPG、JPEG或PNG格式的图片即可。

其他方法

除了上面介绍的方法，静态店标的制作还有以下两种方法。

（1）店主也可以自己先用铅笔（光笔也可以）在纸稿上设计好草图，再用扫描仪扫描下来，最后使用Photoshop来处理。

（2）对于经营耐克、阿迪达斯、李宁等品牌商品的店主来说，可以采用该品牌产品的标志作为自己的店标，这样店主只要把产品标志扫描下来即可。

4.1.2 动态店标设计

相对于静态店标来说，动态店标无疑更能吸引客户的注意，具有更强的表现力。下面将详细介绍如何制作一个吸引人的女装店的店标。

01 启动Photoshop CS6软件，打开主页面。按“Ctrl+O”组合键，弹出“打开”窗口。在指定保存路径下，按“Ctrl”键同时选中所有动态店标素材图片，如图4-23所示。

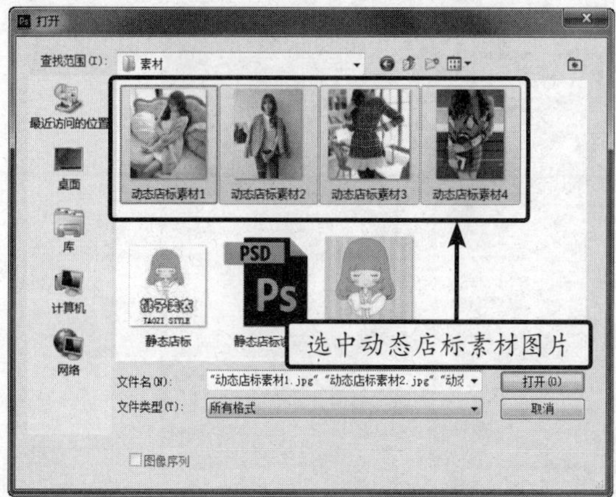

图4-23

02 单击“打开”按钮，即可打开所有素材图片，如图4-24所示。

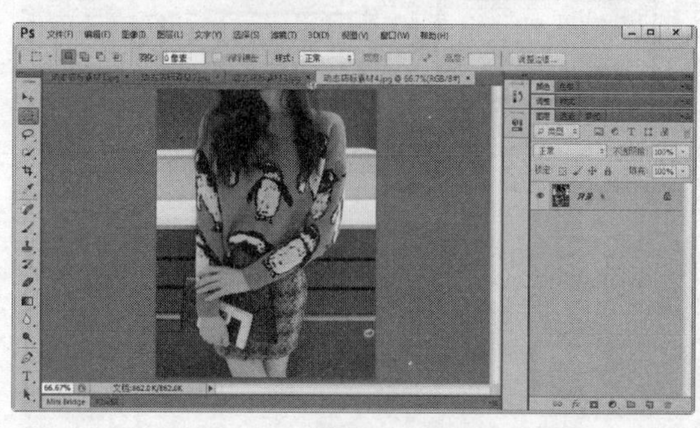

图4-24

03 选择“图像”→“图像大小”命令（如图4-25所示），打开“图像大小”对话框，如图4-26所示。

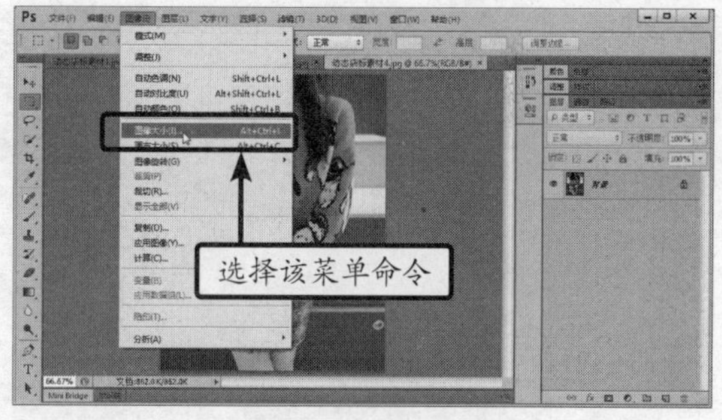

图4-25

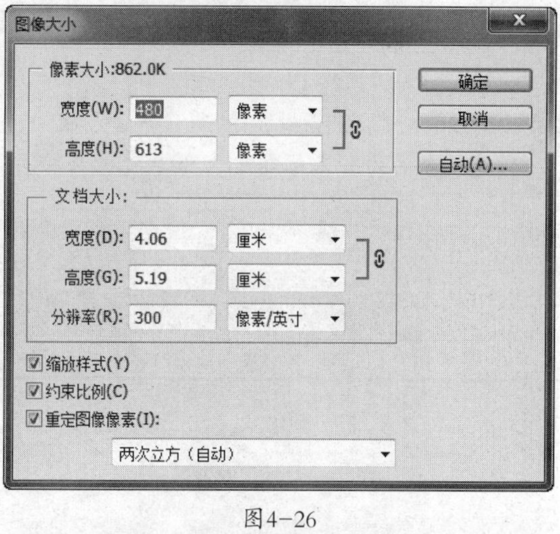

图4-26

04 在该对话框中将宽度值改为80（因为选中了“约束比例”复选框，高度值会根据比例自动变更），如图4-27所示。

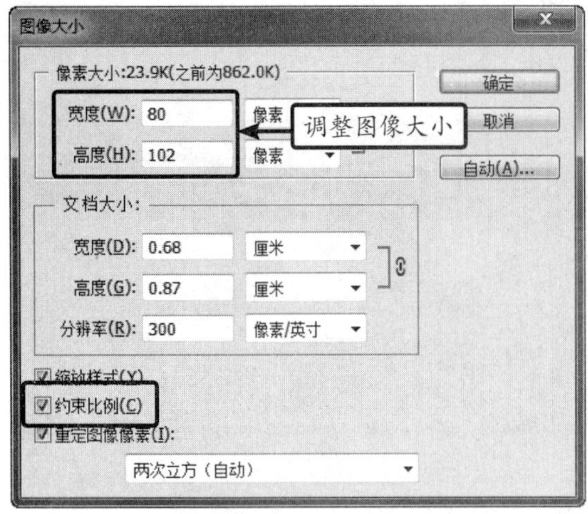

图4-27

05 单击“确定”按钮，即可将指定的图片调整为80像素×102像素，如图4-28所示。按照同样的方法将其他素材图片的尺寸均调整为80像素左右。

小提示

图4-27所示的图片尺寸为80像素×102像素，而并非淘宝规定的80像素×80像素，但是这并不影响店标的设计，因为在制作正式店标图片时，系统会自动隐藏图片范围外的多余部分。

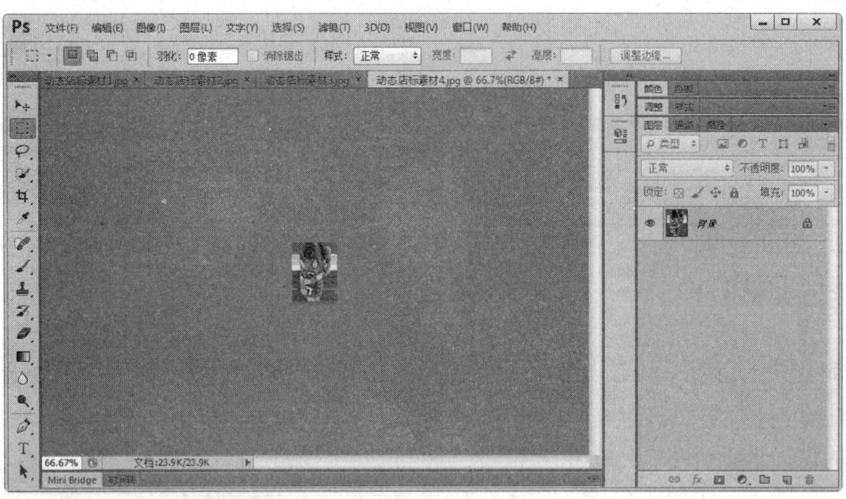

图4-28

06 按“Ctrl+N”组合键，打开“新建”窗口。在“宽度”和“高度”文本框中均输入“80”，新建一个名为“未标题-1”80×80的文档，如图4-29所示。

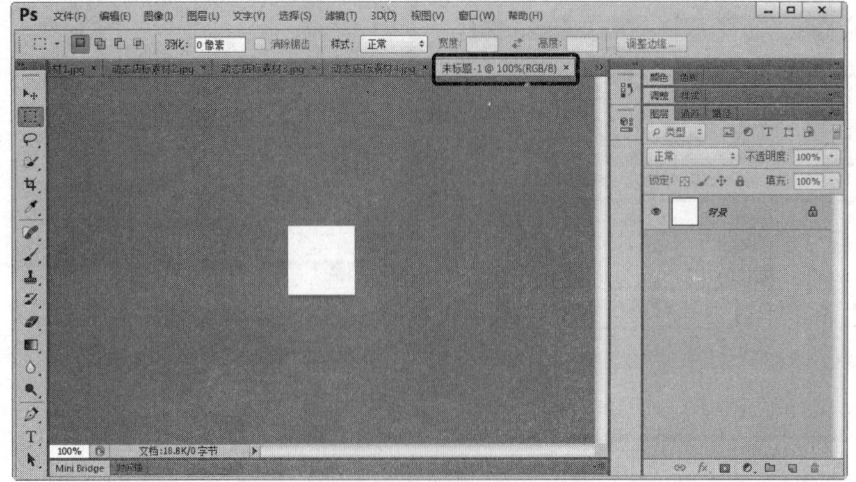

图4-29

07 在界面左侧的工具栏中单击▶+（移动工具）按钮，将之前调整好尺寸的图片均拖动至“未标题-1”文档中。释放指针后，即可将素材图片移至“未标题-1”文档中，再利用“移动工具”调整好这些图片的位置，效果如图4-30所示（最后拖进来的图片将覆盖在其他图片之上）。

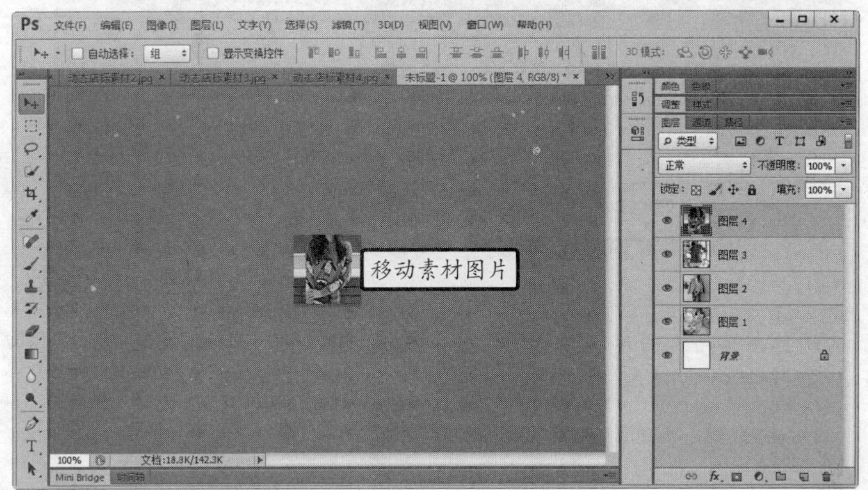

图4-30

08 此时，“图层”面板中会按照拖动的先后顺序由下至上依次显示新的图层，效果如图4-31所示。

09 为了更好地观察图片的设置效果，需要同时按“Ctrl”键和“+”键，将图片进行放大，效果如图4-32所示。

图4-31

图4-32

10 按“T”键，鼠标指针变成▣形状。将鼠标指针移至“未标题-1”窗口的图片中，按住鼠标左键进行拖动，拖动至合适大小后释放鼠标。在拖动出来的文本框中输入店铺名称“桃子美衣”，并设置其字体为“华文彩云”、字号为“18点”、文本居中对齐，如图4-33所示。

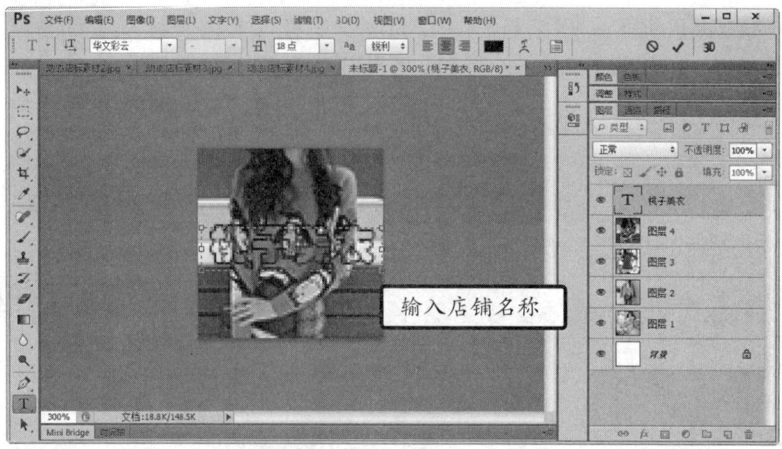

图4-33

⑪ 选中店铺名称，在界面右侧的“色板”面板中选择“RGB蓝”，将字体颜色更改为蓝色，效果如图4-34所示。

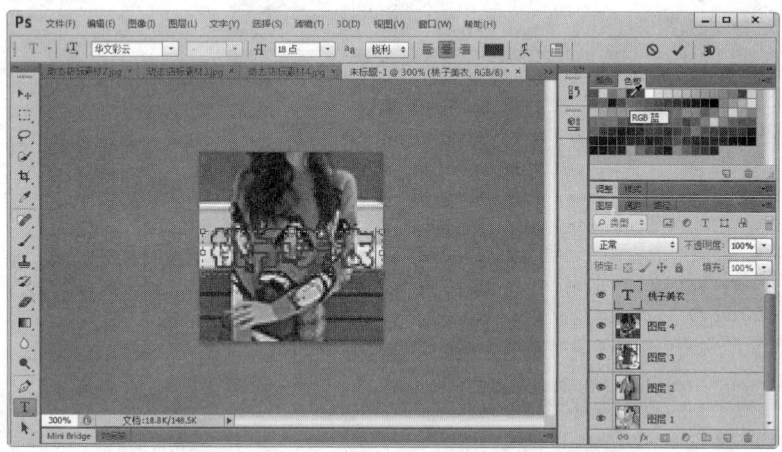

图4-34

⑫ 在PS界面的左下角单击“时间轴”选项卡，在打开的“时间轴”面板中单击“创建视频时间轴”下拉按钮，在下拉列表中选择“创建帧动画”命令，如图4-35所示。

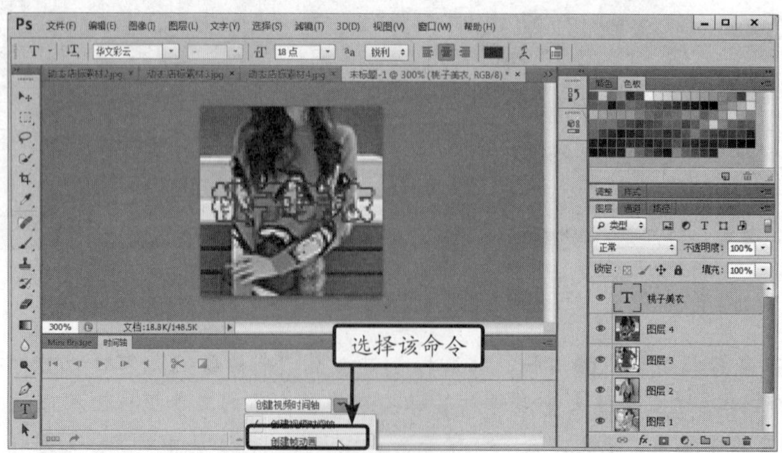

图4-35

⑬ 单击“创建帧动画”按钮，创建第1帧，如图4-36所示。

⑭ 在“图层”面板中单击“图层1”“图层2”和“图层3”前的👁（指示图层可见性）按钮，暂时隐藏这些图层（再次单击即可重新显示），如图4-37所示。

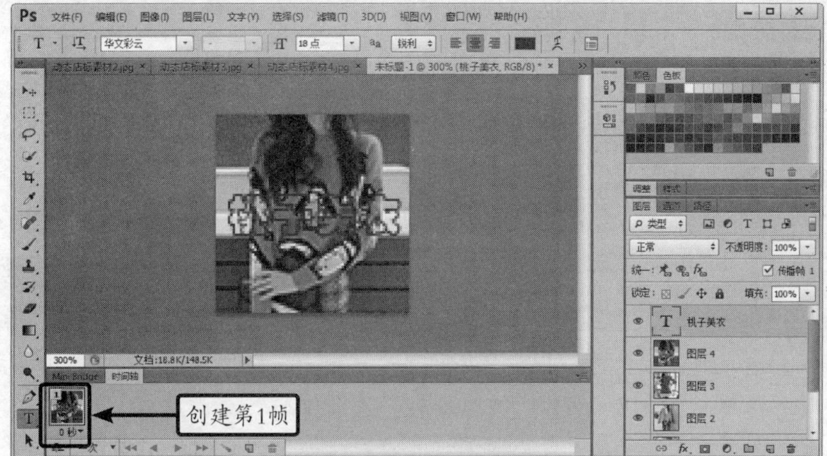

图4-36

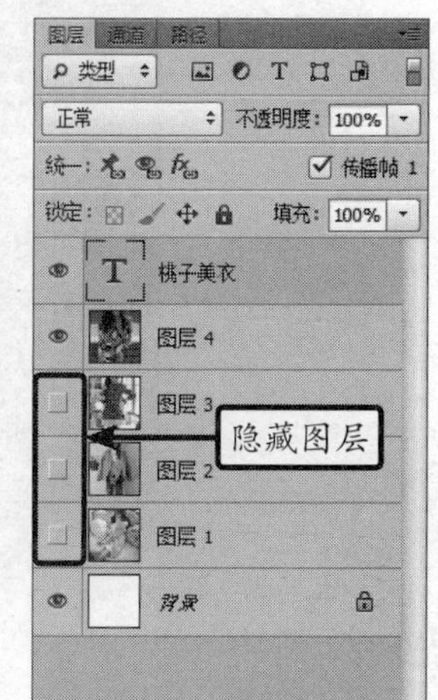

图4-37

⑮ 在“时间轴”面板下方的工具栏中单击（复制所选帧）按钮，复制一个与第1帧相同的画面。在“图层”面板中隐藏“图层4”，并重新显示“图层3”，如图4-38所示。

图4-38

⑯ 复制第2帧，在“图层”面板中隐藏“图层3”，并重新显示“图层2”，效果如图4-39所示。

图4-39

⑰ 复制第3帧，在“图层”面板中隐藏“图层2”，并重新显示“图层1”，效果如图4-40所示。

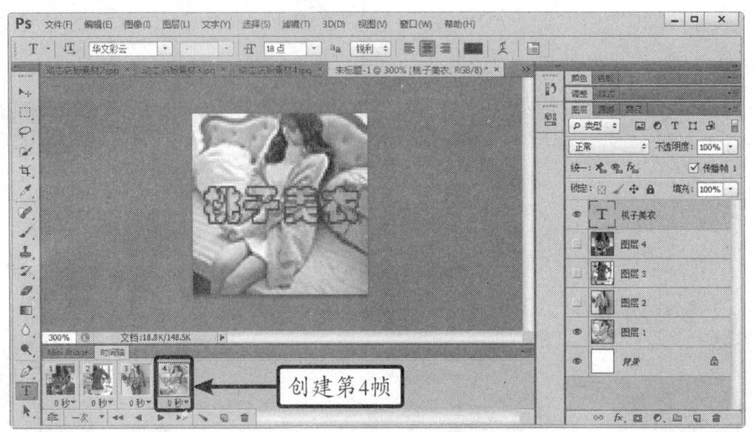

图4-40

⑱ 按“Ctrl”键同时选中所有帧动画，单击“0秒”下拉按钮，在其下拉菜单中选择“1.0”选项，如图4-41所示。此时，即可将所有动画的延迟时间设置为“1.0”秒，如图4-42所示。

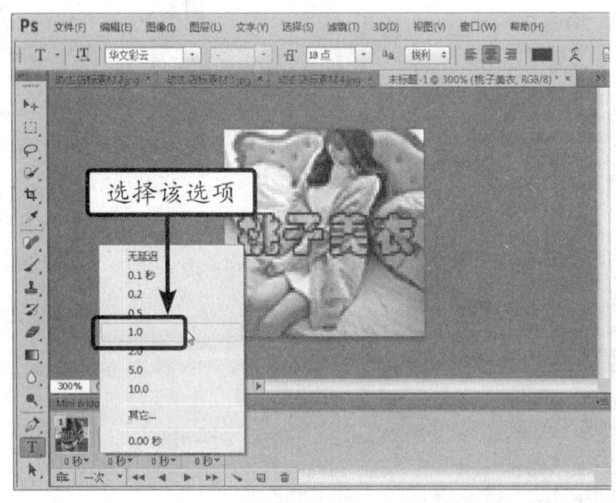

图4-41

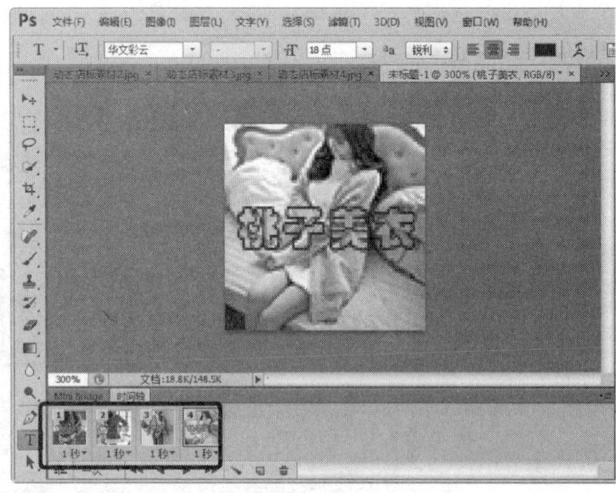

图4-42

⑲ 单击“时间轴”面板下方的▶（播放动画）按钮，即可进行动画效果的预览。

⑳ 选择“文件”→“存储为Web所用格式”命令（如图4-43所示），打开“存储为Web所用格式”对话框，如图4-44所示。

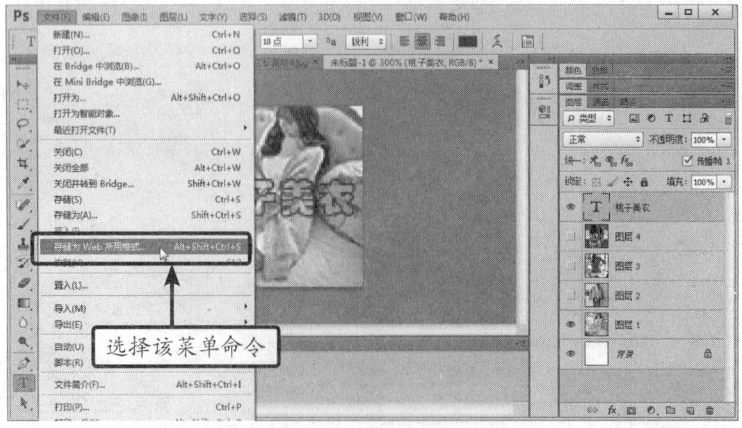

图4-43

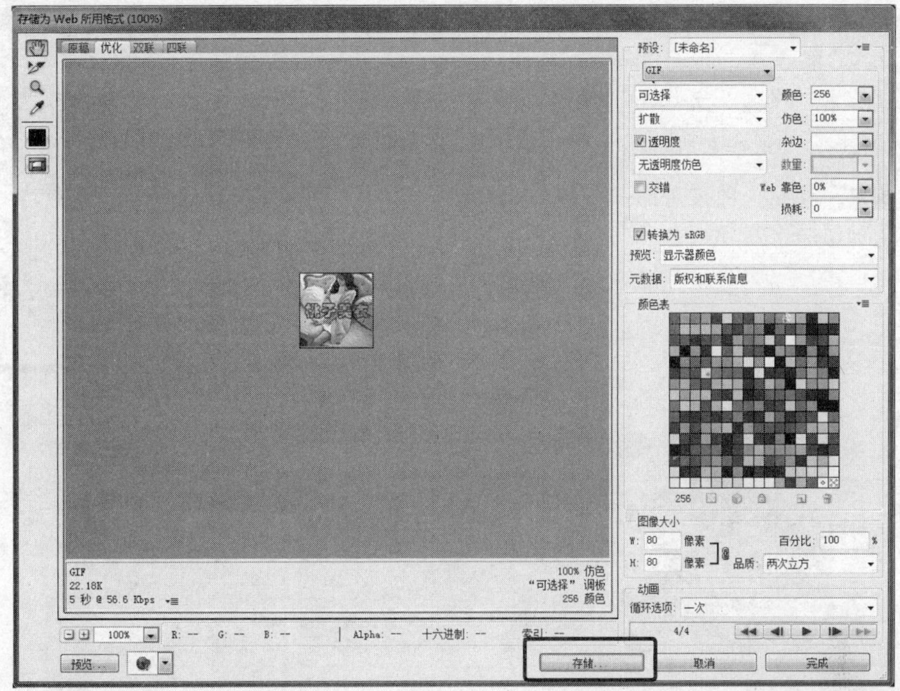

图4-44

21 单击“存储”按钮，弹出“将优化结果存储为”对话框，选择指定路径，在“文件名”文本框中输入名称，如图4-45所示。

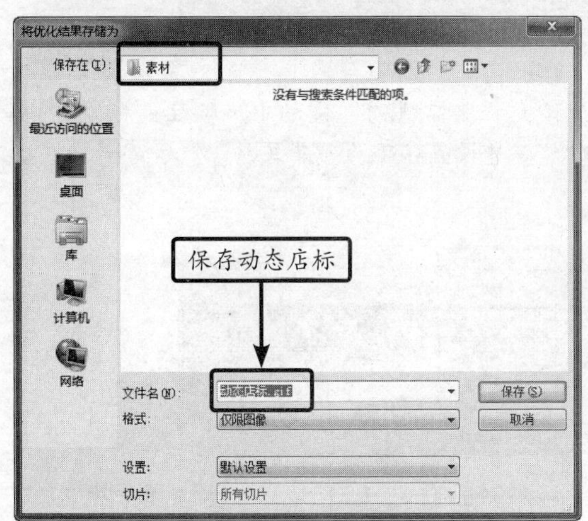

图4-45

22 单击“保存”按钮，弹出“‘Adobe存储为Web所用格式’警告”窗口，如图4-46所示。

23 单击“确定”按钮，即可完成动态店标的保存。

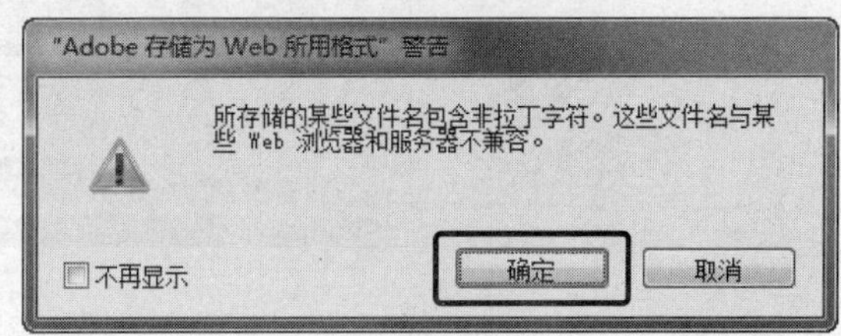

图4-46

4.1.3 主题店招设计

店招是打造店铺品牌的最好阵地。一个好的店招不但能起到很好的宣传效果，还能传达店铺的经营理念，突出店铺的经营，彰显店铺的形象。

设计店招时，首先要符合以下几点基本要求。

图片格式：目前，淘宝网只支持GIF、JPG、JPEG、PNG格式的店招图片。

尺寸大小：淘宝建议店标使用尺寸为950像素×120像素，超出部分不显示的。

图片大小：上传的图片大小限制在100KB以内，淘宝店招的设计方法有很多种。首先，卖家可以以不同的主题来进行店招的设计。下面使用Photoshop CS6软件制作女装店的主题店招，具体操作步骤如下。

01 启动Photoshop CS6软件，打开主页面。按“Ctrl+N”组合键，打开“新建”窗口。在“宽度”和“高度”文本框中分别输入“950”“120”，如图4-47所示。

02 单击“确定”按钮，即可新建一个950×120的文档，如图4-48所示。

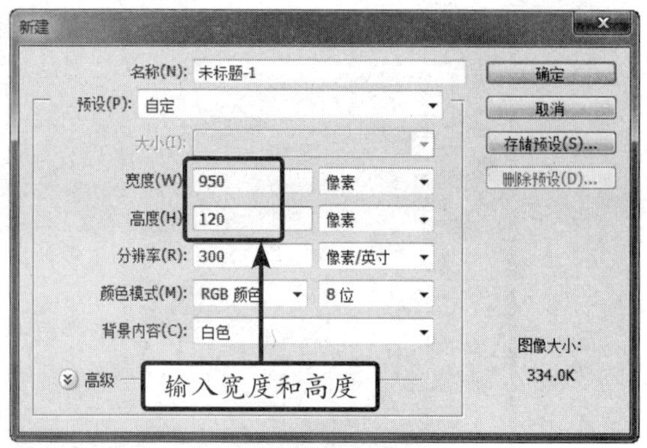

图4-47

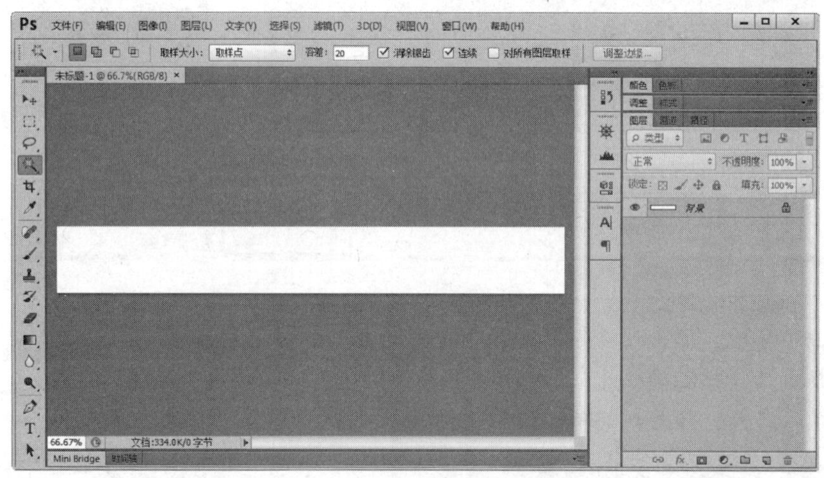

图4-48

03 按“T”键，鼠标指针变成▮形状。将鼠标指针移至“未标题-1”文档中，按住鼠标左键拖动出一个文本框，输入主题文字“有一种气质叫”，并设置字体为“华文细黑”、字号为“6点”、颜色为“黑色”，如图4-49所示。

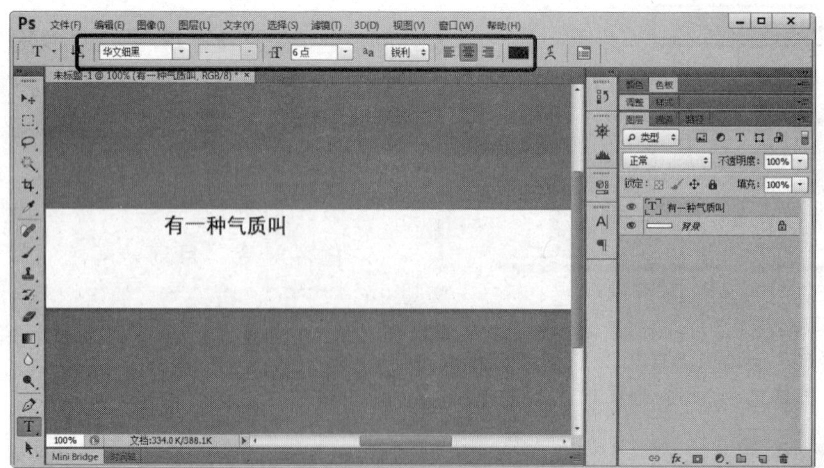

图4-49

04 输入主题文字“MY NAME IS”，并设置为相同的字体、字号和颜色，然后将其移至刚输入的文字的下方，如图4-50所示。

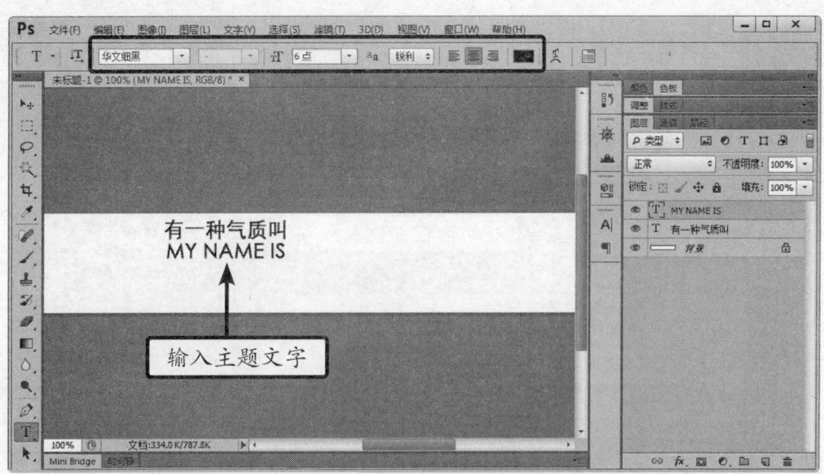

图4-50

05 按“U”键，启动“矩形工具”。此时，鼠标指针变成“+”形状，将其移至主题文字的右下角，按住鼠标左键拖动出一个矩形框，如图4-51所示。

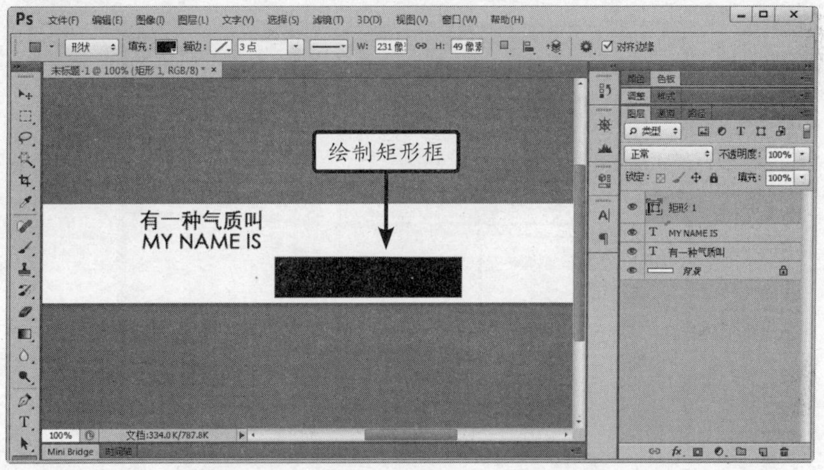

图4-51

06 按“T”键启用文字工具，当鼠标指针移至矩形框中时会变成形状，单击鼠标左键，即可在矩形框中创建文本框，如图4-52所示。

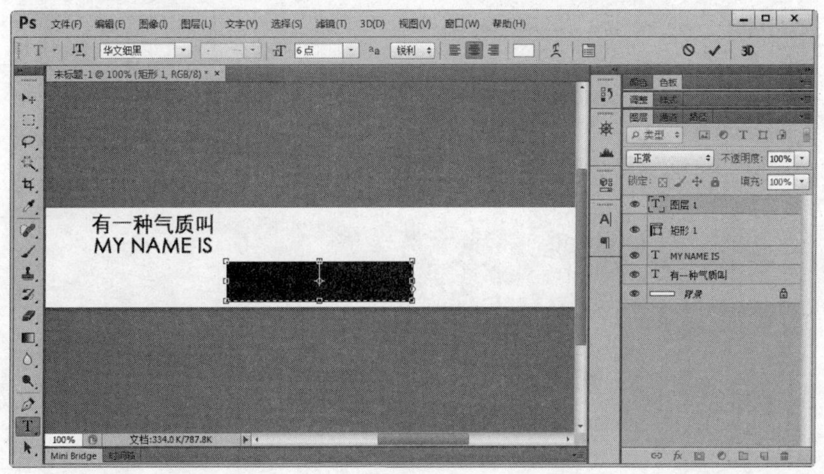

图4-52

07 在文本框中输入主题文字“低调的华丽”，并设置其字体为“华文细黑”、字号为“9点”、颜色为“白色”，如图4-53所示。

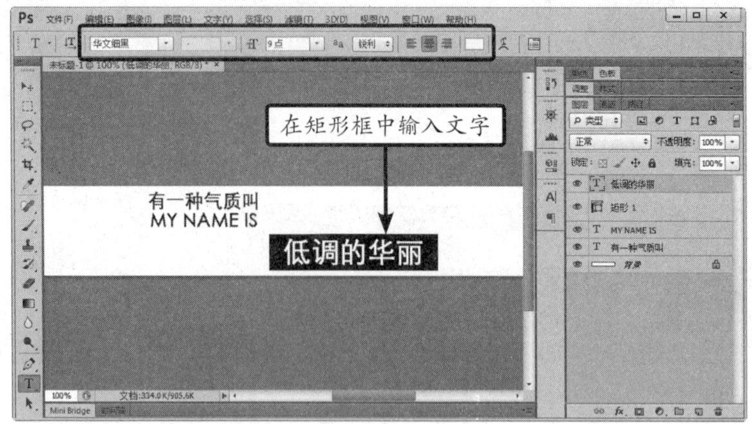

图4-53

08 按“Ctrl+O”组合键，弹出“打开”窗口，找到并选中用来制作店招的素材图片，如图4-54所示。

图4-54

09 单击“打开”按钮，即可打开素材图片，如图4-55所示。

图4-55

⑩ 按“W”键启用魔棒工具，此时，鼠标指针变成形状。在界面上方的选项板中设置“容差”为“20”，按住“Shift”键，连续单击图片上人物外侧的灰色部分，即可将该灰色背景全部选中，如图4-56所示。

图4-56

⑪ 按“Shift+Ctrl+ I”组合键，进行“反向”操作，即可将图中的人物部分选中，如图4-57所示。

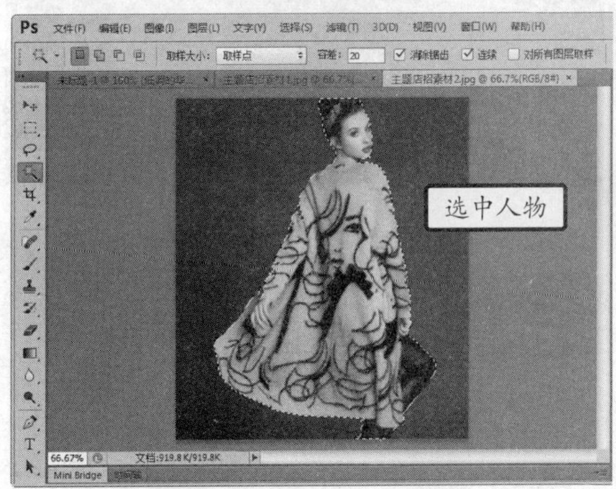

图4-57

⑫ 按“Ctrl+C”组合键进行复制，切换至“未标题-1”窗口，按“Ctrl+V”组合键进行粘贴，效果如图4-58所示。

⑬ 按“Ctrl+T”组合键，拖动图片四周的节点将其调整至合适大小，并将其拖动至合适的位置。按“Enter”键确认，效果如图4-59所示。

图4-58

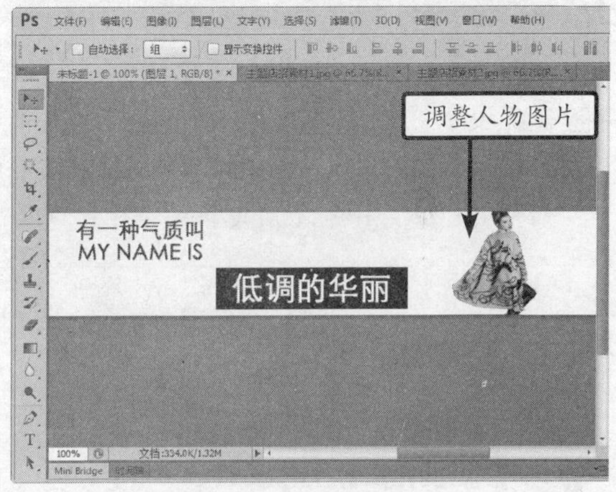

图4-59

⑭ 切换至“主题店招素材1”窗口中，同样利用魔棒工具选中图中的人物部分，效果如图4-60所示。

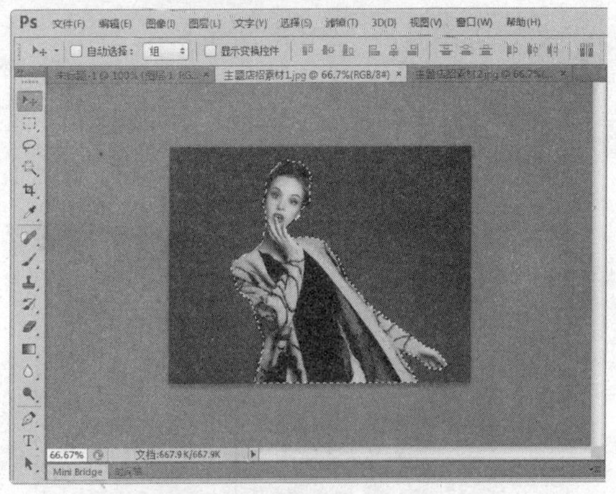

图4-60

⑮ 将其复制并粘贴至“未标题-1”文档中，按“Ctrl+T”组合键，拖动图片四周的节点将其

调整至合适大小，并将其拖动至合适的位置。按“Enter”键确认，效果如图4-61所示。

图4-61

16 此时，即完成了整个主题店招的设计，效果如图4-62所示。按“Shift+Ctrl+S”组合键，将其存储为GIF、JPG、JPEG或PNG格式的图片。

图4-62

4.1.4 促销活动店招设计

卖家也可以将店内的促销活动展示于店招中，这样，每一位买家进入店铺浏览时，都能够及时了解到店铺的最新促销动态。

下面使用美图秀秀软件制作女装店的促销活动店招，具体操作步骤如下。

01 启动美图秀秀软件，打开主页面。单击右上角的“打开”按钮（如图4-63所示），弹出“打开一张图片”窗口。

图4-63

02 在指定路径下找到并选中用来制作店招的素材图片，如图4-64所示。

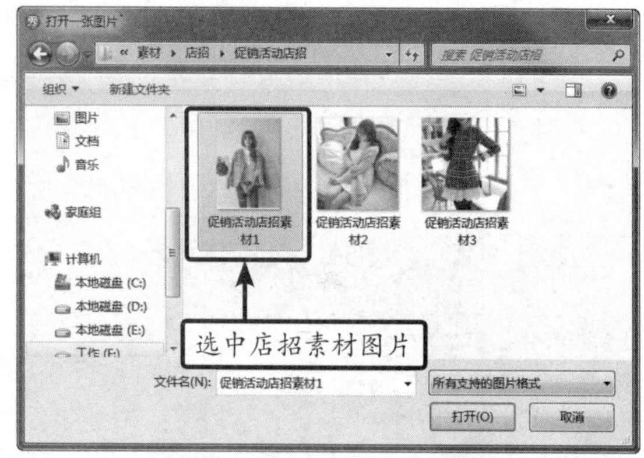

图4-64

03 单击“打开”按钮，即可打开第1张素材图片，如图4-65所示。

图4-65

04 切换至“美化”选项卡，在页面左下角单击“抠图笔”按钮，弹出“请选择一种抠图样式”窗口，如图4-66所示。

图4-66

05 单击“形状抠图”按钮，进入“形状抠图”窗口，如图4-67所示。

图4-67

06 在窗口左上角选中心形形状，将鼠标指针移至右边的图片中，按住鼠标左键进行拖动，至合适大小后释放鼠标，即可完成一个心形形状的抠图，如图4-68所示。

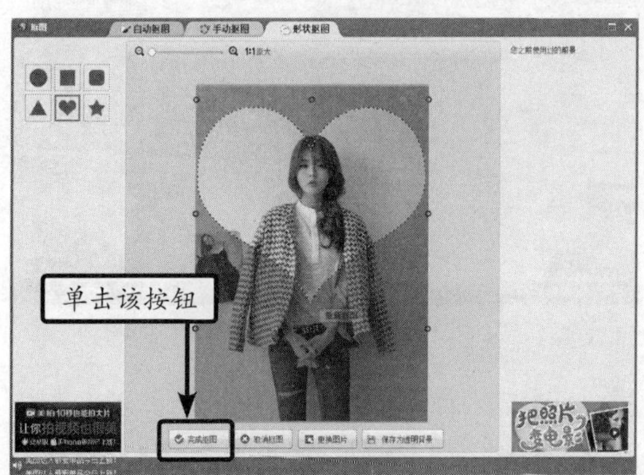

图4-68

07 单击“完成抠图”按钮，弹出“抠图换背景”窗口，如图4-69所示。

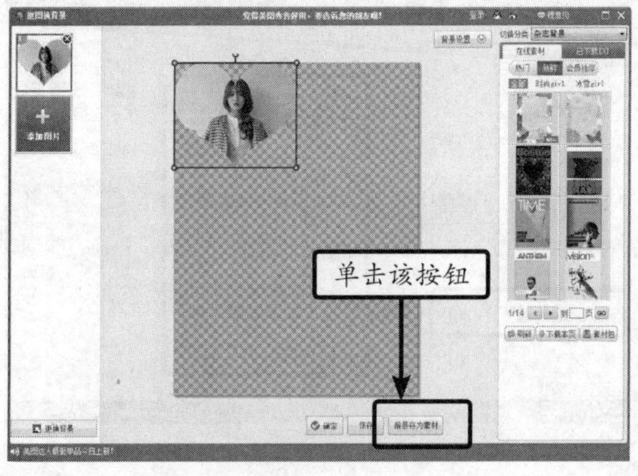

图4-69

08 单击“前景存为素材”按钮，弹出“温馨提示”窗口，如图4-70所示。

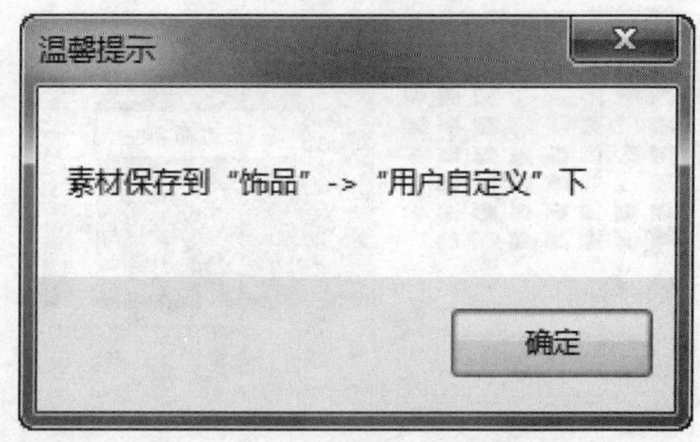

图4-70

09 单击“确定”按钮，返回“抠图换背景”窗口。单击右上角的☒（关闭）按钮，将该窗口关闭。

10 按照同样的方法将其他两张素材图片进行心形形状的抠图，效果可以在“饰品”→“用户自定义”下查看，如图4-71所示。

图4-71

11 在主页面的右上角单击“新建”按钮，弹出“新建画布”窗口。将宽度和高度分别设置为“950”“120”，单击“自定义颜色”按钮，如图4-72所示。

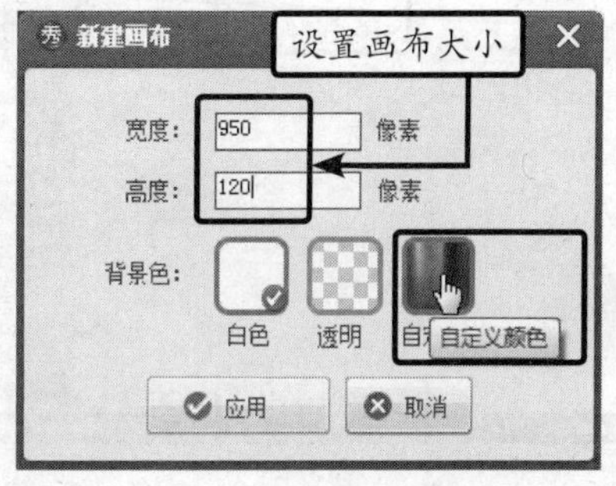

图4-72

⑫ 在弹出的“颜色”窗口中选择一种颜色作为画布的背景颜色，如图4-73所示。

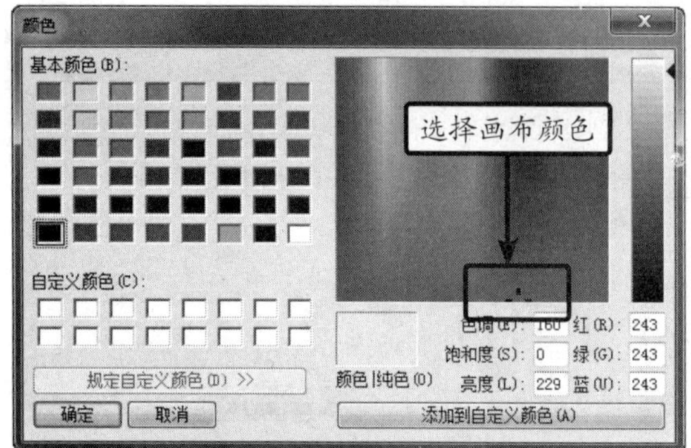

图4-73

⑬ 依次单击“确定”按钮和“应用”按钮，即可创建出指定尺寸和颜色的画布，如图4-74所示。

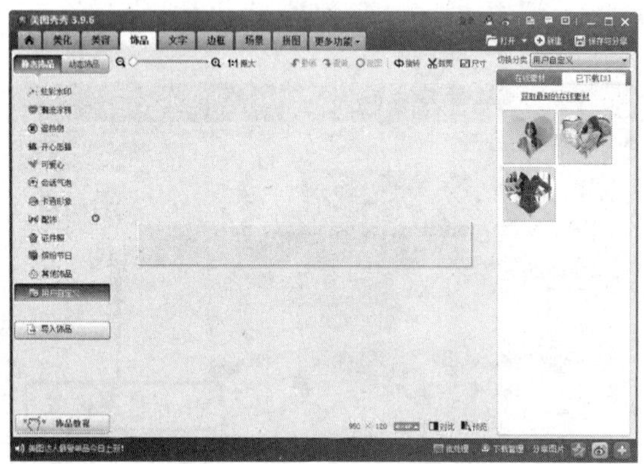

图4-74

⑭ 切换至“边框”选项卡，在默认的“简单边框”标签下选择一种边框（如图4-75所示），弹出“边框”窗口，如图4-76所示。

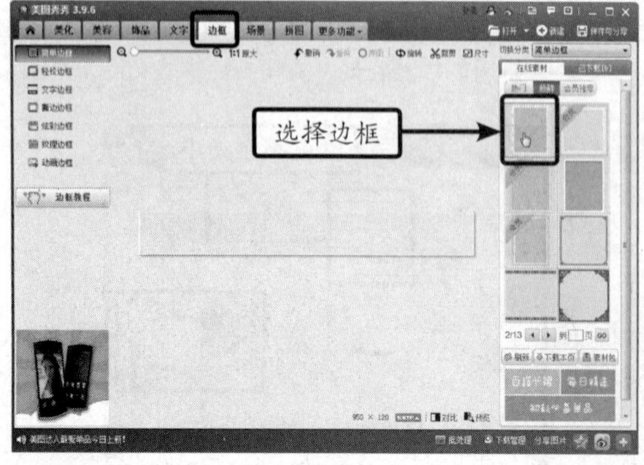

图4-75

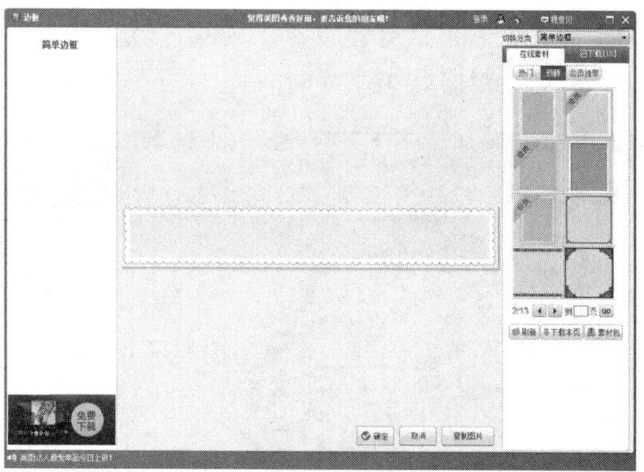

图4-76

⑮ 此时，可以预览到边框的效果，单击“确定”按钮返回主界面，即可完成边框的添加，效果如图4-77所示。

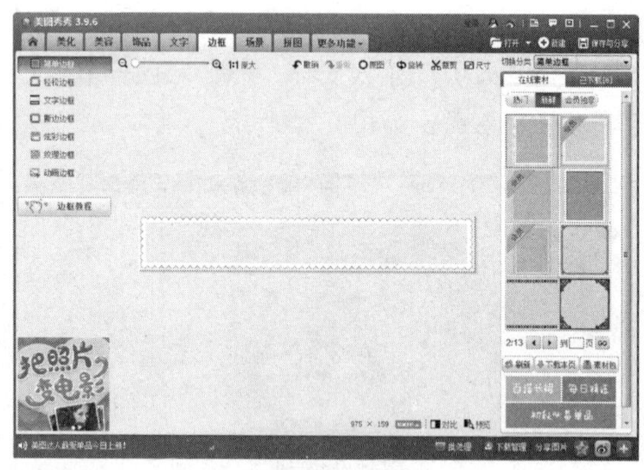

图4-77

⑯ 切换至“文字”选项卡中，单击左上角的“输入文字”按钮，弹出文字编辑框。在文本框中输入店铺名称，设置其字体为“微软雅黑”、字号为“30”、颜色为深灰，如图4-78所示。

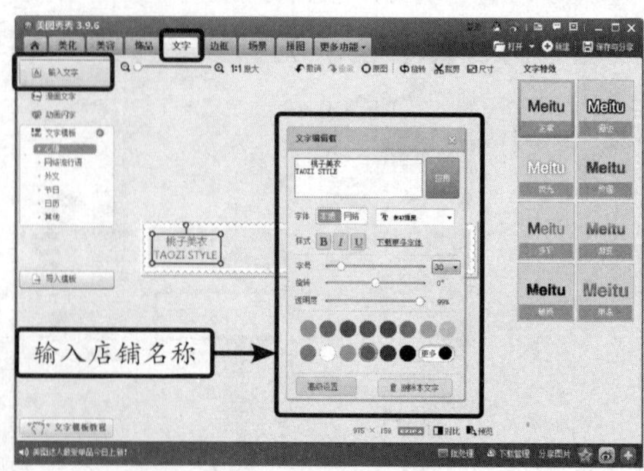

图4-78

17 单击“应用”按钮后关闭文字编辑框，在右侧的“文字特效”中设置文字为“荧光”效果，如图4-79所示。

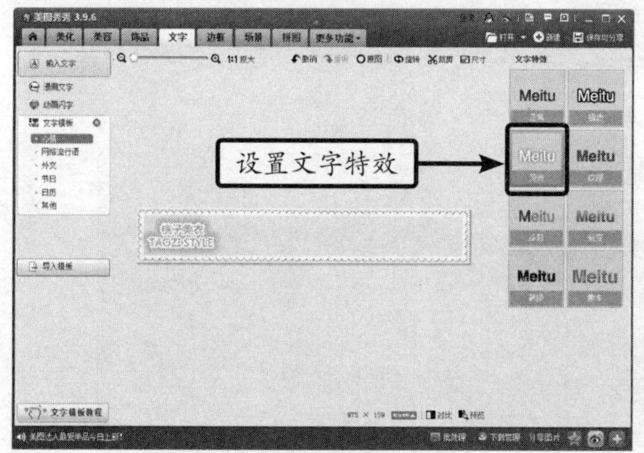

图4-79

18 按照同样的方法继续在店铺名称右侧输入促销活动文字，并设置其字体为“华文新魏”、字号为“30”、旋转角度为“-5°”、文字颜色为白色，并将其设置为“描边”特效，且描边颜色为紫色、描边大小为“2”，如图4-80所示。

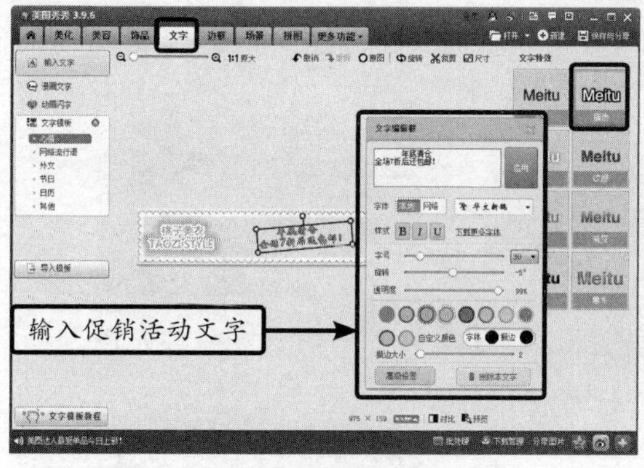

图4-80

19 单击“应用”按钮后关闭文字编辑框。切换至“饰品”选项卡，在“用户自定义”标签中选择之前创建的心形形状的图片素材，弹出“素材编辑框”窗口，如图4-81所示。

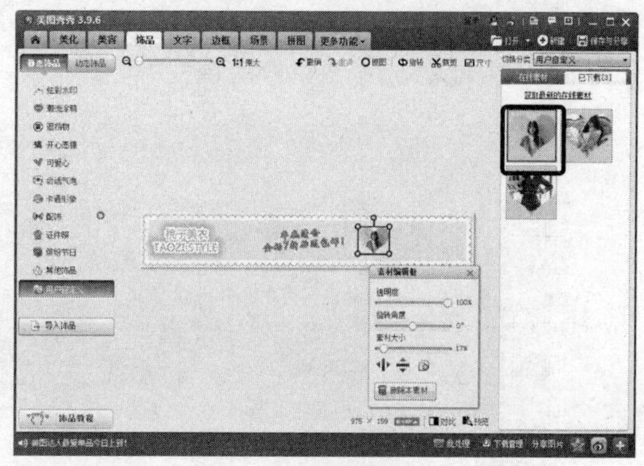

图4-81

20 拖动“素材大小”滑块，调整素材图片的大小，并将其移至合适的位置，效果如图4-82所示。

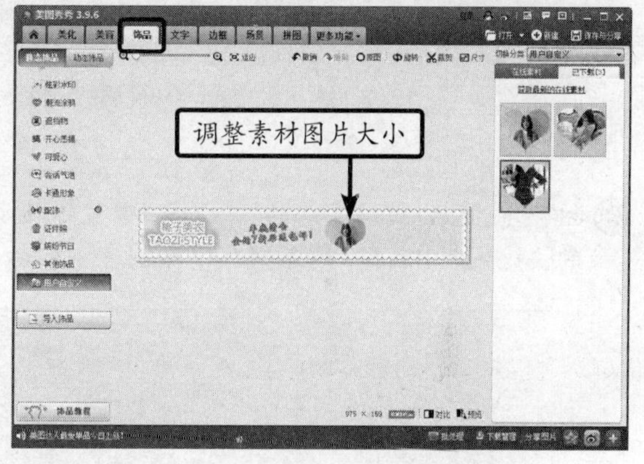

图4-82

21 按照同样的方法调整其他素材图片的大小和位置，完成整个促销活动店招的设计，效果如图4-83所示。按“Shift+Ctrl+S”组合键，将其存储为GIF、JPG、JPEG或PNG格式的图片即可。

图4-83

4.1.5 特殊节日店招设计

卖家还可以针对一些节假日进行店招的设计。下面使用Photoshop CS6软件制作女装店的情人节店招，具体操作步骤如下。

01 启动Photoshop CS6软件，打开主页面。按“Ctrl+N”组合键，在弹出的“新建”窗口中新建一个950×120的文档，如图4-84所示。

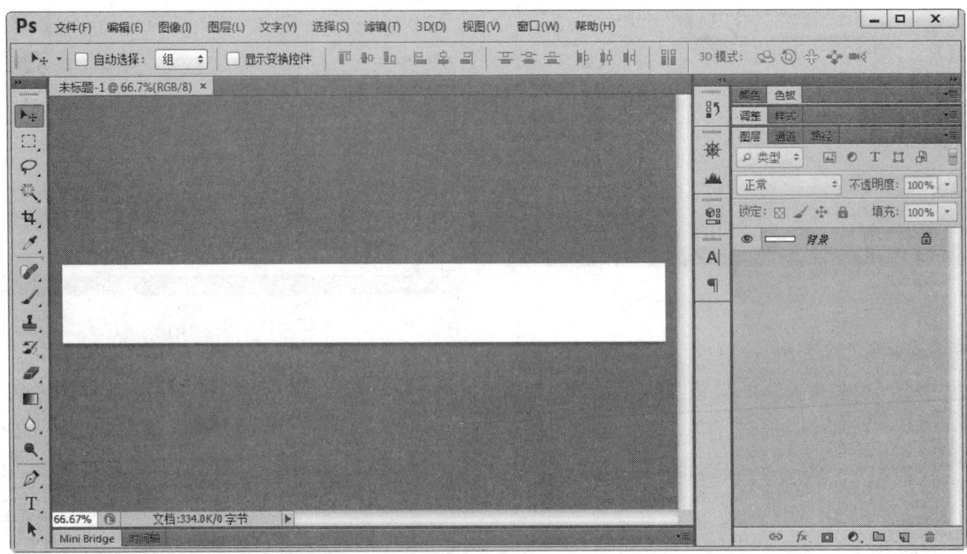

图4-84

02 按“M”键启用“矩形工具”，按住鼠标左键拖动出一个文本框，将文档选中，单击鼠标右键，在弹出的快捷菜单中选择“填充”命令（如图4-85所示），弹出“填充”窗口。

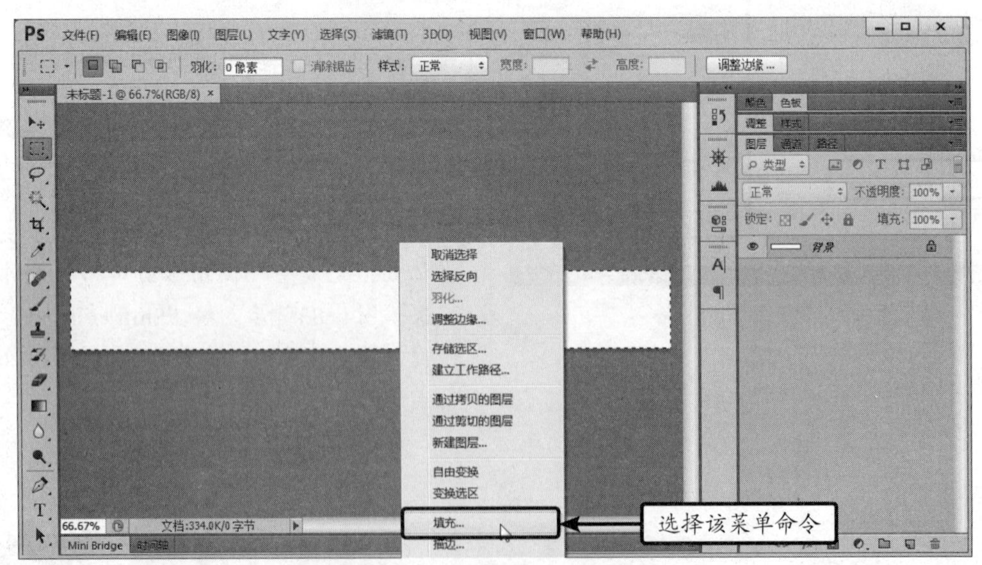

图4-85

03 在“使用”下拉列表中选择“颜色”选项，如图4-86所示。

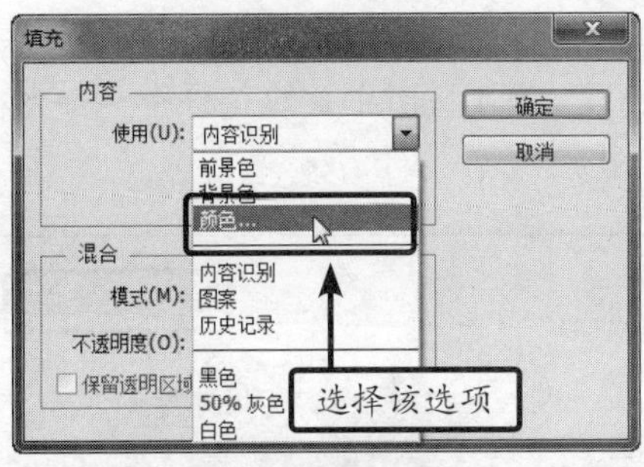

图4-86

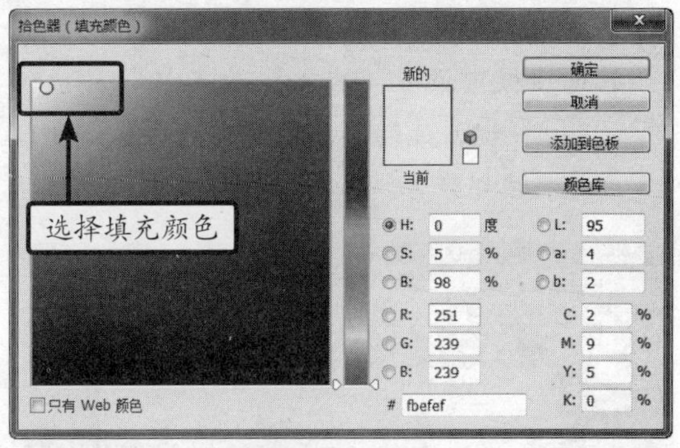

图4-87

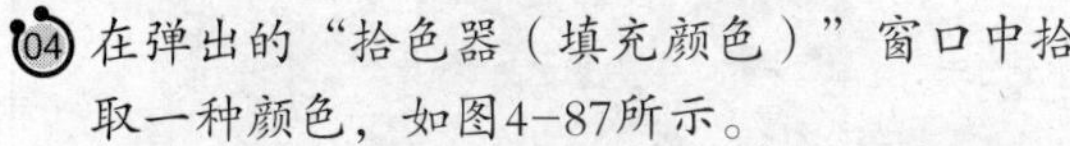

04 在弹出的“拾色器（填充颜色）”窗口中拾取一种颜色，如图4-87所示。

05 依次单击“确定”按钮，返回“未标题-1”文档中，即可看到文档的填充颜色效果，如图4-88所示。

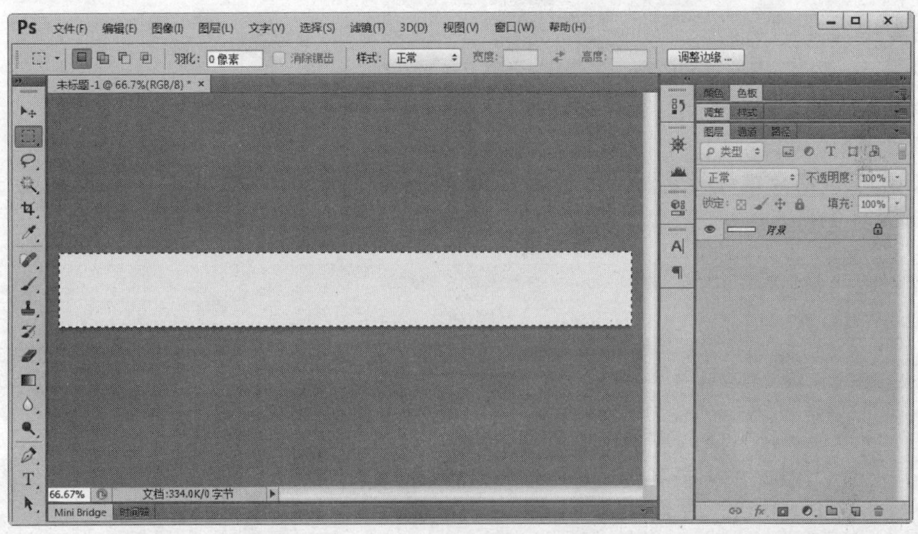

图4-88

06 按“Ctrl+O”组合键，弹出“打开”窗口，找到并选中特殊节日店招素材图片，如图4-89所示。

07 单击“打开”按钮，即可打开素材图片，如图4-90所示。

图4-89

图4-90

08 按“W”键启用魔棒工具。在界面上方的选项板中设置“容差”为“20”，按住“Shift”键，连续单击图片上的白色部分，即可将该部分全部选中，如图4-91所示。

图4-91

09 按“Shift+Ctrl+ I”组合键，进行“反向”操作，即可将图中玫瑰花选中，如图4-92所示。

图4-92

10 按“Ctrl+C”组合键进行复制，切换至“未标题-1”窗口，按“Ctrl+V”组合键进行粘贴，效果如图4-93所示。

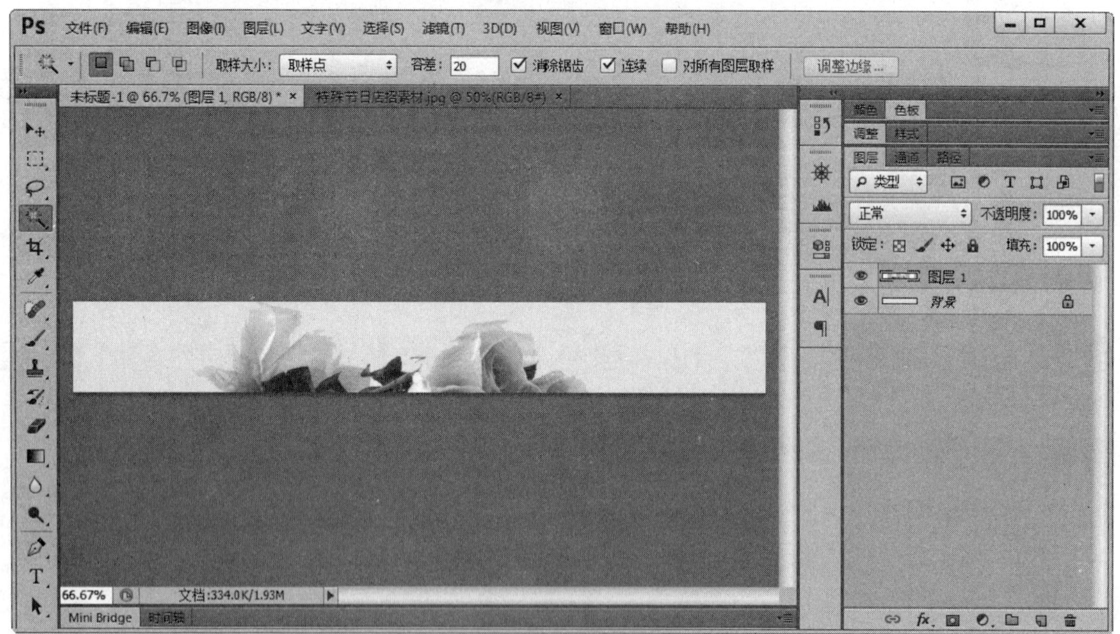

图4-93

11 按“Ctrl+T”组合键，拖动图片四周的节点将其调整至合适大小，并拖动至合适的位置。按“Enter”键确认，效果如图4-94所示。

12 按“T”键启用文字工具，在玫瑰花的右侧拖动出一个文本框，输入文字，并设置其字体为“微软雅黑”、字号为“28点”、颜色为“RGB洋红”，效果如图4-95所示。

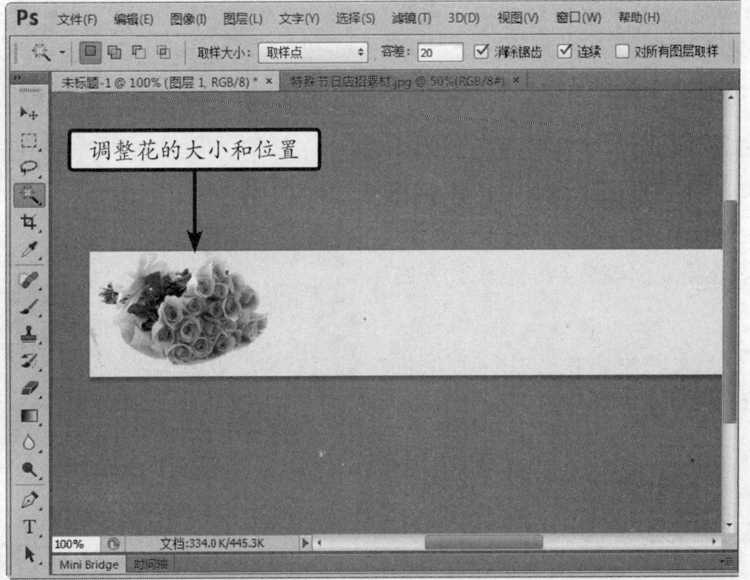

图4-94

图4-95

⑬ 在文档的右下角输入文字，并设置其字体为“华文彩云”、字号为“18点”、颜色为“纯洋红”。选中这些文字，单击鼠标右键，在弹出的快捷菜单中选择“仿粗体”和“仿斜体”命令，效果如图4-96所示。

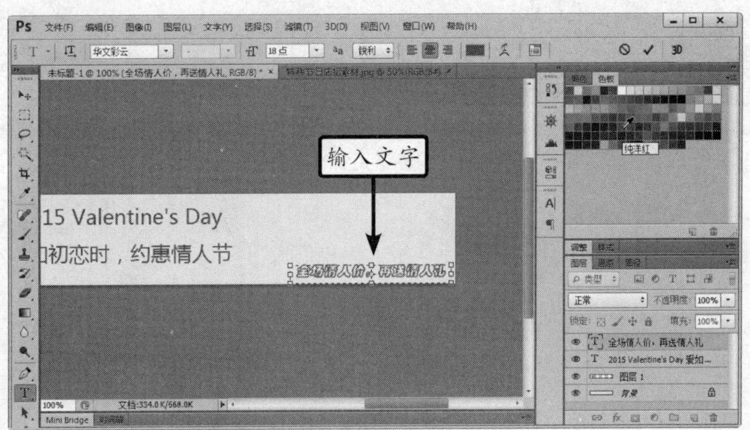

图4-96

⑭ 在工具栏中的■按钮上单击鼠标右键，在弹出的快捷菜单中选择“自定形状工具”命令，如图4-97所示。

⑮ 在界面上方的选项板中设置填充颜色为“蜡笔洋红”、描边颜色为“白色”、描边大小为“1点”，单击“形状”下拉按钮，在其下拉列表框中选择“红心形卡”形状，如图4-98所示。

⑯ 将鼠标指针移至文档中，按住鼠标左键拖动出一个合适大小的红心形状，如图4-99所示。

图4-97

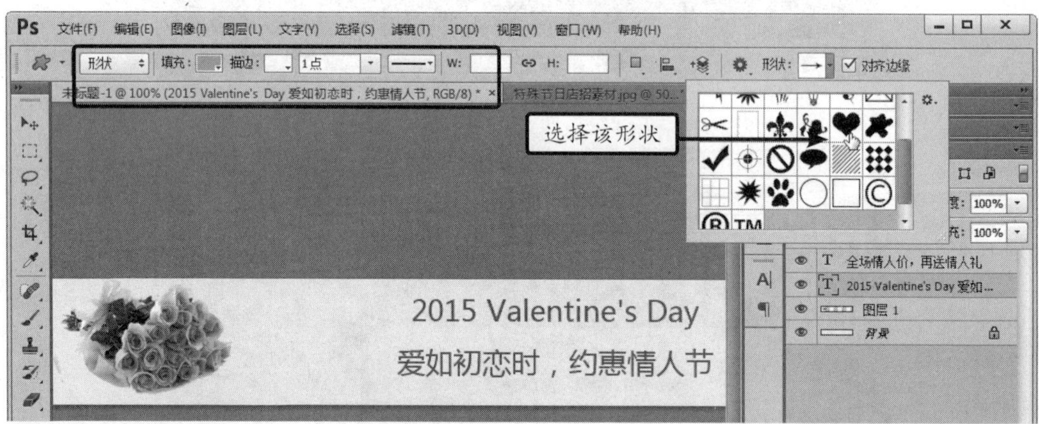

图4-98

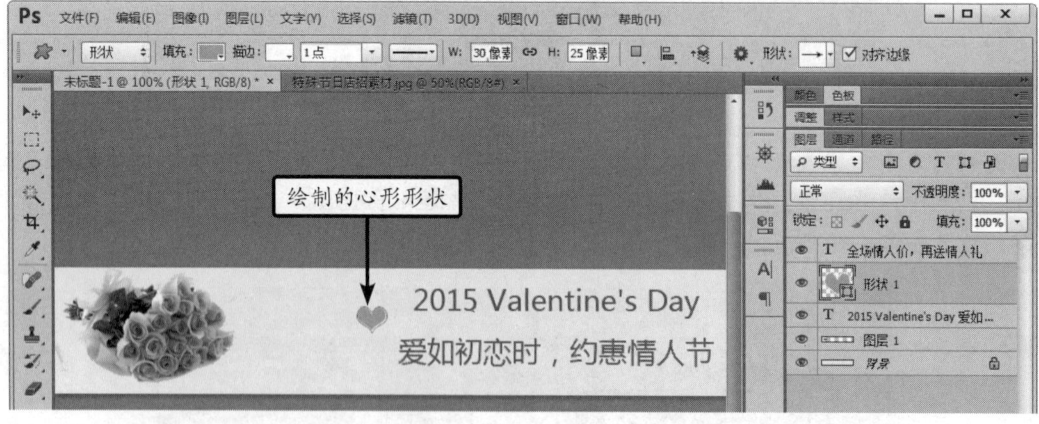

图4-99

⑰ 在文档中的其他位置单击鼠标左键，弹出“创建自定形状”窗口，如图4-100所示。

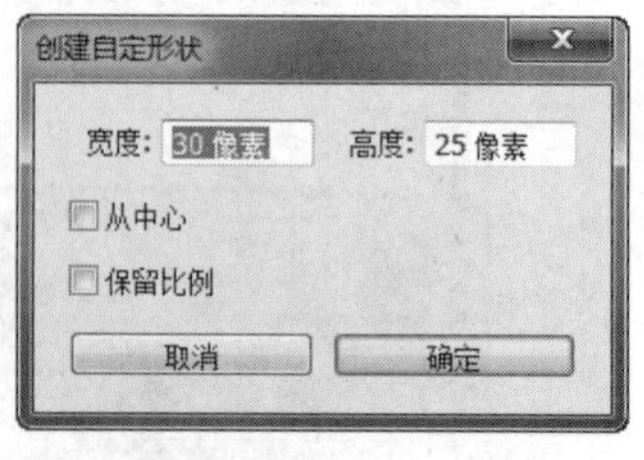

图4-100

18 单击“确定”按钮，即可创建一个同样的红心形状。以此类推，创建多个红心形状，效果如图4-101所示。

图4-101

19 在“图层”面板中切换至“背景”图层，按“G”键启用渐变工具。在界面上方的选项板中单击“渐变拾色器”下拉按钮，在其下拉列表框中选择“透明条纹渐变”选项，如图4-102所示。

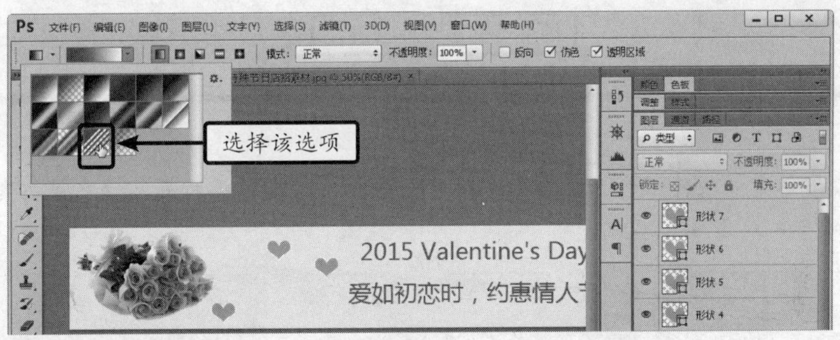

图4-102

20 将鼠标指针移至文档中的玫瑰花上，按住鼠标左键从左向右拖动，即可拖出一个透明条纹渐变效果（需要事先单击工具栏中的按钮设置好前景色），如图4-103所示。

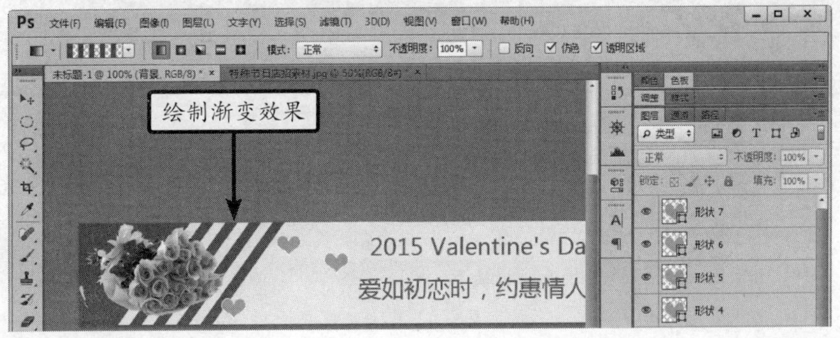

图4-103

21 此时，即完成了整个促销活动店招的设计，效果如图4-104所示。按“Shift+Ctrl+S”组合键，将其存储为GIF、JPG、JPEG或PNG格式的图片。

图4-104

4.1.6 动态店招设计

与店标一样，淘宝的店招除了可以设计为静态的，也可以设计为动态的。下面使用Photoshop CS6软件将刚才制作的情人节店招设计为动态店招，具体操作步骤如下。

01 复制上例中的情人节店招作为本例的素材，并将其重命名为“动态店招素材”，如图4-105所示。

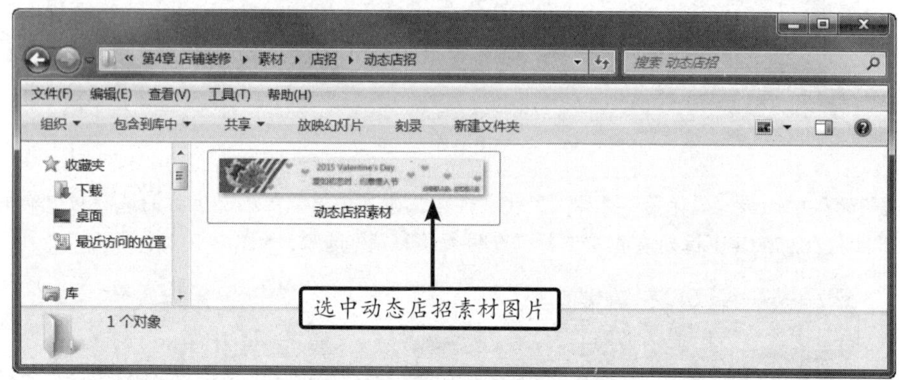

图4-105

02 启动Photoshop CS6软件，打开主页面。按“Ctrl+O”组合键，打开“动态店招素材”图片，如图4-106所示。

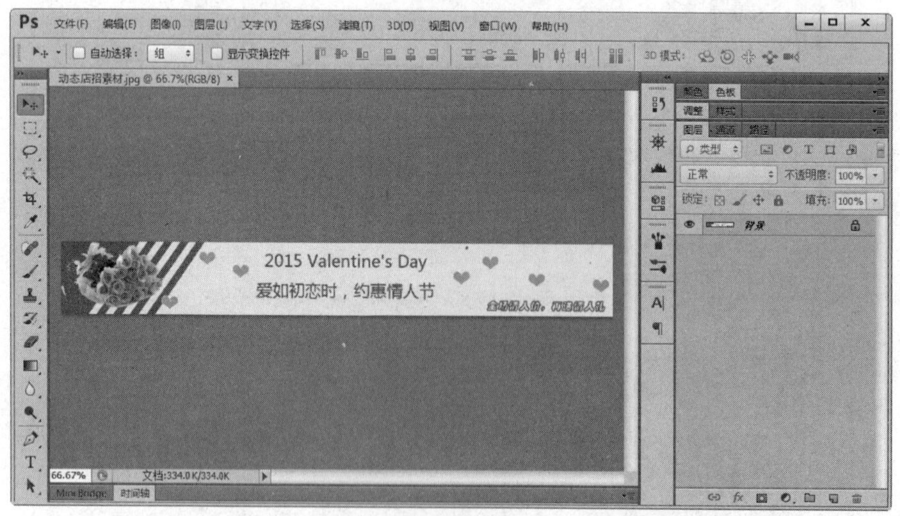

图4-106

03 按“M”键启用矩形选框工具，按住鼠标左键拖动矩形框选中整个素材图片。按“Ctrl+C”组合键进行复制，再连续按3次“Ctrl+V”组合键进行粘贴。此时，即可在“图层”面板中看到复制的3个图层，如图4-107所示。

图4-107

04 在PS界面左下角单击“时间轴”标签，打开“时间轴”面板，如图4-108所示。

图4-108

05 单击“创建帧动画”按钮，创建第1帧，如图4-109所示。

06 在“图层”面板中单击“图层1”“图层2”和“图层3”前的 按钮，暂时隐藏这些图层，如图4-110所示。

图4-109

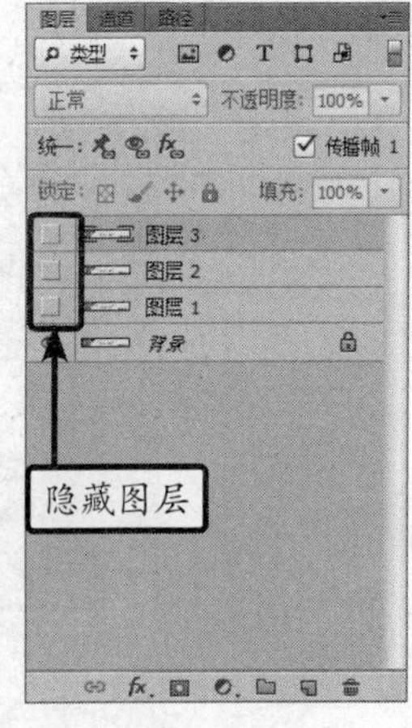

图4-110

07 在“时间轴”面板下方的工具栏中单击按钮，复制一个与第1帧相同的画面。在“图层”面板中隐藏“背景”，并重新显示“图层1”，如图4-111所示。

图4-111

08 复制第2帧，在“图层”面板中隐藏“图层1”，并重新显示“图层2”，效果如图4-112所示。

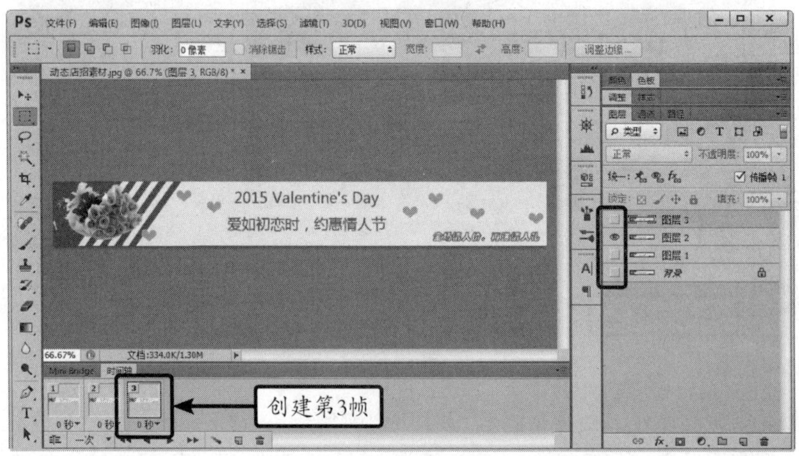

图4-112

09 复制第3帧，在“图层”面板中隐藏“图层2”，并重新显示“图层3”，效果如图4-113所示。

图4-113

10 按“Ctrl”键同时选中所有帧动画，单击“0秒”下拉按钮，在其下拉菜单中选择“1.0”，即可将所有动画的延迟时间设置为“1.0”秒，如图4-114所示。

图4-114

11 选中第2帧并切换至“图层1”中，按“B”键启用画笔工具。在界面上方的选项板中单击“‘画笔预设’选取器”下拉按钮，在其下拉列表框中选择第1种画笔，并将其大小设置为“50像素”，如图4-115所示。

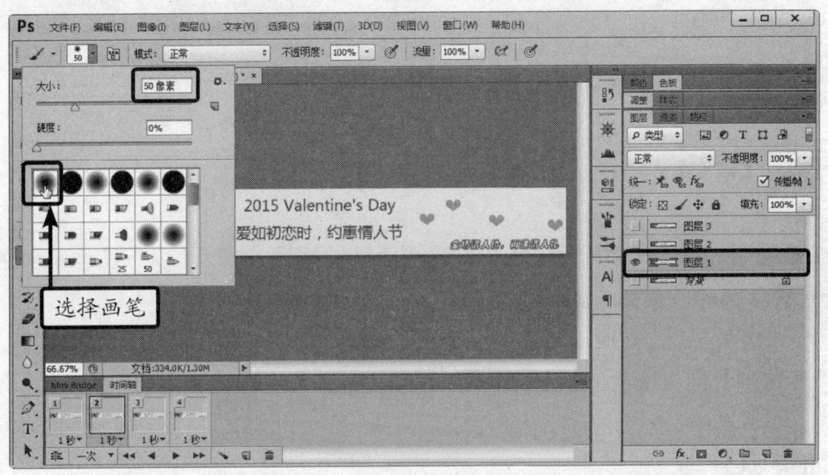

图4-115

12 此时，鼠标指针变成画笔形状。在图片中的心形形状上单击鼠标左键，即可为其添加闪烁效果，如图4-116所示。

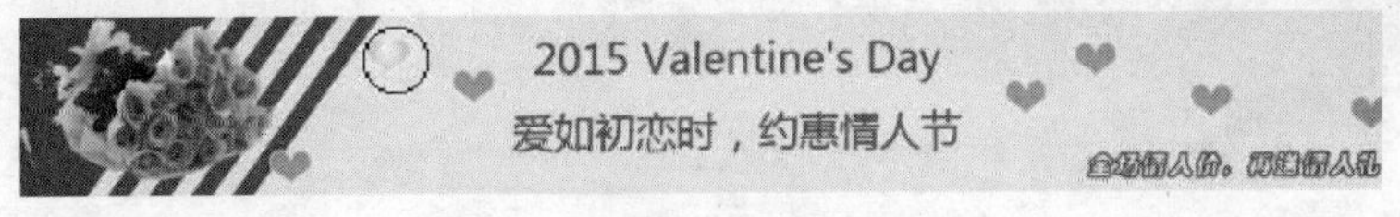

图4-116

13 为其他心形形状添加闪烁效果，如图4-117所示。

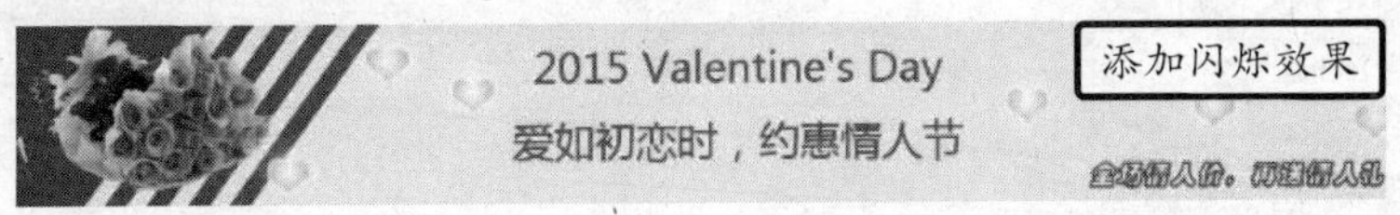

图4-117

14 选中第4帧并切换至“图层3”中，按照同样的方法为图片中的心形形状添加闪烁效果，如图4-118所示。

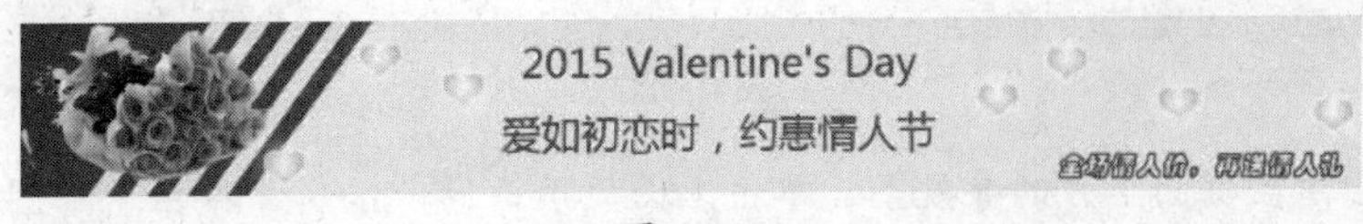

图4-118

15 此时，单击“时间轴”面板下方的▶（播放动画）按钮，即可进行动画效果的预览。

16 选择“文件”→“存储为Web所用格式”命令，打开“存储为Web所用格式”对话框。单击“存储”按钮，弹出“将优化结果存储为”对话框，选择指定路径，在“文件名”文本框中输入名称，如图4-119所示。

17 单击“保存”按钮，弹出“‘Adobe存储为Web所用格式’警告”窗口。单击“确定”按钮，即可完成动态店招的保存。

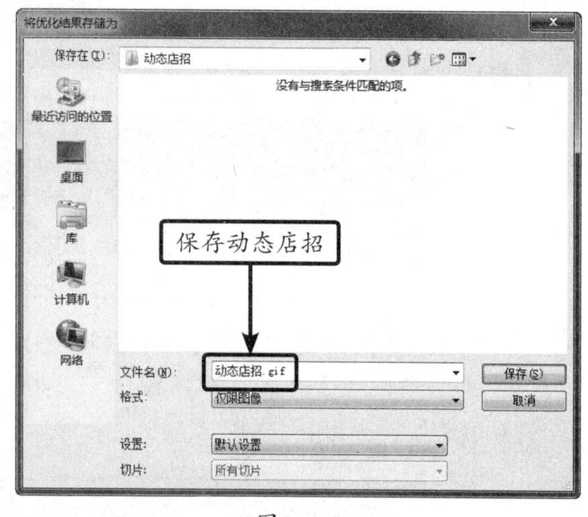

图4-119

4.2 导航设计

店铺导航是网店的一个关键部分，是买家访问店铺的快速通道，可以方便地从一个页面跳转到另一个页面，查看店铺的各类商品及信息。

因此，一个清晰的导航，能保证更多的店铺页面被访问、更多的商品和活动被发现。尤其是当买家从宝贝详情页转到其他页面时，若缺乏导航的指引，将极大地影响到店铺的转化率。

4.2.1 添加宝贝分类

01 进入“卖家中心”页面，在其左侧的“店铺管理”栏下单击“店铺装修”链接（如图4-120所示），进入“店铺装修”页面。

图4-120

02 将鼠标指针指向在页面上方的导航条，单击上面显示出的“编辑”按钮（如图4-121所示），弹出“导航”窗口。

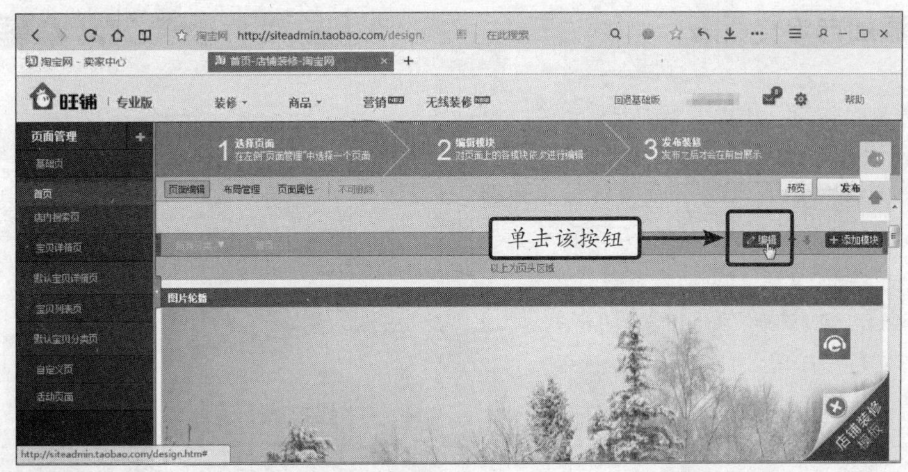

图4-121

03 在“导航设置”标签下可以看到当前导航条上只显示了“首页”一个标签。单击右下角的“添加”按钮（如图4-122所示），弹出“添加导航内容”窗口。

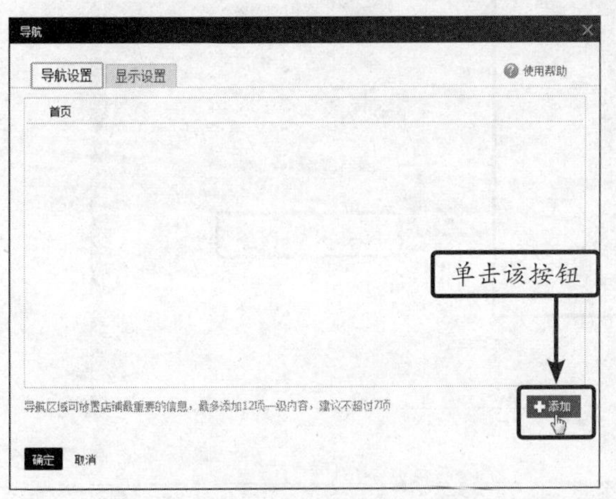

图4-122

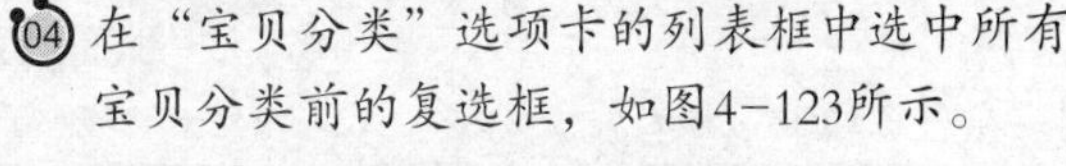

04 在“宝贝分类”选项卡的列表框中选中所有宝贝分类前的复选框，如图4-123所示。

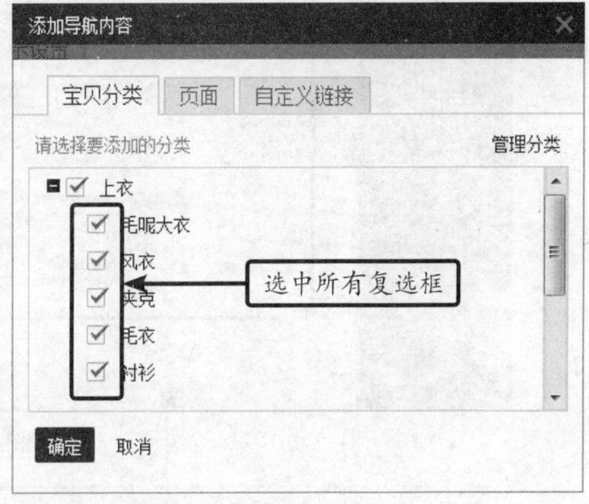

图4-123

05 依次单击“确定”按钮，返回“店铺装修”页面。单击右上角的“发布”按钮，即可完成导航条中的宝贝分类的添加，效果如图4-124所示。

图4-124

4.2.2 添加自定义页面

01 重复上面的操作，弹出“添加导航内容”窗口。切换至“页面”选项卡，单击“点击创建”或“添加自定义页面”链接（如图4-125所示），进入“页面设置”页面。

02 在“页面名称”文本框中输入页面的名称（如“买家须知”），选中“页面内容”的格式为“通栏自定义页”，如图4-126所示。

03 单击“保存”按钮，进入“买家须知”装修页面，如图4-127所示。

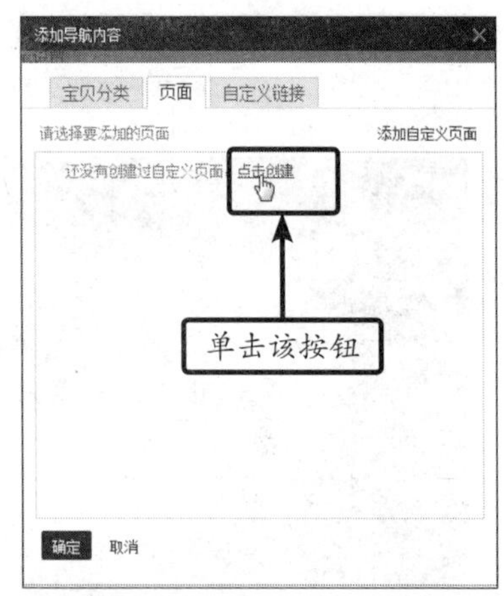

图4-125

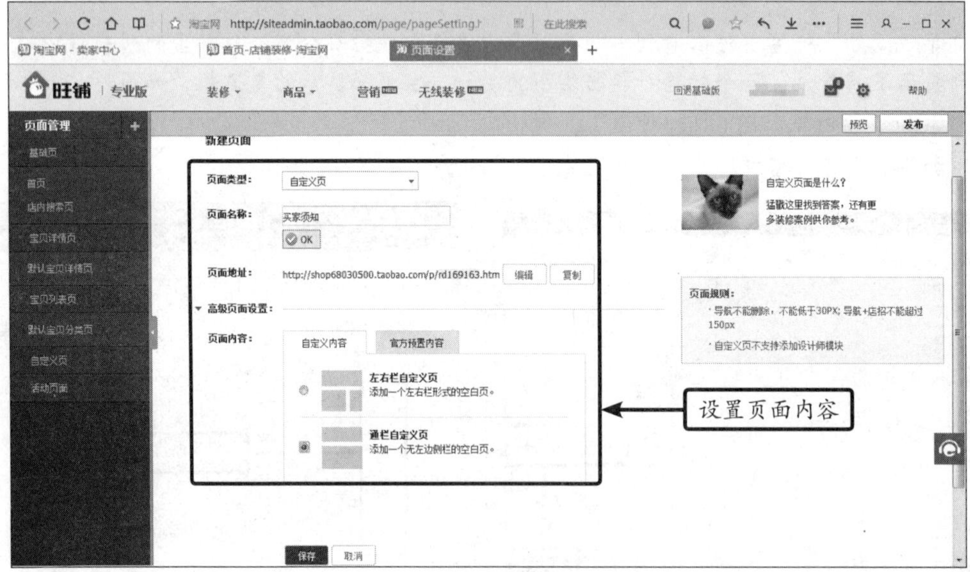

图4-126

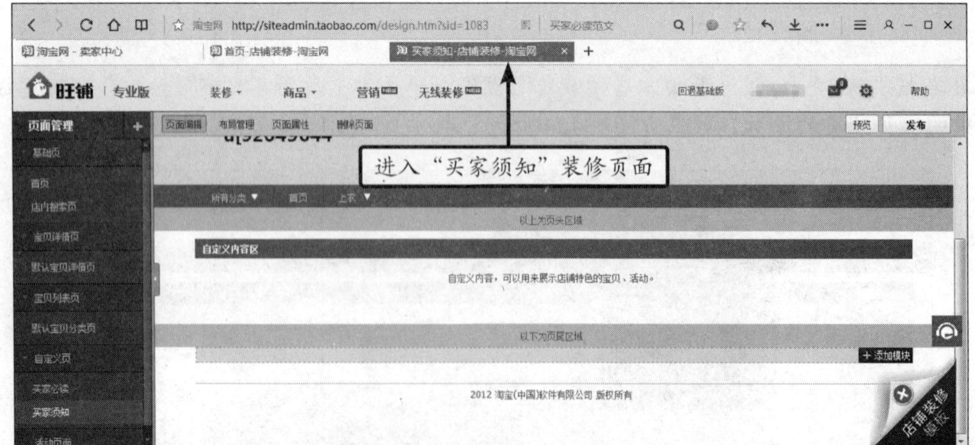

图4-127

04 将鼠标指针移至“自定义内容”模块上，单击上面显示出的“编辑”按钮，弹出“自定义内容区”窗口。

05 选中“显示”单选项，在文本编辑框中输入买家须知的一些事项和内容，并设置其字体格式。也可以单击（插入图片空间图片）按钮，直接插入事先准备好的文字图片，如图4-128所示。

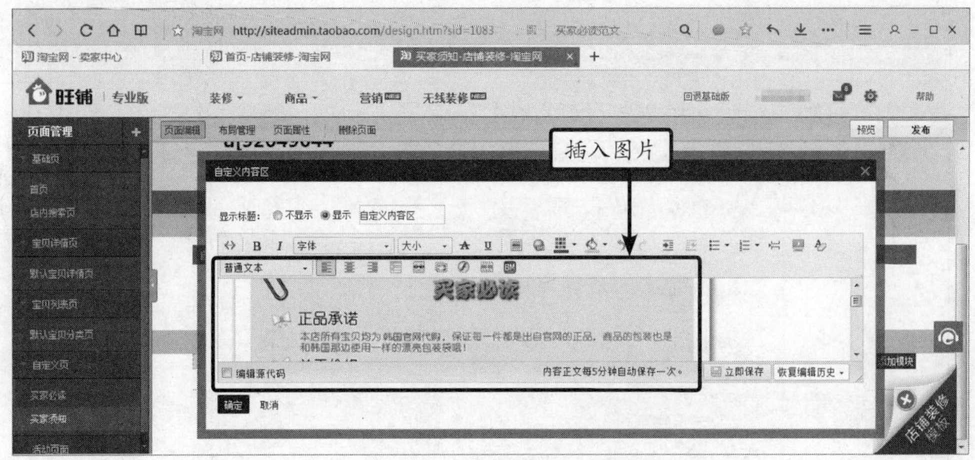

图4-128

06 单击（居中对齐）按钮，将图片居中对齐。单击“确定”按钮，返回“买家须知”装修页面，可以预览到“买家须知”的自定义内容，如图4-129所示。

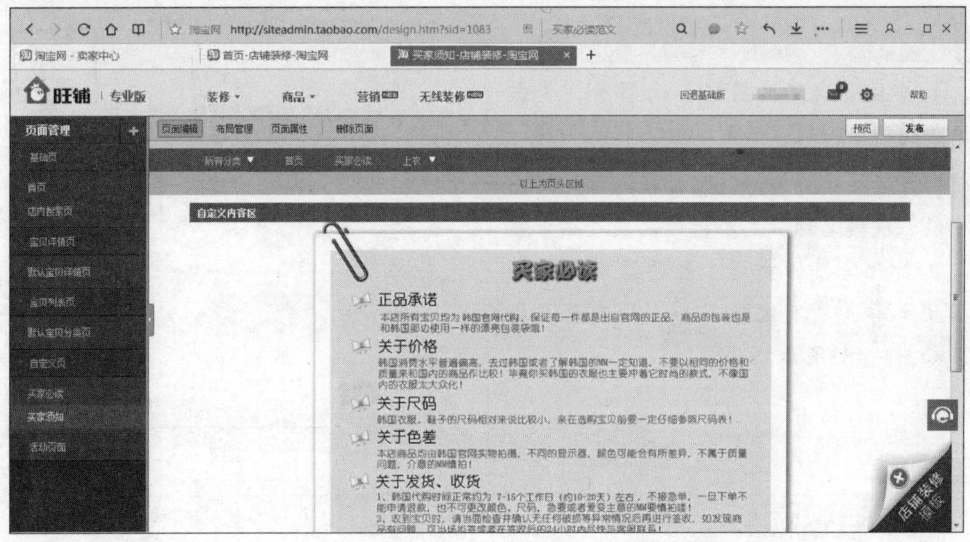

图4-129

07 将鼠标指针指向导航条，单击其中的“编辑”按钮，在弹出的“导航”窗口中单击右下角的“添加”按钮，在弹出的“添加导航内容”窗口的“页面”选项下，选中“买家须知”前的复选框，如图4-130所示。

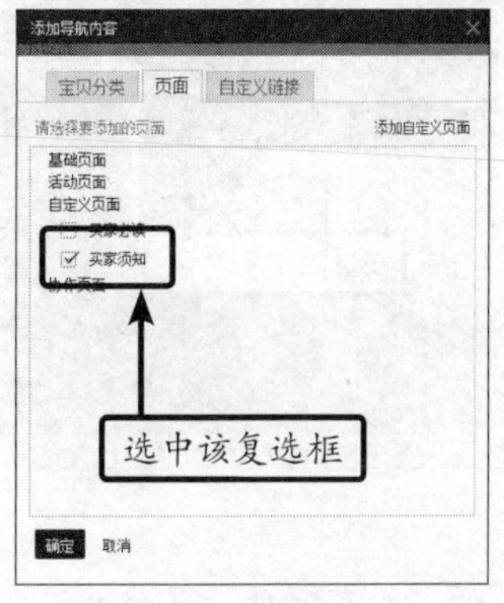

图4-130

08 依次单击“确定”按钮，返回“店铺装修”页面。单击右上角的“发布”按钮，即可完成导航条中的自定义页面“买家须知”的添加，效果如图4-131所示。

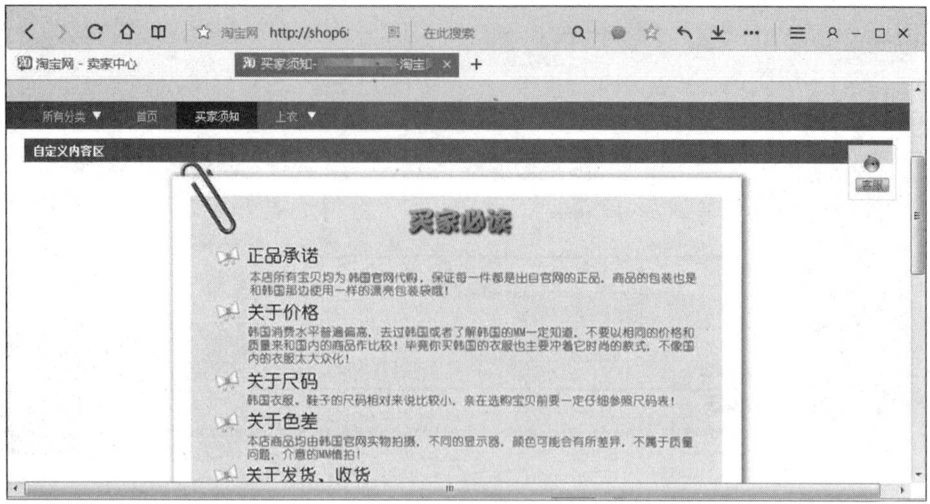

图4-131

4.2.3 添加自定义链接

01 重复上面的操作，弹出“添加导航内容”窗口。切换至“自定义链接”选项卡，单击“添加链接”按钮，如图4-132所示。

02 此时，在标签下方出现“添加链接”栏。在其中的“链接名称”文本框中输入“热卖爆款”。打开店铺的主页，在导航条中选择“首页”→“所有宝贝”→“按销量”命令，如图4-133所示。

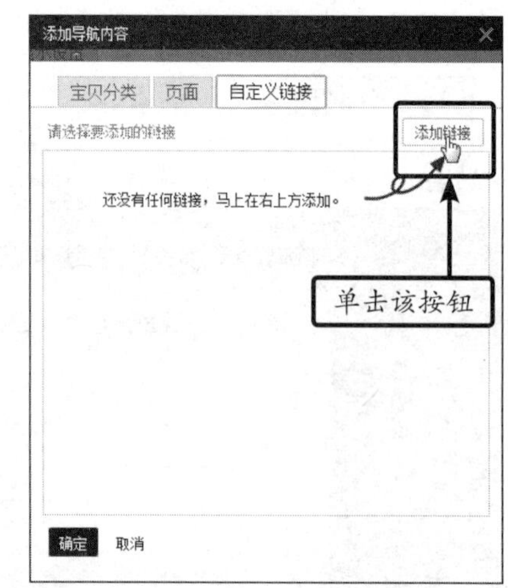

图4-132

图4-133

03 在进入的“所有宝贝”页面上方将该页面的链接复制下来，如图4-134所示。

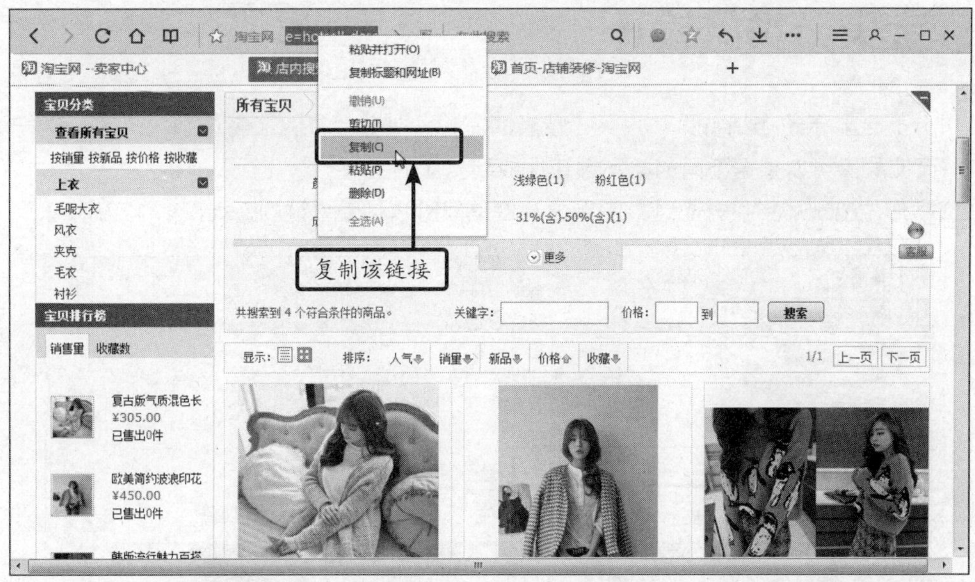

图4-134

04 切换至“店铺装修”页面，在“链接地址”文本框中粘贴刚刚复制的链接，如图4-135所示。

05 依次单击“保存”“确定”“确定”按钮，返回“店铺装修”页面。单击右上角的“发布”按钮，即可完成导航条中的自定义链接的添加，效果如图4-136所示。

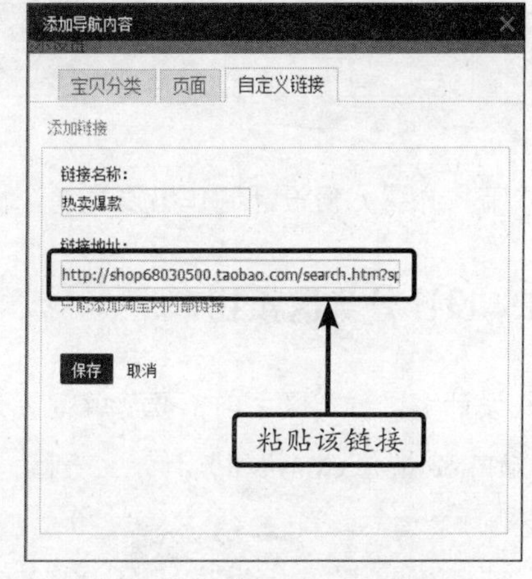

图4-135

图4-136

4.3 宝贝分类区设计

宝贝分类区显示于店铺首页和宝贝详情页的左边。其作用是为了将店铺内的宝贝进行类别的划分，从而使买家可以根据不同的类别迅速地找到相应的宝贝。

以文字形式出现的宝贝分类是最常见的，但是同时也是最单调的，如图4-137所示。

图4-137

本节将介绍如何设计制作出漂亮、个性、与众不同的宝贝分类区。

4.3.1 设计分类区按钮

在设计宝贝分类区之前，要了解宝贝分类图片的宽度一般要求在160像素以内，高度不限。

01 启动Photoshop CS6软件，打开主页面，如图4-138所示。

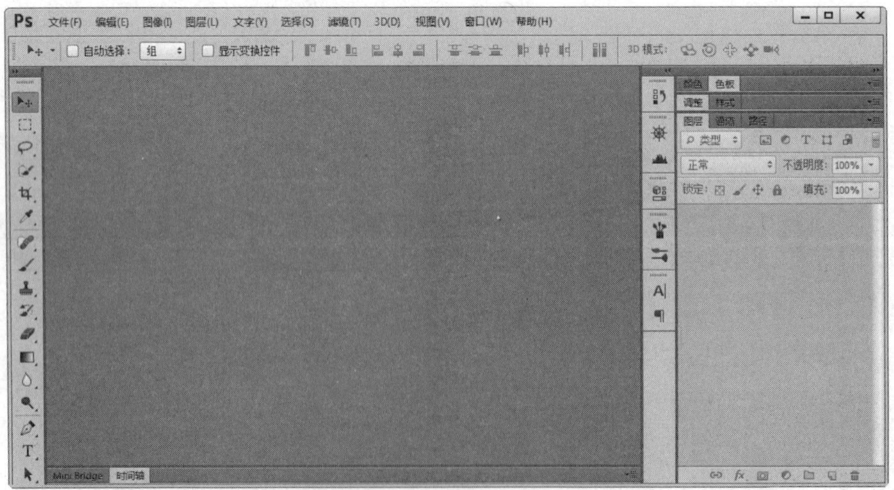

图4-138

02 按“Ctrl+N”组合键，弹出“新建”窗口。在“宽度”和“高度”文本框中分别输入“150”和“40”，如图4-139所示。

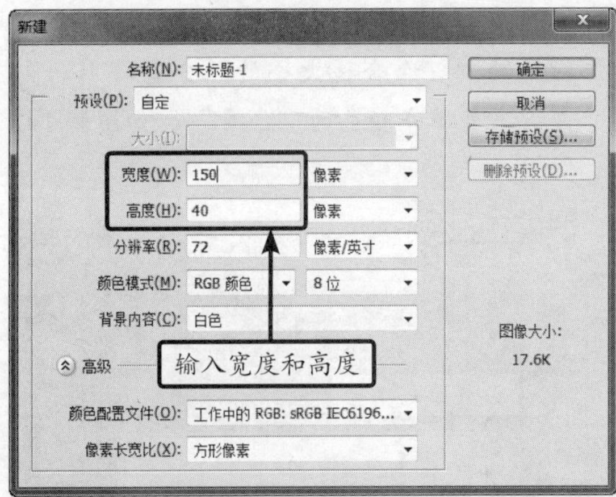

图4-139

03 输入完成后，单击“确定”按钮，即可新建一个150×40的文档，如图4-140所示。

图4-140

04 为了更好地观察图片的设置效果，同时按“Ctrl”键和“+”键，将图片进行放大，如图4-141所示。

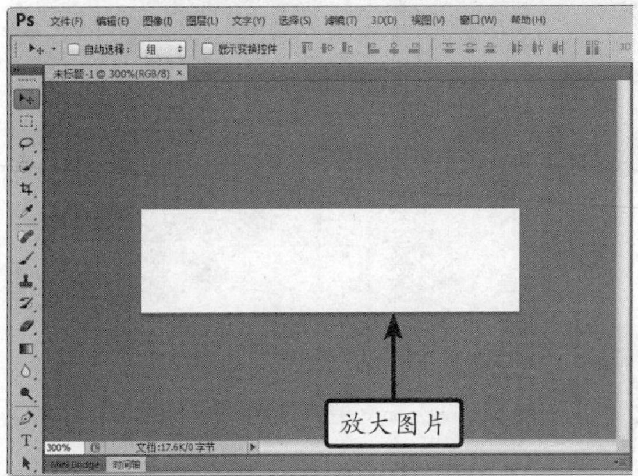

图4-141

05 在工具栏中的（矩形工具）按钮上单击鼠标右键，在弹出的快捷菜单中选择“圆角矩形工具”命令，如图4-142所示。

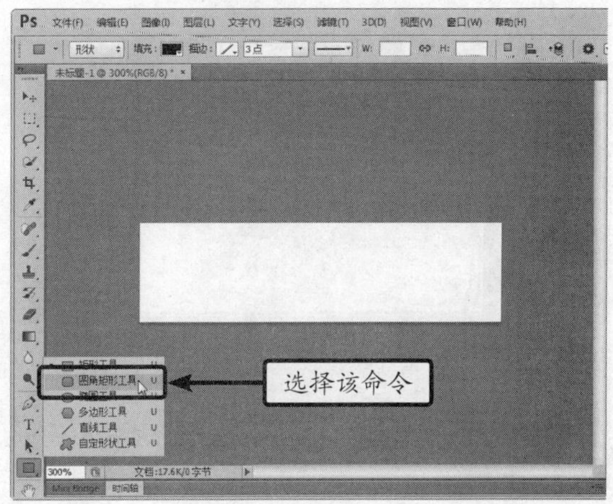

图4-142

06 在新建的文档中，拖动鼠标左键绘制一个圆角矩形框，如图4-143所示。

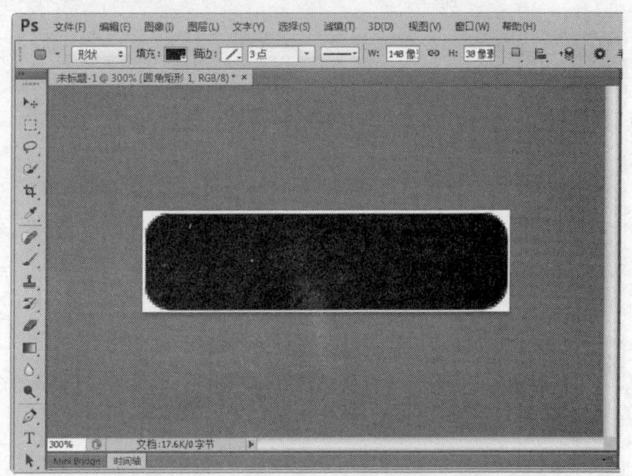

图4-143

07 在“选项”面板中设置形状为不填充、描边颜色为“浅青”、宽度为“1点”、类型为“粗实线”、半径为“5像素”，如图4-144所示。

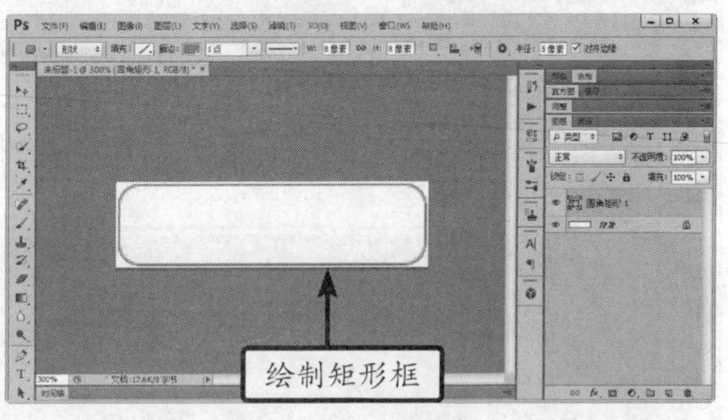

图4-144

08 在工具栏中的（圆角矩形工具）按钮上单

击鼠标右键，在弹出的快捷菜单中选择“自定形状工具”命令，如图4-145所示。

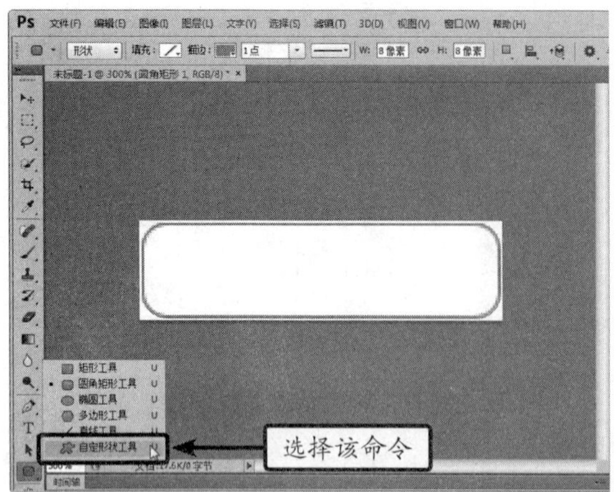

图4-145

09 在“选项”面板中单击最右侧的“形状”下拉按钮，在打开的“拾色器”中选择“八分音符”形状，如图4-146所示。

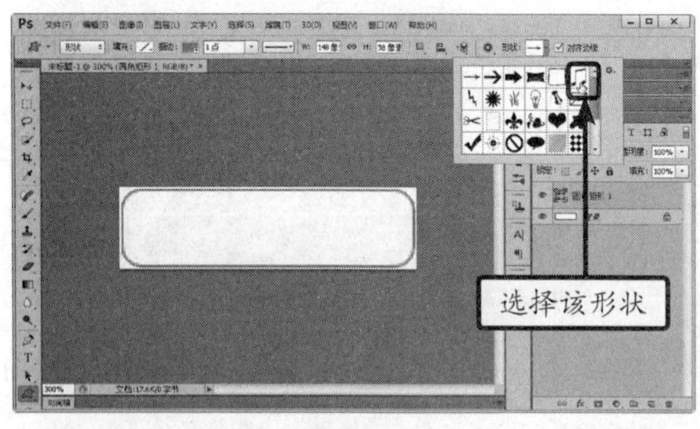

图4-146

10 将鼠标指针移至圆角矩形框中，在左侧拖动指针绘制一个合适大小的八分音符形状，并设置其填充颜色为“浅青”，如图4-147所示。

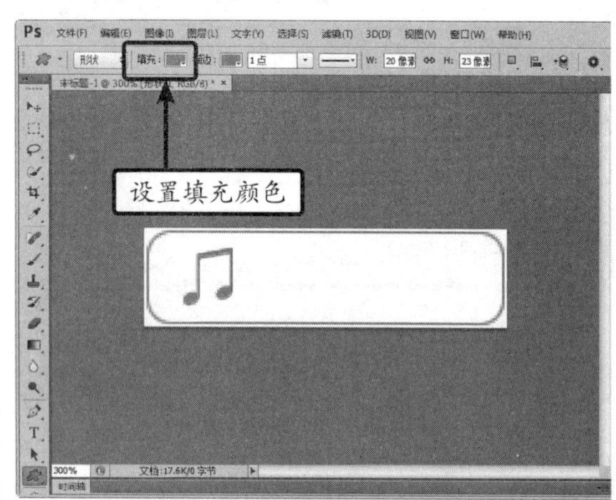

图4-147

11 按“T”键，启用文字工具。在圆角矩形框的右侧拖动鼠标指针，绘制一个文字矩形框，在其中输入宝贝分类的名称“呢大衣”，并在“选项”面板中设置字体为“幼圆”、字号为“24点”、颜色为“浅青”，如图4-148所示。

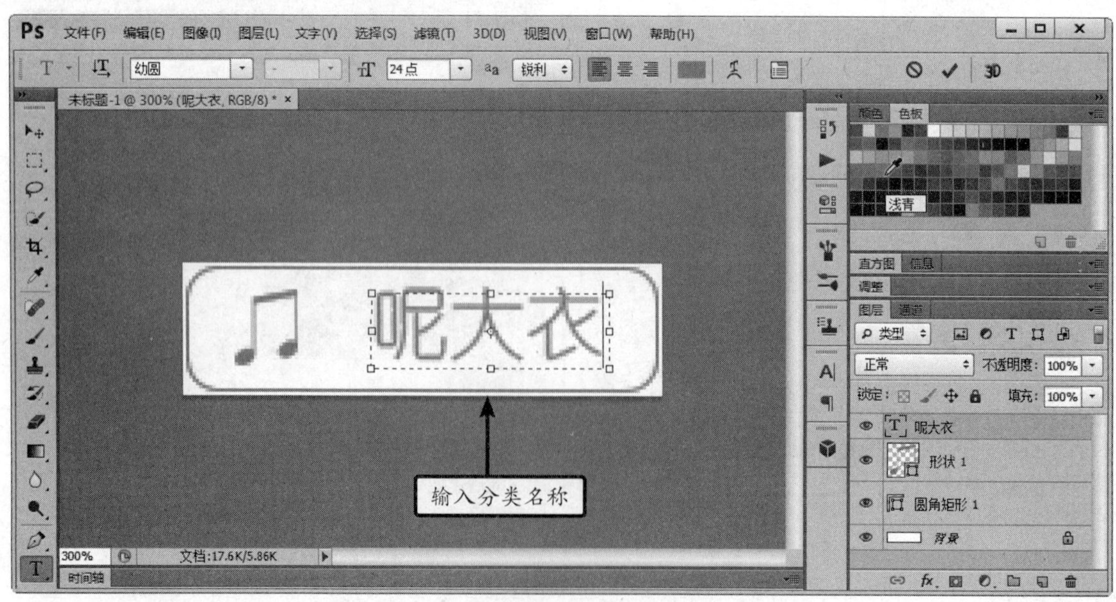

图4-148

⑫ 此时，即可完成分类区的按钮设计，效果如图4-149所示。

♫ 呢大衣

图4-149

⑬ 按“Shift+Ctrl+S”组合键，将其存储为JPG、PNG或GIF格式即可。

⑭ 更改宝贝分类的名称，设计出其他宝贝分类的按钮并进行保存，效果如图4-150所示。

图4-150

4.3.2 设计分类区图片效果

宝贝分类区还可以使用图片代替文字，这样可以使分类更形象、更有个性。具体操作方法如下。

⓪① 首先启动Photoshop CS6软件，打开素材图片，如图4-151所示。

图4-151

⓪② 按“Alt+Ctrl+I”组合键，弹出“图像大小”对话框。在“像素大小”栏下将“宽度”改为“150”（因为选中了“约束比例”复选框，高度会自动调整），如图4-152所示。

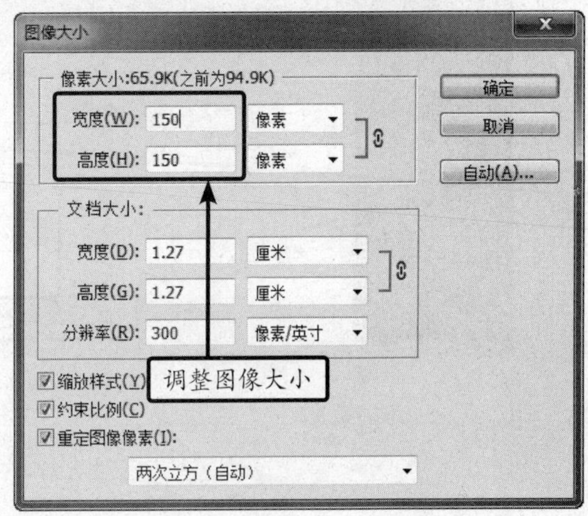

图4-152

03 单击“确定”按钮，返回PS主页面，如图4-153所示。

图4-153

04 按“Ctrl+S”组合键对图片所做的调整进行保存。按照同样的方法调整其他素材图片的像素大小。

05 登录淘宝网，进入“卖家中心”页面，在其左侧的“店铺管理”栏下单击“宝贝分类管理”链接，进入“宝贝分类管理”页面，如图4-154所示。

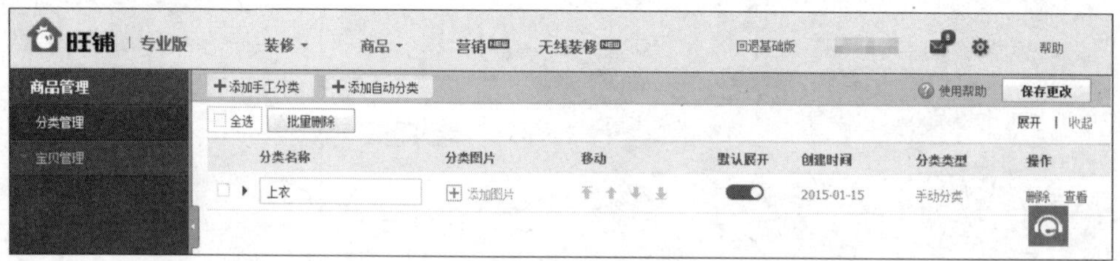

图4-154

06 单击“上衣”前的▶按钮，展开该分类。在第1个分类“毛呢大衣”后面单击“添加图片”按钮（如图4-155所示），弹出如图4-156所示的窗口。

图4-155

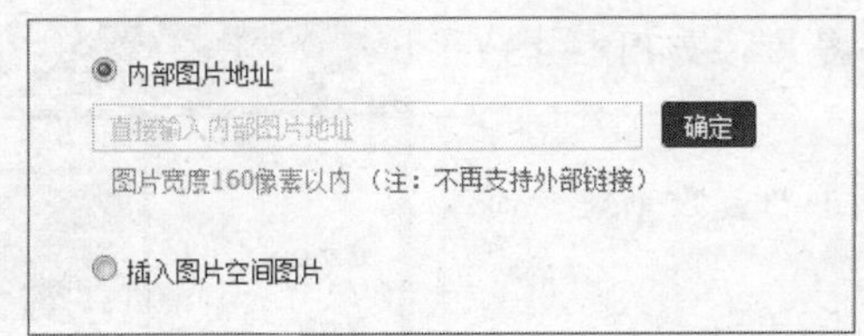

图4−156

07 选中“插入图片空间图片”单选钮，弹出如图4−157所示的窗口。

图4−157

08 切换至“上传新图片”选项卡，在窗口的左下角单击“添加图片”链接（如图4−158所示），弹出“打开”窗口。

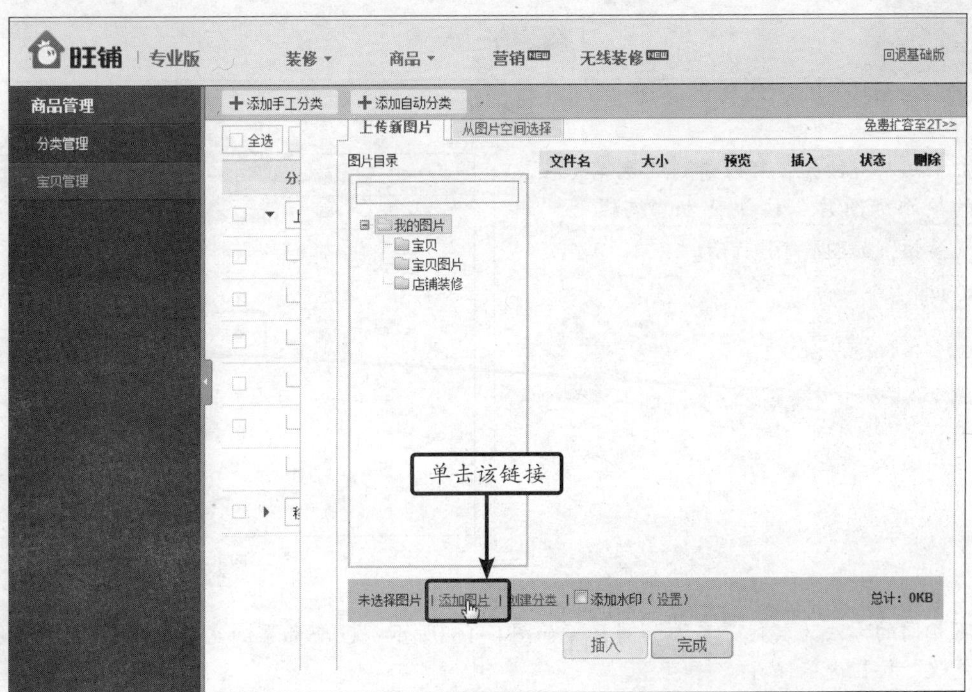

图4−158

09 在指定路径下选中素材图片，如图4-159所示。

10 单击“打开”按钮，返回“宝贝管理”页面，如图4-160所示。

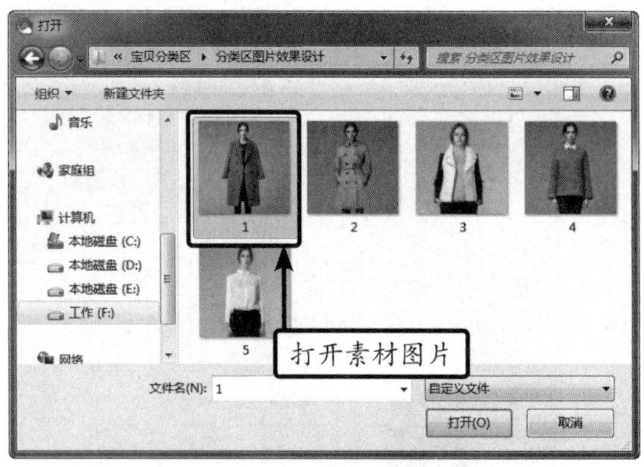

图4-159

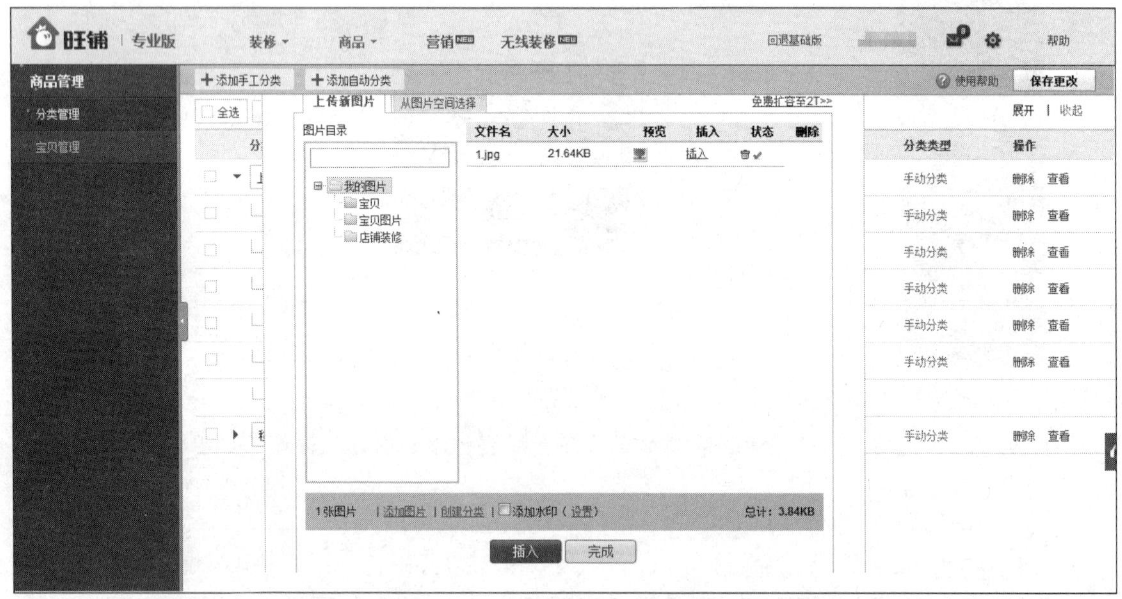

图4-160

11 单击“插入”按钮，可以看到“毛呢大衣”后的“添加图片”按钮变为“编辑”“删除”按钮，如图4-161所示。

图4-161

12 按照相同的方法为其他分类添加图片（如图4-162所示），全部添加完毕后单击右上角的“保存更改”按钮进行保存。

13 此时，进入店铺首页，即可看到设计的分类区图片效果，如图4-163所示。

图4-162

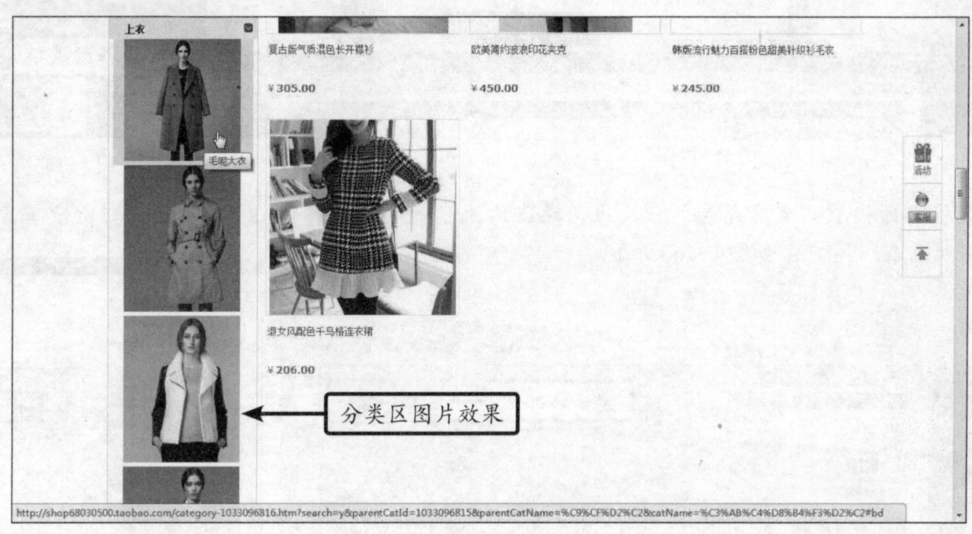

图4-163

4.3.3 设计默认宝贝分类页

在默认宝贝分类页中，宝贝都是以图表的形式显示，且系统默认一行排列3个宝贝，如图4-164所示。

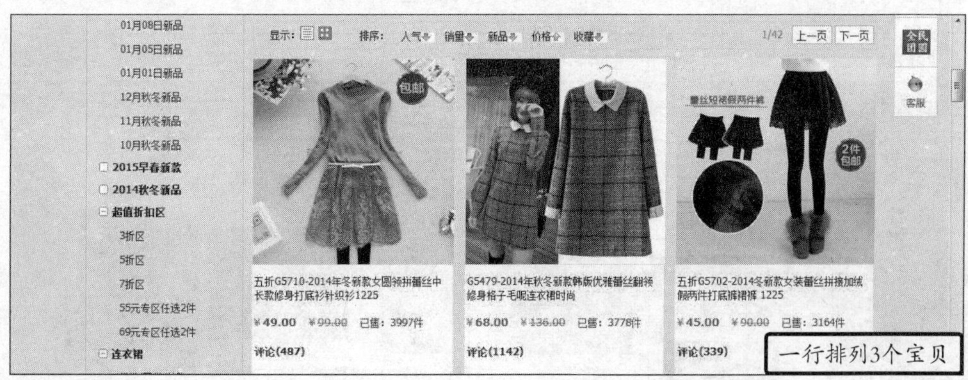

图4-164

其实，宝贝分类区的排列效果还可以实现不同的排列效果，例如以列表的形式显示，或者一行排列4个宝贝等。具体设置步骤如下。

01 进入“卖家中心”页面，在左侧的“店铺管理”栏下单击“店铺装修”链接，进入“店铺装修”页面，如图4-165所示。

02 在左侧的下拉列表中选择“默认宝贝分类页”选项，进入“默认宝贝分类页”页面，如图4-166所示。

图4-165

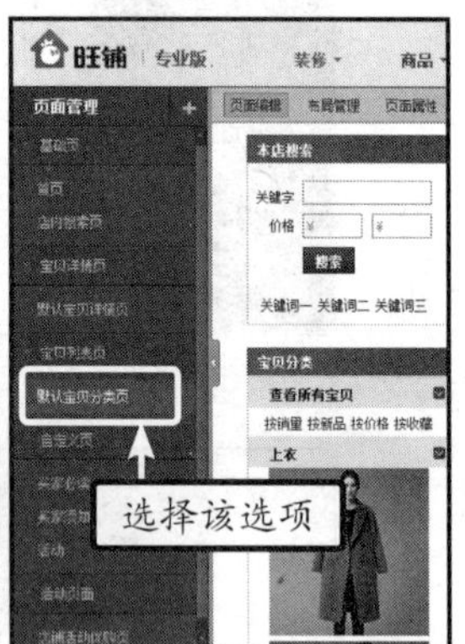

图4-166

03 将鼠标指针移至“宝贝列表”模块上，单击右上角的“编辑”按钮（如图4-167所示），弹出“宝贝列表”窗口，如图4-168所示。

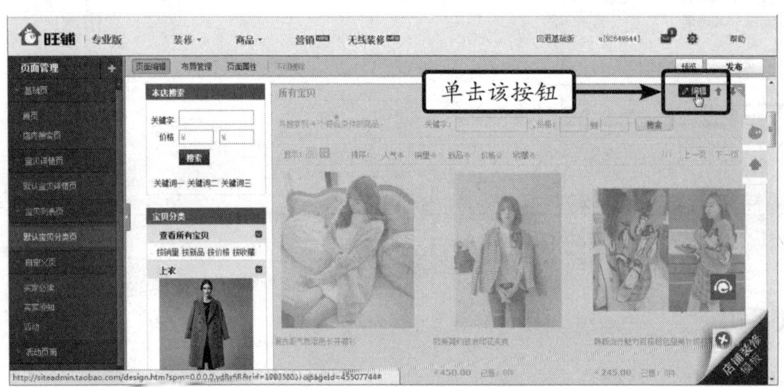

图4-167

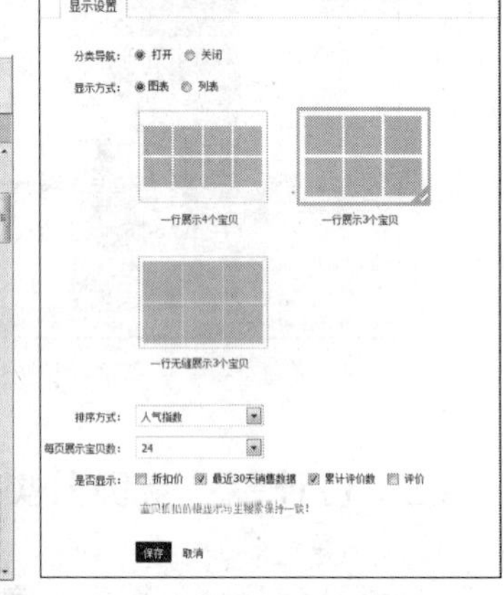
图4-168

04 若选中显示方式为“一行展示4个宝贝”，则效果如图4-169所示。

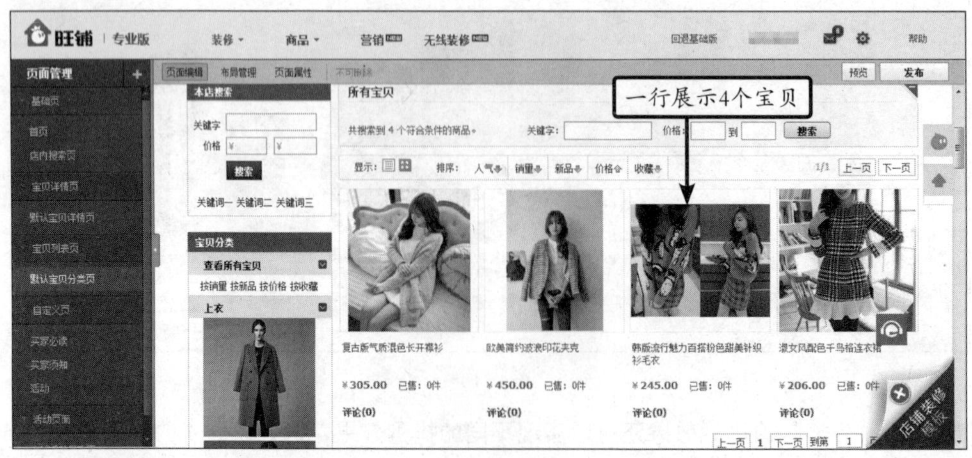

图4-169

05 若选中显示方式为“一行无缝展示3个宝贝”，则效果如图4-170所示。

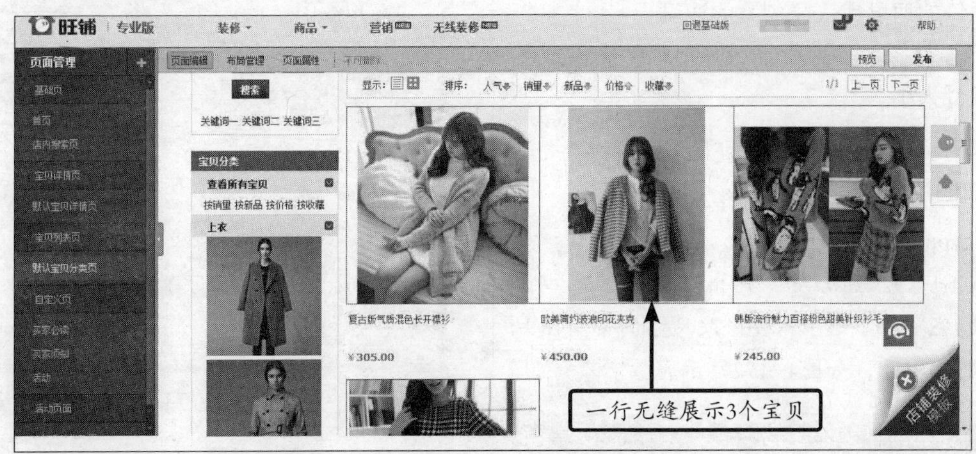

图4-170

06 若选中显示方式为“列表”，则效果如图4-171所示。

图4-171

小提示

在“宝贝列表”窗口中还可以对宝贝的排序方式、每页展示宝贝数以及是否显示折扣价、最近30天销售数据、累计评价数、评价等进行设置。

4.4 宝贝美化设计

除了对店铺进行装修，宝贝图片的美化设计也对淘宝店铺起着至关重要的作用。因为，一张漂亮的宝贝图片可以直接刺激到买家的视觉感官，使其产生了解的兴趣和购买的欲望。

4.4.1 调整图片尺寸

美化宝贝的第1步，就是调整图片的尺寸。因为这对于一个网店来说非常重要，不能太大或太小，否则不是影响了宝贝的清晰度，就是影响了上传的速度或买家浏览的速度。

下面介绍如何用Photoshop软件来修改图片的尺寸大小。

1. 缩放图片

01 启动Photoshop CS6软件，打开主页面。按"Ctrl+O"组合键，弹出"打开"窗口。在指定路径下选中需要修改尺寸的素材图片并将其打开，如图4-172所示。

图4-172

02 选择"图像"→"图像大小"命令（如图4-173所示），打开"图像大小"对话框，如图4-174所示。

03 在该对话框中可以直接输入图片的宽度和高度，如图4 175所示，这里将图片的宽度修改为"600"（因为选中了"约束比例"复选框，所以，其高度自动修改为"500"）。

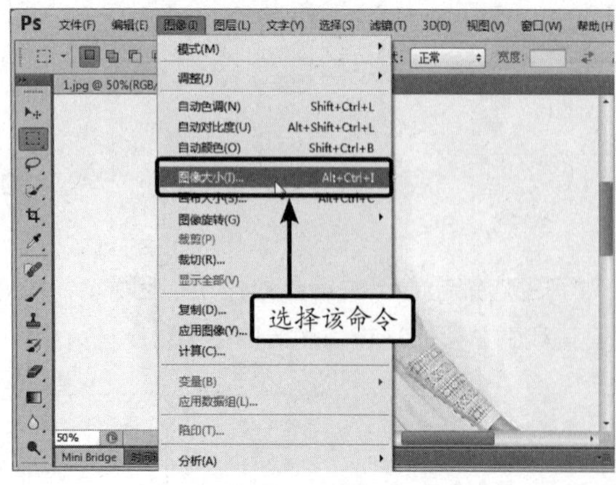

图4-173

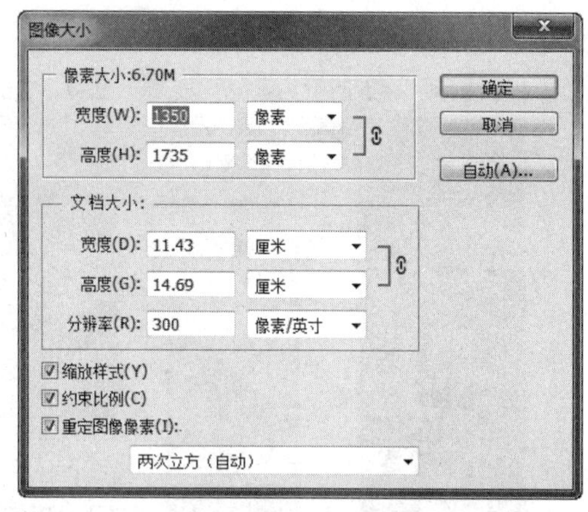

图4-174

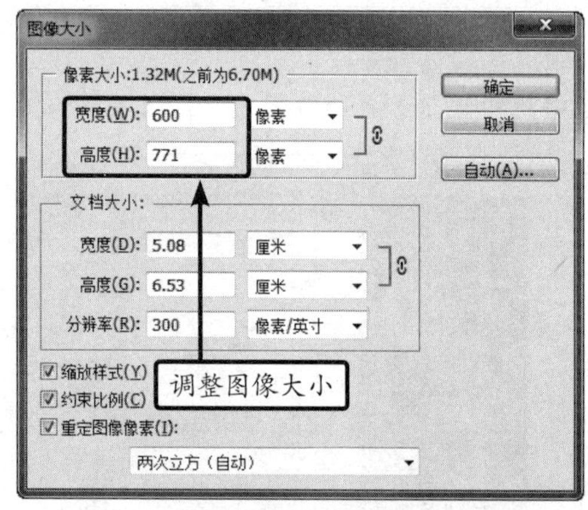

图4-175

小提示

建议在缩放图片时一定要选中"约束比例"复选框，不要去改变图片本身的比例，否则宝贝看起来就变形了。

04 单击"确定"按钮，即可将图片缩放至指定的大小，效果如图4-176所示。

图4-176

2. 裁剪图片

01 按"Ctrl+O"组合键，弹出"打开"窗口。打开需要裁剪的素材图片，如图4-177所示。

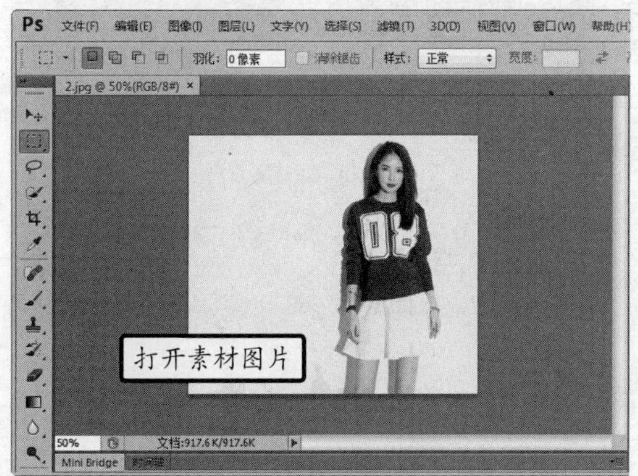

图4-177

02 在左侧工具栏中单击（裁剪工具）按钮，即可在图片四周出现矩形框，并在其上方显示"选项"选项板，如图4-178所示。

图4-178

03 默认情况下，图片裁剪的比例是"不受约束"的。此时，可以拖动矩形框的四角至任意宽度和高度，如图4-179所示。

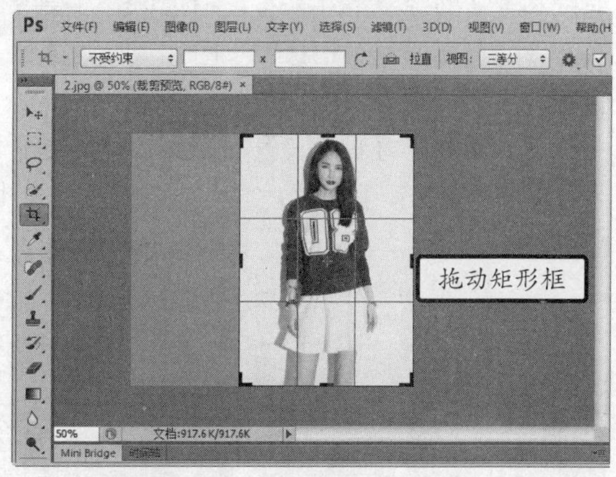

图4-179

04 双击鼠标左键或者按"Enter"键，即可将图片裁剪为矩形框内的内容，如图4-180所示。

图4-180

小提示

在图4-179中除了默认的"不受约束"比例，还可以设置其他裁剪比例，如图4-181所示。

另外，还可以直接在"选项"选项板中设置自定义长宽比，即拖动的矩形框将按设定的长宽比进行约束框选。

图4-181

4.4.2 去除图片背景

对于一些中小卖家来说，没有太多充足的时间和宽裕的经济条件来布置拍摄场景，更没有专业的摄影器材来拍摄宝贝图片。针对这种情况，下面介绍如何使用Photoshop软件轻松去除图片本身不好看的背景，而为其替换更加个性漂亮的背景。

01 启动Photoshop CS6软件，打开主页面。打开需要去除背景的素材图片，如图4-182所示。

图4-182

02 将鼠标指针指向左侧工具栏中的（快速选择工具）按钮，单击鼠标右键，在弹出的快捷菜单中选择“魔棒工具”命令，如图4-183所示。

图4-183

03 在界面上方的选项板中设置“容差”为“15”，然后按住“Shift”键，连续单击图片上的灰色部分，即可将该部分全部选中，如图4-184所示。

图4-184

04 按“Shift+Ctrl+ I”组合键，进行“反向”操作，即可将图中人物选中，如图4-185所示。

图4-185

05 按“Ctrl+C”组合键进行复制，然后打开背景素材图片，按“Ctrl+V”组合键进行粘贴，效果如图4-186所示。

图4-186

06 按“Ctrl+T”组合键，拖动图片四周的节点将其调整至合适大小，并将其拖动至合适的位置，如图4-187所示。

图4-187

07 按“Enter”键确认，即可完成图片的背景去除与替换，效果如图4-188所示。

图4-188

4.4.3 调整图片的色调

由于拍照角度、灯光等条件的影响与限制，拍出来的图片与实物往往是存在色差的。调整图片的色调就是为了让图片更真实、更接近实物，从而更能够打动买家。

01 启动Photoshop CS6软件，打开需要调整色调的素材图片，如图4-189所示。

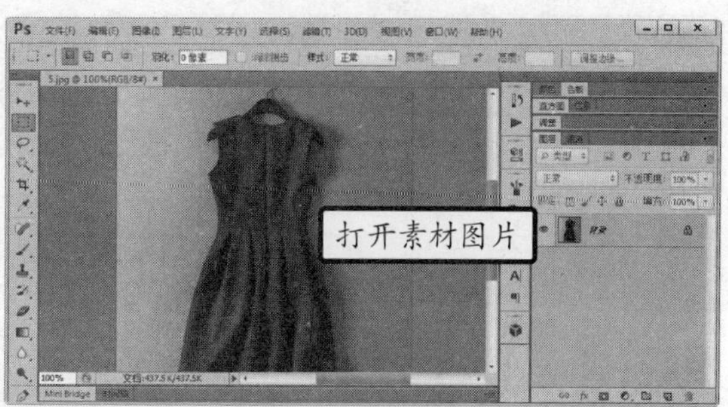

图4-189

02 选择“图像”→“调整”→“曲线”命令（如图4-190所示），打开“曲线”对话框，如图4-191所示。

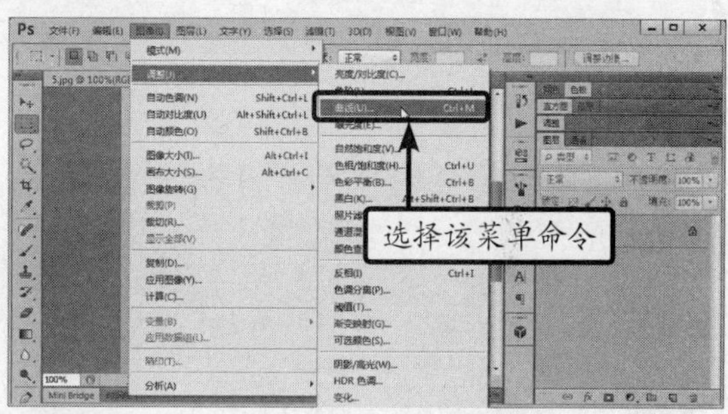

图4-190

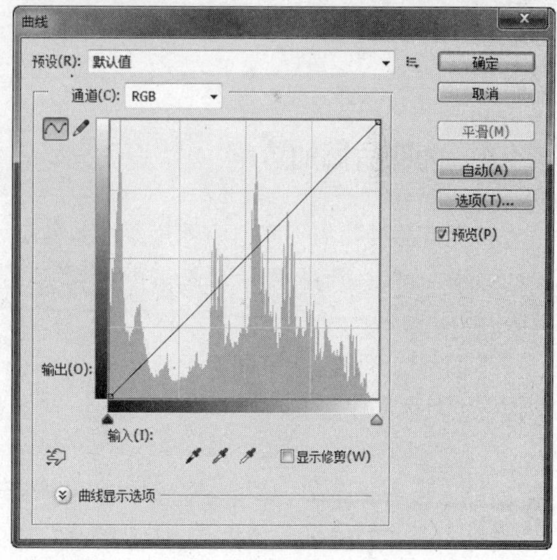

图4-191

03 在该对话框中对曲线进行相应的调整，如图4-192所示。

04 单击“确定”按钮，即可完成操作，效果如图4-193所示。

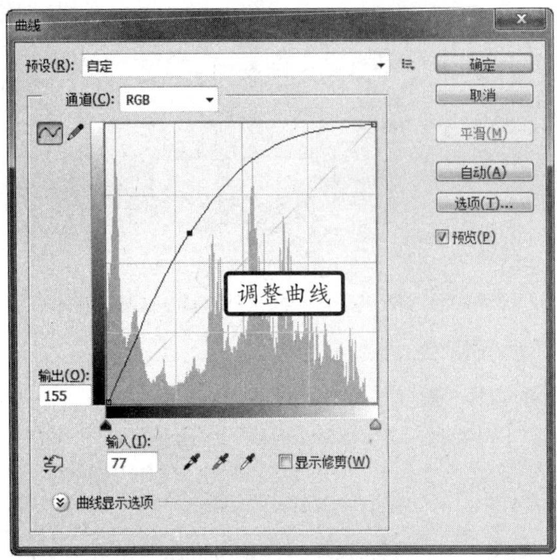

图4-192

图4-193

4.4.4 为图片添加边框

根据商品种类的不同，为图片添加各种精美的边框，可以使商品图片看起来更加美观、有吸引力。

下面举例介绍利用美图秀秀软件为图片添加边框，具体操作如下。

01 启动美图秀秀软件，进入主页面。单击右上角的“打开”按钮，弹出“打开一张图”对话框。

02 在指定路径下选中需要添加边框的素材图片并将其打开，如图4-194所示。

03 切换至“边框”选项卡，进入边框制作页面，如图4-195所示。

图4-194

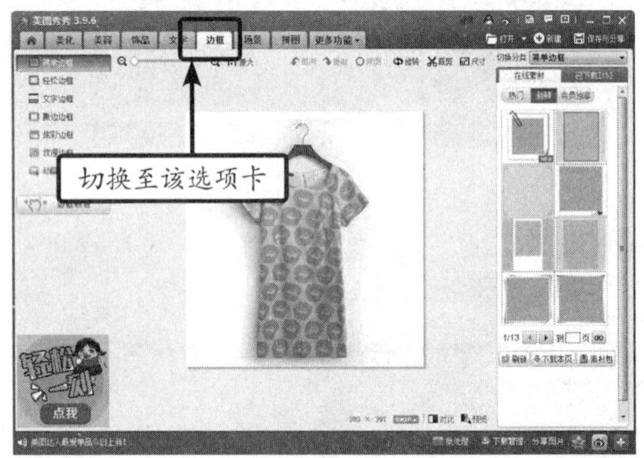

图4-195

04 在页面的左侧有多种边框选项，卖家可以根据商品的种类及自己的爱好进行选择，这里选择“轻松边框”。此时，在右侧会出现多页边框可供选择，如图4-196所示。

图4-196

05 找到并选中适合的边框，即可弹出“边框”窗口，如图4-197所示。

06 单击“确定”按钮，即可完成图片边框的添加，效果如图4-198所示。

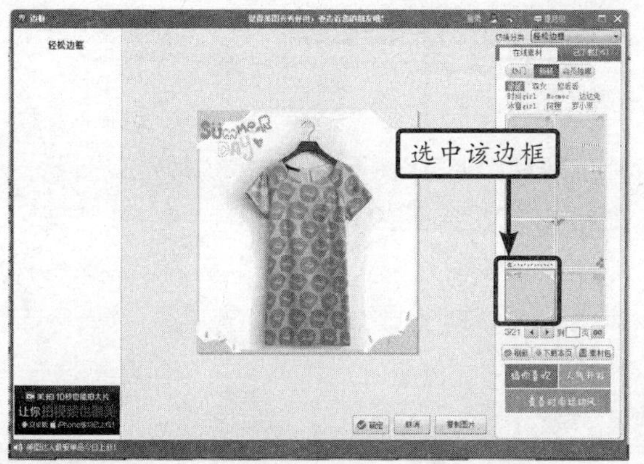

图4-197

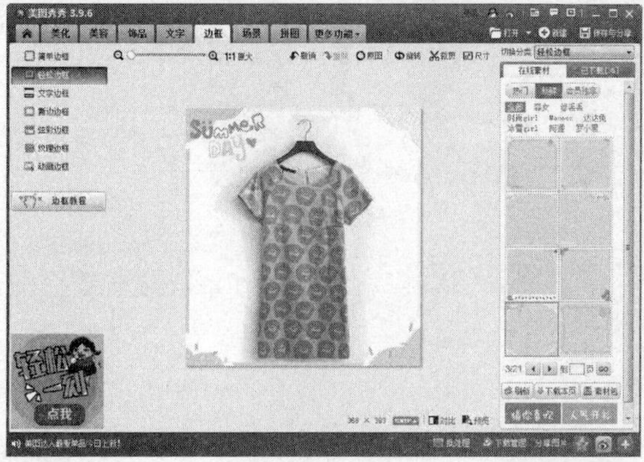

图4-198

4.4.5 为图片添加水印

在淘宝上，很多卖家都会为自己店铺的宝贝图片加水印（如图4-199所示）。这样不仅可以保护图片版权，防止他人盗图，更重要的是可以为自己的店铺做宣传和推广。

图4-199

下面介绍使用美图秀秀软件来为商品的图片添加水印，具体操作步骤如下。

01 启动美图秀秀软件，进入主页面。打开需要添加水印的素材图片（如图4-200所示）。切换至“文字”选项卡，进入文字设计页面，如图4-201所示。

图4-200

图4-201

02 在页面的左侧单击“输入文字”按钮，弹出“文字编辑框”窗口，如图4-202所示。

图4-202

03 在“文字编辑框”中输入文字，并设置文字属性，如图4-203所示。

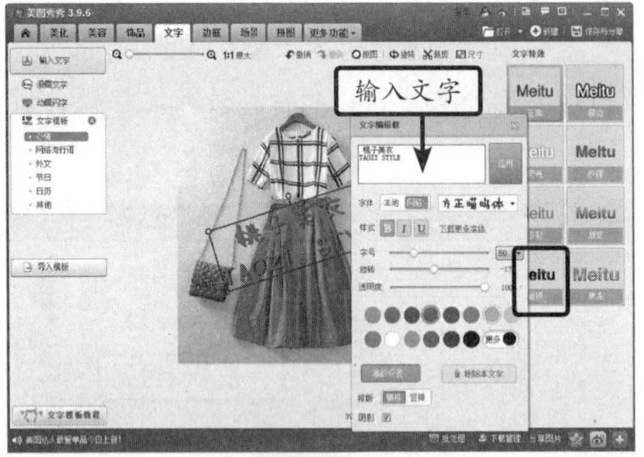

图4-203

04 设置完成后，单击“应用”按钮，关闭“文字编辑框”，即可为图片添加水印，效果如图4-204所示。

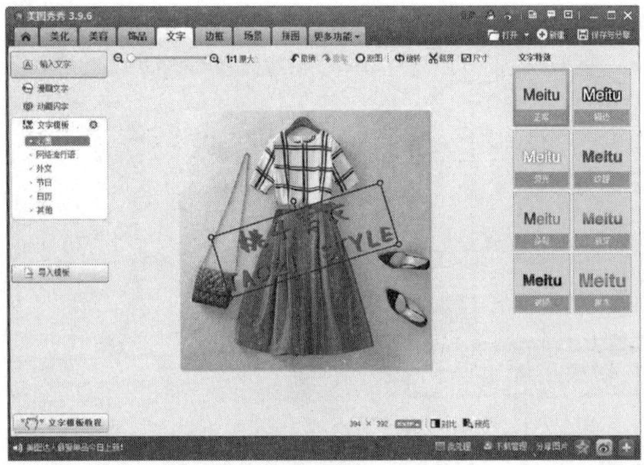

图4-204

05 在页面右侧还可以为文字设置特效，例如为文字设置“荧光”特效，效果如图4-205所示。

图4-205

4.4.6 图片合成处理

在淘宝网，经常能看到有些店铺在一张图片上放两个甚至多个不同造型的模特或商品，如图4-206所示。这采用了图片的合成处理，这种效果使图片看起来更加丰富，给买家的视觉带来一定的冲击力。

图4-206

下面介绍如何用Photoshop软件来进行图片的合成处理。

01 启动Photoshop CS6软件，打开需要进行合成的素材图片，如图4-207所示。

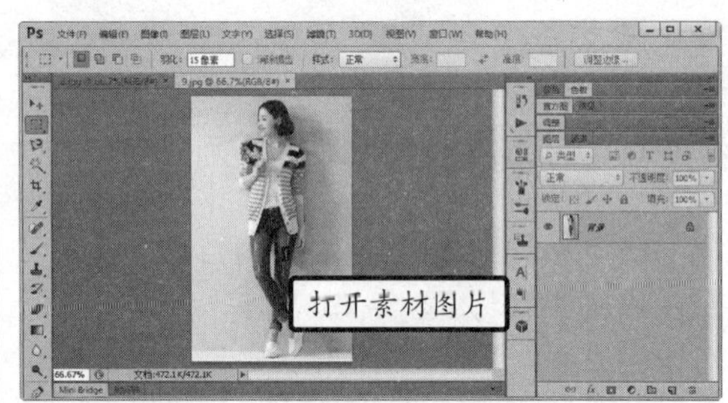

图4-207

02 按“V”键，启用移动工具。按住鼠标左键将图片“9”拖动至图片“8”中，并调整至合适的位置，如图4-208所示。

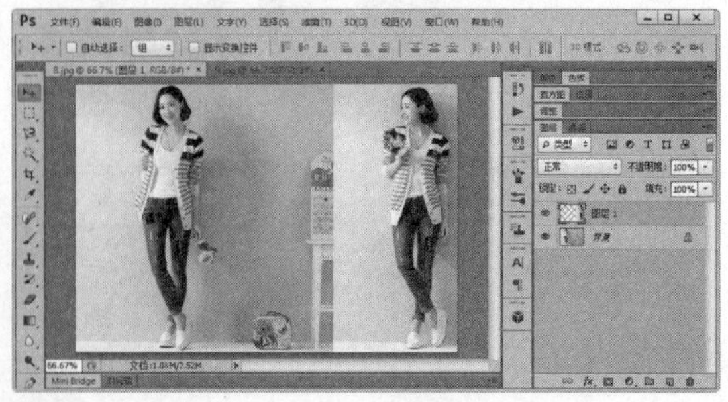

图4-208

03 在界面右侧的“图层”面板的下方单击 （添加图层蒙版）按钮，即可为图层1添加蒙版。此时可以看到前景色和背景色分别变为白色和黑色，如图4-209所示。

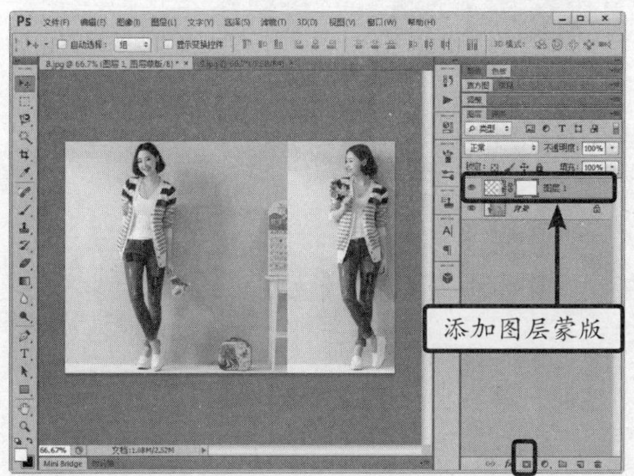

图4-209

04 展开界面右上角的色板，将鼠标指针移至其中，选中“黑色”，即可将前景色改成黑色，如图4-210所示。

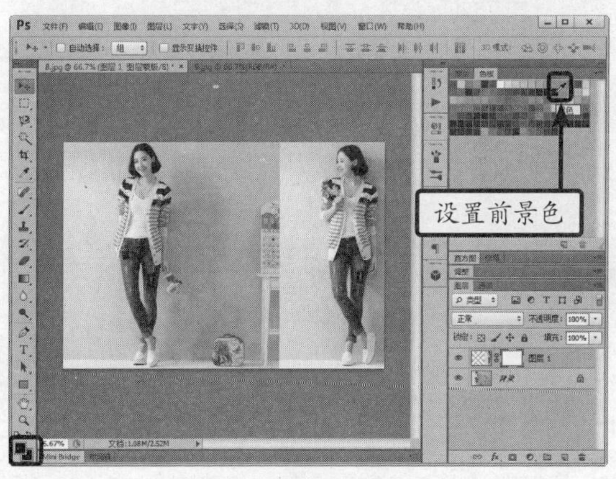

图4-210

05 按“B”键，启用画笔工具。在界面上方的选项板中设置合适的大小，在图层1上来回描画，画笔画过的地方就是隐藏的地方，如图4-211所示。

06 细微处可以放大图片后，按“[”键缩小笔尖进行操作，直到满意为止。最终效果如图4-212所示。

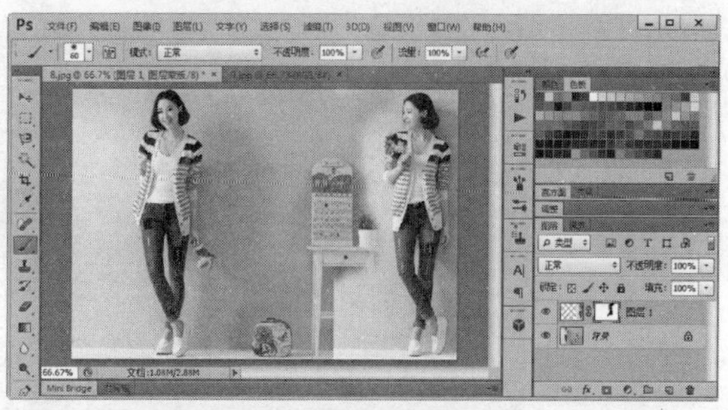

图4-211

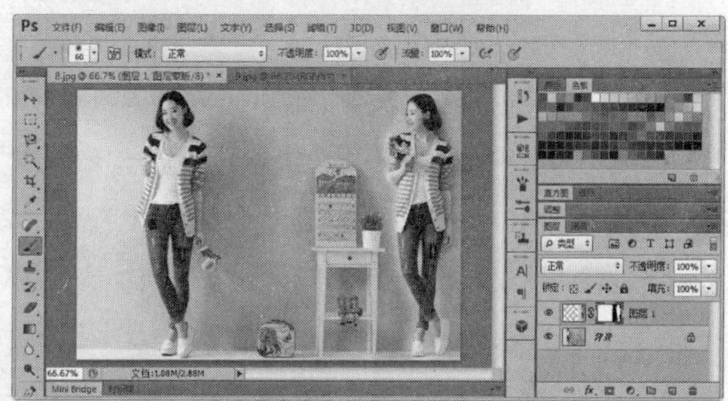

图4-212

小提示

在蒙版中分别用黑、白两色来表示显示、隐藏（白色表示显示，黑色表示隐藏）。

4.4.7 图片特效处理

除了前面介绍的图片基础处理及美化、修饰之外，还可以为宝贝图片进行特殊效果的处理，如对商品进行背景虚化处理或者为商品添加投影效果。

1. 背景虚化处理

对于一些没有好的相机或者单反相机的卖家来说，往往无法为商品带来背景虚化的效果。这时，可以利用Photoshop软件来进行后期的处理，具体操作步骤如下。

01 启动Photoshop CS6软件，打开需要进行背景虚化的素材图片，如图4-213所示。

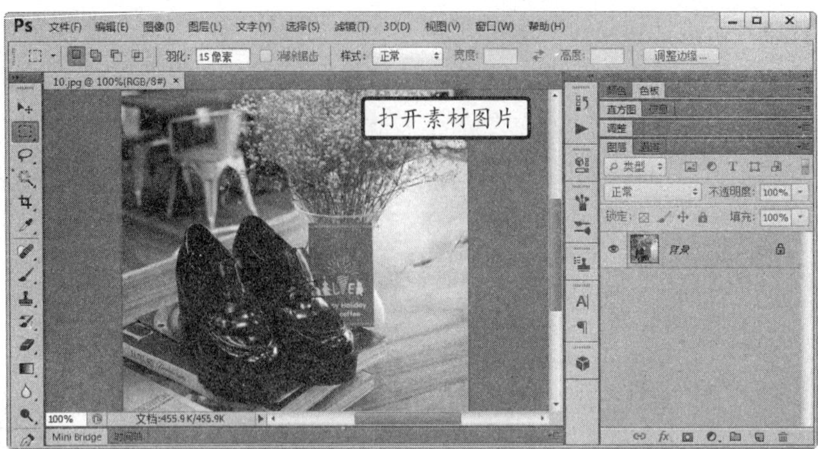

图4-213

02 将鼠标指针指向左侧工具栏中的（套索工具）按钮，单击鼠标右键，在弹出的快捷菜单中选择“多边形套索工具”命令，如图4-214所示。

图4-214

03 此时，鼠标指针变成多边形套索形状，在图中的皮鞋周围单击鼠标左键，每到一个转角单击一下左键再继续选择，直至选中整个形状，如图4-215所示。

图4-215

04 按“Shift+Ctrl+I”组合键，执行“反选”命令，即可将皮鞋以外的部分选中，如图4-216所示。

图4-216

05 选择“选择”→“修改”→“羽化”命令（如图4-217所示），打开“羽化选区”窗口。

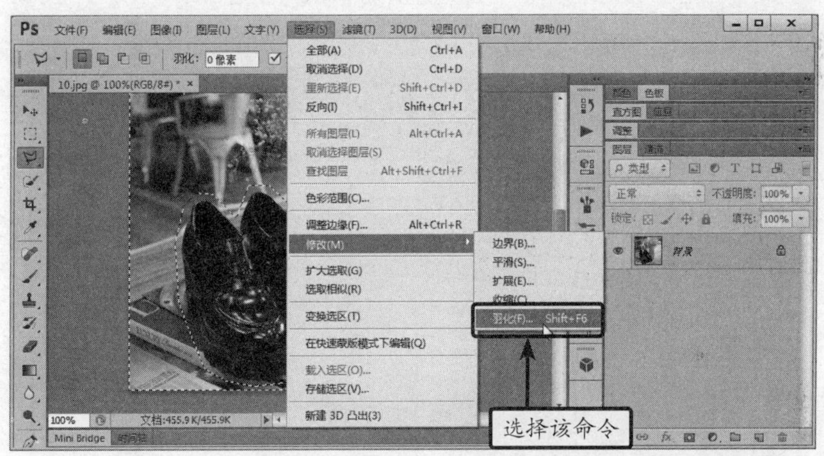

图4-217

06 在窗口中设置羽化半径为“10”像素（如图4-218所示），单击“确定”按钮，完成羽化操作，效果如图4-219所示。

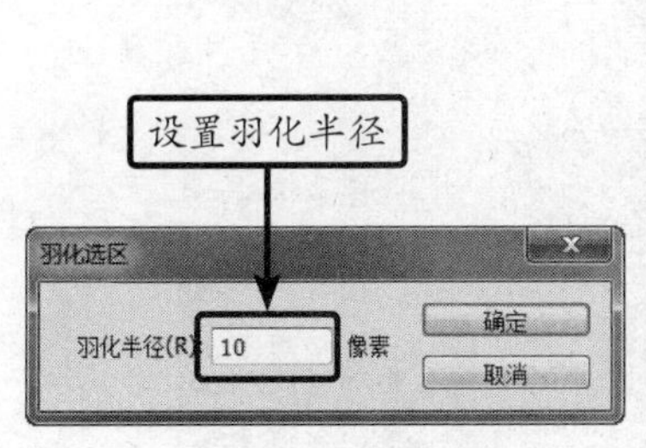

图4-218

图4-219

07 选择“滤镜”→“模糊”→“镜头模糊”命令（如图4-220所示），打开“镜头模糊（100%）”窗口。

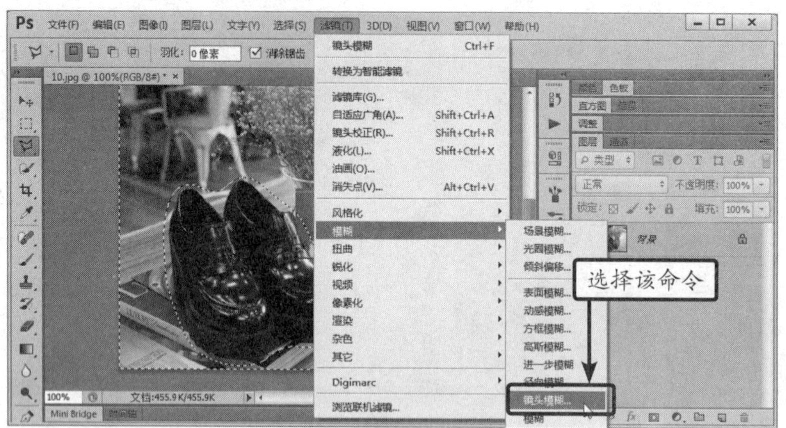

图4-220

08 在窗口右侧拖动“半径”滑块，拖至半径为“6”，如图4-221所示。

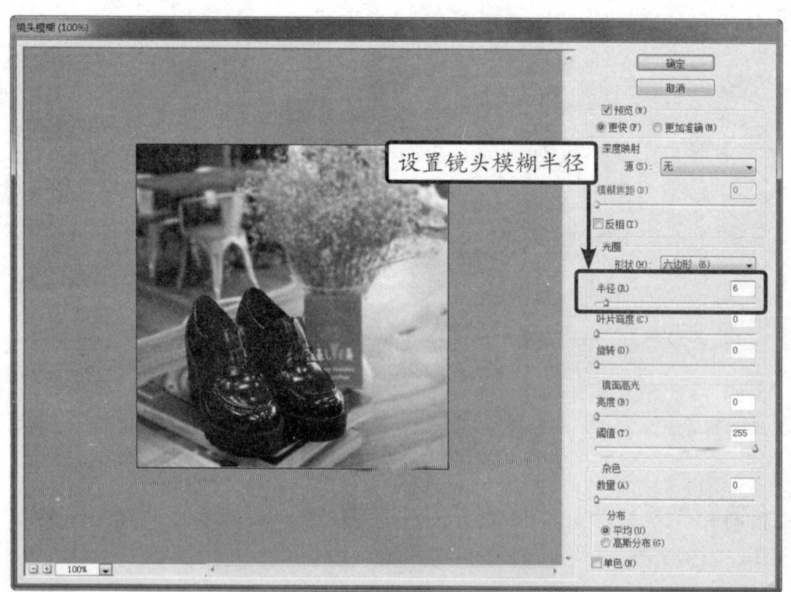

图4-221

09 单击右上角的“确定”按钮，返回PS主页面。按“Ctrl+D”组合键取消选择，得到最终效果，如图4-222所示。

图4-222

2. 商品投影处理

利用Photoshop软件还可以为商品添加投影效果，具体操作步骤如下。

01 启动Photoshop CS6软件，打开需要添加投影的素材图片，如图4-223所示。

02 将鼠标指针指向左侧工具栏中的（快速选择工具）按钮，单击鼠标右键，在弹出的快捷菜单中选择“魔棒工具”命令。

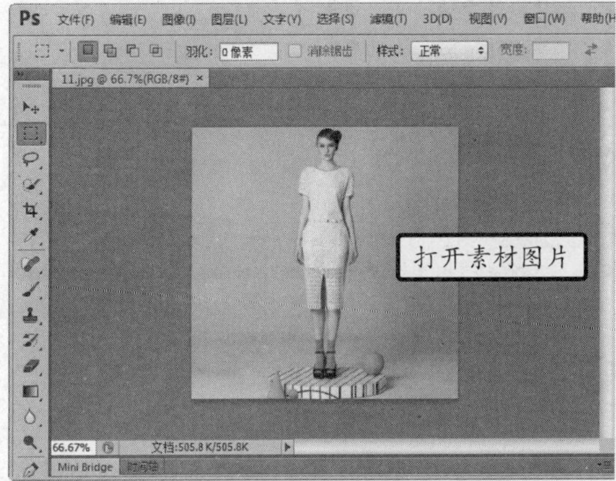

图4-223

03 在界面上方的选项板中设置“容差”为“20”，然后按住“Shift”键，连续单击图片上的背景部分，即可将其全部选中，如图4-224所示。

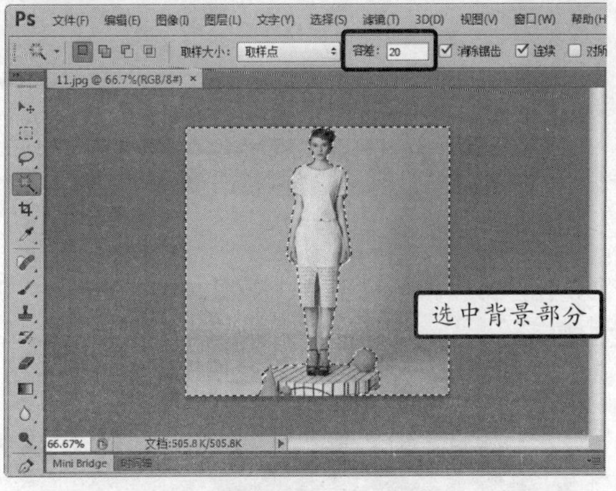

图4-224

04 按“Shift+Ctrl+ I”组合键，进行“反向”操作，即可将图中人物选中，如图4-225所示。

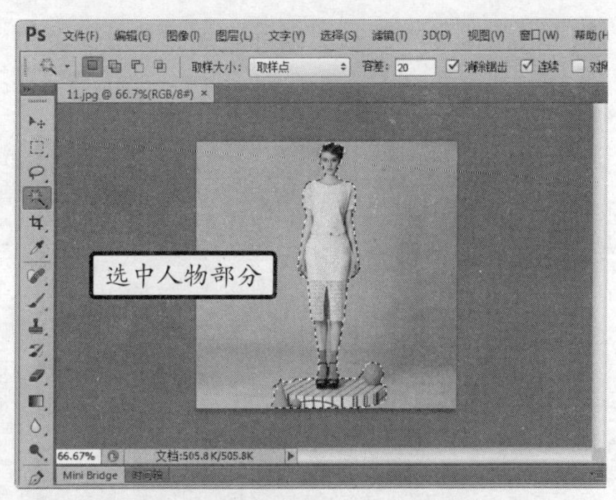

图4-225

05 按“Ctrl+J”组合键，即可将抠出来的人物复制到一个背景为透明的新图层中，如图4-226所示。

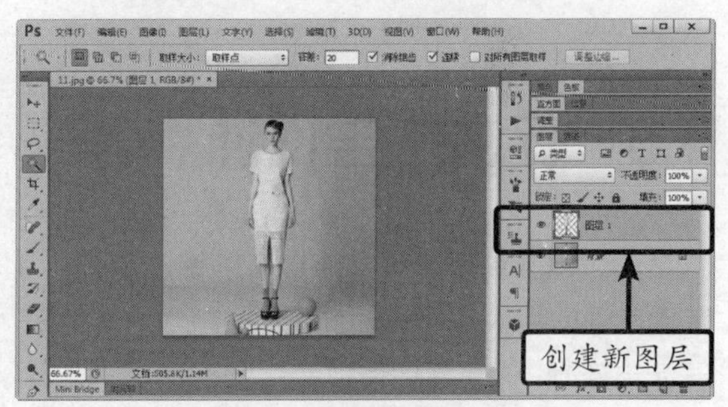

图4-226

06 双击该图层，打开“图层样式”对话框。在左侧选中“投影”前的复选框，在右侧调整投影样式的具体参数，如图4-227所示。

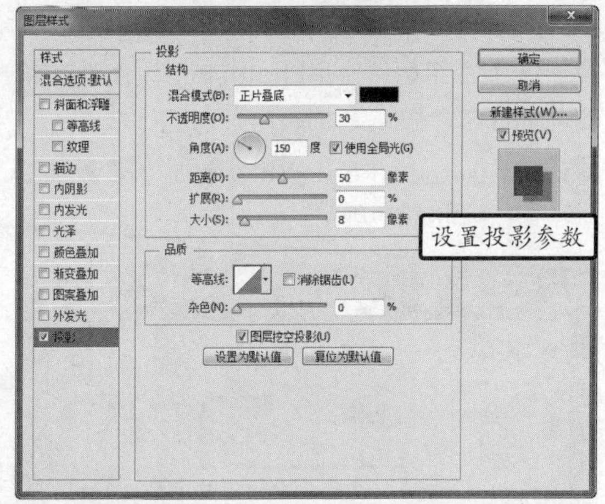

图4-227

07 单击"确定"按钮，即可完成商品投影的处理，效果如图4-228所示。

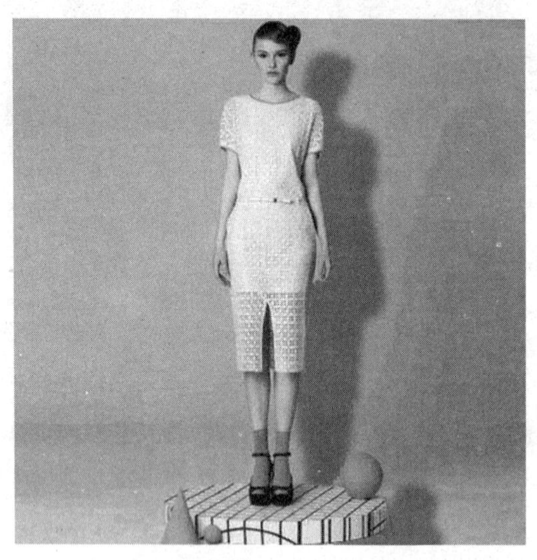

图4-228

4.5 促销广告设计

为了刺激买家的需求并提高店铺的流量，淘宝卖家通常会根据不同的产品、主题或方式来开展促销活动，这就需要设计相应的促销广告。

要想设计出有效的促销广告，必须对每一次的促销活动都有明确的目的和清晰的目标，这样才能对促销的效果进行评估。

4.5.1 新商品促销广告设计

下面介绍如何使用Photoshop软件设计新商品的促销广告，具体操作步骤如下。

01 启动Photoshop CS6软件，打开背景素材图片，如图4-229所示。

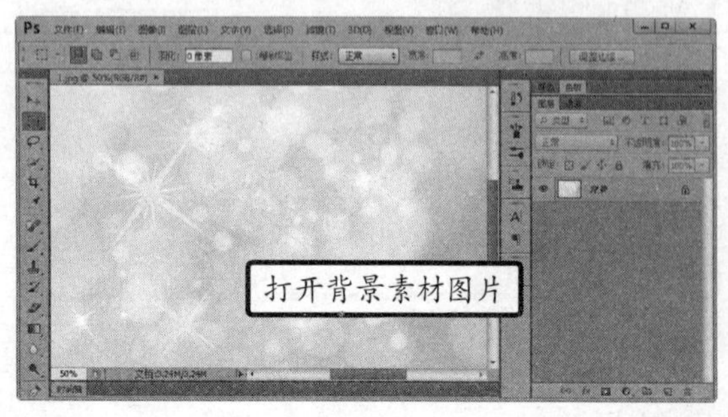

图4-229

02 选择"图像"→"图像大小"命令，打开"图像大小"对话框。将图片的宽度修改为950，如图4-230所示。

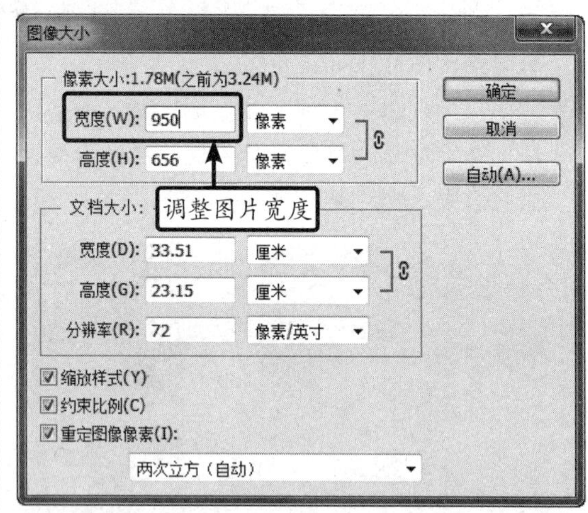

图4-230

03 单击"确定"按钮，即可将图片缩放至指定的大小，效果如图4-231所示。

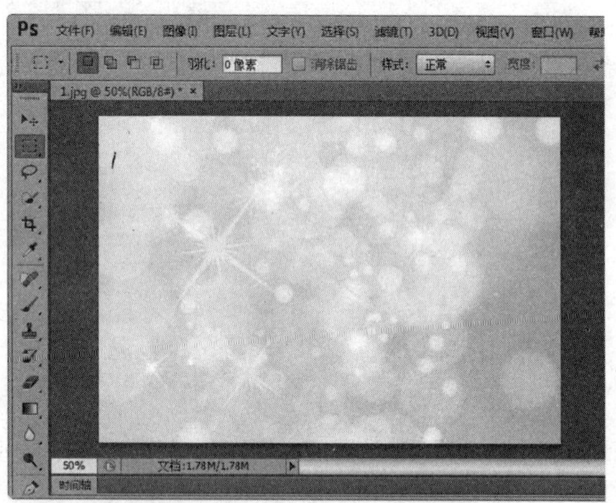

图4-231

04 打开另一张素材图片，如图4-232所示。

图4-232

05 启用“魔棒工具”，将图中的人物部分选中，效果如图4-233所示。

06 启用“移动工具”将其移至素材图片“1”中。按“Ctrl+T”组合键进行自由变换，调整至合适的大小和位置，效果如图4-234所示。

07 按“T”键启用文字工具，输入第1部分文字，并设置字体为“华文细黑”、字号为“100点”、颜色为“浅紫洋红”，效果如图4-235所示。

图4-233

图4-234

图4-235

08 选中文字，单击鼠标右键，在弹出的快捷菜单中选择“仿粗体”和“仿斜体”命令（如图4-236所示），即可将文字加粗、倾斜，效果如图4-237所示。

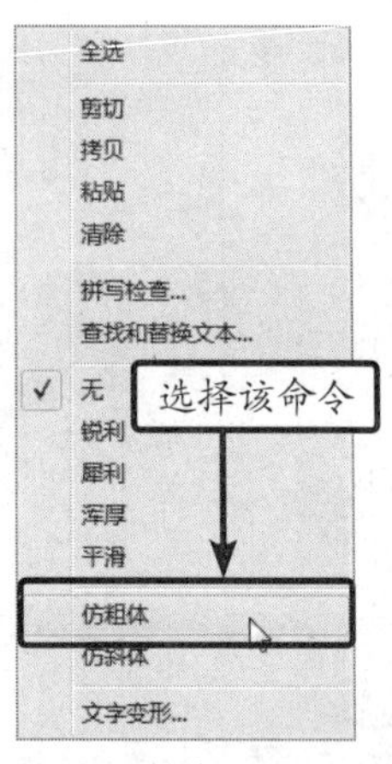

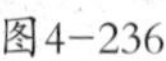
图4-236

图4-237

09 在“图层”面板的左下角单击fx.（添加图层样式）按钮，在弹出的快捷菜单中选择“描边”命令（如图4-238所示），打开“图层样式”对话框。

图4-238

10 单击颜色:（设置描边颜色）按钮，弹出“拾色器（描边颜色）”窗口。选择一种描边颜色，如图4-239所示。

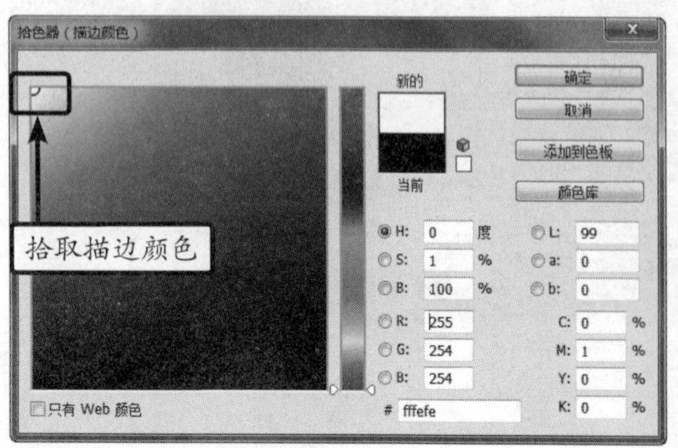

图4-239

11 单击“确定”按钮返回“图层样式”对话框。拖动“大小”滑块，设置描边的大小为“6像素”，如图4-240所示。

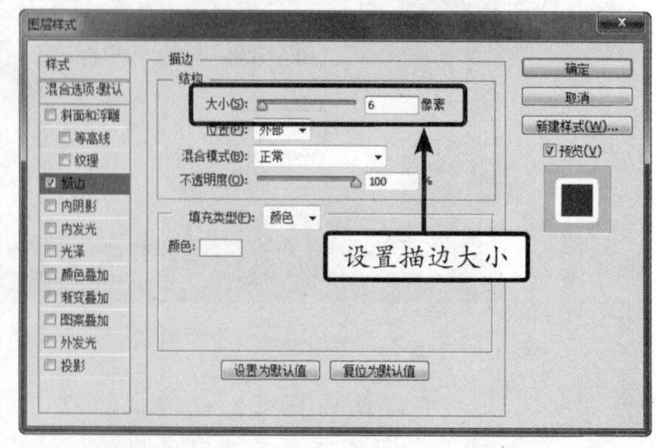

图4-240

⑫ 单击“确定”按钮返回PS主界面，即可看到文字的描边效果，如图4-241所示。

图4-241

⑬ 输入第2部分文字，并设置相同的文字格式，效果如图4-242所示。

图4-242

⑭ 输入第3部分文字，并设置字体为“幼圆”、字号为“48点”、颜色为“浅紫洋红”，效果如图4-243所示。

图4-243

⑮ 输入第4部分文字，并设置字体为“幼圆”、字号为“30点”、颜色为“浅紫洋红”，效果如图4-244所示。

图4-244

⑯ 按“U”键启用矩形工具，在图片上拖动鼠标指针创建矩形，并设置其填充颜色为“浅洋红”，效果如图4-245所示。

图4-245

⑰ 按“T”键启用文字工具，在图中的矩形中绘制文本框。输入第5部分文字，并设置字体为“幼圆”、字号为“36点”、颜色为“白色”，效果如图4-246所示。

图4-246

⑱ 调整好各部分文字的位置，即可完成新商品促销广告的设计，效果如图4-247所示。

图4-247

4.5.2 特价商品促销广告设计

本例介绍如何使用Photoshop设计特价商品的促销广告，最终效果如图4-248所示，具体制作过程请参照前言所给出的邮箱地址，发邮件获取。

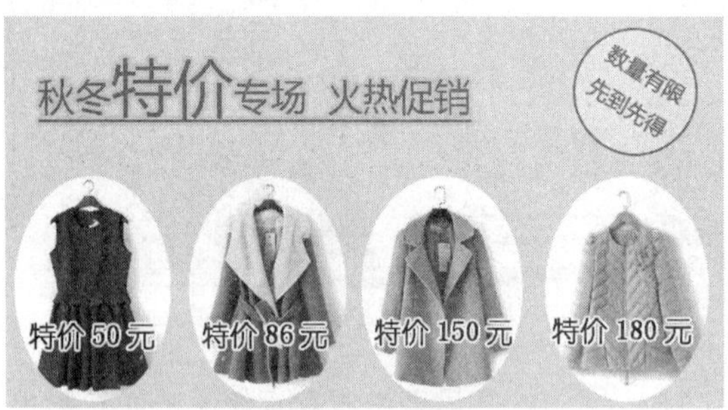

图4-248

制作思路如图4-249所示。

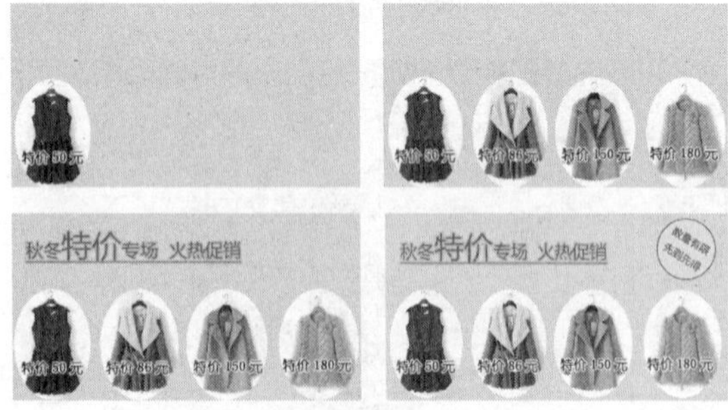

图4-249

4.5.3 节日商品促销广告设计

本例介绍如何使用Photoshop设计节日商品的促销广告，最终效果如图4-250所示，具体制作过程请参照前言所给出的邮箱地址，发邮件获取。

图4-250

4.5.4 店庆商品促销广告设计

本例介绍如何使用Photoshop设计店庆商品的促销广告，最终效果如图4-251所示，具体制作过程请参照前言所给出的邮箱地址，发邮件获取。

图4-251

4.5.5 冲钻冲冠商品促销广告设计

本例介绍如何使用Photoshop设计冲钻冲冠商品的促销广告，最终效果如图4-252所示，具体制作过程请参照前言所给出的邮箱地址，发邮件获取。

图4-252

第5章　店铺宣传与推广

5.1　通过免费试用宣传与推广

对于新手卖家来说，网店还没有正式进入轨道，还没有进入盈利的状态。这种情况下，尽量使用一些免费的方式来进行店铺的宣传与推广。例如，可以通过店铺免费试用营销，来吸引消费者，提高人气。

网店要参加免费试用营销，有两种方式：免费试用和店铺免费试用，如图5-1所示。

图5-1

其中，“免费试用”是淘宝官方的活动，对店铺及商品设置了一定的报名条件限制。而“店铺免费试用”，则是由卖家自主设置店铺试用活动，无需报名、审核和排期，不限总价与款数。

5.1.1　免费试用

1. 免费试用商家资质要求

（1）集市店铺：即普通淘宝店铺，1钻以上、加入消保、店铺综合评分4.6分以上、90天内没有因产品质量被投诉；

（2）商城（良品）店铺：即天猫店铺，店铺综合评分4.6分以上；

（3）商家确保报名的所有试用产品必须为原厂商出产的合格、全新产品，在良好保质期内，谢绝分装、DIY自制、无商标无品牌；

（4）食品类商家必须有生产日期，且必须有QS或进口食品标记；

（5）美容彩妆、日化、珠宝配饰、个人护理等类目，必须有假一赔三或分销平台品牌授权；

（6）试用品总价值（报名价×数量）需不低于1500元，价格不得虚高；

（7）试用品免费发送给消费者，消费者产出试用报告，商品无需反还卖家。

2. 商家报名免费试用流程

01 在浏览器中输入try.taobao.com，进入“淘宝试用”官网。单击右上角的“商家报名”链接（如图5-2所示），进入“商家报名”页面。

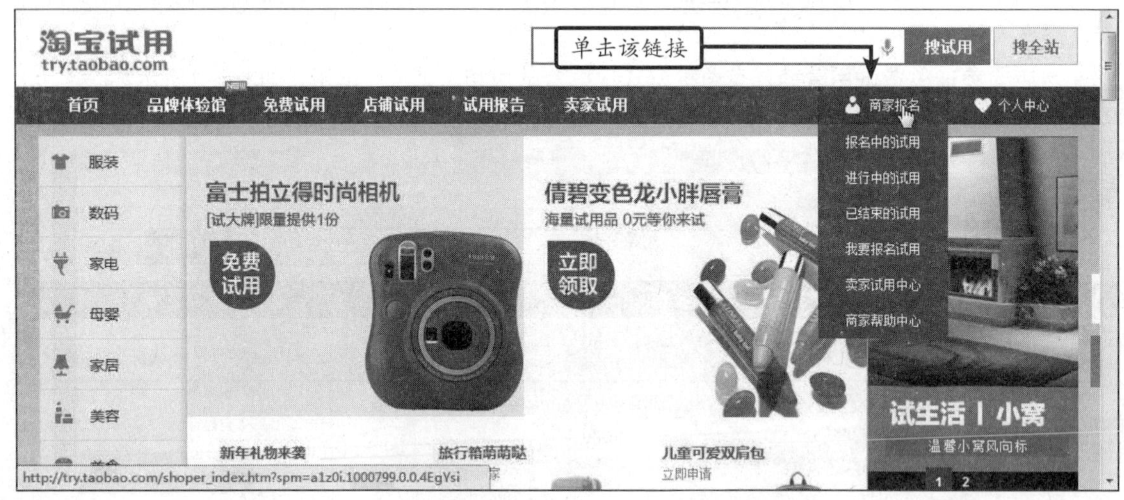

图5-2

02 在该页面中可以看到两种试用方式的入口和相关信息，如图5-3所示。

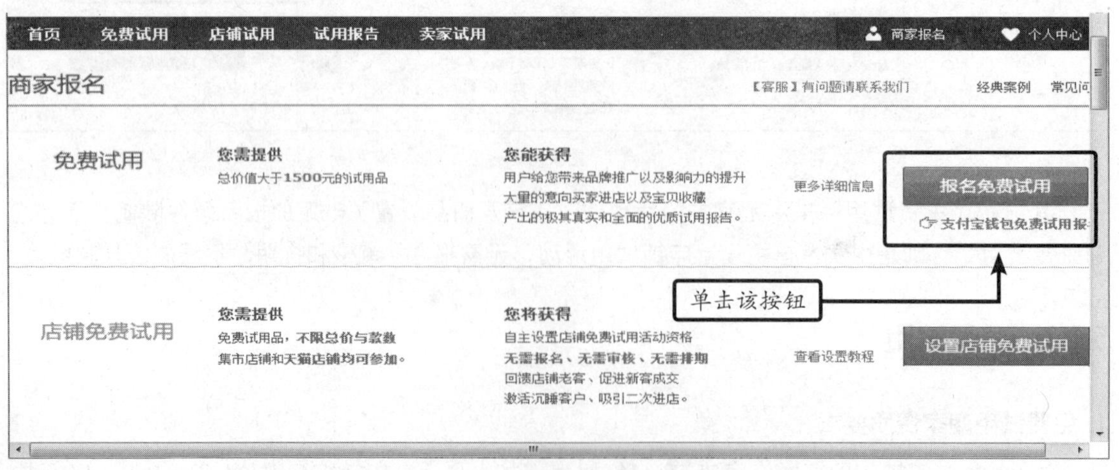

图5-3

03 单击“报名免费试用”按钮，进入“选择排期”页面，选中一个日期，如图5-4所示。

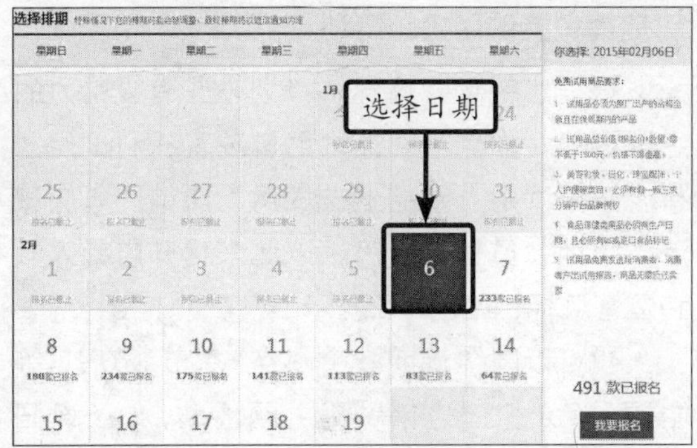

图5-4

04 单击“我要报名”按钮，进入“填写报名信息”页面，如图5-5所示。

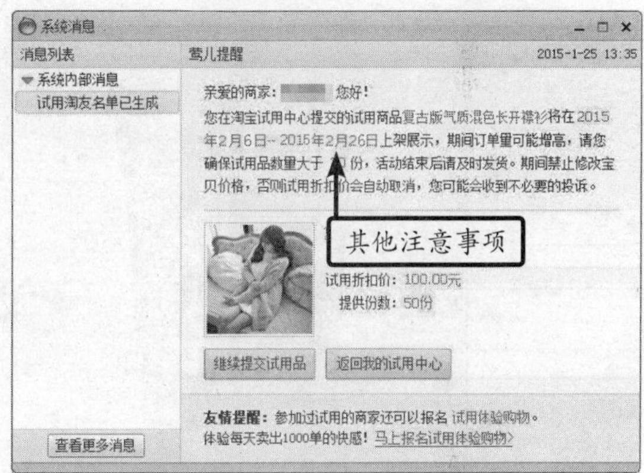

图5-5

05 填写完报名信息后，单击“提交报名申请”按钮，等待审核。

06 当审核通过时，系统会通过旺旺发出审核通过的通知信息，如图5-6所示。另外，还会通知上架时间及注意事项，如图5-7所示。

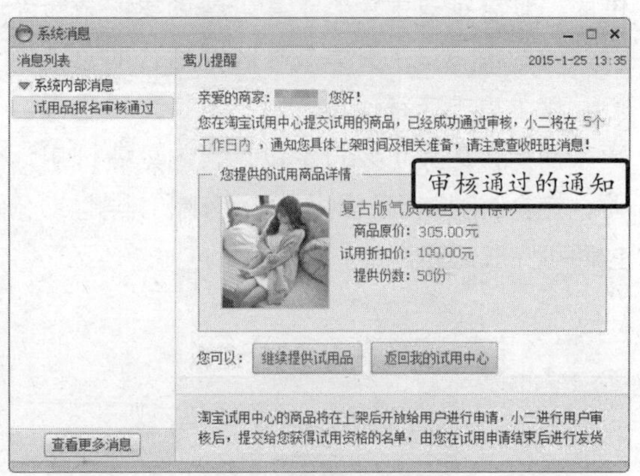

图5-6

图5-7

07 商品参加免费试用的效果可以在试用中心查看，效果如图5-8所示。

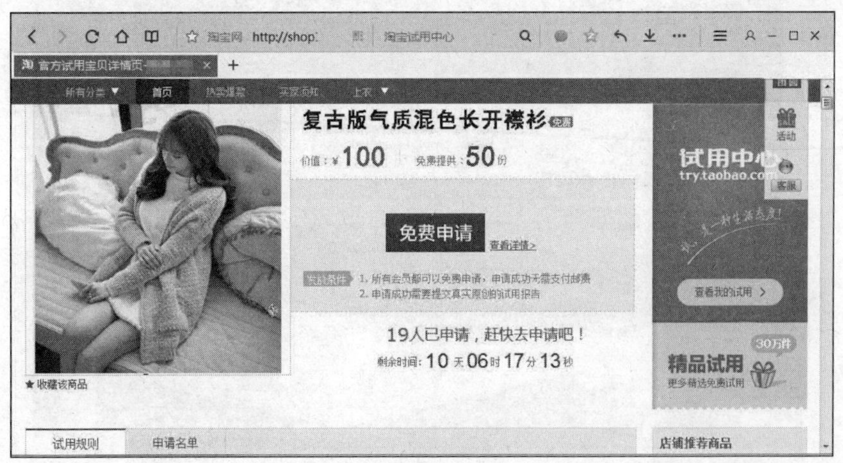

图5-8

5.1.2 店铺免费试用

店铺免费试用是由淘宝试用中心官方提供的一款店铺自主营销工具，帮助卖家做新老客户的营销。该工具集成在旺铺后台的营销中心，仅限集市店铺使用，暂不支持天猫店铺。卖家使用该工具可以自主设置店内免费试用活动，完全0门槛，无需报名、审核和排期，3分钟即可完成活动设置。

1. 店铺免费试用主题策划

根据店铺运营情况，策划一些有吸引力的主题活动，如老客回馈试用、新客让利试用、新店开张试用、新品上市试用、店铺周年庆试用、店铺会员日试用等，以此来提升店铺人气和运营目标，如图5-9所示。

也可以围绕近期社会热点、季节、节假日等主题，策划相应店铺试用主题活动，如圣诞狂欢、双11和双12、元旦促销、年终答谢会等，以此获得更多曝光和关注，如图5-10所示。

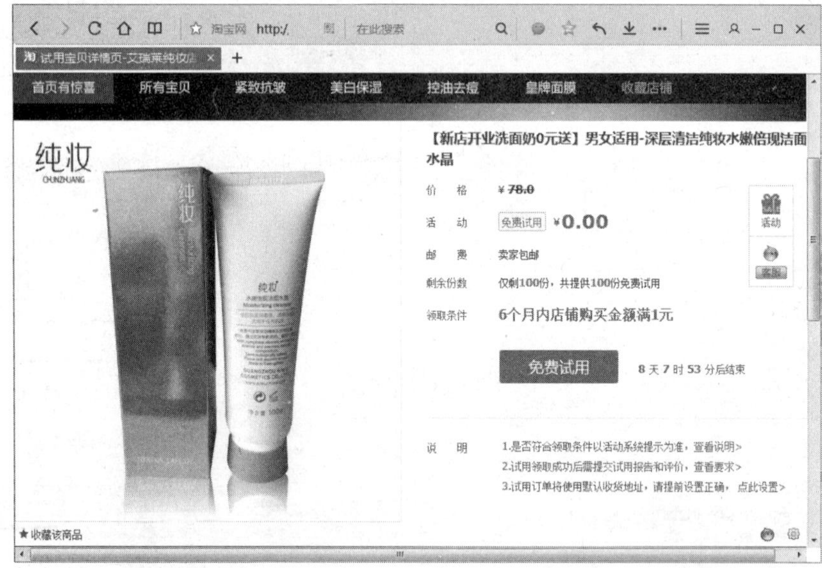

图5-9

图5-10

2. 店铺免费试用活动设置

(01) 在图5-3中单击“设置店铺免费试用”按钮，进入创建店铺试用活动的页面。首先，在其中填写活动的信息，如图5-11所示。

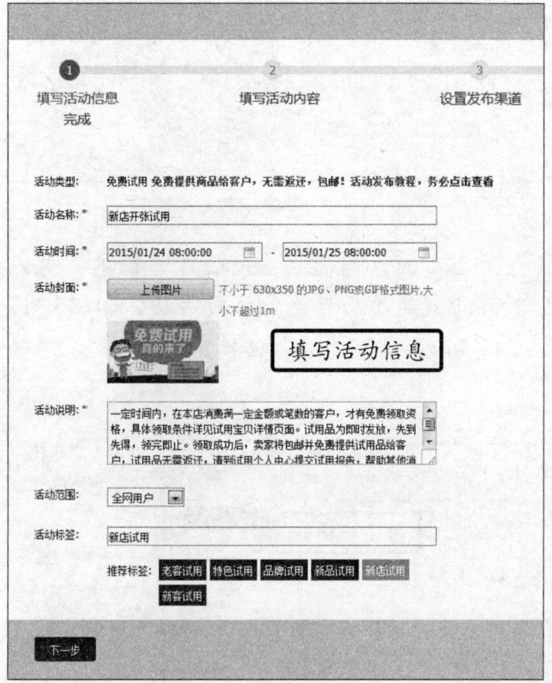

图5-11

注 意

活动名称：不超过25个字。请准确描述活动，这样才能更加吸引客户。例如，2015冬季女装新品、免费试用、回馈老客户、年底清仓等。

活动时间：至少提前36小时设置活动，建议活动展示时间最短为1天，最长不要超过1个月；建议设置成整点或半点，方便宣传和买家记忆。

活动封面：封面图片要求美观大方，规定其为不小于630像素×350像素的JPG、PNG或GIF格式图片，大小不超过1m，展示于活动详情页面。

活动说明：建议填写免费试用活动领取条件等信息，方便客户了解。

(02) 单击“下一步”按钮，进入“填写活动内容”页面，如图5-12所示。

(03) 单击“选择活动商品”按钮，弹出“选择商品”窗口。单击宝贝后面的“选择”链接，即可将其选中为店铺免费试用的商品，如图5-13所示。

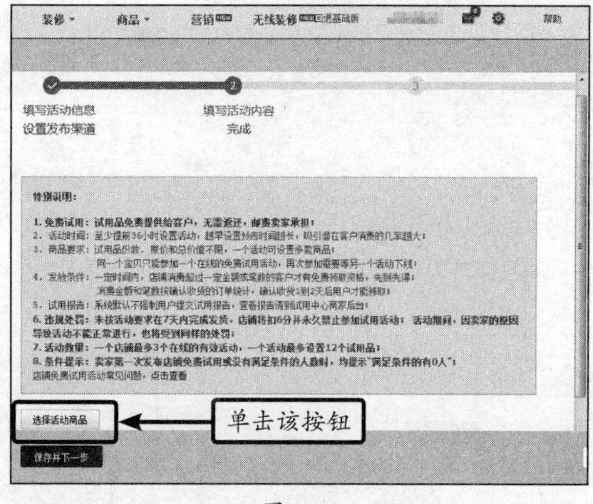

图5-12

图5-13

(04) 单击“确定”按钮返回“填写活动内容”页面，可以看到选中的试用宝贝。设置宝贝提供试用的份数、发放人群及满足条件，如图5-14所示。

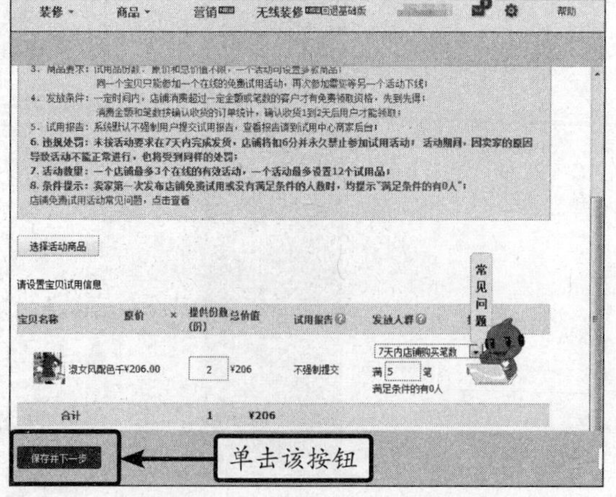

图5-14

05 设置完成后，单击“保存并下一步”按钮，进入“设置发布渠道”页面，如图5-15所示。

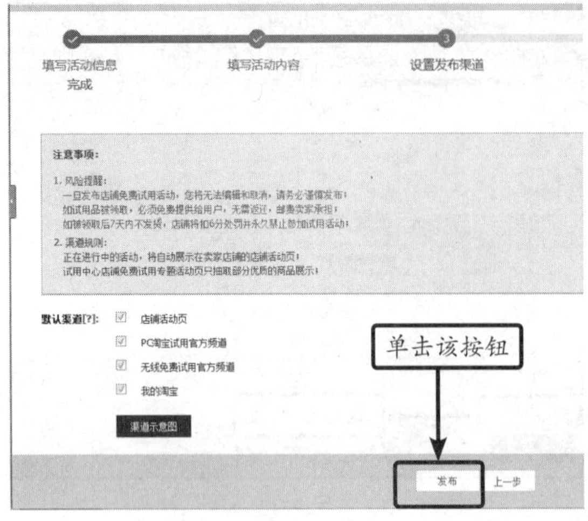

图5-15

06 单击“发布”按钮，即可完成店铺免费试用活动的创建，如图5-16所示。

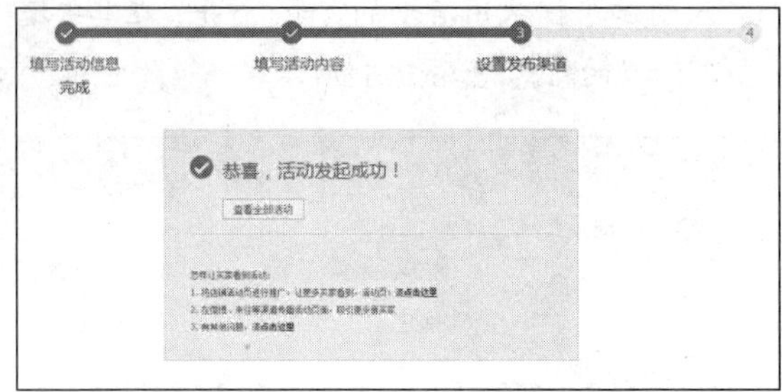

图5-16

07 单击页面左侧的“活动管理”标签，可以看到创建的店铺免费试用活动，如图5-17所示。单击“查看”链接。

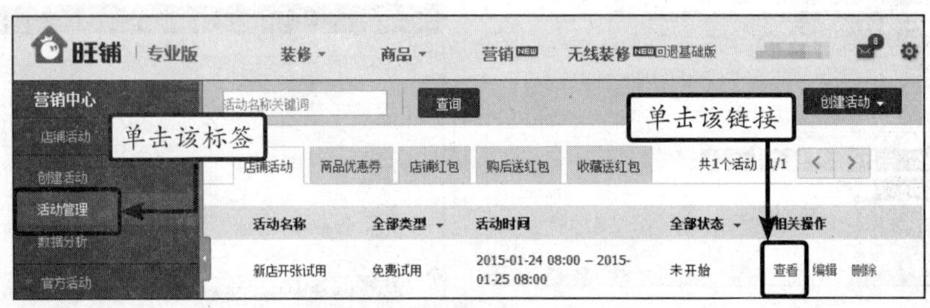

图5-17

08 单击“查看”链接，可以查看活动的详细信息，如图5-18所示。

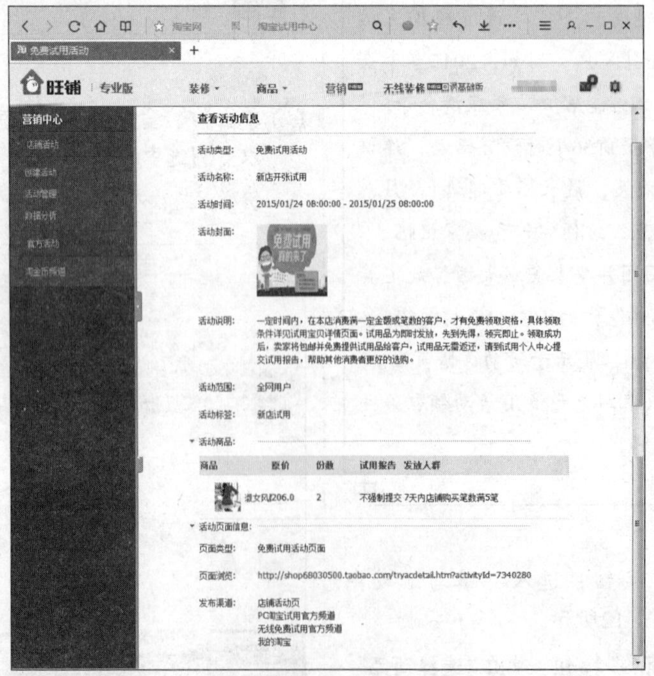

图5-18

注 意

（1）一款宝贝只能参加一个在线试用活动，一个活动最多允许设置12个试用品。

（2）活动商品必须处于上架状态，且库存必须大于提供的试用品份数。提供免费试用份数至少为两件。

（3）活动商品不能同时参加官方免费试用，领取期间不能同时参加聚划算、抢拍，可以参加天天特价、清仓等活动，但要确保试用活动期间商品处于上架状态。

（4）活动一旦成功发布，不允许重新修改，也不能取消，请谨慎发布！

（5）活动结束后不发货，或因宝贝下架、宝贝删除等卖家原因，导致活动不能正常进行，都将受到店铺扣6分及永久禁止使用店铺试用工具和参加官方试用活动的处罚！

5.2 通过店铺红包宣传与推广

店铺红包是由卖家自己设置、供消费者在卖家自己店铺消费时使用的红包。简单来说，店铺红包就是特殊的店铺优惠券。

那么，应该如何发布店铺的红包呢？具体操作如下。

01 进入“卖家中心”页面，在左侧的“营销中心”栏下单击“店铺营销中心”链接（如图5-19所示），进入“1212营销活动”页面。

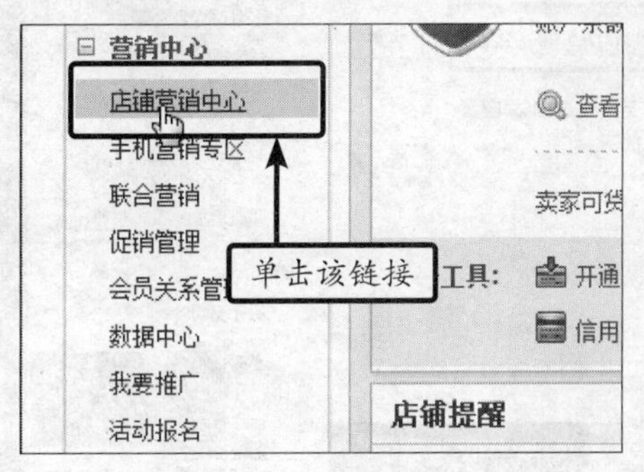

图5-19

02 在默认的“店铺红包”标签右侧单击“创建活动”按钮（如图5-20所示），进入“添加红包”页面。

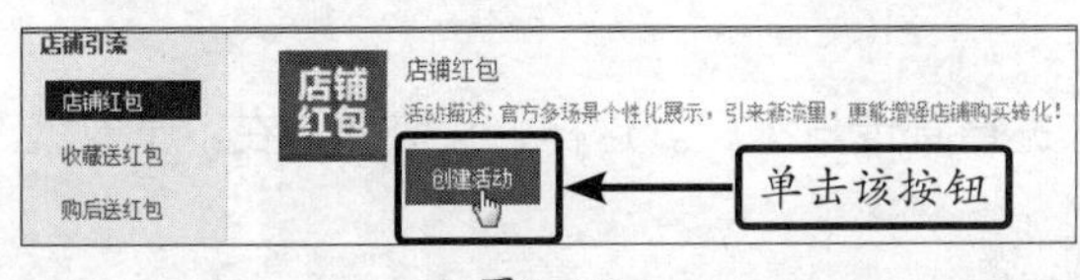

图5-20

03 设置店铺红包的名称、面值、发行量、使用有效期，并添加代言商品的链接，如图5-21所示。

图5-21

04 单击“保存”按钮，弹出“发布”窗口，如图5-22所示。

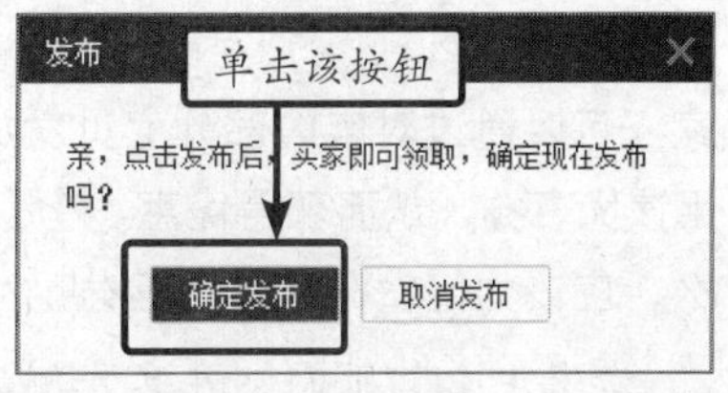

图5-22

05 单击“确定发布”按钮，即可完成店铺红包的发布，如图5-23所示。

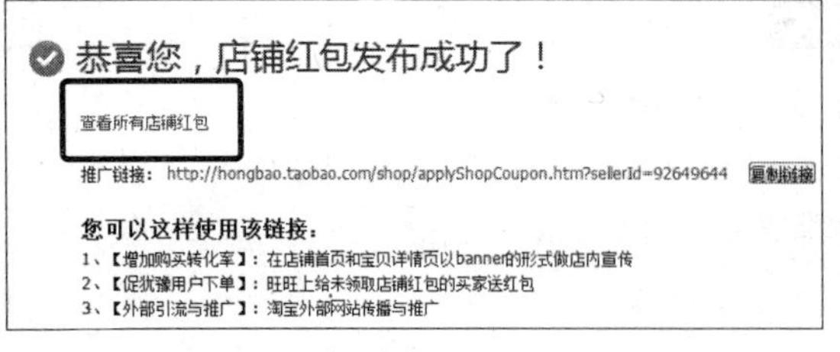

图5-23

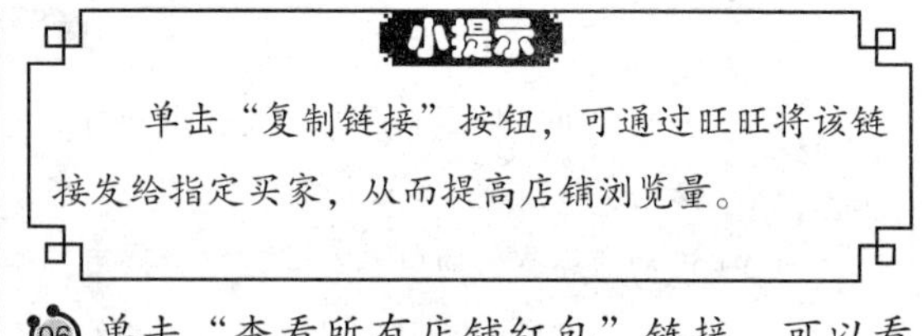
小提示

单击“复制链接”按钮，可通过旺旺将该链接发给指定买家，从而提高店铺浏览量。

06 单击“查看所有店铺红包”链接，可以看到刚发布的店铺红包，如图5-24所示。

营销中心 | 店铺活动 | 创建活动 | 活动管理 | 数据分析 | 官方活动 | 淘金币频道

使用帮助　创建红包

店铺活动　商品优惠券　店铺红包　购后送红包　收藏送红包　　共1个活动 1/1

红包名称	面值	创建时间	使用有效期	发行数量	已领取数	已使用数	状态	操作
新店促销	5.0	2015-01-22	2015-01-22 至 2015-01-23	20	0	0	正常	作废 复制推广链接

图5-24

07 当买家浏览店铺宝贝时，即可在宝贝价格下方领取该红包，如图5-25所示。

图5-25

5.3 通过优惠券宣传与推广

卖家还可以通过对店内部分宝贝发放优惠券来进行宣传与推广。这样，买家领取在下单时就可以使用该优惠券，从而获得优惠。

那么，应该如何发布商品优惠券呢？具体操作如下。

01 进入“卖家中心”页面，在其左侧的“营销中心”栏下单击“店铺营销中心”链接，进入“1212营销活动”页面。

02 在“营销工具”栏下，切换至“商品优惠券”标签，在其右侧单击“创建活动”按钮（如图5-26所示），进入“添加商品优惠券”页面。

图5-26

03 设置优惠券的名称、面值、发行量、使用条件、使用有效期，如图5-27所示。

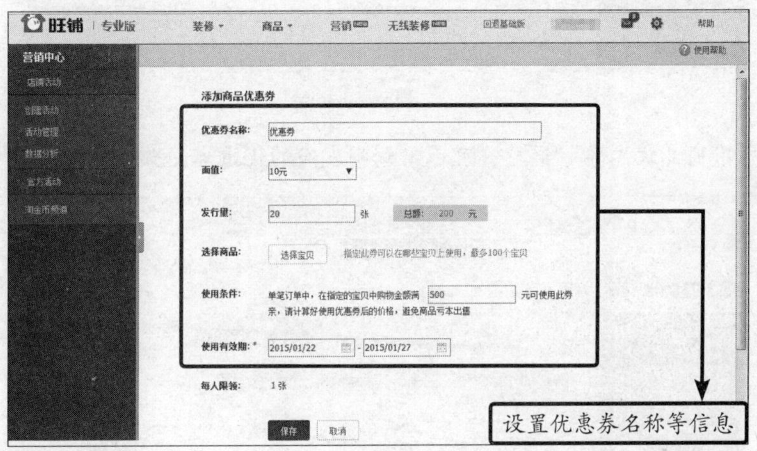

图5-27

04 单击“选择宝贝”按钮，弹出“选择商品”窗口，选择可以使用优惠券的宝贝，如图5-28所示。

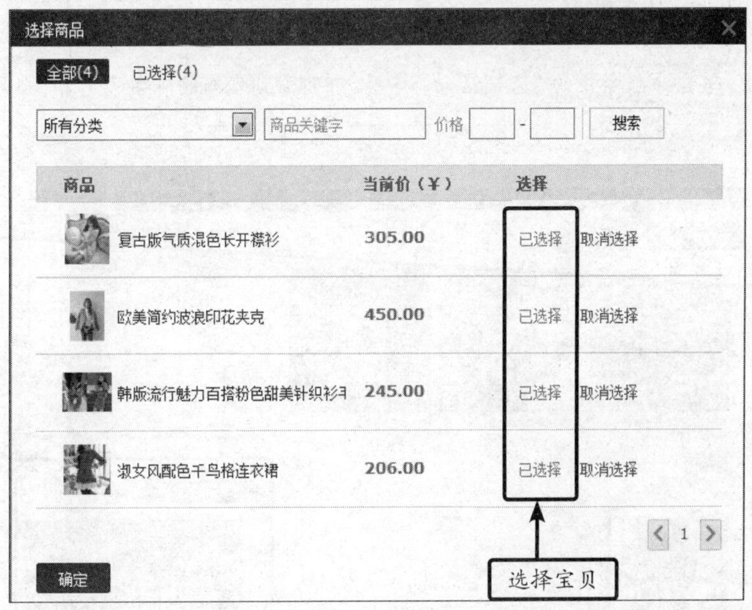

图5-28

05 单击“确定”按钮返回“添加商品优惠券”页面，再单击“保存”按钮，弹出“发布”窗口，如图5-29所示。

06 单击“确定发布”按钮，即可完成优惠券的发布，如图5-30所示。

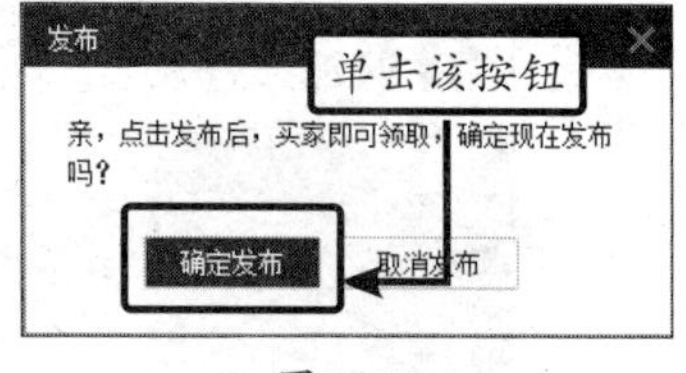

图5-29

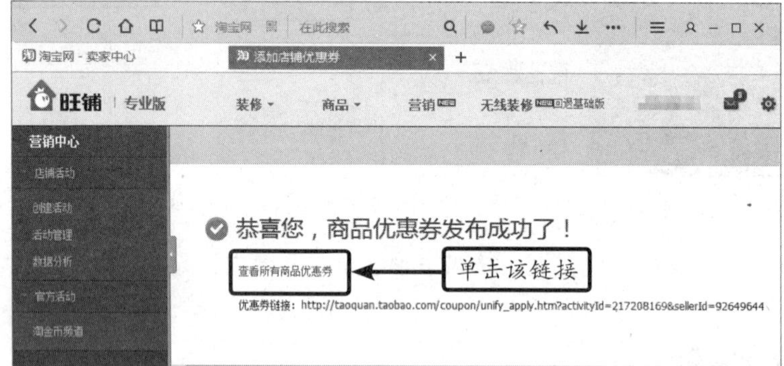

图5-30

07 单击“查看所有商品优惠券”链接，可以看到刚发布的优惠券，如图5-31所示。

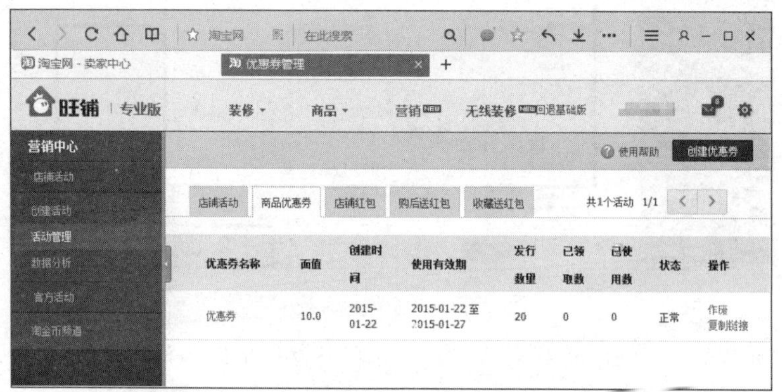

图5-31

08 进入店铺首页，单击导航条中的“店铺活动”标签，即可看到发布的商品优惠券，如图5-32所示。

图5-32

5.4 通过送彩票宣传与推广

卖家还可以通过旺旺、微博、手机3种方式向朋友赠送彩票（也就是拉熟），受赠的朋友将通过对应的途径接收到彩票信息，他们在领取彩票后可进入店铺查看，实现软性拉人，扩大宣传店铺的效果。

旺旺账号方式：受赠朋友将会收到旺旺消息，无需任何操作即完成领取。若受赠方旺旺账号异常（如未绑定支付宝账号等）未能收到彩票，相应彩票费用将原路退回。

新浪微博方式：受赠朋友将会收到微博信息推送，一旦他点击链接并确认，即完成领取。如受赠方在赠送彩期截止前还未点击链接或未确认，即视为领取失败，相应彩票费用原路退回。

手机方式：受赠朋友将会收到彩票拉熟短信，一旦其短信回复淘宝用户名，即完成领取。如受赠方在赠送彩票的彩期截止前还未回复用户名，即视为领取失败，相应彩票费用原路退回。

下面介绍如何通过旺旺账号方式进行彩票拉熟，具体操作方法如下。

01 进入“卖家中心”页面，在其左侧的“营销中心”栏下单击“店铺营销中心”链接，进入“1212营销活动”页面。

02 在“营销工具”栏下，切换至“彩票拉熟”标签，在右侧单击“创建活动”按钮（如图5-33所示），进入“旺铺-赠送彩票”页面。

图5-33

03 选择赠送的方式为旺旺，在其下方自动显示的联系人列表框中选中受赠朋友账号前的复选框，并设置赠送的注数及发送的文字内容，如图5-34所示。

04 单击“确定赠送彩票”按钮，进入“支付宝”页面。在“支付宝支付密码”文本框中输入支付密码，如图5-35所示。

图5-34

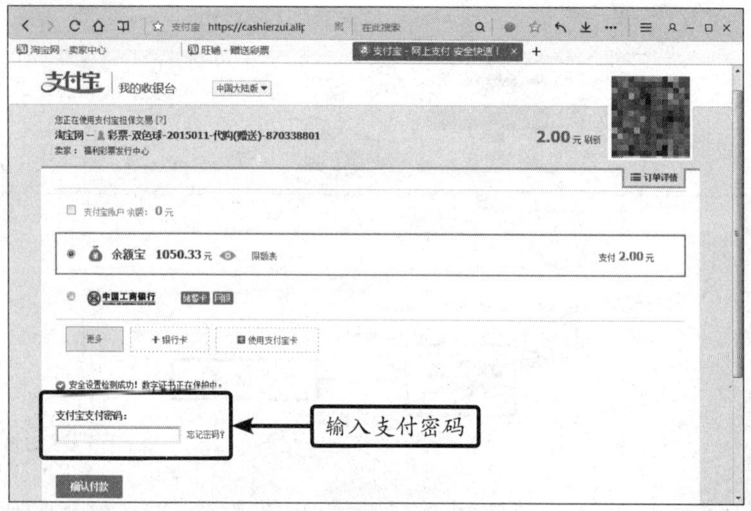

图5-35

05 单击“确认付款”按钮，即可完成彩票的购买，如图5-36所示。

图5-36

06 单击“我的彩票（订单详情）”链接，即可看到赠送的彩票订单详情，如图5-37所示。

图5-37

5.5 通过“满就送”宣传与推广

“满就送”是淘宝给旺铺卖家提供的一个店铺营销平台。通过这个平台可以提升店铺流量（参加淘宝促销活动，上促销频道推荐，上店铺街推荐）；提高转化率（把更多流量转化成有价值的流量，让更多进店的人购买）；提升客单价（通过满就送，提高店铺整体交易额）。

下面介绍“满就送”的设置方法，具体操作步骤如下。

01 进入“卖家中心”页面，在左侧的“营销中心”栏下单击“促销管理”链接（如图5-38所示），进入“促销管理”页面。

图5-38

02 在“满就送”选项卡下单击“马上订购”按钮（如图5-39所示），进入订购页面进行订购并前往支付宝进行支付（一季度24元、半年48元、一年96元）。

图5-39

03 订购完成后返回“促销管理”页面，设置满就送的活动信息，如图5-40所示。

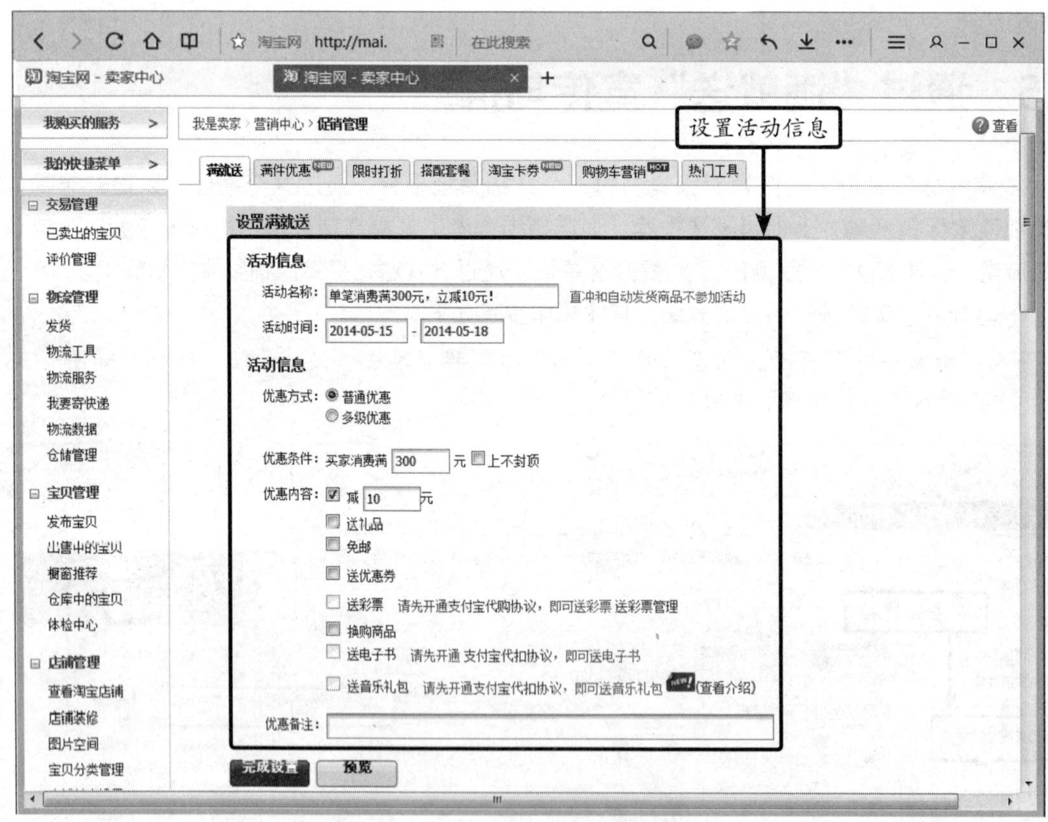

图5-40

小提示

如果选中“多级优惠”的优惠方式，即可同时设置多条“满就送”活动，如“送礼品”和“免邮”同时优惠。

04 设置完成后单击“完成设置”按钮，即可完成“满就送”活动的设置，如图5-41所示。

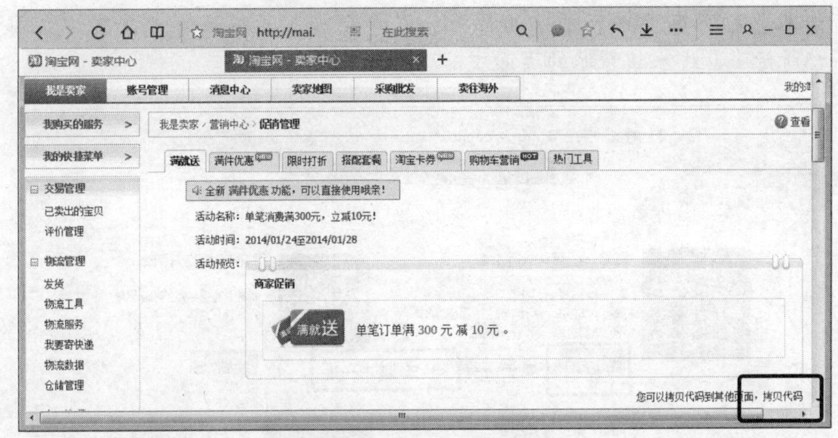

图5-41

05 单击右下角的“拷贝代码”链接，即可将该活动显示于店铺的模块中。

5.6 通过“淘帮派”宣传与推广

“淘帮派”是淘宝免费提供给淘宝用户使用的，类似于个人社区，可以发表文字、图片等。只要不涉及敏感词语，就不会受到淘宝官方约束。在淘帮派中，既可以加入别人的帮派，遵守别人的帮规，也可以自建帮派，订立帮规。在自己的帮派中既可以分享经验，也可以发布广告、组织活动（如秒杀、折扣包邮）。

浏览淘帮派的网民众多，都是淘宝用户，有卖家也有买家。如果自己的帮派人气旺，那么店铺的流量也会骤升。所以，“淘帮派”是淘宝卖家们长期青睐的有效的免费推广途径。

5.6.1 加入帮派

新手卖家可以加入一些热门的帮派，既可以通过浏览精华帖学习和借鉴好的开店经验和技巧，还可以将认识的淘友变成自己的顾客。另外，在帮派中发帖、回帖或参加帮派组织的活动，对宣传和推广自己的店铺也都大有好处。

01 在浏览器中输入http://bangpai.taobao.com，进入“淘帮派”首页，如图5-42所示。

图5-42

02 在“优秀帮派”栏下有多个已创建的帮派，在希望加入的帮派下方单击“立即加入”按钮（如图5-43所示），进入该帮派的页面中。

图5-43

03 在页面右侧单击“加入这个帮派”按钮（如图5-44所示），即可加入该帮派。

图5-44

注 意

加入帮派后还需要加入该帮派的群，因为帮派的最新活动一般都是帮主在群里面公布的。加群之后，要经常和群里的淘友互动。遇到开店的难题，可以在帮派群里进行提问和讨论，群里有很多开店高手。

5.6.2 创建帮派

除了加入一些热门帮派，淘宝卖家还可以自建帮派。随着帮派的日益壮大，其每天的流量也会日益增多。

01 进入“淘帮派”首页，单击右侧的“创建帮派”按钮（如图5-45所示），进入“填写帮派资料”页面。

图5-45

02 选择"帮派类目"，填写帮派名称、标签、简介，并设置帮派类型，如图5-46所示。

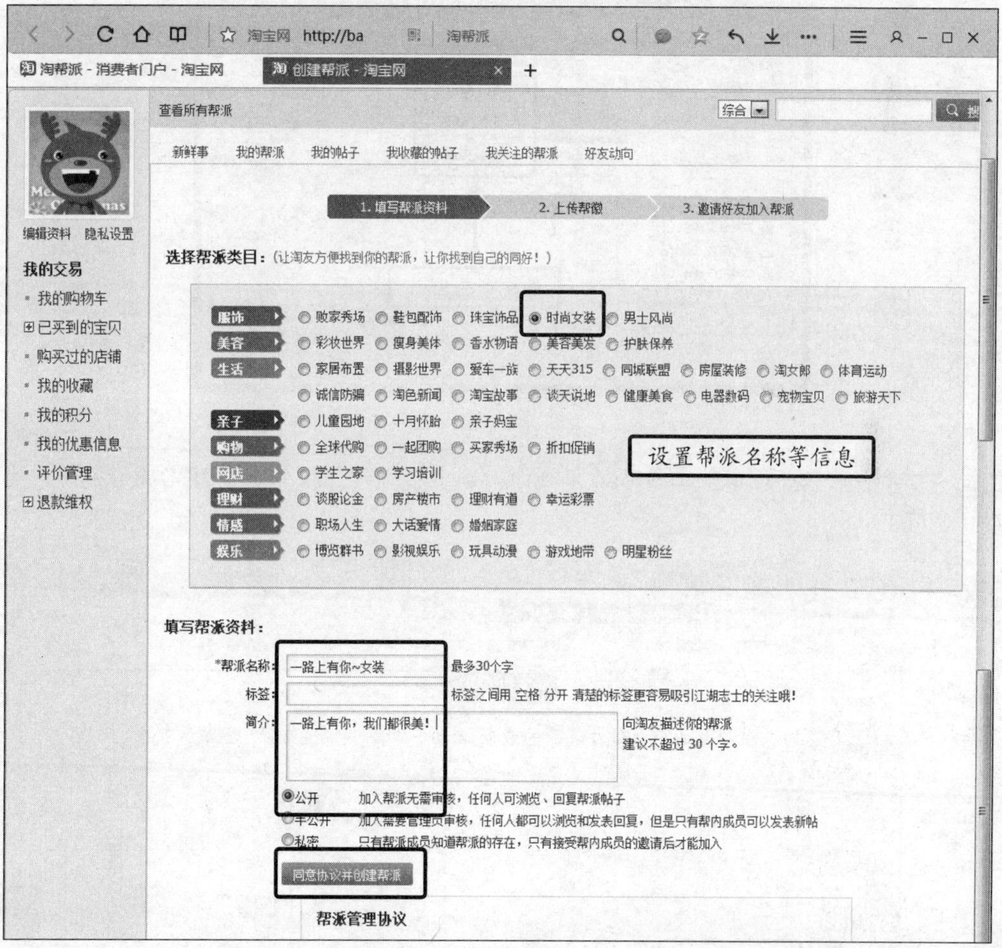

图5-46

03 单击"同意协议并创建帮派"按钮，进入"上传帮徽"页面，如图5-47所示。

04 单击"选择文件"按钮，弹出"打开"窗口，选中要上传的帮徽图片，如图5-48所示。

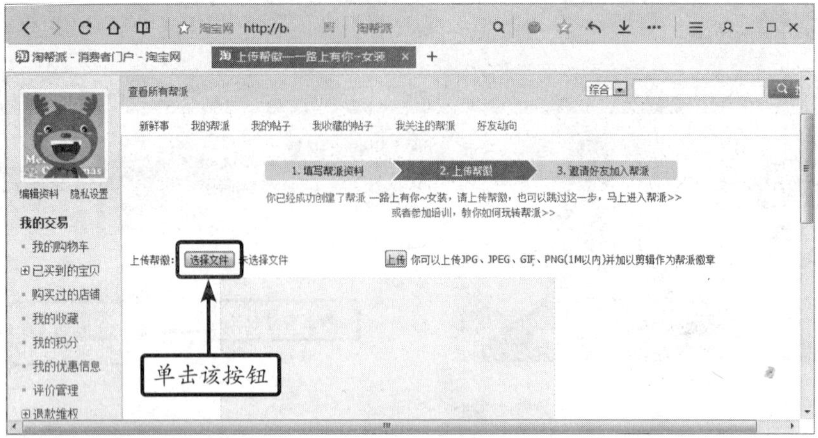

图5-47

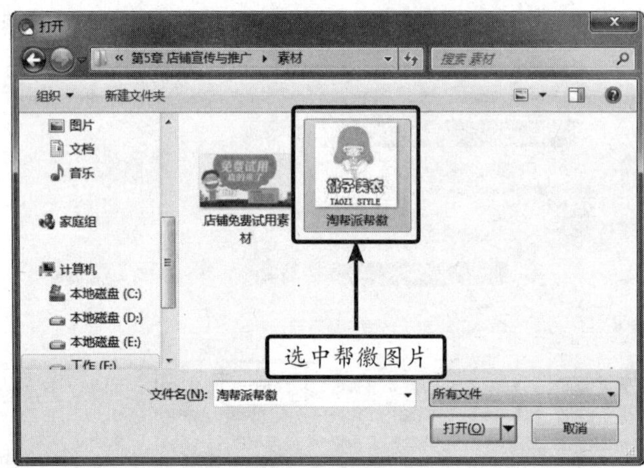

图5-48

05 单击“打开”按钮，返回“上传帮徽”页面。单击“上传”按钮，即可完成帮派的创建，如图5-49所示。

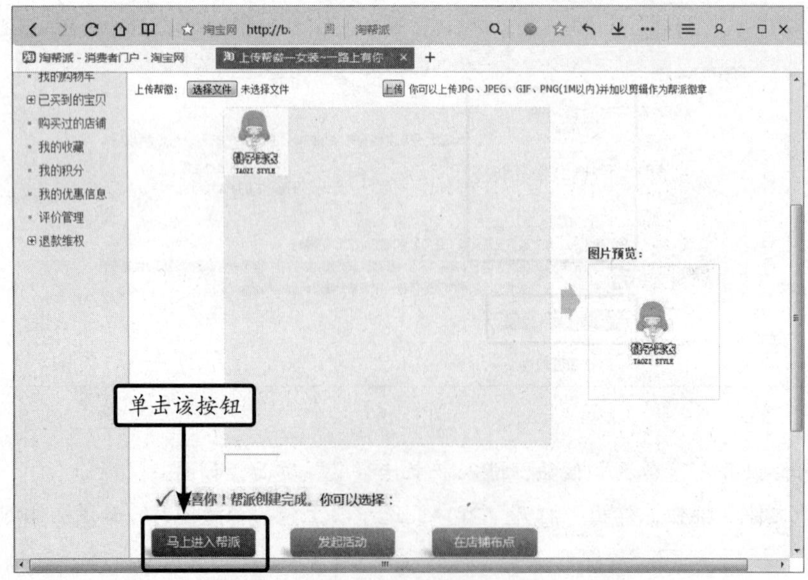

图5-49

06 单击“马上进入帮派”按钮，即可进入刚创建的帮派中，如图5-50所示。

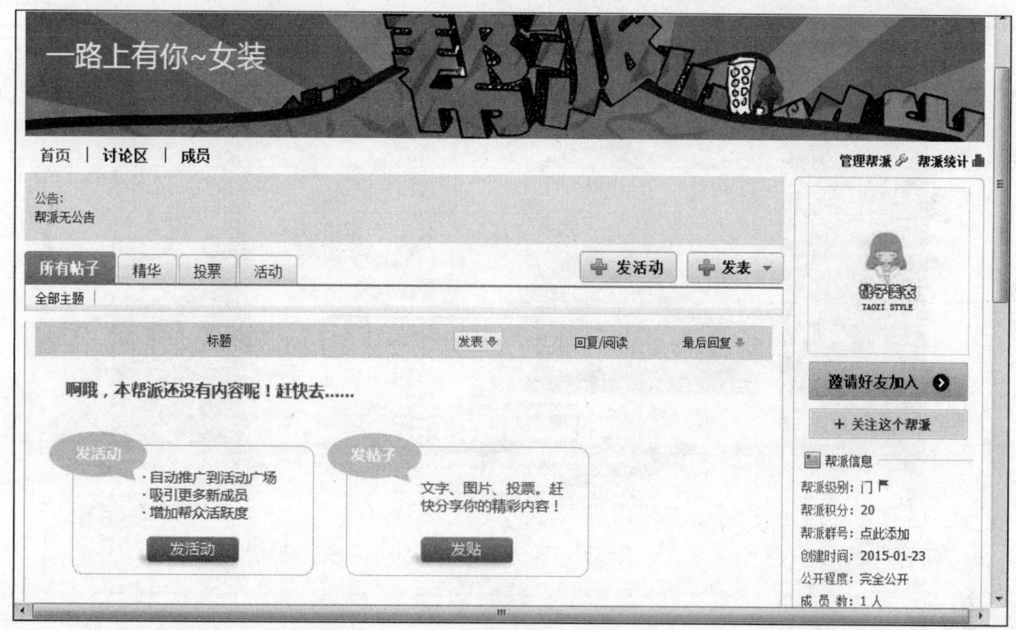

图5-50

5.6.3 发布活动

创建了自己的帮派之后，卖家就可以不定期地举行一些促销活动，如秒杀、折扣包邮等。那么如何发布活动呢？具体操作步骤如下。

01 进入创建的帮派中，单击“发活动”按钮，进入“发表活动”页面。

02 输入活动名称、活动人数、活动时间、活动标签、活动介绍，并设置活动分类，如图5-51所示，单击“上传活动海报”按钮。

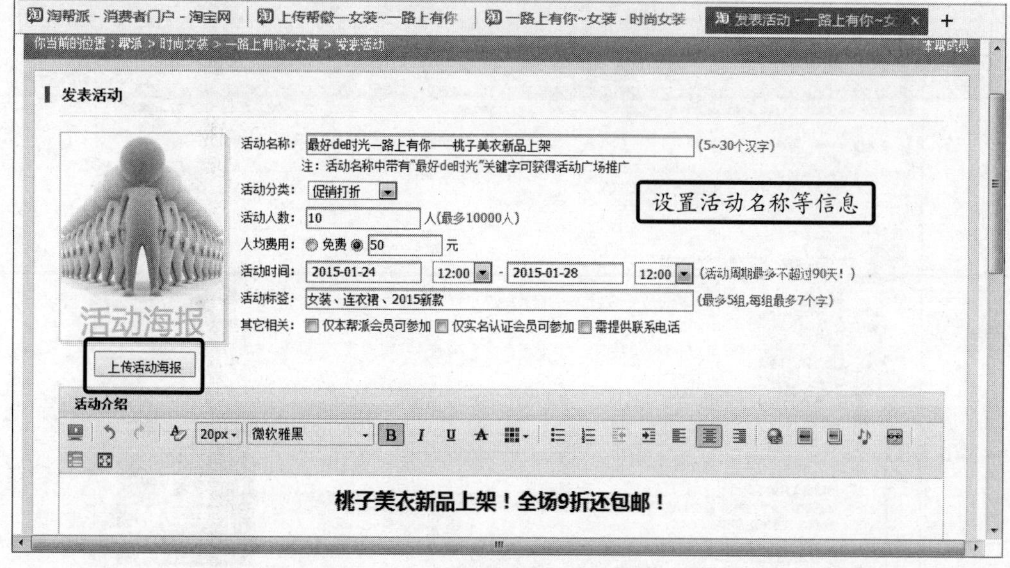

图5-51

03 弹出上传图片窗口，单击“浏览”按钮，选择海报素材图片，如图5-52所示。

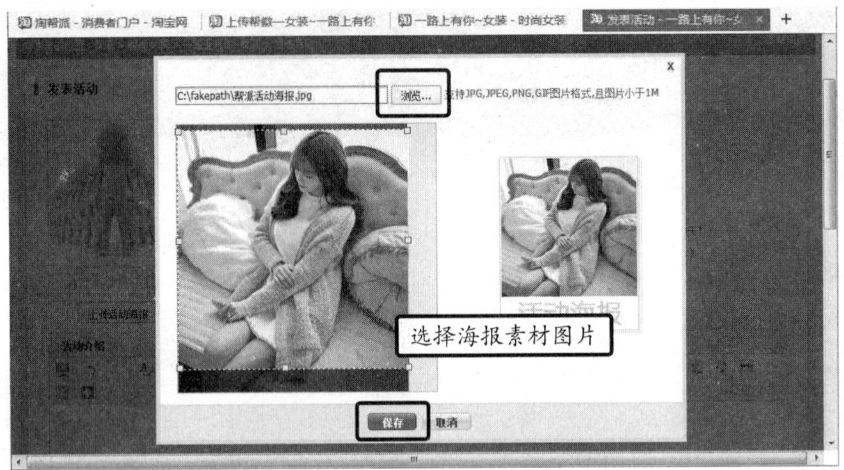

图5-52

04 单击“保存”按钮，即可在“发表活动”页面显示出活动海报，如图5-53所示。

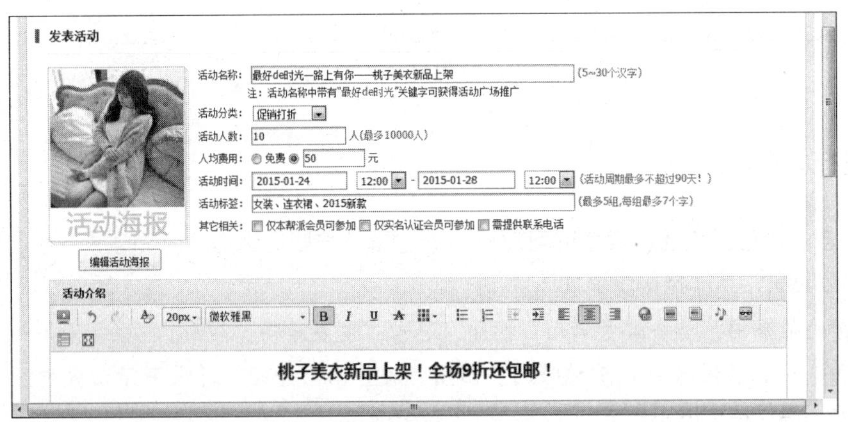

图5-53

05 单击“发表”按钮，即可成功发布活动，如图5-54所示。

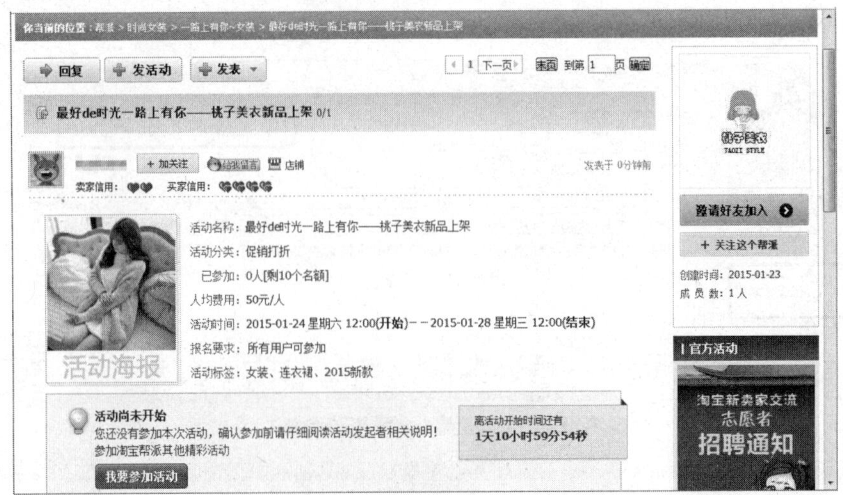

图5-54

5.7 通过"淘宝客"宣传与推广

"淘宝客"是阿里妈妈旗下的一家公司，是指通过互联网帮助淘宝卖家推广商品，并按照成交金额获得佣金的人或者集体（可以是网站、公司等）。主要由淘宝联盟、卖家、淘客以及买家4个角色组成。

（1）淘宝联盟：一个推广平台。用来帮助卖家推广产品、帮助淘宝客赚取利润。从每笔因推广产生的交易中抽取相应的服务费用。

（2）卖家：佣金的支出者。他们将自己店铺中需要推广的商品提供给淘宝联盟，并设置每卖出一个产品愿意支付的佣金。

（3）淘宝客：佣金的获得者。他们在淘宝联盟中找到卖家发布的商品，并将商品的代码复制到网站、博客或社区中进行推广。当有买家通过该推广链接进入卖家的店铺并完成商品的购买后，淘宝客就可得到由卖家支付的佣金（其中一部分需要作为淘宝联盟的服务费）。

（4）买家：就是广大的网购人群。

5.7.1 "淘宝客"推广要求及佣金标准

1. 淘宝客推广的要求

淘宝店铺的卖家要想加入淘宝客推广，必须同时符合以下6个条件。

（1）卖家信用等级在一心及以上或参加了消费者保障计划；

（2）卖家店铺动态评分各项分值均不低于4.5；

（3）未在使用淘宝或其关联公司其他营销产品（包括但不限于钻石展位、淘宝直通车、天猫直通车、网销宝全网版/1688版等）服务时因违规被中止或终止服务；

（4）自申请淘宝客推广软件服务之日起前365天内不得有因违反《淘宝规则》中关于出售假冒商品的行为被扣12分及以上；

（5）自申请淘宝客推广软件服务之日起前365天内不得有因违反《淘宝规则》中关于其他严重违规行为（出售假冒商品除外）被扣12分及以上；

（6）店铺状态正常且出售中的商品数大于等于10件(同一商品库存有多件的，仅计为1件商品)。

2. 淘宝客推广的佣金标准

淘宝客吸引人的就是卖家设置的佣金。佣金设置需要预先计算，根据比例还要算计自己的利润。通常情况下，淘宝卖家可以在1.5%～50%之间根据各自允许的情况酌情设定佣金比率，最多可以选择30个商品设定个性佣金比率作为展示商品。

淘宝客的佣金设置标准具体如下。

（1）卖家可以在佣金范围内直接调高佣金比率，但是不能直接调低佣金比率。可以通过先删除推广计划，再新建推广计划的方法调低佣金比率。

（2）卖家可以在佣金范围内直接调整店铺各类目的佣金比率。

（3）买家从淘宝客推广链接进入店铺，当天没有购买但在此后的15天内完成购买的均为有效，淘宝客都可得到由卖家支付的佣金。如果掌柜退出淘宝客推广，在掌柜退出前，用户点击过的推广链接对该用户在15天内继续有效，在点击后15天内拍下商品后仍旧计算佣金。

（4）如果实际交易金额减去邮费大于等于拍下时的商品单价则按实际交易金额减去邮费乘以佣金比率进行计算。

（5）如果实际交易金额减去邮费小于拍下时的商品单价则按商品单价乘以佣金比率进行计算。

（6）如果买家通过淘宝客推广链接直接购买该件主推商品，按照该商品对应的佣金比率结算佣金。

（7）如果买家通过淘宝客推广链接购买了店铺内其他主推商品中的某一件商品，按照该商品对应的佣金比率结算佣金给淘宝客。

（8）如果买家通过淘宝客推广链接购买了店铺内非主推商品中的其他商品，按照店铺各类目统一的类目佣金比率结算佣金给淘宝客。

5.7.2 淘宝客佣金计算规则

1. 佣金的定义

- 商品佣金比例：是指卖家针对商品单独设置的淘宝客佣金比例。
- 类目佣金比例：是指卖家为自己店铺的每个类目（类目分类以商品信息所在网站后台类目为准）所设置的佣金比例（包括卖家默认的系统设定比例）。
- 推广计划：是指卖家针对商品、活动或淘宝客等特别设置的推广方案。卖家最多可以设置10个推广计划，每个推广计划可以分别设定各自不同的商品和类目佣金比例，淘宝客推广卖家推广计划的，按推广计划下特定的佣金比例计算佣金。淘宝客同时可以参加多个推广计划，但对同一个卖家，淘宝客于同一时间内只能参加其中一个推广计划。
- 虚拟商品：虚拟类目下的全部商品，包括但不限于游戏点卡、话费充值卡等，具体以淘宝网及天猫网站虚拟类目下商品为准。

2. 佣金的计算规则

所有淘宝客推广方式，均优先适用以下佣金计算基本规则。

（1）全店结算。淘宝客无论通过何种推广方式为卖家进行淘宝客推广，卖家店铺内所有商品因此所达成的成交都会按照卖家的相应设置计算佣金，但虚拟商品按本规则的约定另行计算。

（2）淘宝客只可以通过充值框等淘宝客专用工具来推广虚拟物品，通过其他方式进行推广的，不计佣金。

（3）商品佣金的优先级高于类目佣金。即同一推广行为下，如果一件商品已经设置有商品佣金比例，该商品又有适用的类目佣金比例，则该商品成交时按照商品佣金比例计算。

（4）除卖家已设置商品佣金的商品外，所有类目下的商品其因淘宝客推广达成的成交均按照相应类目佣金比例计算佣金。

（5）卖家推出推广计划并特别设定佣金比例的，则推广计划下的推广所带来的成交均适用卖家特别设定的佣金比例。

（6）店铺佣金，是指店铺推广下列明的佣金比率，该佣金比率只是按委托人商品及佣金比率估算的一个参考比率，实际的佣金仍按具体商品适用的佣金比例结算。

3. 各推广方式下佣金的计算规则

- 商品推广：自买家点击推广链接起15天内被推广商品及被推广商品对应的店铺内该买家的所有成交，均依卖家设置的佣金比例计算佣金。
- 店铺推广：自买家点击推广链接起15天内该买家在该店铺内的所有成交，均依卖家设置的佣金比例计算佣金。
- 搜索推广：

（1）以任何方式推广淘宝客搜索（包括但不限于关键词、搜索框等），买家在淘宝客搜索中点击过的任何商品所对应的店铺于15天内的所有成交（虚拟商品除外），均按照卖家设置的佣金比例计算佣金。

（2）买家在跳出淘宝客搜索后（如点击“淘宝网首页”“天猫网站首页”或者在商品详情页再次搜索商品）点击商品所产生的成交，不计算佣金。

- 频道推广/页面推广：以任何方式进行频道推广/页面推广，均按频道页面上展现的推广形式分别相应计算佣金。

5.7.3 设置“淘宝客”推广计划

掌握了淘宝客的组成模式、推广要求及佣金计算规则之后，下面来学习如何设置“淘宝客”推广计划，具体操作步骤如下。

01 登录淘宝网，进入卖家中心，在左侧的“营销中心”栏下单击“我要推广”链接（如图5-55所示），进入“营销入口”页面。

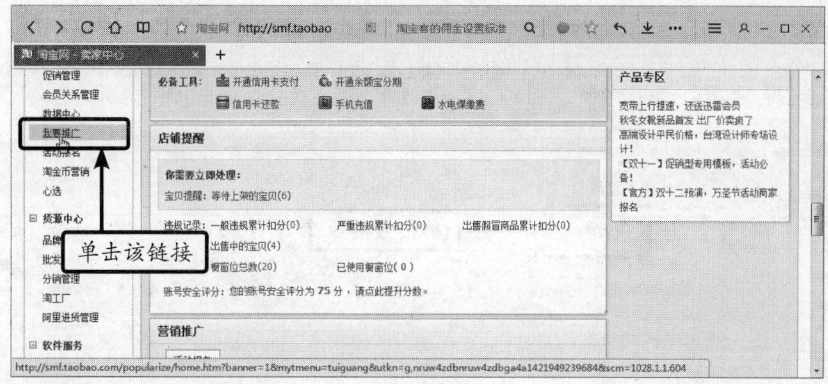

图5-55

02 在“常用链接”栏下单击“淘宝客推广”图标（如图5-56所示），进入“淘宝客卖家平台”页面。

图5-56

03 单击“通用计划”链接（如图5-57所示），进入“通用计划”页面。

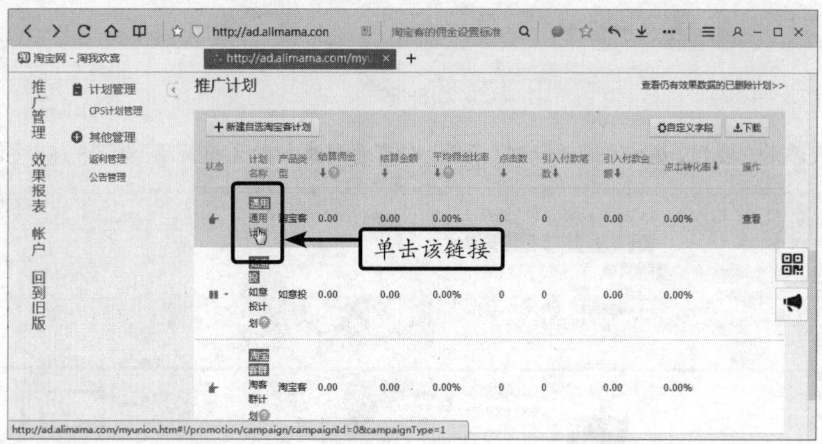

图5-57

小提示

除了通用计划，还可以设置新增自选淘宝客计划（指定给某个淘宝客推广）、如意投计划（淘宝官方推广计划）、淘宝客群计划（淘宝客群联合推广）。

04 单击“新增主推商品”按钮（如图5-58所示），弹出“选择主推商品”窗口。

图5-58

05 选中需要重点推广的商品，如图5-59所示。

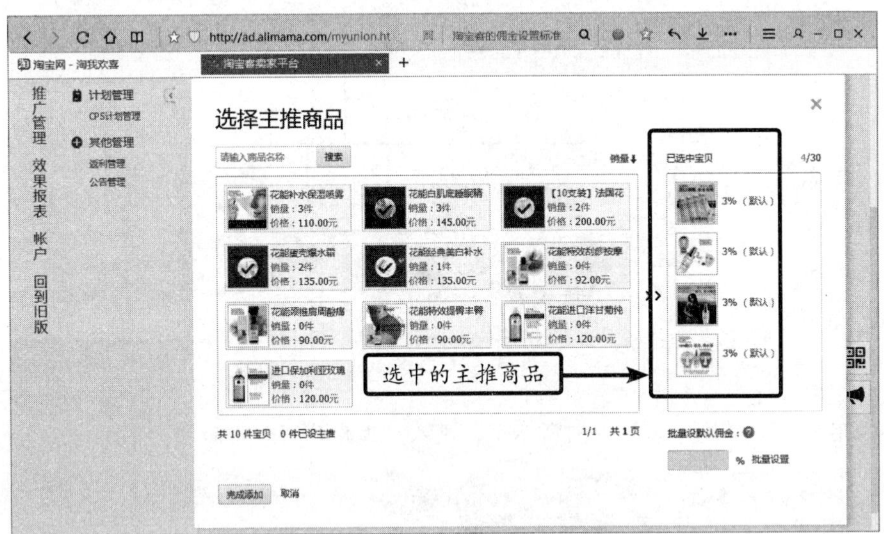

图5-59

06 单击“完成添加”按钮，返回“通用计划”页面，即可看到添加的主推商品，如图5-60所示。

图5-60

07 单击商品后面的“编辑佣金比”链接，商品的佣金变成可编辑状态。在编辑框中输入新的佣金比，如图5-61所示。

图5-61

08 在页面空白处单击鼠标左键，弹出“修改佣金”窗口，如图5-62所示。

图5-62

09 单击“确定”按钮，即可完成佣金的修改。按照同样的方法修改其他商品的佣金，如图5-63所示。

图5-63

5.8 通过“直通车”宣传与推广

“直通车”是专门为淘宝卖家量身定制的一款推广营销工具。采用一种全新的搜索竞价模式，通过设置与推广宝贝相关的关键词获得流量，按照获得的流量个数（即点击数）付费，实现宝贝的精准推广。

如果想要推广一件宝贝，就需要为该宝贝设置相应的关键词、类目出价及宝贝推广标题。当买家在淘宝网通过输入关键词搜索或按照宝贝分类进行搜索时，推广中的宝贝就会出现在直通车的展示位，买家点击才收费，不点击则不收费。

5.8.1 “直通车”的推广方式

根据匹配技术和展现位置的不同，“直通车”的推广方式可以分为多种。

1. 宝贝推广

这是直通车最基础的推广方式，通过设置相关的关键词，并设定一个合理的出价来进行推广。当买家搜索该关键词时，该推广宝贝就会得到展现。

这种推广方式能够明确买家的搜索意图，帮助卖家精准锁定潜在目标客户。其效果展现位置如下。

- 关键词搜索结果页面：在淘宝网首页的搜索框中输入搜索关键词，单击“搜索”按钮进入新页面。展现位置为搜索结果页面右侧的“掌柜热卖”区域（如图5-64所示）和页面底部的“掌柜热卖”区域（如图5-65所示）。

图5-64

图5-65

■ 热卖宝贝搜索结果页面：在“淘宝网热卖”页面底部的“掌柜热卖”区域，如图5-66所示。

图5-66

2. 店铺推广

店铺推广是基于“宝贝推广”的一种新的推广方式。这种方式是通过设置与推广页面相关的关键词和出价，对店铺页面（首页或分类集合页）进行精准推广。其效果展现位置如下。

- 关键词搜索结果页面：展现位置为淘宝网搜索结果页面右下方的“店铺精选”区域，如图5-67所示。
- 热卖宝贝搜索结果页面：展现位置为“淘宝网热卖”页面底部的“店铺精选”区域，如图5-68所示。

图5-67

图5-68

3. 明星店铺

“明星店铺”推广是淘宝直通车的一种较新的推广方式，不仅成交转化率较高，还有利于塑造店铺品牌形象。

开通了明星店铺的卖家，通过设置关键词和出价，当买家在淘宝网搜索框中搜索与店铺名及店铺品牌相关的关键词时，其对应的推广信息将在搜索结果页首页最上方的黄金位置获得展现，如图5-69所示。

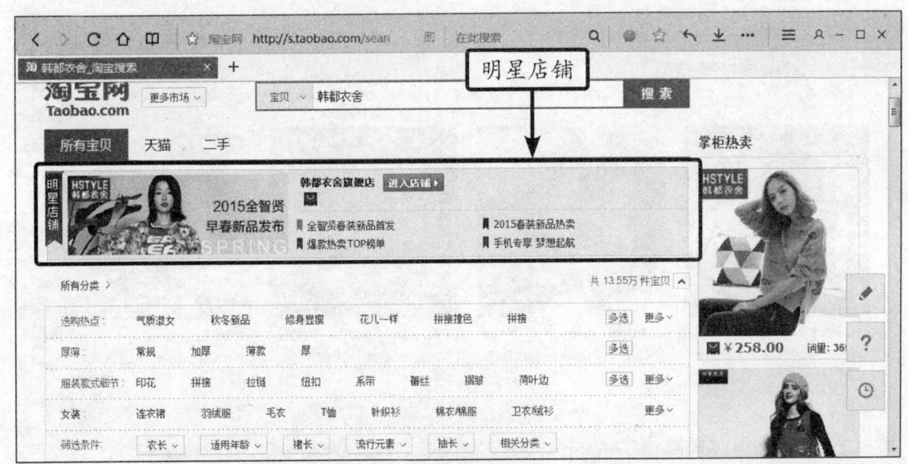

图5-69

这种推广方式所设置关键词的核心词应与其店铺名、店铺主经营品牌相关，核心词是需要经审核通过后，系统才会进行录入。

4. 定向推广

"定向推广"是利用淘宝网庞大的数据库，通过网页内容定向、人群行为习惯定向、人群基本属性定向等创新的多维度人群定向技术，分析不同买家在各种浏览路径下的不同兴趣和需求，帮助用户锁定潜在目标买家，并将用户的推广信息展现在目标买家浏览的网页上。其效果展现位置如下。

- 旺旺每日焦点：每日登录旺旺时自动弹出的"每日焦点"窗口，如图5-70所示。
- "我的淘宝—已买到的宝贝"页面：在"我的淘宝—已买到宝贝"页面最下方的"热卖单品"区域，如图5-71所示。

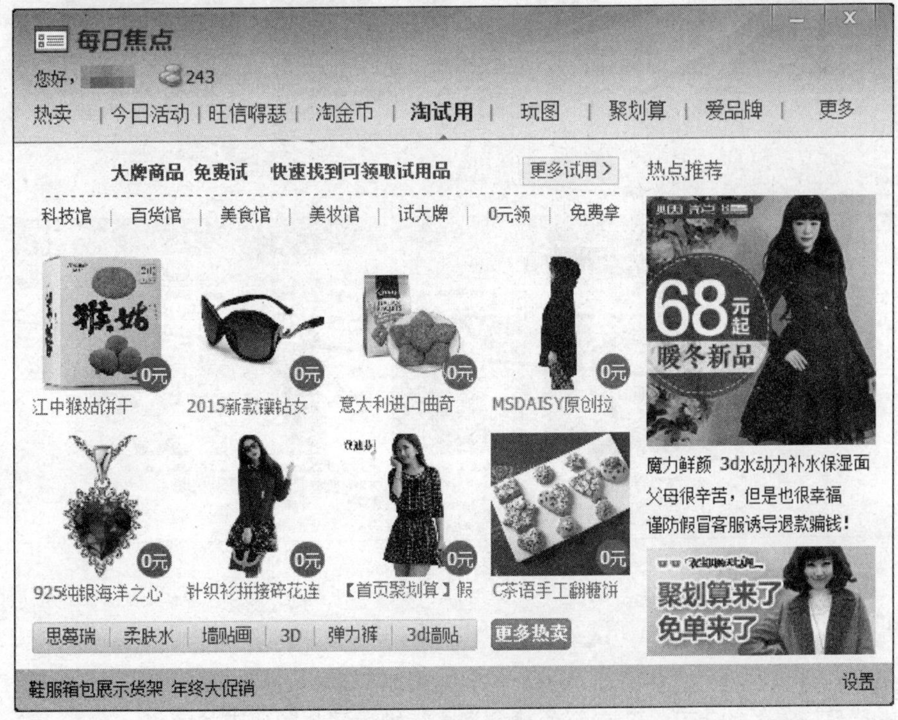

图5-70

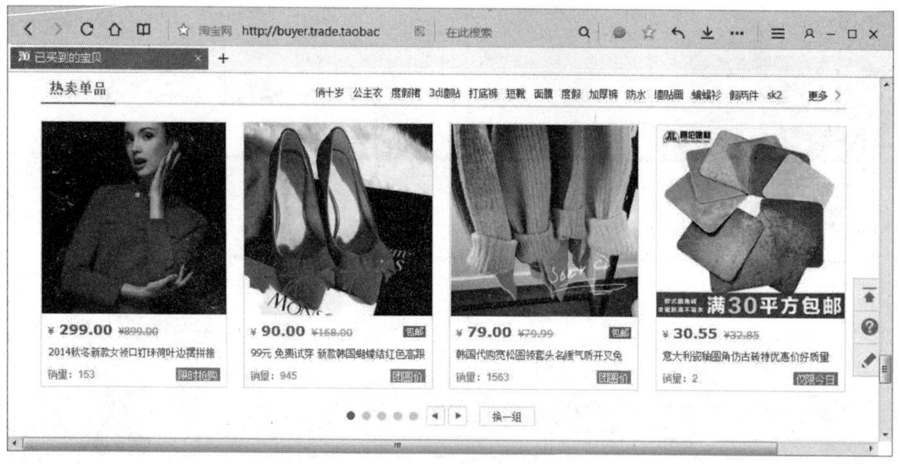

图5-71

- 收藏夹页面：在收藏夹页面最下方的“热卖单品”区域，如图5-72所示。
- 物流详情页：在“已买到的宝贝”页面中，单击某一宝贝后的“查看物流”链接，进入物流详情页面。在该页面最下方的“热卖单品”区域展现，如图5-73所示。

图5-72

图5-73

5. 活动推广

除了以上几种推广方式，淘宝直通车还设有增值服务推广，即活动推广。“活动推广”是采取直通车用户自主报名的方式，将一部分符合淘宝特别运营主题要求的宝贝，在某一特定展示位及某一特定时间集中展现。目前主要分为“长期活动”和“主题活动”两种形式。

活动推广的效果展示位置在淘宝网首页及各频道最底部的展示位，显示为“热卖单品”，如图5–74所示。

图5–74

5.8.2 直通车的计费方式

直通车没有任何服务费，第一次开户预存500元，这些钱全部都是未来可使用的推广费用。当卖家开始做广告后，点击费用才从这里面扣除。

当买家搜索卖家设置的关键词时，卖家推广的宝贝会出现在直通车的展示位，买家点击该宝贝才收费，不点击则不收费。

为关键词设置的价格，是卖家愿意为该关键词带来的一个点击付出的最高价格，当宝贝被点击时，扣费将小于或者等于该最高出价。

一个店铺推广页面最多可以设置1000个关键词。店铺推广的关键词最低起价是0.2元，即2角。加价幅度至少为0.01元，即1分。

当然，会有卖家有疑问，如果有其他的人进行恶意的点击，不是花了冤枉钱了吗？其实，这点大可放心，为了排除竞争对手之间的恶意点击，淘宝直通车开发了防恶意点击系统，可以保证每个点击都是真实有效的。

另外，淘宝直通车还拥有成本控制功能，保证卖家的付出能够得到最大的回报。

自由控制关键词价格：根据自身成本投入设置价格，可随时调整。

自主控制每日最高限额：严格控制每日预算。

自主选择投放时间、地域：选择想要投放的时间段、地区。

5.8.3 使用“直通车”推广宝贝

淘宝直通车的基本推广流程如图5–75所示。

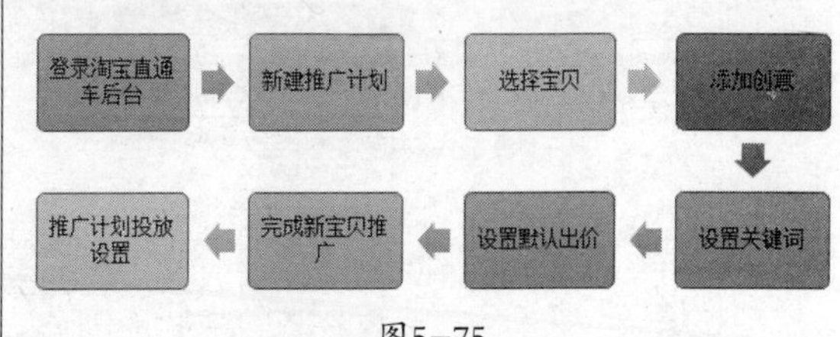

图5–75

下面介绍如何使用“直通车”推广宝贝，具体操作步骤如下。

1. 登录并充值

01 登录淘宝网，进入卖家中心，在其左侧的“营销中心”栏下单击“我要推广”链接，进入“营销入口”页面。

02 单击“淘宝直通车”图标（如图5-76所示），进入淘宝直通车平台，并弹出“淘宝直通车软件服务协议”窗口，如图5-77所示，单击“同意”按钮。

图5-76

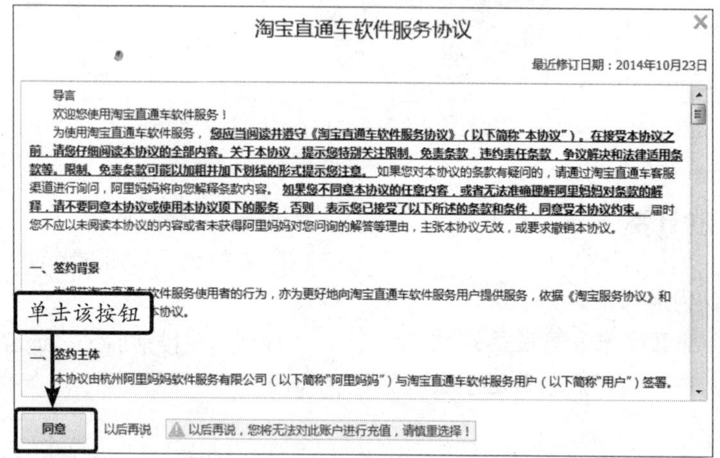

图5-77

03 进入“淘宝直通车”首页，如图5-78所示，单击“我要充值”按钮。

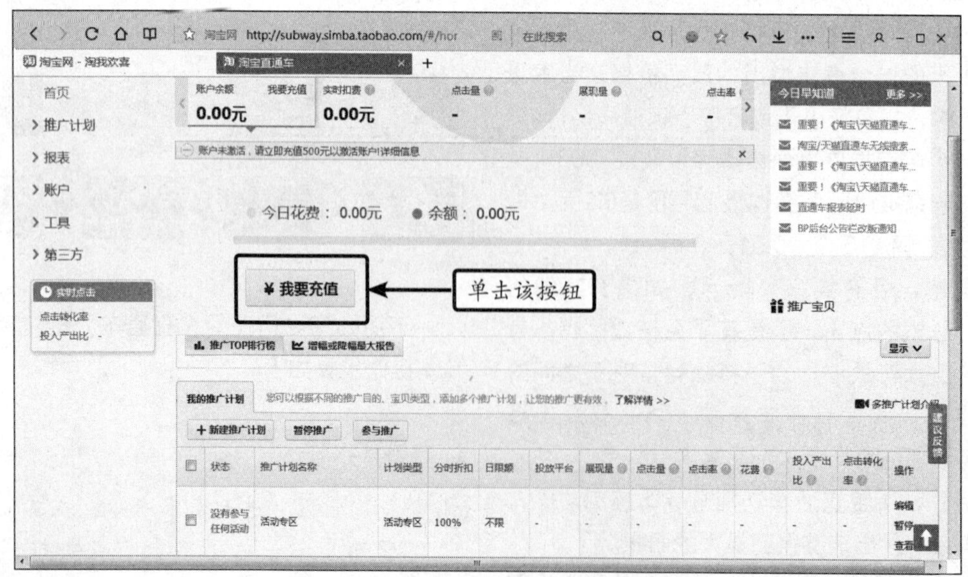

图5-78

04 进入“充值”页面，选择或者输入金额，如图5-79所示，单击“立即充值”按钮。

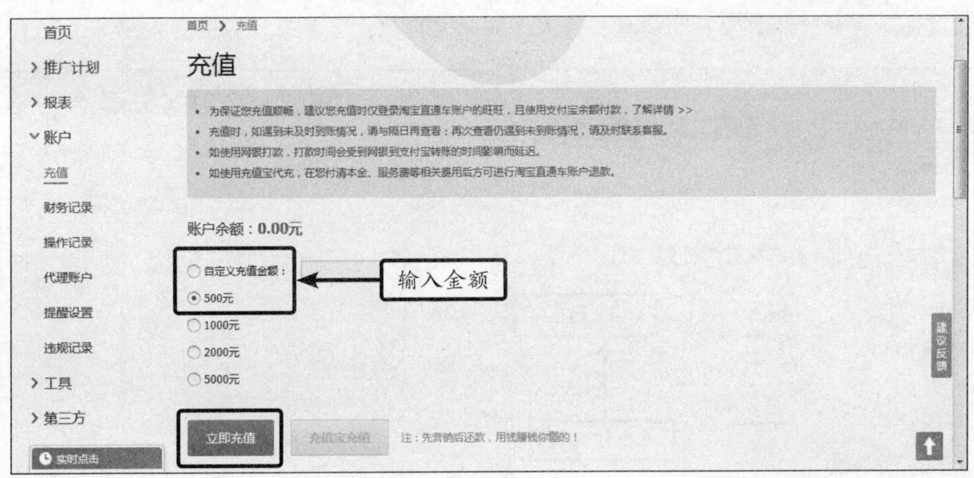

图5-79

05 进入支付宝平台进行付款，付完之后切换回“充值”页面，弹出图5-80所示的窗口。

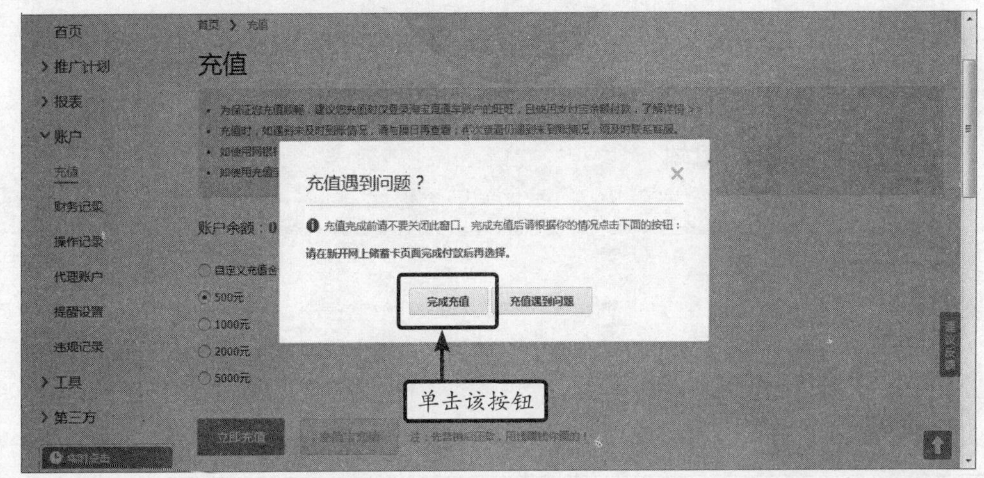

图5-80

06 单击“完成充值”按钮，返回直通车首页。显示出当前账户余额，如图5-81所示。

图5-81

2. 新建标准推广计划

01 单击页面右侧的“推广宝贝”链接，进入“新建宝贝推广”页面，如图5-82所示。

图5-82

02 单击“新建一个推广计划”链接，进入“新建推广计划”页面，如图5-83所示。

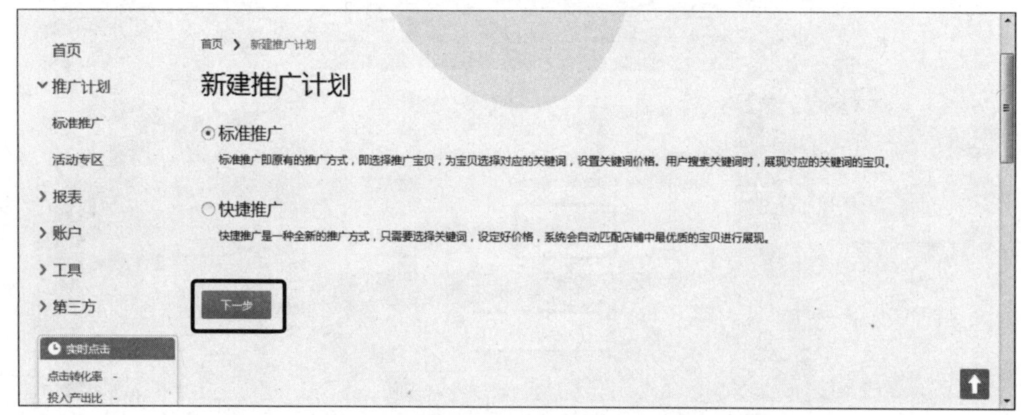

图5-83

03 单击“下一步”按钮，进入“新建标准推广计划”页面。在文本框中输入推广计划的名称，如图5-84所示。

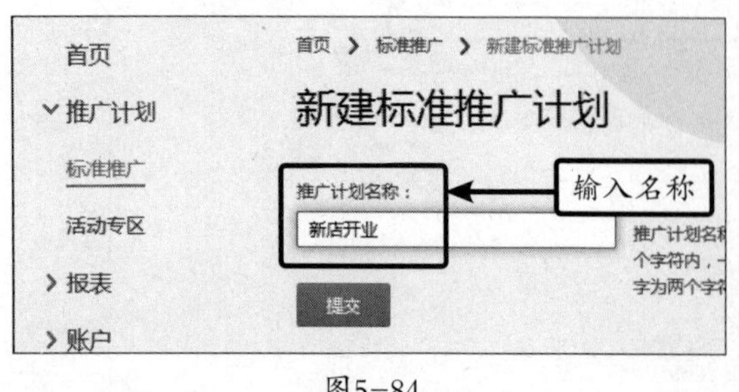

图5-84

04 单击“提交”按钮，即可成功创建推广计划，如图5-85所示。

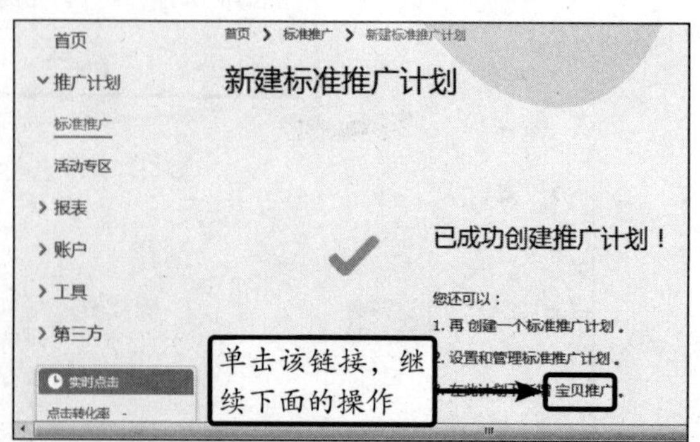

图5-85

3. 选择宝贝、添加创意

01 在图5-85中单击“宝贝推广”链接，进入“新建宝贝推广”页面，如图5-86所示。

图5-86

02 在宝贝列表中需要推广的宝贝后单击“推广”链接，进入“添加创意”页面。选择宝贝的创意图片，并设置创意标题，如图5-87所示。

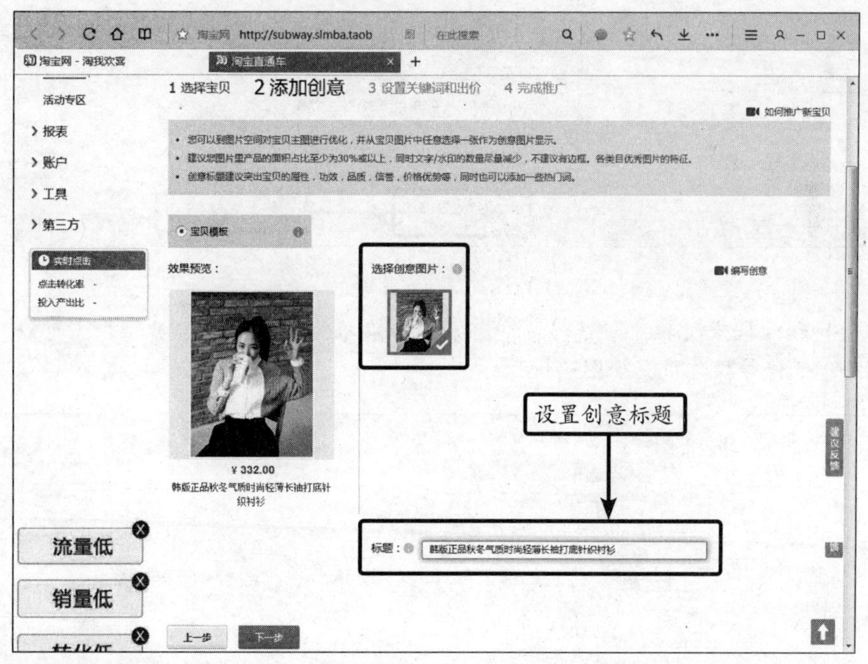

图5-87

03 单击“下一步”按钮，进入“设置关键词和出价”页面。

4. 设置关键词和出价

01 在系统自动匹配出来的宝贝关键词列表中选择合适的关键词，将其显示于左侧的列表框中，在“设置默认出价”文本框中输入价格，如图5-88所示。

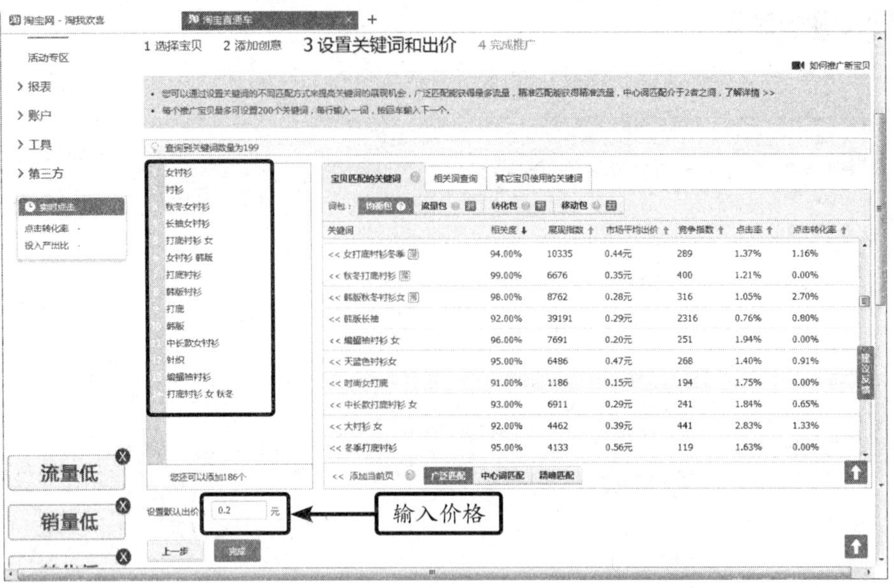

图5-88

02 单击“完成”按钮，即可完成宝贝的推广，如图5-89所示。

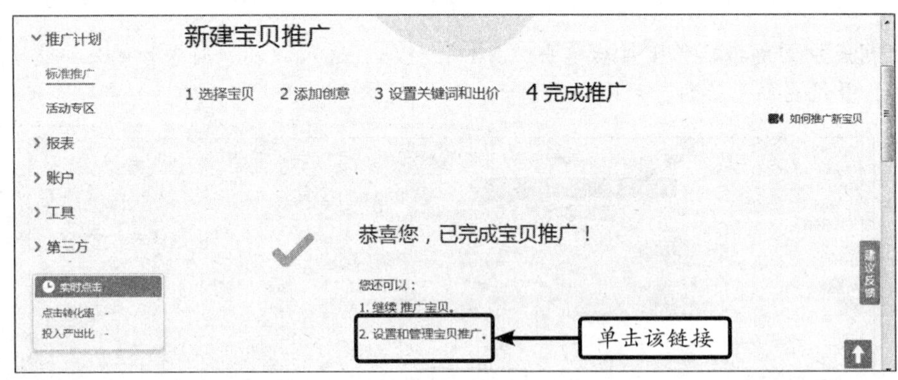

图5-89

03 单击“设置和管理宝贝推广”链接，即可看到标准推广计划中的宝贝推广（可以对其进行修改、删除、暂停等操作），如图5-90所示。

图5-90

5. 推广计划投放设置

完成了宝贝推广之后，接下来可以对其进行投放设置，如投放平台、时间、地域等。

- 设置日限额: 为某个选中的推广计划设置每日扣费的最高限额。

在图5-90中单击“设置日限额”按钮，弹出图5-91所示的窗口。在该窗口中可执行如下操作。

（1）根据预算为推广计划设置固定的金额。系统默认的最低设置是30元。

（2）如果希望某个推广计划的宝贝一直在线推广，不下线，也可选择“不设置日限额”。

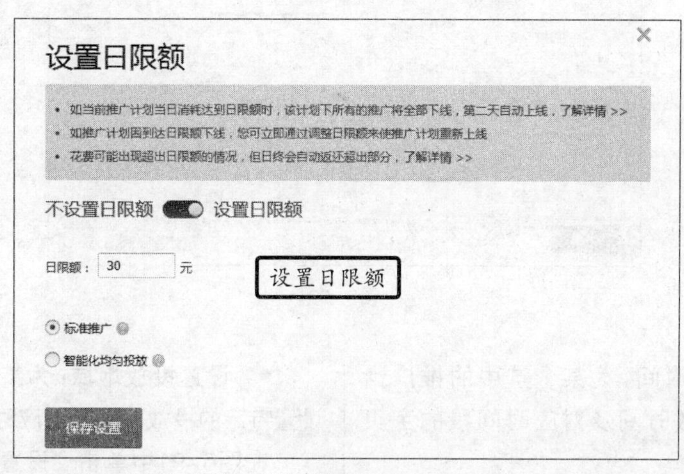

图5-91

小提示

因为直通车系统是隔一时间段统计的，扣费是一段时间内的花费。如果出现暂时超过限额的情况，在您不继续调整限额的前提下，最终扣费会以最后调整的日限额为依据，在当天24点系统会进行返还。

示例：

假如设置日最高限额为50元，13:50分系统扫描的时候，您只花费了49.50元，还没有达到50元，此时不会自动下线，当13:55分系统再来扫描的时候，您已经花了51.50元，那么推广的宝贝就会自动下线。此时消费限额就是超过了1.5元，如您不再修改日消费限额，这超过的1.5元会在凌晨0点左右系统结算后返还到您的直通车账户中。

- 设置投放平台: 选择要推广的平台。

在图5-91中单击“设置投放平台”按钮，弹出图5-92所示的窗口，在该窗口中可选择是否投放相关的平台。

其中，淘宝站内是必选的平台，所有宝贝默认投放。淘宝站外投放则是淘宝站外的十多家优质的合作网站（单击“网站列表”链接即可查看）。

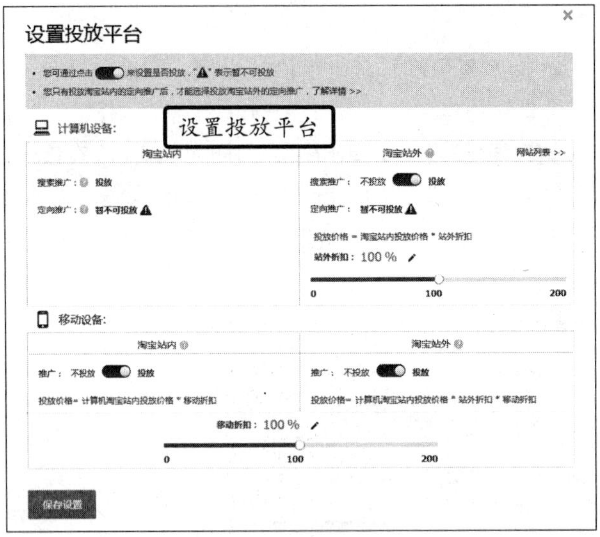

图5-92

■ 设置投放时间：为某个选中的推广计划设置特定的投放时间及对应时间段的宝贝出价。

在图5-91中单击“设置投放时间”按钮，弹出图5-93所示的窗口。在该窗口中可以设置投放的时间及出价为“全日制投放”“行业模板”或者“自定义模板”。其中，推荐使用。

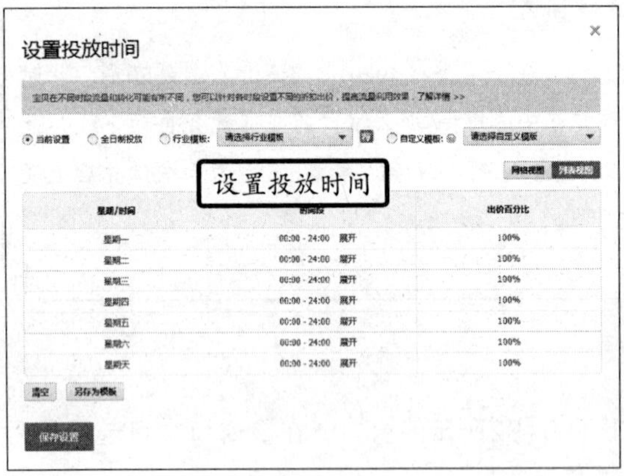

图5-93

■ 设置投放地域：为某个选中的推广计划设置特定的投放时间及对应时间段的宝贝出价。

在图5-91中单击“设置投放地域”按钮，弹出图5-94所示的窗口。在该窗口中可以根据该计划内希望主推的商品品类在各地区的搜索、成交、转化表现，选择希望投放的区域。

图5-94

天猫创业

在天猫开店，已经成为很多创业者的首选。那么，怎样才能在天猫上开一家赚钱的网店呢？本篇系统地介绍了天猫店铺的申请、后台管理、交易管理、店铺装修、营销与推广等方法和技巧。通过学习利用这些实用、有效的方法，读者可以快速地创建自己的品牌旗舰店。

第6章　天猫开店准备与申请

6.1　第1步：掌握天猫申请与运营规则

商家在申请天猫之前，需要详细学习掌握各方面的规则要求。天猫规则就是对天猫用户增加基本义务或限制基本权利的条款，而淘宝规则是对淘宝用户增加基本义务或限制基本权利的条款，这两者的对象是完全不同的。天猫比普通店铺更有吸引力的是它的服务，它不光是大卖家和大品牌的集合，同时也会提供比普通店铺更加周到的服务。为了能够保证商场交易有序进行，规范市场秩序，使买家和卖家双方能够有效沟通，需要事先建立好规则，避免天猫商城交易的混乱。申请天猫店铺不但在资金上高于淘宝集市卖家，也比淘宝普通商铺多了更多规范要求。

天猫规则可以促进开放、透明、分享、责任的新商业文明，并保障淘宝用户合法权益，维护淘宝正常经营秩序。

6.1.1　申请与清退规则

首先商家必须要满足图6-1所示条件才有权申请加入天猫。

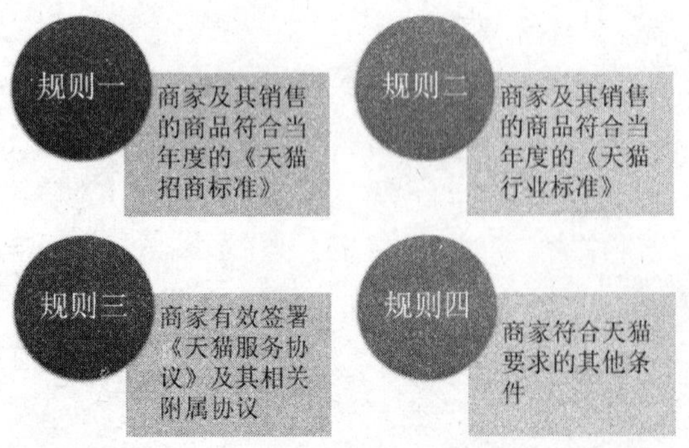

图6-1

商家若发生图6-2所示情形，天猫则有权清退。

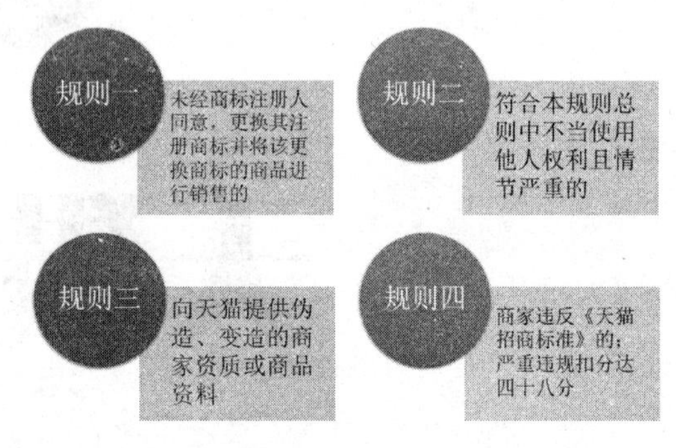

图6-2

6.1.2　招商标准

1. 招商对象

淘宝对于个人注册是没有要求的，如果需要入驻天猫，那么该商家必须是在中国大陆注册的企业，包括法人（公司）和合伙（合伙企业），并持有相应的企业营业执照。同时申请入驻天猫的品牌必须在中国商标申请注册了文字商标，并持有国家商标总局颁发的商标注册证或商标注册申请受理通知书（部分类目的进口商品除外）。

天猫入驻商家分为品牌/厂商和代理商，这两者的入驻提交资料是有区别的，图6-3显示了其需要提供的资料和服务要求，可以看出这两者之间对品牌资质要求是有区别的。

品牌/厂商	代理商
• 营业执照 • 税务登记证 • 商标权证书 • 遵守“天猫”7天无理由退换货、提供正规销售发票、积分活动等服务标准	• 营业执照 • 税务登记证 • 正规品牌授权书 • 遵守“天猫”7天无理由退换货、提供正规销售发票、积分活动等服务标准

图6-3

入驻商家必须如实提供资料和信息，并简单了解以下三点要求。

（1）确保申请入驻及后续经营阶段提供的相关资质和信息的真实性（若您提供的相关资质为第三方提供，包括但不限于商标注册证、授权书等，请务必先行核实文件的真实有效性），一旦发现虚假资质或信息的，您的公司将被列入非诚信客户名单，天猫将不再与您进行合作。

（2）商家应如实提供其店铺运营的主体及相关信息，包括但不限于代理运营商、实际店铺经营主体等信息。

（3）天猫关于商家信息和资料变更有相关规定的从其规定，但商家如变更第二款所列信息，应（提前十五天）书面告知天猫。

注意

代理商招商要求提供的正规品牌授权书中，如果同时代理多个品牌在一家店铺销售可以提供正规的进货渠道证明。

2. 入驻须知

选择是品牌/厂商还是代理商入驻之后，接下来需要了解入驻须知。

（1）天猫暂未授权任何机构进行代理招商服务，入驻申请流程及相关的收费说明均以官方招商页面为准。

（2）天猫有权根据包括但不仅限于品牌需求、公司经营状况、服务水平等其他因素退回客户申请；同时天猫有权在申请入驻及后续经营阶段要求客户提供其他资质；天猫将结合各行业发展动态、国家相关规定及消费者购买需求，不定期更新招商标准。

注意

天猫暂不接受个体工商户的入驻申请，亦不接受非中国大陆企业的入驻申请。除此之外，暂不接受未取得国家商标总局颁发的商标注册证或商标受理通知书的品牌开店申请（部分类目进口商品除外），亦不接受纯图形类商标的入驻申请。

6.1.3 预售业务管理规则

天猫预售（C2B）模式，是指商家提供一个商品或者服务方案，通过天猫预售产品工具聚集消费者订单，按照事先约定将商品、服务提供给消费者的一种销售模式。

1. 什么是预售

预售是指在产品还没正式进入市场前进行的销售行为。在天猫参加预售的商家必须要具备一定的条件，首先介绍天猫预售产品工具和天猫预售商品的含义，让大家有一个初步了解。

（1）天猫预售产品工具，是指天猫为支持商家进行天猫预售模式销售，而提供的系统产品工具。根据天猫预售商品价格与订购人数的变化关系，以及交易支付方式，分为一阶、三阶和全款3种形式，具体含义如图6-4所示。

（2）天猫预售商品，指天猫商家使用天猫预售产品工具发布的商品。使用一阶、三阶预售产品工具，天猫预售商品的宝贝详情页面显示商品预售价和其中所含定金金额，交易支付由“立刻付定金”和“预售结束后付尾款”两部分组成，并显示商品发货时间；使用全款预售产品工具，天猫预售商品的宝贝详情页面显示商品预售价和其中所含定金金额，须一次性支付商品全款，并显示商品发货时间。仅在商品标题或商品详情页标示预售字样，而未使用天猫预售产品工具的商品，不属于天猫预售商品。

1.一阶	2.三阶	3.全款
• 天猫预售商品以固定的价格进行售卖，不因购买人数的变化而发生变化，交易支付由“立刻付定金”和“预售结束后付尾款”两部分组成	• 天猫预售商品的价格不固定，根据购买人数的多少，分为三个阶梯，以最终的购买人数决定售卖价格，交易支付由“立刻付定金”和“预售结束后付尾款”两部分组成	• 天猫预售商品以固定的价格进行售卖，须一次性支付商品全价，其中有一定金额的款项作为定金

图6-4

2. 准入规则

申请加入天猫预售的商家或商品需同时满足图6-5所示条件，并通过各商品对应类目的审核。

规则一	规则二
• 符合天猫预售商家和预售商品的基本要求	• 商品报名信息必须准确、真实，商品标题、图片和描述等均符合天猫要求

图6-5

3. 市场管理

参加预售的商品必须遵循一定的规则才能很好地有序进行（如图6-6所示），这样可以有效避免市场混乱。

规范一	规范二	规范三
• 在预售期间除库存售罄外，天猫预售商品不得下架	• 天猫预售商品在预售期间内，不能通过淘宝其他营销渠道进行销售，淘宝其他营销渠道包括但不限于跨店优惠、搭配套餐、秒杀、聚划算等	• 遵守特殊类目的其他特殊规定

图6-6

4. 违规处理

参与天猫预售的商家出现图6-7所示违规行为的，除依据《天猫规则》的规定进行处理外，自发现该违规行为之日起将同时对商家进行以下违规处理，这里分为两个时间段，分别是一个月内和三个月内不允许申请使用天猫预售产品工具。

3个月内不允许	虚假交易
1个月内所有商品不允许申请使用天猫预售产品工具	预售期间除库存售罄外下架预售商品的
	预售期间通过淘宝其他营销渠道进行销售的
	发货时间不明确的
	预售商品构成延迟发货的

图6-7

6.1.4 退换货规则

商家在接到订单后，应当遵循图6-8所示规范发货。

图6-8

如下几点详细解释了退换货的详细要求和过程。

（1）商家首次发货应当在买家付款后的72小时内或与买家约定时间内，但有特殊规定的除外。

（2）买家申请退款时商家尚未发货的，商家应当征得买家同意后再发货。商家逾期发货，或者未经买家同意在买家申请退款后发货，商家应当追回已经发出的商品，但买家已经签收并确认收货的除外。

（3）除非买卖双方另有约定，商家应当负责将货物送达到买家收货地址。商品需要买家到指定地点提取的，应当在发货前告知买家并征得买家同意。商家违反前述规定的，买家有权拒绝签收商品。

如果对退换货双方有争议，可以按照图6-9所示流程向天猫提交凭证并作出处理。

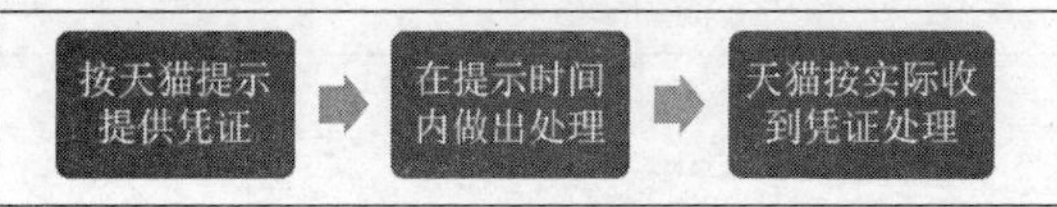

图6-9

（1）天猫处理争议期间，买卖双方应当按照天猫系统的提示和（或）天猫发送的短信、邮件通知或拨打的电话及时提供凭证。

（2）天猫收集到双方提供的凭证后，将在天猫系统提示的时间内，按照本规范对相应争议作出处理；本规范没有明确规定的，由天猫依其独立判断作出处理。

（3）任何一方无正当理由，未按照前款规定提供凭证的，天猫有权按照实际收集到的凭证作出处理。

6.1.5 违规行为

天猫根据商家不同程度的违规行为会给予不同的惩罚，所以商家很有必要事先掌握天猫对于违规的定义和处罚要求，降低不必要的损失，避免因为不了解违规规则造成扣分或者其他惩罚。

违规行为根据严重程度分为严重违规行为以及一般违规行为（如图6-10所示），两者分别扣分，分别累计，且分别执行。

一般违规

- 是指除严重违规行为外的违规行为

严重违规

- 指严重破坏淘宝经营秩序或涉嫌违反国家法律法规的行为

图6-10

违规行为根据适用的范围分为通用违规行为及特殊市场违规行为，特殊市场违规行为也遵循前款规定的严重违规行为与一般违规行为划分。商家因一般违规行为，每扣12分即被给予限制参加天猫营销活动七天、向天猫支付违约金1万元的处理。对于会员的严重违规行为，天猫会采取图6-11所示处理方式。

12分

- 店铺屏蔽
- 限制发布商品
- 限制创建店铺
- 限制发送 站内信
- 限制社区功能及公示警告7天
- 限制参加天猫营销活动30天
- 向天猫支付违约金两万元

24分

- 店铺屏蔽
- 下架所有商品
- 限制发布商品
- 限制创建店铺
- 限制发送 站内信
- 限制社区功能及公示警告14天
- 限制参加天猫营销活动60天
- 向天猫支付违约金三万元

36分

- 关闭店铺
- 限制发送站内信
- 限制社区功能及公示警告21天
- 限制参加天猫营销活动90天
- 向天猫支付违约金四万元

42分

- 清退处理
- 查封账户并向天猫支付部分或全部保证金作为违约金

图6-11

1. 一般违规

表6-1详细描述了一般违规行为的内容，并给出了相应的处理规则，同时还分析了不同违规行为的严重程度，天猫商家需要引起足够的重视，避免违规行为的发生。

表6-1

序号	违规行为		违规描述	处理规则	严重程度
1	滥发信息	发布禁售信息	商家未按本规则及淘宝发布的其他管理内容（包括但不限于规则、规范、类目管理标准、行业标准等）要求发布商品或信息，妨害买家权益的行为		
		发布广告信息		删除	★
		发布重复信息		删除或者屏蔽	★
		发布规避信息		删除或者屏蔽	★
		发布错误描述信息		删除	★
2	虚假交易	第1次或第2次发生虚假交易行为，且违规交易笔数达96笔以上	用户通过虚构或隐瞒交易事实、规避或恶意利用信用记录规则、干扰或妨害信用记录秩序等不正当方式获取虚假的商品销量、店铺评分、信用积分等不正当利益，妨害买家权益的行为	每次以一般违规行为扣12分	★
		第3次发生虚假交易行为，且若违规交易笔数达96笔以上		每次以一般违规行为扣48分	★★★
		第4次及以上发生虚假交易行为，不论笔数		每次以一般违规行为扣48分	★★★
		短期内产生大规模虚假交易行为		扣48分，同时给予天猫卖家30天的全店商品淘宝网搜索降权和天猫搜索降权	★★★
3	延迟发货	除特殊商品外，商家在买家付款后实际未在72小时内发货，或定制、预售及其他特殊情形等另行约定发货时间的商品，商家实际未在约定时间内发货，妨害买家购买权益的行为		商家需向买家支付该商品实际成交定额的30%（金额最高不超过500元）作为违约金，该违约金将以天猫积分形式支付	★★
4	描述不符	商品材质、成分等信息的描述与买家收到的商品严重不符		首次扣6分，再次及以上每次扣12分	★★
		商家未对商品瑕疵等信息进行披露或对商品的描述与买家收到的商品不相符，且影响买家正常使用的，天猫下架该描述不符的商品		每次扣6分	★★
		商家未对商品瑕疵等信息进行披露或对商品的描述与买家收到的商品不相符，但未对买家正常使用的造成实质性影响的		每次扣3分	★★
		被抽检商品描述不符情形轻微的		删除商品信息	★

2. 严重违规

天猫对于商家的违规行为有一套自己的处理体系，根据不同的违规行为扣除对应的积分，商家应该详细阅读天猫对于严重违规行为的处罚规则，表6-2所示为所有严重违规行为描述、惩罚措施以及严重星级程度。

表6-2

违规行为	违规描述	处理规则	严重程度
发布违禁信息	构成严重违规行为的商品或信息	每次扣48分	★★★
盗用其他账户	盗用其他人淘宝账户或支付宝账户，涉嫌侵犯他人财产权的行为	每次扣6分	★
泄露他人信息	传递他人隐私信息，涉嫌侵犯他人隐私权的行为	每次扣48分	★★★
骗取他人财物	以非法获利为目的，非法获取他人财物，涉嫌侵犯他人财产权的行为	每次扣48分	★★★
假冒材质成分	商家对商品全部材质或成分信息的描述与买家收到的商品完全不符的	第1次6分；第2次12分 特定类目商家假冒材质成分的不论是否首次，每次扣12分	★★
出售假冒商品		每次扣48分	★★★
出售未经报关进口商品	未经正常中国海关报关程序的进口商品	每次扣48分	★★★
扰乱市场秩序	以任何方式，刻意规避淘宝的各类规则或市场管控措施，或以不正当的方式获取、使用淘宝官方资源的行为	每次扣24分；情节严重扣48分	★★★
发布非约定商品	商家通过天猫平台发布或出售未经天猫许可的品牌的商品	删除商品信息	★
拖欠淘宝贷款	会员自阿里巴巴金融申请并获得淘宝贷款，到期未足额偿还贷款本息或其他费用，经阿里巴巴金融自催及委外催收扔未归还的行为	每次扣48分，该会员符合特定条件的关联店铺永久不得不参加淘宝营销活动	★★★

6.1.6 信用评价规则

天猫和淘宝的评分规则不同，图6-12所示为天猫评分规则。

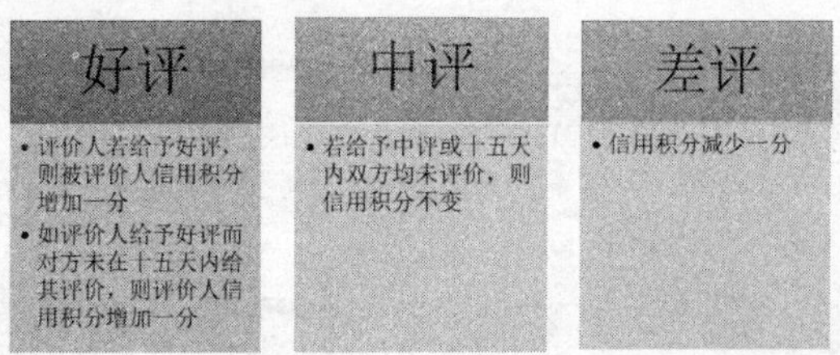

图6-12

店铺评分由买家对商家作出，包括宝贝与描述相符、商家服务态度、商家发货速度、物流发货速度4项。每项店铺评分均为动态指标，系此前连续6个月内所有评分的算术平均值。买家若完成对天猫商家店铺评分中宝贝与描述相符一项的评分，则其信用积分增加1分。

6.2 第2步：注册公司，筹集开店与运营资金

了解天猫各项准备要求和运营规则之后，申请入驻之前需要注册公司，并了解申请天猫需要的各类资金。

6.2.1 注册公司

公司是指依法设立的，全部资本由股东出资，以营利为目的的企业法人。入驻天猫首先要注册合法公司，下面介绍公司的形式和注册流程，给需要入驻天猫的卖家一个参考。

1. 选择公司形式

在注册公司之前需要了解公司形式并选择合适的公司类型注册，由于天猫暂不接受个体工商户的入驻申请，所以商家可以参照图6–13所示选择公司注册类型。图中给出了公司类型和对应的注册资金。

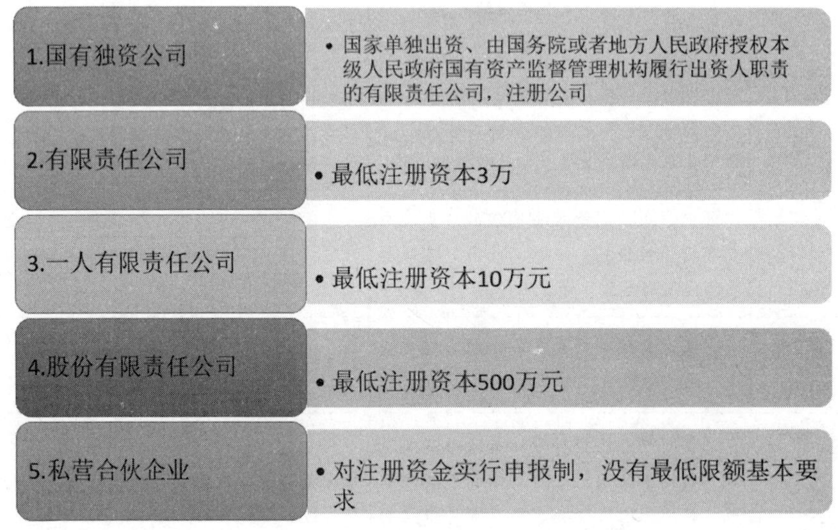

图6–13

2. 注册公司流程

注册公司需要事先准备图6–14所示相关文件资料，再按照一定的流程提交资料并完成注册。准备好文件和资金之后，按照图6–15所示的流程注册公司。

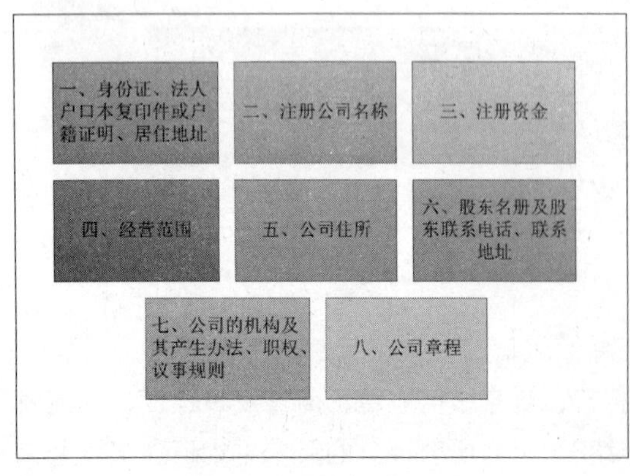

图6–14

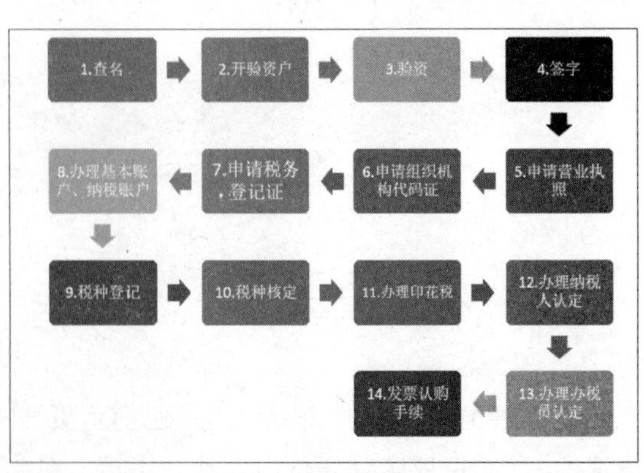

图6–15

6.2.2 办理营业执照

营业执照是企业或组织合法经营权的凭证。《营业执照》的登记事项为：名称、地址、负责人、资金数额、经济成分、经营范围、经营方式、从业人数、经营期限等。

营业执照的正副本具有同等法律效力，在实质上是没有区别的。如果讲区别，那仅仅是外表的形式而已。在使用方面，正本必须悬挂在经营场所的明显处；副本一般用于外出办理业务使用，比如办理银行开户许可证、企业组织机构代码证、税务登记证、签订合同等。

图6–16所示为内资企业（公司制）营业执照的办理流程。

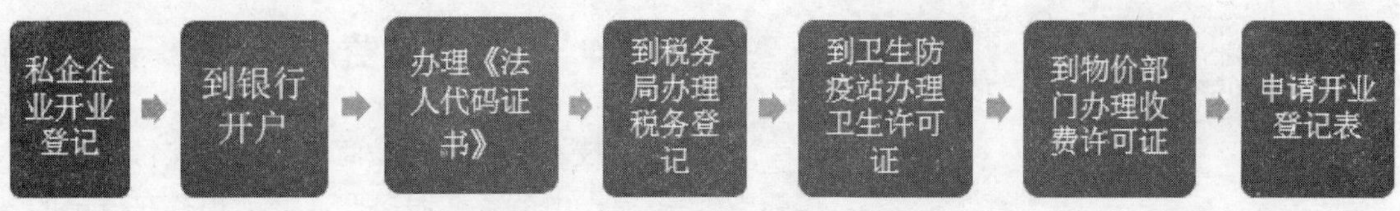

图6–16

6.2.3 保证金

天猫店铺和普通淘宝店铺有一个最大的区别就是前期的投入资金，资金的限制直接给入驻天猫加大了难度。只有实力资金雄厚的商家才能够顺利入驻天猫，天猫商城需要按照规定提交保证金、技术服务费以及年费等，具体见图6–17。

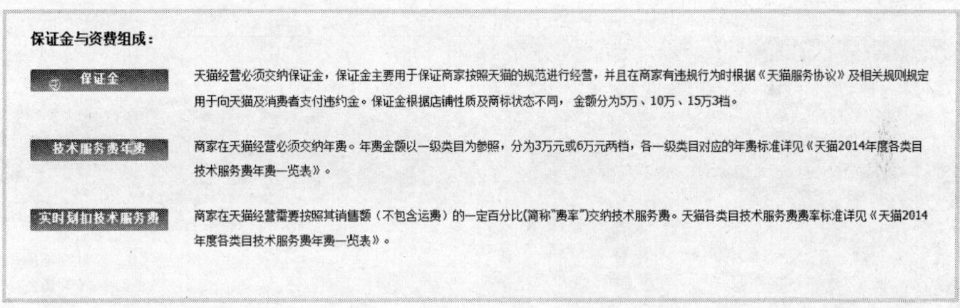

保证金与资费组成：

保证金	天猫经营必须交纳保证金，保证金主要用于保证商家按照天猫的规范进行经营，并且在商家有违规行为时根据《天猫服务协议》及相关规则规定用于向天猫及消费者支付违约金。保证金根据店铺性质及商标状态不同，金额分为5万、10万、15万3档。
技术服务费年费	商家在天猫经营必须交纳年费。年费金额以一级类目为参照，分为3万元或6万元两档，各一级类目对应的年费标准详见《天猫2014年度各类目技术服务费年费一览表》。
实时划扣技术服务费	商家在天猫经营需要按照其销售额（不包含运费）的一定百分比(简称"费率")交纳技术服务费。天猫各类目技术服务费费率标准详见《天猫2014年度各类目技术服务费年费一览表》。

图6–17

图6–18所示为几大类目的开店要求，包括公司的运营时间和注册资本要求。

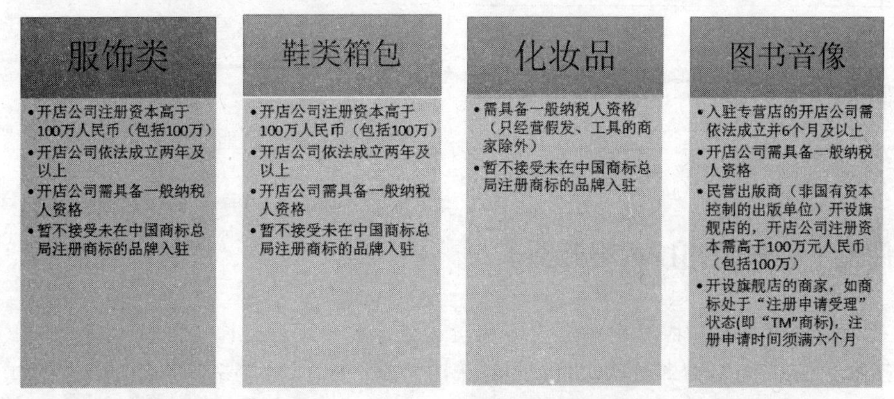

图6–18

商家在天猫经营必须交纳保证金，保证金主要用于保证商家按照天猫的规则进行经营，它可以保障在商家有违规行为时，根据《天猫服务协议》及相关规则规定用于向天猫及消费者支付违约金。图6-19所示为不同签约商家的保证金支付规则。

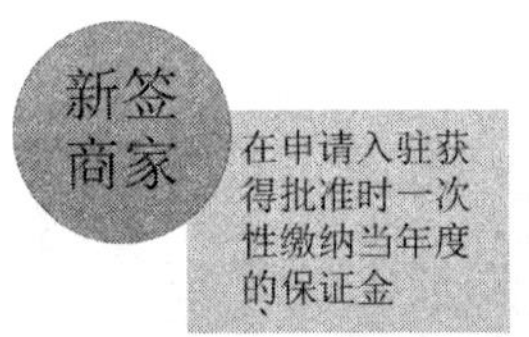

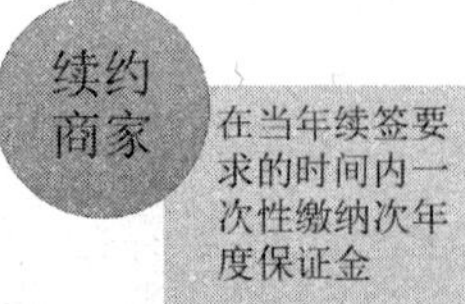

图6-19

企业类型支付宝账户支持充值的企业银行见图6-20。商家可以将企业支付宝账户绑定以下银行账户，实现账户充值缴纳保证金，在充值前请先联系银行核实该银行账户的限额是否足够，因为限额是由银行控制的，然后再进行绑定。

图6-20

小提示

商家如果退出天猫，保证金会在所有环节（包括交易、积分发票/佣金、年费结算）完成后，申请退出（或被清退）后的30天+10个工作日内自动解冻至店铺支付宝账户内。因违规行为或资质造假被清退的则不会返还保证金。

6.2.4 技术服务费

技术服务年费是商家向天猫支付的技术服务费，由商家在服务开通之前预存在自己的支付宝账号，由天猫进行扣划。商家在天猫经营必须缴纳年费，年费金额以一级类目为参照，分为3万元或6万元两档。

图6-21所示为天猫2015年度部分类目技术服务费、年费一览表。

《天猫2015年度各类目技术服务费年费一览表》

备注：

1）涉及跨类目问题费用缴纳及返还，全部参照相对高的类目的标准，即入驻时缴纳年费的金额参照商户选择经营的类目中对应年费金额的最高档；结算时参照有效月份内销售额占比最大类目对应的返还标准；

2）由于类目划分较细，二级类目、三级类目仅列出与一级类目扣点或固定年费不同的类目，各一级类目下完整的二级类目、三级类目列表以商品发布页面为准。

天猫经营大类	一级类目	技术服务费费率	二级类目	技术服务费费率	三级类目	技术服务费费率	四级类目	技术服务费费率	技术服务费年费（元）	返50%年费对应年销售额（元）	返100%年费对应年销售额（元）
服饰	服饰配件/皮带/帽子/围巾	5%							30,000	180,000	600,000
	女装/女士精品	5%							60,000	360,000	1,200,000
	男装	5%							60,000	360,000	1,200,000
	女士内衣/男士内衣/家居服	5%							60,000	180,000	600,000
鞋类箱包	箱包皮具/热销女包/男包	5%							60,000	180,000	600,000
	女鞋	5%							60,000	180,000	600,000
	流行男鞋	5%							60,000	180,000	600,000
天猫经营大类	一级类目	技术服务费费率	二级类目	技术服务费费率	三级类目	技术服务费费率	四级类目	技术服务费费率	技术服务费年费（元）	返50%年费对应年销售额（元）	返100%年费对应年销售额（元）
运动户外	运动鞋new	5%							60,000	360,000	1,200,000
	运动服/休闲服装	5%							60,000	360,000	1,200,000
	运动/瑜伽/健身/球迷用品	5%	电动车/电动车配件	2%					60,000	180,000	600,000
			其他二级类目	5%					60,000	180,000	600,000
	自行车/骑行装备/零配件	2%							60,000	180,000	600,000
	户外/登山/野营/旅行用品	5%							60,000	180,000	600,000
	运动包/户外包/配件	5%							60,000	180,000	600,000

图6-21

6.2.5 佣金（实时划扣技术服务费）

商家在天猫经营需要按照其销售额（不包含运费）的一定百分比（简称“费率”）交纳技术服务费。图6-22所示为服饰类商品实时划扣技术服务费；图6-23所示为化妆品类商品实时划扣技术服务费。

一级类目	技术服务费费率	二级类目	技术服务费费率	三级类目	技术服务费费率	技术服务费年费	年费50%返还销售额标准	年费100%返还销售额标准
服饰配件/皮带/帽子/围巾	5%					30,000	180,000	600,000
女装/女士精品	5%					60,000	360,000	1,200,000
男装	5%					60,000	360,000	1,200,000
女士内衣/男士内衣/家居服	5%					60,000	180,000	600,000

图6-22

一级类目	技术服务费费率	二级类目	技术服务费费率	三级类目	技术服务费费率	技术服务费年费	年费50%返还销售额	年费100%返还销售额
彩妆/香水/美发/工具	4%					30,000	360,000	1,200,000
美发护发/假发	4%					30,000	360,000	1,200,000
美容护肤/美体/精油	4%					30,000	360,000	1,200,000

图6-23

小提示

用户可以在http://www.tmall.com/go/chn/mall/cost-standard.php?spm=3.21146.0.0.0wc1Sh中查询各类目商品的实时划扣技术服务费。

6.3 第3步：申请天猫店铺

了解天猫店铺运营和申请规则，并做好前期准备工作之后，就可以根据入驻流程规则选择合适的店铺类型申请天猫店铺了。不管入驻哪种类型店铺都需要提供企业营业执照副本复印件（需完成有效年检且所售商品属于经营范围内）、企业税务登记证复印件（国税、地税均可）、银行开户许可证复印件、店铺负责人身份证正反面复印件，以及商家向支付宝公司出具的授权书等一系列相关真实文件。

6.3.1 旗舰店、专卖店、专营店有何不同

目前天猫有3种店铺类型供商户选择（如图6-24所示），下面分别从概念、入驻资质来介绍旗舰店、专卖店和专营店，从而更好地帮助用户理解和区分这3种类型的店铺。

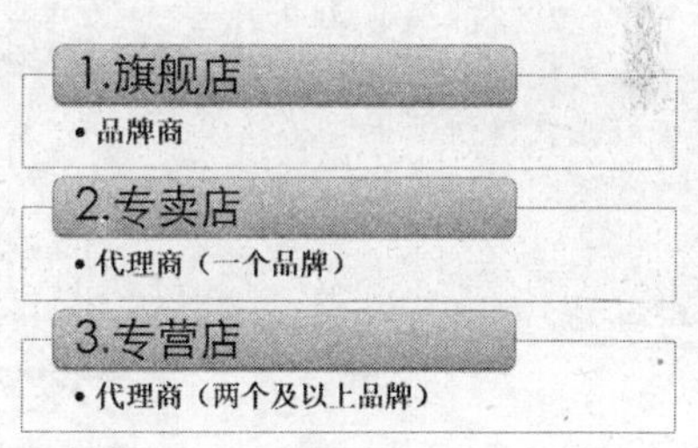

图6-24

保证金根据店铺性质不同，需要缴纳的保证金金额如图6-25所示。

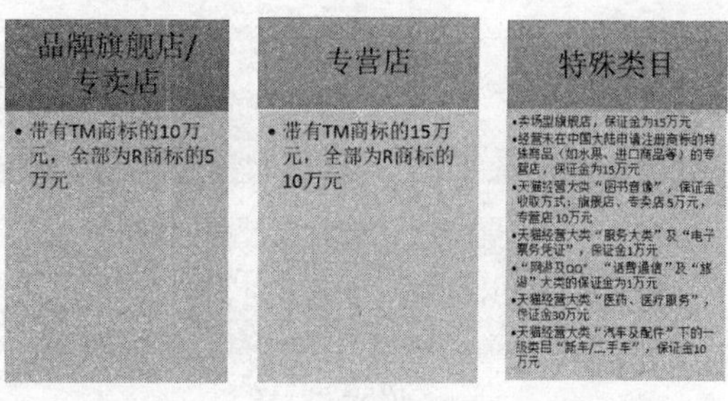

图6-25

1. 旗舰店

旗舰店是商家以自有品牌（商标为R或TM状态），或由权利人独占性授权，入驻天猫开设的店铺。

旗舰店实际上就是品牌商自身，或是代表着品牌商自身的企业。这种店铺一般会标示有“官方”字样，如“xx官方网店”“xx官方旗舰店”，而且同时都标示“品牌直销”字样（如图6-26所示），表明是该品牌的正品商品。在申请天猫旗舰店时需要提供图6-27所示的所有资质文件。

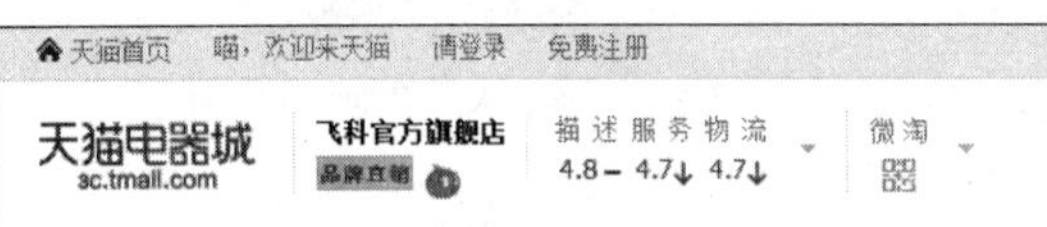

图6-26

旗舰店

- 企业营业执照副本复印件
- 企业税务登记证复印件
- 组织机构代码证复印件
- 银行开户许可证复印件
- 法定代表人身份证正反面复印件
- 联系人身份证正反面复印件
- 商家向支付宝公司出具的授权书

图6-27

（1）旗舰店主要分为图6-28所示的几种情形。

经营一个自有品牌商品的旗舰店

经营多个自有品牌商品且各品牌归同一实际控制人

卖场型品牌（服务类商标）所有者开设的旗舰店

图6-28

（2）开店主体必须是品牌（商标）权利人，或持有权利人出具的开设天猫旗舰店独占性授权文件的企业。

注 意

代理多个品牌的商品不可以申请旗舰店，可以申请专营店。天猫国际并没有旗舰店、专营店和专卖店之分。而在入驻天猫之后，店铺的性质是不能修改的，如需更换，需要退出天猫后重新申请为其他的店铺类型。

2. 专营店

专营店是指经营天猫同一经营大类下两个及以上他人或自有品牌（商标为R或TM状态）商品的店铺。一个招商大类下专营店只能申请一家。在淘宝商城若卖家店铺名称以“专营店”结尾（如图6-29所示）即为专营店。在申请天猫专营店时需要提供图6-30所示的所有资质文件。

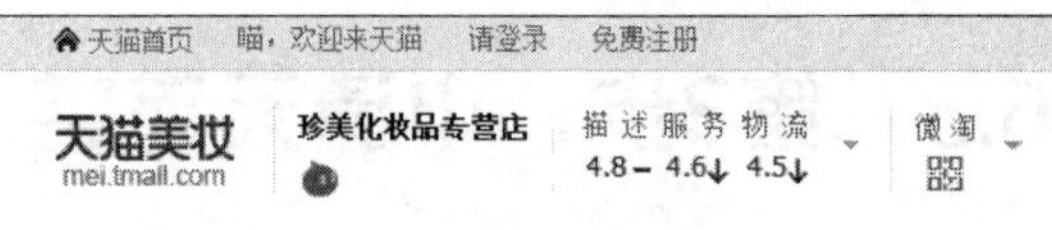

图6-29

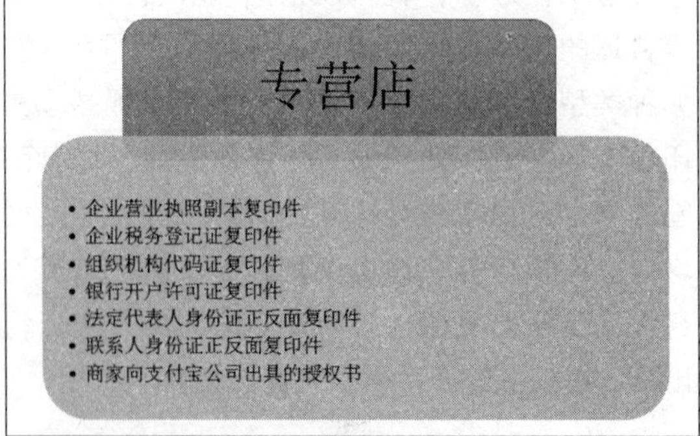

图6-30

注 意

专营店可以经营两个及以上的品牌商品。只需要再次申请其他品牌即可。店铺提交的所有资质均为复印件，并加盖公司红章；公司所提交的复印件材料，天猫概不退回。

3. 专卖店

专卖店是指商家持他人品牌（商标为R或TM状态）授权文件在天猫开设的店铺，专卖店只能够经营一个品牌，它实际上和实体专卖店是一样的，拥有品牌商的授权书。这种店铺的权威性几乎可以等同于旗舰店，且是正品有保证。这种店的资质主要是代理商和品牌商。在淘宝商城若卖家店铺名称以“专卖店”结尾（如图6-31所示）即为专卖店。在申请天猫专卖店时需要提供图6-32所示的所有资质文件。

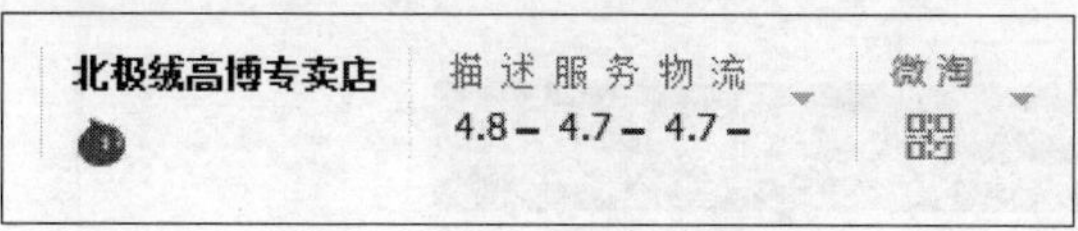

图6-31

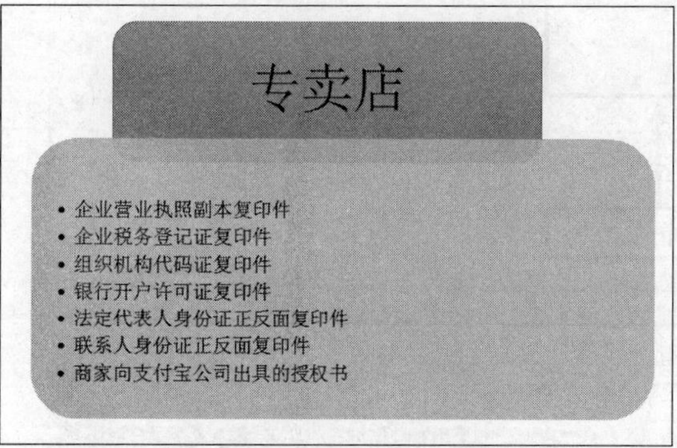

图6-32

（1）专卖店主要有图6-33所示两种类型。

图6-33

其中向右指箭头所述类型的专卖店仅限天猫主动邀请入驻。

（2）品牌（商标）权利人出具的授权文件除个别类目不得有地域限制。

6.3.2 入驻申请流程

了解天猫招商标准之后，接下来就可以在线申请入驻。淘宝店铺注册需要一系列的流程，如首先要上传身份证进行实名资格认证以及缴纳保证金等。天猫商城的入驻要求更加严格，而且手续相对比较繁杂，所以很有必要事先了解天猫的入驻流程，再逐步准备。图6-34为入驻天猫流程概括介绍，所有入驻商家都需要按照此流程依次提交信息，并等待天猫审核。

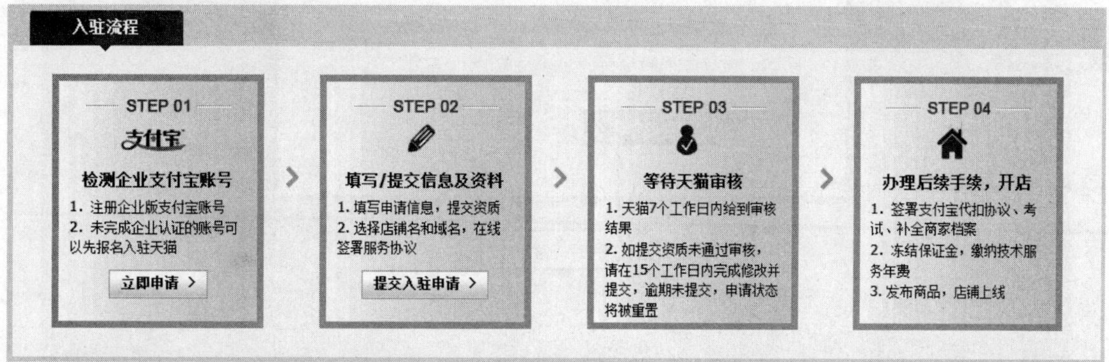

图6-34

1. 申请企业支付宝账户

淘宝店主需要申请个人支付宝账户方便交易管理，而入驻天猫则首先要申请一个企业支付宝账户，这两者之间的区别见图6-35。

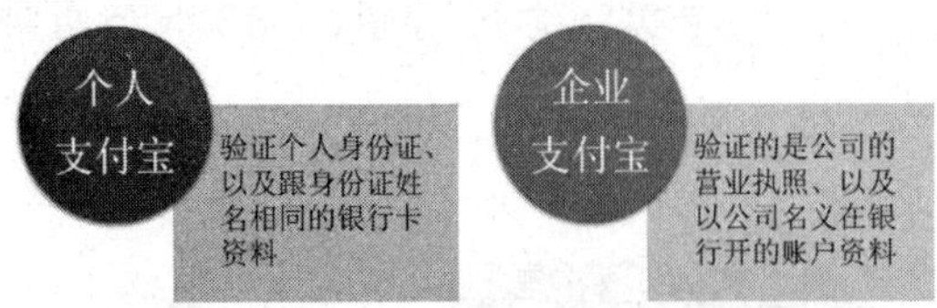

图6-35

下面介绍如何申请注册企业支付宝。

01 进入支付宝注册页面（https://memberprod.alipay.com/account/reg/enterpriseIndex.htm）后，单击“企业账户”选项（如图6-36所示）。

02 输入账户名和验证码，单击“下一步”按钮，弹出“验证账户名”对话框，如图6-37所示。

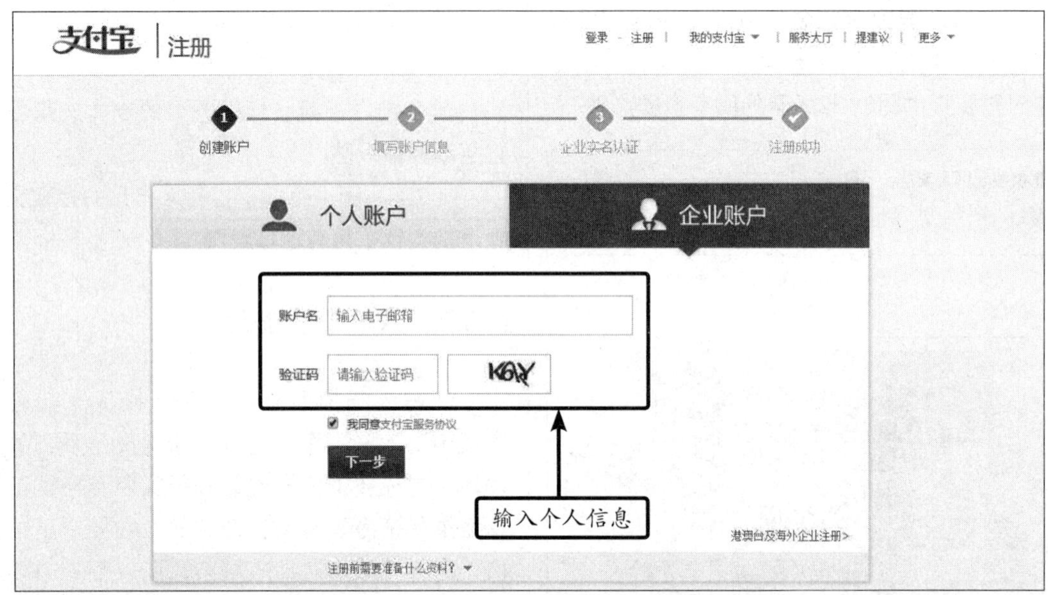

图6-36

图6-37

03 单击“立即查收邮件”按钮，打开指定邮箱页面查看支付宝注册邮件（如图6-38所示）。

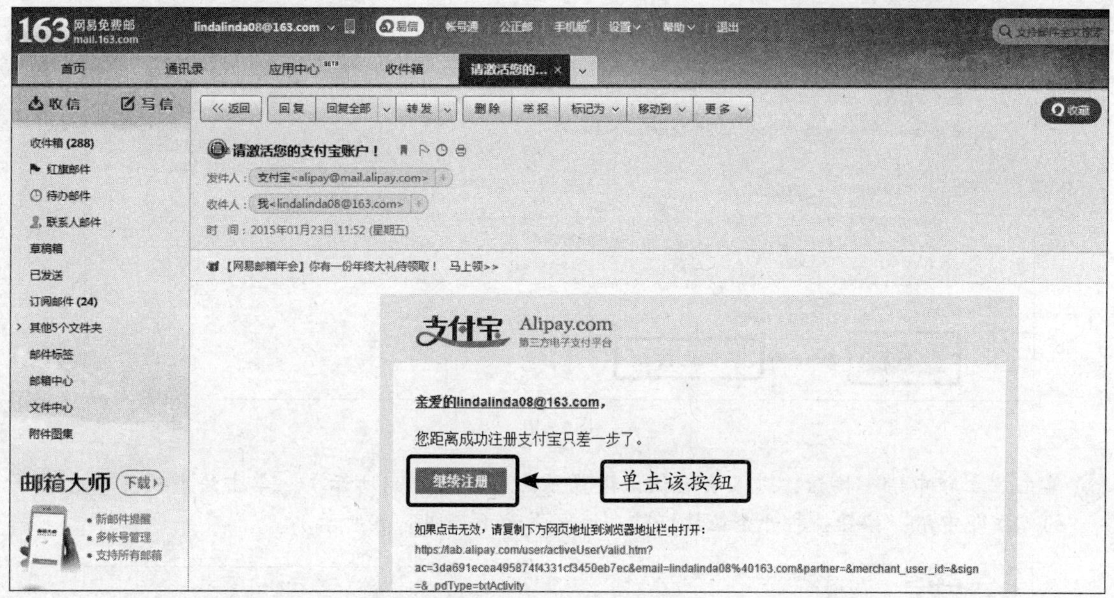

图6-38

04 单击“继续注册”按钮（如图6-39所示），进入支付宝填写账户信息页面。按照页面提示分别设置登录密码、支付密码和安全保护问题。

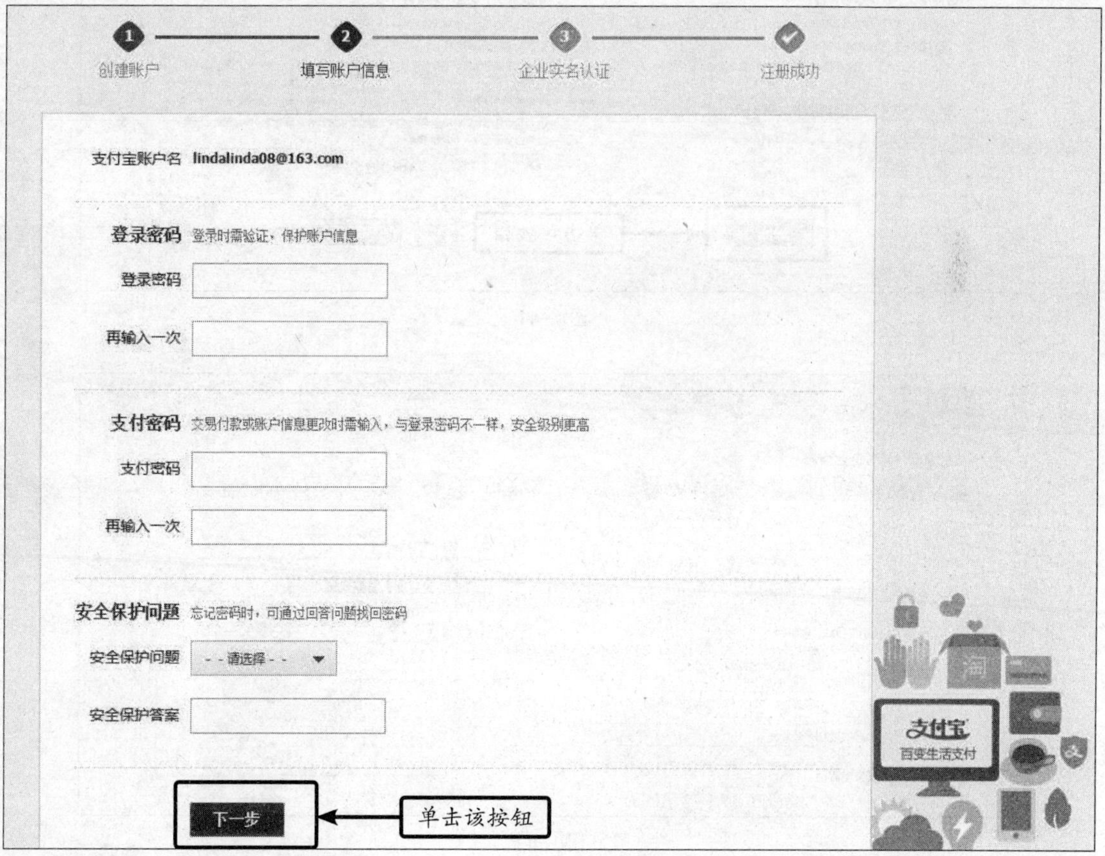

1 创建账户　2 填写账户信息　3 企业实名认证　注册成功

支付宝账户名 lindalinda08@163.com

登录密码 登录时需验证，保护账户信息

登录密码

再输入一次

支付密码 交易付款或账户信息更改时需输入，与登录密码不一样，安全级别更高

支付密码

再输入一次

安全保护问题 忘记密码时，可通过回答问题找回密码

安全保护问题 - - 请选择 - -

安全保护答案

下一步　单击该按钮

支付宝 百变生活支付

图6-39

05 单击“下一步”按钮，进入支付宝实名认证页面（如图6-40所示）。

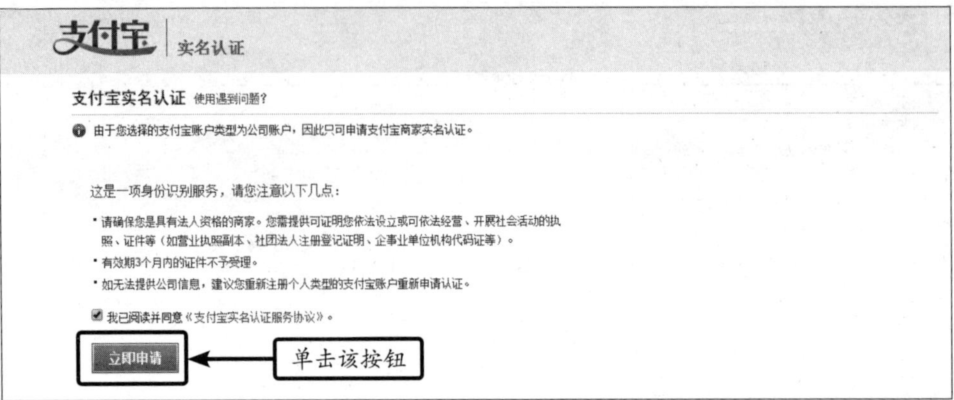

图6-40

06 单击“立即申请”按钮，进入实名认证设置页面（如图6-41所示）。单击法定代表人选项下的“立即申请”按钮，打开企业认证信息填写页面（如图6-42所示）。

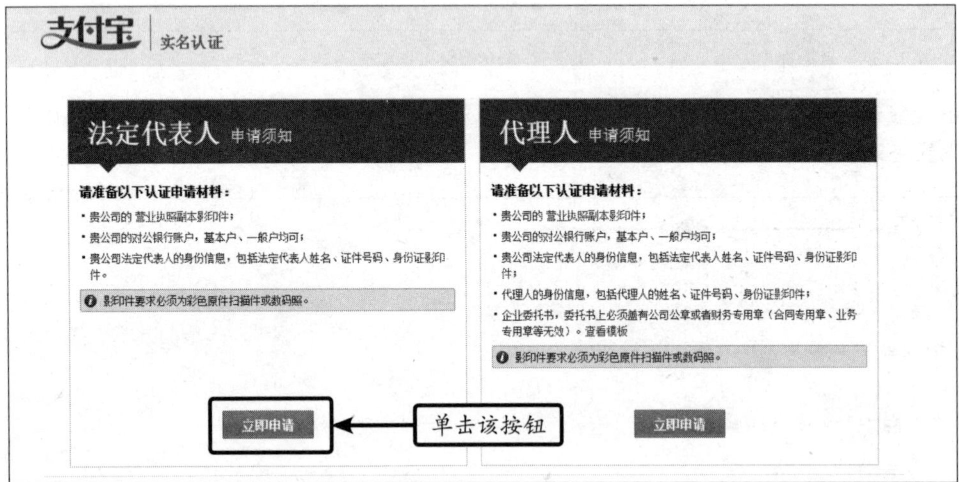

图6-41

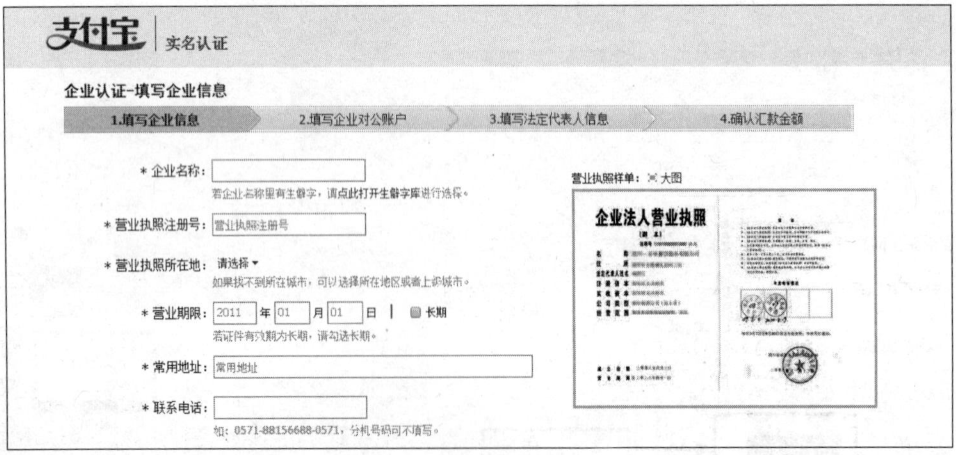

支付宝 | 实名认证
企业认证-填写企业信息
1.填写企业信息 2.填写企业对公账户 3.填写法定代表人信息 4.确认汇款金额
* 企业名称：
若企业名称里有生僻字，请点此打开生僻字库进行选择。
* 营业执照注册号：营业执照注册号
* 营业执照所在地：请选择
如果找不到所在城市，可以选择所在地区或者上级城市。
* 营业期限：2011 年 01 月 01 日 长期
若证件有效期为长期，请勾选长期。
* 常用地址：常用地址
* 联系电话：
如：0571-88156688-0571，分机号码可不填写。
营业执照样单： 大图
企业法人营业执照

图6-42

07 按照提示分别填写企业名称、营业执照注册号、营业执照所在地、营业期限等基本信息，并上传企业营业执照，单击“下一步”按钮，如图6-43所示。

* 营业执照副本扫描件：点击上传

证件要求：
- 必须为清晰彩色原件扫描件或数码照，图片大小不超过2M
- 必须在有效期内且年检章齐全（当年成立的公司可无年检章）
- 必须为中国大陆工商局颁发

查看详细证件要求。

加盖公章的副本：点击上传

若营业执照上为钢印公章，请上传加盖公司公章的营业执照副本。
仅支持.jpg .jpeg .bmp 的图片格式。图片大小不超过2M。[?] 证件需清晰有效的彩色原件扫描件或数码照。
如果提交的证件错误，您的申请将被驳回。

组织机构代码：[?]

营业范围：[?]

注册资金：[?]

传真：传真号码

* 校验码：H\&m 看不清，换一张

请输入右侧图中的内容。

下一步 ← 单击该按钮

图6-43

08 进入第2步：填写企业对公账户步骤，再依次填写法定代表人信息，以及确认汇款金额；在第3步填写法定代表人信息；第4步填写确认汇款金额，即可完成企业支付宝账户的注册。

09 如果是代理人注册，也可以选择代理人申请。在步骤06中选择代理人选项下的“立即申请”按钮即可，并按照步骤提示依次填写企业信息、企业对公账户、法定代表人信息、代理人信息以及确认汇款金额即可，如图6-44所示。

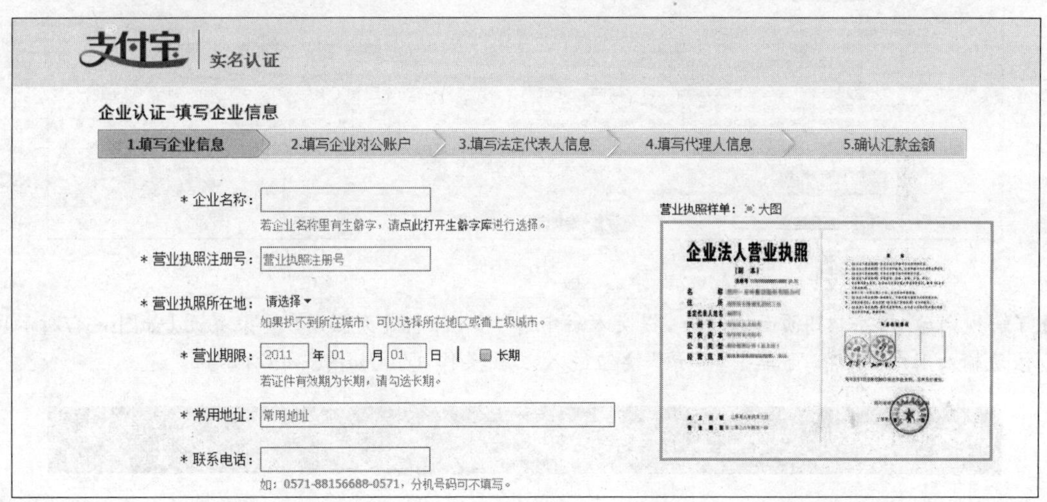

图6-44

注 意

（1）天猫要求商家所提供的支付宝账号是一个全新的账号，不可绑定任何淘宝会员ID，也不可作为登录邮箱绑定任何淘宝账号或天猫账号。

（2）关于支付宝企业认证，可在报名前至支付宝网站完成认证，也可在提交报名后，等待天猫审核时至支付宝网站完成认证，或等天猫审核通过，收到天猫账户名及密码后，登录天猫后台完成认证（营业执照和法人相关证件已在申请入驻天猫环节中通过校验，此时用户只需完成银行卡认证或关联认证）。

2. 填写基本资料并等待审核

注册好企业支付宝账户之后，首先需要在天猫招商页面了解入驻标准，再根据提示逐步填写企业资料并提交申请。

01 进入天猫招商页面（http://www.tmall.com/go/chn/mall/zhaoshang_home.php?spm=0.0.0.0.kOxJmC），单击页面右侧的“了解入驻标准”按钮（如图6-45所示），打开招商标准学习页面（如图6-46所示）。在页面中可以学习入驻流程、店铺类型、入驻材料、资费标准等知识。

图6-45

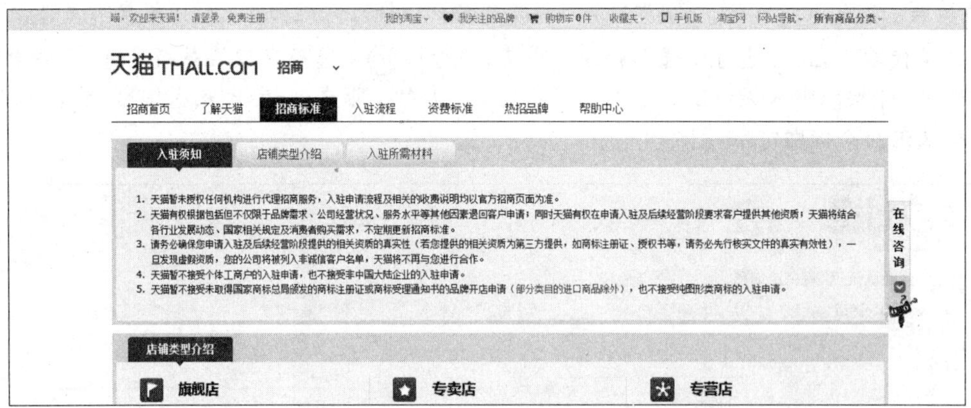

图6-46

02 了解规则后，单击招商页面右侧的“提交入驻申请”按钮，打开天猫用户登录界面（如图6-47所示）。依次输入用户名和密码，单击“登录”按钮进入入驻操作页面（如图6-48所示）。

图6-47

天猫TMALL.COM
搜索
选择经营范围
单击该按钮
服饰
鞋类箱包
运动户外
珠宝配饰
化妆品(含美容工具)
家装/家具/家纺
图书音像
乐器
服务大类
汽车及配件
电子票务凭证
居家日用
母婴
食品
保健品及医药
3C
家用电器
话费通信
旅游

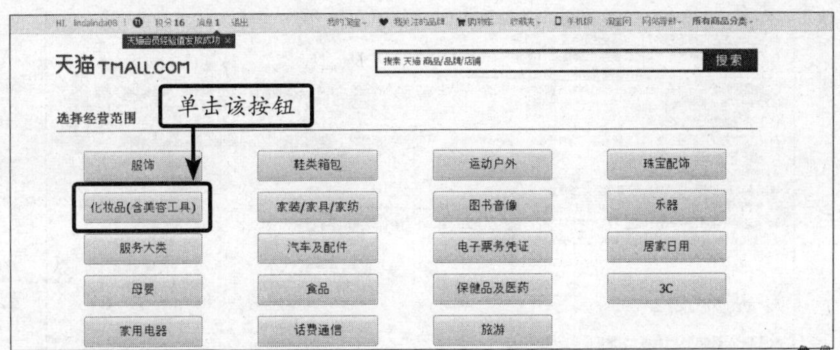

图6-48

03 在该页面可以首先选择经营范围，包括化妆品、服饰、鞋类箱包等。

04 例如，在单击“化妆品”经营类目按钮后，进入“选择店铺类型”页面（如图6-49所示）。这里分为旗舰店、专卖店和专营店3种类型（6.3.1小节已经具体介绍了这3种店铺类型的入驻要求和区别）。

天猫TMALL.COM
搜索
选择店铺类型
单击该按钮
品牌拥有者
旗舰店
单品牌代理商
专卖店
多品牌代理商
专营店

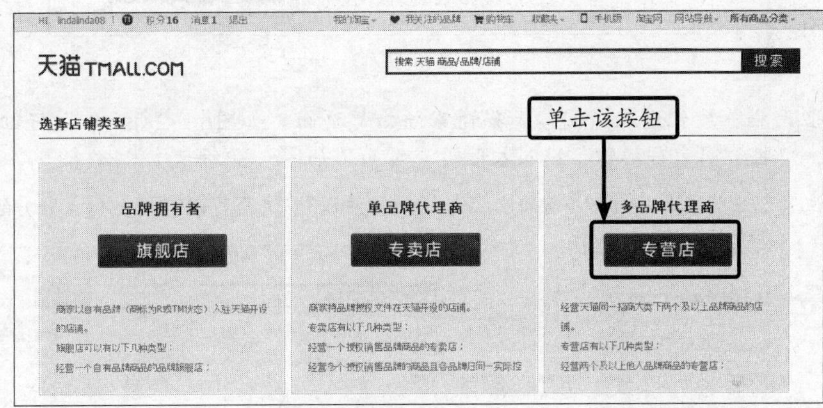

图6-49

05 单击“专营店”按钮进入“入驻费率及资质查询”页面（如图6-50所示）。在该页面中可以了解费率和各类店铺的资质要求情况（如图6-51所示）。

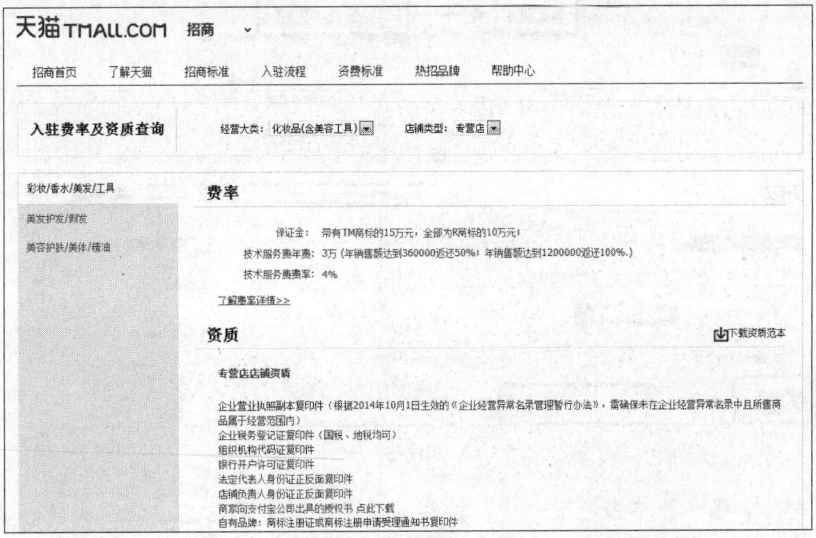

天猫TMALL.COM 招商
招商首页
了解天猫
招商标准
入驻流程
资费标准
热招品牌
帮助中心
入驻费率及资质查询
经营大类：化妆品(含美容工具)
店铺类型：专营店
彩妆/香水/美发/工具
美发护发/假发
美容护肤/美体/精油
费率
保证金：带有TM商标的15万元，全部为R商标的10万元；
技术服务费年费：3万（年销售额达到360000返还50%；年销售额达到1200000返还100%。）
技术服务费费率：4%
了解费率详情>>
资质
下载资质范本
专营店店铺资质
企业营业执照副本复印件（根据2014年10月1日生效的《企业经营异常名录管理暂行办法》，需确保未在企业经营异常名录中且所售商品属于经营范围内）
企业税务登记证复印件（国税、地税均可）
组织机构代码证复印件
银行开户许可证复印件
法定代表人身份证正反面复印件
店铺负责人身份证正反面复印件
商家向支付宝公司出具的授权书 点此下载
自有品牌：商标注册证或商标注册申请受理通知书复印件

图6-50

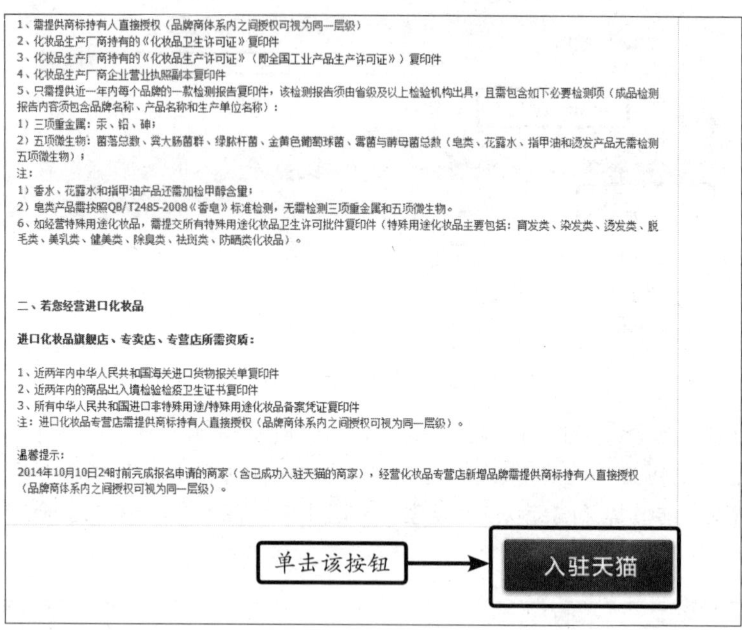

1、需提供商标持有人直接授权（品牌商体系内之间授权可视为同一层级）
2、化妆品生产厂商持有的《化妆品卫生许可证》复印件
3、化妆品生产厂商持有的《化妆品生产许可证》（即全国工业产品生产许可证））复印件
4、化妆品生产厂商企业营业执照副本复印件
5、只需提供近一年内每个品牌的一款检测报告复印件，该检测报告须由省级及以上检验机构出具，且需包含如下必要检测项（成品检测报告内容须包含品牌名称、产品名称和生产单位名称）：
1）三项重金属：汞、铅、砷；
2）五项微生物：菌落总数、粪大肠菌群、绿脓杆菌、金黄色葡萄球菌、霉菌与酵母菌总数（皂类、花露水、指甲油和烫发产品无需检测五项微生物）；
注：
1）香水、花露水和指甲油产品还需加检甲醇含量；
2）皂类产品需按照QB/T2485-2008《香皂》标准检测，无需检测三项重金属和五项微生物。
6、如经营特殊用途化妆品，需提交所有特殊用途化妆品卫生许可批件复印件（特殊用途化妆品主要包括：育发类、染发类、烫发类、脱毛类、美乳类、健美类、除臭类、祛斑类、防晒类化妆品）。

二、若您经营进口化妆品

进口化妆品旗舰店、专卖店、专营店所需资质：

1、近两年内中华人民共和国海关进口货物报关单复印件
2、近两年内的商品出入境检验检疫卫生证书复印件
3、所有中华人民共和国进口非特殊用途/特殊用途化妆品备案凭证复印件
注：进口化妆品专营店需提供商标持有人直接授权（品牌商体系内之间授权可视为同一层级）。

温馨提示：
2014年10月10日24时前完成报名申请的商家（含已成功入驻天猫的商家），经营化妆品专营店新增品牌需提供商标持有人直接授权（品牌商体系内之间授权可视为同一层级）。

图6-51

06 单击“入驻天猫”按钮进入“阅读天猫商家须知”页面（如图6-52所示）。仔细阅读入驻须知要求后，单击“同意”按钮，进入入驻设置页面（如图6-53所示）。

07 根据提示注册企业版支付宝账户（前面已经介绍如何注册），这里可以略过支付宝账户的注册。

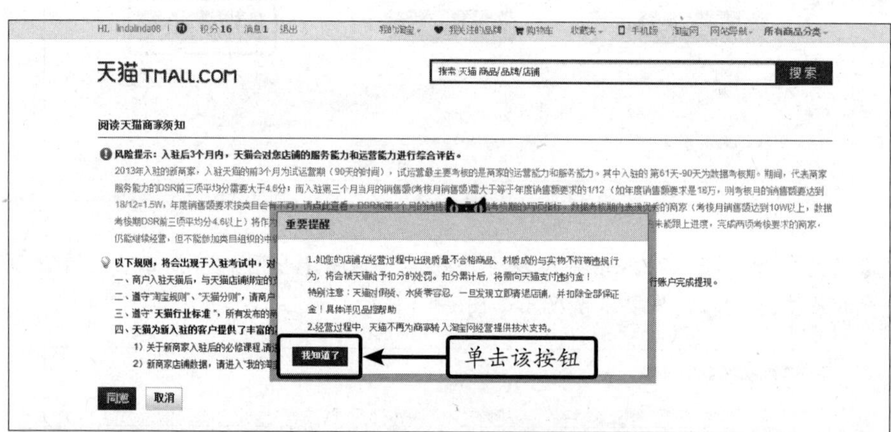

图6-52

图6-53

08 输入企业支付宝账户并单击“下一步”按钮，依次填写申请信息、资质上传、选择域名、签署协议并提交信息等待审核，天猫工作人员会在7个工作日内给出审核结果。

注 意

（1）报名时若支付宝账号未完成企业认证，商家可以在等待审核的过程中至支付宝页面完成认证，也可以在天猫资质审核完成后，登录天猫账号完成认证。

（2）录入的支付宝账号未用于申请入驻天猫并未绑定任何淘宝账号，支付宝邮箱也未作为任何淘宝账号的登录邮箱进行使用。支付宝账号通过检测后，请勿自行将此支付宝与任何淘宝账号绑定，店铺成功上线后系统会自动将此账号与天猫账号绑定。

（3）天猫店铺ID及域名一旦生成，将无法修改。

（4）商家会员的会员名、店铺名的命名应当严格遵守《天猫店铺命名规范》。天猫店铺ID及域名根据商品所在类目、品牌属性等要素生成，如遇店铺名称已被占用等特殊情况，天猫有权进行适当调整。

3. 审核通过

审核通过后，商家需要以天猫账号登录天猫服务专区，并同步完成支付宝相关操作，商家在报名时未完成企业认证的需要继续完成认证，完成后在线签署支付宝代扣协议；再次学习天猫规则，完成后需考试；最后补全商家档案信息，主要为公司信息、店铺运营信息及人员信息。

下一步天猫会冻结缴纳保证金/天猫技术服务年费，商家需要在收到天猫账户名和密码的15天内完成保证金/技术服务年费的冻结缴纳操作，如果逾期未操作，本次申请将会作废。

4. 发布商品

根据审核结果完成信息补充，并使用天猫用户名和密码登录后，商家需要在30天内发布满规定数量商品，如果逾期未操作，本次申请将作废。如何发布宝贝详细步骤见第4章内容。

6.4 第4步：申请通过后，上传公司营业执照

根据入驻申请流程依次完成设置，并通过审核上传宝贝之后，接下来就需要上传公司营业执照。用户可以在登录千牛工作台之后，进入天猫工作台上传营业执照等文件。

01 进入http://work.taobao.com/网页，下载“千牛，卖家工作台”程序并安装。安装完成后，双击计算机桌面中的“千牛工作台”图标（如图6-54所示），打开“千牛-卖家工作台”登录界面，如图6-55所示。

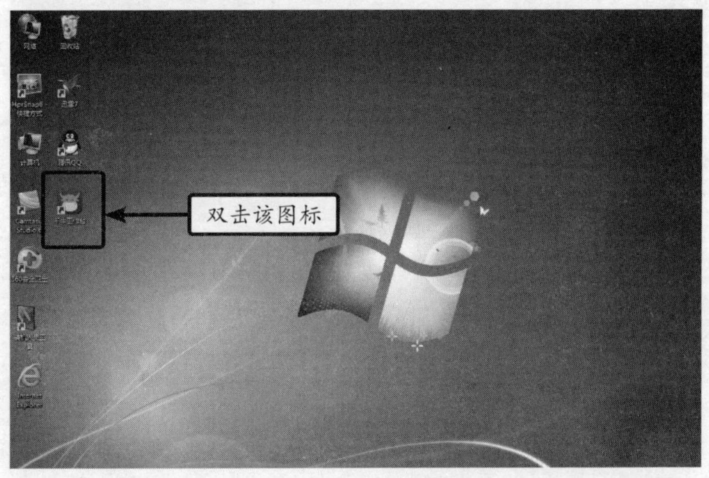

图6-54

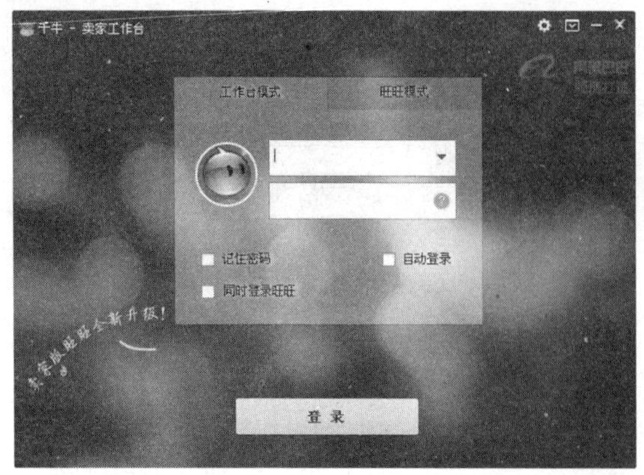

图6-55

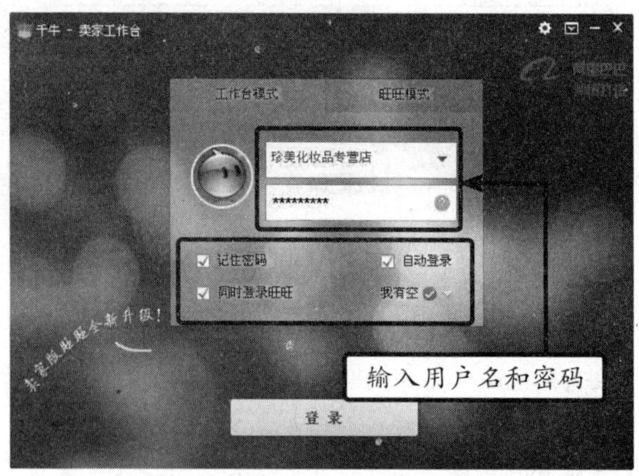

图6-56

02 在“工作台模式”下依次输入会员名和密码，并根据需要分别勾选上“记住密码”“自动登录”和“同时登录旺旺”前的复选框（如图6-56所示），单击“登录”按钮即可登录千牛工作台。

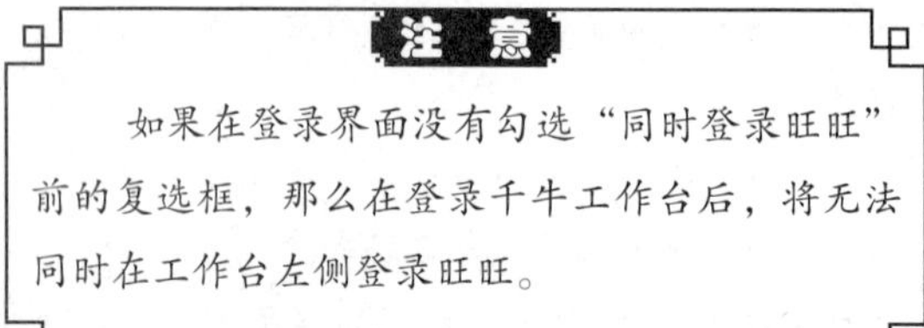
注 意

如果在登录界面没有勾选“同时登录旺旺”前的复选框，那么在登录千牛工作台后，将无法同时在工作台左侧登录旺旺。

03 登录千牛工作台后，单击右下角的“常用网址”按钮（如图6-57所示），弹出功能界面（如图6-58所示）。单击“店铺管理”下的“卖家中心”链接，即可快速打开天猫商家中心的“我的工作台”页面。

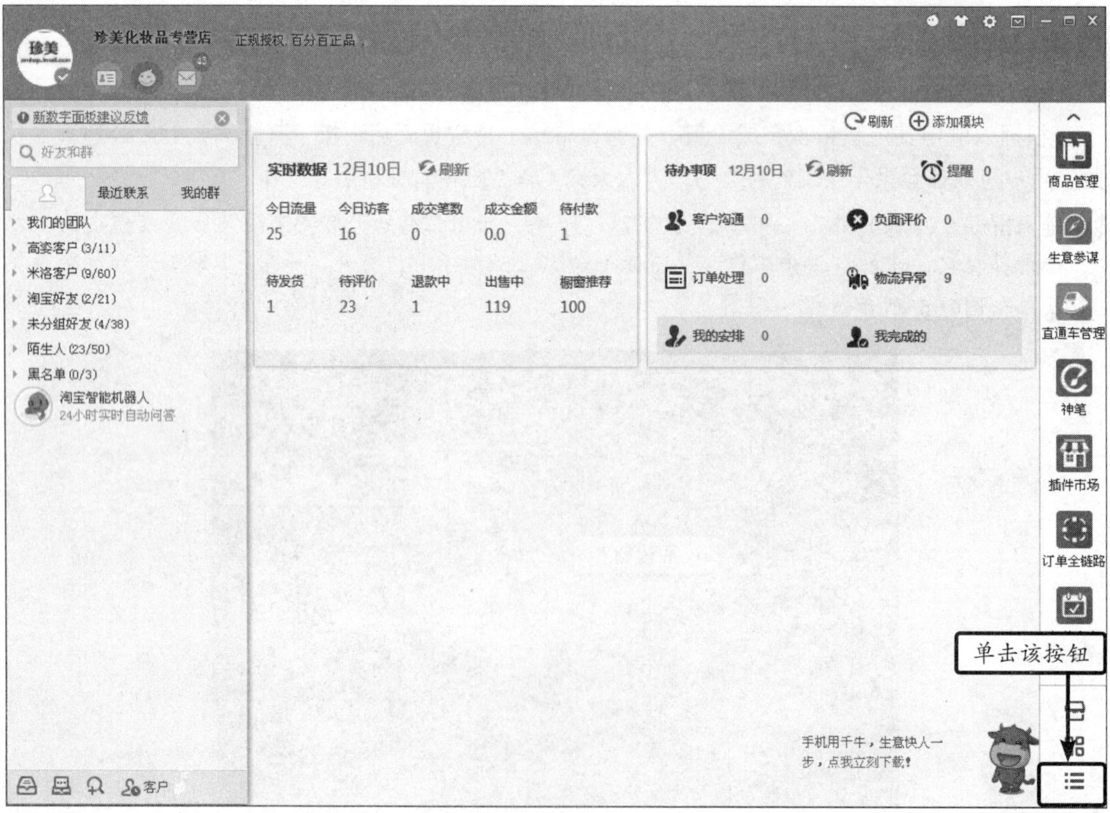

图6-57

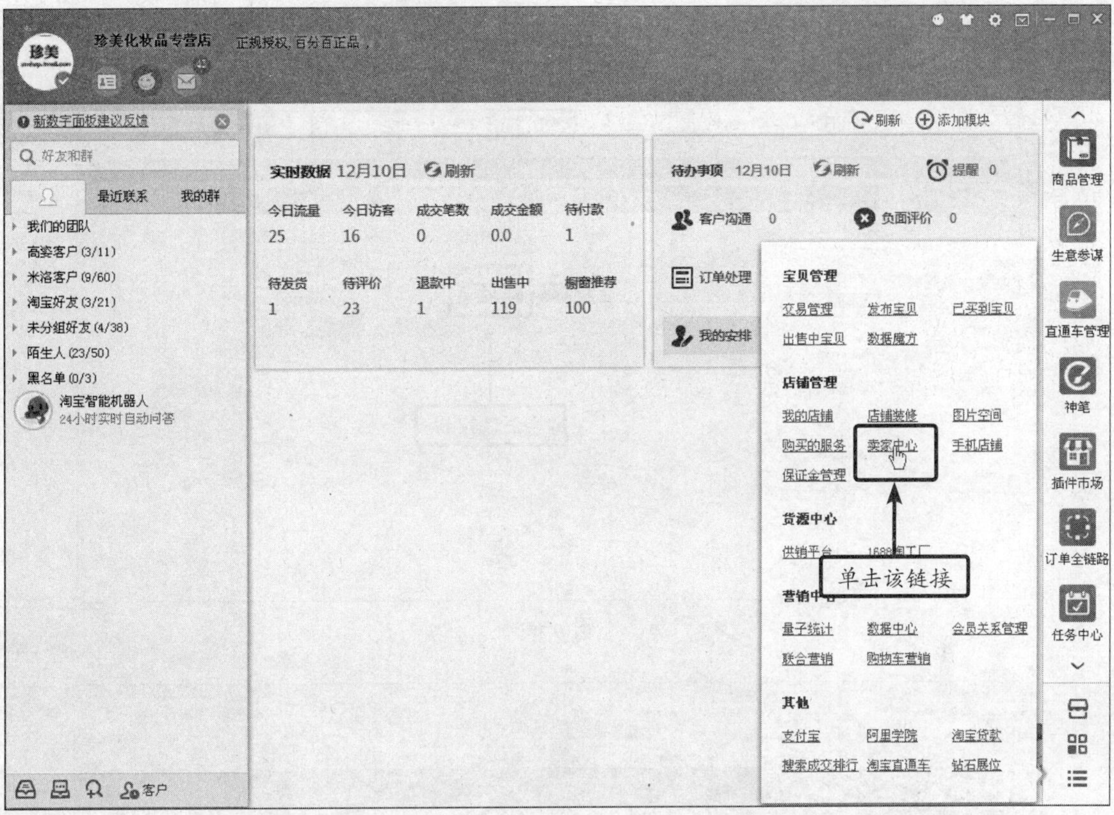

图6-58

小提示

商户只需在千牛工作台即可实现快速打开任意相关网页页面，并执行相关设置。

04 在左侧的“店铺管理”下单击“品牌管理”链接（如图6-59所示），打开设置页面。

05 单击切换至“我的资质管理”页面中（如图6-60所示），自动弹出“提示”提示框，并单击“确定”按钮（如图6-61所示），进入企业资质设置页面。

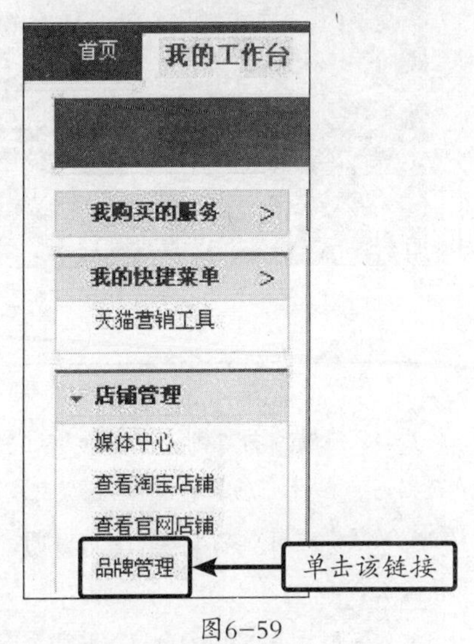

图6-59

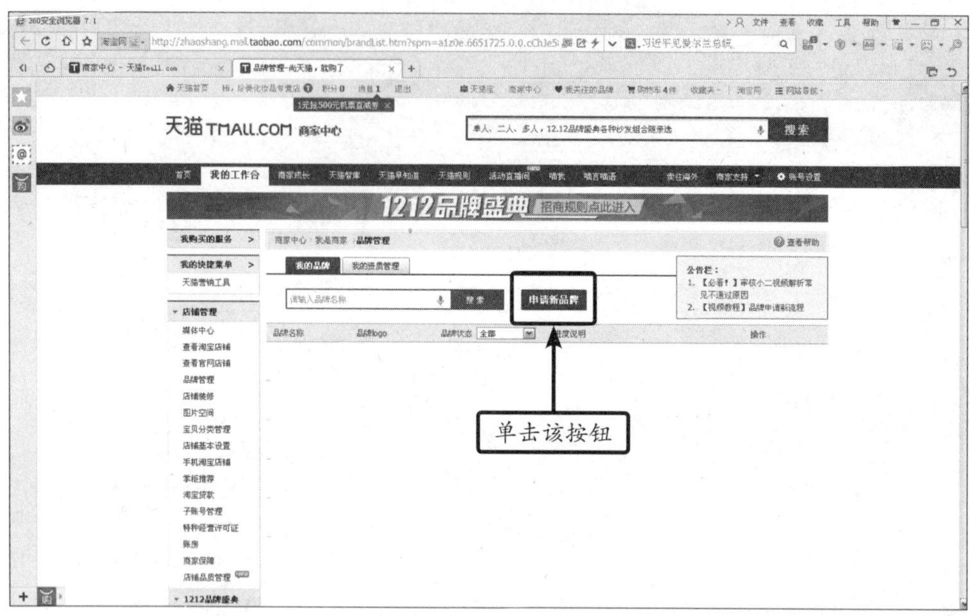

图6-60

图6-61

小提示

（1）如果资质即将过期，即距资质过期≤90天，请尽快联系相关方办理资质延期，并在资质过期前登录天猫网，在线（商家中心-店铺提醒-资质提醒）更新有效资质。

（2）如果资质有效期已超过当前时间，且未及时向天猫提供最新、有效的资质，您可以继续提交有效资质。

（3）如果离资质过期>90天，暂时无需更新资质，则可以核实系统为您显示的资质有效期及对应资质图片是否正确无误。

06 在页面中单击“更新”按钮完成及时在线资质更新（如图6-62所示），在弹出的“资质更新”对话框中上传文件并单击“提交”按钮，如图6-63所示。

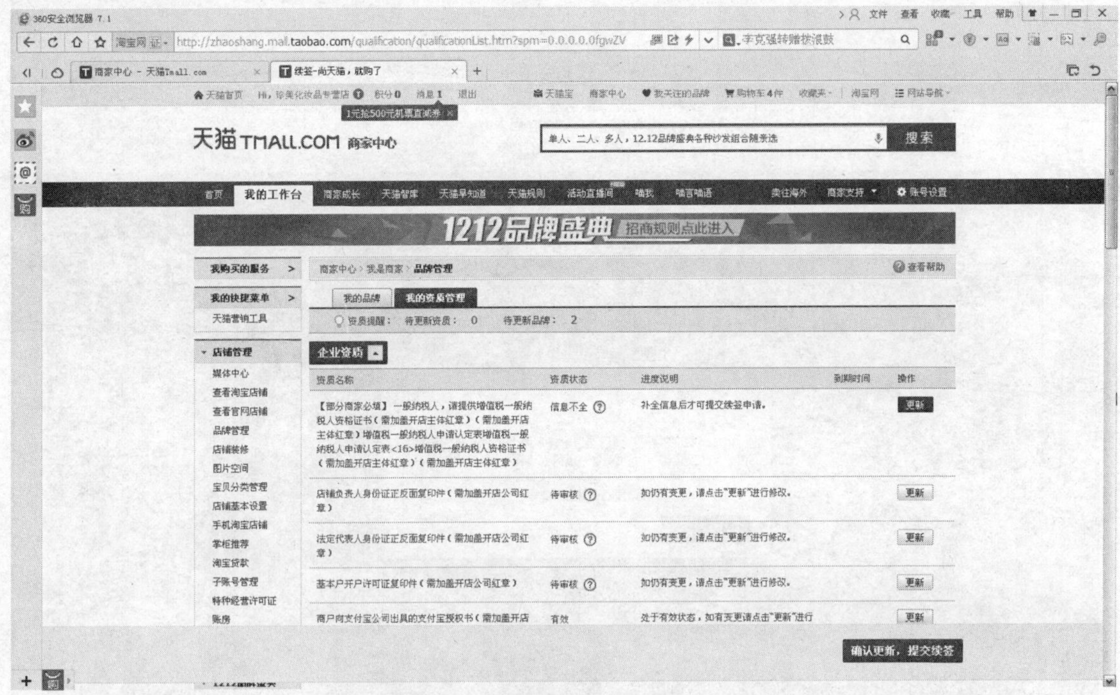

图6-62

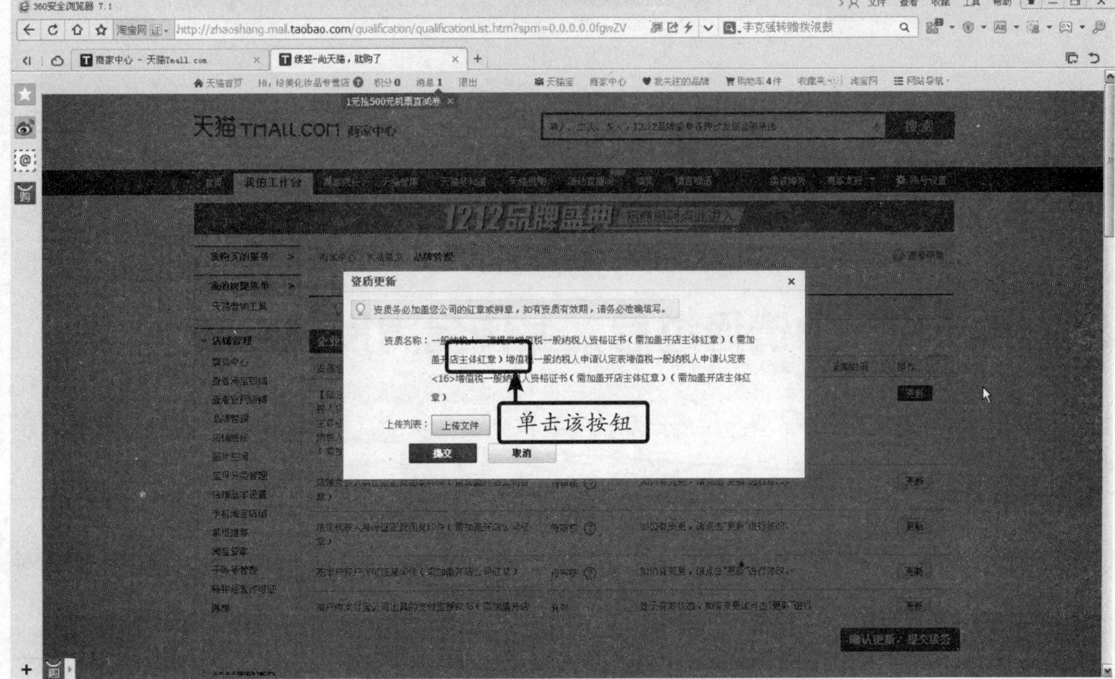

图6-63

07 提交结束后，就可以等待天猫的审核。

注 意

（1）上传资质更新并通过审核后，会提示天猫用户继续完成信息确认和协议签署，并按照规定完成缴费续签，如图6-64所示。

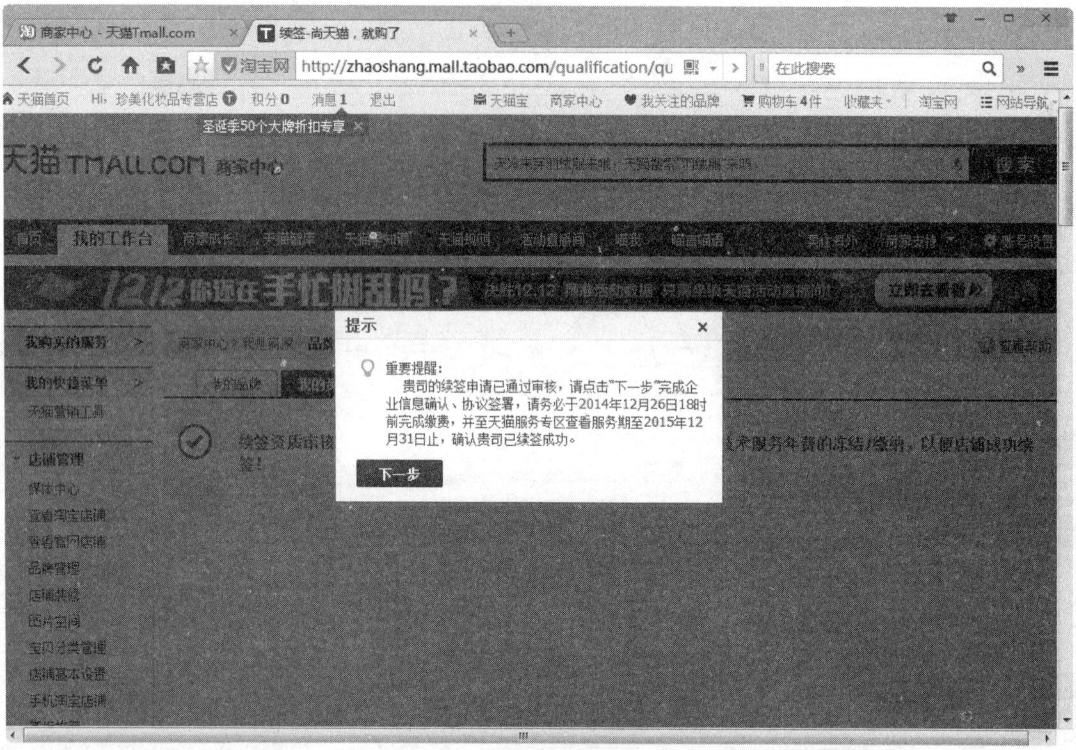

图6-64

（2）逾期未提交续签申请、审核未通过、未缴纳年费或未冻结保证金，则商家将无法于新年度继续使用天猫服务。

6.5 第5步：申请通过后，上传品牌授权资质

天猫商铺如果需要销售某些品牌的产品，需要拿到该品牌的授权资质，并且将其上传至品牌管理供天猫检验，合格后才能售卖该品牌的相关产品，具体设置步骤如下。

01 在“我的品牌”下可以查看店铺当前的所有品牌名称以及品牌状态等信息。如果需要申请新品牌，单击“申请新品牌”按钮（如图6-65所示），打开“请确认您已知晓以下内容”提示框（如图6-66所示），单击“确认”按钮即可打开资质上传页面。

02 在“资质上传注意事项”向导页中，单击右侧 > 按钮（如图6-67所示），进入“盖红章”向导页。

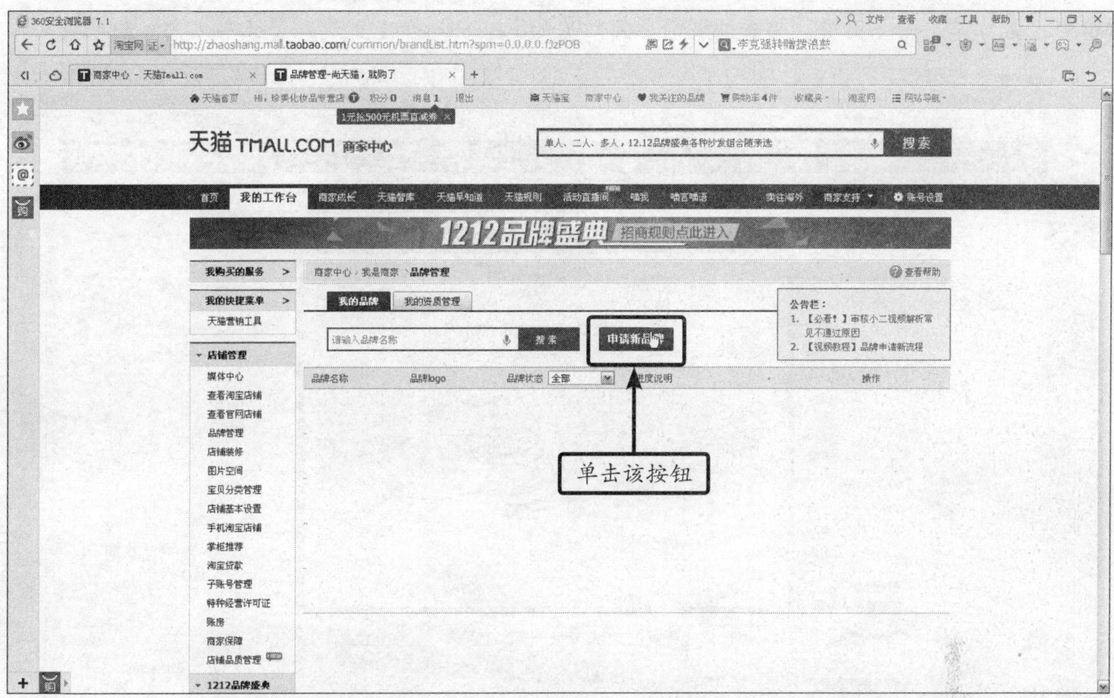

图6-65

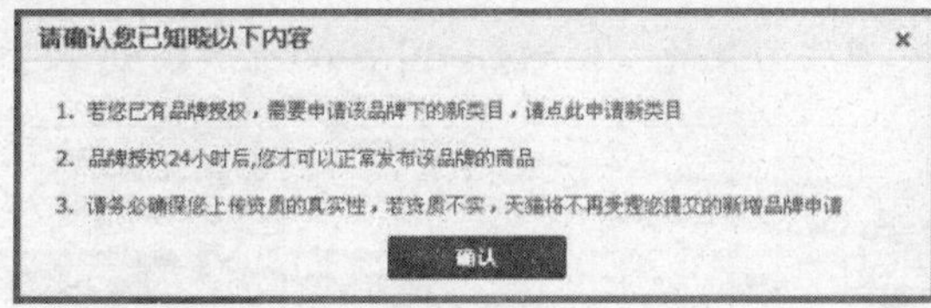

图6-66

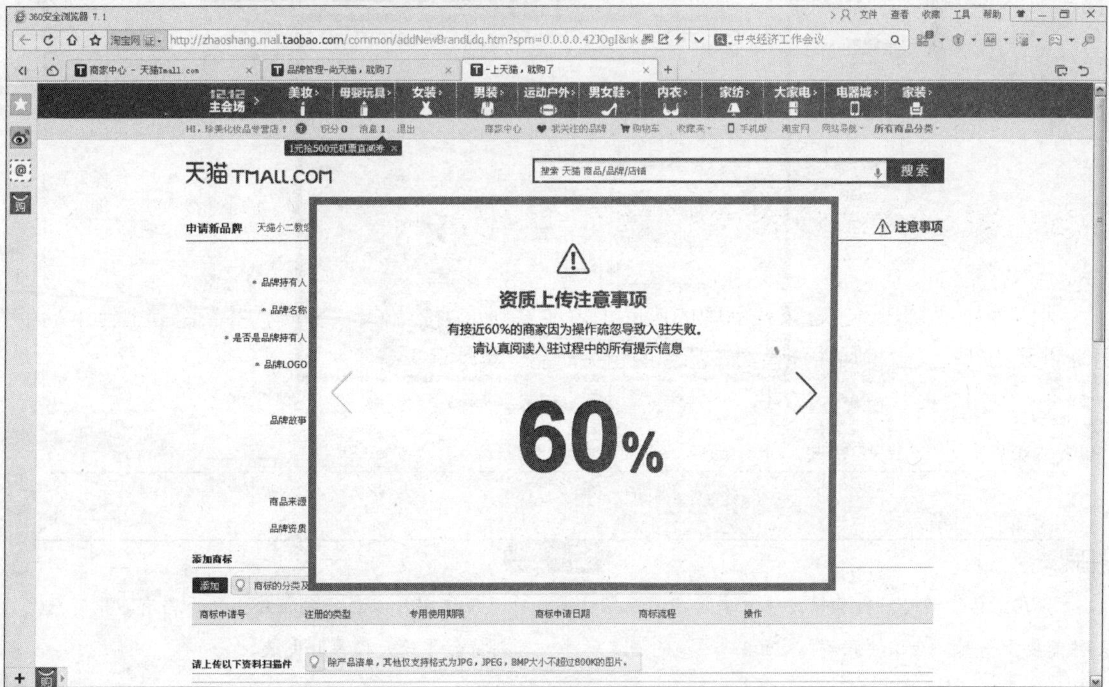

图6-67

03 在“盖红章”向导页中，单击右侧的 > 按钮（如图6-68所示），进入“正确方向”向导页。

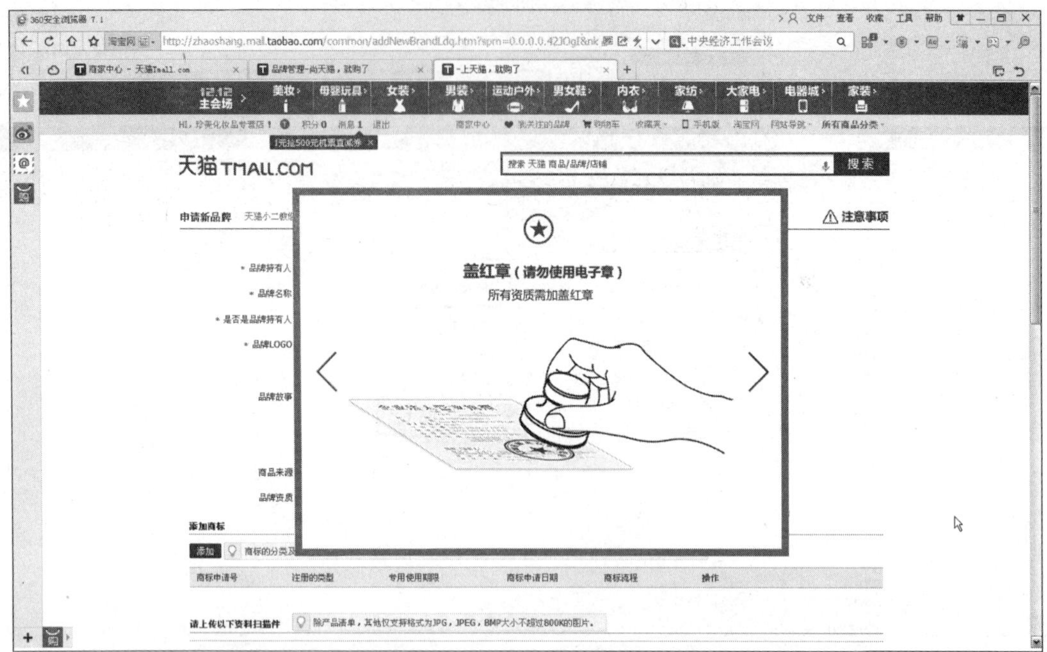

图6-68

04 在“正确方向”向导页中，单击右侧的 > 按钮（如图6-69所示），进入“正确顺序”向导页。

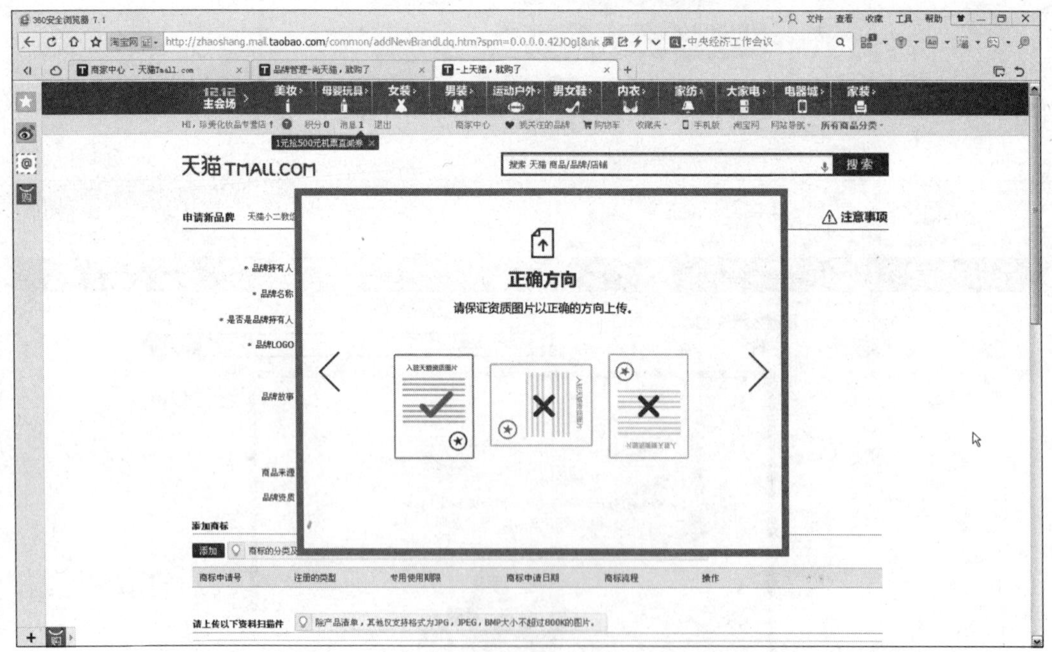

图6-69

注　意

在上传资质时应当确保文件红章盖在右下角位置，并且保证图片以正方向顺序上传，当有多张资质文件需要上传时，应该按照“1，2，3……”的规定顺序，否则将会导致天猫入驻失败。

05 在“正确顺序”向导页中，单击“开始上传”按钮（如图6-70所示），打开“申请新品牌”页面。依次根据提示输入“品牌持有人”“品牌名称”等各项品牌信息，并上传需要的文件（如图6-71所示），即可完成品牌授权资质设置，最终效果如图6-72所示。

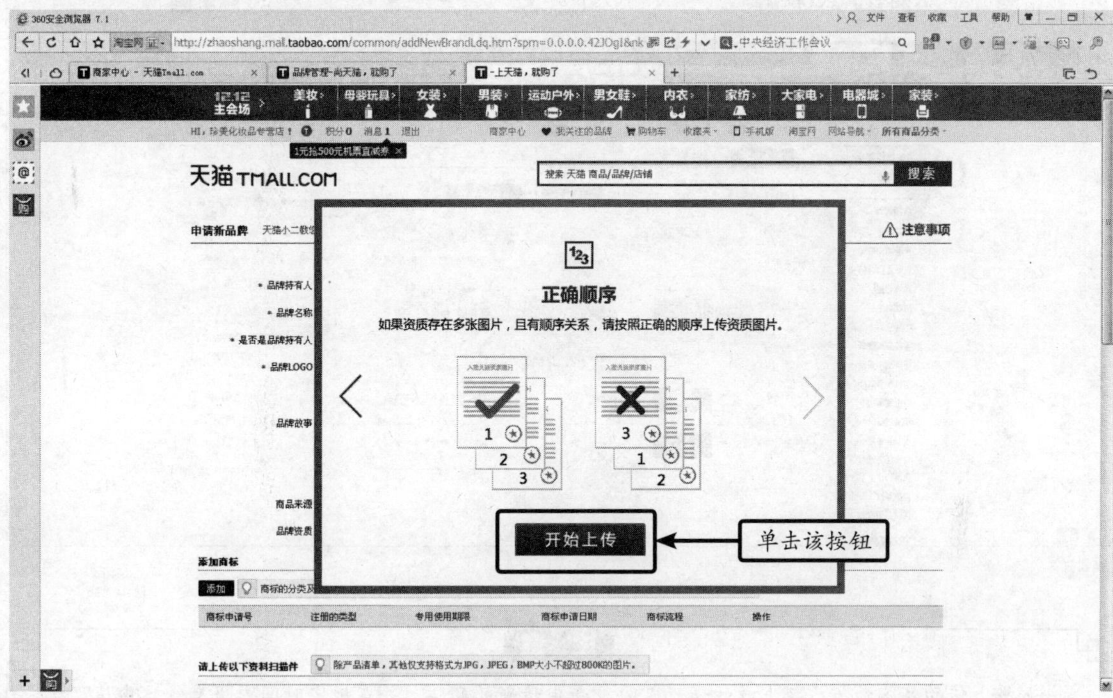

图6-70

图6-71

图6-72

注　意

如果上传的品牌资质已经失效的话，需要重新申请新的品牌，并在规定时间内提交续签申请，上传新的品牌授权资质文件。

第7章 天猫后台管理

7.1 子账号管理，设置使用权限

根据天猫入驻规则完成店铺申请并审核通过后，下一步就是要为店铺添加账号，方便管理店铺内部的交易，商家可以设置分类部门结构、角色权限、设置员工以及旺旺分流等。

天猫账号管理中的主账号可以对子账号的业务操作进行监控和管理。商家使用主账号创建员工子账号并授权后，员工可以通过子账号登录旺旺并接待顾客咨询；也可以在授予的权限范围内，登录卖家中心帮助管理店铺日常。

7.1.1 新建员工

开通子账号之后，可以根据实际运作要求新建一个或多个员工，并设置相应的权限。

01 进入天猫工作台后，单击“店铺管理”下的“子账号管理”（见图7–1），打开子账号管理页面，单击“新建员工”按钮，如图7–2所示。

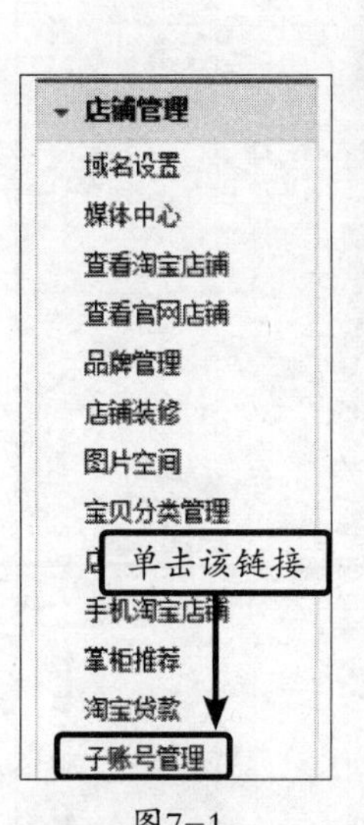

图7–1

图7–2

02 打开新员工设置页面，在“部门结构”下，分别设置新员工的姓名、部门、职务、角色等（见图7–3、图7–4、图7–5、图7–6），设置完成后单击上方的“确认新建”按钮。

子账号
首页
员工管理
旺旺分流
安全设置
监控查询
部门结构
角色权限
应用管理
员工管理 / 组织结构 / 新建员工
确认新建
创建并继续添加
取消
基本信息
单击
* 账号名
使用一个空闲账号
创建一个账号
hfa旗舰店:良子
* 姓名
良子
男
女
* 部门
售前客服
新建
直接上级
职务
证件号
身份证
角色
售前客服
店铺运营
凤凤
应用服务访问权
超超
售后客服
仓储物流
装修美工
活动推广
贝贝
良子
菲菲
宝宝
权限预览
收起
补充权限
在线咨询

图7-3

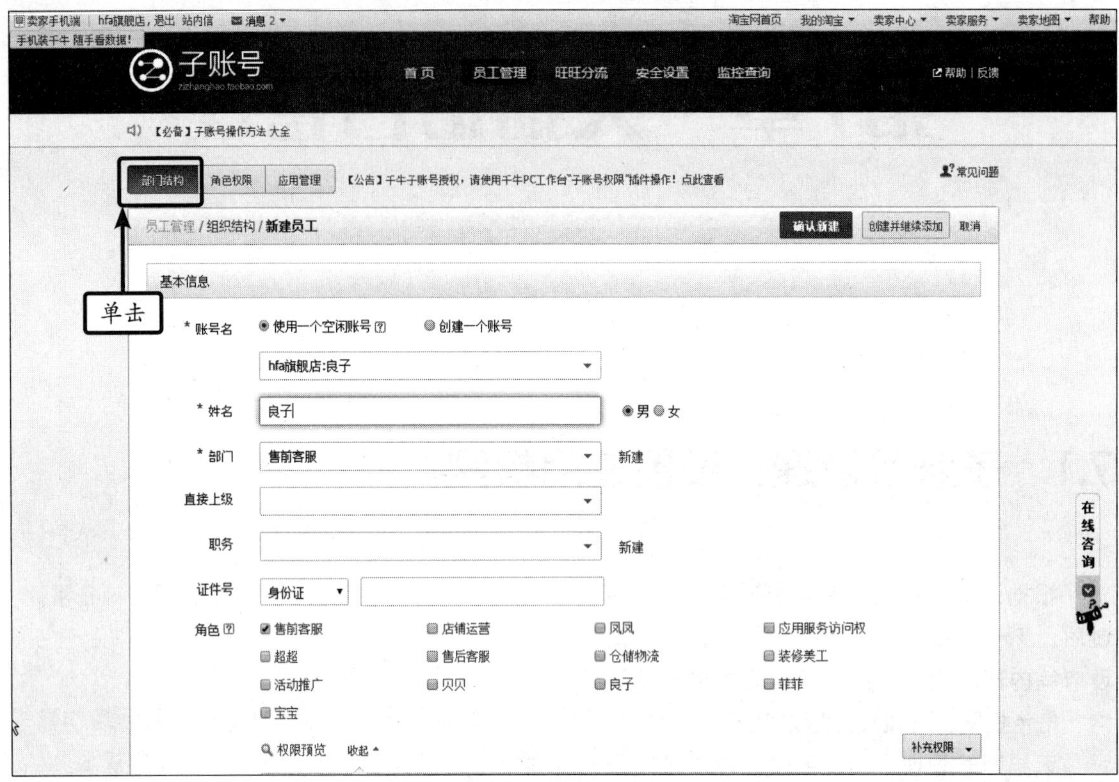

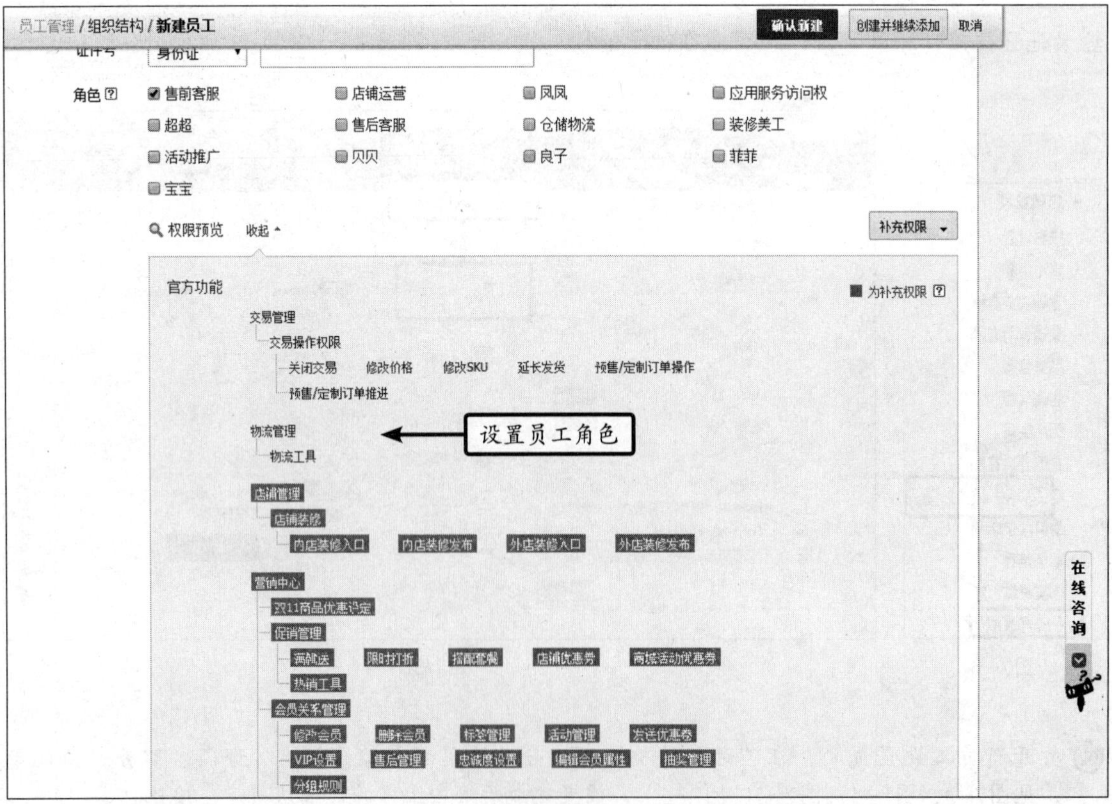
员工管理 / 组织结构 / 新建员工
确认新建
创建并继续添加
取消
角色
售前客服
店铺运营
凤凤
应用服务访问权
超超
售后客服
仓储物流
装修美工
活动推广
贝贝
良子
菲菲
宝宝
权限预览
收起
补充权限
官方功能
为补充权限
交易管理
交易操作权限
关闭交易
修改价格
修改SKU
延长发货
预售/定制订单操作
预售/定制订单推进
物流管理
物流工具
设置员工角色
店铺管理
店铺装修
内店装修入口
内店装修发布
外店装修入口
外店装修发布
营销中心
双11商品优惠设定
促销管理
满就送
限时打折
搭配套餐
店铺优惠券
商城活动优惠券
热销工具
会员关系管理
修改会员
删除会员
标签管理
活动管理
发送优惠券
VIP设置
售后管理
忠诚度设置
编辑会员属性
抽奖管理
分组规则
在线咨询

图7-4

员工管理 / 组织结构 / 新建员工
确认新建
创建并继续添加
取消
我要推广
直通车
钻石展位
活动报名
提交报名信息
淘宝应用登录
数据魔方(专业版)
商家自主活动
天猫营销中心
聚划算
聚划算活动管理
应用服务
该账号还没有这部分权限
后台管理
该账号还没有这部分权限
其他
入职时间
设置其他信息
工号
花名
个人手机
个人邮箱
座机/分机
办公地点
在线咨询

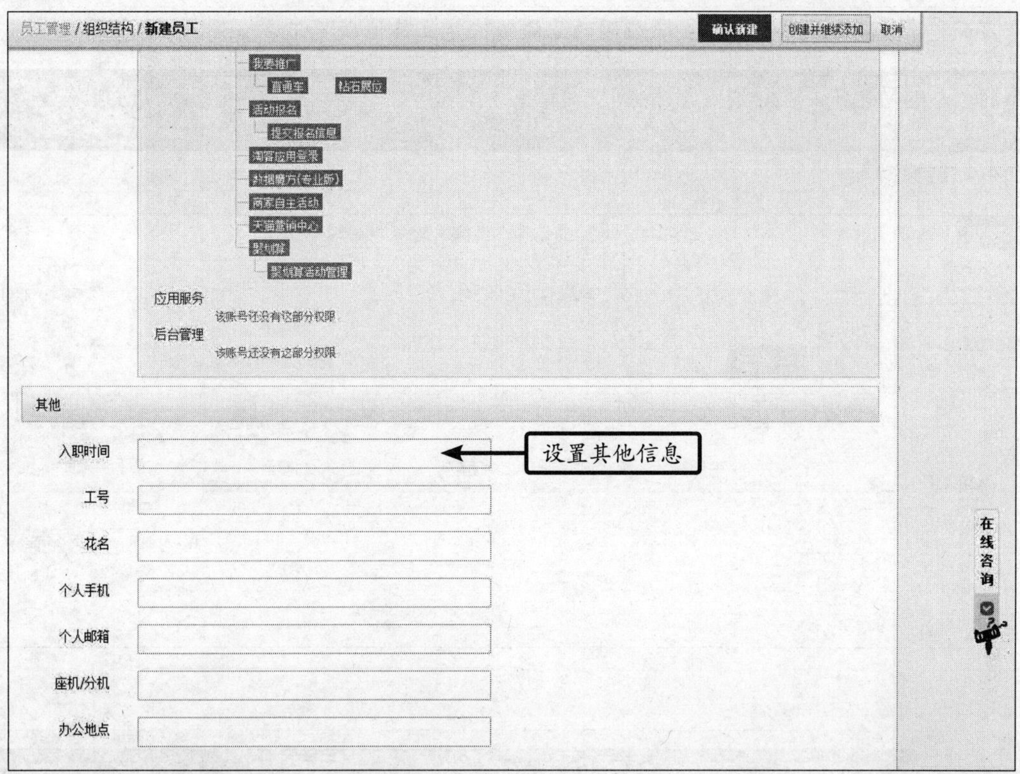

图7-5

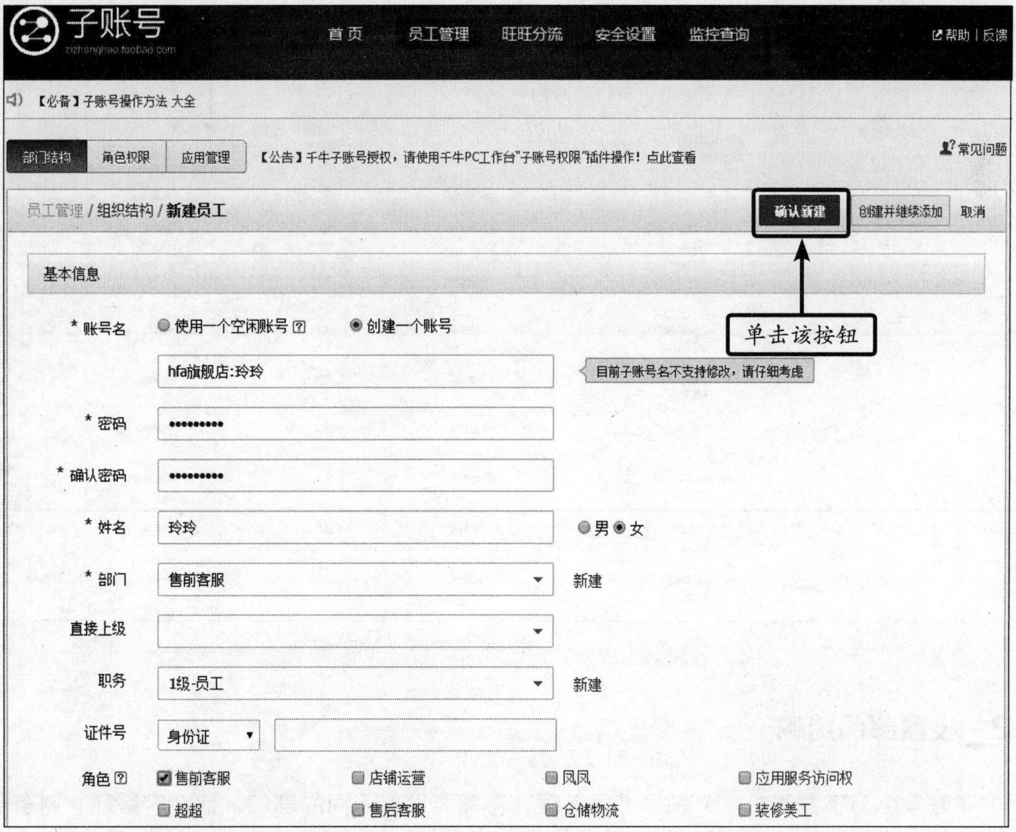

子账号
zizhanghao.taobao.com
首页
员工管理
旺旺分流
安全设置
监控查询
帮助 | 反馈
【必备】子账号操作方法 大全
部门结构
角色权限
应用管理
【公告】千牛子账号授权，请使用千牛PC工作台"子账号权限"插件操作！点此查看
常见问题
员工管理 / 组织结构 / 新建员工
确认新建
创建并继续添加
取消
基本信息
单击该按钮
* 账号名
使用一个空闲账号
创建一个账号
hfa旗舰店:玲玲
目前子账号名不支持修改，请仔细考虑
* 密码
* 确认密码
* 姓名
玲玲
男
女
* 部门
售前客服
新建
直接上级
职务
1级-员工
新建
证件号
身份证
角色
售前客服
店铺运营
凤凤
应用服务访问权
超超
售后客服
仓储物流
装修美工

图7-6

03 即可新建员工（见图7-7）。按照相同的方法依次建立其他新员工，如图7-8所示。

图7-7

图7-8

7.1.2 设置部门结构

在子账号中为了方便对多个账号进行管理，还需要设置不同的部门，比如客服部、财务部、运营部等。

01 进入天猫工作台后，单击“员工管理”下的“部门结构”（如图7-9所示），进入部门结构设置页面，单击部门右侧的“新建”按钮。

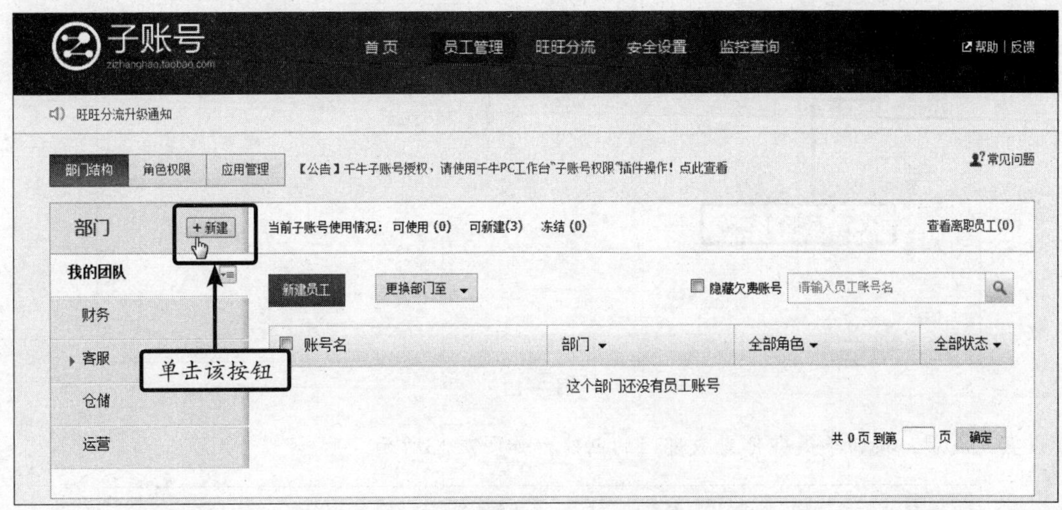

图7-9

02 进入部门命名状态（见图7-10），直接输入部门名称即可，这里输入“设计部”。

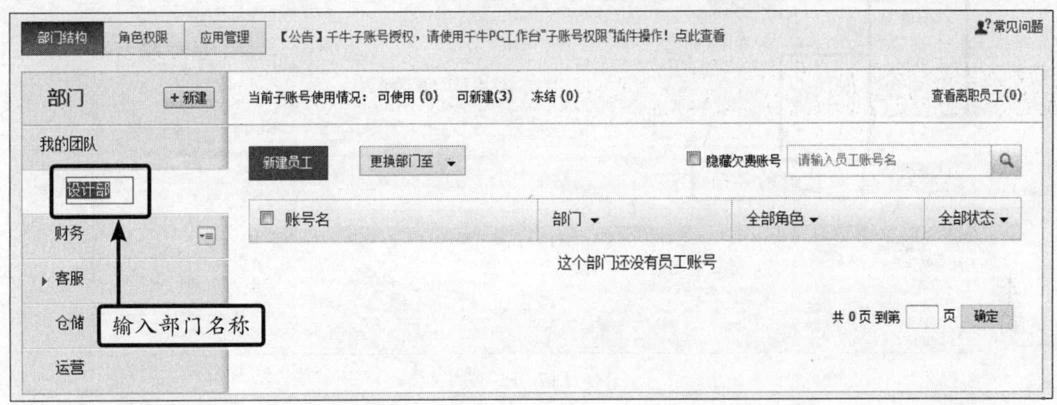

图7-10

03 单击“设计部”右侧的按钮，在下拉列表中单击“新建子部门”（见图7-11），即可在刚才新建的名称下方进入编辑状态，输入子部门名称，如图7-12所示。

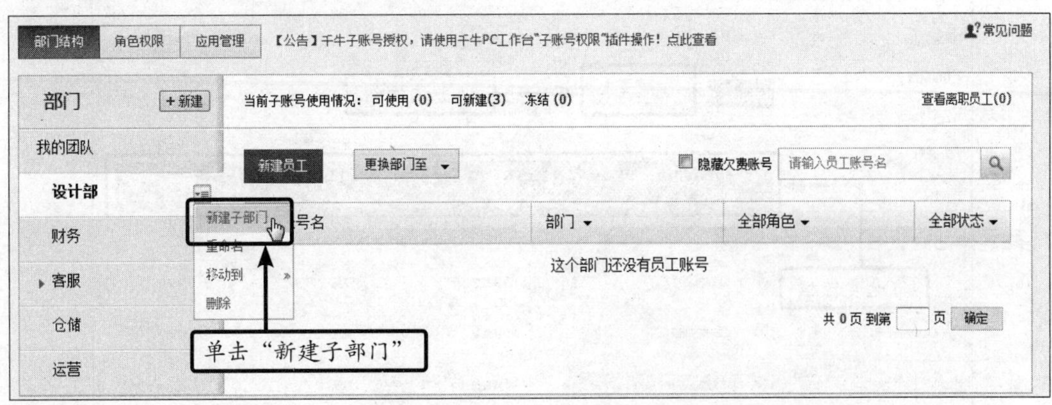

图7-11

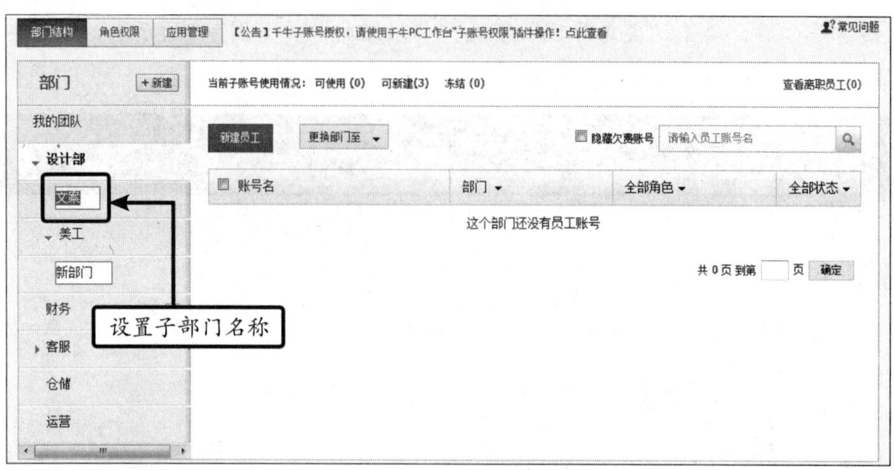

图7-12

04 设置完成后，按回车键即可完成部门的创建，如图7-13所示。

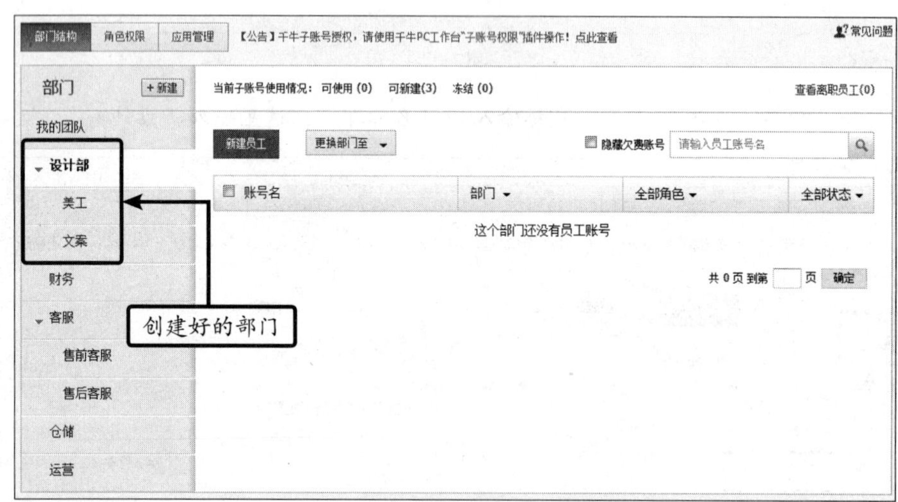

图7-13

05 为部门添加员工之后，可以在列表选择需要转移部门的员工账号，单击上方的“更换部门至”按钮（见图7-14），在下拉列表中选择一个部门（见图7-15），即可完成部门更换。

图7-14

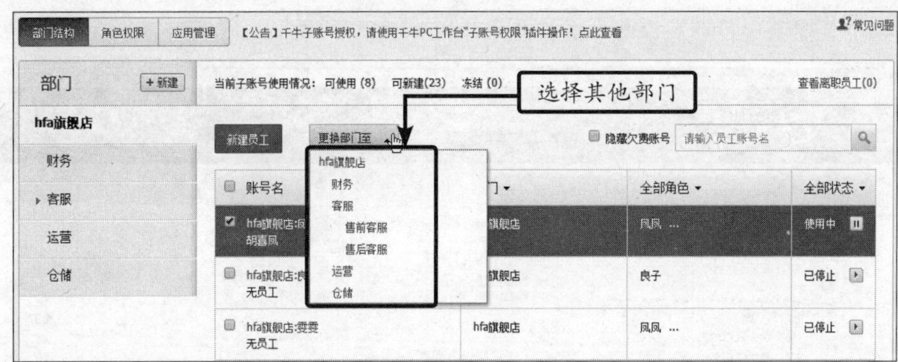

图7-15

7.1.3 设置角色权限

角色权限主要是指员工可以在店铺中被允许的操作，比如交易管理、物流操作、宝贝编辑等操作权限。

01 进入天猫工作台后，单击“员工管理”下的“角色权限”（如图7-16所示），进入角色权限设置页面。

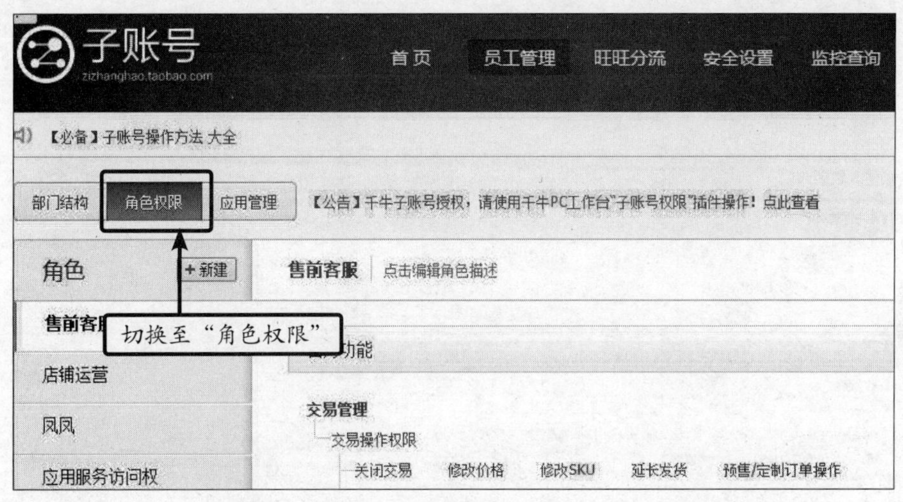

图7-16

02 左侧显示了所有角色名称，单击选中需要设置权限的角色，在右侧单击“修改权限”（如图7-17所示），进入角色修改页面。

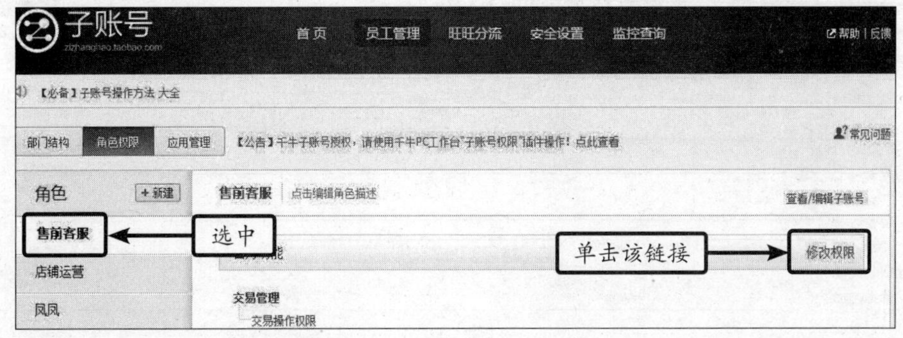

图7-17

03 在该页面中可以重新修改各类权限，如图7-18、图7-19所示。

图7-18

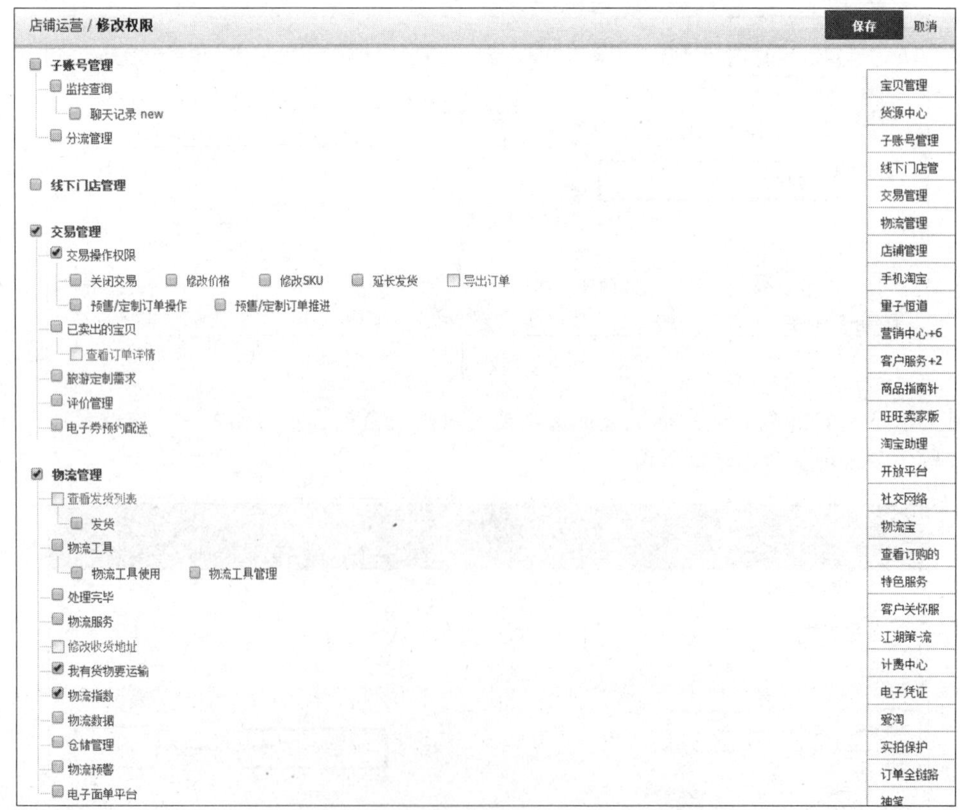

图7-19

04 设置完成后单击“保存”按钮（见图7-20），即可完成角色权限的修改，如图7-21所示。

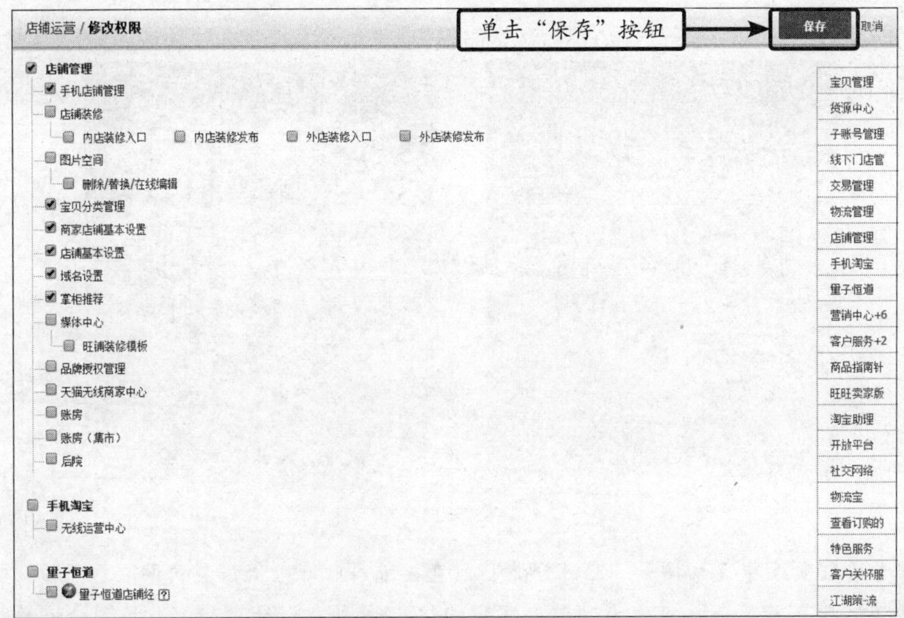

图7-20

图7-21

7.1.4 旺旺分流

天猫一般都需要设置多人共同管理一个店铺，为了方便管理，可以通过设置旺旺号的分流来控制哪个旺旺号接受咨询。假设现在有一个顾客通过点击店铺中的旺旺图标后，任何一个子账号都可以接收到消息；在有多个顾客同时咨询的情况下，主账号可以通过设置分流，将顾客按照权重分配不同的子账号，从而减小每个子账号的工作负担。

旺旺分流的方式主要有“平均分流”和“权重分流”两种（见图7-22），分流设置要根据平时的接待能力分权重值。

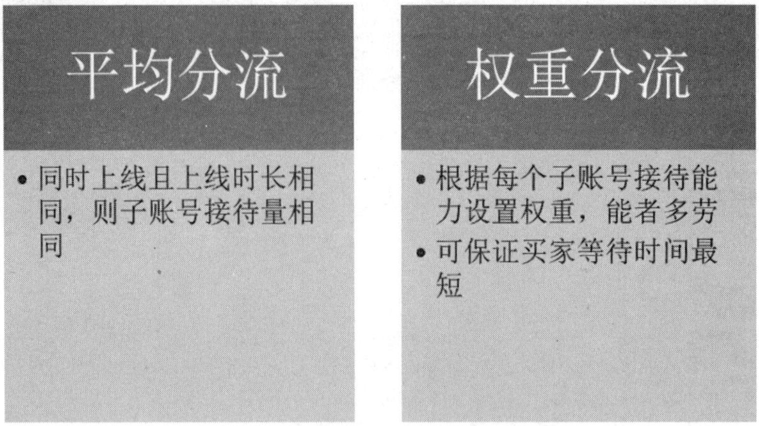

平均分流

- 同时上线且上线时长相同，则子账号接待量相同

权重分流

- 根据每个子账号接待能力设置权重，能者多劳
- 可保证买家等待时间最短

图7-22

01 在子账号管理页面中，切换至“旺旺分流”，直接进入旺旺分流设置页面。

02 在“分流客服”标签下，可以看到整个客服的组织结构（见图7-23），找到分流的账号，点击“启用”按钮就可以启用该账号的分流。然后根据客服的接待能力进行分配权重。

卖家手机端 | hfa旗舰店，退出 站内信 消息 2 淘宝网首页 我的淘宝 卖家中心 卖家服务
手机装千牛 随手看数据！
子账号 zizhanghao.taobao.com 首页 员工管理 旺旺分流 安全设置 监控查询 帮助 | 反馈
【必备】子账号操作方法 大全
分流客服 店铺亮灯 代理账号 数据分析 买家从旺旺好友直接点击不在线的客服留言，可以转交到在线客服啦，点此查看设置教程 返回旧版本
单击“启用”按钮
hfa旗舰店 开启分流总数 4 当前正在接客 4 当前未接客 0 客服太多，需要分组管理，新建分组

账号名	状态	权重值	分流状态
凤凤(胡喜凤)	正在接客	300	分流 关闭
超超	正在接客	300	分流 关闭
菲菲	正在接客	300	分流 关闭
贝贝	正在接客	300	分流 关闭
良子		100	不分流 启用
雯雯		100	不分流 启用
晓晓		100	不分流 启用
宝宝		100	不分流 启用

图7-23

7.2 店铺名称、店招、LOGO与相关信息设置

为天猫店铺设计一个独特的、符合商品特征的名称，以及店招和产品LOGO，是开通店铺后首要需要着手的事情，天猫店铺名一旦确定后是不能修改的。天猫店铺的基本设置包括店铺招牌、标签页、自定义内容区、掌柜推广区、自定义推广区、店铺类目，如图7-24所示。

标签页
珍美化妆品专营店
店铺LOGO
首页有惊喜
所有宝贝
BRG米洛医生
COGI高姿
珍美会员中心
套品礼盒
收藏本店
BEAUTYRESEARCHCENTER
进入BRC健康、安全、实效的医学护肤世界
令你重获完美肌肤
232 ¥
米洛医生补水保湿三件套
送：中小样两件
自定义促销区
源生肽金双效净颜凝胶
优氧双效净颜凝胶
高聚合蚕丝蛋白面膜
¥114.0
¥84.0
¥274.5
高姿8倍白精华素
深度滋润保湿礼盒套装
高姿多效修霜SPF30
¥105.0
¥239.0
¥120.0
自定义内容区
自定义推广区
店铺类目

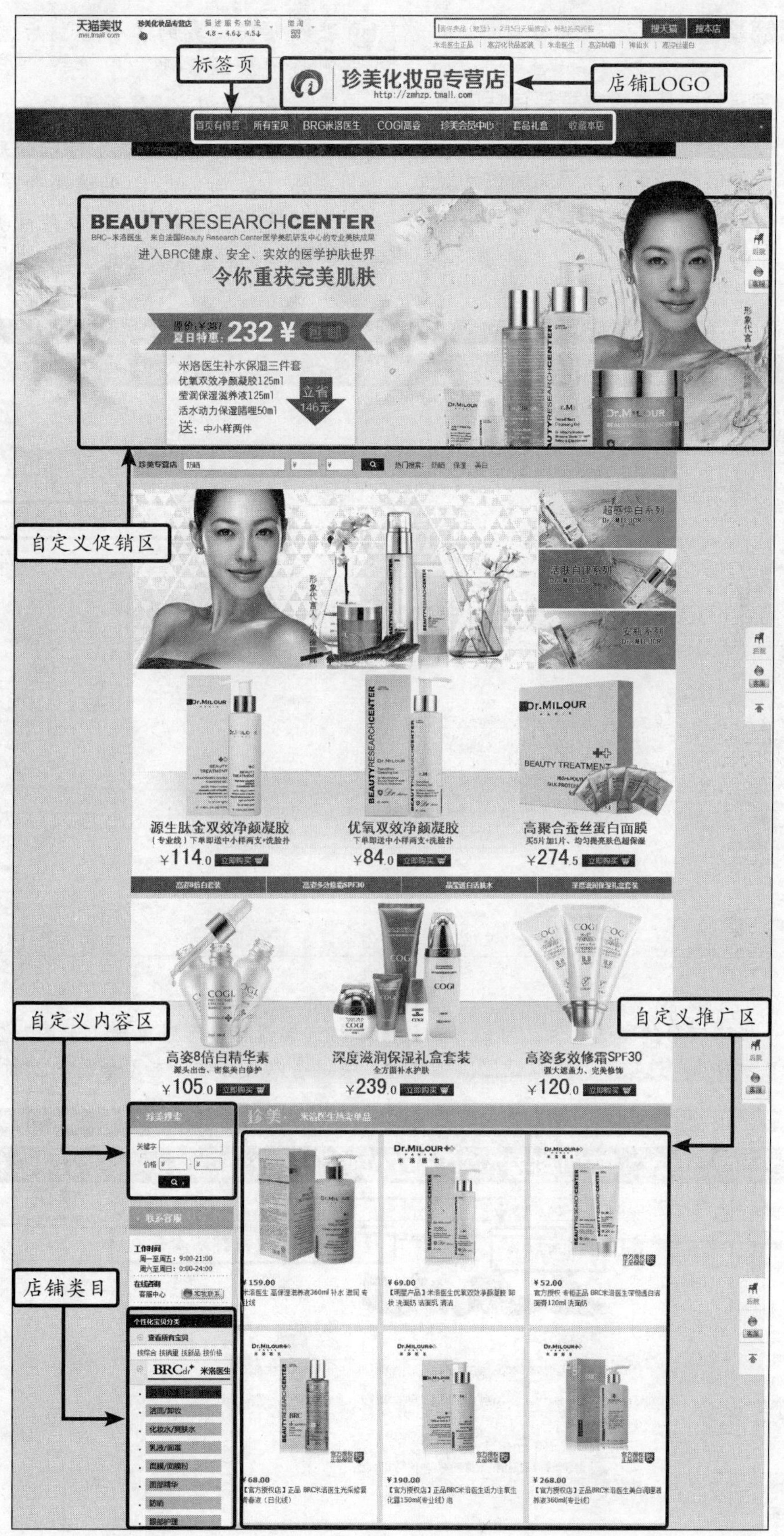

图7-24

7.2.1 店铺基本设置

天猫淘宝店铺的基本设置主要包括店铺名称、店铺标志、店铺简介，以及店铺联系人和联系地址等基本信息，下面介绍如何统一设置这些店铺基本信息。

01 进入天猫“我的工作台”后，在页面左侧的“店铺管理”下单击“店铺基本设置”，打开相关设置页面。

02 在“淘宝店铺”选项下可以分别设置店铺名称、店铺标志、店铺简介等基本信息（如图7-25所示），以及经营类型、联系地址、主要货源等信息。

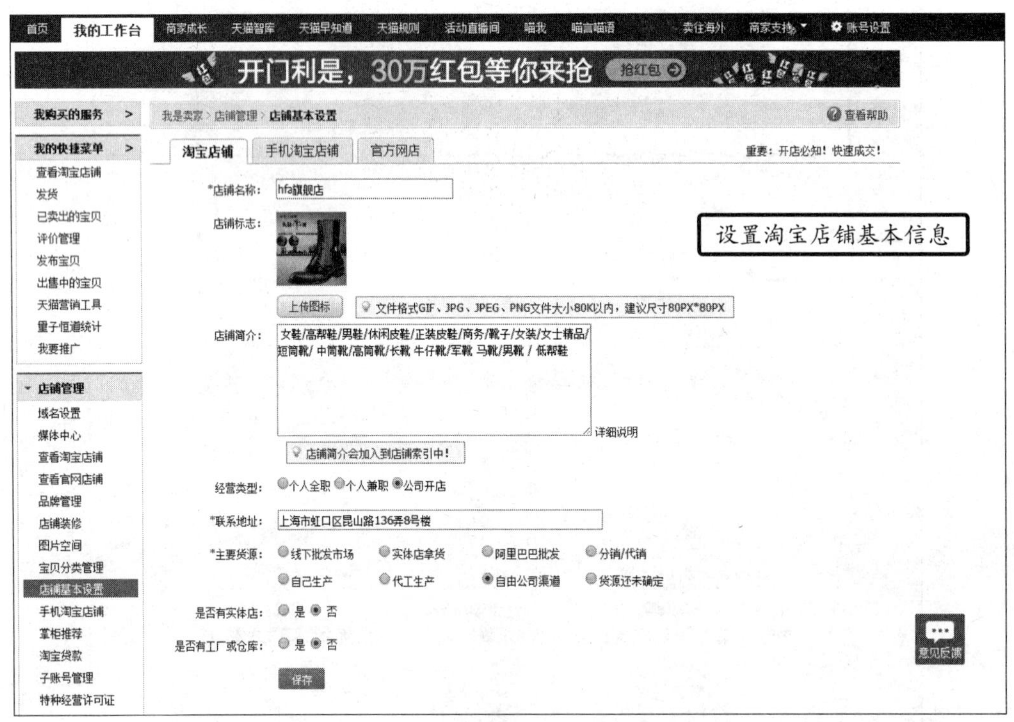

图7-25

03 单击“手机淘宝店铺”选项卡，可以分别设置手机淘宝店标和客服电话（如图7-26所示）。单击“官方网店”选项卡，可以设置店铺名称、关键字以及店铺标志（如图7-27所示）。

图7-26

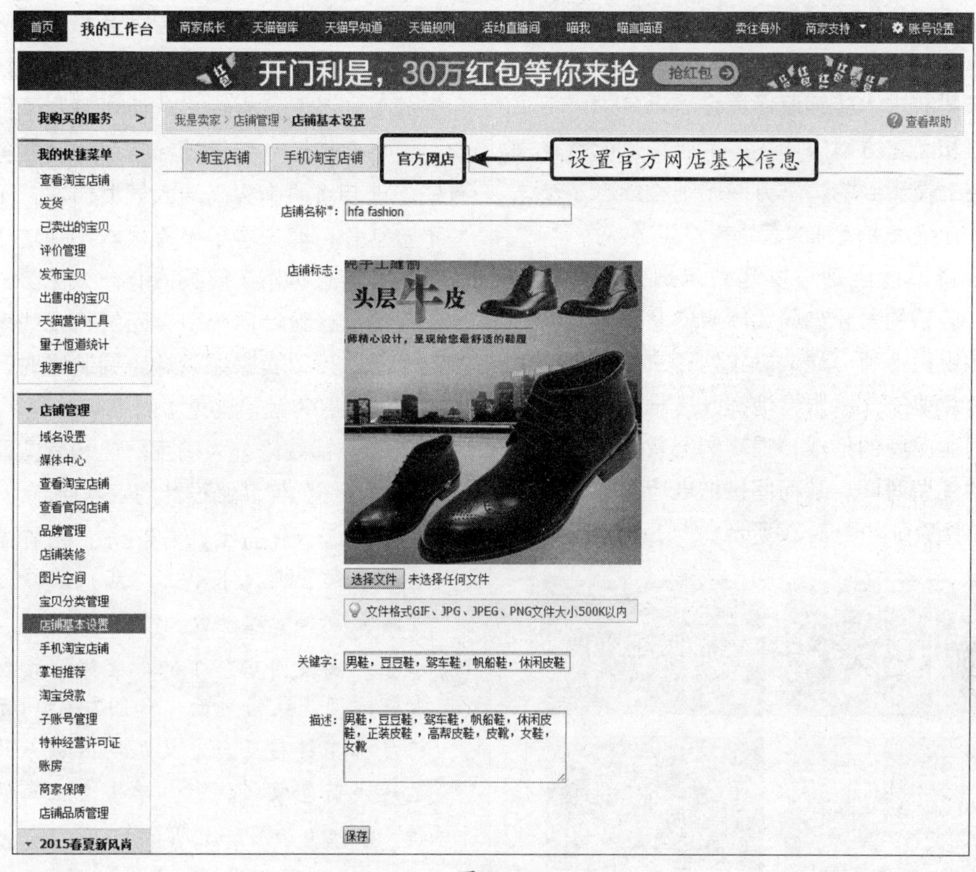

图7-27

注 意

天猫商家是无法自己更改店铺类别的，若因错误而修改需要致电天猫客服：4008608608。

7.2.2 名称与LOGO设置

天猫商家卖的就是商品品质，所以一般都会在店铺内放上商品的品牌LOGO，让消费者一眼看到增加购买信心。淘宝集市卖家销售的多是工厂杂货，很多都没有自己的品牌，从商品到包装都会比较随意。许多天猫商家的物流包装都会在醒目的位置打上自己的LOGO，LOGO设置可以参照图7-28所示原则。图7-29所示为某服饰在天猫旗舰店的首页品牌LOGO。

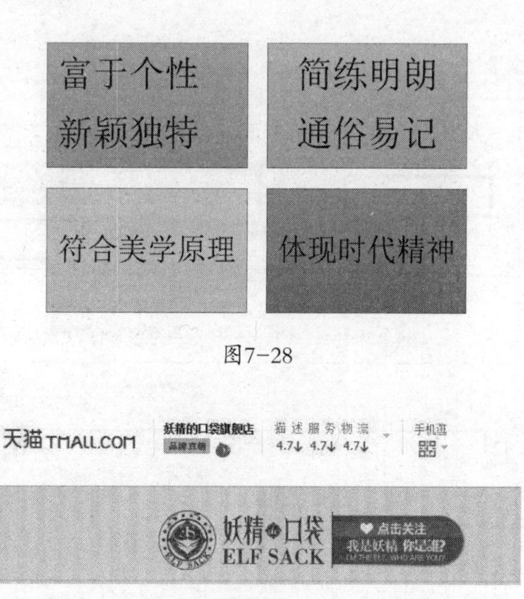

图7-28

图7-29

7.2.3 “淘宝店铺”装修

天猫在进入店铺装修后台后，分为“淘宝店铺”和“官方网店”，淘宝店铺是能够在淘宝平台上搜索到的，官方网店则不能。本书只为读者介绍淘宝店铺的装修操作步骤。

装修设计店铺可以起到识别一个品牌的作用，店铺的美化如同实体店的装修一样，让人们从视觉上和心理上感觉到店主对店铺的用心，并且能够最大限度地提升店铺的形象，有利于网店品牌的形成，提高浏览量和加强买家驻店的停留时间，从而间接增进店铺交易量，网店装修原则如图7-30所示。

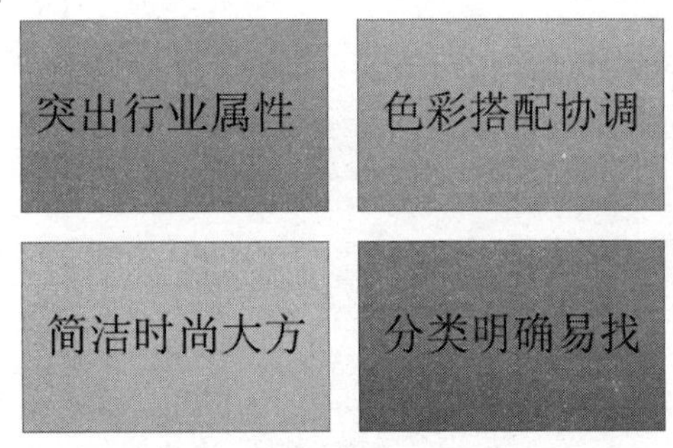

图7-30

事实证明美观实用的店铺装修更能吸引买家视线，好的产品在诱人的装饰品的衬托下，会使人更加不愿意拒绝，从而更有利于促进成交。但是要切记一切设计都是为营销服务的，有些店铺装修的确实高端大气上档次，不过就是不接地气，客户看了半天根本不知道这是卖什么的，而且也不了解具体有什么优势，只是被炫目的装修设计所吸引，无法将视线聚焦在产品本身。所以卖家在设计店铺装修时，都应当以简洁大方为宜，避免华而不实。

天猫店铺装修分为淘宝网店和官方网店装修，下面介绍如何装修设计淘宝网店。

01 进入天猫“我的工作台”后，在页面左侧的“店铺管理”下单击“店铺装修”，打开淘宝店 铺管理平台。

02 单击“淘宝网店”下的“装修”按钮，进入官方网店装修页面（如图7-31所示）。将鼠标指针移至自定义版块区域，此时会呈现浅蓝色蒙版状态，单击右上角的“编辑”按钮（如图7-32所示）。

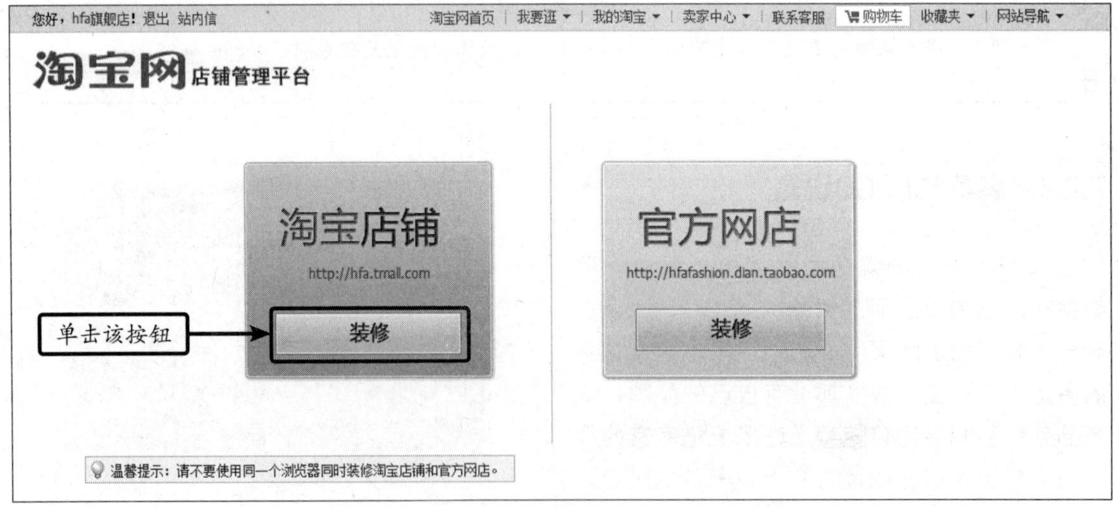

图7-31

小提示

官方网店为赠送的独立网站，在淘宝平台上是不能被搜索到的。为了更好地考虑到试运营考核的情况，建议应当先将自己的天猫店铺运作好。

图7-32

03 打开“自定义内容区”对话框，在中间的文本框内输入一段图片的代码，如图7-33所示。

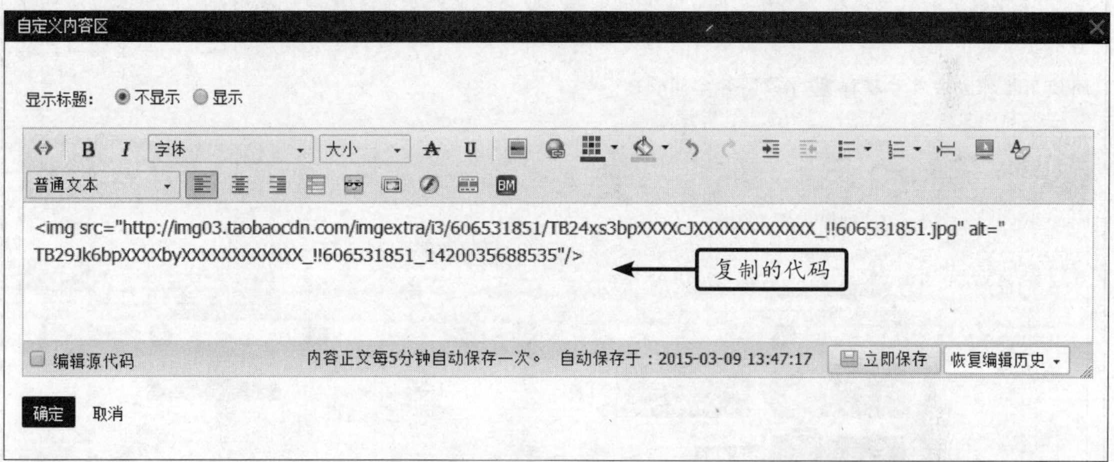

图7-33

04 输入完毕后，会自动将这段代码转换为图片，如图7-34所示。

图7-34

05 单击“确定”按钮即可将指定图片插入到自定义内容区，如图7-35所示。

图7-35

小提示

本步骤中的代码是在“图片空间”中复制的相应图片的代码，也就是事先在图片空间中上传店铺作为标签页的图片，然后通过复制该图片代码（如图7-36所示），完成自定义招牌的设置。具体的图片空间使用操作方法及步骤详见7.6节图片空间管理。

图7-36

7.3 店铺商品分类管理

为了方便店铺的宝贝管理，同时方便顾客快速找到自己需要的产品，卖家可以事先按照不同类目分门别类，即可在店铺首页将所有商品类目展现在消费者面前。

图7-37所示为某品牌化妆品分类；图7-38所示为生鲜水果按照水果类型、礼盒分类；图7-39所示为服饰按照上衣、下装、裙装和配饰分类。

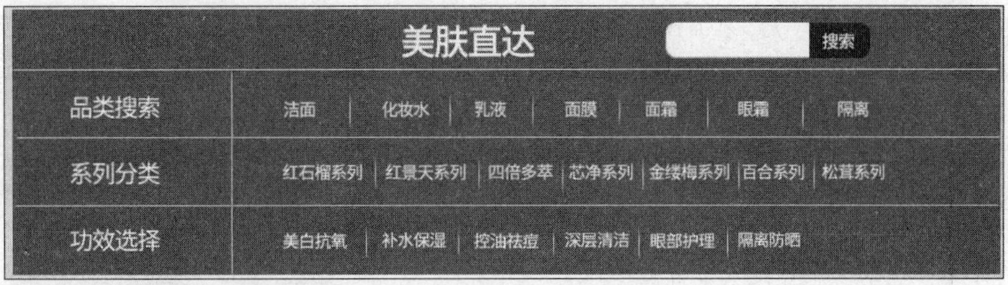

图7－37

图7－38

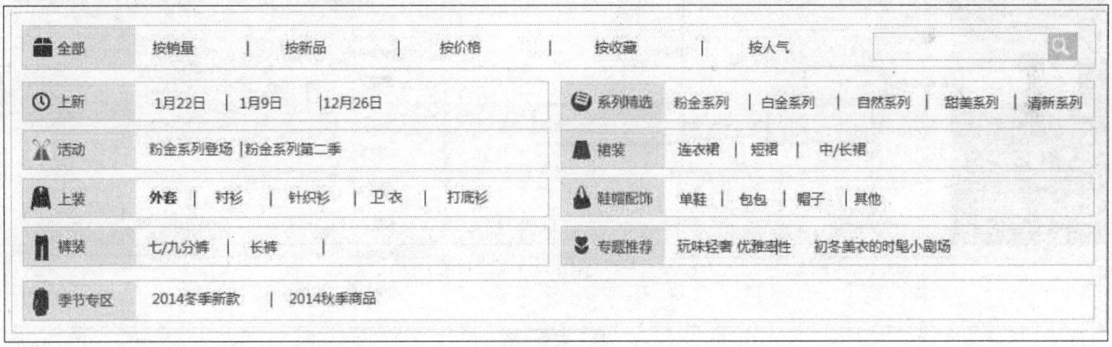

图7－39

一个分类合理清晰的店铺可以极大地方便顾客。如果商家一次性发布太多宝贝的话，买家会很难快速找到需要的某个商品，因此设置好宝贝分类可以使买家首先找到大分类，然后在大分类下找到需要的子分类，就可以快速找到符合要求的宝贝了。那么如何分类宝贝呢？下面就来具体介绍如何对店铺宝贝设置手工分类和自动分类。

7.3.1 添加手工分类

了解了商品的品牌种类和功效后，就可以手动输入设置产品的名称，手动分类可以按照自己的思路设置分类，下面介绍具体的手工商品分类步骤。

01 进入天猫“我的工作台”后，在页面左侧的“店铺管理”下单击“宝贝分类管理”（如图7-40所示），打开宝贝分类管理页面。

02 进入“商品管理”下的“宝贝管理”，在“商品”选项下单击上方的“添加手工分类”（如图7-41所示），进入手工分类页面。

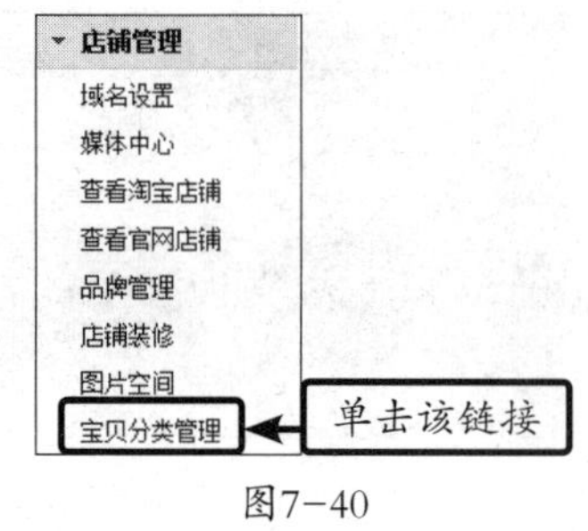

图7-40

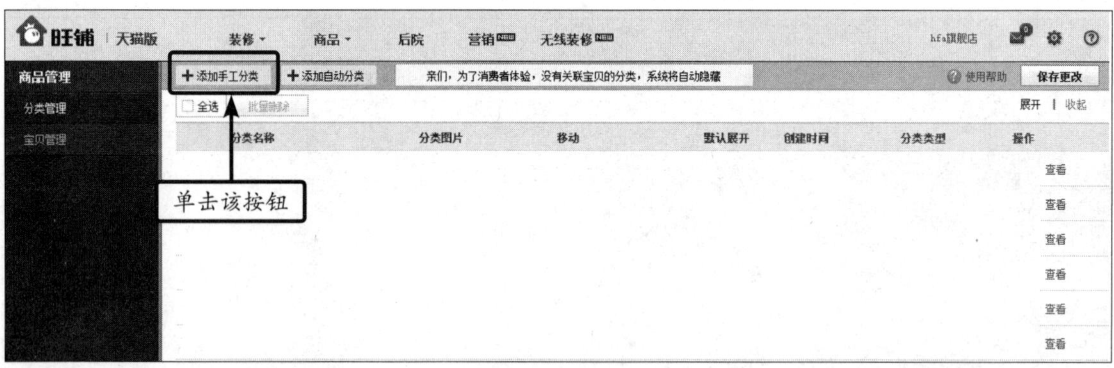

图7-41

03 输入分类名称后并选中，再单击下方的“添加子分类”按钮，进入子分类编辑状态，如图7-42所示。

图7-42

注 意

如果要创建子分类，必须首先选中已经创建好的某个分类名称，再添加手工分类，否则会默认创建同一级别的分类名称。

04 将光标放置在子分类编辑框中直接输入名称（如图7-43所示），按照相同的设置方法依次输入其他子分类名称。

05 按照相同的方法分别建立其他手工分类，并在下方编辑子分类即可，如图7-44所示。

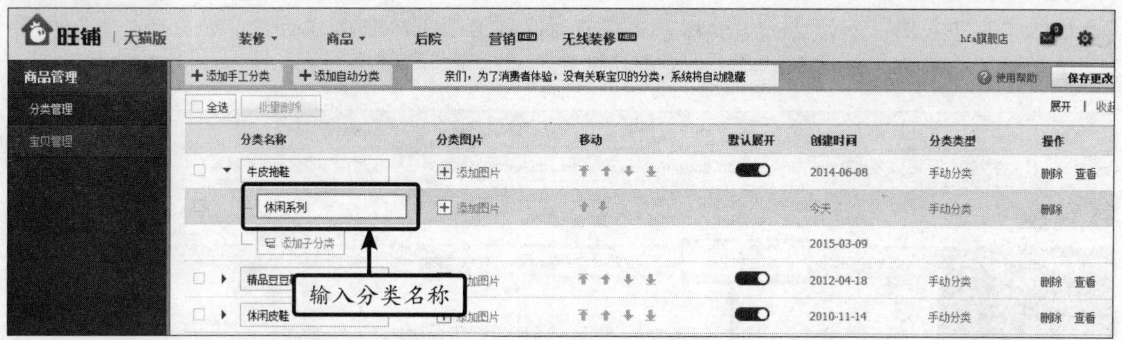

图7-43

分类名称	分类图片	移动	默认展开	创建时间	分类类型	操作
牛皮拖鞋	添加图片			2014-06-08	手动分类	删除 查看
精品豆豆鞋	添加图片			2012-04-18	手动分类	删除 查看
休闲皮鞋	添加图片			2010-11-14	手动分类	删除 查看
正装皮鞋	添加图片			2010-11-14	手动分类	删除 查看
商务皮鞋	添加图片			2010-11-14	手动分类	删除 查看
漆皮男鞋	添加图片			2011-03-20	手动分类	删除 查看
磨沙/反绒皮鞋	添加图片			2010-11-27	手动分类	删除 查看
内增高休闲鞋	添加图片			2011-03-11	手动分类	删除 查看
高帮休闲皮鞋	添加图片			2010-11-14	手动分类	删除 查看
高帮正装皮鞋	添加图片			2010-11-14	手动分类	删除 查看
短筒皮靴	添加图片			2010-11-14	手动分类	删除 查看
中筒皮靴	添加图片			2010-11-14	手动分类	删除 查看
高筒皮靴	添加图片			2010-11-14	手动分类	删除 查看
女士休闲皮鞋	添加图片			2010-11-14	手动分类	删除 查看
女士商务皮鞋	添加图片			2010-11-14	手动分类	删除
女士奢华皮靴	添加图片			2010-11-14	手动分类	删除 查看
保暖 棉毛鞋/靴	添加图片			2011-11-30	手动分类	删除 查看

图7-44

小提示

在分类图片下方可以单击“添加图片”按钮，在不同分类下添加指定图片修饰。还可以实现对图片的编辑和删除。

7.3.2 添加自动分类

自动分类是固定的分类方式，目前可以按照类目、属性、品牌、时间等要素来分，选择相应的分类要素后，接下来就可以分类了。添加自动分类可以按照如下方式进行。

01 进入天猫“我的工作台”后，在页面左侧的“店铺管理”下单击“宝贝分类管理”，打开宝贝分类管理页面。

02 进入“商品管理”下的“宝贝管理”，在“商品”选项下单击上方的“添加自动分类”按钮（如图7-45所示），打开“自动分类条件设置”对话框。

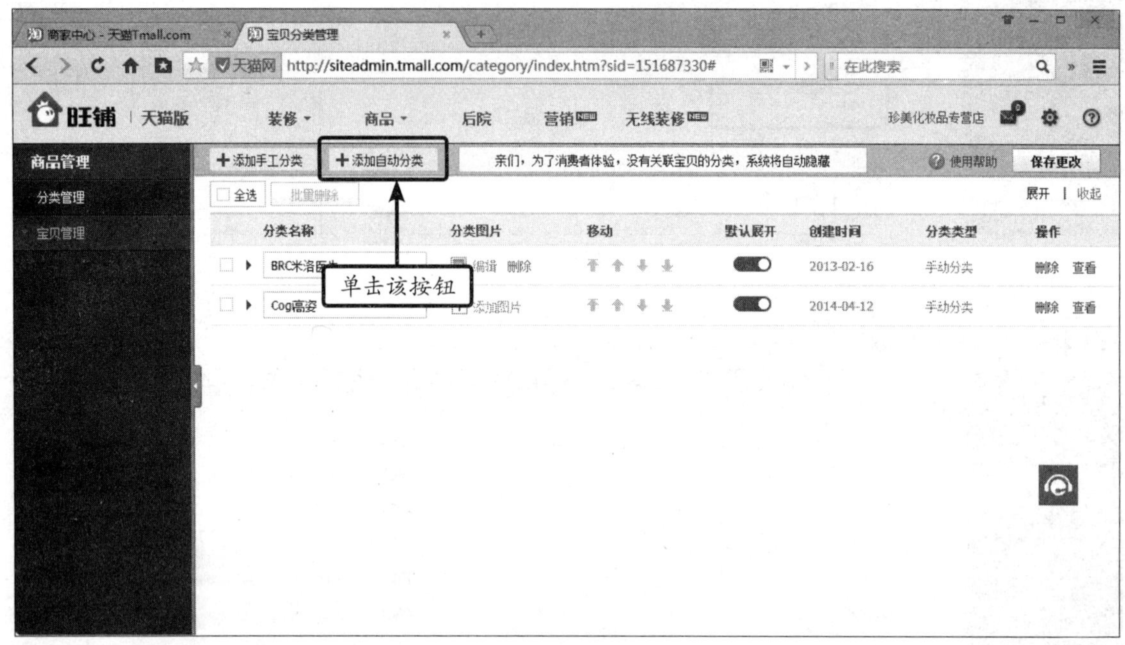

图7-45

03 在“按类目归类”选项下可以看到显示的不同类目名称（如图7-46所示），通过勾选复选框可以快速选中指定类目，单击“确定”按钮即可完成自动分类设置。

图7-46

04 比如在“类目名称”栏下勾选上“化妆水/爽肤水”复选框（如图7-47所示），单击“确定”按钮，即可完成自动分类的添加，如图7-48所示。

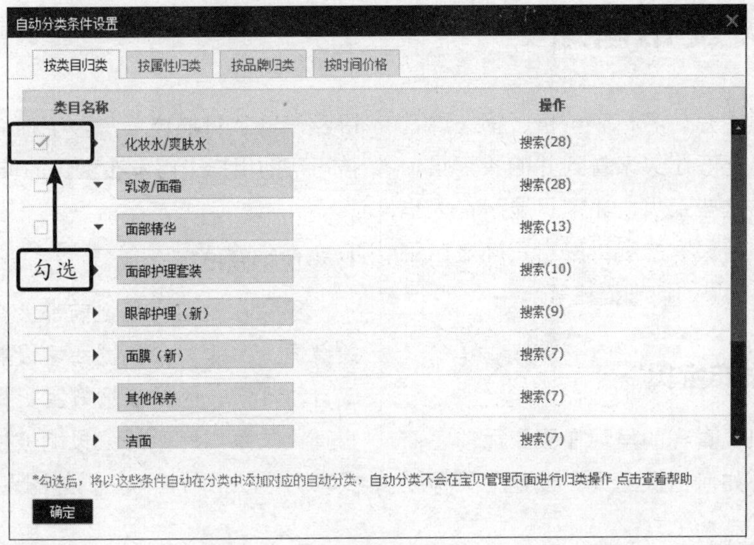

自动分类条件设置
按类目归类
按属性归类
按品牌归类
按时间价格
类目名称
操作
化妆水/爽肤水
搜索(28)
乳液/面霜
搜索(28)
面部精华
搜索(13)
面部护理套装
搜索(10)
眼部护理（新）
搜索(9)
面膜（新）
搜索(7)
其他保养
搜索(7)
洁面
搜索(7)
勾选
*勾选后，将以这些条件自动在分类中添加对应的自动分类，自动分类不会在宝贝管理页面进行归类操作 点击查看帮助
确定

图7-47

旺铺 天猫版
装修
商品
后院
营销
无线装修
珍美化妆品专营店
商品管理
分类管理
宝贝管理
添加手工分类
添加自动分类
亲们，为了消费者体验，没有关联宝贝的分类，系统将自动隐藏
使用帮助
保存更改
全选
批量删除
展开 | 收起
分类名称
分类图片
移动
默认展开
创建时间
分类类型
操作
BRC米洛医生
编辑 删除
2013-02-16
手动分类
删除 查看
Cogi高姿
添加图片
2014-04-12
手动分类
删除 查看
化妆水/爽肤水
添加图片
今天
自动分类
修改 删除

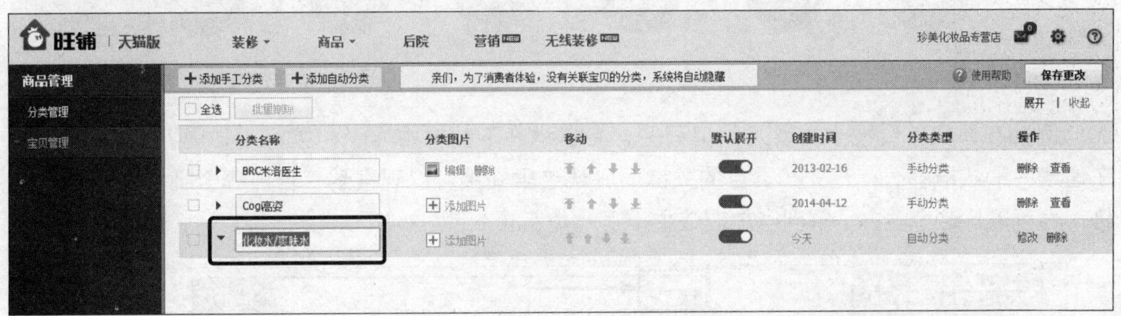

图7-48

05 在“按品牌归类”选项下可以看到显示的不同品牌名称（如图7-49所示），通过勾选复选框可以快速选中指定品牌。

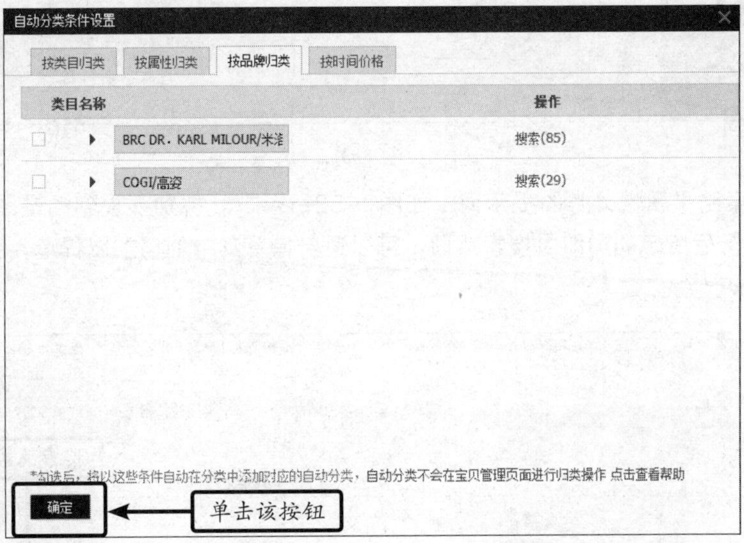

自动分类条件设置
按类目归类
按属性归类
按品牌归类
按时间价格
类目名称
操作
BRC DR．KARL MILOUR/米洛
搜索(85)
COGI/高姿
搜索(29)
*勾选后，将以这些条件自动在分类中添加对应的自动分类，自动分类不会在宝贝管理页面进行归类操作 点击查看帮助
确定
单击该按钮

图7-49

06 单击“确定”按钮即可完成自动分类设置。

7.4 宝贝发布管理

准备好宝贝图片、名称、价格、相关属性等信息后，为了能够让买家看到并购买宝贝，就需要首先发布这些宝贝，让宝贝显示在天猫店铺页面。呈现给买家的宝贝应当正确显示宝贝图片、价格和宝贝的详细描述等。

7.4.1 如何发布宝贝

为了将宝贝更真实的呈现在买家面前，商家首先需要思考如何拍摄宝贝、设置宝贝标题以及设置宝贝描述信息。下面介绍几个简单的技巧帮助用户了解发布宝贝的准备工作。

1. 设置标题技巧

买家在购买商品之前都会在淘宝网上搜索关键词，关键词会根据商家设置的宝贝标题完成自动搜索，因此设置好宝贝标题至关重要，它直接关系到商家的宝贝能被搜索到的机率有多大。标题撰写基本格式如图7–50所示。

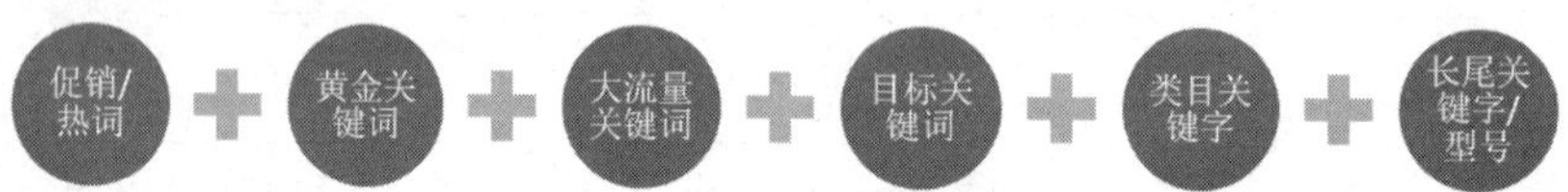

图7–50

例如在天猫首页搜索框输入关键词后，会自动在下拉框中显示相关词（如图7–51所示），在这里会默认推荐一些行业和类目的关键词。从这里间接可以观察到，目前哪个细分类目是大趋势，也可以从这个地方了解到当前应该主推哪一类宝贝。

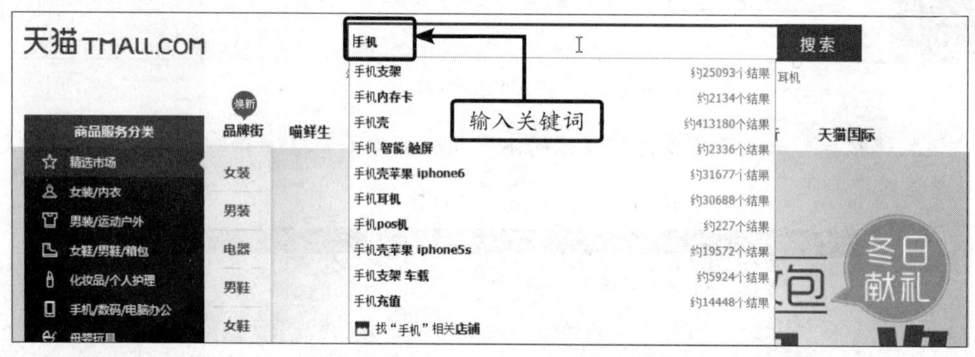

图7–51

第2处是搜索结果属性分类的提示词（如图7–52所示）。特别要提到的是图7–52所标记的“您是不是想找”后所示的词即为搜索热词，可以适当借鉴其中的词加以提炼，变为自己店铺宝贝标题的关键词。

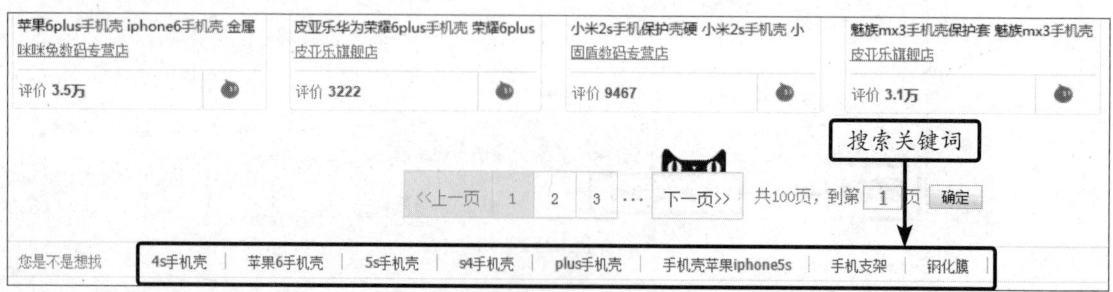

图7–52

总而言之，掌握宝贝标题设置技巧就是为了能够增加店铺流量，除此之外也可以通过诸如直通车等付费手段提升流量，如果想要得到一些免费流量，就需要在宝贝标题设置的关键词上下功夫。

2. 宝贝拍摄

宝贝拍摄技巧包括很多方面，一些大卖家会聘请一些专业团队为宝贝拍摄照片，淘宝小卖家一般都会自己拍摄。由于宝贝种类繁多，所以不同的宝贝需要掌握不同的摄影技巧，使产品更好地呈现在买家面前。

（1）拍摄准备：拍摄设备可以使用卡片机或者单反，至少两个柔光灯，并根据需要选购合适的摄影器材。如果对拍摄的效果不满意，后期也可以使用图片处理软件简单调整，最常使用的是PS软件。

（2）造型设置：根据不同的产品设置对应的造型，可以更好地突出产品个性，让客户有购买的欲望。比如服饰类可以使用模特图，或者将服饰平铺拍摄，切记皱皱巴巴地摆放服饰。再比如饰品类可以采用微距拍摄，突出产品的细节，不要摆放过多的辅助物品，这样容易喧宾夺主。

（3）曝光补偿：卖家如果不能准确地判断曝光，可以先拍几张不同曝光指数的照片。如果相机比较高级，可以尝试包围曝光。从最终的照片中选取曝光最合适的一张，再进行后期制作会得到更好的效果。

（4）合适的背景与拍摄角度：背景建议纯色（根据行业不同，可有不同颜色选择），一般建议浅色，这样才能突出宝贝。其中白色是百搭色，什么商品都可以搭出效果。如果觉得纯色背景过于单调，也可以添加一些小道具来凸显宝贝，但是切记不可喧宾夺主。合适的拍摄角度也可以更完美地展现宝贝（如图7–53所示），一般建议斜放30°～45°，效果都很好。如何拍摄出完美角度的宝贝需要不断探索学习，久而久之，自然会拍摄出满意的宝贝图片。

图7–53

宝贝的拍摄技巧有很多，这里只是列举了几点，宝贝照片只有清晰并能够展现商品的特质和优点，才能吸引买家目光，从而提高成交量。

3. 宝贝描述

一个好的宝贝描述，不但可以清楚地介绍宝贝，还是吸引消费者并促成交易的重要手段。现在的宝贝描述都是直接套用模板，或者事先设计好平面图并上传至图片空间，再将其代码复制到宝贝描述页面。

宝贝描述主要包括宝贝材料、宝贝产地、宝贝的售后服务、生产厂家、宝贝性能等信息（如图7–54所示）。

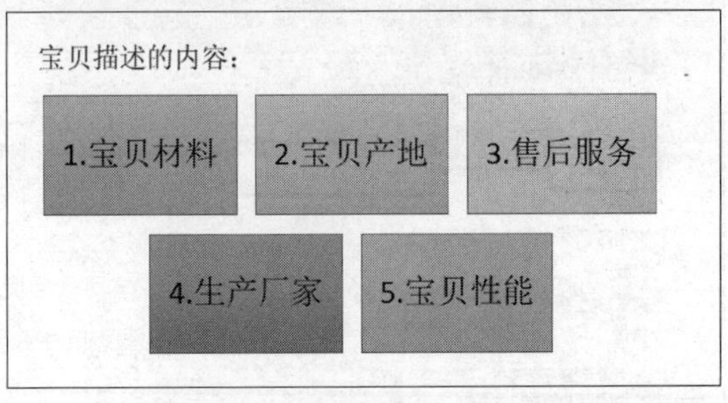

图7–54

宝贝描述需要做到条理分明、重点突出。建议在做宝贝描述的时候，最好只用1～3种颜色，最好不要超出3种，字体可以选择最适合阅读的宋体，并且只用一种大小的字体，标题字体可以用颜色来突出显示，描述比较琐碎的时候，可以使用表格来规范，宝贝描述最重要的就是要做到真实。

4. 发布宝贝

拍摄好宝贝图片并设计好宝贝标题之后，接下来就可以将宝贝发布到网上了。在实体店的购买者可以直观地看到物品的颜色、款式、大小等，还可以试穿或者试用来决定是否值得购买；而淘宝店铺只能够给买家提供商品的图片以及宝贝的详细描述，买家需要自己斟酌后才会决定是否下单。具体的宝贝发布基本流程如图7-55所示。

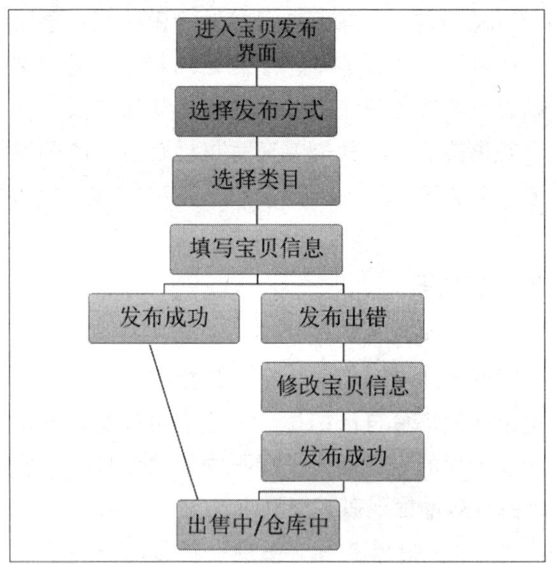

图7-55

卖家在发布宝贝时应当尽量详细并照顾到方方面面，下面为大家介绍如何正确发布准备好的宝贝，将其展现在买家面前。

01 进入天猫“我的工作台”后，在页面左侧的“宝贝管理”下单击“发布宝贝”（如图7-56所示），打开宝贝发布页面。

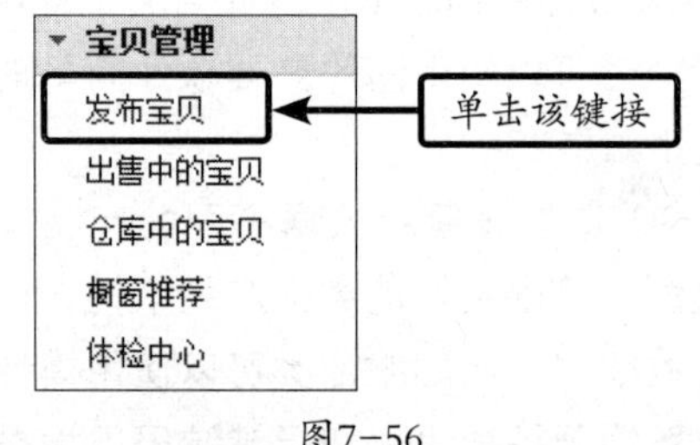

图7-56

02 在“一口价”选项下，首先在左侧列表中选择一个类别（流行男鞋），如图7-57所示。

图7-57

03 选择一级类目之后会在中间显示二级类目列表，如图7-58所示。

04 选择一个二级类目名称（如图7-59所示），即可在右侧显示鞋类的品牌名称。

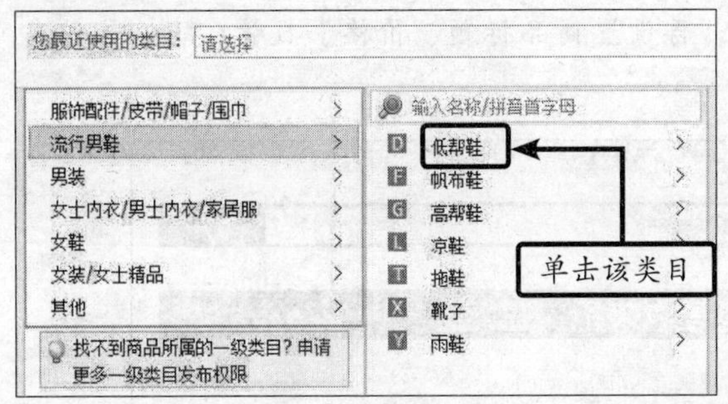

图7-58

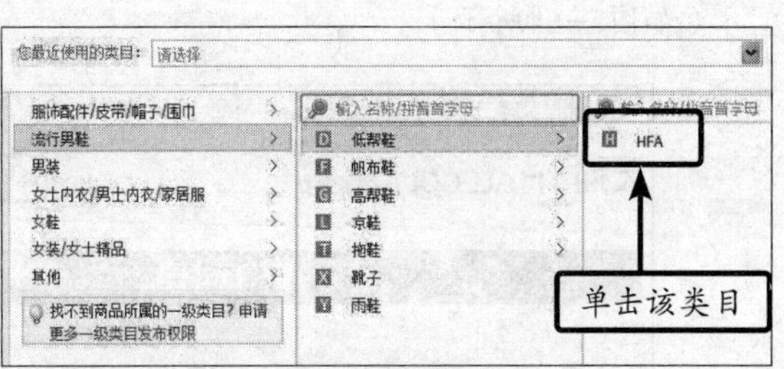

图7-59

05 单击品牌名称即可激活右侧的货号列表框(如图7-60所示)。如果已经有现成的货号,可以直接在下方输入货号;如果没有货号需要事先申请,单击"申请货号认证"链接即可打开"申请货号认证"页面。

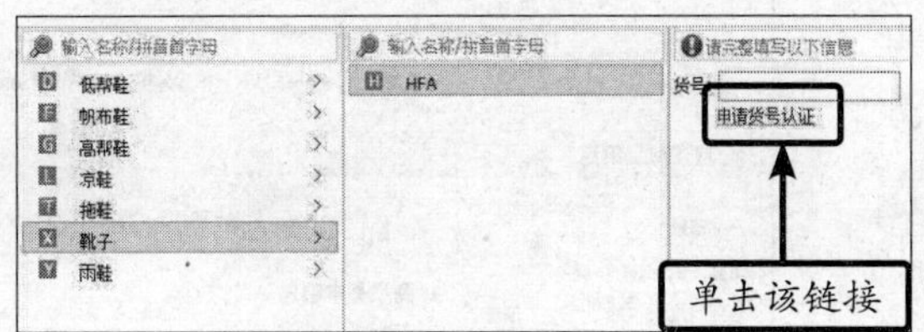

图7-60

06 在该页面中分别设置品牌名称、适用范围、货号/款号、吊牌图片等信息,如图7-61所示。

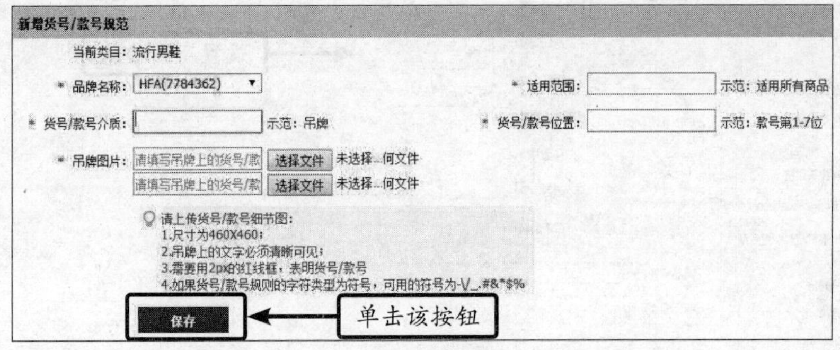

图7-61

07 设置完成后单击下方的"保存"按钮即可申请好货号,如图7-62所示,单击"下一步,发布商品"按钮打开"填写商品信息"页面。

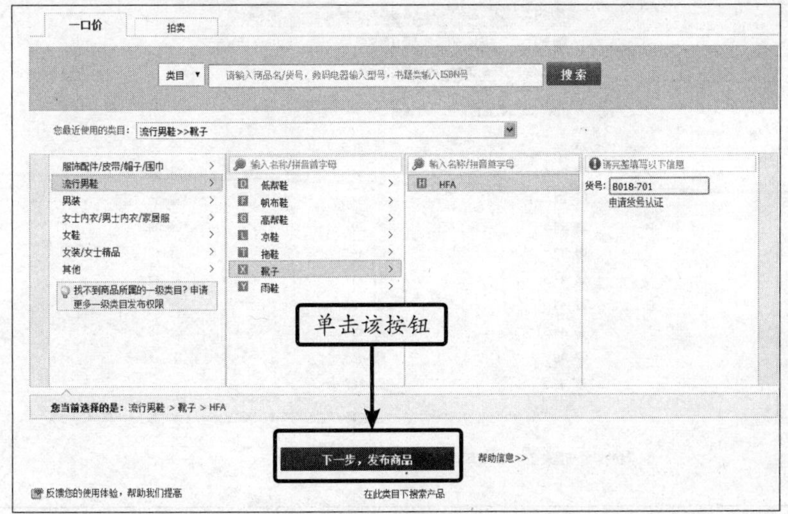

图7-62

08 设置商品类型和商品属性（如图7-63所示），再设置商品标题、价格、数量、规格等信息（如图7-64所示）。

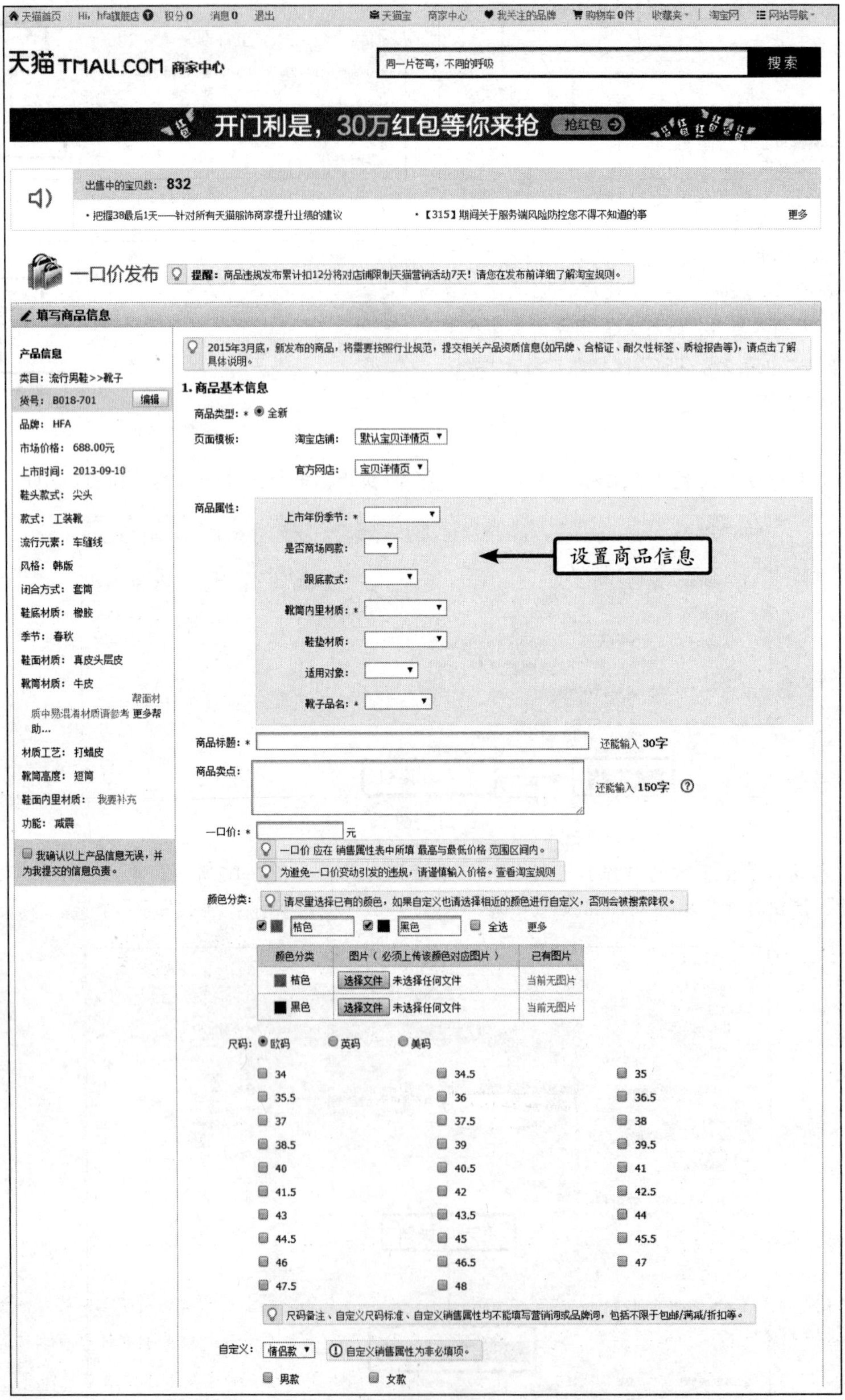

图7-63

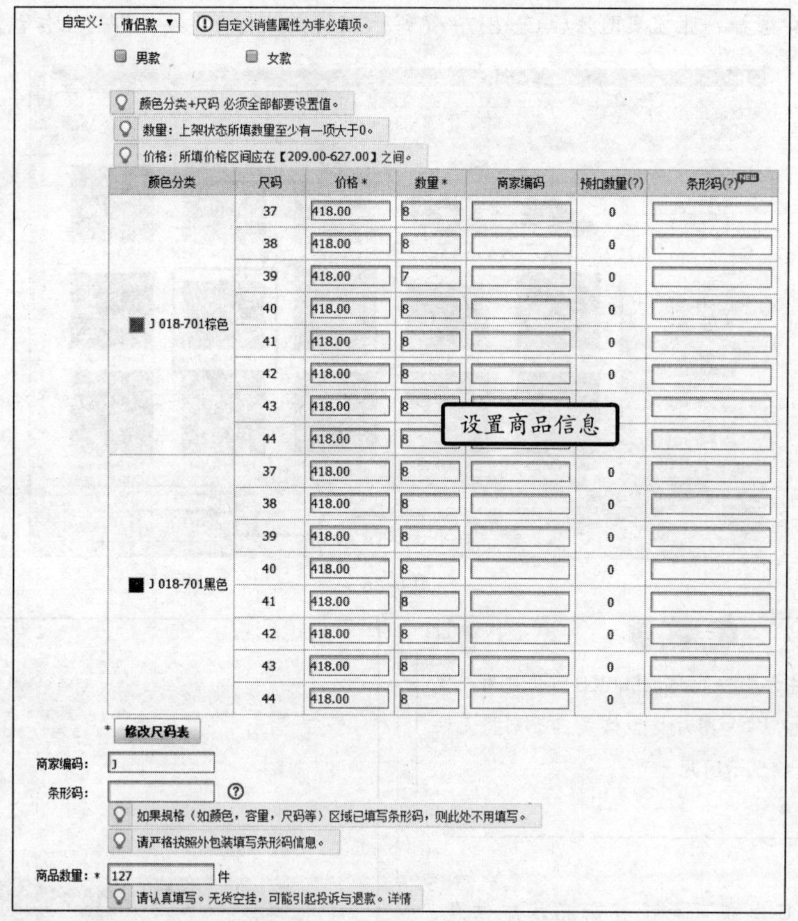

图7-64

09 在“商品图片”标签下可以选择上传的宝贝图片，单击“上传新图片”按钮（如图7-65所示）即可打开“打开”对话框。

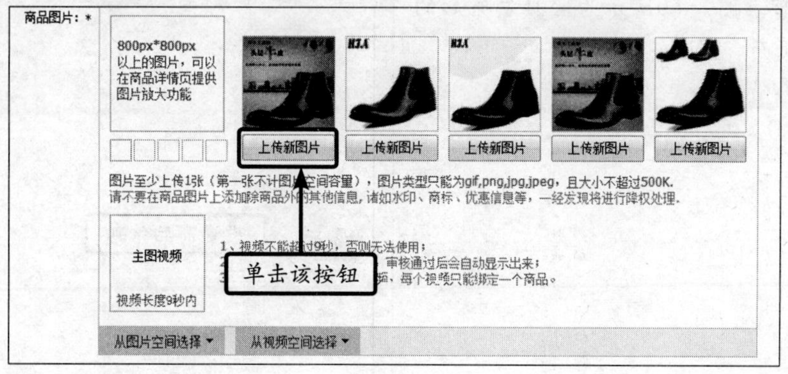

图7-65

小提示

这里可以直接手动输入文字描述宝贝，为了使宝贝发布页更加美观，通常宝贝描述图片可以使用一些设计软件设计好页面，初学者也可以在光影魔术手和美图秀秀等简单易操作的软件上设计宝贝描述页面，再按照本章7.5节介绍的图片空间使用方法，将其代码或者链接复制到这里的宝贝描述文本框内即可。

⑩ 在对话框中选择一张宝贝图片后（如图7-66所示），单击"打开"按钮即可上传该图片。

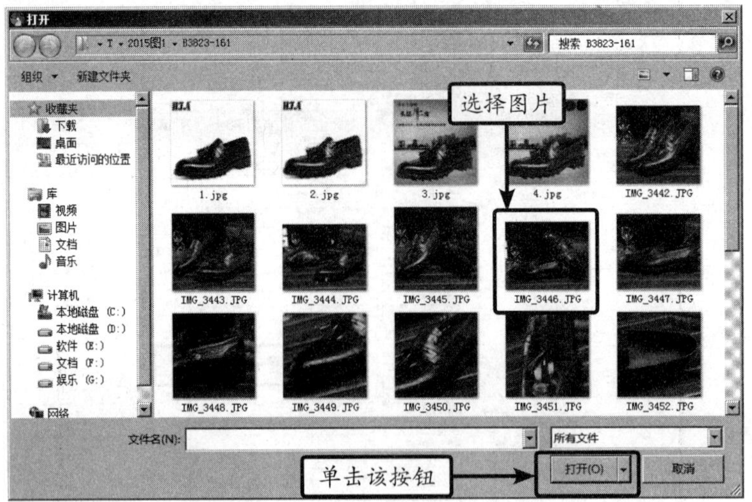

图7-66

注 意

每张图片大小不能超过500KB，并且为指定的JPG、JPEG、PNG图片类型格式，否则将无法在宝贝页面正确显示图片。

⑪ 继续在宝贝发布页面设置商品物流信息、售后保障信息以及其他基本信息（如图7-67、图7-68所示）。

⑫ 设置完成后单击"确认"按钮，即可完成宝贝的发布。图7-69所示为宝贝发布后的效果展示页面。

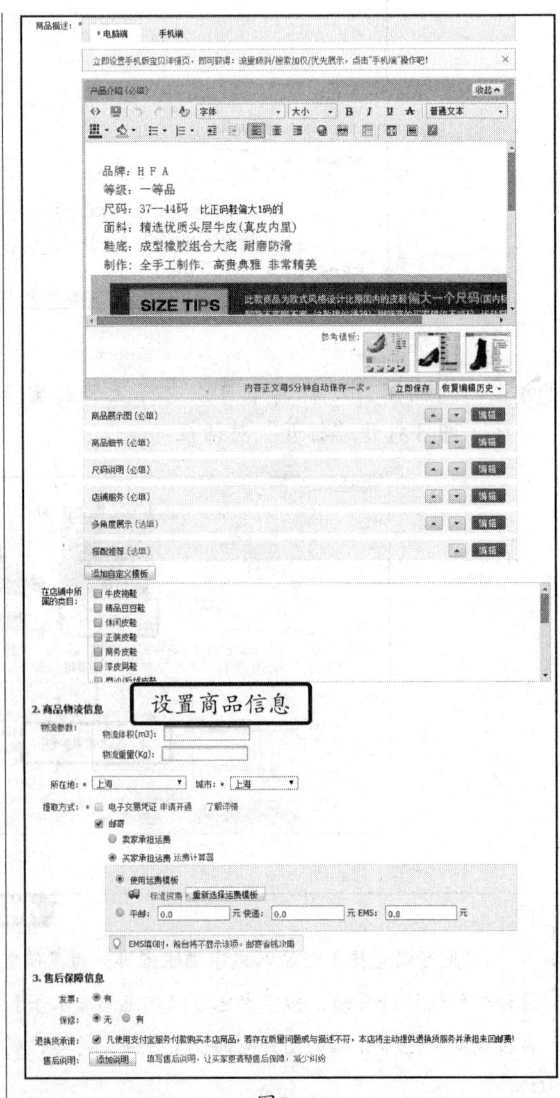

图7-67

4. 其他信息
是否新品：* 您的商品已经超过了新品周期
吊牌图：
请上传 货号细节 图
1. 尺寸为460*460px
2. 吊牌上文字必须清晰可见
3. 需要用2px的红线框，标明货号
查看示例图
上传新图片
会员打折： 不参与会员打折 参与会员打折
拍下减库存： 是 否
秒杀商品或超低价抢购促销商品或热卖商品请选择拍下减库存，可以防止超卖情况！详情
有效期： 7天 14天
分期购： 是 否 将按照每笔交易成功订单金额收取一定比例手续费！详情
开始时间： 立刻
设定 2015年03月09日 14 时 25 分 您可以设定宝贝的正式开始销售时间
放入仓库
秒杀商品： 电脑用户 手机用户
若此商品参加秒杀活动，在此期间内必须设为秒杀商品，以防止作弊
秒杀商品的商品详情页面将不出现"加入购物车"按钮
橱窗推荐： 是 否
如果把商品放入仓库，橱窗推荐是无效的~ 您当前共有100个橱窗位，使用了100个。橱窗位是免费的哦~
返点比例：* 0.5 %
该类商品的最低返点比例为0.5%，设定的返点比例必须是0.5%的整数倍
确认
设置商品信息
单击该按钮

图7-68

HFA官方旗舰店
http://hfa.tmall.com/
14秋季新品HFA韩版男士短筒牛仔靴 帅气套筒尖头个性潮流男靴
¥368.00
¥418.00
立刻购买
加入购物车
我们默认申通快递 需要发顺丰的可以留言顺丰邮费到付！ 申通快递不到的我们默认买家选择邮政小包！
品牌：H F A
等级：一等品
尺码：37—44码 比正码鞋偏大1码的
面料：精选优质头层牛皮(真皮内里)
鞋底：成型橡胶组合大底 耐磨防滑
制作：全手工制作，高贵典雅 非常精美

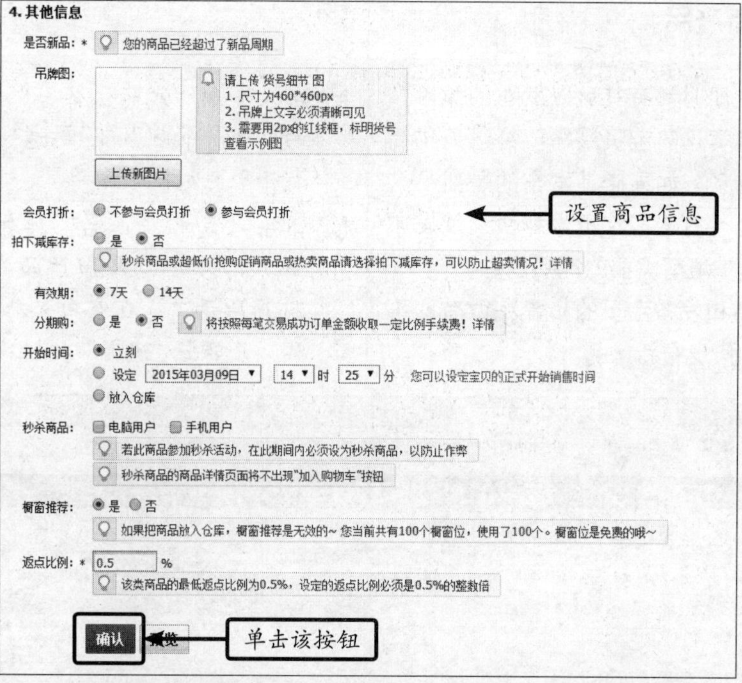

图7-69

7.4.2 发布新产品

天猫店铺注册时都有其可以发布的类目，如果是发布已有类目的宝贝只需要经过天猫简单的审核就可以了，如果店铺发布的是新品，在新品库里面也没有这些宝贝，那么只能发布新品并根据选项来填写需要的产品信息。

发布新产品和发布宝贝的步骤稍微有些不同，下面介绍如何发布新产品。

01 进入天猫“我的工作台”后，在页面左侧的“宝贝管理”下单击“发布新产品”，打开宝贝发布页面。

02 单击“发布新产品”按钮（如图7-70所示），打开“天猫产品发布页”（如图7-71所示）。在空白文本框内输入产品名称，并单击“确定”按钮。

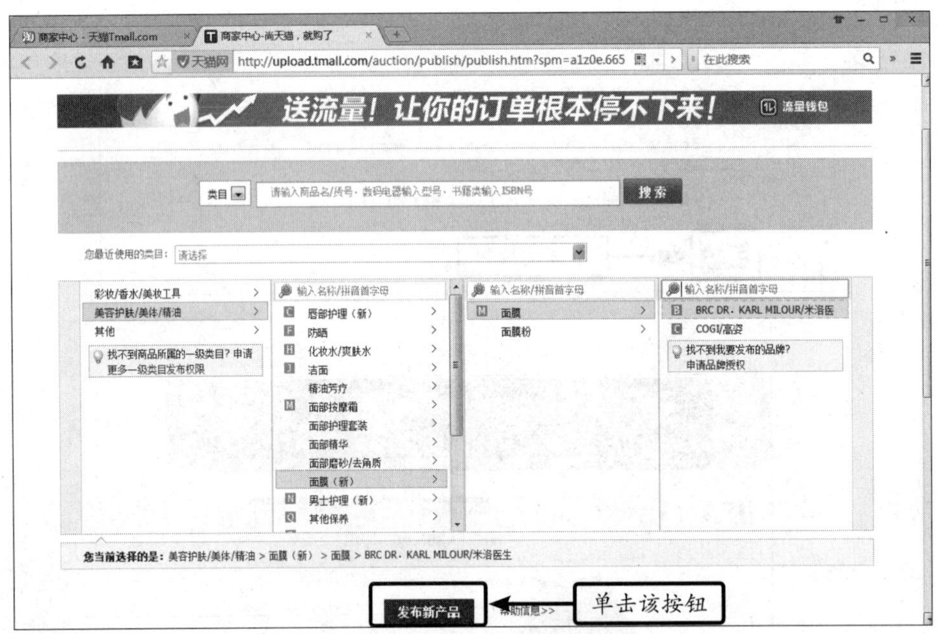

图7-70

图7-71

03 此时会显示无该条产品信息，并提示需要发布新产品（如图7-72所示），单击“发布新产品”按钮，打开新产品发布页（如图7-73所示），重新设置产品属性、规格等各项信息。

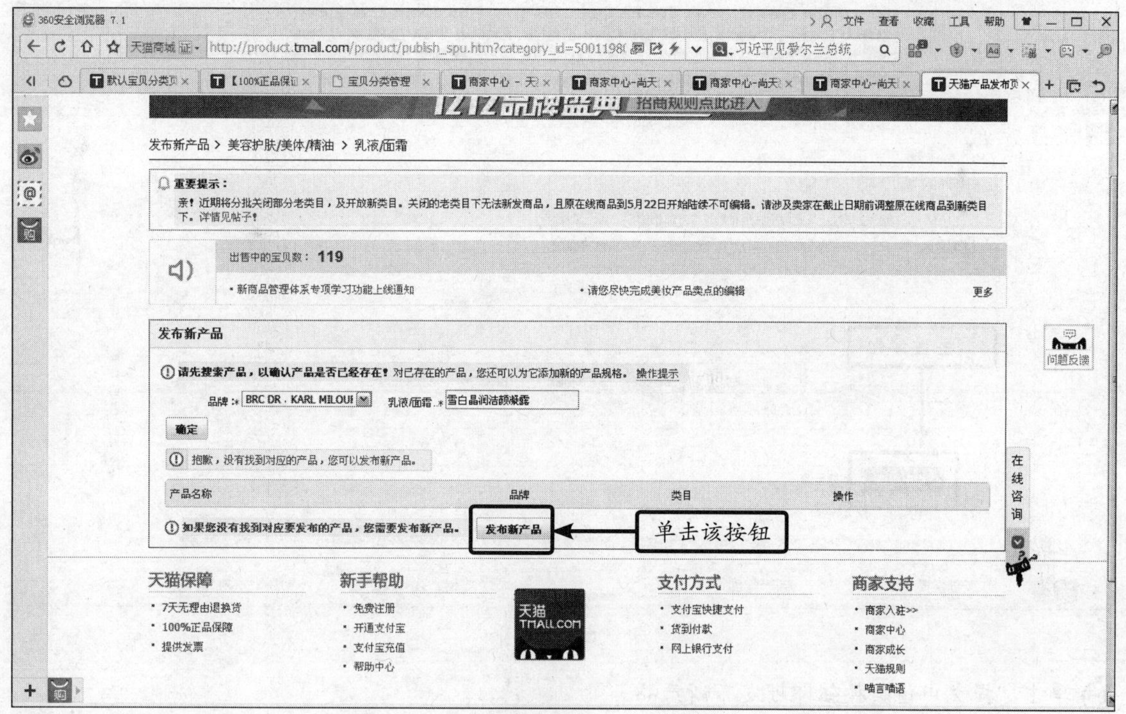

图7-72

图7-73

04 往下拖动滚动条，在页面下方的“上传产品图片”区上传产品的图片（如图7-74所示）。

图7-74

05 单击“提交申请”按钮即可发布新产品。

7.5 宝贝编辑与下架管理

掌握好宝贝的编辑发布和下架时间，能够增加宝贝浏览量，并让买家能够在众多宝贝中找到需要的宝贝。淘宝依据剩余时间决定排名的先后对所有卖家来说都是公平的。宝贝在即将下架的一天到数小时，特别是最后几十分钟内，将获得最佳的宣传位置。下面介绍几点宝贝编辑与下架需要掌握的技巧。

（1）宝贝下架后，之前的收藏人气仍然存在，重新上架宝贝，收藏人气不会受到影响。

（2）宝贝如果是已经下架的状态，则无法进行购买。

（3）已卖出的宝贝订单，在“等待买家付款”的状态下卖家可以修改订单的销售属性、价格，一旦买家完成付款，即交易状态变更为“买家已付款”，将不能再修改。

7.5.1 编辑宝贝信息

发布宝贝之后如果宝贝的相关属性发生改变，可以重新修改宝贝的指定信息，包括数量、价格，以及宝贝描述等，卖家可以在“宝贝管理”中重新编辑宝贝信息。

01 进入天猫“我的工作台”后，在页面左侧的“宝贝管理”下单击“出售中的宝贝”，打开“出售中的宝贝”页面。

02 在该页面中单击需要编辑的宝贝右侧的“编辑宝贝”按钮（如图7-75所示），即可进入宝贝编辑页面重新编辑宝贝的各项信息。

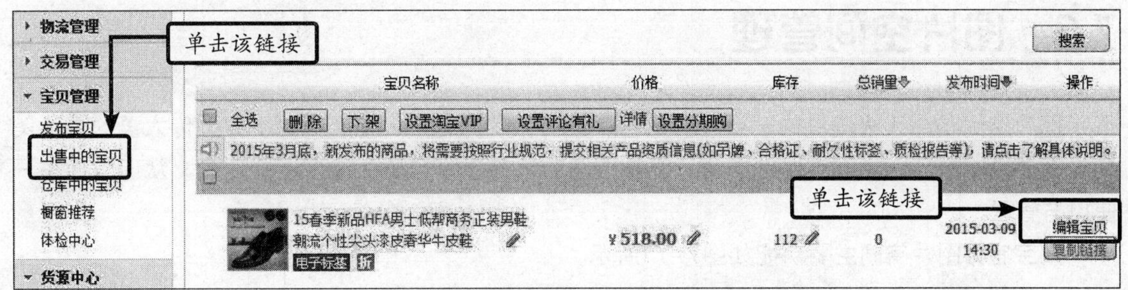

图7-75

小提示

宝贝下架可以实现批量设置，而宝贝编辑只能一个一个编辑修改。

7.5.2 宝贝下架管理

商铺中发布的宝贝都有一定的期限，过了期限之后就会自动下架。如果想要在指定时间设置指定单个或多个宝贝下架，可以在“出售中的宝贝”下设置。

01 进入天猫“我的工作台”后，在页面左侧的“宝贝管理”下单击“出售中的宝贝”，打开“出售中的宝贝”页面。

02 首先在右侧勾选上“全选”复选框（如图7-76所示），然后单击上方的“下架”按钮，即可统一下架所有宝贝。

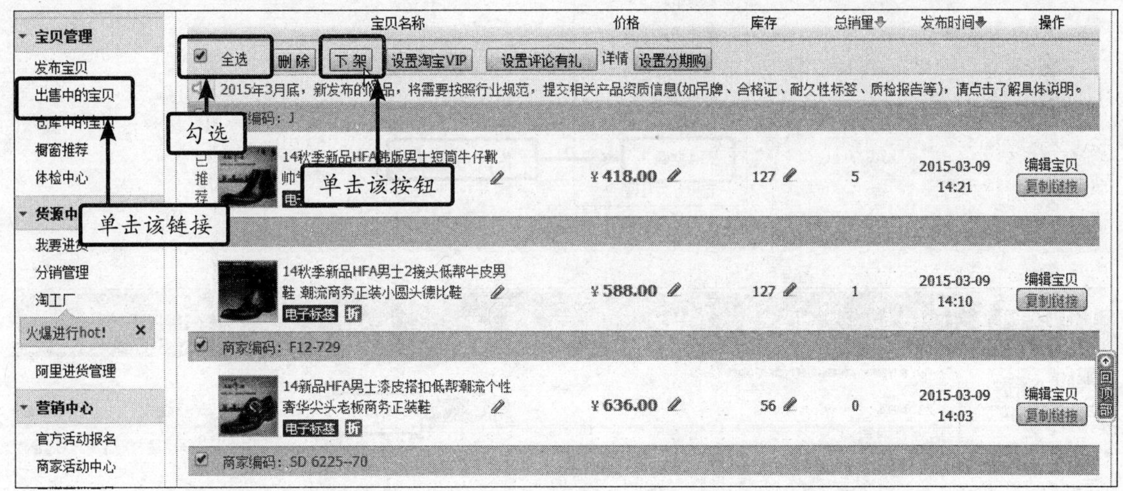

图7-76

小提示

如果需要一次性快速下架多个宝贝，可以依次勾选需要下架的宝贝前面的复选框，再单击“下架”按钮即可。

7.6 图片空间管理

图片空间是由天猫提供的一项免费的图片管理工具。装修天猫店铺时需要上传大量的图片美化店面并说明产品，卖家可以将店招、标签页、宝贝等图片分类上传到图片空间，从而方便统一使用与管理。

淘宝官方图片空间主要功能如图7-77所示。

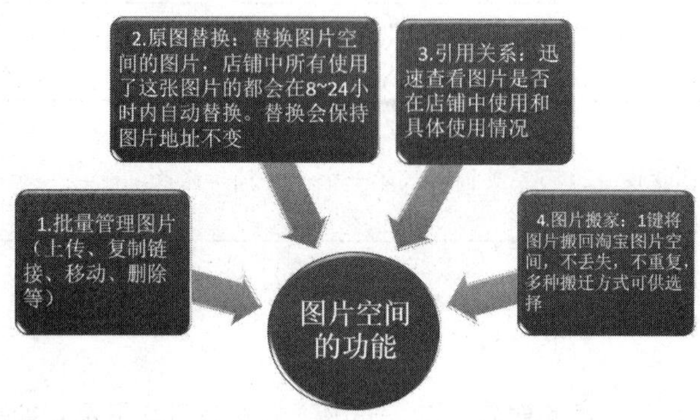

图7-77

下面介绍创建分类文件夹并上传图片的操作方法。

01 进入天猫“我的工作台”后，在页面左侧的“店铺管理”下单击“图片空间”（如图7-78所示），打开“图片空间”页面，单击“新建文件夹”按钮，如图7-79所示。

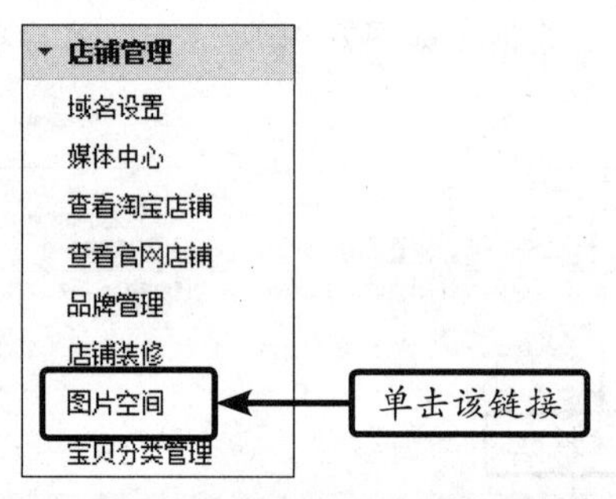

图7-78

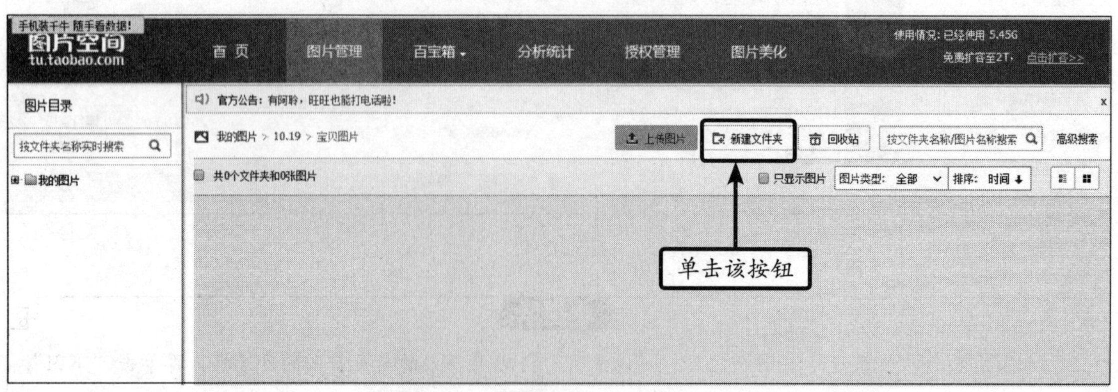

图7-79

02 打开“新建文件夹”对话框，在文本框内输入文件夹名称并单击“确定”按钮，如图7-80所示。

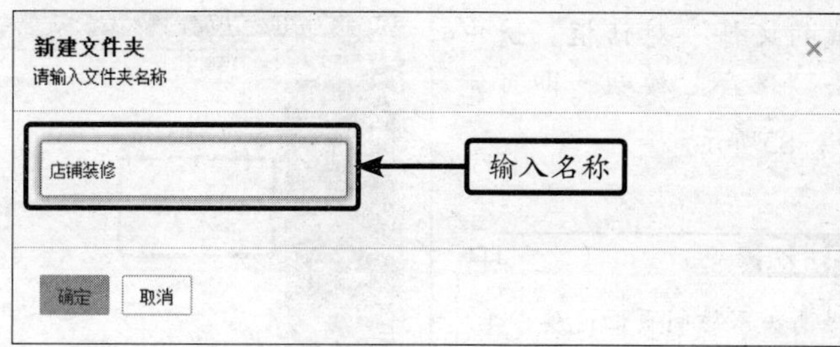

图7-80

03 即可新建文件夹（如图7-81所示）。单击该文件夹即可打开空白子文件夹，单击“上传图片”按钮。

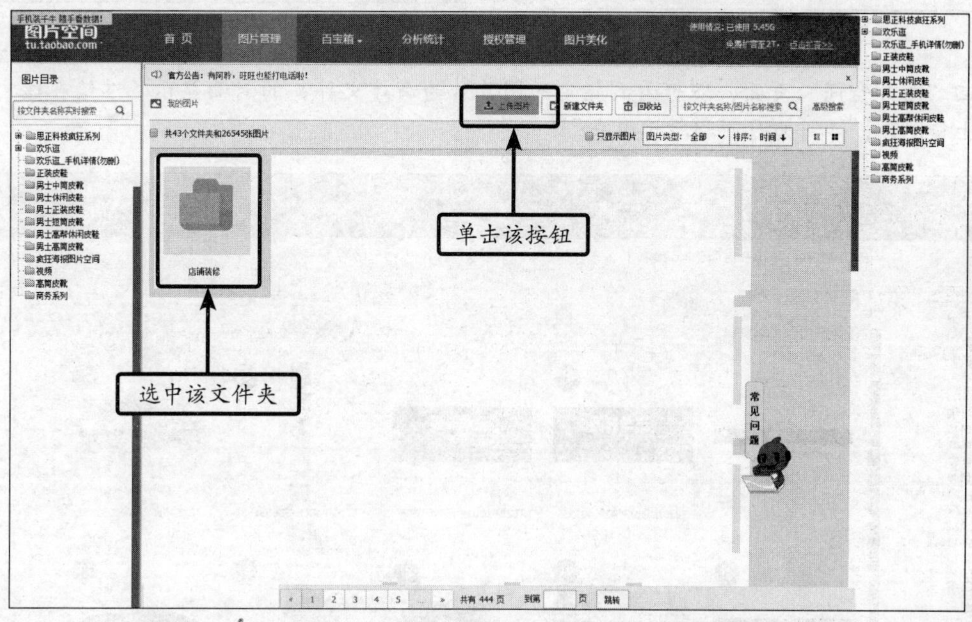

图7-81

04 打开“上传图片”对话框，单击右侧的“点击上传”按钮（如图7-82所示）。

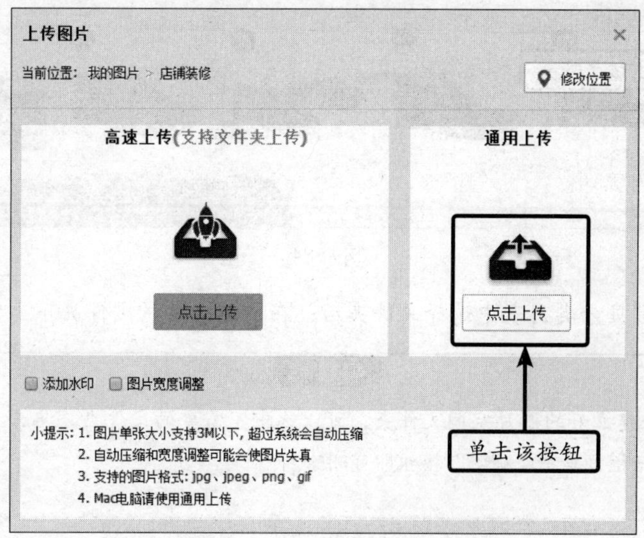

图7-82

05 打开“选择要上载的文件”对话框，选中需要的图片并单击“保存”按钮，即可完成图片上传，如图7-83所示。

小提示

为了节省容量，提高买家访问页面速度，单张图片限制大小为3MB。使用图片空间之前需要分类所有使用到的图片，比如装修类、宝贝描述类、产品展示类等。

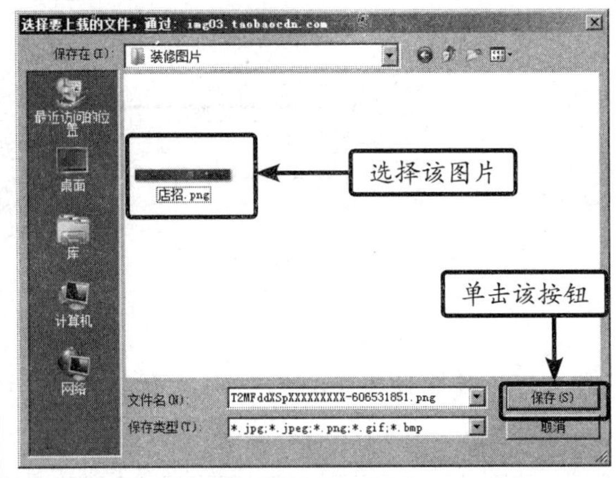

图7-83

06 返回“图片空间”页面，即可看到指定的图片作为新建文件夹的封面显示。继续在该文件夹下上传图片，得到如图7-84所示效果。

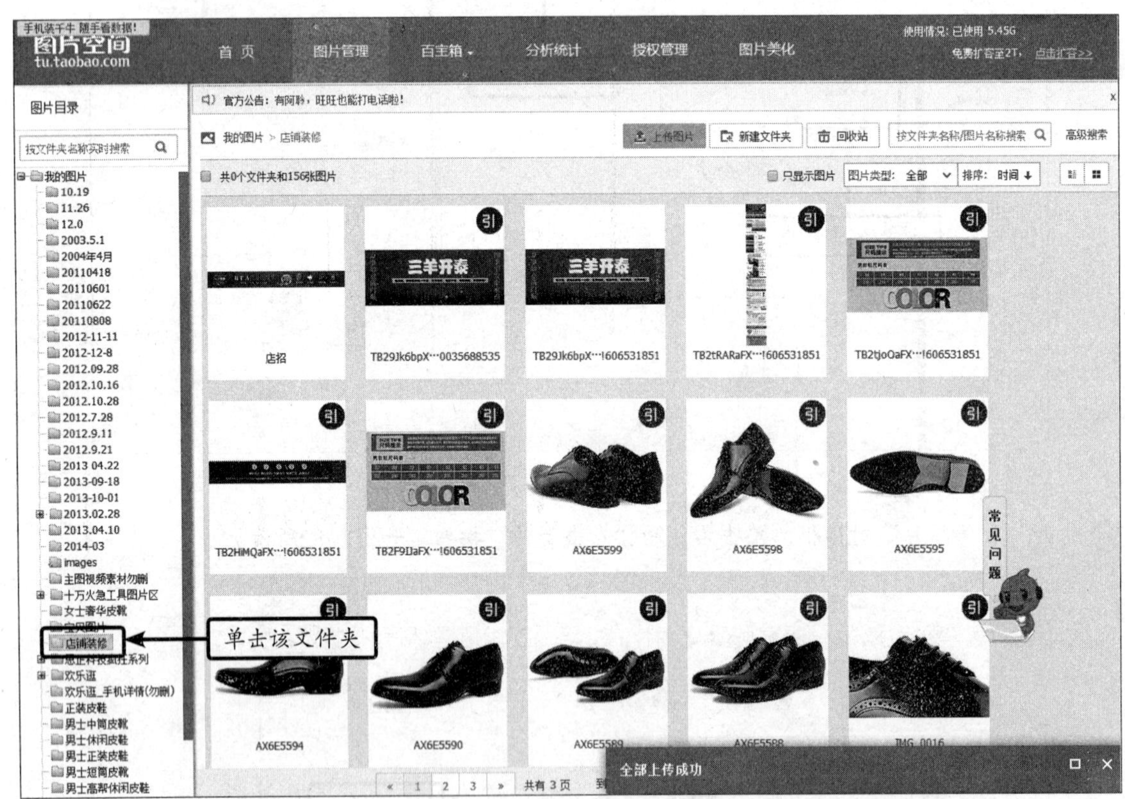

图7-84

07 也可以在左侧的宝贝分类列表中选择文件夹后，在右侧查看该文件夹下上传的所有图片。

小提示

如果要删除已经建立好的图片空间文件夹，可以选中不需要的文件夹，单击上方的“回收站”按钮，弹出删除文件对话框，单击“确定”按钮即可删除。

第8章 天猫交易管理

8.1 交易模块显示设定

天猫用户实行简单的交易管理，都需要在千牛工作台中操作。包括交易模板管理、插件管理与使用、生意参谋，以及一些基本设置。

8.1.1 下载并安装千牛

千牛是阿里巴巴官方出品的卖家一站式工作台，分为电脑和手机两个版本。使用它可以提升卖家的经营效率，促进彼此间的合作共赢。让卖家可以更加便捷和高效地管理店铺，让生意游刃有余。

千牛工作台相对以前的阿里旺旺老版本开发了更多功能，使用千牛卖家工作台可以实现图8-1所示的新功能。

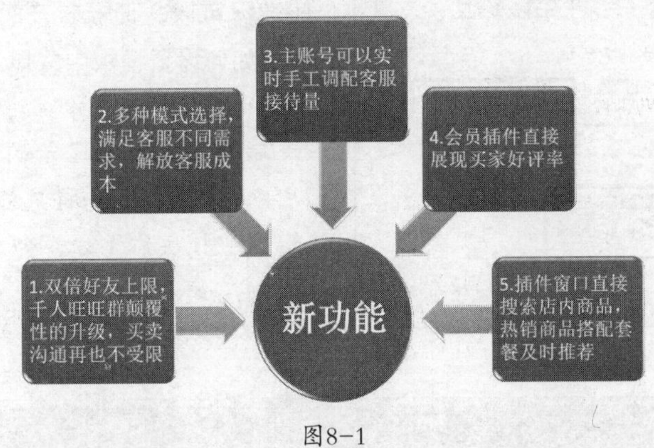

图8-1

通过淘宝官网可以下载卖家版千牛工作台，下面介绍下载与安装步骤。

01 登录千牛下载页面（http://work.taobao.com/?spm=0.0.0.0.pnZBIs），单击左侧电脑版下方的“立即下载”按钮，如图8-2所示。

图8-2

02 打开下载文件夹，双击打开安装页面，单击“快速安装”按钮（如图8-3所示），直至千牛工作台安装最后一步，单击“完成”按钮（如图8-4所示）。

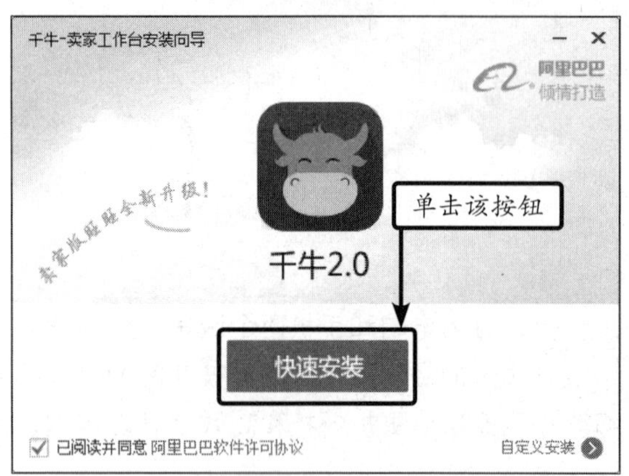

图8-3

图8-4

03 即可快速打开千牛工作台界面（如图8-5所示），按要求输入账户名及密码即可登录。

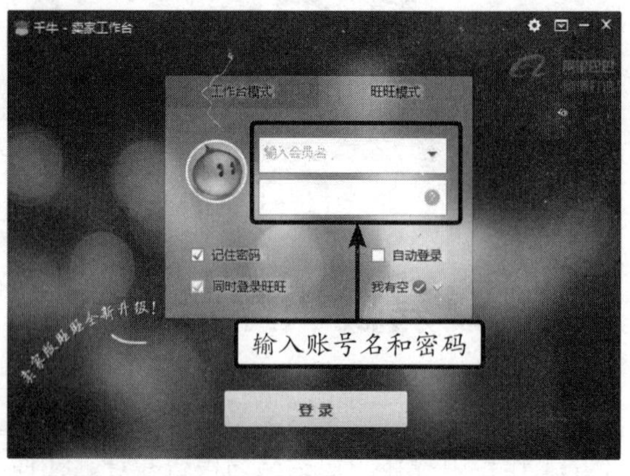

图8-5

8.1.2 交易模板

通过千牛工作台中的交易模板能够及时得到店铺访问量、宝贝交易动态等数据，通过这些数据可以方便商家及时了解店铺动态。下面介绍如何设置模板中只显示特定的数据。

01 登录至千牛工作台后，左侧显示的是旺旺联系人，中间显示的即是多个模块（如图8-6所示），如将鼠标指针指向“今日总访客”模块右上方，会自动出现4个不同的按钮（如图8-7所示）。单击第1个“配置卡片”按钮打开下拉列表。

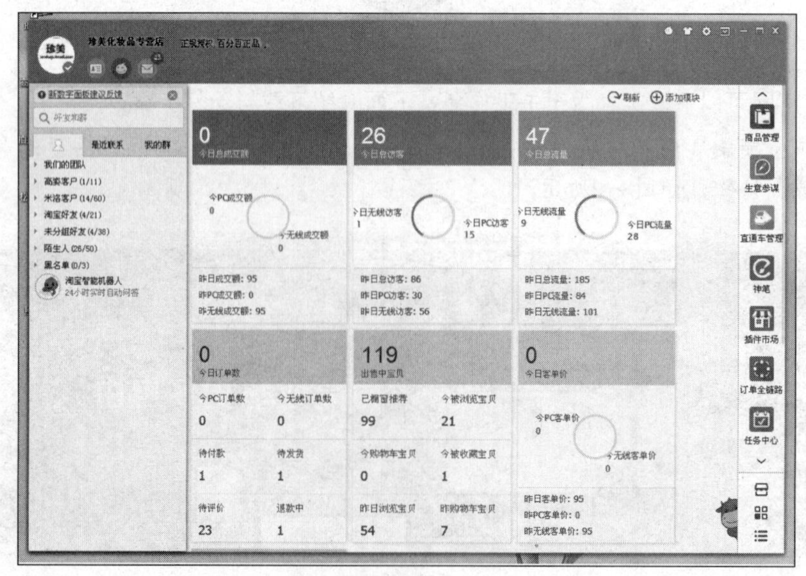

图8-6

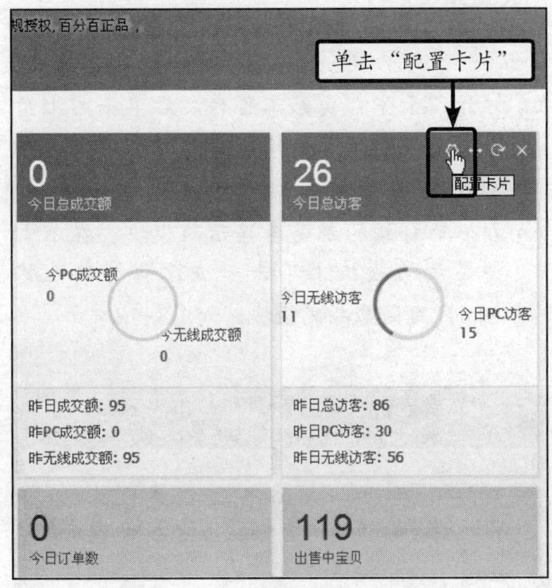

图8-7

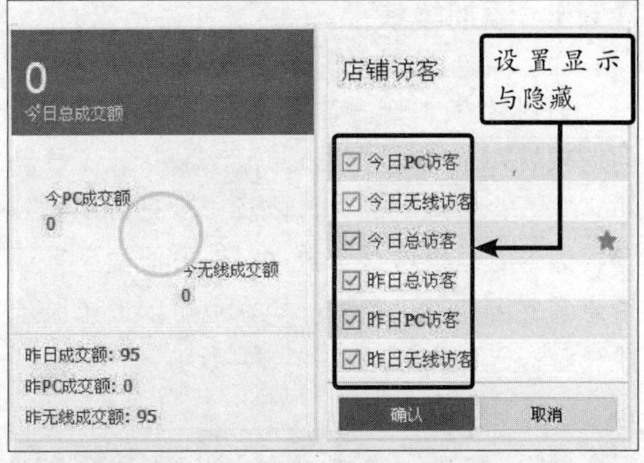

图8-8

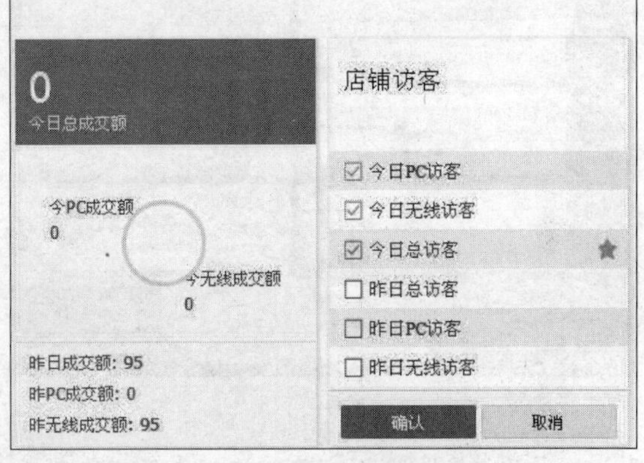

图8-9

02 在列表中有多个选项可供选择是否显示（如图8-8所示），勾选上需要显示的名称前的复选框（如图8-9所示）。

03 单击“确认”按钮即可单独显示某项数据，效果如图8-10所示。

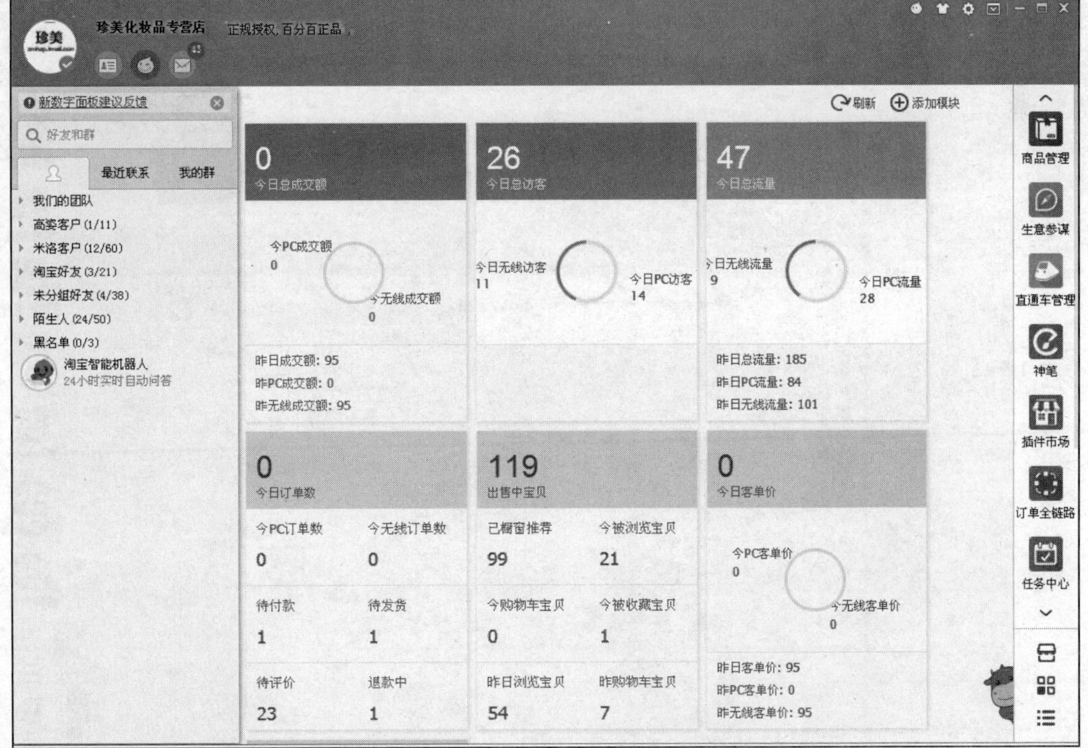

图8-10

8.1.3 添加模块

打开千牛工作台后会在页面显示多个不同的模块，主要有“今日总成交额”“今日总访客”“今日总流量”，以及“今日订单数”等，通过这些模块显示数据可以方便卖家直观地查看需要的基础数据。卖家也可以设置显示或隐藏特定的模块。

01 打开“千牛，卖家工作台”后单击右上角的“添加模块”按钮，打开模块设置页面（如图8-11所示）。

02 右下角打钩的都是会显示的模块，在不需要显示的模块上单击一次，取消勾选状态，即可隐藏指定模块，如图8-12所示。

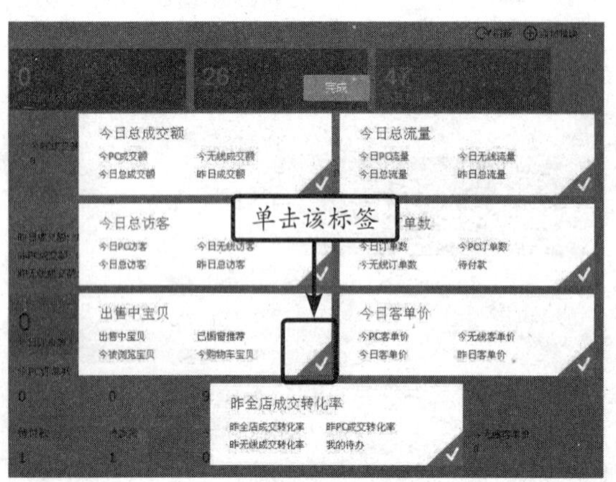

图8-11

图8-12

03 单击“完成”按钮，即可将指定的模块隐藏，只显示打钩的模块，效果如图8-13所示。

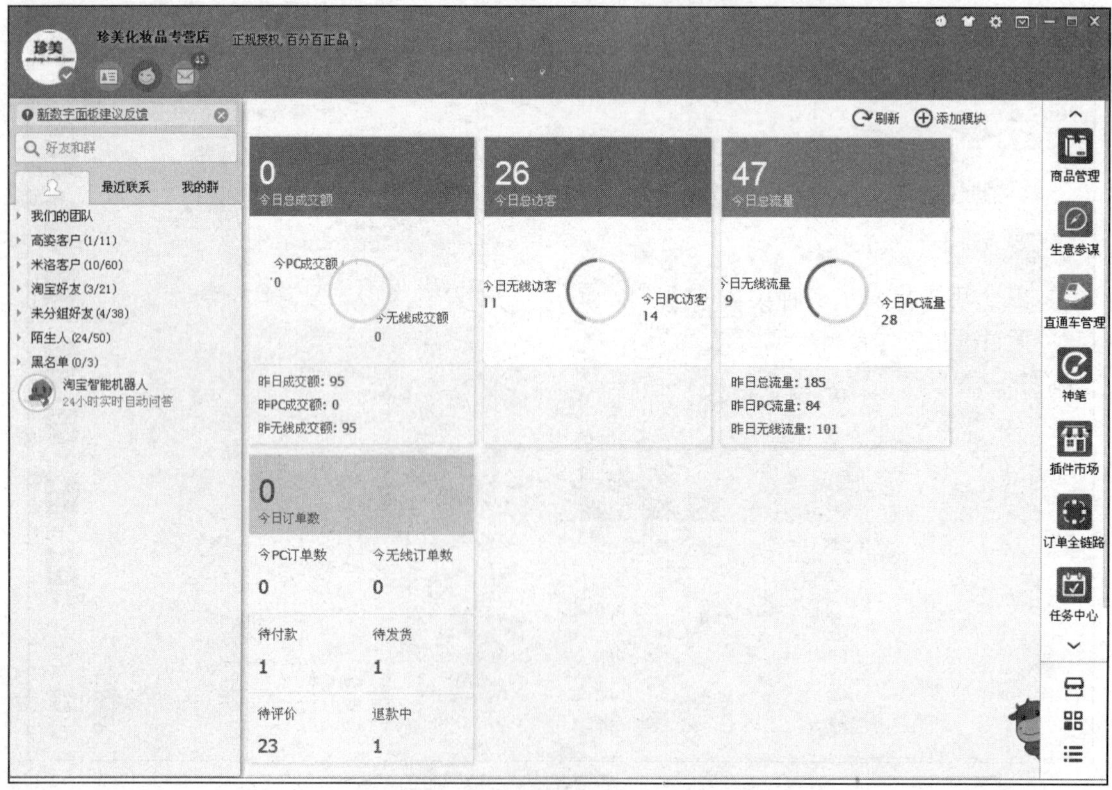

图8-13

8.2 火爆插件的使用与管理

为了提升天猫店铺宝贝交易量，除了使用官方提供的免费工具之外，还可以选择第三方插件管理交易，提升销量。这些第三方插件基本都是有偿使用的，而且还有使用时限的限制。

图8–14所示为全民疯抢、限时打折的插件使用页面；图8–15所示为冰点营销插件使用介绍。

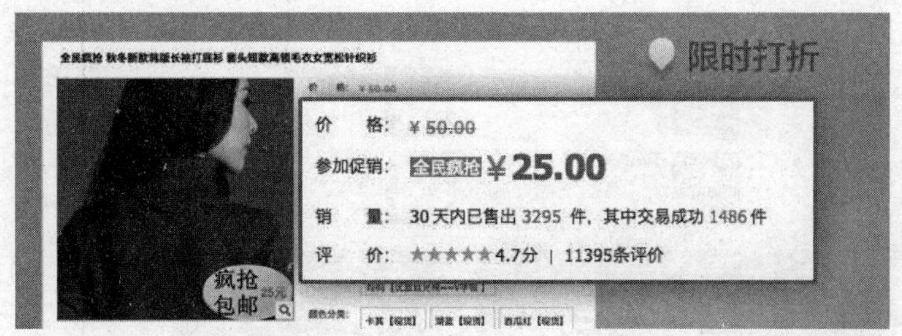

图8–14

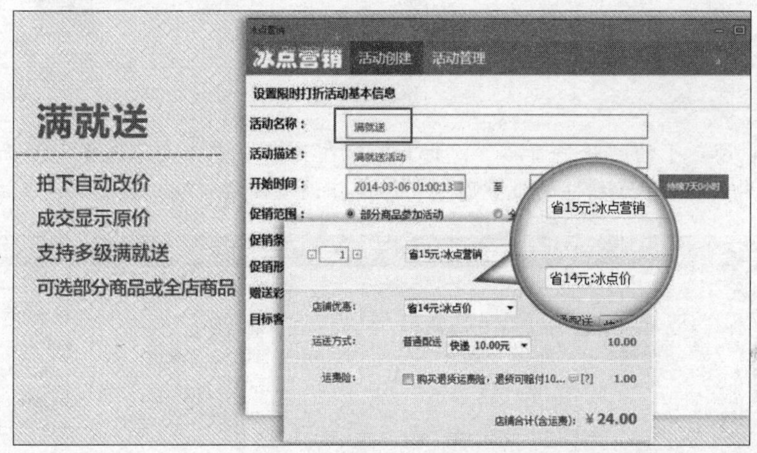

图8–15

8.2.1 搜索可用插件

淘宝为用户提供了多种类型的插件，商家可以通过千牛工作台事先搜索需要的插件类型，并在相关页面了解插件的使用详情以及价格等信息。

01 登录千牛工作台后，单击页面右下角的“我的插件”按钮（如图8–16所示），打开插件管理页面（如图8–17所示）。用户可以选择需要的插件类型。

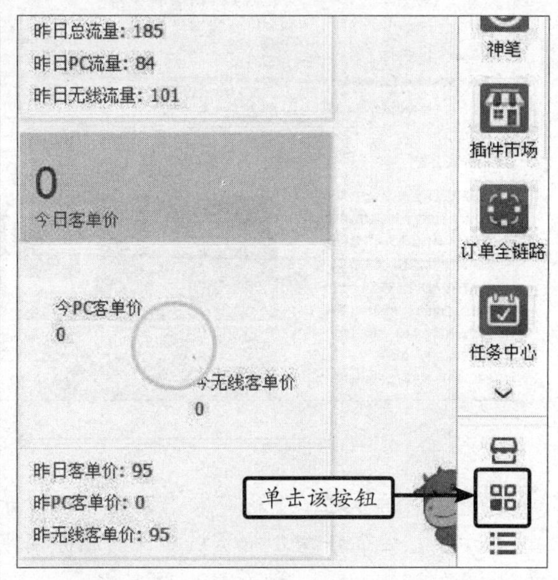

图8–16

图8-17

(02) 单击“商品管理”下的“旺牛商品”，打开“旺牛商品—淘宝卖家服务”页面（如图8-18所示），这里详细介绍了该插件的服务周期、详情，以及简要说明，该插件是免费使用的。

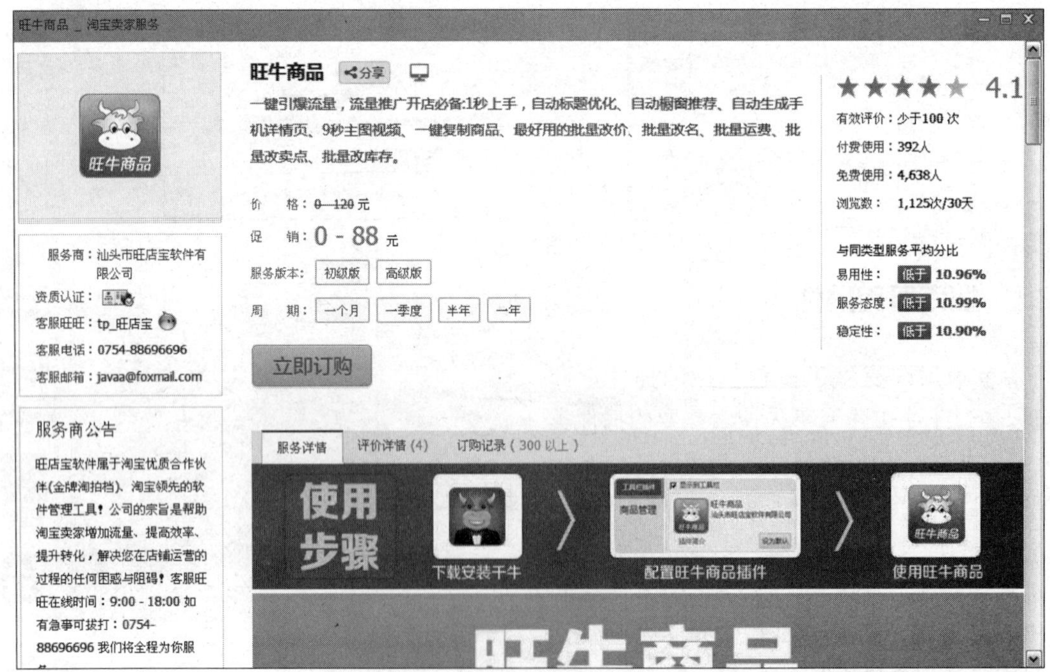

图8-18

(03) 单击“促销管理”下的“火牛促销”，打开“火牛促销—淘宝卖家服务”页面（如图8-19所示），这里详细介绍了该插件的服务周期、详情，以及简要说明，该插件需要付费才能使用。

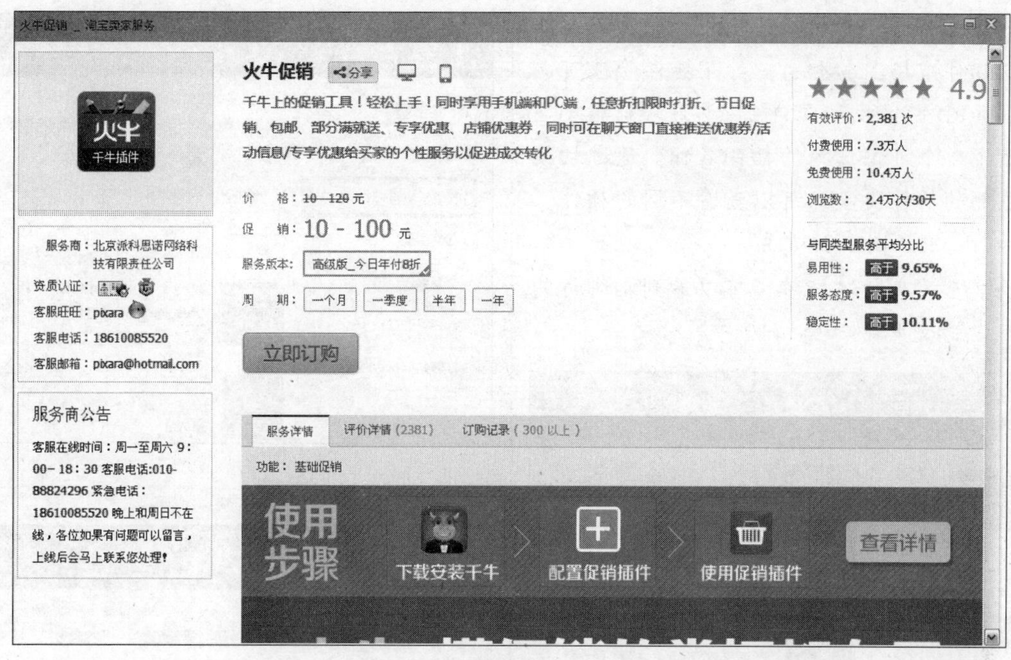

图8-19

04 单击“交易管理”下的“悟空交易”，打开“悟空交易—淘宝卖家服务”页面（如图8-20所示），这里详细介绍了该插件的服务周期、详情，以及简要说明。

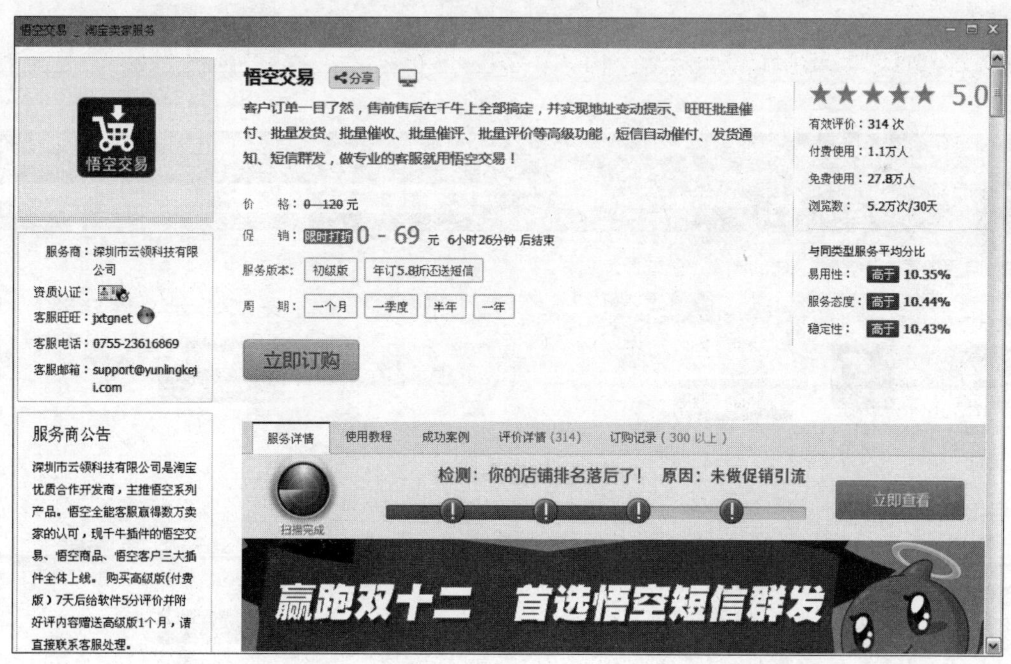

图8-20

8.2.2 插件管理

在千牛工作台可以快速进入插件管理后台，包括当前已经订购的插件，以及可供选择的套餐组合。

01 登录千牛工作台后，单击页面右下角的“插件市场”按钮⊟，打开插件管理页面（如图8-21所示）。在“类目”标签下显示了多个可供选择的插件名称。通过切换左侧的插件类型，可以查看不同的插件，如图8-22、图8-23所示。

02 切换至“套餐”标签，可以看到捆绑订购的套餐选项，如图8-24所示。

图8-21

图8-22

图8-23

图8-24

03 单击插件页面中的“设置”标签，打开“插件中心”页面（如图8-25所示），在“工具栏插件”和“旺旺插件”（如图8-26所示）标签下可以选择开启或者停用某一项插件。

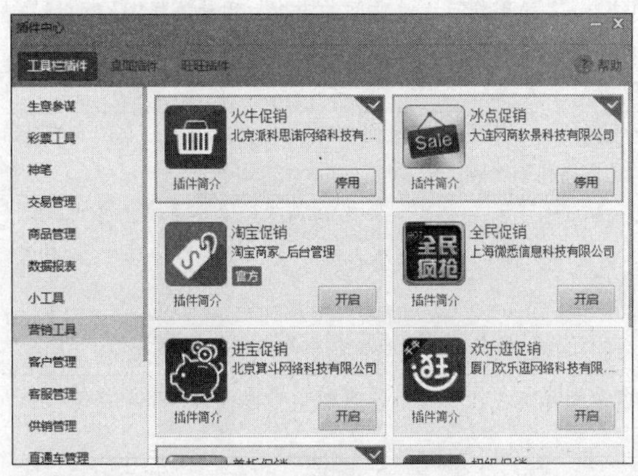

图8-25

图8-26

8.3 生意参谋

生意参谋是一款专业的一站式数据分析产品，它可以帮助卖家做到知己知彼，及时掌握客户点击情况并了解市场动态。它按照数据分析、问题诊断、优化提高等环环紧扣的逻辑设计，帮助用户分析曝光、点击、反馈等效果，针对性地给出诊断结果，并提供解决方案，帮助天猫商户提升店铺效果。

天猫生意参谋主要有图8-27所示几项功能。

生意参谋的功能介绍

功能一	功能二	功能三
• 帮助商家了解自身目前的整体情况 • 了解每条信息的排名位置 • 对比了解整个行业内的推广情况	• 根据各自商家不同的推广情况，为商家提供具体的优化建议 • 帮助商家更好地推广自己的商品，为生意决策做好参谋工作	• 以电商经营过程中的流量、商品、交易、营销、服务等经营环节为主线，向商家提供多种时间周期、多种分析维度的数据分析

图8-27

目前生意参谋是免费开放给商家使用的，后续标有“限时体验”的部分高级功能将会考虑收费，但基础版会始终免费开放。生意参谋平台以电商经营过程中的流量、商品、交易、营销、服务等经营环节为主线，向商家提供多种时间周期、多种分析维度的数据分析。

生意参谋为卖家提供了图8-28所示的几项核心功能，分别是“首页”“实时直播”“经营分析”“自助取数”“专题工具”“帮助中心”6项。

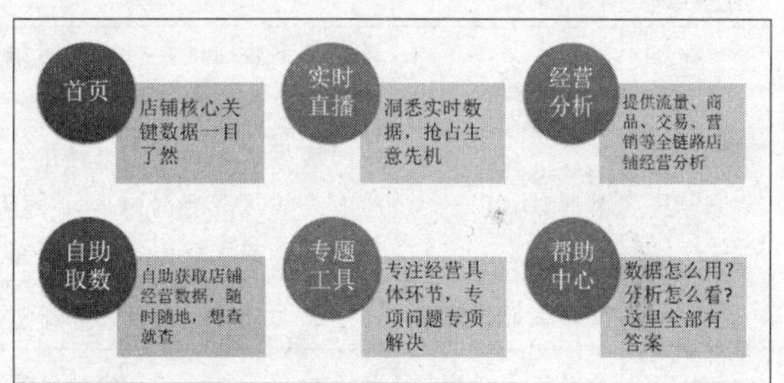

图8-28

8.3.1 了解各项指标

卖家可以在生意参谋中查看很多数据，下面给出部分常见指标的解释，让大家在利用生意参谋时能够有所想，并理解其中的数据含义。

1. 流量类

所谓流量就是指店铺的浏览量，浏览量的来源路径有很多，卖家为了了解推广是否有效果，可以查看指定日期的浏览量以及流量来源，流量类别如表8-1所示。

表8-1

店铺浏览量分类		
序号	浏览量	店铺或商品详情页被访问的次数，一个人在统计时间内访问多次记为多次。所有终端的浏览量等于PC端浏览量和无线端浏览量之和
1	PC端浏览量	店铺或商品详情页在电脑浏览器上被访问的次数，一个人在统计时间内访问多次记为多次
2	无线端浏览量	店铺或商品详情页在无线设备（手机或Pad）的浏览器上被访问的次数，称为无线WAP的浏览量；在无线设备的APP（目前包括手机淘宝、天猫APP、聚划算APP）上被访问的次数，称为无线APP浏览量，无线端浏览量等于无线WAP和无线APP浏览量之和
3	访客数	店铺页面或商品详情页被访问的去重人数，一个人在统计时间内访问多次只记为一个。所有终端访客数为PC端访客数的无线端访客数直接相加之和
4	页面离开浏览量	根据所选的页面，从这个页面离开店铺的次数。同一个人一个会话内通过多个页面离开店铺，仅将离开浏览量计处该会话中最后一次离开的页面，同一个人多个会话通过多个页面离开店铺，浏览量计入各个离开的页面
5	点击数	店铺页面被用户点击的次数，一个人在统计时间范围内多次点击该页面会被计算为多次
6	点击转化率	统计时间内，店铺页面点击数/店铺页面浏览量，即所查看的页面平均被占的比率。该值越高越好

2. 首页

表8-2展示了首页各项指标名称，并解释了各类指标的含义。

表8-2

指标名称	指标含义	
实时直播	支付金额	买家拍下后通过支付宝支付给您的金额，未剔除事后退款金额，预售阶段付款在付清当天才计入内。所有终端的支付金额为PC端支付金额和无线端支付金额之和
	访客数	访问您店铺页面或宝贝详情页的去看人数，一个人在统计时间范围内访问多次只记为一个。所有终端访客数为PC端访客数和无线端访客数直接相加之和。实时计算过程中，店铺流量高峰时，可能会出现交易数据处理快于浏览数据，导致访客数小于支付买家数，请知晓
店铺排名	支付金额排名	商家最近30天的支付金额在对应屋级的排名
	分层级支付金额	最近30天商家所在层线的最高支付金额
流量	访客数	访问您店铺页面或宝贝详情页的去重人数，一个人在统计时间范围内访问多次只记为一个。所以终端访客数为PC端访客数和无线端访客数直接相加之和。实时计算过程中，店铺流量高峰时，可能会出现交易数据处理快于浏览数据，导致访客数小于支付买家数，请知晓
	浏览量	店铺所有页在被访问的次数，一个人在统计时间内访问多次记为多次。所有终端的浏览量等于PC端浏览量和无线端浏览量之和
	跳失率	一天内，来访您店铺浏览量为1的访客数/店铺总访客数，即访客数中，只有一个浏览最的访客数占比。该值越低表示流量的质量越好。多天的跳失率为各天跳失率的日均值
商品	被访商品数	统计周期内，被访部UV数>0的店铺在线商品数总和
	被下单商品数	统计周期内，被下单数数>0的店铺在线商品数总和
	被支付商品数	统计周期内，被支付订单数>0的店铺在线商品数总和
	下单转化率	统计周期内，下单买家数/访客数，即来访客户转化为下单买家的比例
支付	支付金额	飞翔家拍下后通过支付宝支付给您的金额，未剔除事后退款金额，预售阶段付款的付清当天才计入内。所有终端的支付金额为PC端支付金额和无线端支付金额之和
	客单价	统计时间内，支付金额/支付买家数，即平均每个支付买家的支付金额
	支付转化率	统计时间内，支付买家数/访客数，即来访客户转化为支付买家的比例

3. 公用

公用浏览量主要包括淘内免费访客、访客地域以及访客来源关键词搜索等，流量描述如表8-3所示。

表8-3

公用浏览量分类

序号	名　　称	说　　明
1	淘内免费访客	根据所选终端统计的，淘内免费来源渠道的访客数/（淘内免费渠道来源的访客数+淘内付费渠道来源的访客数），所有终端淘内免费来源访客数等于PC端和无线端淘内免费的访客数直接相加之和。淘内免费和淘内付费来源的定义规则详见流量地图
2	访客地域	根据访问者访问时候的IP地址进行计算，如果一个访问者一天通过多个不同省份的IP地址访问，会同时计入多个省份
3	访客来源关键词	访客户入店前搜索的关键词，如果访客通过多个关键词进入店铺，同时计入多个关键词

4. 实时直播

生意参谋中的实时直播主要包括PC端支付金额、无线端支付金额、访客数、PC端支付买家数以及无线端支付买家数等，具体描述见表8-4。

表8-4

序号	名　　称	说　　明
1	PC端支付金额	买家在电脑上拍下后，在统计时间范围内完成付款的支付宝金额，未剔除事后退款金额，预售分阶段付款在付清当天不计入内。特别说明，支付渠道不论是电脑还是手机，拍下为电脑上，就将后续的支付金额计入PC端
2	无线端支付金额	买家在无线终端上拍下后，在统计时间范围内完成付款的支付宝金额，未剔除事后退款金额，预售分阶段付款在付清当天才计入内。特别说明，支付渠道不论是电脑还是手要，拍下为手机或Pad上，就将后续的支付金额计入无线端
3	访客数	访问您店铺页面或宝贝详情页的去重人数，一个人在统计时间范围内访问多次只记为一个。所有终端访客数为PC端访客数和无线端访客数直接相加之和。实时计算过程中，店铺流量高峰时，可能会出现交易数据处理快于浏览数据，导致访客数小于支付买家数
4	PC端支付买家数	在电脑上拍下后，统计时间内，完成付款的去重买家人数。特别说明，不论支付渠道是电脑还是手机，拍下为电脑上，就将该买家数计入PC端支付买家数
5	无线端支付买家数	在手机或Pad上拍下后，统计时间内，完成付款的去重买家人数。特别说明，不论支付渠道是电脑还是手机，拍下为电脑上就将该买家数计入无线端支付买家数

小提示

生意参谋平台中的数据指标按照终端分为PC端、无线端、所有终端。PC端数据是指在电脑上产生的交易、流量等相关数据；无线端数据是指在手机或Pad等无线设备的浏览器或应用APP上产生的交易、流量等相关数据；所有终端数据则是不论终端渠道的所有交易、流量等相关数据。目前，比较多的工具提供的是PC端的数据，所以和其他工具比对数据的时候，请注意您选择的终端类型、统计周期。

8.3.2 进入生意参谋

通过天猫工作台可以快速进入店铺的生意参谋工具，卖家可以简单了解实时直播和店铺概况数据。

01 进入天猫“我的工作台”后，单击右侧“营销中心”下方的“生意参谋”选项（如图8–29所示），打开“生意参谋”页面，如图8–30所示。

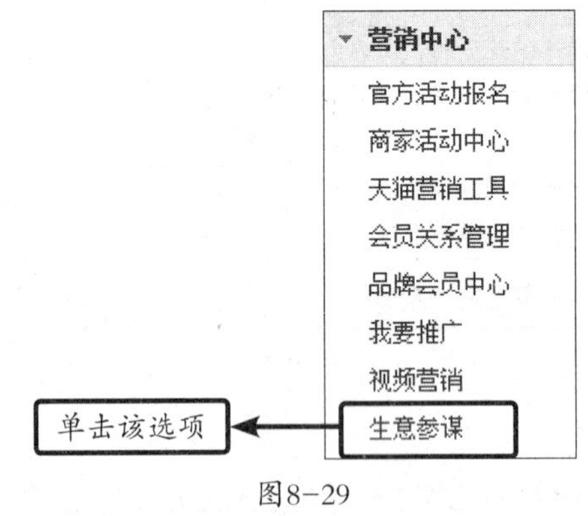

图8–29

图8–30

02 在“首页”选项下可以看到访客数、浏览量、流量分析以及商品分析等数据，如图8–31所示。

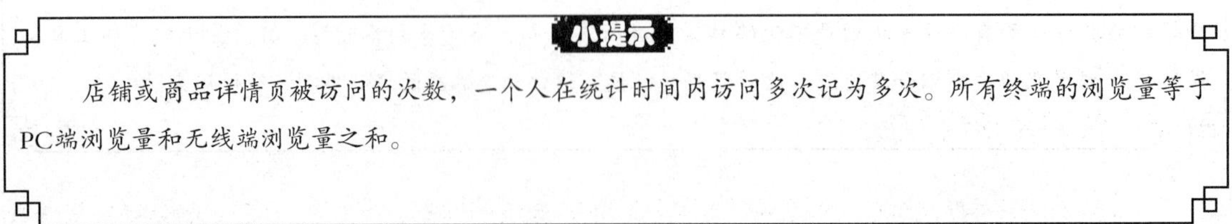

小提示

店铺或商品详情页被访问的次数，一个人在统计时间内访问多次记为多次。所有终端的浏览量等于PC端浏览量和无线端浏览量之和。

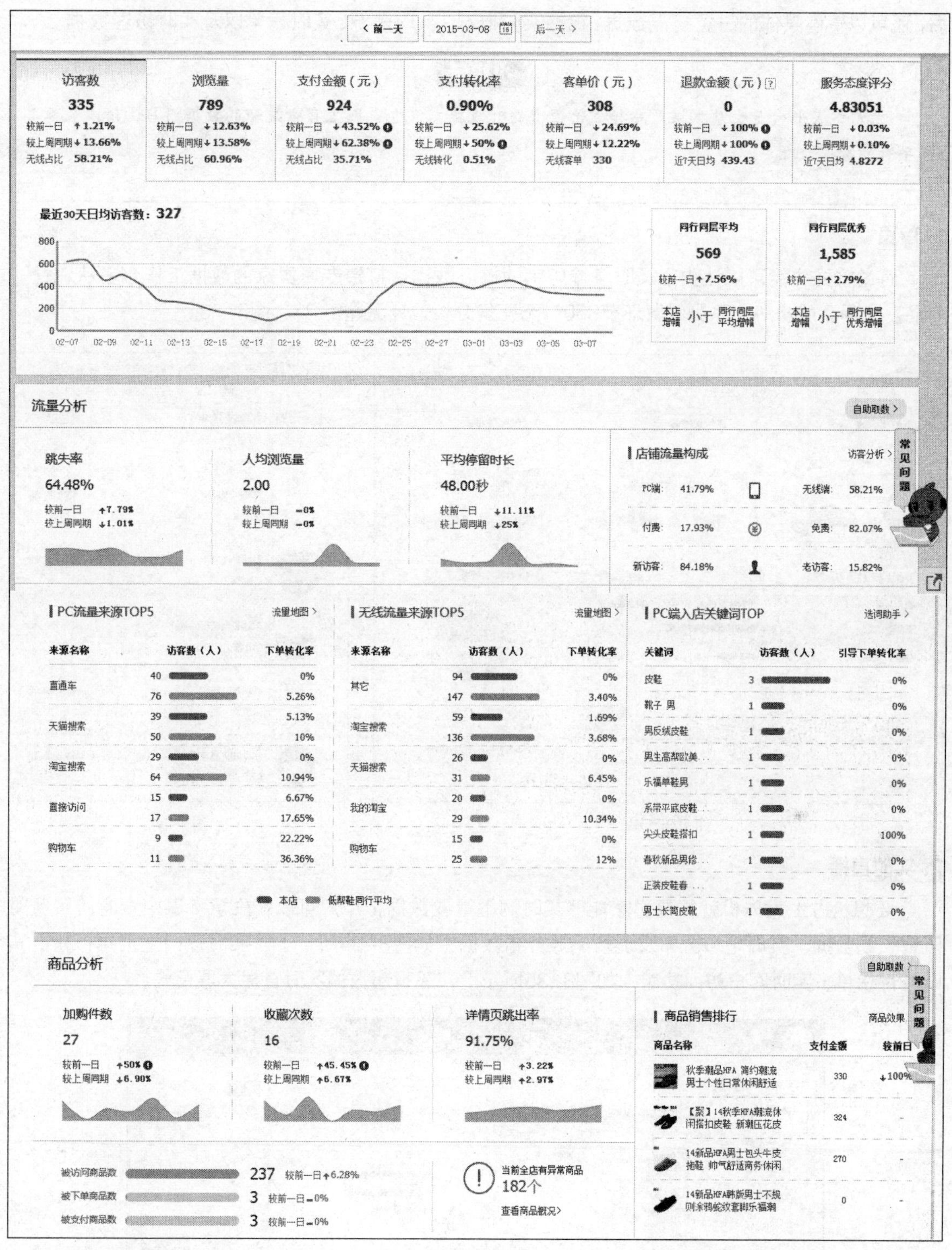

图8-31

8.3.3 生意参谋平台

淘宝致力于将生意参谋平台打造成“为全体商家提供一站式、个性化、可定制的商务决策体验平台”，以此为承载地，更好地帮助商家做好数据化运营，真正实现数据商业。进入“天猫工作台”

后，还可以查看具体的生意参谋数据，包括实时概况、实时来源、实时榜单以及实时访客数据。

小提示

生意参谋平台是生意参谋产品和量子恒道的升级版本，也是阿里官方统一的数据门户，请以生意参谋平台的数据为准。

1. 首页

通过首页功能可以让卖家及时掌握店铺的核心数据，打造专属卖家的数据工作台，从流量、商品、交易、服务等一系列经营环节360° 无死角分析，详见图8-32、图8-33。

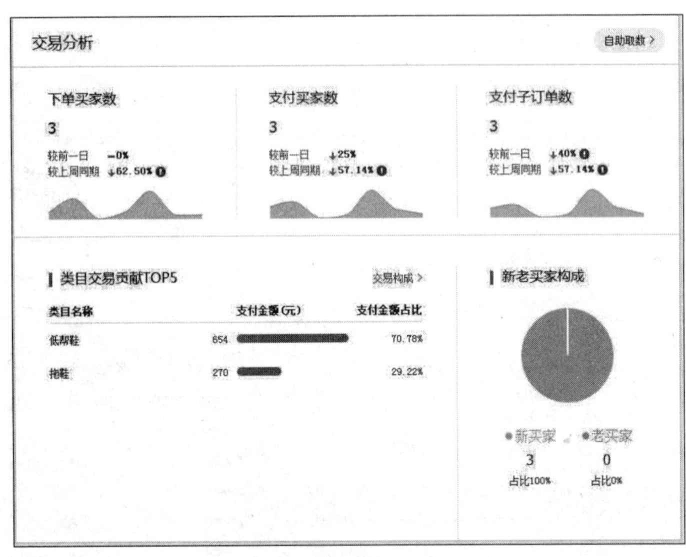

图8-32

图8-33

2. 实时直播

要想抢占生意先机就需要卖家能够实时洞悉重要数据，用户可以在生意参谋中查看店铺实时流量交易数据、实时地域分布及流量来源分布数据（如图8-34所示）、实时热门宝贝排行榜、实时催付榜单、实时客户访问功能（如图8-35所示），还有超炫的实时直播大屏模式。

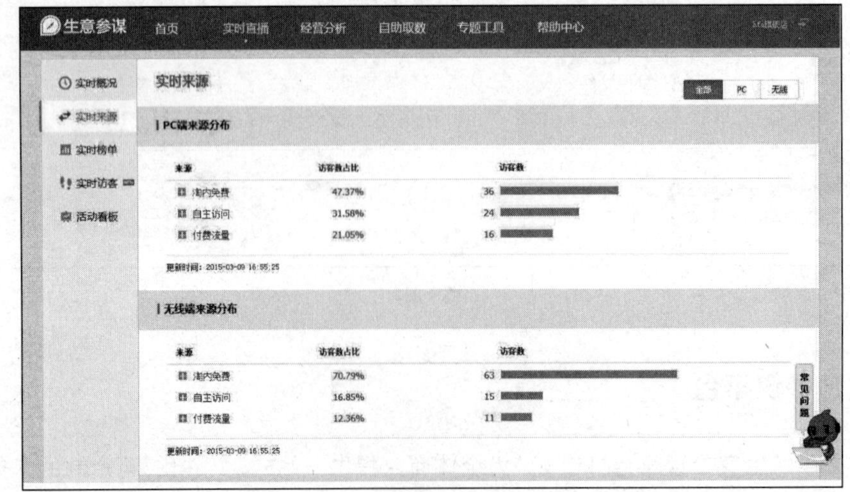

图8-34

图8-35

3. 经营分析

（1）流量分析：流量分析提供了全店流量的概况（如图8-36所示），流量地图（包括流量的来源和去向），来访访客时段、地域等特征分析，帮助卖家快速盘清流量的来龙去脉，在识别访客特征的同时，了解访客在店铺页面上的点击行为，从而评估店铺的引流、装修等健康度，帮助卖家更好地进行流量管理和转化。

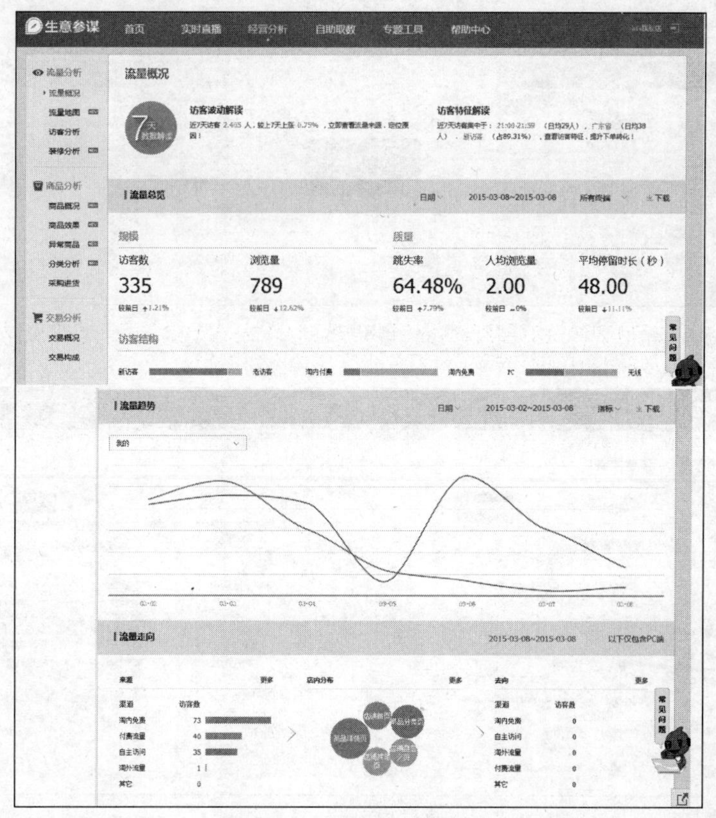

图8-36

流量地图中展示了流量来源、店内路径和流量去向（如图8-37、图8-38、图8-39所示）。

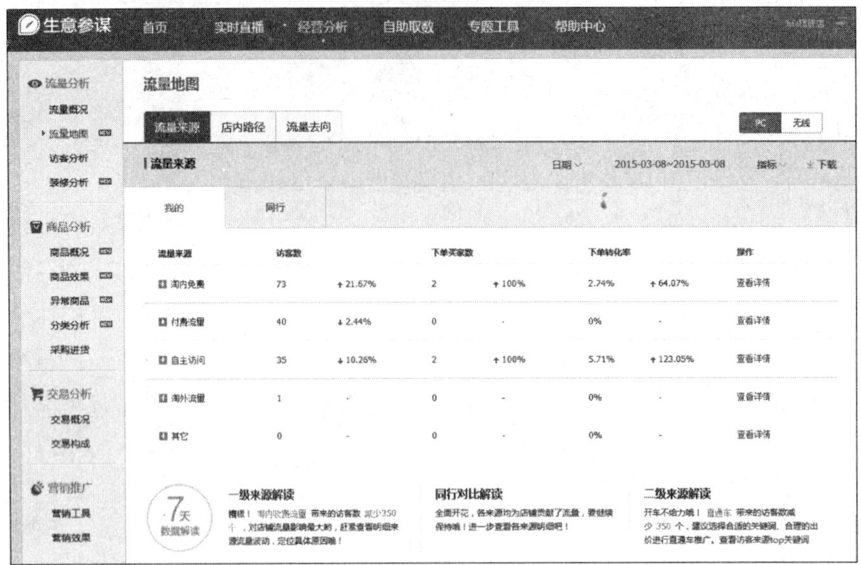

图8-37

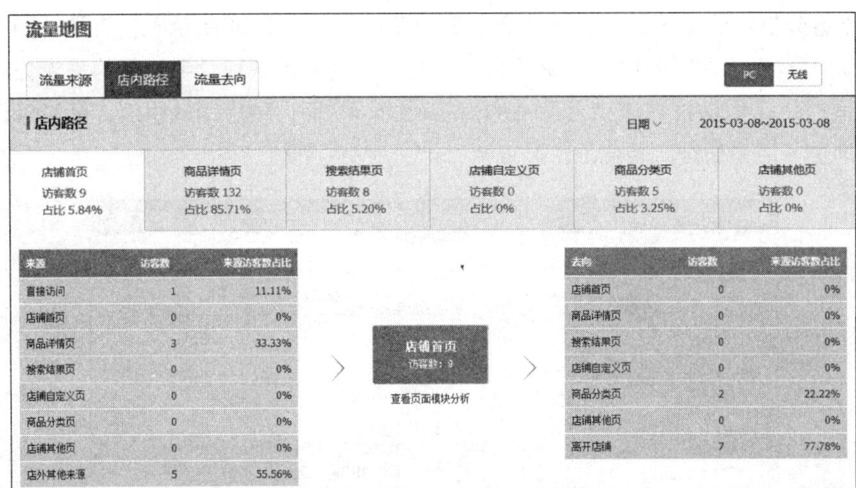

图8-38

图8-39

（2）商品分析：让卖家轻松识别哪个宝贝有潜力，以及哪个宝贝有问题。生意参谋提供了店铺所有商品的详细效果数据，包括商品概况、商品效果、异常商品、分类分析、采购进货。

在“生意参谋”页面单击左侧的商品分析，打开的列表可以选择查看商品概况（如图8-40所示）、商品效果（如图8-41所示）、异常商品（如图8-42所示）、分类分析、采购进货选项。

图8-40

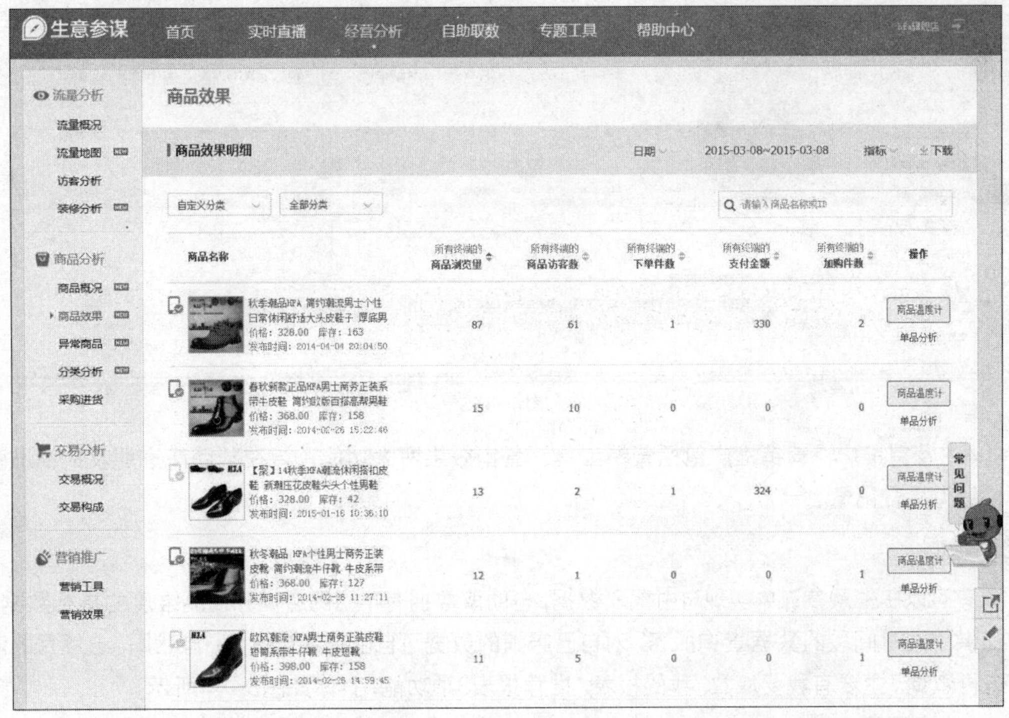

图8-41

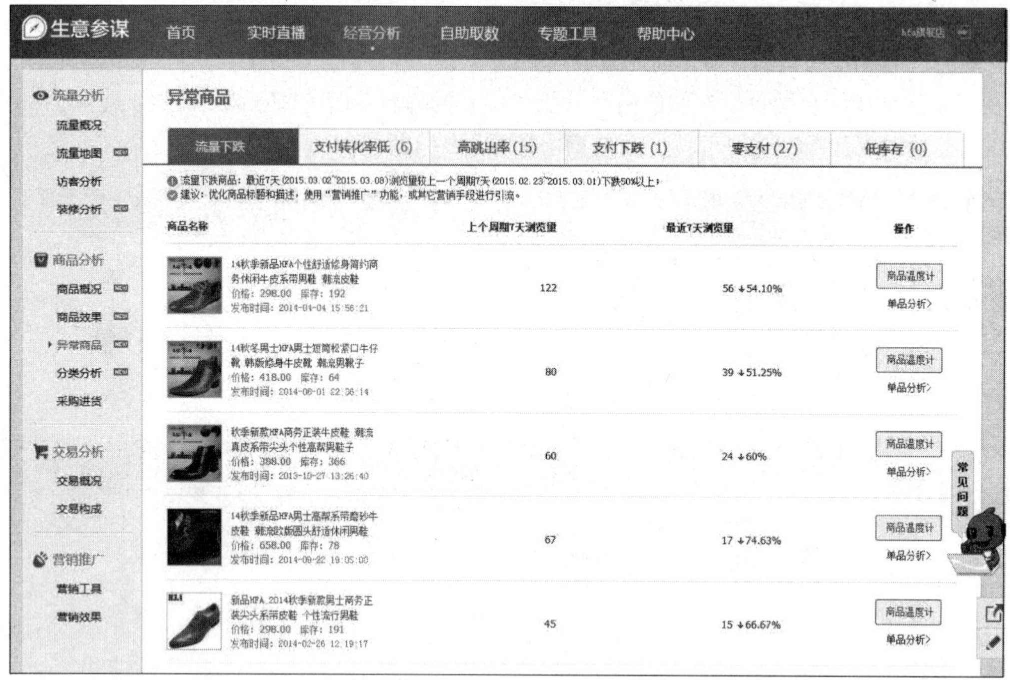

图8-42

（3）交易分析：用户通过交易分析功能可以从店铺整体到不同粒度，细分店铺交易情况，从而及时掌控店铺交易问题，并提供资金回流行动点。图8-43所示为某天猫店铺的终端构成分析图表和数据。

图8-43

（4）营销推广：营销推广包括营销工具、营销效果两大功能，旨在帮助商家朋友们精准营销推广，助力提升销量。

4. 自助数据

商家可以在生意参谋中实现自由提取数据，自助取数拥有丰富的店铺和商品维度的指标数据，为商家提供不同时间段的数据查询服务，对自己店铺的数据可自由选择自然天、自然周、自然月的汇总周期进行查询。主要有我要取数、我的报表、推荐报表3项功能，具体如图8-44所示。

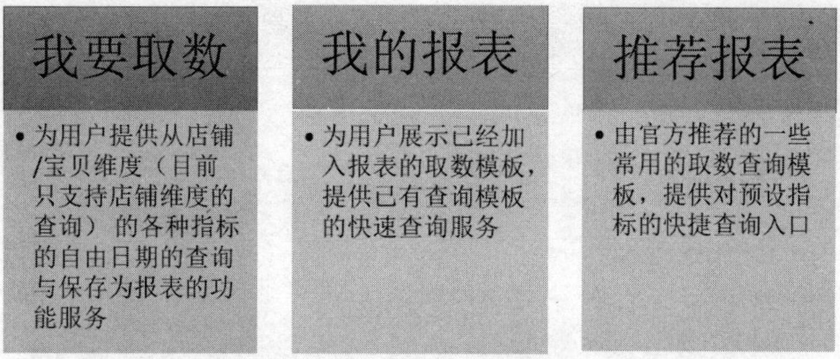

我要取数

• 为用户提供从店铺/宝贝维度（目前只支持店铺维度的查询）的各种指标的自由日期的查询与保存为报表的功能服务

我的报表

• 为用户展示已经加入报表的取数模板，提供已有查询模板的快速查询服务

推荐报表

• 由官方推荐的一些常用的取数查询模板，提供对预设指标的快捷查询入口

图8-44

01 在“生意参谋”页面单击上方的自助数据选项，打开我要取数页面，如图8-45所示。

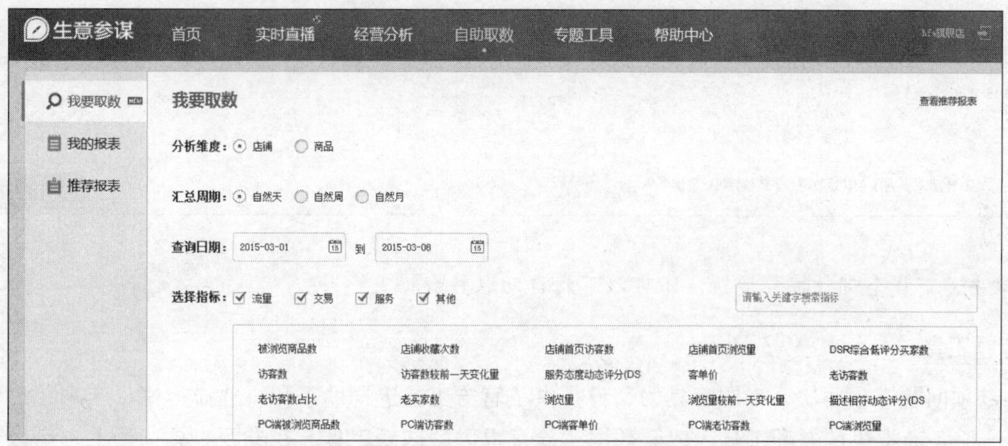

图8-45

02 分别选择分析维度、汇总周期、查询日期以及指标数据，单击“预览数据”按钮，如图8-46所示。

图8-46

03 打开报表数据预览对话框（如图8-47所示），可以查看指定日期下的访客数、浏览量等。

报表数据预览

统计日期	浏览量	PC端老访客数	PC端跳失率
2015-03-01	913	32	71.69%
2015-03-02	980	31	68.87%
2015-03-03	1,007	37	69.74%
2015-03-04	983	24	76.10%
2015-03-05	746	21	72.78%
2015-03-06	1,069	25	63.70%
2015-03-07	903	22	71.11%
2015-03-08	789	25	70.71%

共 8 条数据，预览最多显示前10条数据，下载数据可以查看更多　　下载全部数据

图8-47

04 单击“下载全部数据”按钮，还可以下载自助取数数据表。

5. 专题工具

专项问题专项解决，专题工具为用户提供了官方工具选词助手和行业排行榜，未来还会引入第三方服务商提供的专项工具，以及数据实验室提供的创新工具。在专题工具选项下，可以查看引流搜索词（如图8-48所示）、行业相关搜索词等数据（如图8-49所示）。

图8-48

图8-49

6. 帮助中心

如果想要详细了解如何查看和分析数据，可以在生意参谋中的帮助中心找到相关的答案。

8.4 当前交易管理

为了方便了解店铺的交易动态，比如已下订单是否付款、退款是否处理，以及宝贝是否发货等，卖家可以按照下列步骤操作与查看。

01 登录千牛工作台后，单击右下角的“常用网址”按钮☰，在列表中单击“交易管理”（如图8-50所示），打开“交易管理”对话框（如图8-51所示）。在“交易管理”标签下可以查看具体的交易信息及状态。

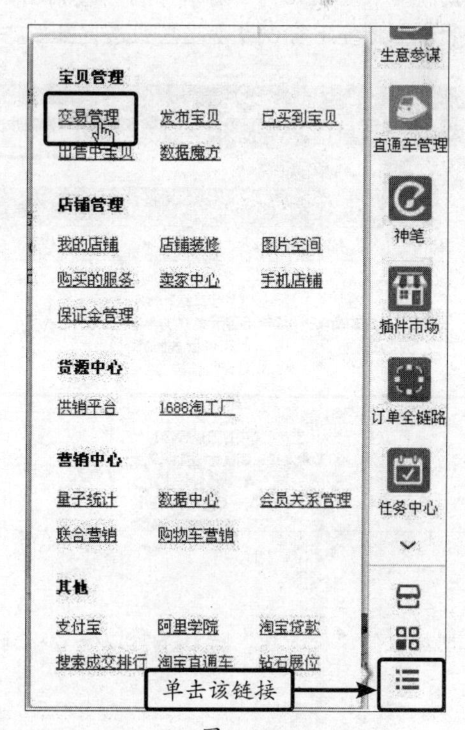

图8-50

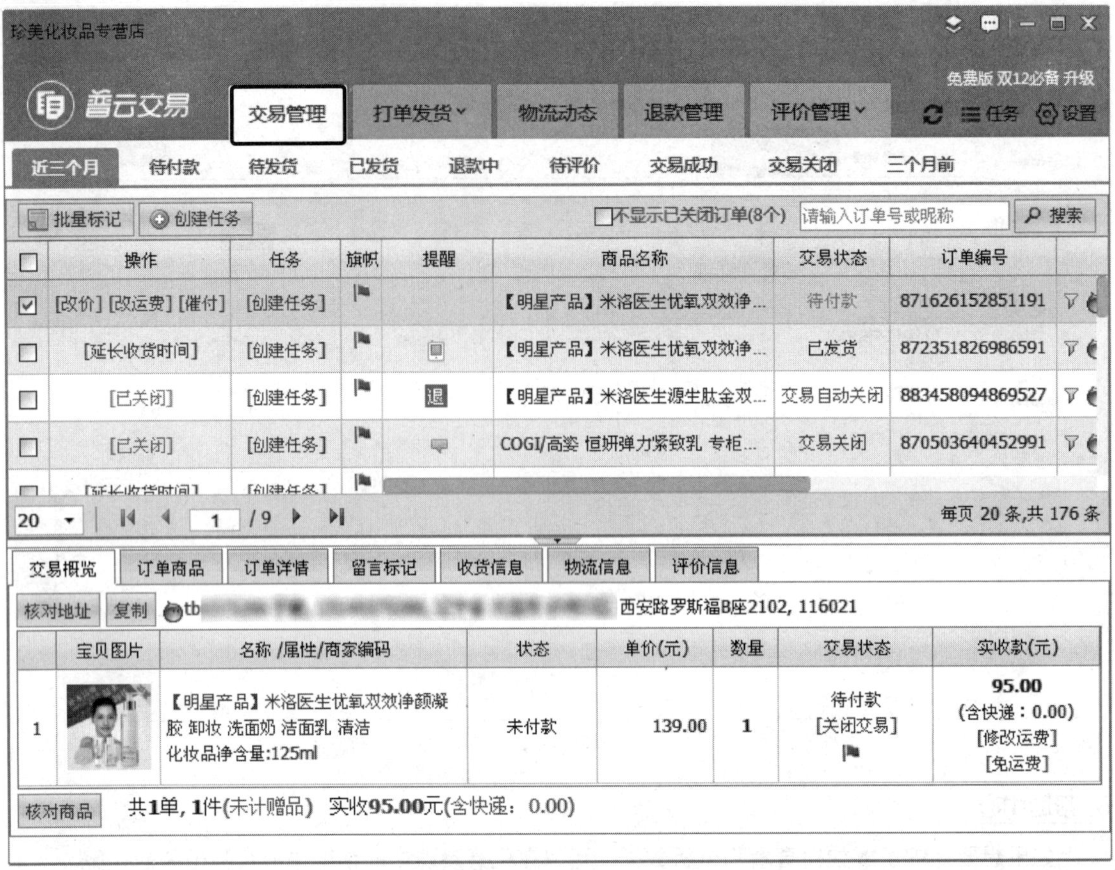

珍美化妆品专营店

免费版 双12必备 升级

善云交易　交易管理　打单发货　物流动态　退款管理　评价管理　任务　设置

近三个月　待付款　待发货　已发货　退款中　待评价　交易成功　交易关闭　三个月前

批量标记　创建任务　不显示已关闭订单(8个)　请输入订单号或昵称　搜索

	操作	任务	旗帜	提醒	商品名称	交易状态	订单编号
☑	[改价] [改运费] [催付]	[创建任务]			【明星产品】米洛医生优氧双效净…	待付款	871626152851191
☐	[延长收货时间]	[创建任务]			【明星产品】米洛医生优氧双效净…	已发货	872351826986591
☐	[已关闭]	[创建任务]		退	【明星产品】米洛医生源生肽金双…	交易自动关闭	883458094869527
☐	[已关闭]	[创建任务]			COGI/高姿 恒妍弹力紧致乳 专柜…	交易关闭	870503640452991

20　1 /9　每页 20 条,共 176 条

交易概览　订单商品　订单详情　留言标记　收货信息　物流信息　评价信息

核对地址　复制　tb…西安路罗斯福B座2102, 116021

	宝贝图片	名称 /属性/商家编码	状态	单价(元)	数量	交易状态	实收款(元)
1		【明星产品】米洛医生优氧双效净颜凝胶 卸妆 洗面奶 洁面乳 清洁 化妆品净含量:125ml	未付款	139.00	1	待付款 [关闭交易]	95.00 (含快递：0.00) [修改运费] [免运费]

核对商品　共1单, 1件(未计赠品)　实收95.00元(含快递：0.00)

图8-51

02 切换至“物流动态”标签下可以查看当前交易是否已发货（如图8-52所示），切换至“退款管理”标签下可以查看退款状态，如图8-53所示。

图8-52

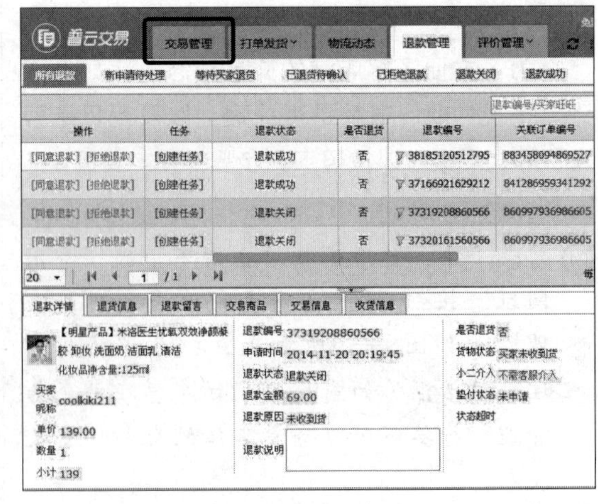

图8-53

03 切换至“评价管理”标签下可以查看当前交易的评价情况，如图8-54所示。

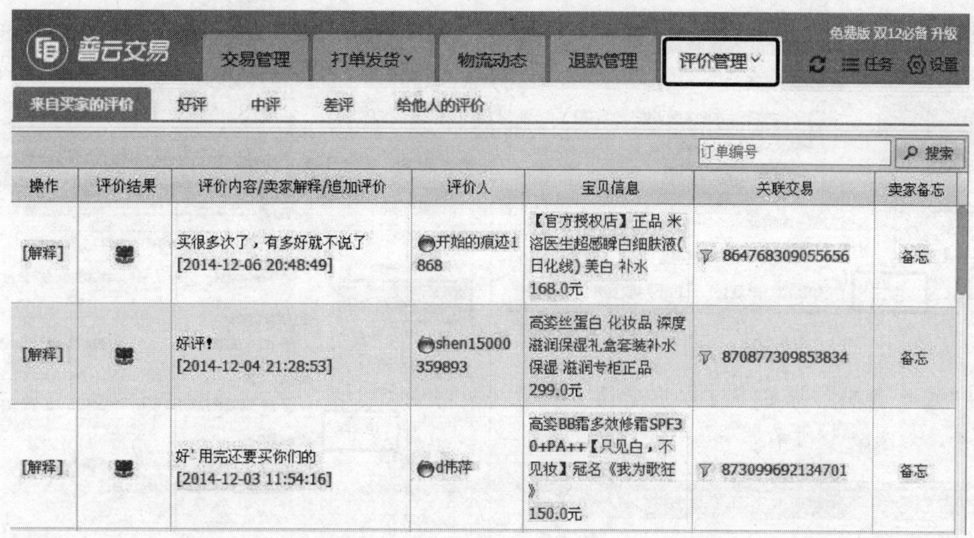

图8-54

8.5 基础设置

为了保护卖家账号安全，需要在使用千牛工作台之前设置安全保护，比如设置密码和使用安全产品等。在与买家交流过程中，还可以设置客服离开时的自动回复用语，当客户咨询量过大时，设置接入人数达到指定数目时自动挂起。在千牛工作台还可以对子账号执行简单管理。

8.5.1 安全中心

安全中心主要包括账号绑定手机、密保问题，以及对消息的防骚扰设置，具体设置方法如下。

01 登录千牛工作台后，单击左下角的“功能盒子”按钮（如图8-55所示），在列表选择“安全中心”选项，打开“安全中心”对话框。

02 在“账号安全设置”标签下可以查看安全级别并设置开通相关安全保护措施，如图8-56所示。

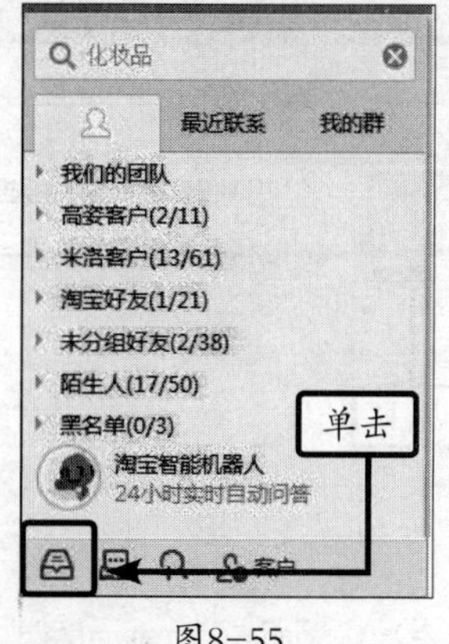

图8-55

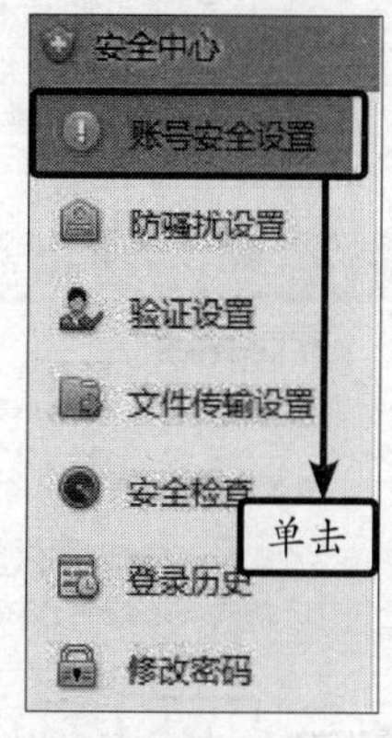

图8-56

03 切换至“防骚扰设置”标签，可以设置骚扰消息设置和过滤骚扰信息，如图8-57所示。

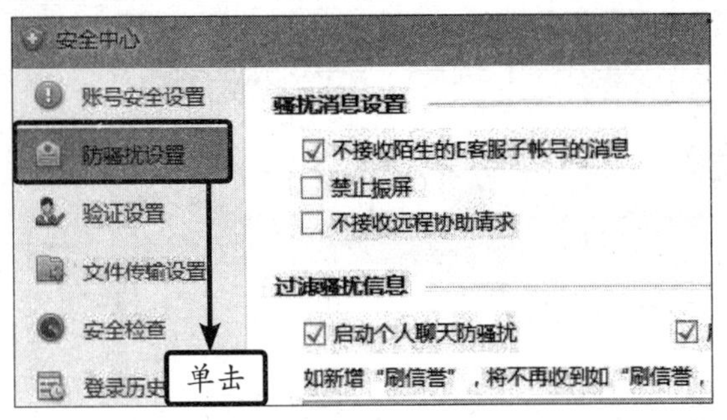

图8-57

04 在“修改密码”标签下可以重新设置登录密码，如图8-58所示。

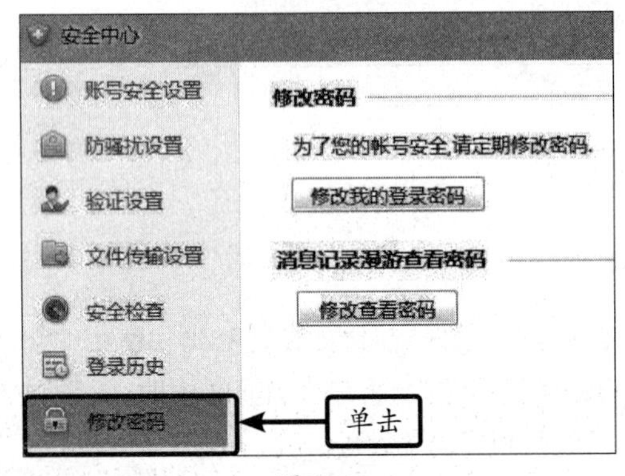

图8-58

8.5.2 系统设置

系统设置主要包括客服设置、聊天设置、个性设置等，比如在和多个客户聊天时，设置自动回复功能等，具体设置方法如下。

01 登录千牛工作台后，单击左下角的“功能盒子”按钮，打开“安全中心”对话框，再单击左下角的“进入系统设置”按钮打开“系统设置”对话框（如图8-59所示）。

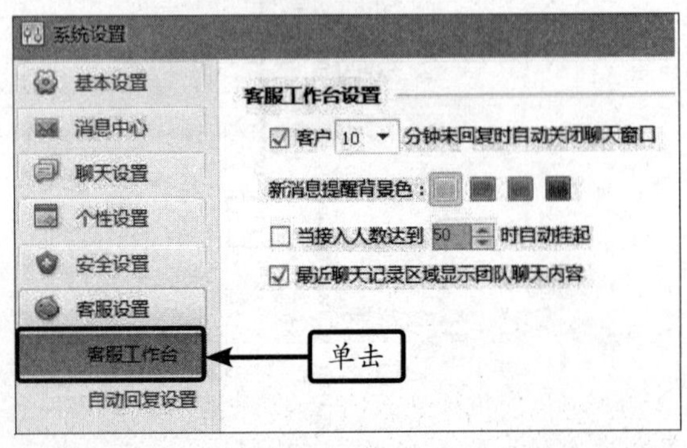

图8-59

02 在“客服工作台”标签下可以设置相关信息。在“聊天设置”标签中可以进行常规消息设置，如图8-60所示。

图8-60

03 在“基本设置”标签中可以设置常规项（如图8-61所示），在“消息中心”标签中可以设置消息提示方式，如图8-62所示。

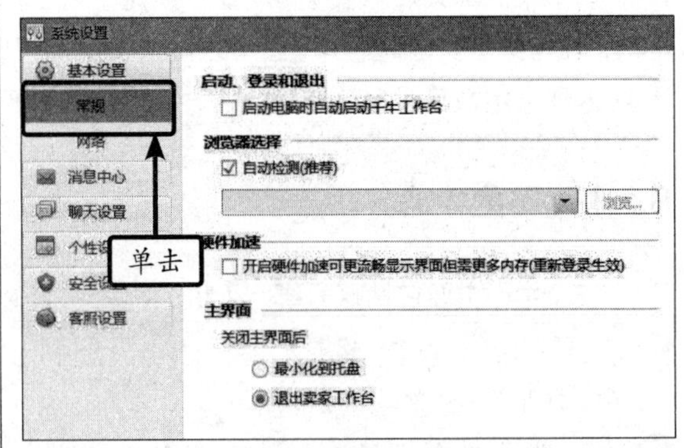

图8-61

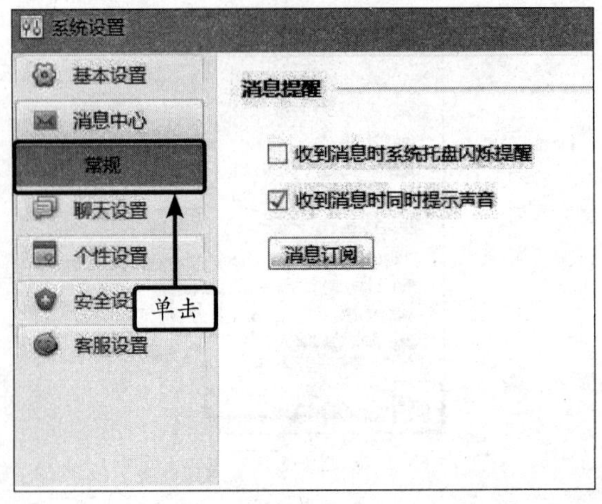

图8-62

8.5.3 子账号管理

前面已经详细介绍了子账号管理，事先需要主账号授权才能执行相应操作。卖家在千牛工作台也可以简单设置子账号的角色和权限。

01 登录千牛工作台后，单击右侧的“子账号权限”按钮（如图8-63所示），打开“子账号设置”对话框，单击“员工岗位”按钮，如图8-64所示。

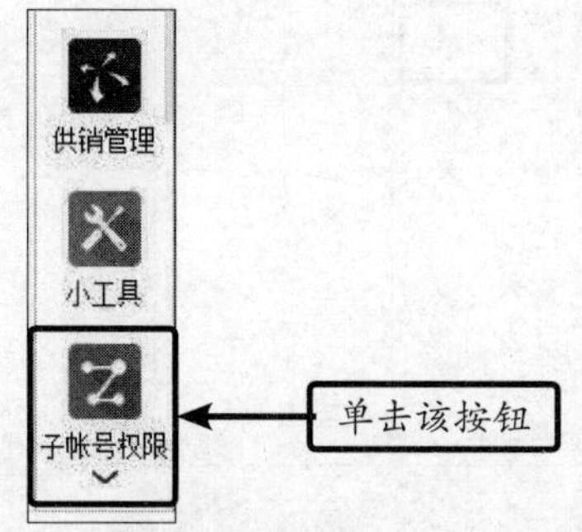

图8-63

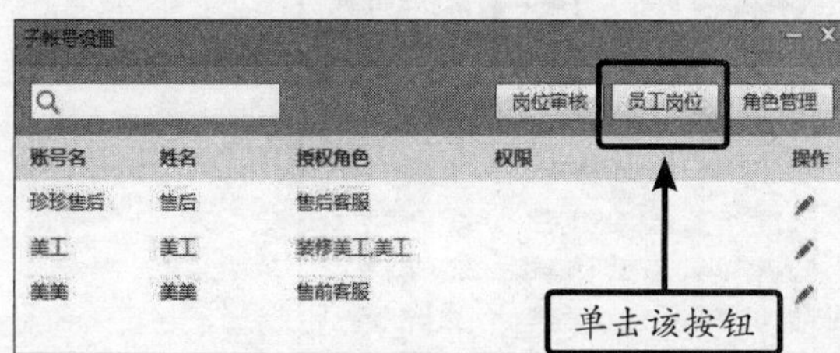

图8-64

02 打开对话框（如图8-65、图8-66所示），可以修改已经设置的员工岗位名称。

员工岗位

子账号设置 / 员工岗位

员工	岗位	操作
珍珍售后	暂无岗位	修改
美工	暂无岗位	修改
美美	暂无岗位	修改

图8-65

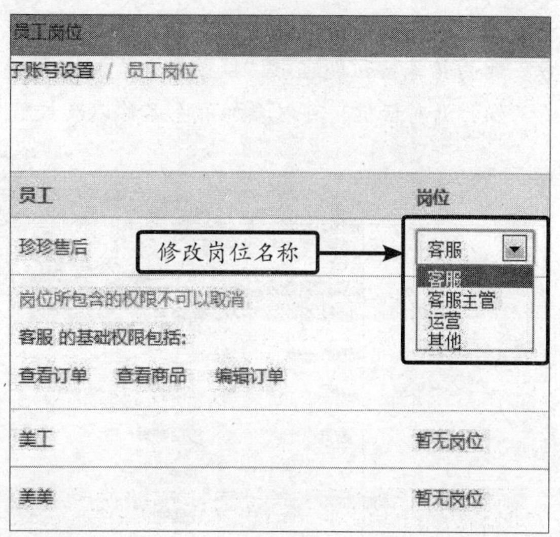

图8-66

03 在“子账号设置”对话框中单击名称右侧的铅笔按钮（如图8-67所示），打开“修改账号授权角色”对话框（如图8-68所示），可以设置角色和权限。

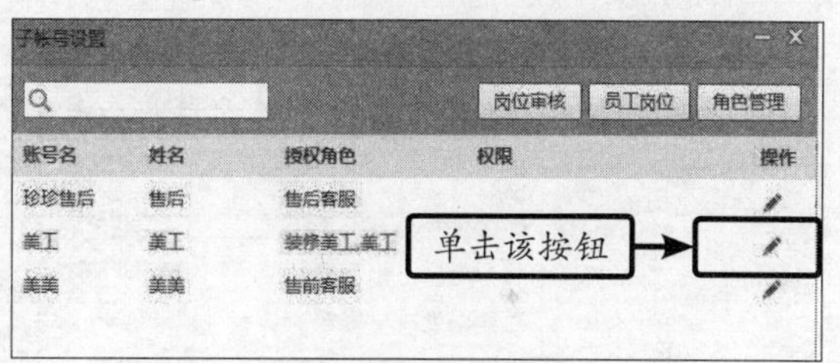

图8-67

修改账号授权角色

账号：珍珍售后　　姓名：售后

角色：

美工　新角色　售后客服

店铺运营　仓储物流　售前客服

装修美工　活动推广

权限：

数据报表　查看商品　编辑商品

商品改价　删除商品　商品上下架

查看订单　编辑订单　订单改价

物流发货　查看退款　供销管理

确定　取消

图8-68

04 单击右侧的"角色管理"按钮，打开"角色管理"对话框（如图8-69所示），单击角色名右侧的铅笔按钮即可在"修改角色"对话框更改角色（如图8-70所示）。单击"新增角色"按钮打开对话框，可以添加角色名称以及权限（如图8-71所示）。

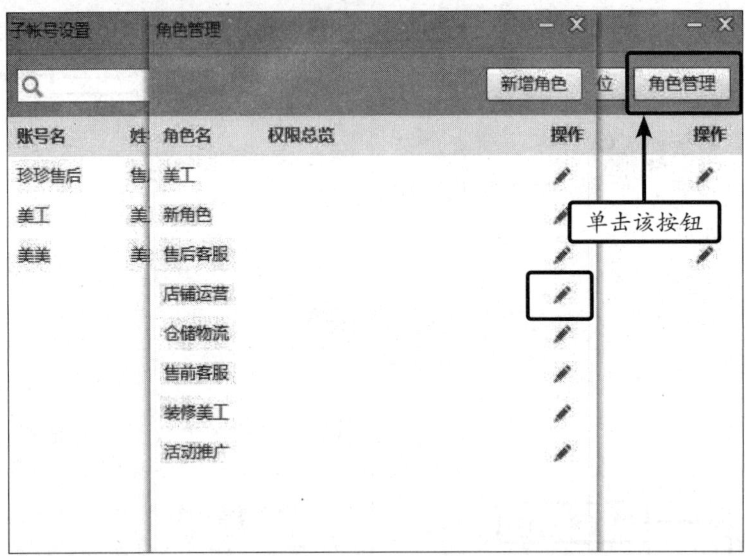

图8-69

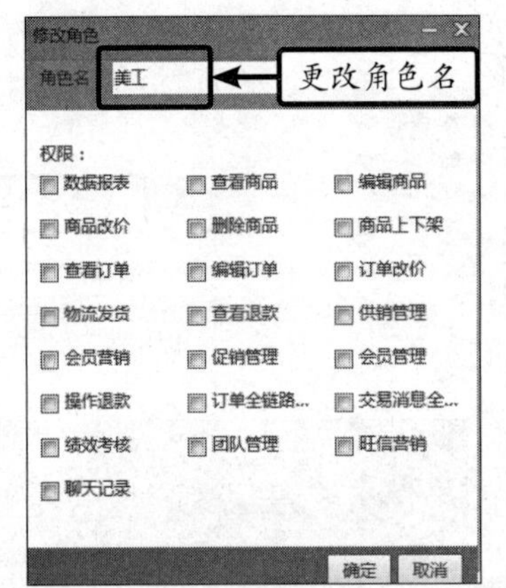

图8-70

图8-71

第9章　天猫店铺装修

前面在第4章中介绍了淘宝集市店铺的装修内容，包括店标/店招设计、导航设计、宝贝分类区设计、促销广告设计等重要内容。本章将继续介绍天猫店铺的装修内容，因为店标、店招的设计方法与淘宝集市店铺的设计方法相同，本章不再重复介绍，读者可参考第4章的方法进行操作。

9.1　宝贝分类区美化设计

宝贝分类区的设计，也是店铺装修的一个重要环节。一个漂亮美观的宝贝分类，不仅有利于店主对于各类别商品的销售进行统计，更有利于买家根据不同的类别迅速地找到自己想要的宝贝。

9.1.1　了解宝贝分类区

1. 宝贝分类区的显示形式和位置

和淘宝集市店铺一样，天猫店铺的宝贝分类区通常也分为“文字形式”和“图片形式”两种。

其显示位置通常也是在店铺首页的左侧（如图9-1所示）以及宝贝详情页的左侧（如图9-2所示）。

图9-1

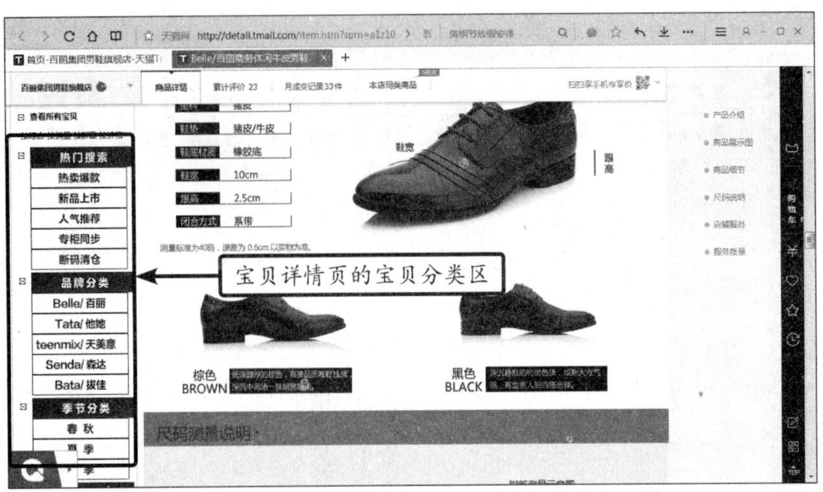

图9–2

2. 宝贝分类区的设计要求

在设计宝贝分类区的时候，应该事先了解以下几点基本要求。

（1）设计宝贝分类区的图片时，宽度不能超过160像素，高度没有限制。

（2）在为宝贝分类区添加图片时，需在分类名称中输入该分类的文字标示，以便后期查看和编辑。

（3）设计宝贝分类区的图片时，需要遵循店铺装修风格，否则不能保持整体店铺的统一效果。

（4）如果店铺中的宝贝数量较多，则可以在分类中添加子分类。子分类区同样可以添加图片，但是需要注意的是，这里的图片应该和主分类区的图片有所区别，避免混淆。

3. 默认宝贝分类页设计

在默认宝贝分类页中，宝贝都是以“图表”的形式显示的。

图9–3所示为“一行展示4个宝贝”的图表显示效果；图9–4所示为“一行展示5个宝贝”的图表显示效果。

图9–3

图9-4

除了图表形式，默认宝贝分类页还可以用“列表”的形式显示，如图9-5所示。

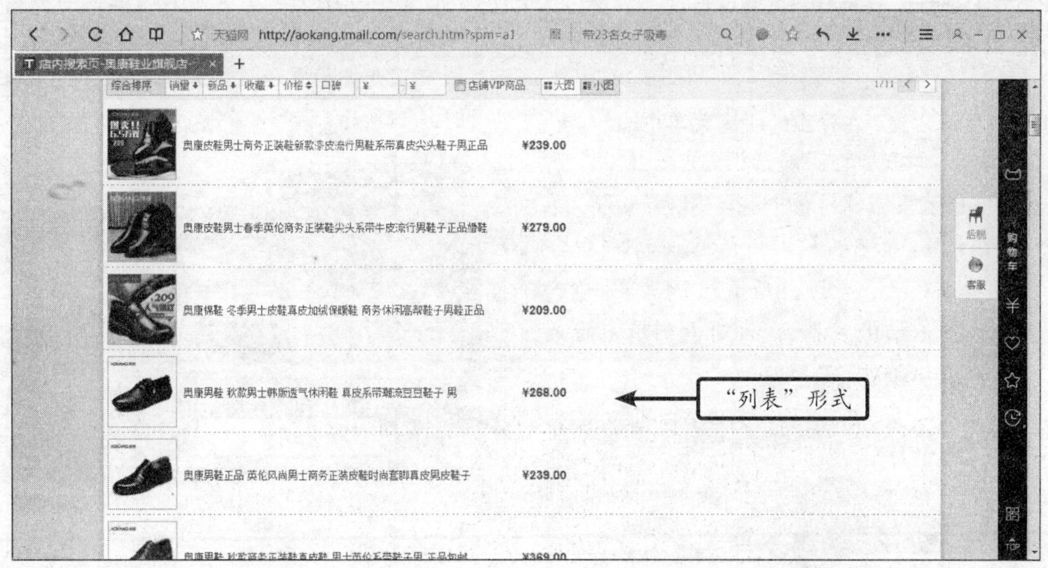

图9-5

9.1.2 设计漂亮的宝贝分类按钮图片

下面使用Photoshop CS6为天猫店铺设计漂亮的宝贝分类按钮图片，具体操作步骤如下：

01 启动Photoshop CS6软件，打开主界面。按“Ctrl+N”组合键，新建一个宽度为“150”、高度为“40”的文档，如图9-6所示。

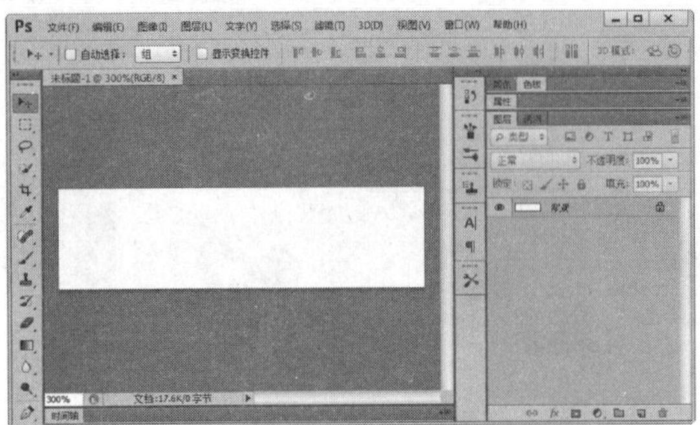

图9-6

02 按“W”键，启用快速选择工具。在文档中单击鼠标左键，即可快速将其全部选中，如图9-7所示。

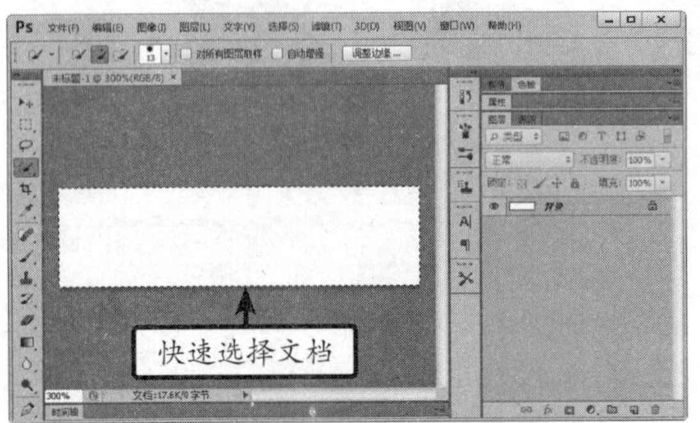

图9-7

03 单击鼠标右键，在弹出的快捷菜单中选择“填充”命令，弹出“填充”对话框。单击“使用”下拉按钮，在其下拉列表中选择“颜色”选项，弹出“拾色器（填充颜色）”对话框。拾取一种合适的填充颜色（如图9-8所示），依次单击“确定”按钮返回Ps主界面，即可看到填充的效果，如图9-9所示。

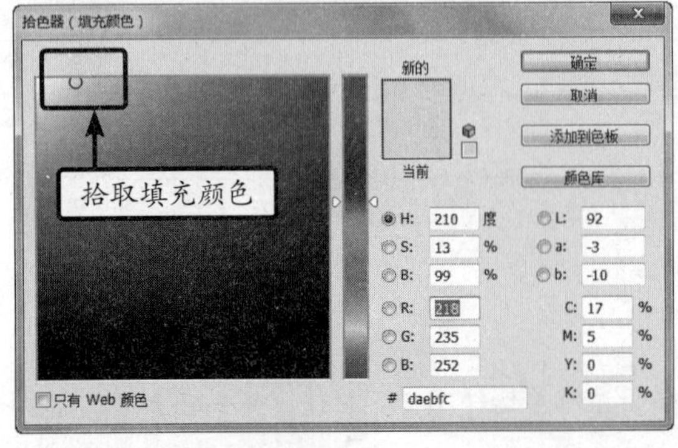

图9-8

04 按“Ctrl+O”组合键，打开素材图片，如图9-10所示。

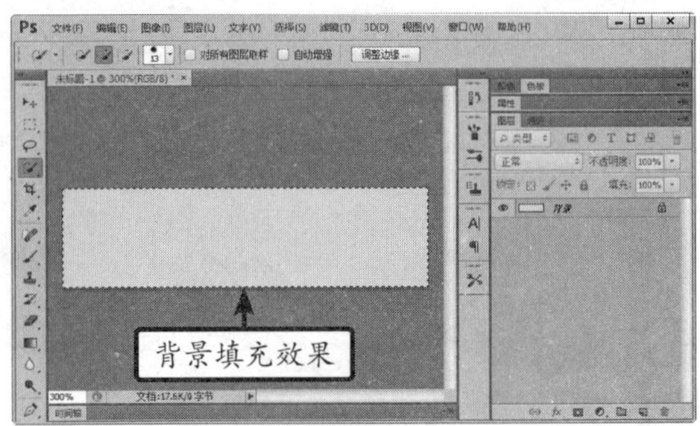

图9-9

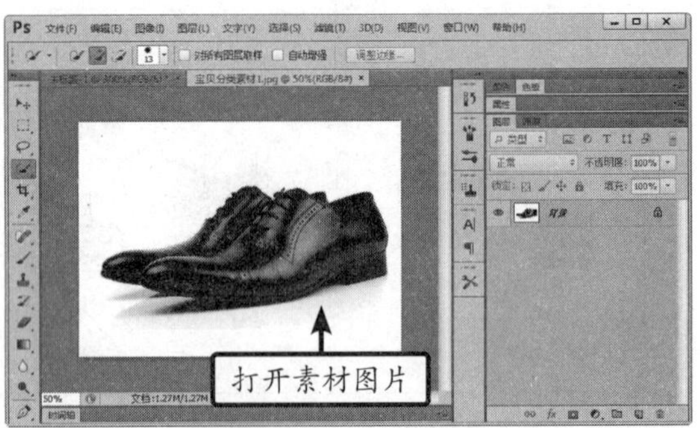

图9-10

05 按“Shift+W”组合键，启用魔棒工具。选中图中的皮鞋，将其移至“未标题-1”文档中，并调整至合适的大小和位置，效果如图9-11所示。

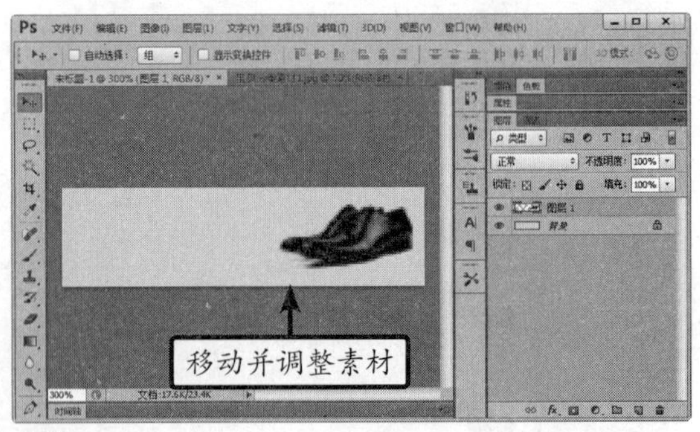

图9-11

06 按“T”键，启用横排文字工具。在皮鞋的左侧输入宝贝分类的名称，并设置字体为“隶书”、字号为“20点”、颜色为“黑色”，效果如图9-12所示。

07 即可完成宝贝分类区的按钮设计，效果如图9-13所示。

08 按“Shift+Ctrl+S”组合键，将其存储为JPG、PNG或GIF格式。

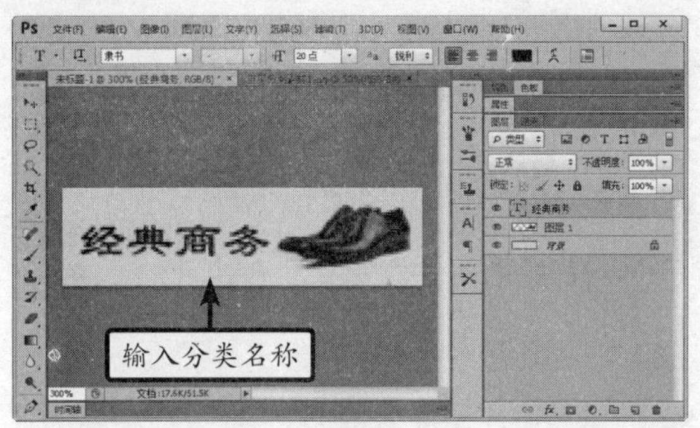

图9-12

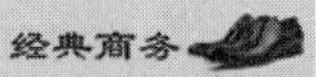

图9-13

09 更改宝贝分类的名称及素材图片，设计出其他宝贝分类的按钮并进行保存，效果如图9-14所示。

图9-14

9.2 宝贝促销活动区与促销页设计

针对淘宝集市店铺，在第4章中已经介绍了几种比较常见的促销活动的设计方案。其实，天猫店铺的宝贝促销广告与淘宝集市店铺的设计方法是一样的。

下面将针对男鞋设计一款天猫店铺的宝贝促销活动广告，具体操作步骤如下。

01 启动Photoshop CS6软件，打开主页面。按“Ctrl+N”组合键，新建一个宽度为“950”、高度为“500”的文档，如图9-15所示。

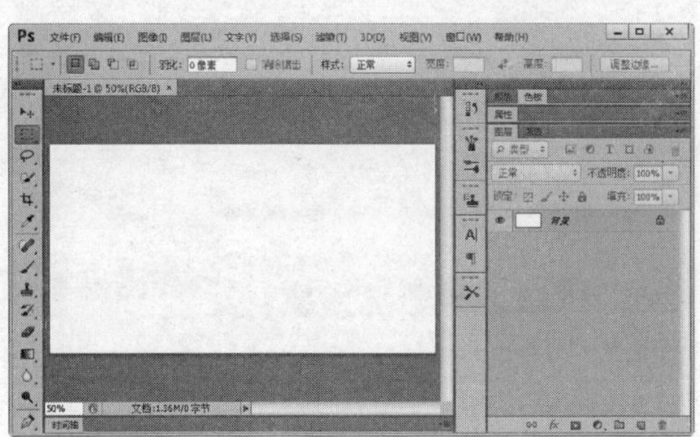

图9-15

02 按“Ctrl+O”组合键，打开背景素材图片，如图9-16所示。

03 按“V”键，启用移动工具。按住鼠标左键将背景素材图片移至“未标题-1”文档中，并将其调整至合适位置，效果如图9-17所示。

04 在界面右侧的“图层”面板中设置其“不透明度”为“50%”，即可完成促销页背景的设计，如图9-18所示。

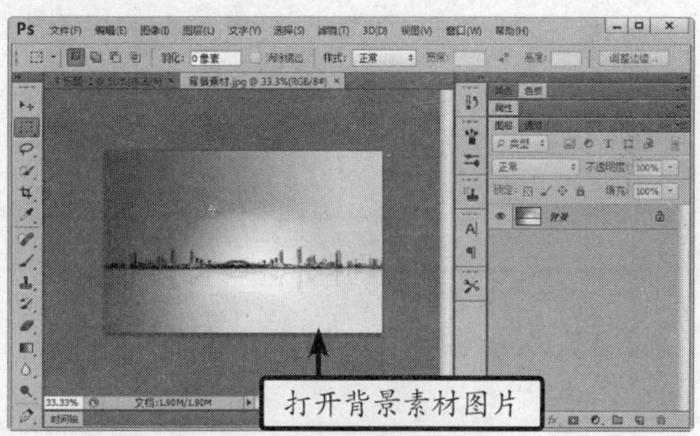

图9-16

图9-17

图9-18

05 按“Ctrl+O”组合键，打开商品素材图片，如图9-19所示。

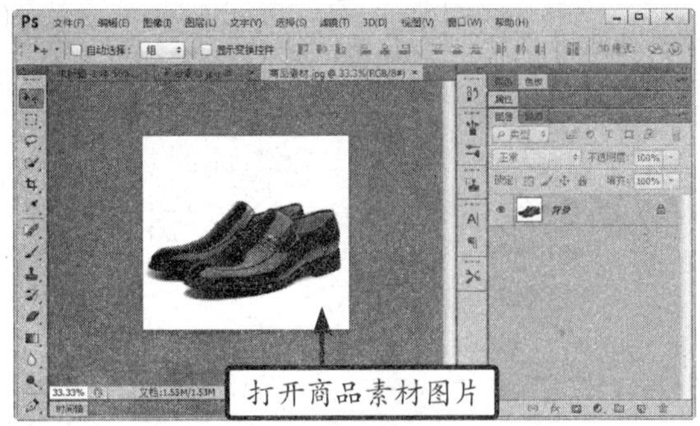

图9-19

06 利用魔棒工具选中其中的皮鞋，将其移至“未标题-1”文档中，并调整至合适的大小和位置，效果如图9-20所示。

图9-20

07 按“T”键，启用横排文字工具。在文档的左上角输入第1段文字，并设置字体为“Edwardian Script ITC”、字号为“48点”，并在色板中设置颜色为“黑洋红”，如图9-21所示。

图9-21

08 输入第2段文字，并设置字体为“华文琥珀”、字号为“48点”、颜色为“黑洋红”，效果如图9-22所示。

图9-22

09 输入第3段文字，并设置字体为“幼圆”、字号为“30点”、颜色为“黑洋红”，效果如图9-23所示。

图9-23

10 按“U”键，启用矩形工具。在文字的下方绘制一个矩形，并在界面上方的“选项”面板中设置“填充”颜色为“白色”，如图9-24所示。

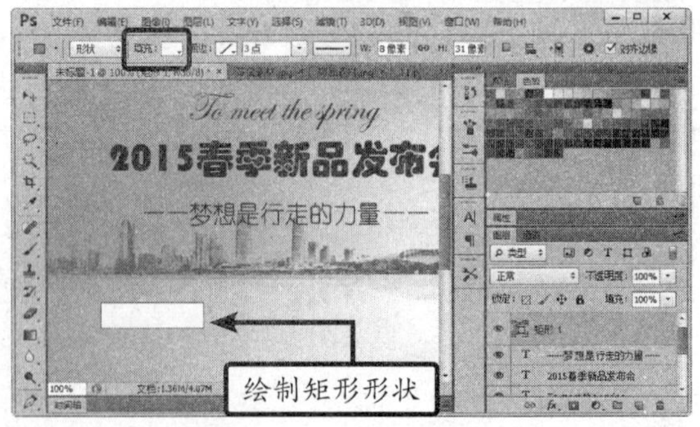

图9-24

11 在该矩形上单击鼠标左键，弹出图9-25所示的“创建矩形”对话框。

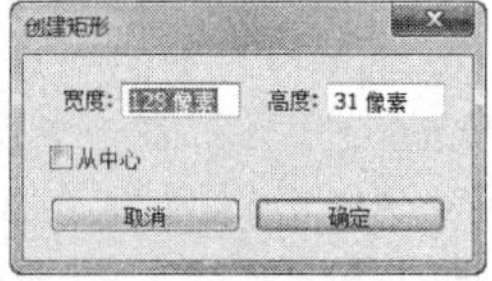

图9-25

12 单击“确定”按钮，即可创建出一个相同大小的矩形形状，如图9-26所示。

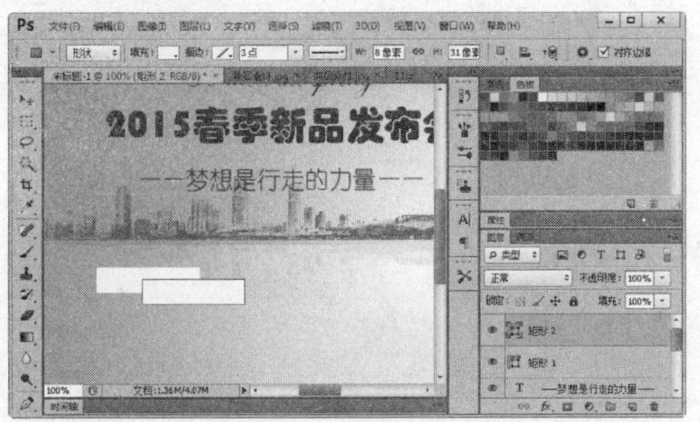

图9-26

13 按照相同的方法继续创建一个矩形形状，并将其调整至合适的位置，效果如图9-27所示。

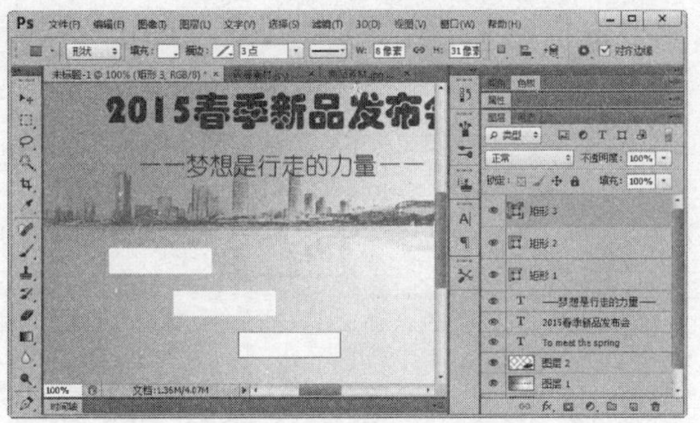

图9-27

14 按“T”键，启用横排文字工具。分别在3个矩形形状上输入文字，并设置字体为“幼圆”、字号为“20点”，并在色板中设置颜色为“黑洋红”，如图9-28所示。

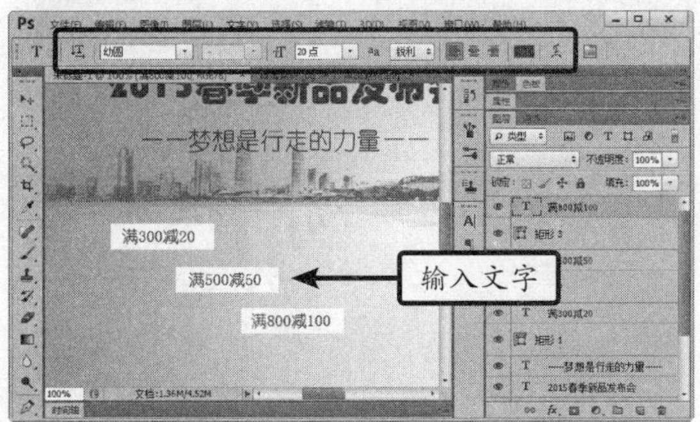

图9-28

15 此时，促销活动广告就已全部设计完毕了，最终效果如图9-29所示。

图9-29

16 按“Shift+Ctrl+S”组合键，将其存储为JPG、JPEG或PNG格式的图片即可。

9.3 宝贝美化设计

在第4章中介绍了关于美化设计宝贝图片的一些方法，包括图片尺寸调整、背景去除、美化修饰、合成处理等。这里将继续介绍两种宝贝图片的特殊处理方法。

9.3.1 宝贝倒影效果

利用Photoshop软件还可以为宝贝添加倒影效果，具体操作步骤如下。

01 启动Photoshop CS6软件，打开需要添加倒影效果的图片，如图9-30所示。

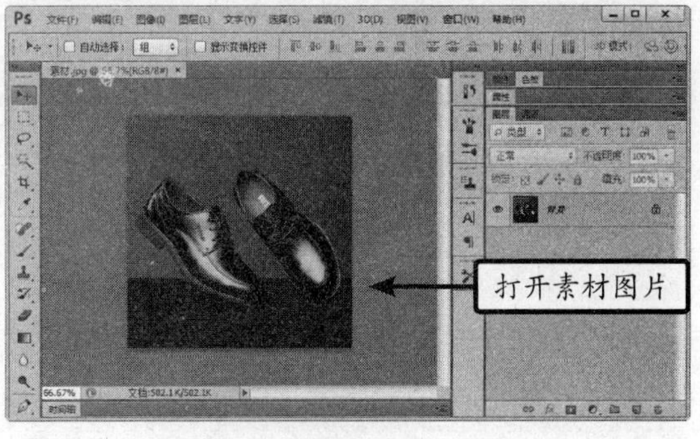

图9-30

02 利用魔棒工具将图片中的皮鞋选中，如图9-31所示。

03 按“Ctrl+J”组合键，即可将皮鞋复制到一个背景为透明的新图层中，如图9-32所示。

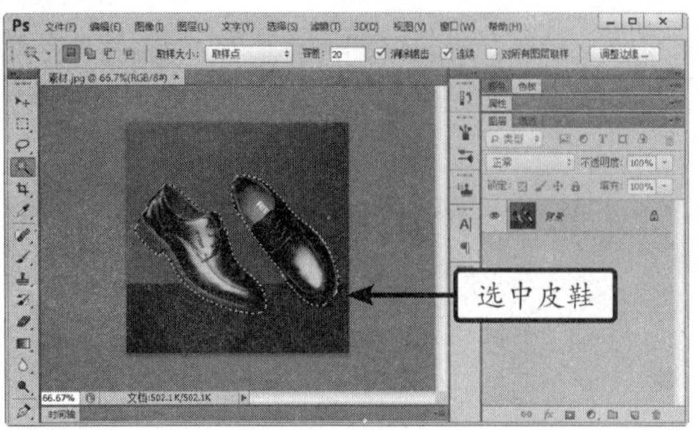

图9-31

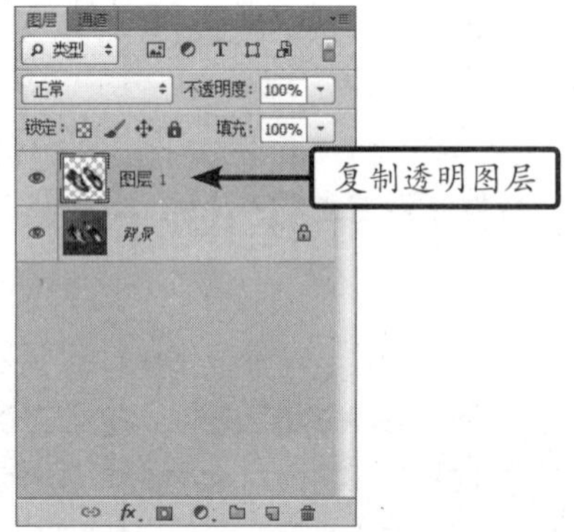

图9-32

04 在新图层上单击鼠标右键，在弹出的快捷菜单中选择“复制图层”命令（如图9-33所示），弹出“复制图层”对话框，如图9-34所示。

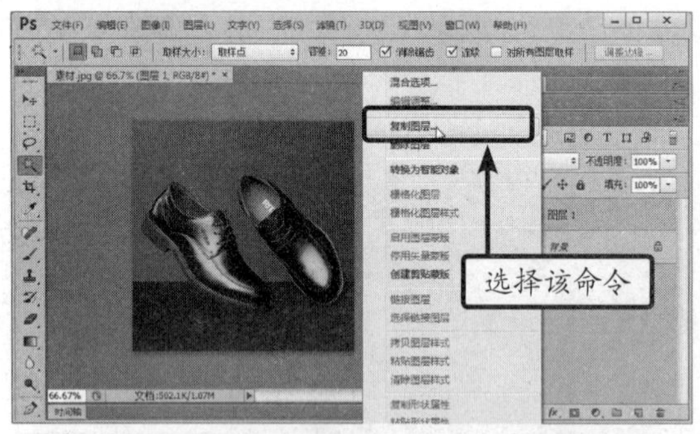

图9-33

图9-34

05 单击“确定”按钮，即可创建图层1的副本，如图9-35所示。

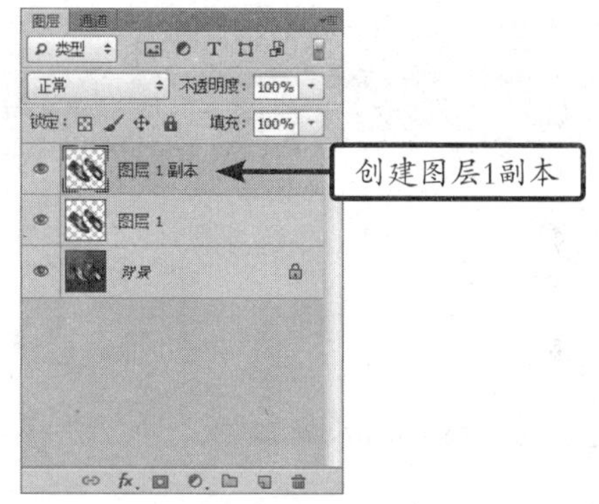

图9-35

06 选择“编辑”→“变换”→“垂直翻转”菜单命令（如图9-36所示），即可将图层1副本中的皮鞋进行垂直翻转。

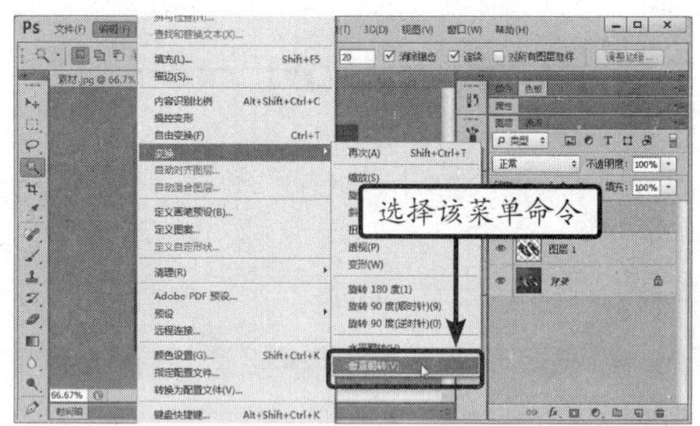

图9-36

07 按“V”键，启用移动工具。将其移至图层1中皮鞋的下方，并进行自由变换操作，调整至合适的位置，如图9-37所示。

图9-37

08 在“图层”面板中设置“不透明度”为“50%”，即可得到宝贝倒影的最终效果，如图9-38所示。

图9-38

9.3.2 宝贝透气效果

利用Photoshop软件制作鞋子透气、会呼吸的特殊效果，具体操作步骤如下。

01 启动Photoshop CS6软件，打开需要制作透气效果的图片，如图9-39所示。

图9-39

02 单击“图层”面板中的创建新图层按钮，创建“图层1”图层，如图9-40所示。

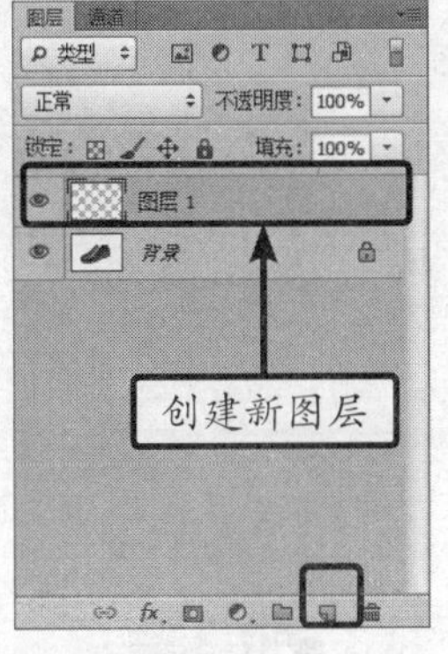

图9-40

03 先按“L”键，再持续按“Shift+L”组合键多次，直到切换至“多边形套索工具”。在鞋的上方绘制出一个上粗下细的锥形轮廓，如图9-41所示。

图9-41

04 在该轮廓上单击鼠标右键，在弹出的快捷菜单中选择“填充”命令，打开“填充”对话框。在该对话框中设置填充颜色为“白色”，如图9-42所示。

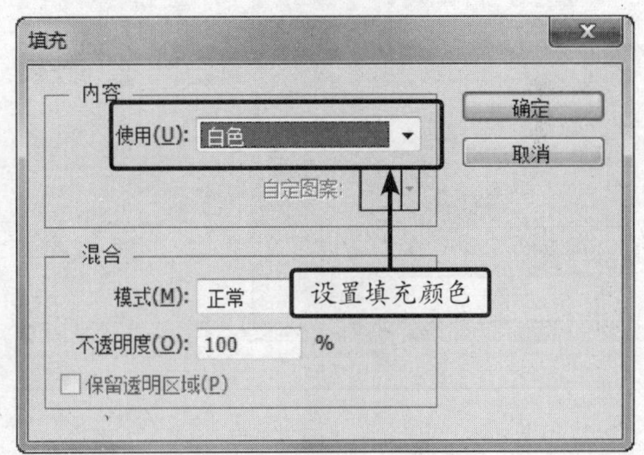

图9-42

05 单击“确定”按钮返回主界面，可以看到填充的效果，如图9-43所示。

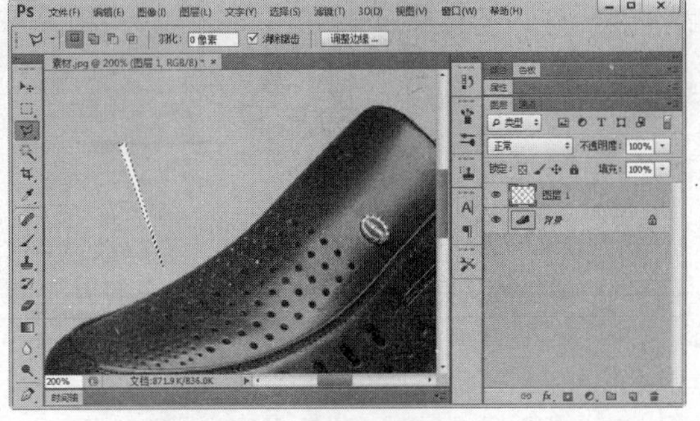

图9-43

06 按“Ctrl+T”组合键，进行自由变换操作，将其调整至合适的大小和位置。复制“图层1”，创建“图层1副本”图层，如图9-44所示。

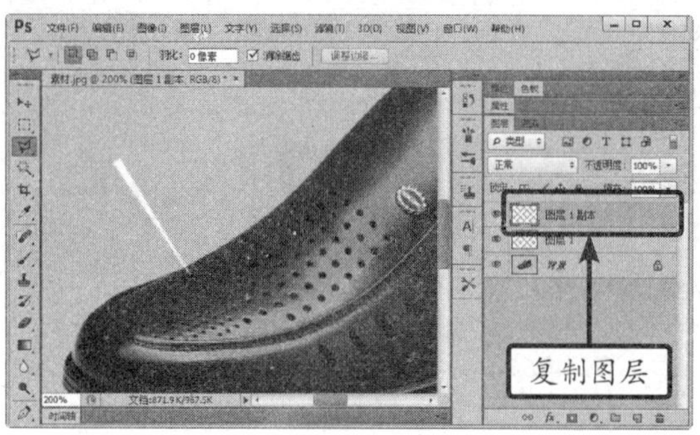

图9-44

07 按“V”键，启用移动工具。将“图层1副本”中的锥形轮廓移动至合适的位置，并对其进行自由变换调整，效果如图9-45所示。

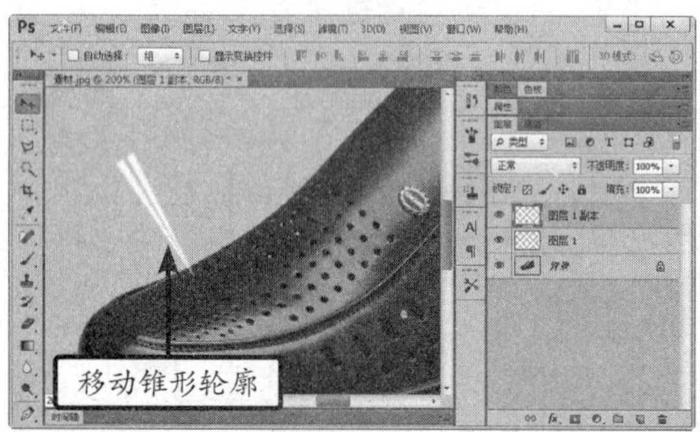

图9-45

08 复制“图层1”，得到“图层1副本2”～“图层1副本5”图层。按相同的方法调整气柱的位置，得到最终的“气柱”效果，如图9-46所示。

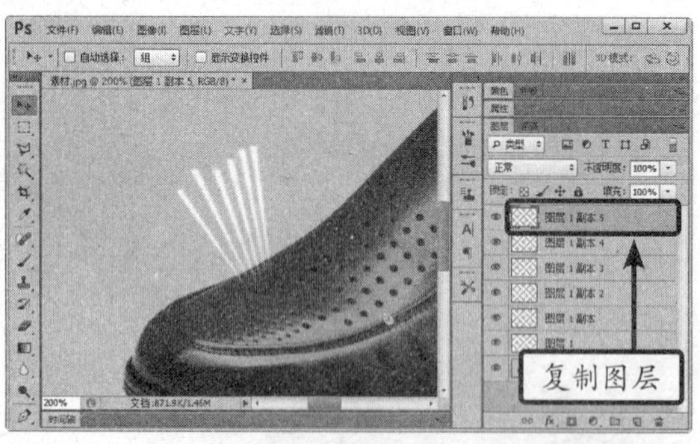

图9-46

09 在“图层”面板中单击创建新图层按钮，创建出“图层2”图层，如图9-47所示。

10 按“B”键，启用画笔工具。在界面上方的“选项”面板中单击“点按可打开‘画笔预设’选取器”按钮，在其下拉列表中选择“样本画笔11”画笔，并设置像素为“120”，如图9-48所示。

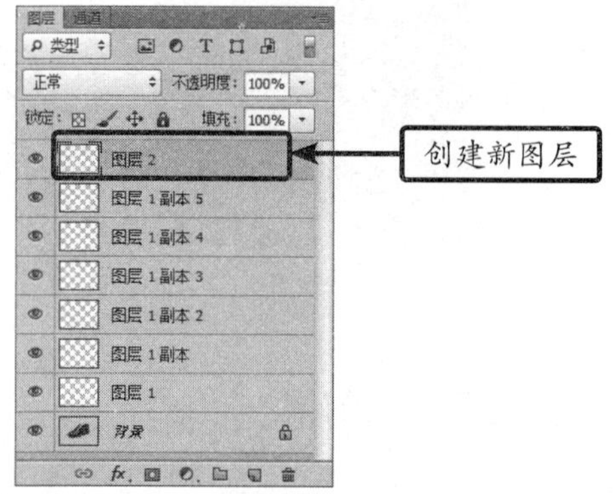

图9-47

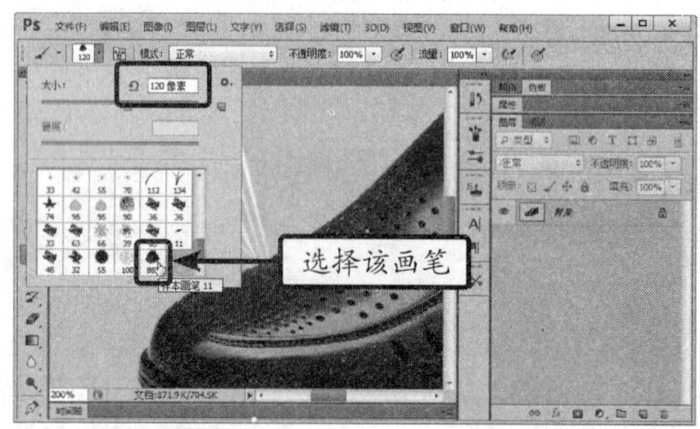

图9-48

11 此时，鼠标指针会变成一个云朵的形状。在气柱上方单击一点，即可绘制出云朵，调整好云朵的位置。此时，宝贝的透气效果即全部完成，效果如图9-49所示。

图9-49

小提示

本例中使用到的“样本画笔11”画笔为云朵画笔，如果没有该画笔，可以在浏览器中输入“PS云朵笔刷”进行搜索与下载，再到PS软件中进行“载入画笔”操作即可。

第10章 天猫营销与推广

10.1 双11营销

双11是针对天猫商城的一年一度的大型购物节，参加双11的天猫品牌旗舰店价格都会降至平时的五折，折扣力度很大，这一天的天猫商城销量往往也是很惊人的。

根据2014年11月11日的交易量显示：在当天突破了571亿元。图10-1所示为双11当天的交易动态。

时间	交易额	时间	交易额
3分钟	10亿	12时58分	350亿
5分钟	20亿	14时41分	385亿
14分钟	50亿	15时00分	390亿
38分钟	100亿	15时28分	400亿
60分钟	122亿	17时00分	426亿
1时44分	150亿	17时11分	430亿
7时17分	200亿	19时25分	463亿
10时51分	300亿	20时20分	480亿
11时11分	308亿	21时12分	500亿
11时48分	323亿	23时30分	557亿
12时00分	327亿	24小时	571亿

图10-1

和以往天猫双11交易额比较，可以看到图10-2所示图表中交易额呈递增趋势，仅仅5年的时间，在过去的2014年交易额就远远超过2009年，相信在2015年双11将会达到一个新高峰。

牛尔天猫官方旗舰店在淡季（6月为美妆产品的淡季）销售额每月大约500万元，旺季（3~5月为美妆产品的旺季）每月的销售额大约800万元，月平均销售额可达700万左右。而在2014年的双11晚上9点，牛尔品牌的销售额达到了2800万元，为月平均销售量的4倍，如图10-3所示。可见双11对商家的交易额贡献很大。

图10-2

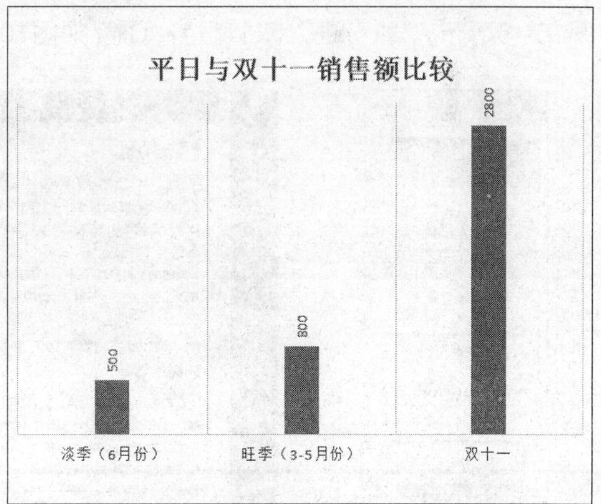

图10-3

10.1.1 如何做准备

积极参加双11活动之前，需要做好大量的准备工作，才能做到有备无患，打一场漂亮的双11大战。图10-4中列举了商家在参加双11之前需要做的一系列准备工作。

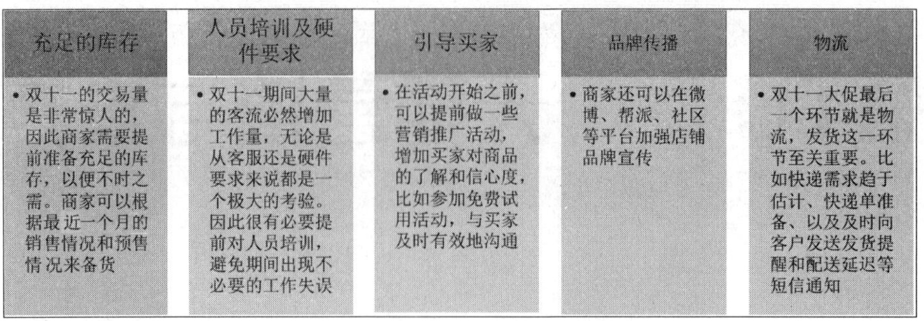

图10-4

10.1.2 报名要求及招商规则

天猫对参加双11的商家有一套既定的规则和条件，并不是所有入驻天猫的商户都有资格参加，图10-5即展示了天猫双11的招商流程。

图10-5

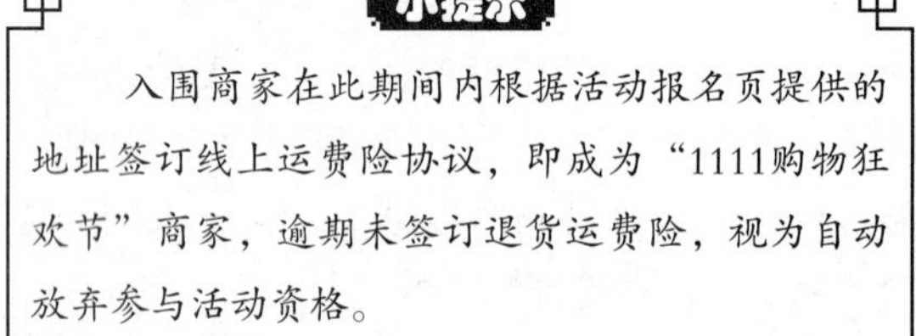

入围商家在此期间内根据活动报名页提供的地址签订线上运费险协议，即成为“1111购物狂欢节”商家，逾期未签订退货运费险，视为自动放弃参与活动资格。

1. 如何报名

进入天猫“我的工作台”后，在页面左侧的“1111购物狂欢节”下单击“商品报名及规则”（如图10-6所示），即可进入双11报名页面（如图10-7所示），在该页面可以查看招商规则。

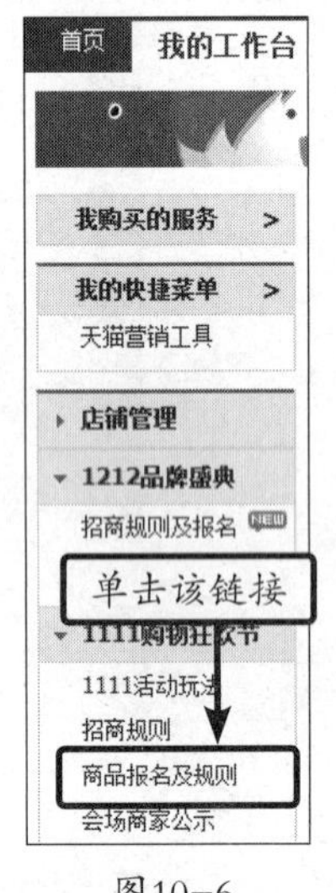

图10-6

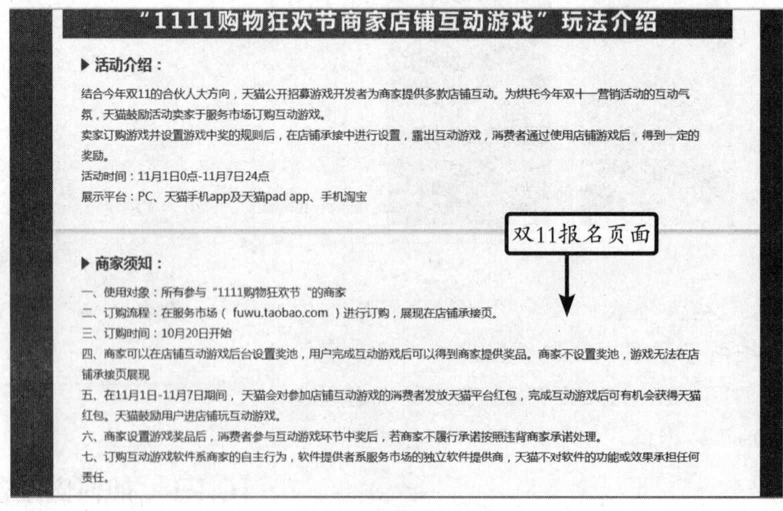

图10-7

2. 招商规则

报名页面显示了图10-8所示的招商要求，对商品类目和价格做了相关规定。图10-9所示为会场的示意图，展示会场商家和商品专区商家的当天显示位置。

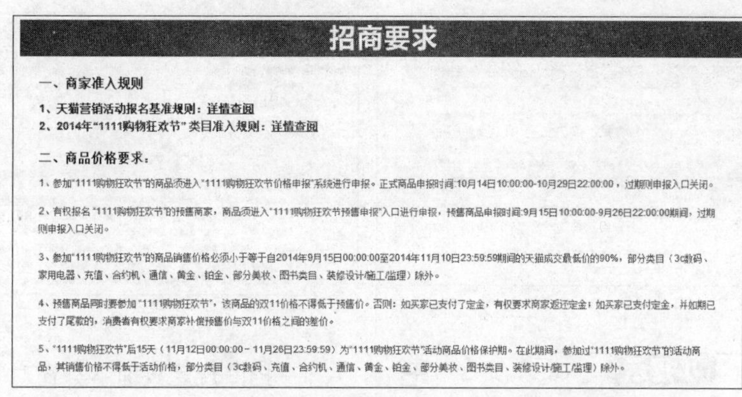

招商要求

一、商家准入规则

1、天猫营销活动报名基准规则：详情查阅
2、2014年"1111购物狂欢节"类目准入规则：详情查阅

二、商品价格要求：

1、参加"1111购物狂欢节"的商品须进入"1111购物狂欢节价格申报"系统进行申报。正式商品申报时间:10月14日10:00:00-10月29日22:00:00，过期则申报入口关闭。

2、有权报名"1111购物狂欢节"的预售商家，商品须进入"1111购物狂欢节预售申报"入口进行申报，预售商品申报时间:9月15日10:00:00-9月26日22:00:00期间，过期则申报入口关闭。

3、参加"1111购物狂欢节"的商品销售价格必须小于等于自2014年9月15日00:00:00至2014年11月10日23:59:59期间的天猫成交最低价的90%，部分类目（3c数码、家用电器、充值、合约机、通信、黄金、铂金、部分美妆、图书类目、装修设计/施工/监理）除外。

4、预售商品同时要参加"1111购物狂欢节"，该商品的双11价格不得低于预售价。否则：如买家已支付了定金，有权要求商家返还定金；如买家已支付定金，并如期已支付了尾款的，消费者有权要求商家补偿预售价与双11价格之间的差价。

5、"1111购物狂欢节"后15天（11月12日00:00:00－11月26日23:59:59）为"1111购物狂欢节"活动商品价格保护期。在此期间，参加过"1111购物狂欢节"的活动商品，其销售价格不得低于活动价格，部分类目（3c数码、充值、合约机、通信、黄金、铂金、部分美妆、图书类目、装修设计/施工/监理）除外。

图10-8

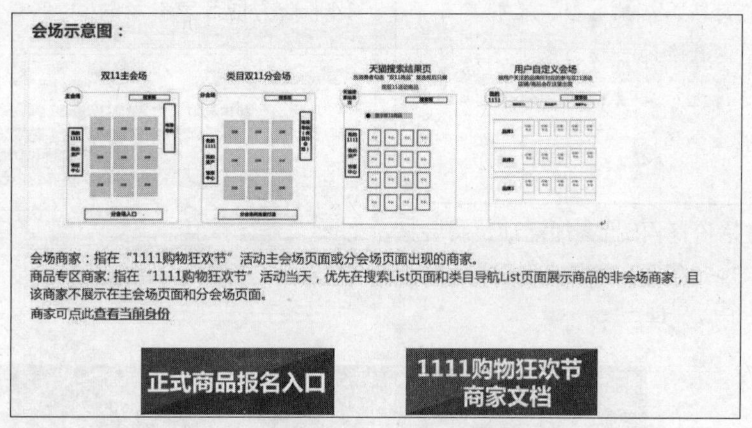

图10-9

报名页面显示了图10-10所示的招商要求，规定了商品发布时间和发布要求。并且对商品价格和成交最低价进行了规定（见图10-11），主会场必须要是全场5折的商家。

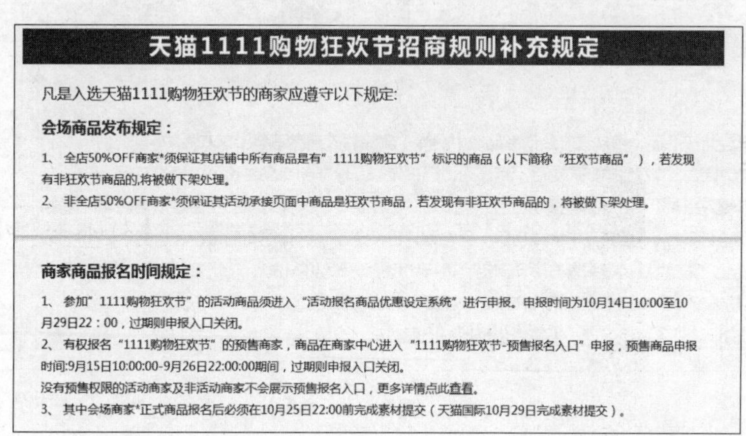

天猫1111购物狂欢节招商规则补充规定

凡是入选天猫1111购物狂欢节的商家应遵守以下规定:

会场商品发布规定：

1、全店50%OFF商家*须保证其店铺中所有商品是有"1111购物狂欢节"标识的商品（以下商称"狂欢节商品"），若发现有非狂欢节商品的,将被做下架处理。
2、非全店50%OFF商家*须保证其活动承接页面中商品是狂欢节商品，若发现有非狂欢节商品的，将被做下架处理。

商家商品报名时间规定：

1、参加"1111购物狂欢节"的活动商品须进入"活动报名商品优惠设定系统"进行申报。申报时间为10月14日10:00至10月29日22：00，过期则申报入口关闭。
2、有权报名"1111购物狂欢节"的预售商家，商品在商家中心进入"1111购物狂欢节-预售报名入口"申报，预售商品申报时间:9月15日10:00:00-9月26日22:00:00期间，过期则申报入口关闭。
没有预售权限的活动商家及非活动商家不会展示预售报名入口，更多详情点此查看。
3、其中会场商家*正式商品报名后必须在10月25日22:00前完成素材提交（天猫国际10月29日完成素材提交）。

图10-10

双11全店5折是指双11当天店铺内所有商品价格均为专柜价5折及以下，如果出现5折以上的商品，活动当天11月11日0点系统自动做下架处理，活动期间无法上架，活动结束后需商家操作上架。一旦选择全店5折后无法修改，请慎重选择；非全店5折是指双11当天店铺里的商品不需要全店5折（指价格均为专柜价5折及以下），若出现5折以上商品不会作下架处理，一旦选择无法修改，请慎重选择。

商品价格管理规定：

1、 主会场商家必须是全店50%OFF商家。

2、 参加“1111购物狂欢节”全店50%OFF的商家，全店所有商品的销售价格均为专柜价的50%及以下，且必须在“1111购物狂欢节商品申报”系统中申报成功。部分类目（3c数码、家用电器、充值、合约机、通信、黄金、铂金、部分美妆、装修设计/施工/监理、母婴类标品、服饰部分国际商家）除外。

3、 参加“1111购物狂欢节”的商品销售价格必须小于等于自2014年9月15日00:00:00至2014年11月10日23:59:59期间的天猫成交最低价的90%，部分类目（3c数码、家用电器、充值、合约机、通信、黄金、铂金、部分美妆、图书类目、装修设计/施工/监理）除外。

4、 预售商品同时要参加 “1111购物狂欢节”，该商品的双11价格不得低于预售价。否则：如买家已支付了定金，有权要求商家返还定金；如买家已支付定金，并如期已支付了尾款的，消费者有权要求商家补偿预售价与双11价格之间的差价。

商品成交最低价规定：

成交最低价：指活动商品自2014年9月15日至2014年11月10日期间有成交记录的商品拍下价格的最低价（淘金币价、店铺优惠券*、全积分兑换、积分加钱购、秒杀、试用、万人团、预售价格、会员专享价除外）。

图10-11

小提示

天猫会根据一定的会场规则，比如知名品牌、客单价、成交额、店铺类型、主营类目等各种维护圈定一定数量的会场商家。不是仅根据全店5折或非5折进行安排，所以不保证选择全店5折就一定能上会场。

如果商家虚抬价格再5折参加活动，将会按照图10-12所示规定管理，并对举报成功的虚抬价格商家进行相应处理。

虚抬商品价格的管理规定：

1、 虚抬专柜价*：指商家有抬高“1111购物狂欢节”活动商品专柜价行为，即2014年11月1日00：00：00至2014年11月11日23：59：59期间，商品详情页面展示的“专柜价”，高于该商品在2014年9月1日至2014年11月10日期间的实际专柜价。商家虚抬专柜价的，买家可进行举报，买家举报时商家需提供在2014年9月1日至2014年11月10日期间的以下任一凭证：

1）商品的厂家吊牌价或建议零售价

2）物价局等国家法定机构核定的价格

3）上述价格需经本商家以线上或线下的方式产生真实销售，如无真实销售产生，不得以上述价格作为专柜价展示。请商家保留2014年9月1日至10月13日期间相关销售凭证。

2、若买家举报成立，将进行如下处理：

1) 举报成立之时买家已付款的商品，天猫将依据违背承诺第一项，对该商品的商家进行扣6分/次（同一商品ID处罚一次）的处罚，同时天猫有权取消该商品参加“1111购物狂欢节”活动的资格；11月1日-11月11日期间，商家因一般违规累计扣分达到48分的，天猫有权取消商家参加“1111购物狂欢节”的活动资格，并有权限制商家参加天猫及聚划算2014年的所有营销活动。其中（3c数码、家用电器、充值、合约机、通信、黄金、铂金、部分美妆、图书类目、装修设计/施工/监理）除外。

2) 举报成立之时买家未拍下或拍下未付款的商品，天猫有权取消该商品参加“1111购物狂欢节”活动的资格。其中（3c数码、家用电器、充值、合约机、通信、黄金、铂金、部分美妆、图书类目、装修设计/施工/监理）除外。

图10-12

在招商规定页面下方还对官方活动商品优惠设定了系统分时段操作（见图10-13、图10-14），方便商家参考时间。

操作权限说明:

2014年双11官方活动商品优惠设定系统分时段操作

		10.14 10:00:00 至10.29 22:00:00	10.29 22:00:00 至11.7 22:00:00	11.07 22:00:00 至11.10 23:59:59	11.11 00:00:00 至11.11 03:59:59	11.11 04:00:00 至11.11 23:59:59	11.12 00:00:00
1111官方活动商品——商家操作	单个/批量删除已设定的商品	可以	禁止	禁止	禁止	禁止	入口关闭
	已设定商品调整专柜价	可以	禁止	禁止	禁止	禁止	
	已设定商品向上调整活动价	可以	禁止	禁止	禁止	禁止	
	已设定商品向下调整活动价	可以	可以	禁止	禁止	可以	
	批量导入官方商品	可以	禁止	禁止	禁止	可以	
	待设定的商品价格设定	可以	禁止	禁止	禁止	可以	
	异常商品（小二清退除外）价格修改	可以	禁止	禁止	禁止	可以	

图10-13

		10.14 10:00:00 至10.29 22:00:00	10.29 22:00:00 至11.7 22:00:00	11.07 22:00:00 至11.10 12 : 00:00	11.10 12:00:00 至11.10 23:59:59	11.11 00:00:00 至11.11 03:59:59	11.11 04:00:00 至11.11 23:59:59	11.12 00:00:00
1111官方活动商品——商家操作 黄金、铂金、笔记本、平板电脑等特殊类目	单个/批量删除已设定的商品	可以	禁止	禁止	禁止	禁止	禁止	入口关闭
	已设定商品调整专柜价	可以	可以	可以	禁止	禁止	可以	
	已设定商品向上调整活动价	可以	可以	可以	禁止	禁止	可以	
	已设定商品向下调整活动价	可以	可以	可以	禁止	禁止	可以	
	批量导入官方商品	可以	禁止	禁止	禁止	禁止	可以	
	待设定的商品价格设定	可以	禁止	禁止	禁止	禁止	可以	
	异常商品（小二清退除外）价格修改	可以	禁止	禁止	禁止	禁止	可以	

名词解释:

1. 单个/批量删除已设定的商品：指从官方活动商品池中删除，删除后该商品不参加官方活动。
2. 已设定商品调整专柜价：指商品申报成功后，状态为“已设定”，这样的商品是否可以修改专柜价价格。
3. 已设定商品向上调整活动价：指商品申报成功后，状态为“已设定”，这样的商品是否可以把活动价提高。
4. 已设定商品向下调整活动价：指商品申报成功后，状态为“已设定”，这样的商品是否可以把活动价降低。
5. 批量导入官方商品：指通过批量导入官方活动商品，进行新增活动商品的申报。
6. 待设定的商品价格设定：指商品申报价格未作设定，需要设定活动价格。
7. 异常商品（小二清退除外）价格修改：不符合价格规则出现异常。

图10-14

小提示

活动商家使用的营销工具的使用和设置方式与平常一样，但是双11当天所有天猫商家只能使用以下5个天猫官方营销工具（包括大促商品和非大促商品）：搭配宝、特价宝、店铺优惠、用户限购、淘宝卡券（店铺优惠券和商品优惠券）。除此之外，使用非天猫官方营销工具（包括淘宝促销管理营销工具、第三方营销工具）设置的优惠在双11当天都会失效。

10.2 1212品牌盛典营销

1212品牌盛典，是天猫在年终举办的营销活动之一，天猫在当天会邀请众多品牌和实力商家共同参与，在PC及无线多个平台，为消费者打造一场年终品牌盛宴。买家在购物的过程中，不再是分门别类地按照类目标签进行枯燥的搜索和挑选，而是能够进入一个个具体的场景。它打破了以往促销模式，卖家能了解用户需求，建立自身影响力。图10-15所示为参加1212品牌盛宴的报名流程。

图10-15

10.2.1 如何报名

进入天猫“我的工作台”后，在页面左侧的“1212品牌盛宴”下单击“商品报名”（见图10-16），即可进入双12报名页面（见图10-17），在该页面可以查看活动介绍。图10-18显示了参加活动的招商要求，单击上方的“商品报名链接”按钮即可报名。

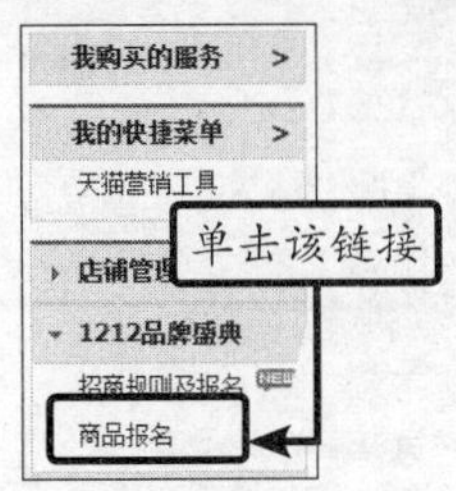

图10-16

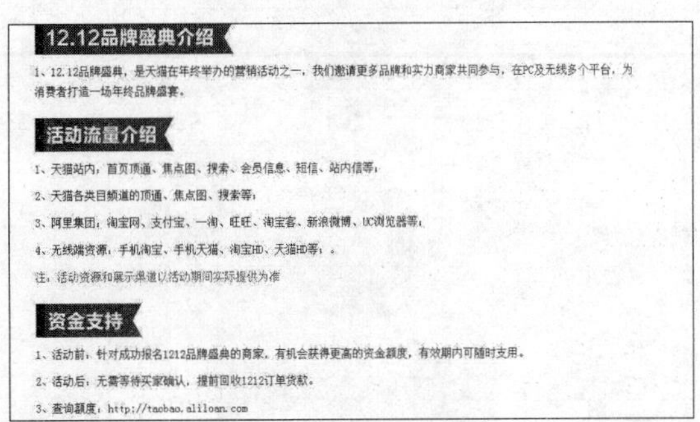

12.12品牌盛典介绍

1、12.12品牌盛典，是天猫在年终举办的营销活动之一，我们邀请更多品牌和实力商家共同参与，在PC及无线多个平台，为消费者打造一场年终品牌盛宴。

活动流量介绍

1、天猫站内：首页顶通、焦点图、搜索、会员信息、短信、站内信等；

2、天猫各类目频道的顶通、焦点图、搜索等；

3、阿里集团：淘宝网、支付宝、一淘、旺旺、淘宝客、新浪微博、UC浏览器等；

4、无线端资源：手机淘宝、手机天猫、淘宝HD、天猫HD等；。

注：活动资源和展示渠道以活动期间实际提供为准

资金支持

1、活动前：针对成功报名1212品牌盛典的商家，有机会获得更高的资金额度，有效期内可随时支用。

2、活动后：无需等待买家确认，提前回收1212订单货款。

3、查询额度：http://taobao.aliloan.com

图10-17

小提示

双12当天，天猫官方5大营销工具，包括搭配宝、店铺优惠、特价宝、用户限购、优惠券、淘宝官方工具（排除搭配套餐）等和第三方营销工具都可以使用并生效。

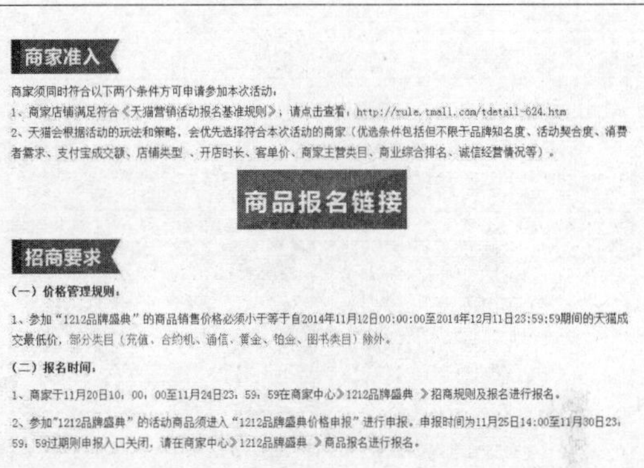

商家准入

商家须同时符合以下两个条件方可申请参加本次活动：

1、商家店铺满足符合《天猫营销活动报名基准规则》；请点击查看：http://rule.tmall.com/tdetail-624.htm

2、天猫会根据活动的玩法和策略，会优先选择符合本次活动的商家（优选条件包括但不限于品牌知名度、活动契合度、消费者需求、支付宝成交额、店铺类型 、开店时长、客单价、商家主营类目、商业综合排名、诚信经营情况等）。

商品报名链接

招商要求

（一）价格管理规则：

1、参加“1212品牌盛典”的商品销售价格必须小于等于自2014年11月12日00:00:00至2014年12月11日23:59:59期间的天猫成交最低价，部分类目（充值、合约机、通信、黄金、铂金、图书类目）除外。

（二）报名时间：

1、商家于11月20日10：00：00至11月24日23：59：59在商家中心》1212品牌盛典 》招商规则及报名进行报名。

2、参加“1212品牌盛典”的活动商品须进入“1212品牌盛典价格申报”进行申报。申报时间为11月25日14:00至11月30日23：59：59过期则申报入口关闭，请在商家中心》1212品牌盛典 》商品报名进行报名。

图10-18

10.2.2 了解规则

在报名参加双12品牌盛宴之前，需要花时间了解报名和招商规则。图10-19所示截图给出了商家的操作权限，比如具体时段中哪些操作可以执行，而哪些操作是禁止的。

商家操作权限

天猫1212品牌盛典优惠设定系统分时段操作

		商品自由申报期	[illegible]	商品补报期	禁止调整期	活动中	活动结束
		2014.11.25 14:00:00-2014.11.30 23:59:59	2014.12.1 00:00:00-2014.12.4 23:59:59	2014.12.5 00:00:00-至2014.12.9 23:59:59	2014.12.10 00:00:00-至活动开始2014.12.12 01:59:59	2014.12.12 02:00:00至2014.12.12 23:59:59	活动次日00:00:00
官方活动商品——商家操作	单个/批量删除已设定的商品	可以	禁止	禁止	禁止	禁止	入口关闭
	已设定商品调整[illegible]	可以	禁止	禁止	禁止	禁止	
	已设定商品向上调整活动价	可以	禁止	禁止	禁止	禁止	
	已设定商品向下调整活动价	可以	可以	可以	禁止	可以	
	批量导入官方商品	可以	禁止	可以，导入后是待设定	禁止	可以，导入后是待设定	
	待设定的商品价格设定	可以	可以	可以	禁止	可以	
	异常商品（小二清退除外）价格修改	可以	可以	可以	禁止	可以	

图10-19

图10-20所示截图给出了在指定优惠设定分时段内各项禁止和允许的操作。在活动的前中后期，对于商品的价格修改、上下架设置，以及商品SKU也明确给出了禁止和允许的操作，如图10-21所示。

1212品牌盛典优惠设定系统分时段操作

		活动周期					
		商品自由申报期	商品新增关闭期	商品补报期	禁止调整期	活动中	活动结束
		2014.11.25 14:00:00-2014.11.30 23：59：59	2014.12.1 00：00：00-2014.12.4 23：59.59	2014.12.5 00：00：00-至2014.12.9 23:59:59	2014.12.10：00：00：00-至活动开始2014.12.12 01:59:59前	2014.12.12 02:00:00至2014.12.12 23:59:59	活动次日00:00:00
官方活动商品——商家操作笔记本、平板电脑黄金、铂金类目特例	单个/批量删除已设定的商品	可以	禁止	禁止	禁止	禁止	入口关闭
	已设定商品调整专柜价	可以	可以	可以	可以	禁止	
	已设定商品向上调整活动价	可以	可以	可以	可以	禁止	
	已设定商品向下调整活动价	可以	可以	可以	可以	可以	
	批量导入官方商品	可以	禁止	可以，导入后是待设定	禁止	可以，导入后是待设定	
	待设定的商品价格设定	可以	可以	可以	禁止	可以	
	异常商品（小二清退除外）价格修改	可以	可以	可以	禁止	可以	

图10-20

1212品牌盛典编辑操作时段说明

		活动前	活动中（预热+正式）	活动后
		2014.11.25 14:00:00-12.7 23：59：59	2014.12.8 00:00:00至2014.12.12 23：59：59	活动次日00：00：00
商品编辑	一口价修改	可以	禁止	可以
	下架	可以	禁止	
	商品SKU	禁止增加、删除		
	上架	可以		

1212品牌盛典商品库存操作时段说明

	商品状态	库存操作	时间周期			
			12.8 00:00:00至12.11 23:59:59	12.12 00:00:00至12.12 03:59:59	12.12 04:00:00至12.12 23:59:59	2014.12.13 00:00:00
1212官方活动商品——商家操作	上架、下架	全量修改	不可以	不可以	不可以	可以
	上架状态	补货	可以	不可以	可以	可以
	下架状态	补货	可以	不可以	可以	可以
	上架状态	改小	不可以	不可以	不可以	可以

图10-21

其他招商要求如图10-22所示。

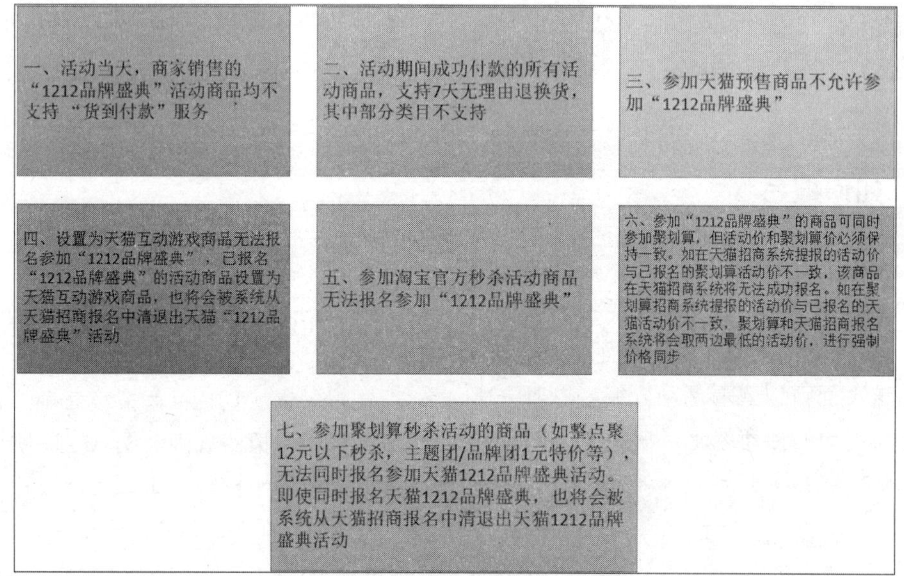

图10-22

10.3 免费与付费流量营销

每天浏览淘宝网页的网友和会员成千上万，淘宝上不仅仅存在交易还有巨大的流量，对于网站来说，有流量即是有价值的。这些价值看似无形，而卖家要做的就是将这些流量转换为交易量。对于淘宝来说，其主要盈利方式就是靠卖广告。淘宝网站中有论坛、帮派等站内流量，在这些流量中也包含免费流量和付费流量以及其他未知流量。对于卖家来说也可以花钱买流量，这里的流量即付费流量，本章后几小节会详细为大家介绍几种付费流量的使用，主要有淘宝直通车、钻石展位以及硬广告等。淘宝流量来源如图10-23所示。

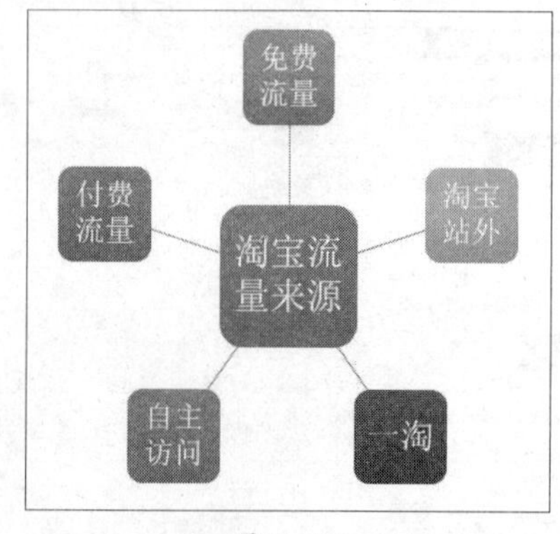

图10-23

10.3.1 流量来源的具体划分

天猫免费和收费流量来源多种多样，免费流量大致包括搜索、类目、专题和促销活动。对于免费流量中的搜索流量和类目流量，店铺可以通过发布产品获取，由于客户会通过搜索功能来查找产品，表示正是有需求的时候，所以从此渠道获得的流量，转化率会比较高。但商家能获得的搜索流量高低，主要取决于店铺的经营数据和淘宝排序规则之间的匹配程度。而对于活动平台的流量，商家只能够通过在日常经营中打好基础，当有活动机会时，能够及时报名。下面介绍PC端和无线端两大来源。

1. PC端自主访问

（1）店铺收藏：访客通过收藏夹的店铺收藏进入店铺。

（2）宝贝收藏：访客通过收藏夹的宝贝收藏进入店铺。

（3）我的淘宝首页：访客从我的淘宝首页点击进入店铺。

（4）已买到商品：访客从已买到的宝贝页面点击进入店铺。

（5）直接访问：访客通过输入店铺地址或者通过浏览器收藏夹等直接进入店铺。

（6）购物车：访客通过购物车进入店铺。

2. PC端付费访问

（1）淘宝客：访客通过淘宝客推广链接进入店铺。

（2）直通车：访客通过淘宝直通车推广链接进入店铺。

（3）钻石展位：访客通过钻石展位投放的广告进入店铺。

（4）聚划算：访客通过聚划算平台链接进入店铺。

3. PC端淘内免费

（1）淘宝搜索：访客在淘宝搜索宝贝进入店铺，例如在淘宝首页搜索框里面搜索鞋子，然后从搜索出来的宝贝进入店铺。

（2）淘宝首页：访客通过淘宝首页进入店铺，例如首页轮播广告及推荐等位置引入的流量。

（3）淘宝频道：访客通过市场频道专题页面进入店铺，例如男人、女人、男装、男鞋、女装、女鞋、美妆、3C、百货、家电、游戏、家居、家装、箱包、运动、情侣、搭配、发现、淘宝品牌会员站等。

（4）淘宝类目：访客通过淘宝类目进入店铺，而女装等类目频道的流量归入为淘宝频道。

（5）淘宝其他店铺：访客通过其他店铺进入店铺，例如通过友情链接进入店铺。

（6）淘宝信用评价：访客通过淘宝的信用评价页。

（7）阿里旺旺：访客通过点击旺旺聊天窗口进入店铺访问相应宝贝所带来的流量，例如跟顾客聊天时，您给他发了店铺的链接地址，顾客通过该链接到达您的店铺。

（8）爱淘宝：访客通过爱淘宝ai.taobao.com进入店铺。但如果商品处于淘客、直通车等付费推广中，则归入淘内付费流量。

（9）天猫首页：访客通过天猫首页进入店铺。

4. PC端淘外流量

（1）百度：访客通过百度（baidu.com)搜索引擎搜索进入店铺。

（2）搜狗：访客通过搜狗(sogou.com)搜索引擎搜索进入店铺。

（3）谷歌：访客通过谷歌搜索引擎搜索进入店铺。

（4）必应：访客通过必应(bing.com)搜索引擎搜索进入店铺。

（5）有道：访客通过有道(youdao.com)搜索引擎搜索进入店铺。

（6）搜搜：访客通过搜搜(soso.com或soso.cn)进入店铺。

5. 无线端自主访问

（1）我的淘宝：包括淘宝APP中，我的淘宝内的查看订单、宝贝收藏、查看物流、评价等进入店铺或查看宝贝详情页；天猫APP中，点击“我的淘宝”，通过待付款、待发货、待收货、待评价、全部订单、收藏商品和店铺优惠券等进入店铺或宝贝详情页；通过手机浏览器，点击“我的淘宝”，通过全部订单、宝贝收藏、店铺收藏、查物流、浏览历史进入店铺或宝贝详情页。

（2）直接访问：通过手机浏览器，直接访问店铺或宝贝详情页。

（3）购物车：包括淘宝APP中，点击购物车内的宝贝或店铺，进入店铺或宝贝详情页；天猫APP中，点击购物车内的宝贝或店铺，进入店铺或宝贝详情页；通过手机浏览器，点击购物车内的宝贝或店铺，进入店铺或宝贝详情页。

6. 无线端淘内收费

（1）淘宝客：如果一个商品设置了淘宝客佣金，通过淘宝客的站外联盟、站内的专场活动等，获得的流量，记为淘宝客来源的流量。

（2）直通车：包括淘宝APP中的直通车广告投放访问，既包括搜索也包括直通车商品搭建的各类活动；天猫APP中的直通车广告投放访问，既包括搜索也包括直通车商品搭建的各类活动；通过手机浏览器的直通车广告投放访问。

（3）钻石展位：包括淘宝APP中的钻石展位广告投放访问；天猫APP中的钻石展位广告投放访问；通过手机浏览器的钻石展位广告投放访问。

（4）聚划算：包括通过聚划算APP访问店铺和宝贝的所有流量；通过淘宝APP中点击首页的聚划算，访问店铺和宝贝；通过手机浏览器访问淘宝网，从聚划算的相关页面点击后访问店铺和宝贝。

7. 无线端淘外网站

图10-24展示了几种常见的无线端淘外网站。

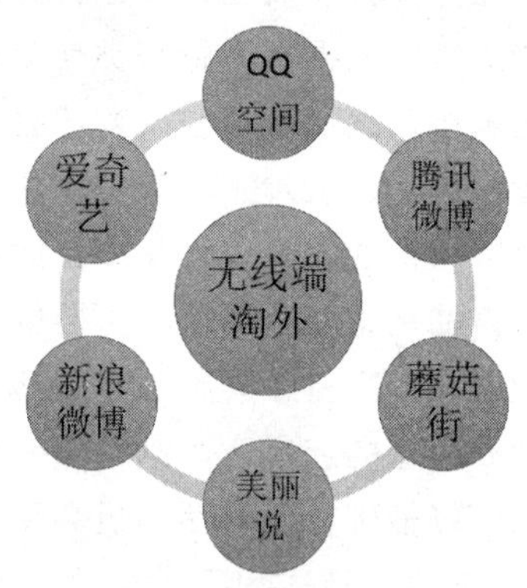

图10-24

10.3.2 免费流量渠道

免费流量获取渠道主要包括图10-25所示几项途径。

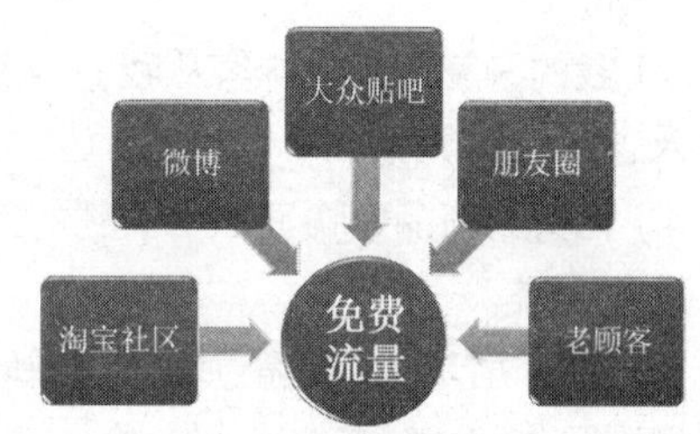

图10-25

很多人都喜欢逛论坛，在论坛中可以通过发帖博得关注，还可以通过回帖与楼主互动。发帖后要懂得看回帖与回帖者互动，这样就会比较容易带来流量。当在淘宝论坛中发布的帖子被加为精华帖（见图10-26），自然就会有成千上万的坛友点击看帖并回帖，从而无形中给店铺带来大量的流量。

图10-26

10.3.3 搜索和类目导航

买家在寻找商品时，首要的方式就是通过搜索和类目导航。通过在搜索框内输入关键词，实现在数以万计的商品库中找到需要的宝贝。所以搜索和类目导航是给宝贝带来流量的一个主要工具。

搜索出来的宝贝都是按一定规则排名的，如果排名靠后，自然就减少被浏览到的机会，没有点击率就没有流量。一般在人气排序下搜索的话，宝贝都是按照人气高低排序的。商家可以利用这一点来打造店铺的人气宝贝，让搜索显示结果尽量靠前，点击率上升自然也会带动店铺内其他宝贝的点击量。

10.3.4 如何引入免费流量

在淘宝店铺引入免费流量主要有图10–27所示几种方法。

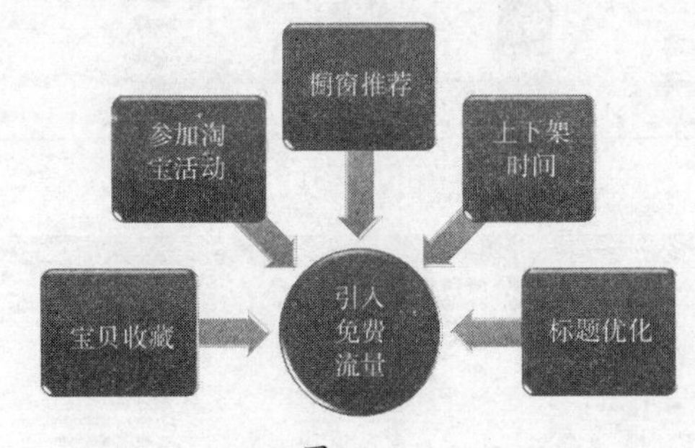

图10–27

1. 宝贝收藏

宝贝的收藏量和浏览量越高，那么该宝贝在店铺内就越容易拥有高人气。而人气度是排名的重要指标之一。淘宝的宝贝排名是一项综合指数，如果商家花了精力去拥有真实的收藏量和成交量，自然会打造出一款人气宝贝。

2. 参加淘宝活动

淘宝为卖家提供了大量推广和营销活动，商家能参加的话应当尽量参加。不要担心浪费时间或者花了精力没有效果，增加成交量才是硬道理。在报名参加活动以后，流量会很大，所以对应的客服应答时间、发货速度等都要考虑进去，以免活动结束后，由于前期准备不足造成动态评分下降，那样就得不偿失了。通过打造低利润爆款宝贝，也可以增加店铺浏览量。

3. 利用好橱窗推荐

卖家可以选出店铺里的重点优质宝贝作为长期橱窗推荐，有销量的宝贝一定要长期加入橱窗推广，作为重点引流的宝贝。其次，剩下的宝贝再减去必不推荐的，按照优先推荐快下架宝贝的原则去推荐。最后，宝贝在一周时间里的分布要均匀，各个类别的宝贝都要推荐。

4. 合理安排上下架时间

为了更好地增加宝贝曝光率，需要合理地安排宝贝的下架和上架时间。可以利用软件来上下架。上下架的黄金时段分别是9:00～12:00、13:30～17:30、19:00～23:00。

5. 做好标题优化

标题优化一直是淘宝店铺的第一重点，设置一个好的宝贝标题能够加大被搜索到的机会。

每一款宝贝都有其对应的热词，比如大衣连衣裙这种大流量又很抽象的词。做优化之前，一定要明确自己的定位和现状。标题优化一周左右做一次，及时分析更新，丢弃没有带来流量的关键词。标题优化不是一劳永逸的，淘宝的关键词总是在变化。另外，假如是没有知名度的品牌，标题关键词可以省掉，至于标题空格，在不影响阅读和理解的前提下可以减少。

10.3.5 付费流量运用策略

付费流量就是花钱从淘宝站内外购买的流量，目前主要的业务形式有直通车、钻石展位、旺旺广告以及硬广告等（如图10–28所示）。本章后面的小节会具体介绍直通车、淘宝客、钻石展位等的使用方法。

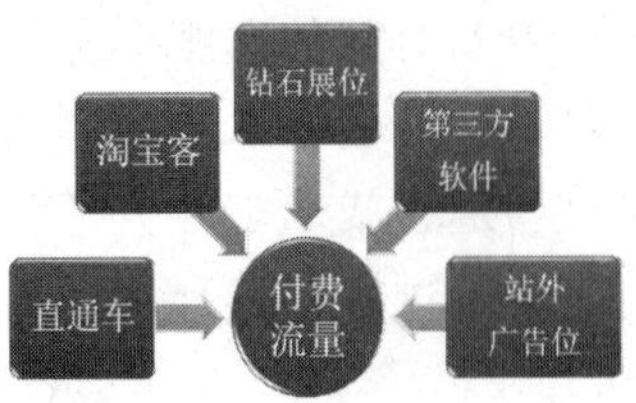

图10-28

付费流量做不好的话很容易赔本，因此如果自家产品特别有优势的，转化率不是很高的，建议不要随意去做付费引流。付费引流不能只考虑投入多少，要想赚回利润，还需要考虑由此带来的销售量、人气指数、收藏量等综合排名因素。

1. 第三方软件

卖家根据自身情况可以选择购买第三方插件提高流量，但是也不能够盲目使用其他店铺推荐的效果好的插件，而应该需要充分结合自身店铺情况选择合适的插件。插件的类别主要有商品管理方面、促销管理方面、交易、客户，以及客服接待和数据管理分类。

用户在千牛卖家工作台可以直接进入插件管理界面寻找需要的插件。

01 登录千牛工作台，单击右下角的插件市场按钮⊟（如图10-29所示），在打开的插件市场界面中可以看到不同类型的第三方收费插件（如图10-30所示）。

02 在插件市场页面单击"促销管理"类型下的"全民疯抢"（如图10-31所示），打开"全民疯抢"插件页面，页面中显示了该插件的收费情况、产品介绍等内容，如图10-32所示。

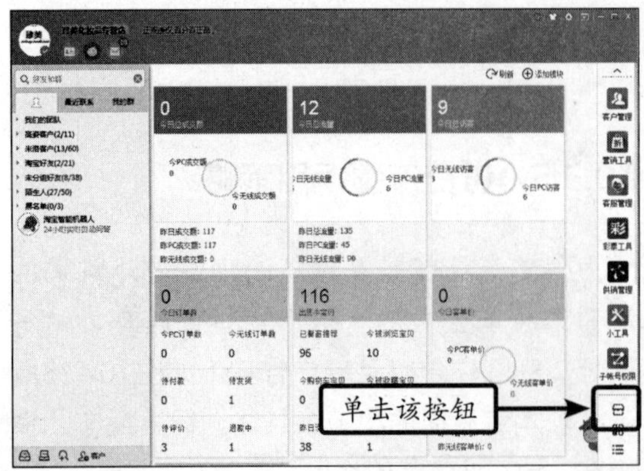

图10-29

图10-30

图10-31

图10-32

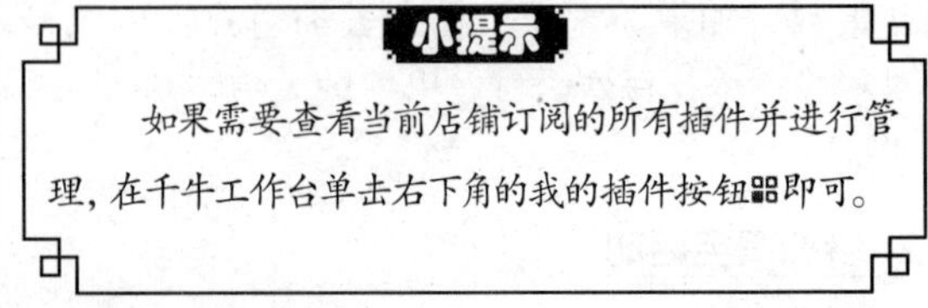
小提示

如果需要查看当前店铺订阅的所有插件并进行管理，在千牛工作台单击右下角的我的插件按钮⊞即可。

2. 站外广告位

通过在站内和站外购买广告位和推广服务（如图10-33所示为腾讯网页面中的天猫广告位），可以为店铺带来精准庞大的浏览量，但是往往这些流量的停留时间都很短，造成大部分流量都是打水漂了。对于中小卖家来说并不值得投入。大量的流量带来的并不一定是高成交量，造成这些流量形似垃圾摆设，所以关键就在于店铺内是否有优质宝贝，也就是转换率高的宝贝。

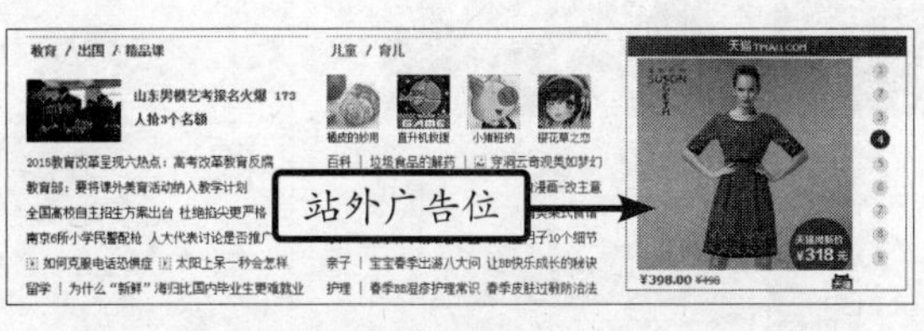

图10-33

10.4 搭配宝营销

完成商品的发布之后，就好比实体店一样，需要通过一些促销手法去提升店铺销售业绩、提高店铺购买转化率、提升销售笔数、增加商品曝光力度，以及节约人力成本。在天猫店铺促销手段中，卖家可以将几种商品组合在一起设置成套餐来销售，通过促销套餐可以让买家一次性购买更多的商品。

搭配宝是为天猫卖家研发的全新的商品搭配工具，它具有图10-34所示几个特点。

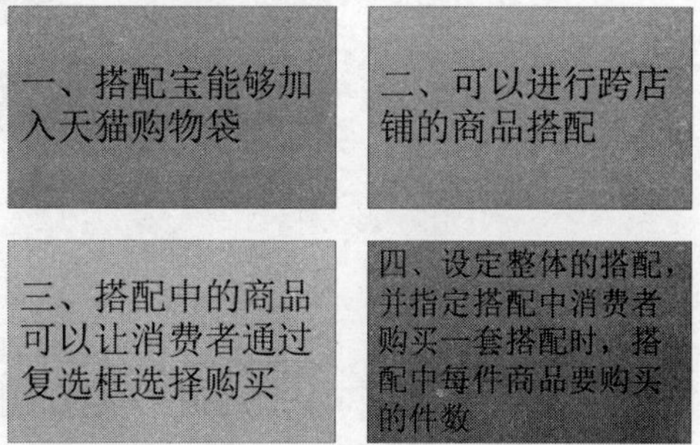

图10-34

下面介绍使用搭配宝设置宝贝搭配组合的操作步骤。

01 进入天猫“我的工作台”后，在页面左侧的“营销中心”下单击“天猫营销工具”，如图10-35所示。

图10-35

02 在“天猫官方营销工具”选项下单击“搭配宝”图标下的“立即使用”按钮，如图10-36所示。

图10-36

小提示

当前不能在搭配宝中同时使用的优惠方式有：聚划算、秒杀、拍卖、跨店铺满减/满折，并且目前搭配套餐最多可以同时搭配5个商品。而附属商品最多只可以添加8个。

03 打开“搭配宝”页面后，在“普通搭配”选项下找到需要创建搭配套餐的宝贝后，单击右侧的“创建套餐”按钮（如图10-37所示），打开新的搭配宝设置页面（如图10-38所示）。

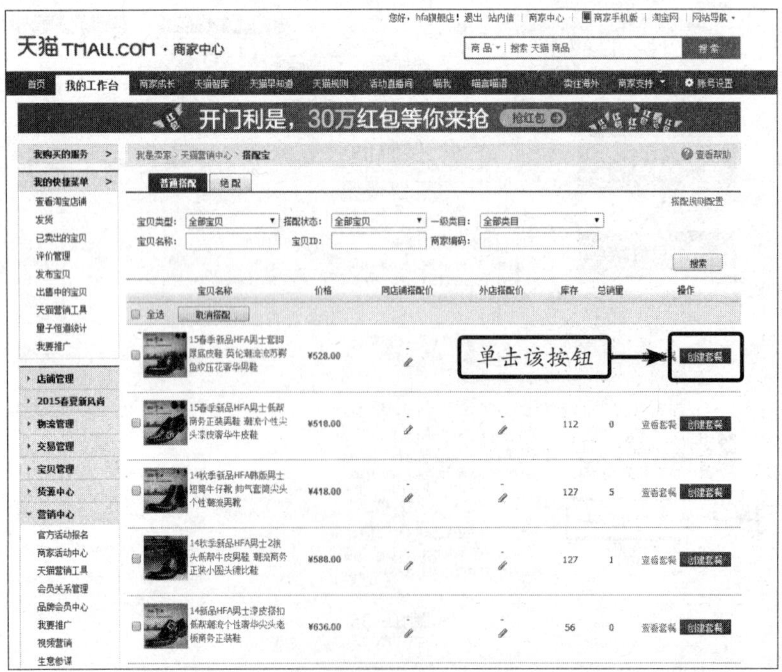

图10-37

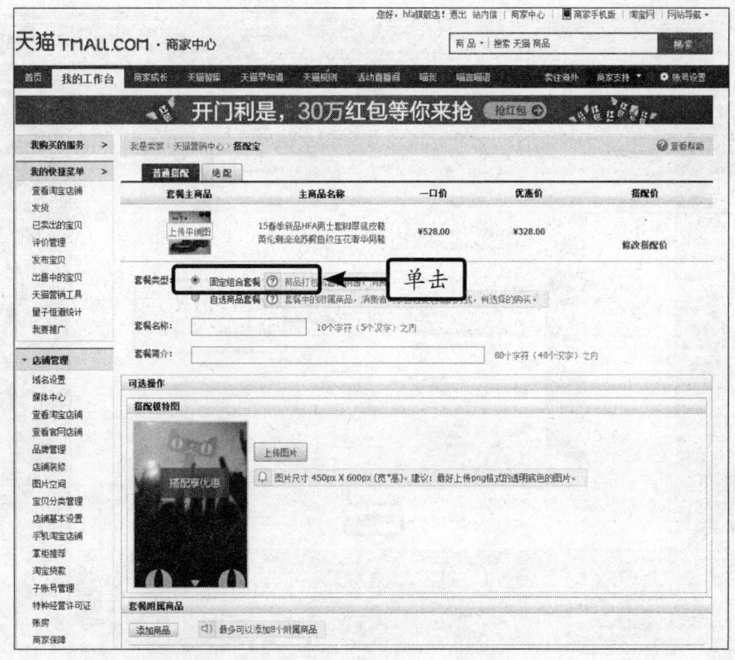

图10-38

小提示

固定组合套餐是指商品打包成套餐销售，消费者再打包购买。而自选商品套餐是指套餐中的附属品，消费者可以通过复选框的方式有选择性地购买。

04 首先选择“套餐类型”为“固定组合套餐”，再输入套餐名称和套餐简介文字。

05 下拉滚动条并单击下方的“添加商品”按钮（如图10-39所示），打开新的设置对话框（如图10-40所示），在宝贝下拉列表勾选上需要设置套餐的宝贝复选框，单击“完成添加”按钮。

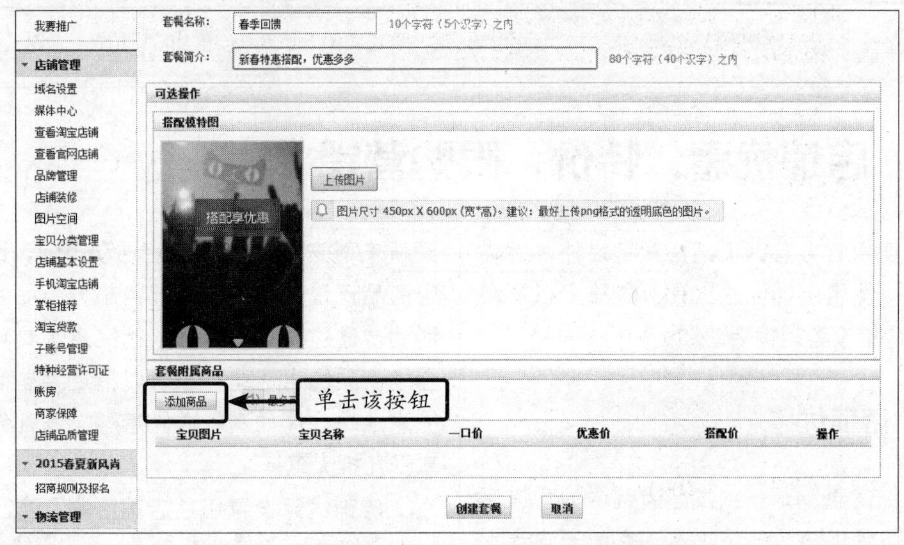

图10-39

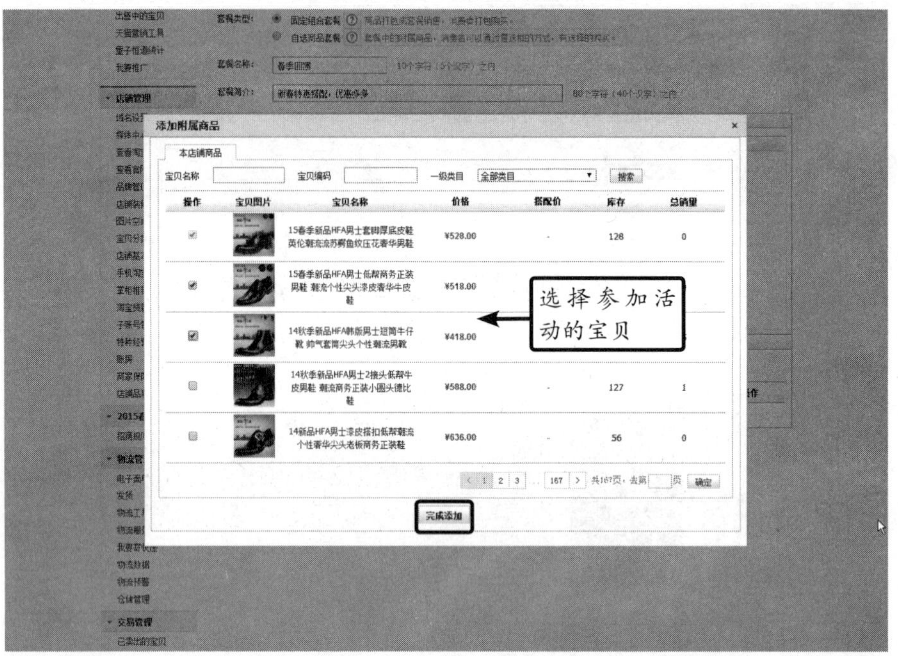

图10-40

06 返回“搭配宝”页面，即可看到计算出的搭配价格以及搭配商品，单击“创建套餐”按钮，如图10-41所示。

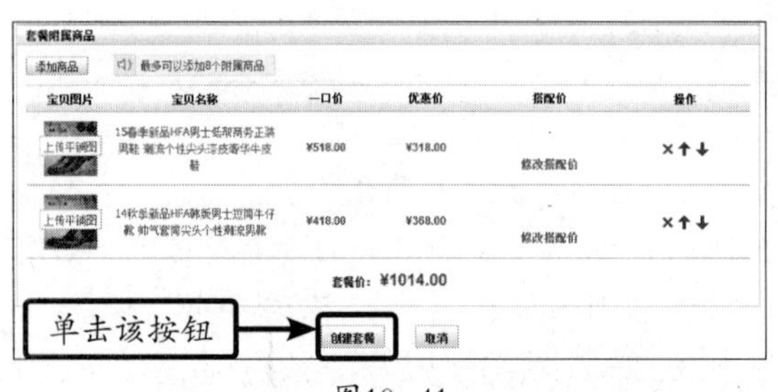

图10-41

07 即可完成套餐的搭配设置，此时页面会显示“新建搭配套餐成功”提示文字，如图10-42所示。

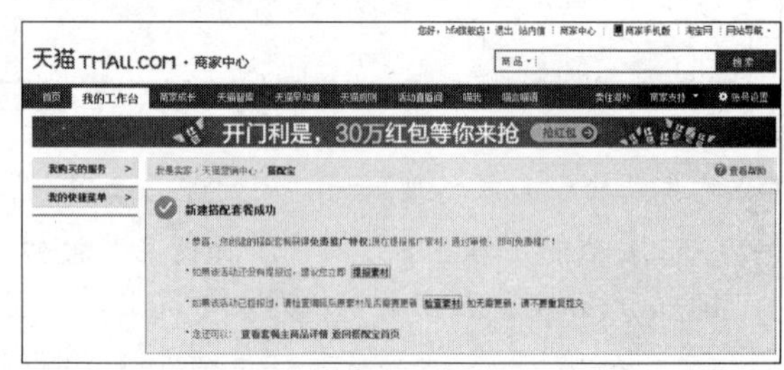

图10-42

10.5 店铺优惠、特价、限购营销

除了使用官方营销工具搭配宝之外，天猫商家还可以使用店铺优惠工具、特价宝以及限购工具为店铺设置促销活动。

10.5.1 店铺优惠

“店铺优惠”是一款发起店铺内的营销活动、设置店铺优惠的营销工具，它由天猫商家独享，并仅服务于天猫商家。商家可以轻易设置满减/满送/满折，并限定活动范围，比如是全店商品还是商家精挑细选的部分商品参加优惠活动。通过使用免费的店铺优惠工具可以设置全场商品优惠活动，也可以指定某些商品设置优惠活动，比如满就送优惠券、满几件商品就享受几折优惠等。

店铺优惠设置包括店铺活动和商品活动，下面介绍具体设置过程。

1. 新建店铺活动

01 进入天猫“我的工作台”后，在页面左侧的“营销中心”下单击“天猫营销工具”，在“天猫官方营销工具”选项下单击“店铺优惠”图标下的“立即使用”按钮（如图10-43所示），打开天猫优惠设置页面。

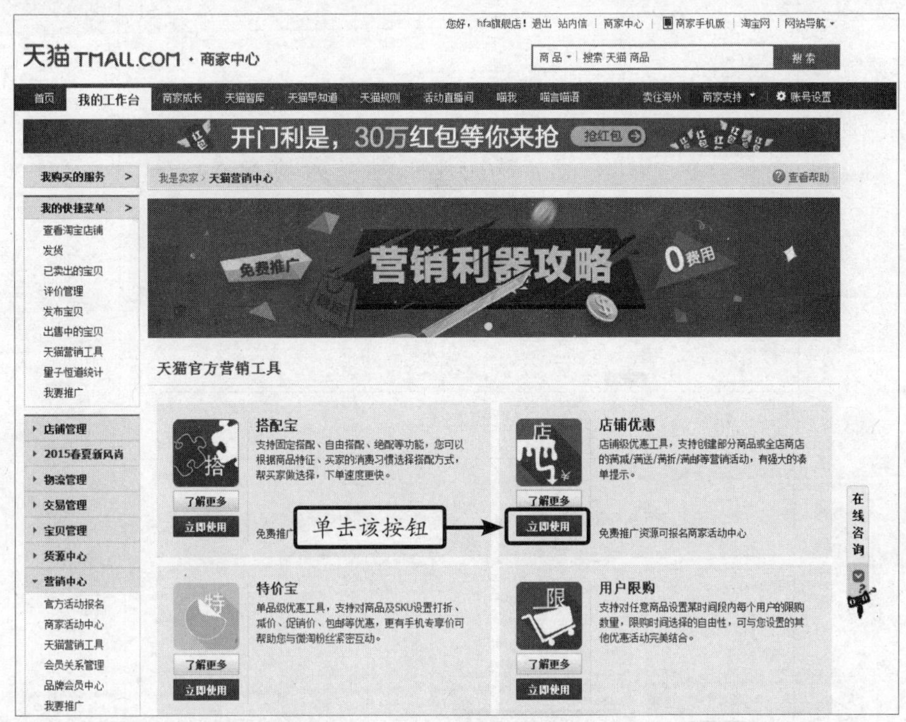

图10-43

02 单击该页面中的“新建店铺活动”按钮（如图10-44所示），打开设置页面。

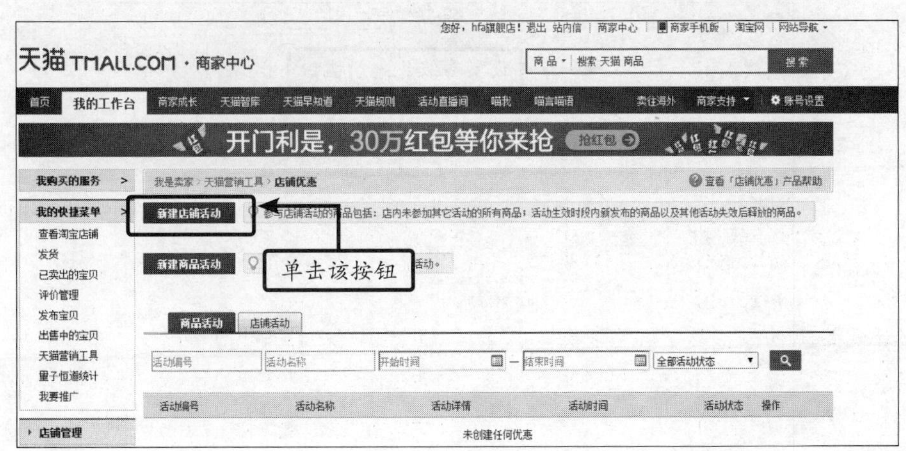

图10-44

03 设置店铺活动基本信息，包括活动名称、活动时间以及活动页面版头（如图10-45所示）。

04 下拉右侧的滚动条，手动设置不同层级的优惠门槛以及优惠方式（如图10-46、图10-47所示）。

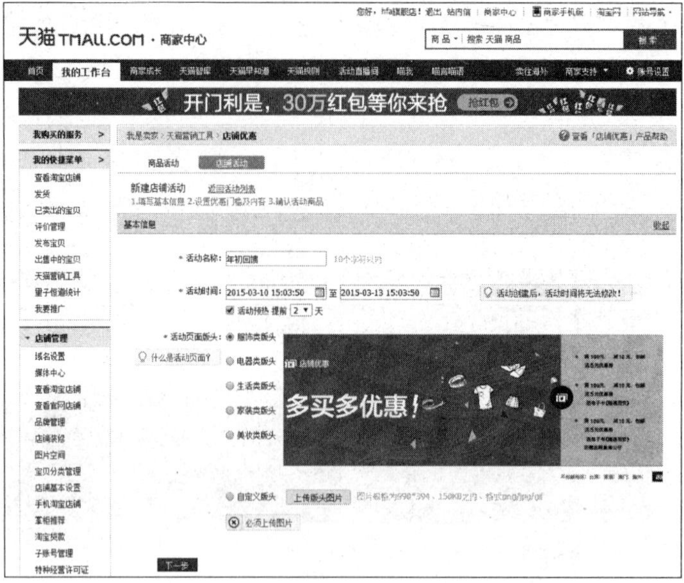

图10-45

图10-46

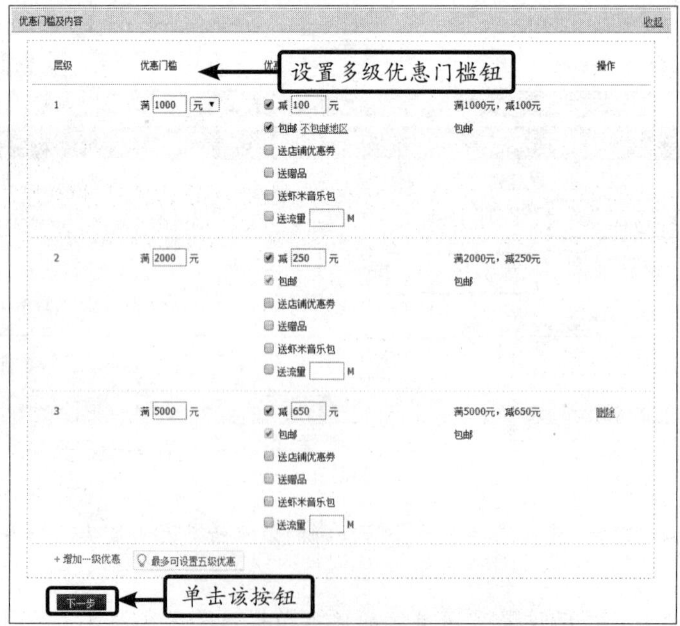

图10-47

05 设置完成后单击“下一步”按钮即可，如图10-48所示。返回天猫店铺相关页面，即可看到设置的店铺优惠活动说明，效果如图10-49所示。

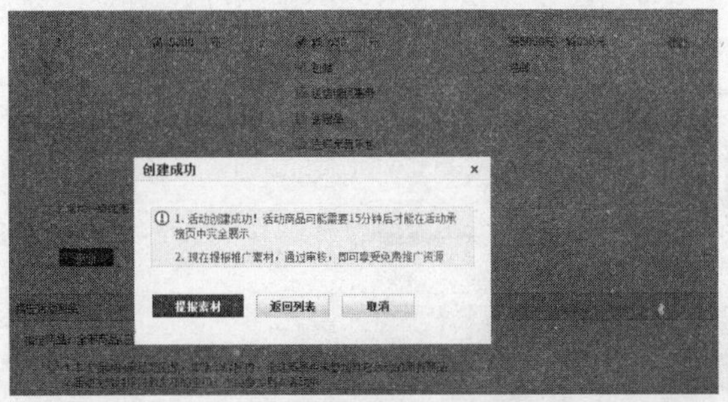

图10-48

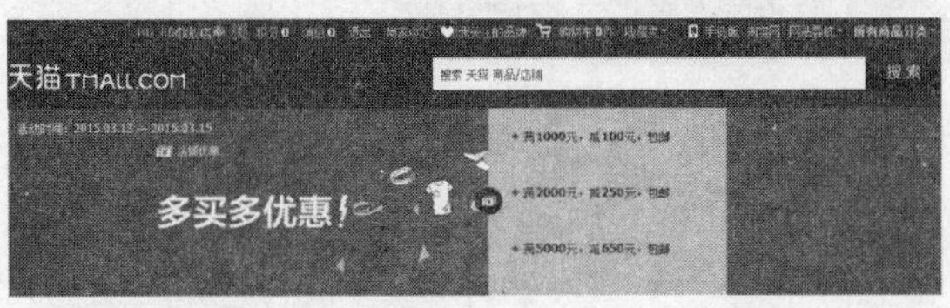

图10-49

小提示

勾选包邮复选框后，可以单击右侧的“不包邮地区”链接，在打开的“不包邮地区”对话框中设置不参加包邮的地区，如图10-50所示。

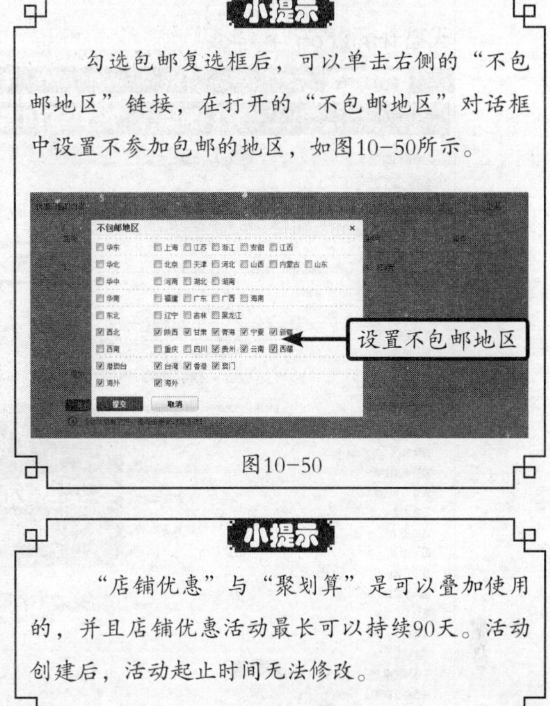

图10-50

小提示

“店铺优惠”与“聚划算”是可以叠加使用的，并且店铺优惠活动最长可以持续90天。活动创建后，活动起止时间无法修改。

2. 新建商品活动

店铺活动是针对所有宝贝建立的优惠活动，如果卖家想要只对店铺内的若干宝贝设置优惠活动，就可以建立商品活动，下面介绍新建商品活动的操作步骤。

01 进入天猫“我的工作台”后，在页面左侧的“营销中心”下单击“天猫营销工具”，在“天猫官方营销工具”选项下单击“店铺优惠”图标下的“立即使用”按钮，打开天猫优惠设置页面。

02 单击“新建商品活动”按钮（如图10-51所示），打开设置页面。

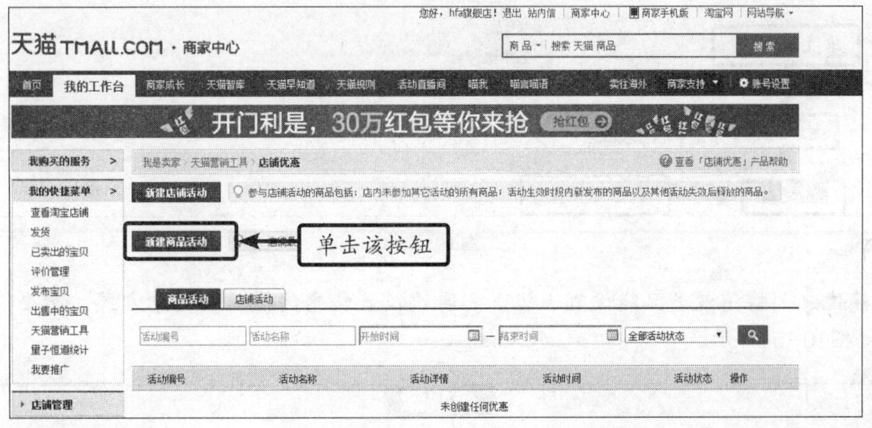

图10-51

03 在基本信息栏下分别手动输入活动名称、活动时间（如图10-52所示），以及活动页面版头，单击“下一步”按钮。

图10-52

04 打开新的设置页面，在“优惠门槛及内容”对话框中设置优惠门槛、优惠方式，单击下方的“增加一级优惠”链接，如图10-53所示。

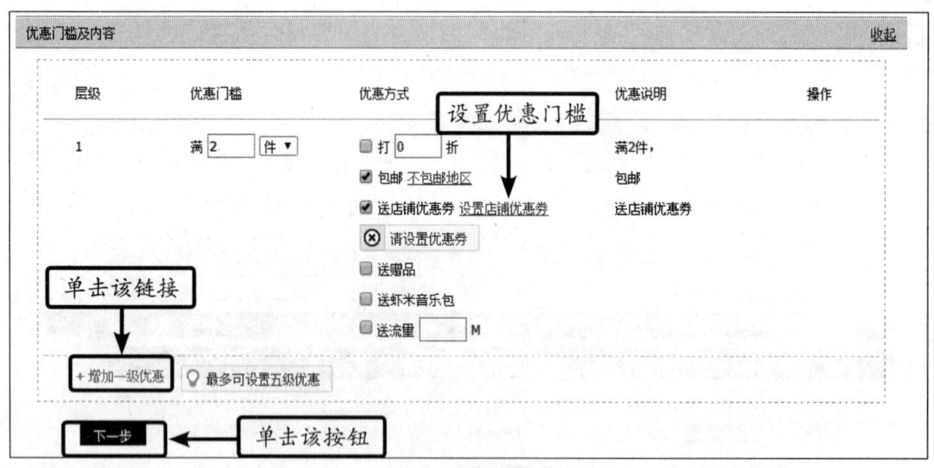

图10-53

05 即可新建优惠门槛（最多只能设置五级）。再次设置优惠门槛以及优惠方式，单击“下一步”按钮，如图10-54所示。

小提示

这里可以根据活动需要设置满几件就打几折，直接在文本框内输入折扣数字即可。还可以设置是否有赠品、送电子书或者虾米音乐包，以及包邮。

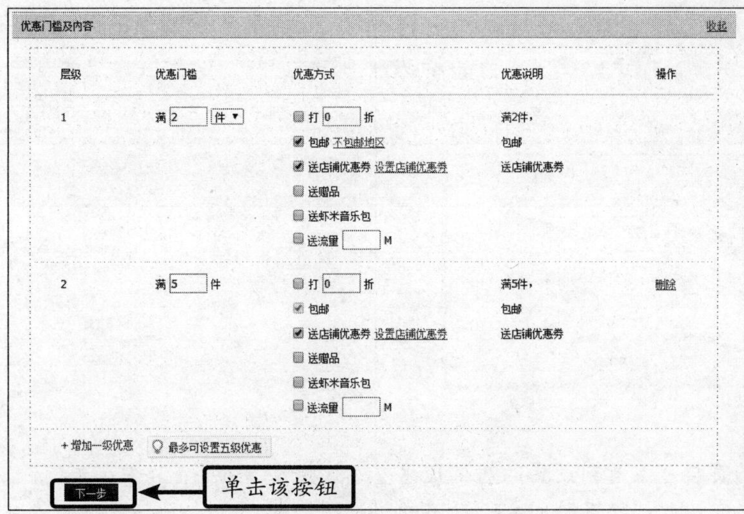

图10-54

小提示

本活动将创建一张全新店铺优惠券，支持设置面额、生效时间与失效时间。无发行数量限制，只要消费者满足下单条件，就会发送，直到活动时间结束。优惠券将在确认收货后（即交易完成后），由系统自动、立即发送到消费者账户中。

店铺优惠券适合全店通用，只要满足自身的限制条件就可以使用，也就是说可以和其他优惠同时使用，如限时折扣。

例如，满200元可使用20元的优惠券，那么只要在购买中的实际付款金额（不包含邮费）达到200元，就可以选择优惠券，系统自动扣除相应金额。需注意的是，10元无使用条件的优惠券是指实际付款金额达10.01元（不包含邮费），并以此类推。

06 打开商品活动选择页面，在需要添加的商品后单击“参加活动”按钮即可（如图10-55所示）。

图10-55

07 选择完毕后，单击“完成”按钮，弹出图10-56所示提示框，提示已经完成商品活动的创建。

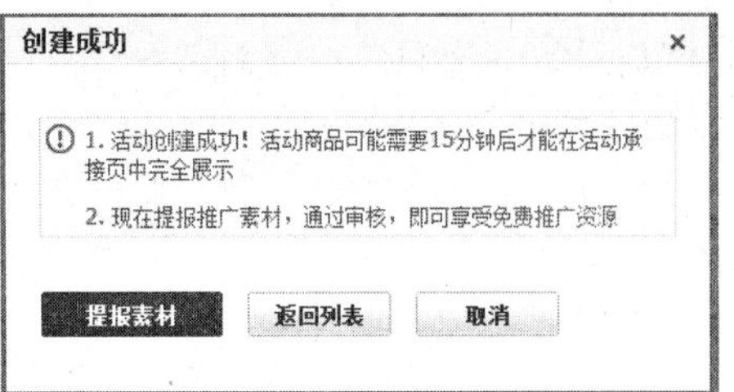

图10-56

08 返回店铺活动页后可以看到设置的店铺优惠券赠送活动内容，包括活动时间、活动名称以及具体内容，效果如图10-57所示。

图10-57

10.5.2 特价优惠

在双11大促活动或者年终大促活动中，天猫卖家可以通过特价宝促销工具设置特价优惠活动，特价宝是天猫官方为天猫商家开发的单品优惠工具，支持对商品进行打折、减价、促销价、包邮等优惠方式，仅供天猫商家免费使用。

特价宝主要有图10-58所示几项功能。

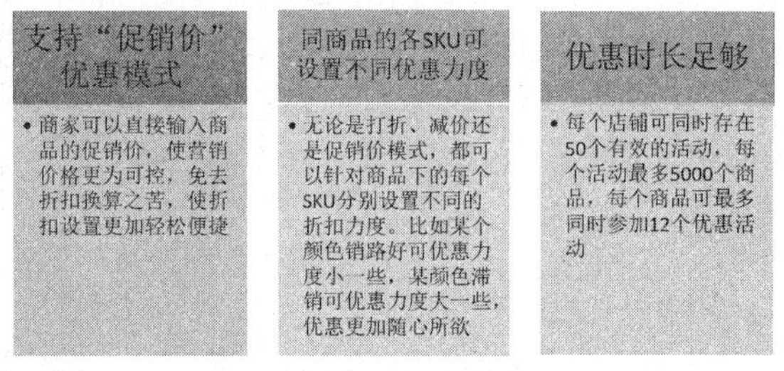

图10-58

01 进入天猫“我的工作台”后，在页面左侧的“营销中心”下单击“天猫营销工具”，在“天猫官方营销工具”选项下单击“特价宝”图标下的“立即使用”按钮（如图10-59所示），打开天猫活动管理页面，在“活动管理”选项下单击“新建活动”按钮（如图10-60所示）。

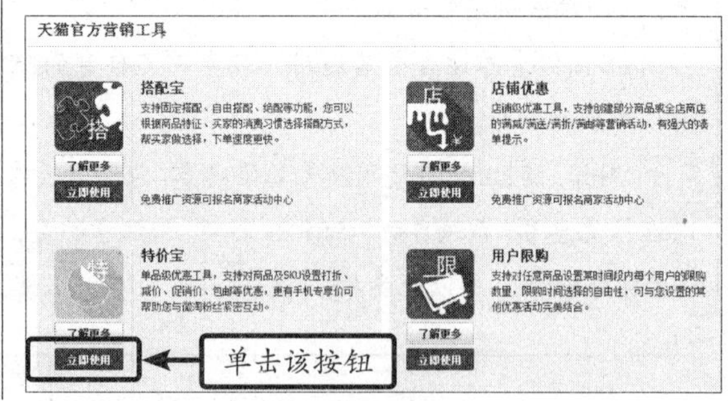

图10-59

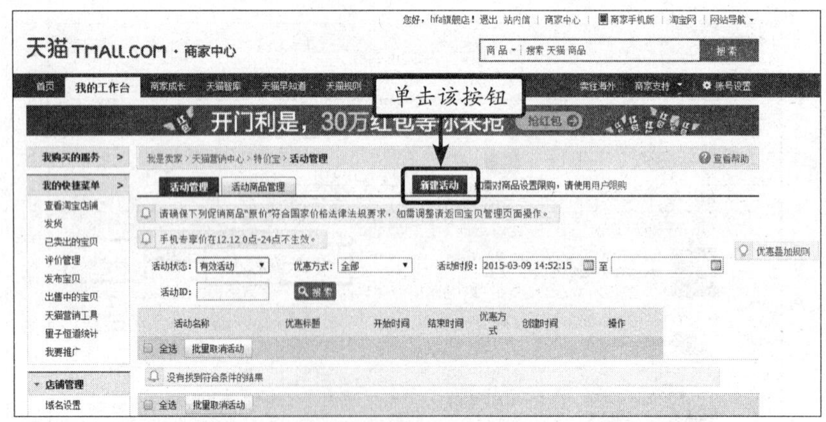

图10-60

小提示

自2014年6月27日起，使用特价宝设置打折、减价，折后优惠价将自动默认为抹零取整。

02 打开设置新建优惠活动页面第1步，单击“下一步”按钮。设置活动名称、优惠标题、活动时段，优惠方式等。勾选上“包邮”复选框（如图10-61所示）。

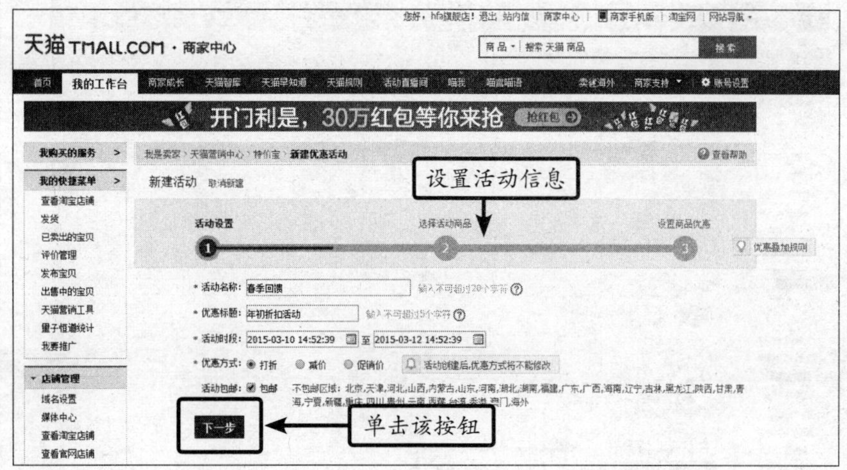

图10-61

小提示

如果是商家在双11参加优惠活动，可以将活动名称设置为“双11惊爆价”“1111最低价”等类似活动标题。

03 进入商品选择页面，在需要参加活动的商品前勾选复选框并单击“下一步”按钮（如图10-62所示）。

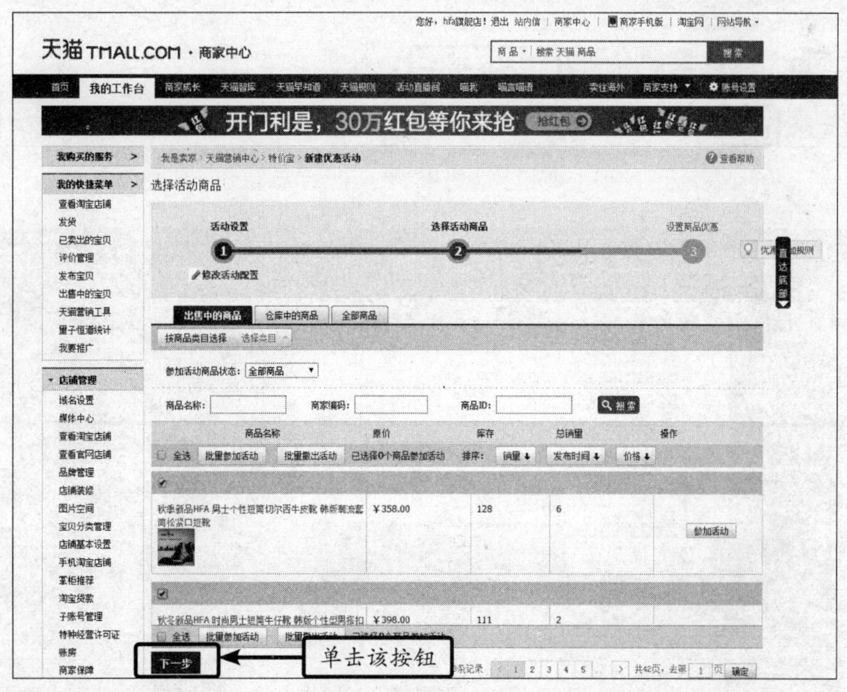

图10-62

04 进入“设置商品优惠”设置步骤，在商品后的文本框内输入折扣值（如图10-63所示）。

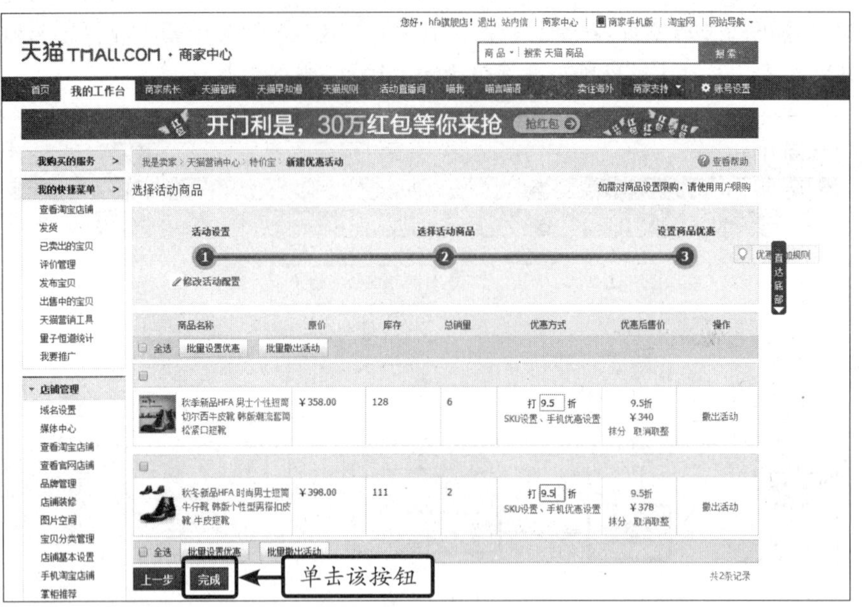

图10-63

05 如果要统一设置相同的商品折扣，可以单击“批量设置优惠”按钮（如图10-64所示），弹出“编辑优惠力度”设置框（如图10-65所示）。在文本框内输入打折额度为8.8折。

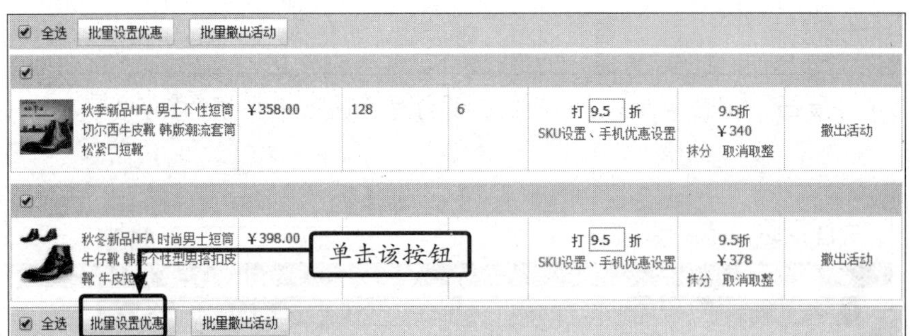

图10-64

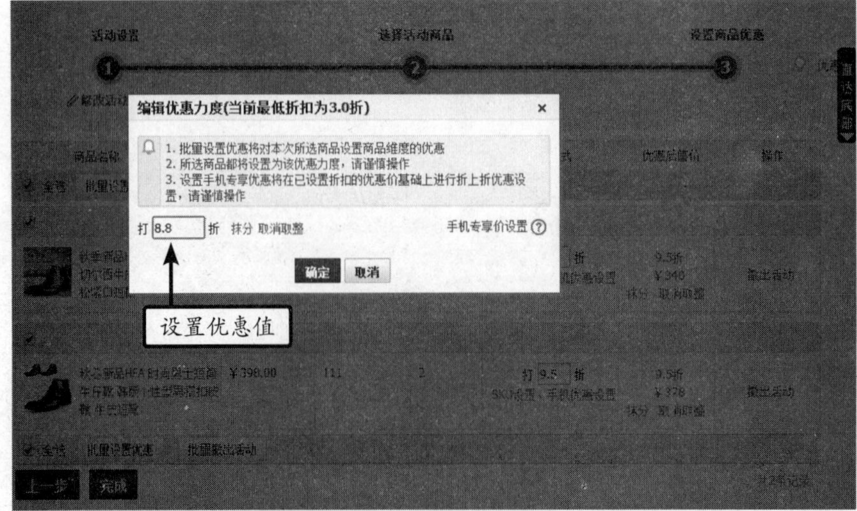

图10-65

06 单击“确定”按钮弹出“提示”框（如图10-66所示），再次单击“确定”按钮返回活动管理页面。

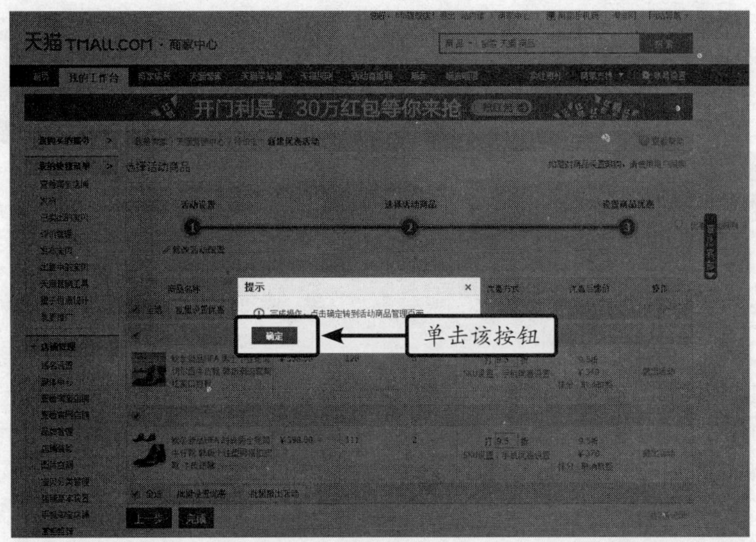

图10-66

07 在页面中可以查看与编辑刚才设置的打折促销活动，如图10-67所示。

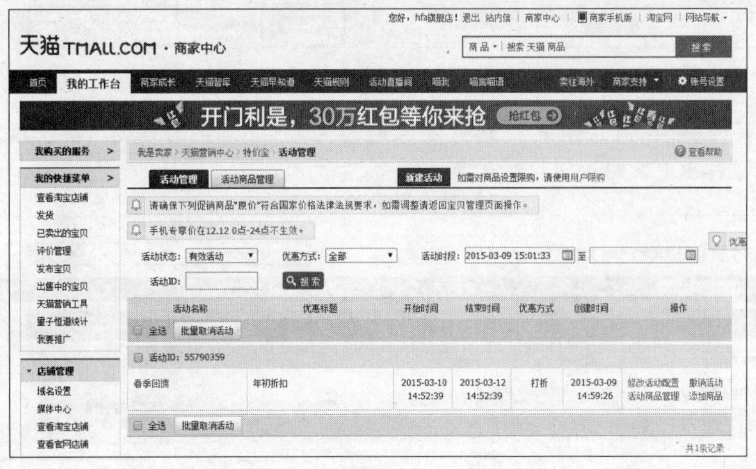

图10-67

10.5.3 限购管理

“用户限购”是天猫官方为天猫商家开发的，对买家限制特定商品购买数量的工具。用户限购主要有图10-68所示几项功能：

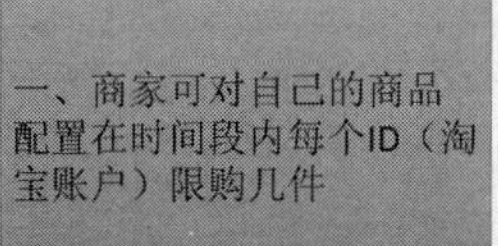

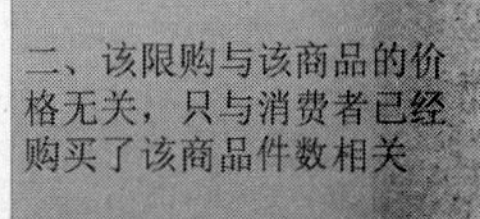

三、消费者对商品下单，件数算入限购；如果订单未付款且关闭了，那么会回补限购数，避免消费者由于拍错规格码色等导致的误限购

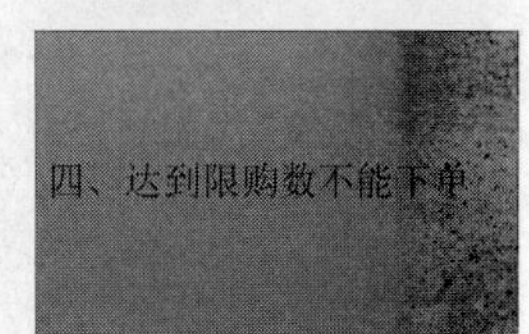

图10-68

下面介绍设置用户限购的操作步骤。

01 进入天猫“我的工作台”后，在页面左侧的“营销中心”下单击“天猫营销工具”，在“天猫官方营销工具”选项下单击“用户限购”图标下的“立即使用”按钮（如图10-69所示），打开天猫活动管理页面。

图10-69

02 在限购管理页面中，在商品列表找到需要限购的宝贝，并单击右侧的“新增限购”按钮（如图10-70所示），弹出“限购设置”对话框。

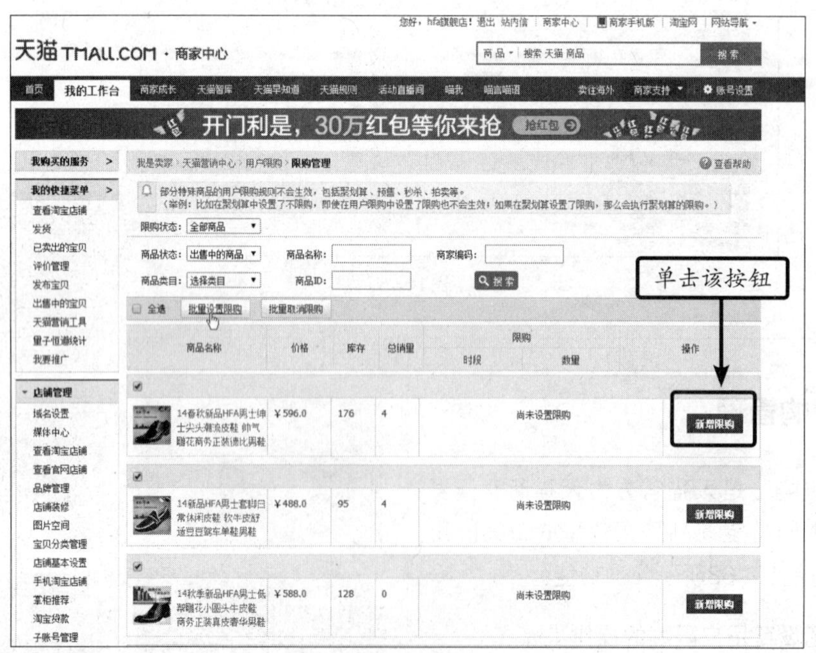

图10-70

03 在对话框中设置每个账户限购的件数以及限购时段，如图10-71所示。

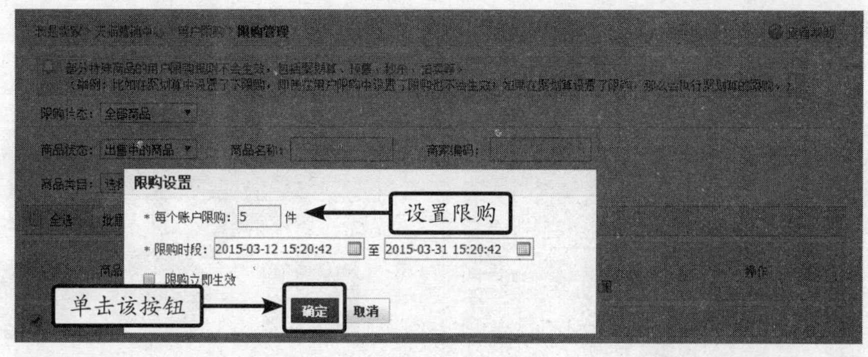

图10-71

04 单击“确定”按钮完成限购的添加。

10.6 通过“淘宝直通车”做推广

淘宝（天猫）直通车是一款帮助商家做推广的营销工具。它通过买家搜索关键词展现匹配宝贝的方式，将宝贝展现在高流量的直通车展位上，精准地展现到潜在买家眼前，从而使宝贝在众多同类商品中脱颖而出。直通车推广展位可以得到大量买家的关注，选择直通车推广能为宝贝带来高曝光率。

买家通过搜索关键词，在直通车展位上能看到对应的推广信息(图片、标题、宝贝售价与宝贝成交笔数)。买家可以在看到感兴趣的推广信息后进入宝贝详情页面。在宝贝搜索框输入宝贝分类名称后，会在页面右侧显示宝贝推广页面（见图10-72），这里的宝贝都是参加直通车向卖家推广的同类宝贝。

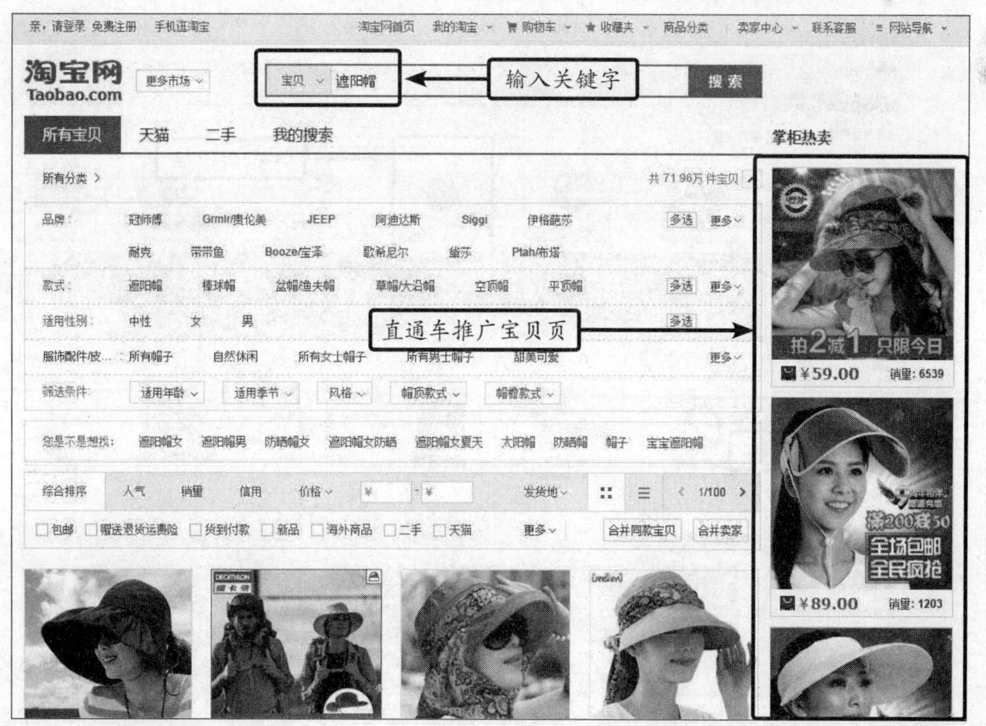

图10-72

10.6.1 直通车优势

直通车工具有图10-73所示几点优势。

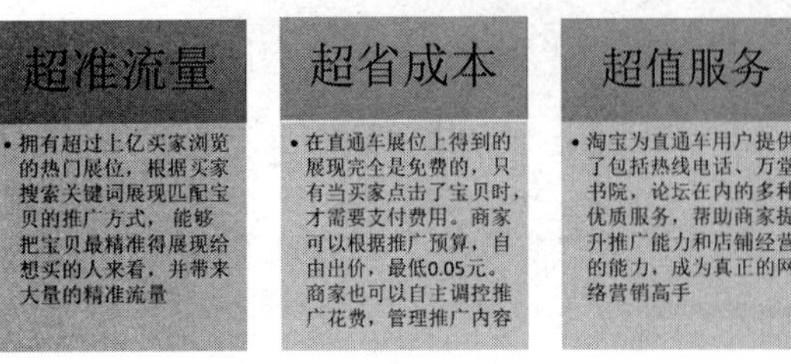

图10-73

10.6.2 直通车功能介绍

为了能更好地贴合买家的购买需求，并将宝贝推广覆盖到更多潜在买家，直通车除了宝贝推广，还推出了店铺推广、明星店铺、活动专区和定向推广等营销产品来辅助商家执行推广。它们具备各自特有的优势，商家可以根据自己的需求灵活选择组合这些营销产品。直通车主要有图10-74所示几项功能。

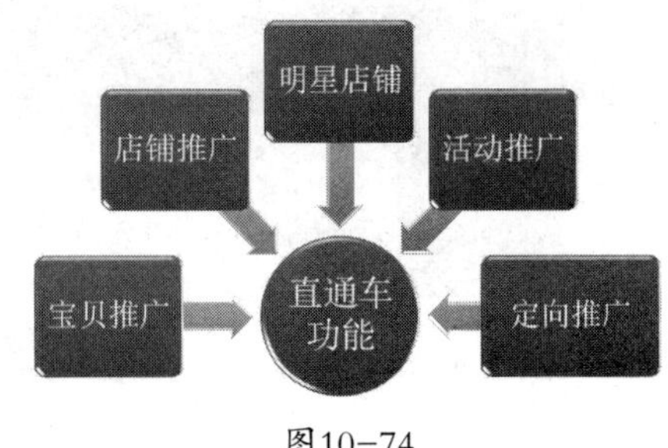

图10-74

10.6.3 直通车推广宝贝

了解了直通车的优势和各项功能之后，下面以天猫店铺为例介绍如何运用直通车做推广。

01 登录天猫卖家工作台，单击左侧“营销中心”下的“我要推广”，打开推广页面。单击右侧页面中的“直通车”图标，如图10-75所示，打开页面（如图10-76所示）。

图10-75

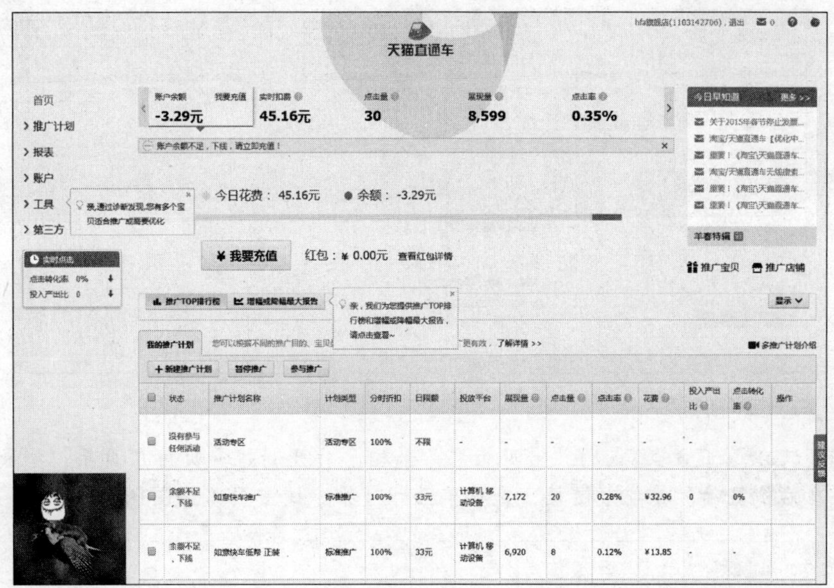

图10-76

02 单击“推广计划”下的“标准推广”，在标准推广计划下可以看到店铺当前已经设置的推广活动，单击“新建推广计划”按钮（如图10-77所示），打开“新建标准推广计划”页面。

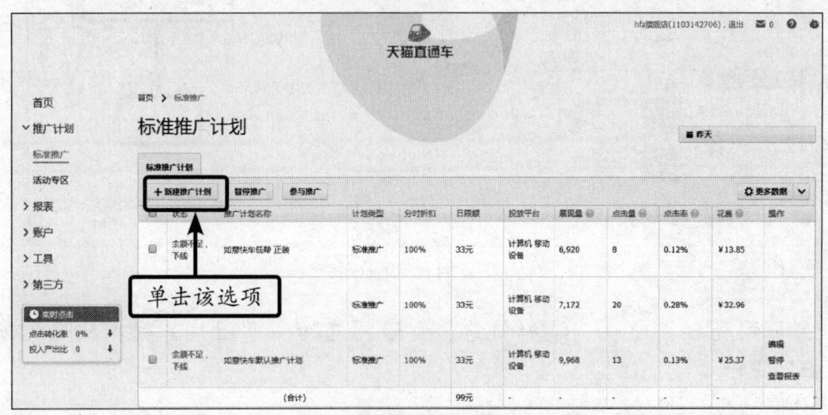

图10-77

03 输入推广计划名称，并单击“提交”按钮（如图10-78所示），提示已成功创建推广计划，如图10-79所示。

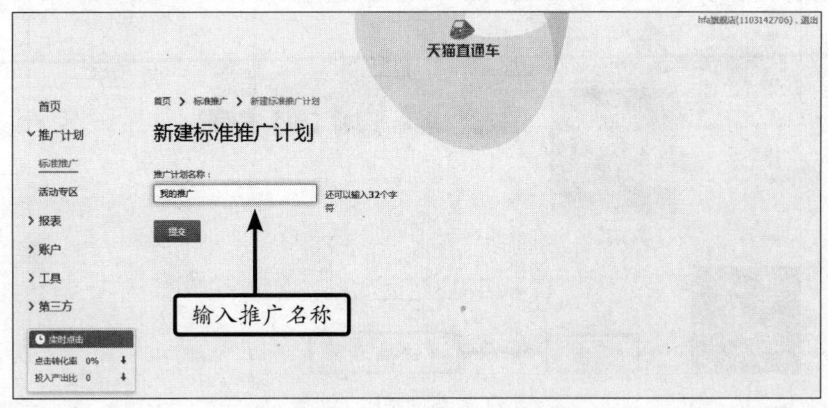

图10-78

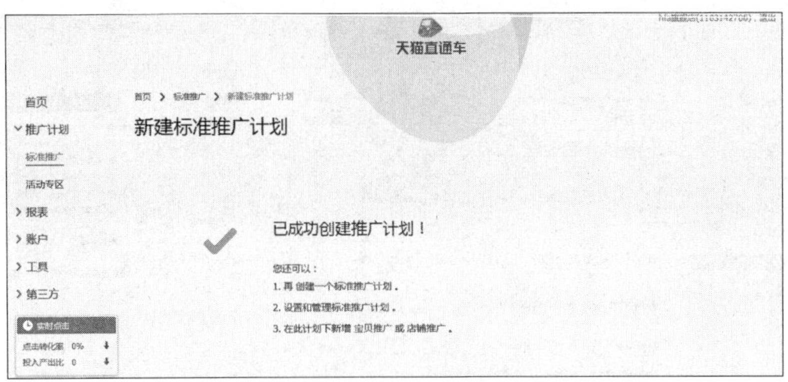

图10-79

04 单击“您还可以”下方第3点的“宝贝推广”链接，打开新建宝贝推广页面，将鼠标指针指向宝贝，会在右侧显示“推广”链接，直接单击即可推广该宝贝（如图10-80所示）。

图10-80

05 完成推广宝贝设置后，进入“添加创意”步骤，选择创意图片并输入标题（如图10-81所示），单击“下一步”按钮。

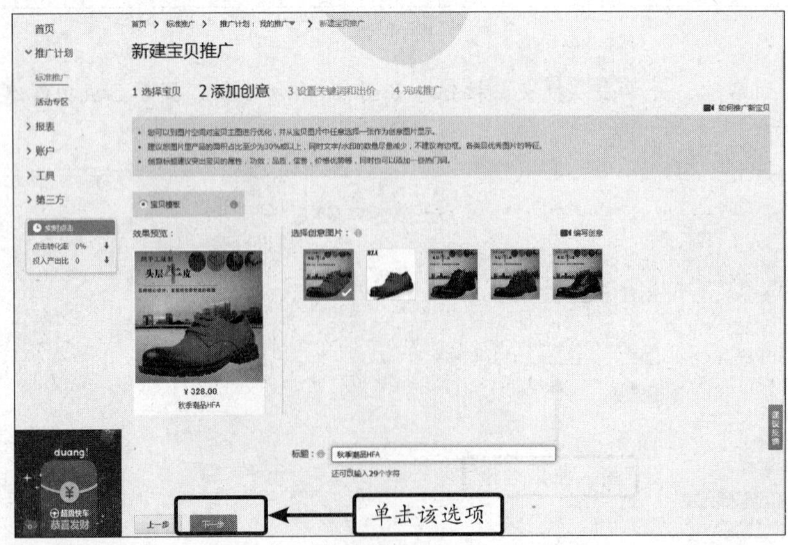

图10-81

06 进入“设置关键词和出价”步骤，在“宝贝匹配的关键词”选项卡下显示了众多关键词，单击下方的“添加当前页”链接即可添加至左侧的关键词列表（如图10-82所示）。

07 单击“完成”按钮即可添加推广。

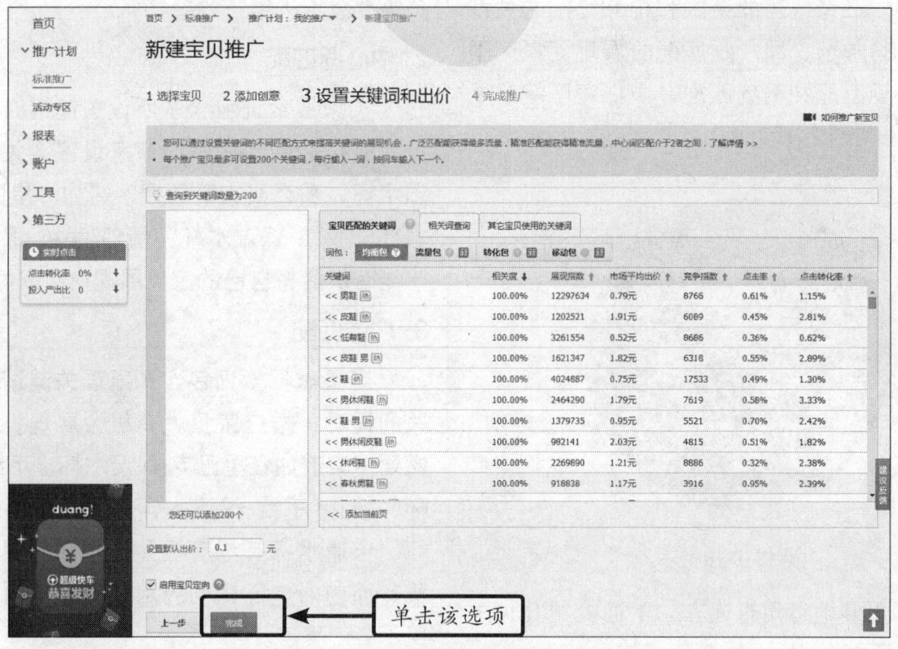

图10-82

10.6.4 关键词决定推广成败

淘宝买家在想要购买宝贝时，首先需要输入关键词查找合适的宝贝，直通车作为淘宝开发的一个精准营销工具，它的核心就是围绕关键词来展开的，所以设置关键词对于淘宝直通车而言是至关重要的。

添加关键词是开好直通车的第1步，想要直通车有流量、有转化，选词的多少就决定了目标买家的覆盖度，选词的精准程度决定了潜在客户的转化率。打开天猫商城首页，搜索关键词后，就可以看到图10-83所示的热卖宝贝推荐页面。

图10-83

目前，关键词匹配方式有精确匹配、中心词匹配、广泛匹配3种，选择一种合适的匹配方式，可以帮助卖家获取更优质的流量，扩展潜在的买家。三者覆盖的范围和相互之间的关系如图10-84所示，即广泛匹配的展现流量范围包含中心词匹配和精确匹配，中心词匹配的展现流量范围包含精确匹配。

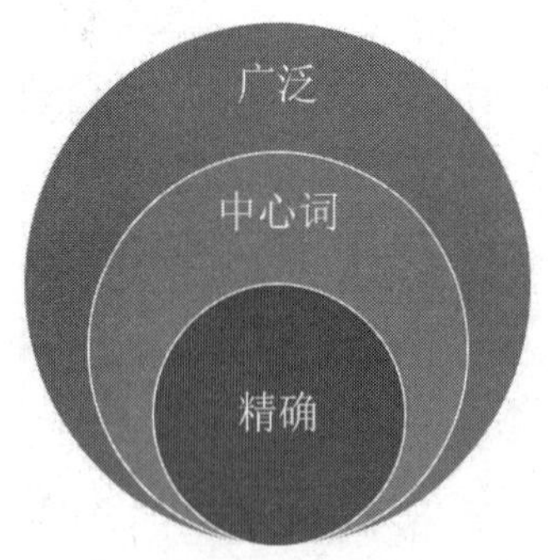

图10-84

为了更好地运用直通车，下面介绍几种关键词的匹配方式。

1. 精确匹配

买家搜索词与所设关键词完全相同（或是同义词）时，推广宝贝才有机会展现。这类词通常会非常精确地体现买家的购买意图，但是搜索量非常的少。比如英伦格子衬衫、韩版仿制雪地靴，这样的词转化率一般都比较高，也是需要重点去维护的。

2. 中心词匹配

买家搜索词包含了所设关键词时，推广宝贝就有机会展现。假如商家设置了关键词为保温水杯，那么买家需要搜索诸如：星巴克 保温水杯、手绘 保温水杯、情侣 手绘 保温水杯，才能有机会将自己的宝贝展现在买家面前。

3. 广泛匹配

当买家搜索词包含了所设关键词或与其相关的词时，推广宝贝就有机会展现。那么买家需要搜索诸如：星巴克 保温水杯、手绘 保温水杯、情侣 手绘 保温水杯、手绘水杯、可爱水杯、卡通水杯等都有机会将自己的宝贝展现在买家面前。广泛词的应用范围非常的广，可以用于各个类目。

图10-85所示为鞋靴类目下系统自动推荐的上百条关键词，一般情况下可以找到80%～90%需要的关键词。在添加推广内容时，第1个标题内容最好以中心词、属性词为主。

推广计划列表 | 推广单元列表 | 创意列表 | 关键词列表 | 定向列表 | 地域列表 | 关键词

过滤条件：请选择　细分条件：请选择　同类合并　更多数据

状态	关键词	推广单元名称	推广单元类型	计划名称	出价	展现量	点击量	点击率	花费	平均点击花费	操作
推广中	低帮鞋	秋季潮品HFA简约潮流男士个性日常休闲舒适大头皮鞋子 厚底男鞋	宝贝推广	如意快车推广	¥5.00	37,942	83	0.22%	¥107.48	¥1.29	分日详情
推广中	大头皮鞋男	秋季潮品HFA简约潮流男士个性日常休闲舒适大头皮鞋子 厚底男鞋	宝贝推广	如意快车推广	¥1.90	2,234	35	1.57%	¥40.38	¥1.15	分日详情
-	靴	{keyword:}	店铺推广	如意快车低帮 正装	-	23,597	15	0.06%	¥29.05	¥1.94	分日详情
推广中	大头皮鞋	秋季潮品HFA简约潮流男士个性日常休闲舒适大头皮鞋子 厚底男鞋	宝贝推广	如意快车推广	¥1.80	1,474	7	0.47%	¥10.43	¥1.49	分日详情
推广中	布洛克鞋男	14秋季新品HFA男士压花尖头系带皮鞋 简约真皮低帮潮流韩版男鞋	宝贝推广	如意快车默认推广计划	¥3.00	105	3	2.86%	¥8.95	¥2.98	分日详情
推广中	厚底皮鞋男	秋季潮品HFA简约潮流男士个性日常休闲舒适大头皮鞋子 厚底男鞋	宝贝推广	如意快车推广	¥1.88	1,606	5	0.31%	¥8.47	¥1.69	分日详情
推广中	男时尚皮鞋	秋季潮品HFA简约潮流男士个性日常休闲舒适大头皮鞋子 厚底男鞋	宝贝推广	如意快车推广	¥2.69	568	3	0.53%	¥7.49	¥2.50	分日详情

建议反馈

图10-85

10.7 通过“淘宝客”做推广

商家除了自己精心做店铺推广之外，也可以花钱请别人给自己做店铺推广。图10–86所示为淘宝客关系图，淘宝客帮助商家把产品卖出去，并最终按比例提成来获得佣金，淘宝客虽然也是需要付费的，但其相对于直通车、钻石展位等昂贵费用的付费工具来说，相对比较便宜。

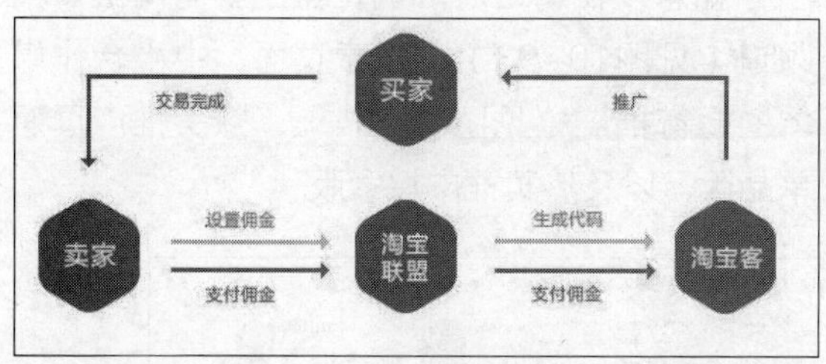

图10–86

图10–87所示为淘宝客的简要说明。

图10–87

10.7.1 了解淘宝客

“淘宝客”是指帮助淘宝卖家推广商品而赚取佣金的人。只要获取淘宝商品的推广链接，让买家通过推广链接进入淘宝店铺购买商品并确认付款，就能赚取由卖家支付的佣金，无需投入成本与风险承担，并且最高佣金可以达到商品成交额的50%。淘宝客能够通过各种渠道进行推广，比如论坛、个人网站、个人博客、微博、导航网站等，只有当顾客点击淘宝客链接购买后才会产生佣金，若交易产生退款情况，那么佣金会自动取消。

目前主要有图10–88所示几种推广方式。

图10–88

淘宝客会挑选目前佣金较高的商品来推。推广形式比较多，比如和网友聊天时可以介绍要推广的商品优势，也可以通过大范围地群发邮件方式，或者去聊天室和论坛推广都是不错的选择。注册淘宝客是免费的，佣金由卖家自己定。比如标价1000元的东西定10%，那么淘宝客就拿这10%，也就是100块钱。而淘宝客拿的这钱当中的10%，就是阿里妈妈的提成。

天猫卖家可以通过图10–89介绍的4种计划设置淘宝客推广计划。

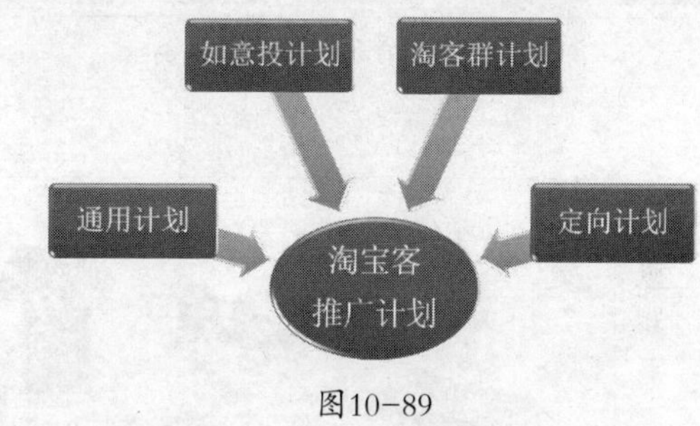

图10–89

1. 通用计划

“通用计划”就是默认计划，这是所有淘宝客都能参加并推广的计划。这个计划没有太多门槛，新店建议设置类目的基础佣金，佣金一般是1%～5%。主推宝贝30款，佣金比例最高可设置成50%。

通用计划具体的展示位置是由淘宝客来选择的。它可以在淘宝客的网站、社区、论坛等任何位置，主要是针对站外引流的方式。

> **小提示**
>
> 加入淘宝客推广默认执行的就是通用计划，所以通用计划是无法删除的。若不想使用通用计划而只执行其他计划是不可以的。如果通用计划不想使用要删除，就需要退出淘宝客推广。

2. 如意投计划

“如意投”是为淘宝卖家度身定制，帮助卖家快速提升流量，按成交付费的精准推广营销服务。如意投的展示位置分为PC和无线两大块，具体如图10–90所示。

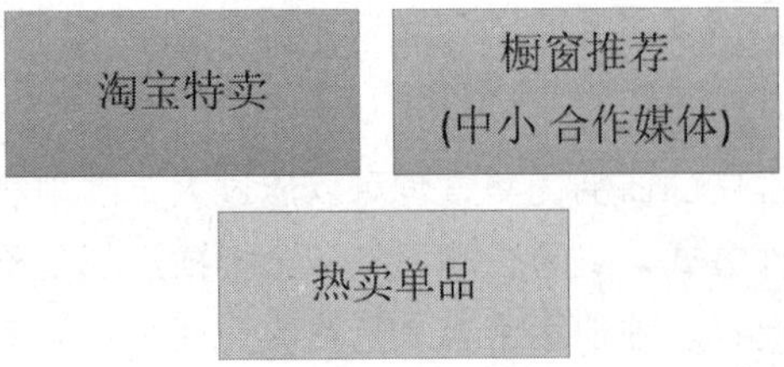

淘宝特卖

橱窗推荐
(中小 合作媒体)

热卖单品

图10-90

如意投只需要按照图10-91所示流程加入即可。

图10-91

如意投主要有图10-92所示几项特点。

如意投的特点

1.如意投推广按成交计费，不成交不计费，对于卖家没有任何推广风险

2.使用如意投只需要启用如意投推广并设置相应的类目佣金即可

3.系统智能分析，根据用户的行为，进行精准投放，让您的商品轻松地展现在买家面前

4.系统自动投放，省去了寻找淘客漫长的过程，调整佣金设置可以影响流量多少

5.如意投依托联盟自有媒体和合作伙伴的推广渠道，为您带来更多站外优质流量

图10-92

如意投在淘宝展现的位置主要有淘宝特卖频道（见图10-93）、搜索页面、中小合作媒体的橱窗推广（见图10-94）、热卖推广页面单品版，以及热卖推广搜索版。

图10-93

图10-94

3. 淘客群计划

“淘客群计划”是由优质淘宝客群体里的人进行推广（见图10-95）。其中服饰精品群对佣金率要求很高，一般低于30%的佣金率是没有吸引力的。淘宝客群内含有大量优质的自助淘客，加入大淘客群后可以免去商家自主招募淘宝客的精力。

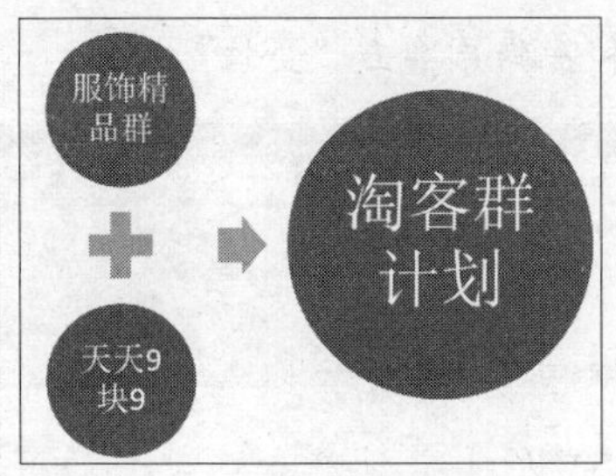

图10-95

4. 定向计划

“定向推广计划”是卖家为淘宝客中某一个细分群体设置的推广计划，有图10-96所示两种优势。

图10-96

定向推广计划是卖家为淘宝客中某一个细分群体设置的推广计划，它可以让淘宝客在阿里妈妈前台看到推广并吸引淘宝客参加；也可由卖家不公开跟某些大网站协商好，以让卖家获得更多的流量，从而让淘客获取较高的佣金。

“新建自选淘客计划”是卖家根据自己店铺的实际情况制定的个性化淘宝客计划。一般叫定向计划。这个计划可以邀请一些淘宝客来参加，设置的佣金比例比通用的计划要高，比如某些店铺的爆款商品要推广，如果想筛选一些优质的淘宝客帮忙推广，也可以设定这个计划。该计划主要的特点如图10-97所示。

图10-97

小提示

（1）开通淘宝客的店铺卖家的信用等级要在1心及以上，动态评分各项分值均不低于4.5；且店铺正常出售中的商品数要大于等于10件。

（2）定向计划最多只能设置10个。

（3）定向计划过期、已经删除或暂停等，都无法开启。如果需要该计划，只能重新新建定向计划。

（4）掌柜新建定向计划后，第2天系统自动生效，所以在建立的当天在该新建计划处会显示计划待执行。

10.7.2 设置淘宝客推广计划

了解淘宝客和淘宝客的推广计划类型后，就可以登录阿里妈妈设置淘宝客计划以及具体的佣金了。

1. 新建计划

01 登录天猫卖家工作台，单击左侧“营销中心”下的“我要推广”，打开营销入口。单击“淘宝客推广”按钮，如图10-98所示。

图10-98

02 打开阿里妈妈登录页面（如图10-99所示），输入账户和密码并单击“登录”按钮。

图10-99

03 进入淘宝客卖家平台，在“推广计划”下单击“新建自选淘宝客计划”按钮（如图10-100所示）。

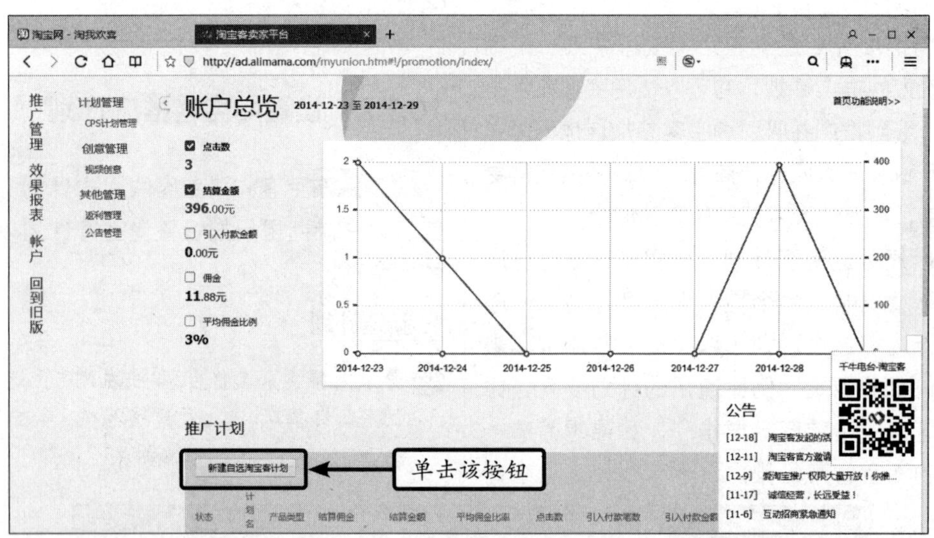

图10-100

04 打开“新建推广计划”页面，分别设置计划名称、计划类型、审核方式、起止日期等（如图10-101所示）。

05 输入类目佣金并单击“创建完成”按钮（如图10-102所示），即可完成淘宝客计划创建。

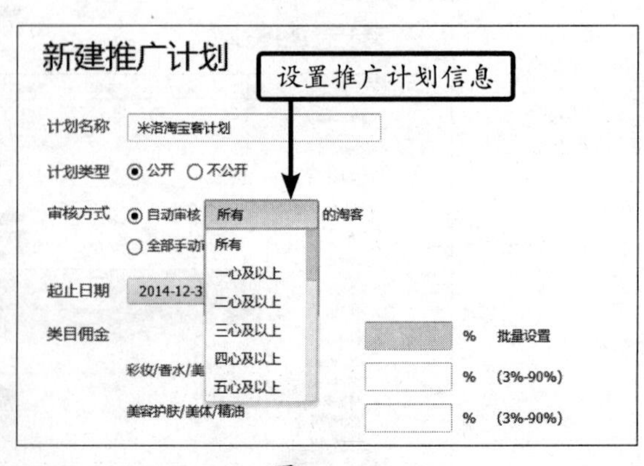

图10-101

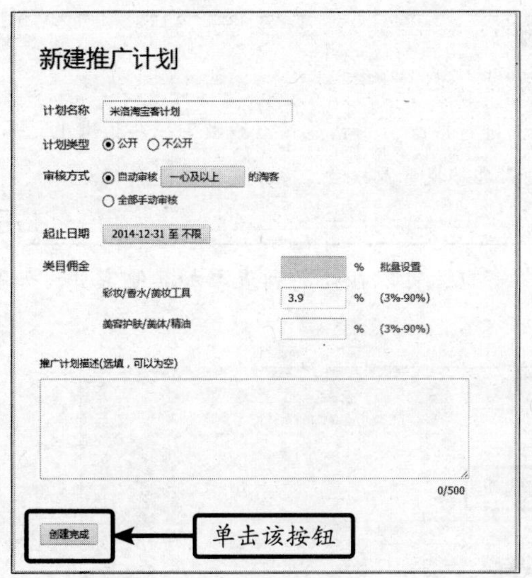

图10-102

2. 设置佣金

“佣金”是在淘宝客推广成功且买家购买商品确认收货之后，支付给淘宝客的酬金。交易在没有确认收货之前，是不收费的。下面介绍设置佣金的操作方法。

01 在“推广计划”下单击“通用计划”链接（如图10-103所示）。在打开的“佣金管理”页面显示了主推商品列表，将鼠标指针指向商品右侧区域，单击“编辑佣金比”更改佣金数据（如图10-104所示），重新输入佣金比即可，如图10-105所示。

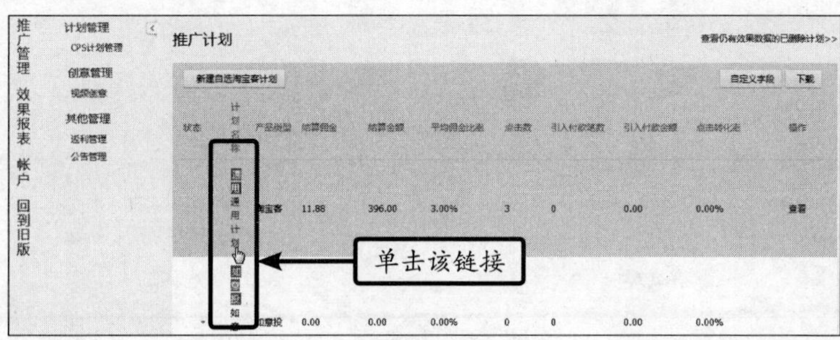

图10-103

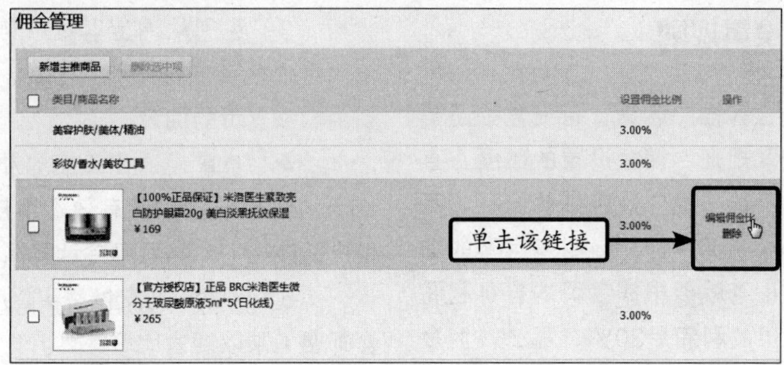

图10-104

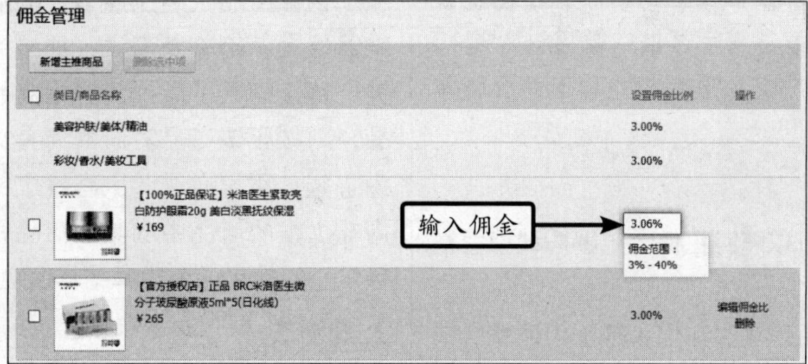

图10-105

小提示

通用计划是由淘宝客自行选择投放的页面，随意性大。

如意投计划是系统根据宝贝的综合情况以及佣金比例进行匹配，由系统精准投放到一些渠道上，如特卖频道底部的热卖推荐，或者一些网站的推广位上，无需再寻找资源投放，系统将智能进行投放。

02 单击“新增主推商品”按钮打开“选择主推商品”窗口，可以在商品列表添加其他宝贝，如图10-106所示。

图10-106

10.7.3 佣金设置规则

若想利用淘宝客推广店铺，首先需要了解淘宝客的佣金设置规则。佣金设置的额度，直接决定淘宝客是否选择推广该店铺的商品。商家可以在前期建立高佣金计划吸引淘宝客的加入，至于佣金的设置就要根据宝贝的自身利润来定了（假设宝贝的利润是30%，那么，佣金就可以设置为10%～25%不等）。当设置好后，卖家可以随时在佣金范围内调整主推宝贝的佣金比例，买家从淘宝客推广链接进入起15天内产生的所有成交都是有效的。下面介绍淘宝佣金设置规则。

1. 规则一

（1）卖家可以随时在佣金范围内调整主推商品的佣金比率。

（2）卖家可以随时在佣金范围内调整店铺各类目的佣金比率。

（3）买家从淘宝客推广链接进入起的15天内产生的所有成交均为有效，淘宝客都可得到由卖家支付的佣金。

（4）若掌柜退出淘宝客推广，退出后的15天内推广链接仍然有效，用户在此期间点击推广链接拍下商品后仍会计算佣金。

（5）佣金根据支付宝实际成交金额（不包含邮费）乘以佣金比率计算。

（6）若买家通过淘宝客推广链接直接购买了该件商品，则按照该商品对应的佣金比率结算佣金。简单点来说；如果买家通过淘宝客推广链接购买了店铺内主推商品中的某一件商品，则按照该商品对应的佣金比率结算佣金给淘宝客；买家通过淘宝客推广链接购买了店铺内非主推的商品中的其他商品，按照店铺各类目统一的类目佣金比率结算佣金给淘宝客。

2. 规则二

淘宝客推广单件商品时，通过这件商品，

也有可能为店铺中的其他商品带来成交量，所以卖家还需要支付为其他商品带来成交的佣金，并按照其他商品所在的类目佣金计算。没有设置的按照类目的最低佣金比例计算。

小提示

（1）如意投推广成功的佣金是支付给推广的淘宝客。佣金还是按照买家支付宝实际付款金额减去运费，之后乘以如意投设置的佣金比例来计算的。

（2）如意投的佣金和通用计划里的佣金不叠加也不冲突，通过如意投投放页面进来成交的，按照如意投的佣金比例计算，反之不是如意投的，则按照通用计划计算的。

10.8 通过“淘宝试用”做推广

“淘宝试用中心”是一个专业的试客分享和营销导购平台（见图10-107），为数百万商家提升了品牌价值与影响力。试用中心聚集了上百万个试用机会，以及亿万消费者对各类商品最全面真实客观的试用体验报告，为消费者提供购买决策。

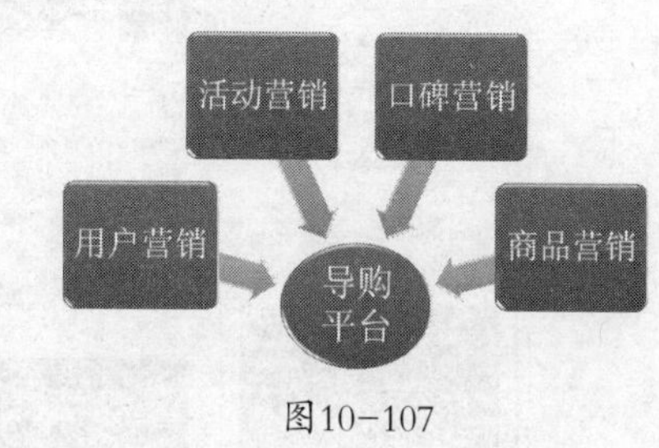

图10-107

1. 免费试用

实体店铺里的食品可以试吃、化妆品可以试用、衣服可以试穿，这些都是商家的促销推广活动。在天猫店铺商家也可以报名参加免费试用（见图10-108），招揽顾客申请试用并反馈优质的试用报告，可以间接提升商品的知名度。

图10-108

2. 试用报告

试用中心主要提供免费试用和试用报告两种业务。

试客在成功申请到免费试用品后，需要提交试用报告。试用报告是会员对商品品质、性能等试用体验后作出的客观真实的试用感受。试用报告支持文字、图片、视频等多种呈现方式，富有真实的场景感，它可以为其他消费者提供购物参考，找到真正适合自己的商品，如图10-109所示。

图10-109

3. 参加要求

商家报名试用品总价值及单价要求如图10-110所示。

参加免费试用商家必须满足表10-1所示的资质要求。

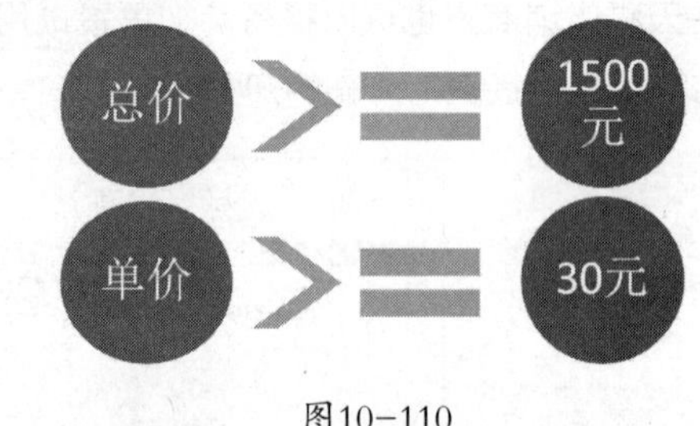

图10-110

表10-1

序号	资质要求
1	商城（良品）店铺：店铺综合评分4.6分以上
2	商家确保报名的所有试用产品必须为原厂商出产的合格、全新产品，在良好保持期内，谢绝分装、DIY自制、无商标无品牌
3	食品商家必须填写“食品生产许可证编号”（QS编号）属性
4	美容、彩妆及日化洗护类商品必须有假一赔三资质或分销平台品牌授权标识

下面介绍天猫商家报名参加免费试用的设置步骤。

01 登录天猫卖家工作台，单击左侧“营销中心”下的“我要推广”，打开营销入口页面，单击“免费试用报名”图标（如图10-111所示）。

02 打开“免费试用”报名入口，单击“设置店铺免费试用”按钮（如图10-112所示）。

图10-111

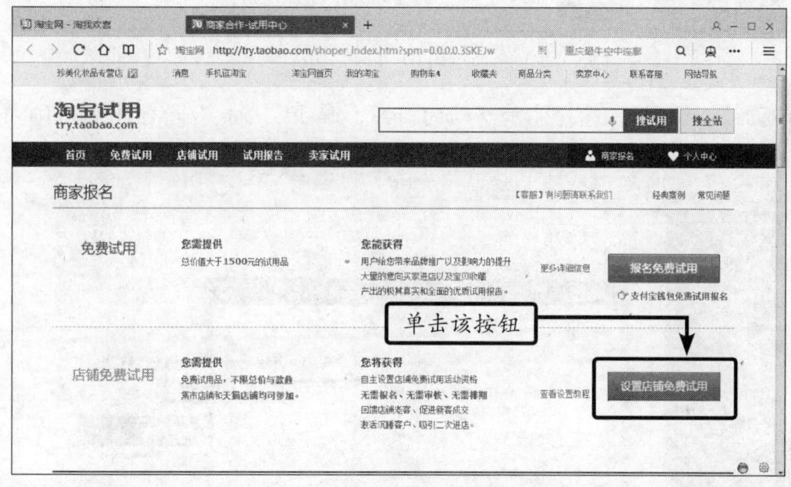

图10-112

03 打开创建活动页面，设置活动名称、时间以及活动内容，单击“下一步”按钮（如图10-113所示）。

图10-113

04 进入第2步设置页面，单击下方的“选择活动商品”按钮，如图10-114所示。

图10-114

05 打开“选择商品”对话框，选择参加活动的商品，单击“确定”按钮（如图10-115所示）。

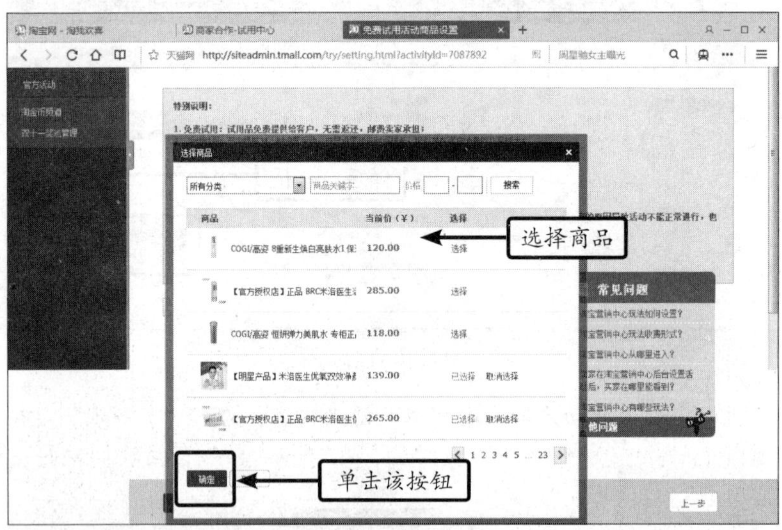

图10-115

06 即可在添加至活动的宝贝中设置份数以及发放人群等信息，单击“保存并下一步”按钮，如图10-116所示。

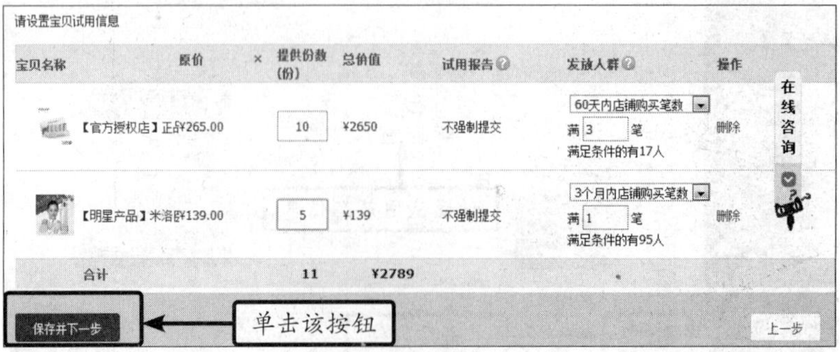

请设置宝贝试用信息

宝贝名称	原价	×	提供份数(份)	总价值	试用报告	发放人群	操作
【官方授权店】正品	¥265.00		10	¥2650	不强制提交	60天内店铺购买笔数 满3笔 满足条件的有17人	删除
【明星产品】米治医	¥139.00		5	¥139	不强制提交	3个月内店铺购买笔数 满1笔 满足条件的有95人	删除
合计			11	¥2789			

保存并下一步 ← 单击该按钮　　上一步

图10-116

07 进入第3步设置页面，设置发布渠道并单击“发布”按钮即可完成商品试用设置（如图10-117所示）。

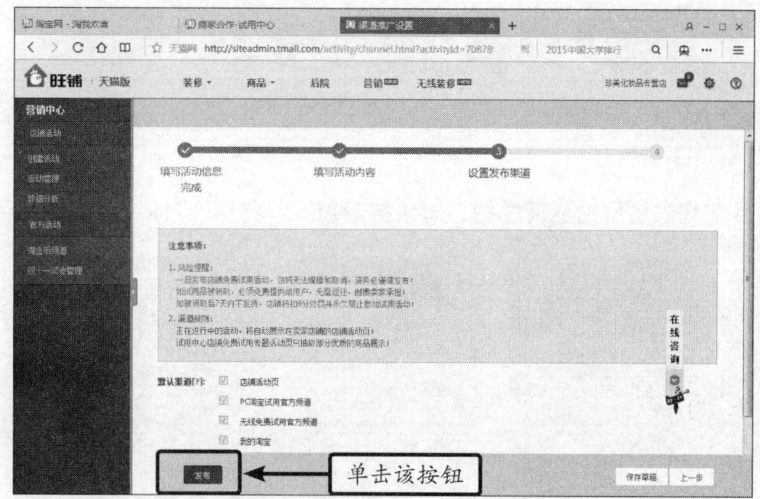

图10-117

小提示

双11当天活动商家和非活动商家都不能进行付邮试用和免费试用活动。

10.9 通过“拍卖会”做推广

“拍卖会”是为淘宝会员提供的具有独特性或有较高附加值的特殊拍品的拍卖营销活动平台，图10-118所示为淘宝拍卖会页面。

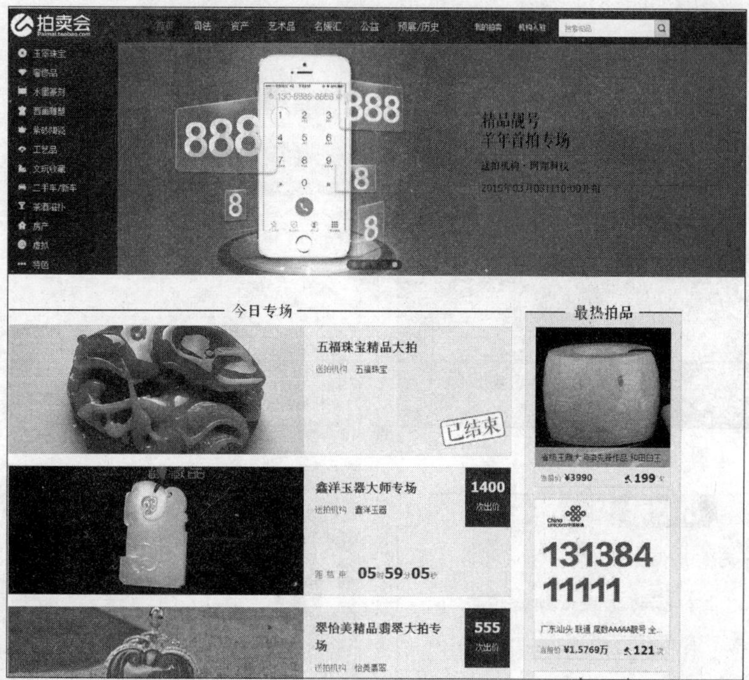

图10-118

买家在参加拍卖会时需要遵循图10-119所示的拍卖流程。

图10-119

拍卖形式

淘宝拍卖会目前提供增价拍、荷兰拍、降价拍3种拍卖形式，具体说明如图10-120所示。

增价拍	荷兰拍	降价拍卖
• 拍卖宝贝数量为1，拍卖价格从低到高自由竞价，拍卖结束时，出价最高者获得拍卖的胜利	• 拍卖数量大于1，价高者优先获得宝贝，相同价格先出价者先得，最终商品成交价格是最低成功出价的金额。如果最后一位获胜者可获得的宝贝数量不足，则可以放弃购买。（发布荷兰拍商品卖家信用分数必须大于等于11分）	• 拍卖宝贝的竞价由高到低依次递减直到竞买人应价时成交的一种拍卖方式：如果宝贝数量为1，则拍卖在第一个竞买人应价时成交且拍卖结束；如果宝贝数量大于1，则拍卖在所有宝贝被竞买人应价完后，拍卖结束

图10-120

小提示

买家参与拍卖需要缴纳保证金，缴纳保证金分为按比例缴纳和按固定金额缴纳两种形式。

10.10 通过“天天抢拍”做推广

买家通过天天抢拍平台（如图10-121所示），可以抢拍到物美价廉的物品。天天抢拍通过独特的玩法吸引买家，小投入高流量。图10-122所示为设置抢拍的商铺宝贝页面。

图10-121

小提示

参加抢拍商家需要保证提供1～5件商品、单件商品价值30元以上、活动商品必须全国包邮，商品不是橱窗商品（未参加1212活动）。

图10-122

1. 玩法及规则

“淘宝天天抢拍”（http://qiang.taobao.com）是为淘宝会员提供商品创意抢购玩法的促销平台，在这里所有商品的最终成交价格由买家来定。平台整体分为“时时降”区和“值得拍”区（见图10–123）。时时降共7场，每天10:00、11:00、14:00、15:00、16:00、20:00、21:00开始抢拍。值得拍最终商品成交价格是最低成功出价的金额。

图10–123

2. 参加条件

参加天天抢拍的天猫商家需要满足图10–124所示几项条件。

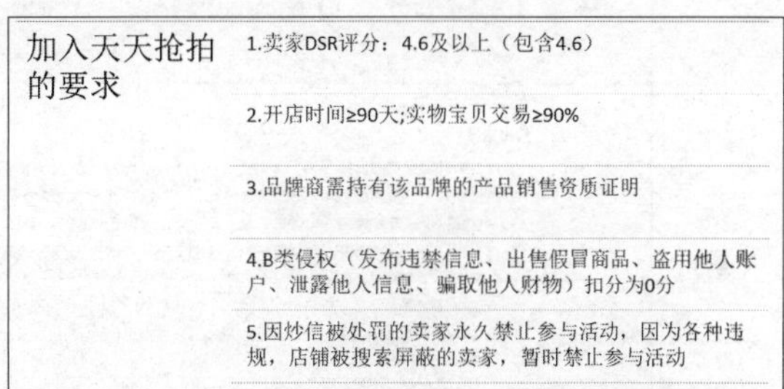

加入天天抢拍的要求	1.卖家DSR评分：4.6及以上（包含4.6）
	2.开店时间≥90天;实物宝贝交易≥90%
	3.品牌商需持有该品牌的产品销售资质证明
	4.B类侵权（发布违禁信息、出售假冒商品、盗用他人账户、泄露他人信息、骗取他人财物）扣分为0分
	5.因炒信被处罚的卖家永久禁止参与活动，因为各种违规，店铺被搜索屏蔽的卖家，暂时禁止参与活动

图10–124

小提示

天天抢拍规定活动商家必须在抢拍活动当天起72小时内完成发货（定制、预售、大家电、家具等特殊商品除外）。商家如出现逾期不发货、虚假发货或缺货的情况，天天抢拍将根据《天天抢拍卖家处罚规则》“卖家未及时发货”进行处罚。

10.11 通过“值得买”做推广

值得买汇聚了淘宝上的最热促销活动，是消费者购买宝贝的优惠购物指南入口，下面介绍如何报名参加值得买。

01 进入天猫“我的工作台”后，在页面下方找到并单击“值得买”链接，打开值得买商家管理后台。在其中可以看到参加值得买的流程和报名条件（如图10–125、图10–126所示）。

图10–125

图10-126

02 浏览结束后，单击最下方的“开始报名”按钮即可（如图10-127所示）。

图10-127

10.12 通过“聚划算”做推广

聚划算类似于团购商品，以一个较低的价格吸引众多买家。聚划算每天都为买家带来超级划算的团购宝贝（见图10-128），参加的宝贝都有购买时间限制，先抢先得。

卖家利用好聚划算，不仅可以为店铺和宝贝带来海量流量，还能打造爆款，提高销售额，让店铺增加人气和利润。

图10-128

1. 了解聚划算

聚划算是一个免费的优质团购平台，天猫对于报名的商家有严格的资质要求，图10–129所示为参加聚划算的店铺指标要求。

淘宝集市店	天猫
• 3钻及以上 • 好评率98%及以上 • 消保旺铺	• 综合动态评分4.5及以上 • 宝贝与描述相符项动态评分4.5及以上

图10–129

参加聚划算的商家需要缴纳一定的保证金，即商家参加聚划算活动，需要冻结一定的款项至卖家店铺绑定的支付宝账户；或通过购买参聚险由商家缴纳一定的保费至保险公司，并由保险公司对卖家参团商品进行品质及服务保障。卖家在参聚后需要保证一定的服务质量，否则官方有权延长解冻时间。聚划算保证金有图10–130所示几种方式。

商家保证金	货款冻结保证金	参聚险
• 商家按年度一次性冻结固定金额至卖家店铺绑定的支付宝账户作为保证金，且卖家自确认冻结之日起1年内正常参团的商品无需另行多次冻结“货款冻结保证金” • 50万元人民币 • 周期1年	• 指卖家每次参团，并且开团后授权聚划算针对参团商品的一定金额的订单成交款项进行冻结，并冻结至卖家店铺绑定的支付宝账户作为保障消费者权益的保证金 • 商品开团后，有消费者确认收货后的第1笔订单时开始冻结	• 根据参团货值缴纳一定的保费至保险公司，由保险公司就卖家提供的商品或服务向消费者及平台等提供权益保障

图10–130

2. 聚划算业务模式

聚划算业务类型主要有“生活汇”“整点聚”“商品团购”和“品牌团购”，不同的业务都对应不同的参加条件和要求，如图10–131所示。

图10–131

除此之外，还有聚定制、品牌团、聚名品等。聚定制是D2C首个设计师原创平台，包含男装、女装、童装；聚名品是精准定位中高端消费人群的一种营销模式；品牌团是基于品牌限时折扣的一种营销模式。

3. 聚划算准备活动

了解聚划算的业务模式和保证金规则之后，符合报名资质条件的商家还需要提前做以下几项准备活动。

活动策划：策划买二送一、消费满**元减*元、满**送礼品、折扣专区、搭配套餐等营销活动，最大程度转化流量。

提前预热：优惠券提前领取、收藏店铺即送5元无门槛优惠券等。

确定关联宝贝：关联宝贝尽量不要和报名宝贝的风格太类似，吸引消费者。

营销活动氛围：首页专题、活动专题页、详情页都做好聚划算活动的相关指引，并创造紧张抢拍的气氛。

老客营销：提前短信、邮件、旺旺通知老客户。

人员安排：活动当天流量会激增，要提前安排好客服、仓储人员，联系快递等。

4. 报名聚划算

完成聚划算准备活动后，商家就可以进入相关页面报名参加聚划算。

报名聚划算的具体流程见图10-132。

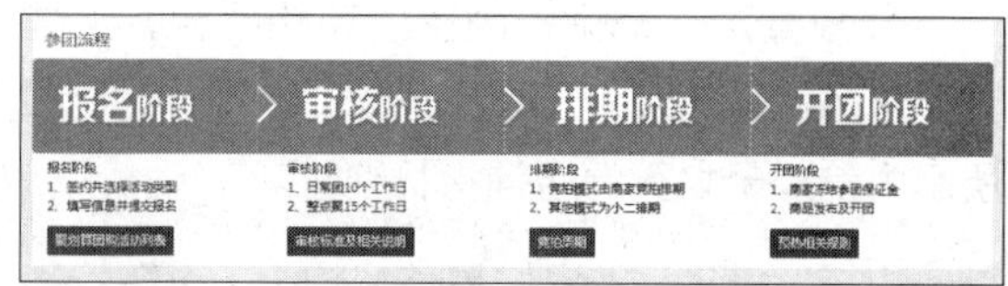

图10-132

01 登录天猫卖家工作台，单击左侧“营销中心”下的“我要推广”，打开营销入口页面。单击“报名聚划算”图标，打开“聚划算”报名入口，单击“我要报名”按钮（如图10-133所示）。

图10-133

02 进入聚划算商务中心，单击左侧“团购管理”下方的“我要报名”按钮打开报名页面（如图10-134所示）。

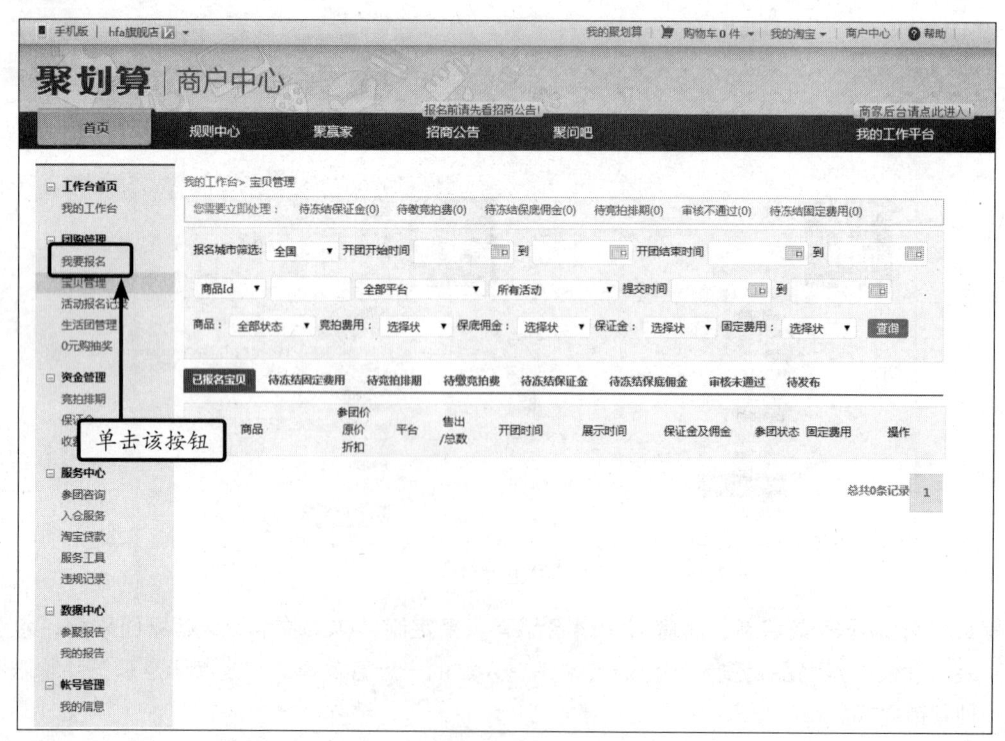

图10-134

03 页面会显示可以报名的聚划算活动名称，在“活动及费用介绍”选项下可以查看该活动的详细报名要求以及费用，如图10-135所示。

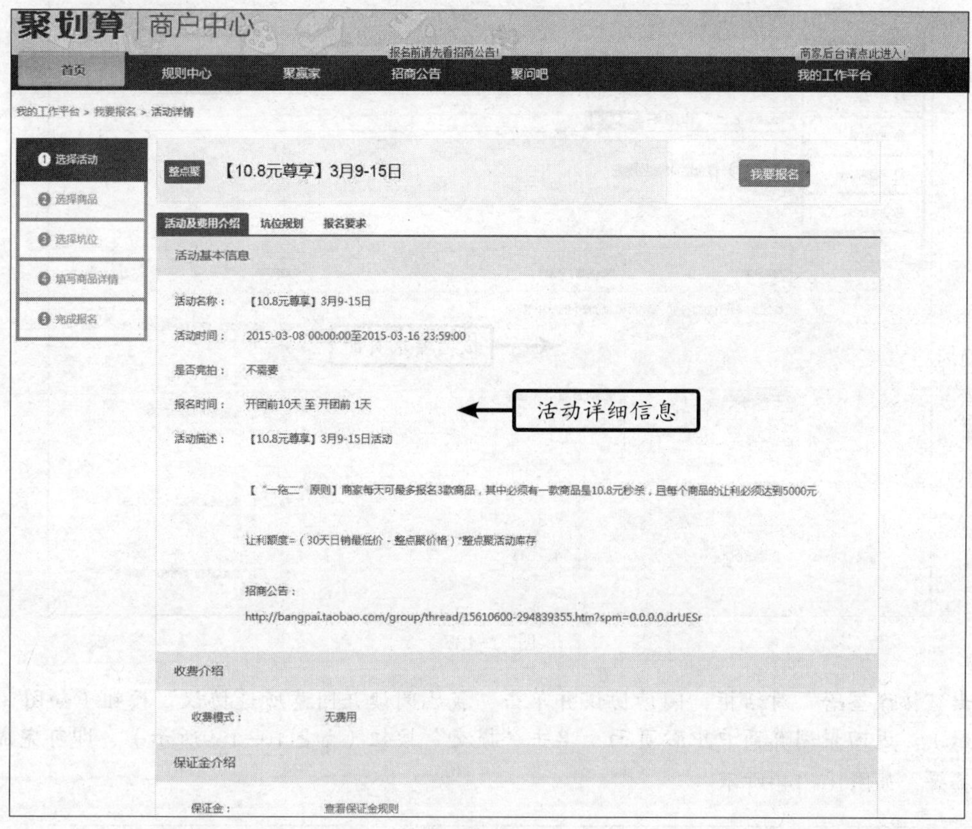

图10-135

04 切换至“坑位规则”选项可以选择报名类目和坑位规划，如图10-136所示。

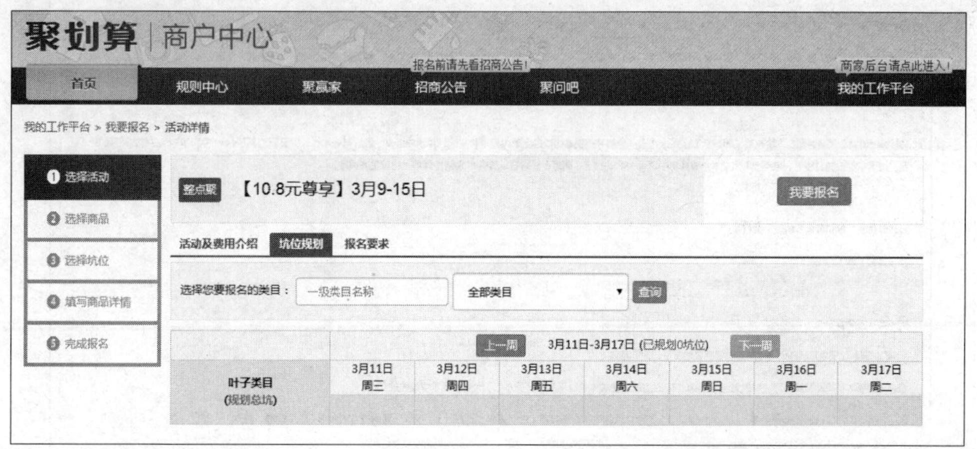

图10-136

05 切换至“报名要求”选项可以查看规则分类、规则内容以及当前店铺的资质，单击“我要报名”按钮（如图10-137所示）。

聚划算 | 商户中心
报名前请先看招商公告!
商家后台请点此进入!
首页
规则中心
聚赢家
招商公告
聚问吧
我的工作平台
我的工作平台 > 我要报名 > 活动详情
1 选择活动
2 选择商品
3 选择坑位
4 填写商品详情
5 完成报名
整点聚
【10.8元尊享】3月9-15日
单击该按钮
我要报名
活动及费用介绍
坑位规划
报名要求
符合活动报名规则
规则分类
规则内容（天猫）
你的资质
聚划算中止合作处罚
聚划算中止合作处罚: 无
报名要求页面
1、您的店铺不存在聚划算中止合作处罚
实物交易占比
实物交易占比: >= 80%
1、您的店铺实物交易占比100%
开店时长
1、您的店铺开店时长1578.0天
服务态度DSR
服务态度DSR: >= 4.6
1、您的店铺服务态度DSR为4.83分

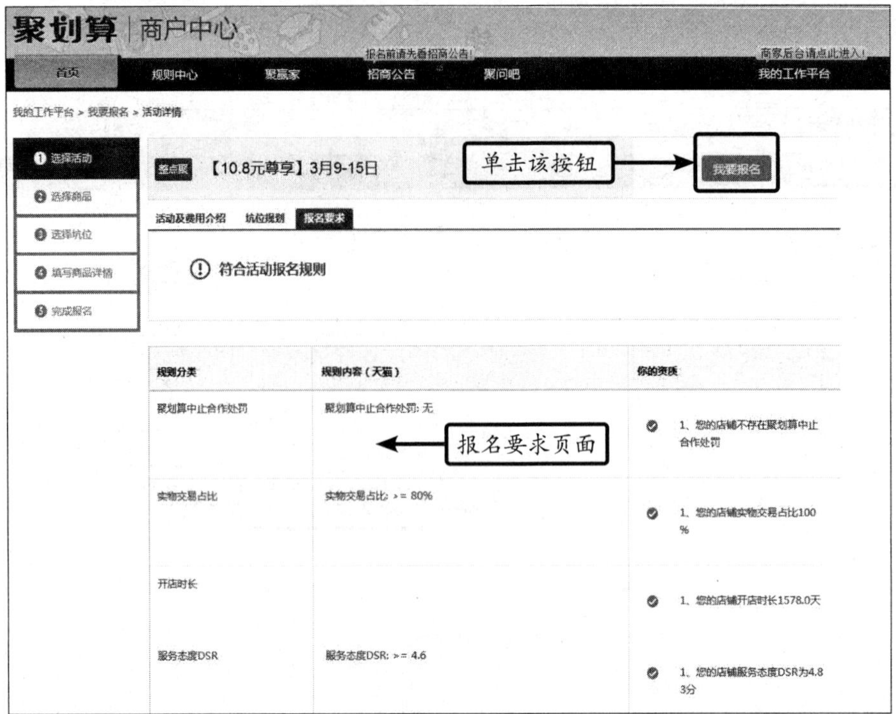

图10-137

06 弹出“协议签署”对话框，阅读协议并单击“我已阅读并同意所选协议”按钮（如图10-138所示）。返回聚划算商户中心页面，单击“提交”按钮（如图10-139所示），即可完成协议的签署，如图10-140所示。

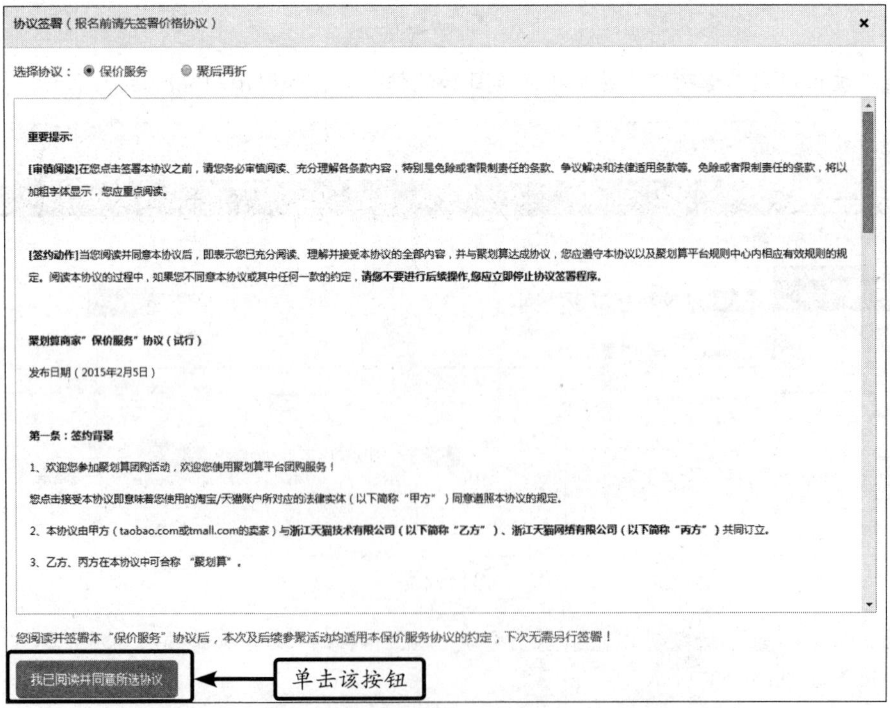

协议签署（报名前请先签署价格协议）
选择协议： 保价服务 聚后再折
重要提示:
[审慎阅读]在您点击签署本协议之前，请您务必审慎阅读、充分理解各条款内容，特别是免除或者限制责任的条款、争议解决和法律适用条款等。免除或者限制责任的条款，将以加粗字体显示，您应重点阅读。
[签约动作]当您阅读并同意本协议后，即表示您已充分阅读、理解并接受本协议的全部内容，并与聚划算达成协议，您应遵守本协议以及聚划算平台规则中心内相应有效规则的规定。阅读本协议的过程中，如果您不同意本协议或其中任何一款的约定，请您不要进行后续操作,您应立即停止协议签署程序。
聚划算商家"保价服务"协议（试行）
发布日期（2015年2月5日）
第一条：签约背景
1、欢迎您参加聚划算团购活动，欢迎您使用聚划算平台团购服务！
您点击接受本协议即意味着您使用的淘宝/天猫账户所对应的法律实体（以下简称"甲方"）同意遵照本协议的规定。
2、本协议由甲方（taobao.com或tmall.com的卖家）与浙江天猫技术有限公司（以下简称"乙方"）、浙江天猫网络有限公司（以下简称"丙方"）共同订立。
3、乙方、丙方在本协议中可合称"聚划算"。
您阅读并签署本"保价服务"协议后，本次及后续参聚活动均适用本保价服务协议的约定，下次无需另行签署！
我已阅读并同意所选协议
单击该按钮

图10-138

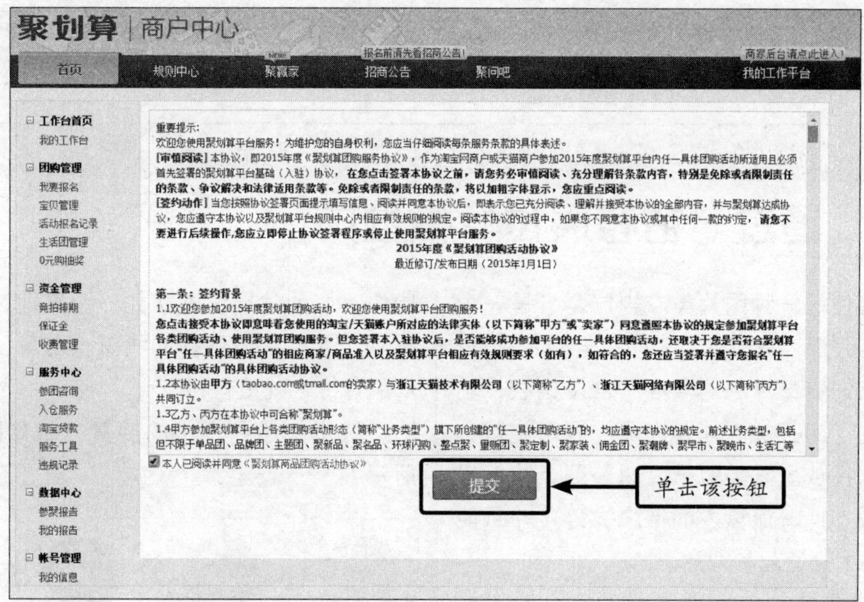

图10-139

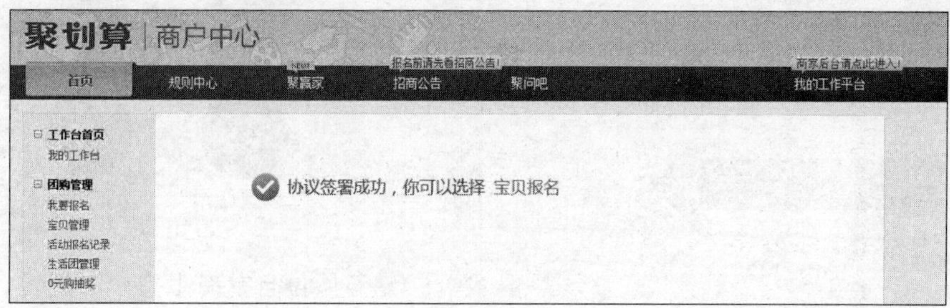

图10-140

07 在第2步“选择商品”页面中选择需要参加聚划算的商品即可，如图10-141所示。

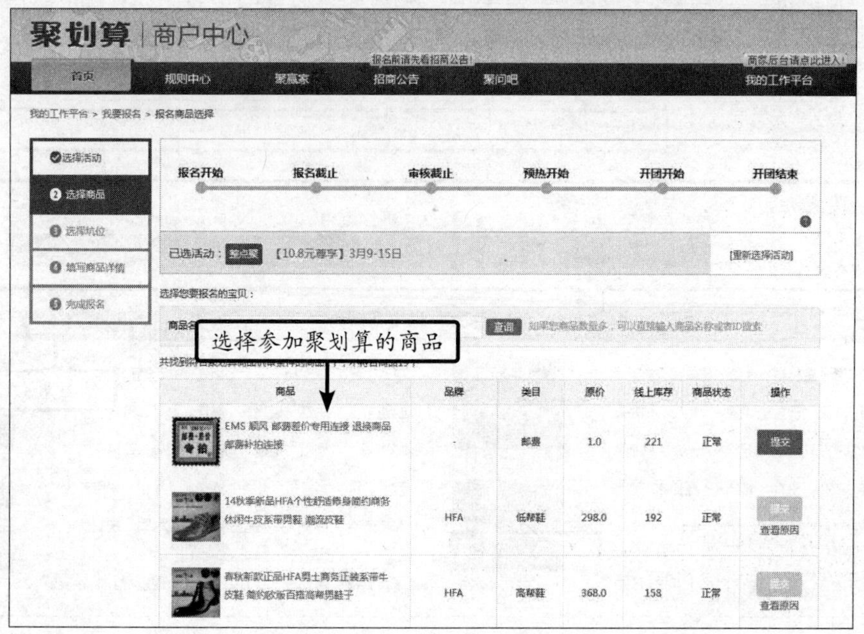

图10-141

小提示

"店铺优惠"与"聚划算"是可以叠加使用的。

10.13 通过"钻石展位"做推广

钻石展位是一种图片类广告位，它是一个帮助引进高流量、提高曝光率的广告平台，是专门给商家们量身定制的精准广告位投放，钻石展位精选了淘宝站内外各大最优展示位置，以便供商家投放。它类似于高速公路上的广告牌，具有成本低、流量大的推广优势，并且能够迅速在淘宝打造起品牌意识。

钻石展位是一种按照展现流量竞价售卖的推广位，它按照展现次数计费，计费单位为CPM（每千次展现单价），即创意被展现1000次所需要收取的费用，如图10-142所示。

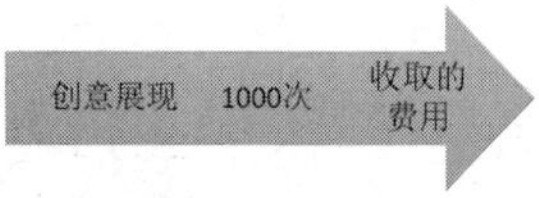

创意展现 1000次 收取的费用

图10-142

比如，商家花一块钱竞得了1个CPM，就意味着其推广图片将被展现1000次，展现后，将需要支付1元钱。点击率高的位置相应的CPM出价也会略高，钻展的投入与产出是成正比的。好的钻展位置犹如一个高地，占领一个制高点就能获得更多的浏览点击量，对店铺及产品宣传也就更有利。

其浏览量到点击的换算方法如图10-143所示。

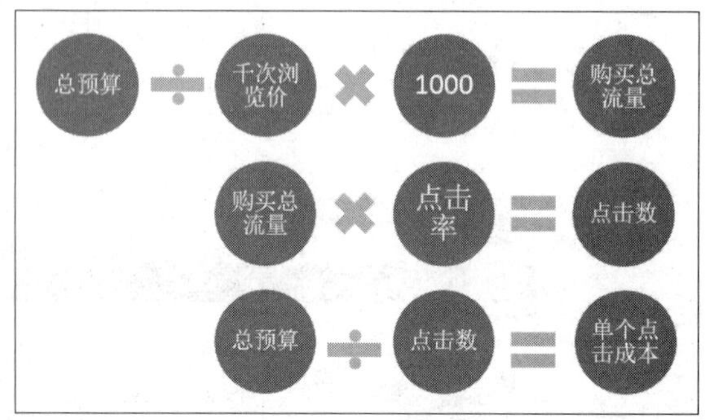

图10-143

钻石展位目前有上百个资源位，分布在各大知名门户网站。钻石展位依靠图片创意吸引买家点击，获取巨大流量，图10-144所示为天猫商城页面中的钻石展位，图10-145所示为收藏夹页面底端显示的钻石展位。

图10-144

图10-145

小提示

钻石展位毕竟只是通过一张图去吸引买家点击从而增加流量，所以应当设计一些吸引眼球的图片，比如给予较大的折扣、图片创意十足等。

10.13.1 了解钻石展位

天猫商家在参加钻石展位之前，除了需要了解一些规则，还需要了解影响广告展位投放的因素。

1. 钻展规则

参加钻展需要遵循一定的规则，下面介绍几个规则点。

（1）系统每天15点后自动提交计划进行竞价投放。

（2）系统会提供最近7天可以被竞价的预测数据以供查看。

（3）如果没有足够的余额，自动停止第2天的计划投放，所以用户在计划投放前一天的15点之前，保证消费账户有1天日预算金额，否则将会因为金额不足而停止投放。

（4）由于金额不足而停止投放的计划，允许您继续充值恢复投放。当然前提是该计划还在投放期内。

（5）在同一天同一个时段内CPM出价高的计划优先投放。

（6）如果计划分为多个小时段投放，系统将会根据实际的流量情况以小时为单位平滑消耗。

（7）如果计划的投放达到日预算限制将自动停止投放，系统保证每天消耗不超出日预算限制。

（8）如果计划有多个展示图片将会被随机轮播显示。

（9）允许在15点之前调整计划的基本信息。具体内容包括CPM出价、日预算、展示图片、开始/结束日期、时段等信息。修改完成后需要等到次日才能生效。

2. 投放因素

钻展的投放主要有图10-146所示5个因素。

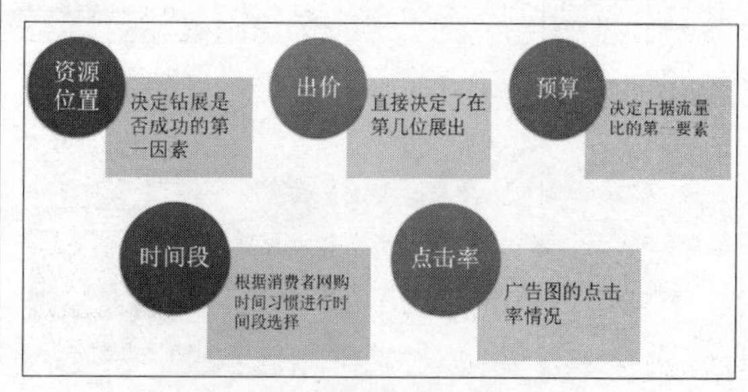

图10-146

3. 如何报名

如果商家确认自己有发布商品信息的需求，则可以进入系统挑选一个合适的展示位，并制作一个展示图片；然后创建推广计划、充值消费账户。系统会根据设置的价格、日期、时段竞价投放商家的展示图片。开通钻展的具体步骤如图10-147所示。

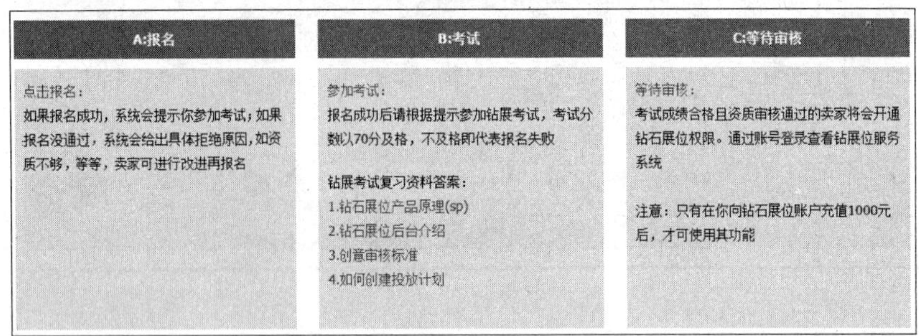

图10-147

下面介绍如何报名参加钻石展位。

01 登录天猫卖家工作台，单击左侧“营销中心”下的“我要推广”，打开营销入口。单击“钻石展位”打开钻石展位营销平台，单击“进入我的钻展”按钮（如图10-148所示）。

图10-148

02 即可进入展示站位页面，该页面中详细解释了钻石站位的优势，如图10-149、图10-150、图10-151所示。

图10-149

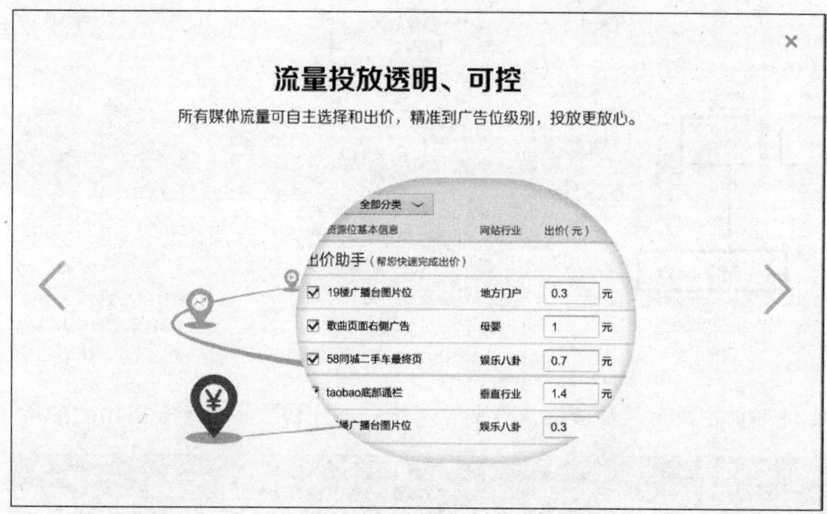

图10-150

图10-151

小提示

天猫店铺参加钻石展位也是有一定资质要求的。分属不同的类目商品需要提供合格的资质证明文件，并在审核通过后才能提交创意素材。钻石展位的每期报名统计时间是周四的14点，超过这个时间报名自动计入下个报名周期中。

10.13.2 创建钻展计划

要想通过参加钻展获得精确流量，就要定向精准，按照广告发布者的要求，更精准地找到潜在客户。根据提供的展位资源，则对应的店铺定向功能也需要提供对应的策略，下面简要说明如何创建钻展计划。

01 报名参加钻展之后，会进入钻石展位计划设置页面，单击左侧的“计划”选项，打开计划管理设置页面，单击“新建营销计划”按钮（如图10-152所示）。

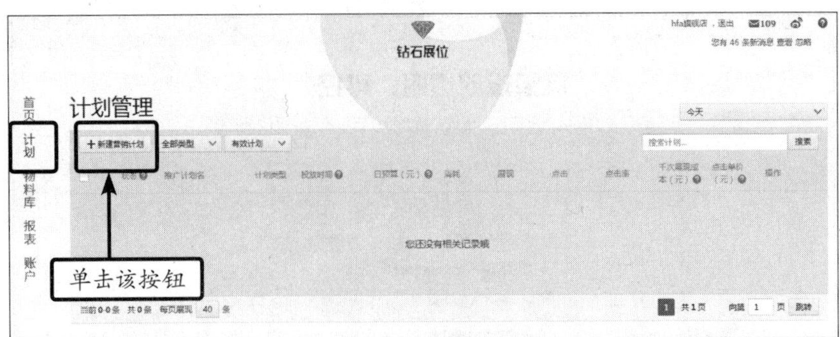

图10-152

02 打开“历史计划创建提示”对话框，单击“新建一个计划”按钮（如图10-153所示）。

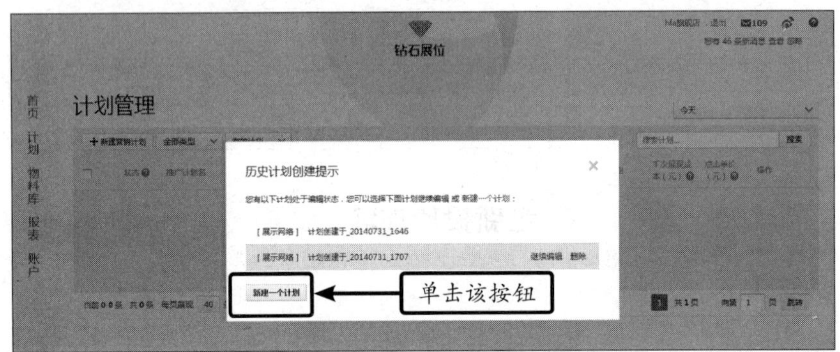

图10-153

03 打开“请选择新建营销计划”对话框，选择一个计划类型并单击下方的“立即创建”按钮（如图10-154所示）。

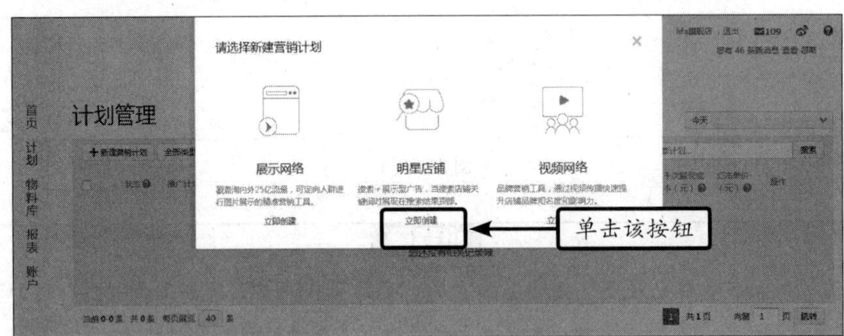

图10-154

04 进入“新建计划”页面，设置该计划的各项基本信息后，单击“高级设置”右侧的“设置”按钮，如图10-155所示。

05 打开投放地域和时段设置页面，设置完成后单击“确定”按钮，如图10-156所示。

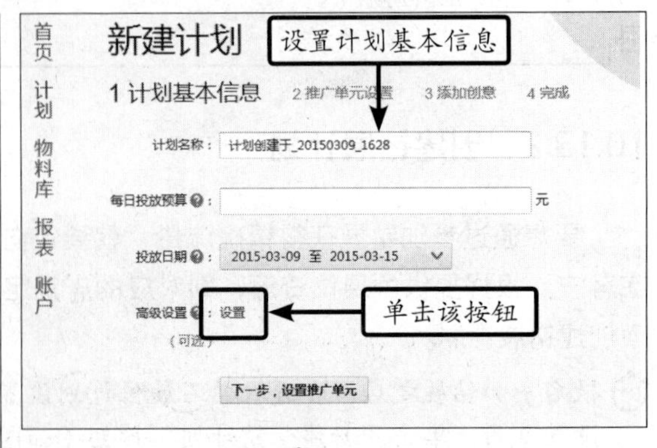

图10-155

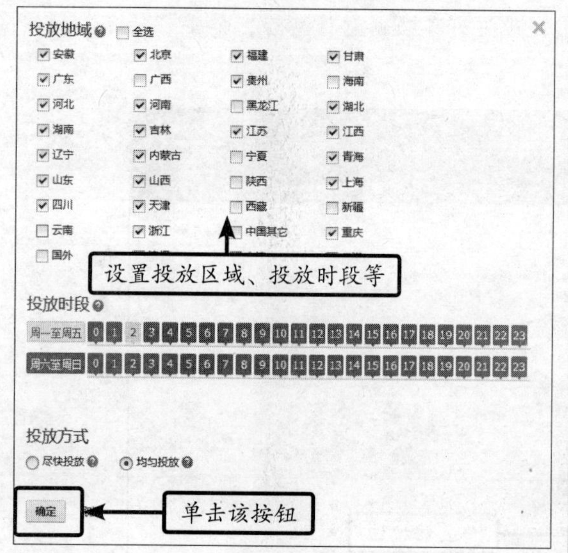

图10-156

06 返回“新建计划”页面，单击“下一步，设置推广单元”按钮（如图10-157所示），进入推广单元设置页面，设置各项信息之后，单击“下一步，添加创意”按钮，如图10-158所示。

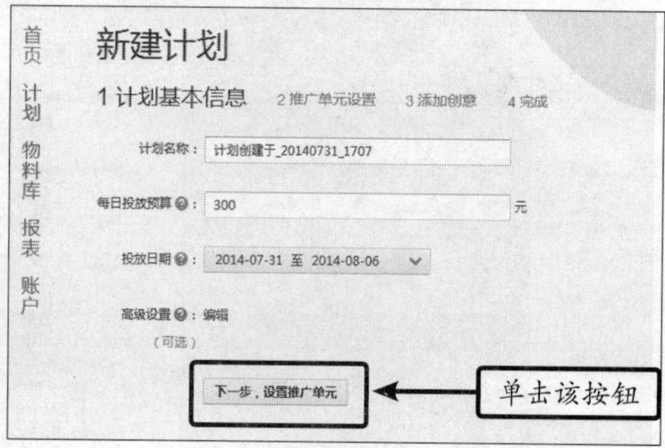

图10-157

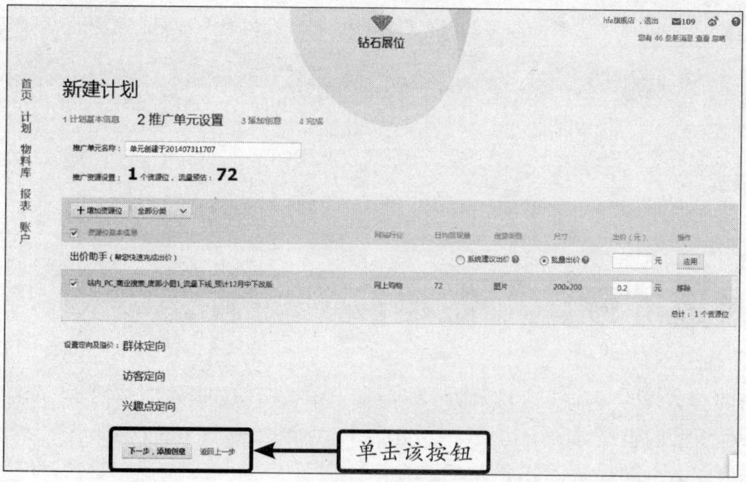

图10-158

07 进入“添加创意”页面，单击“本地上传”按钮（如图10-159所示）。

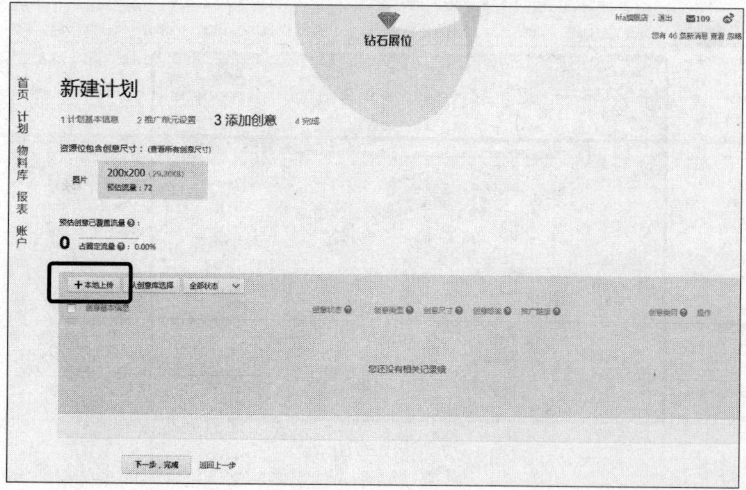

图10-159

08 打开“添加创意”对话框（如图10-160所示），设置好各项创意信息后，单击“确定”按钮即可。

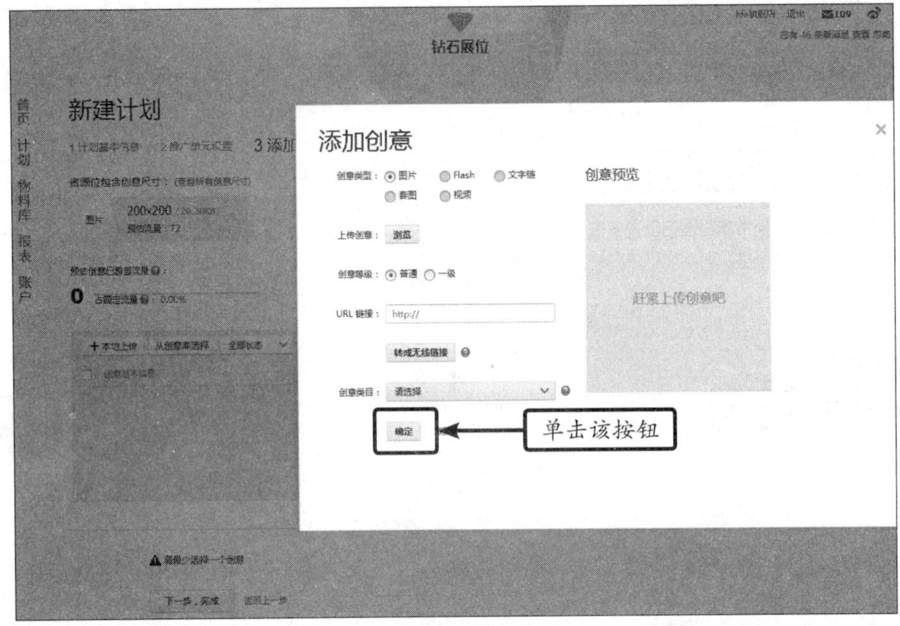

图10-160

09 完成前面三步操作后，单击“下一步，完成”按钮即可完成计划创建。

10.14 通过“硬广”做推广

对于天猫的部分大客户来说，可以做一些品牌硬广告，这些硬广告整合了淘宝网、支付宝等推广资源，天猫商家可以自主选择广告位（这里是按天计费的）。图10-161、图10-162所示都是天猫商家在淘宝首页相应位置做的硬广告投放。

图10-161

图10-162

01 打开图10-163所示页面，进入淘宝广告服务。单击“下载广告价格单”按钮，即可下载最新淘宝广告资源位及价格表。

图10-163

02 文件中提供了几类广告资源的详细情况及报价，分别是淘宝网硬广资源（见图10-164）、定价CPM资源、阿里旺旺（淘宝版）报价和支付宝硬广资源等。

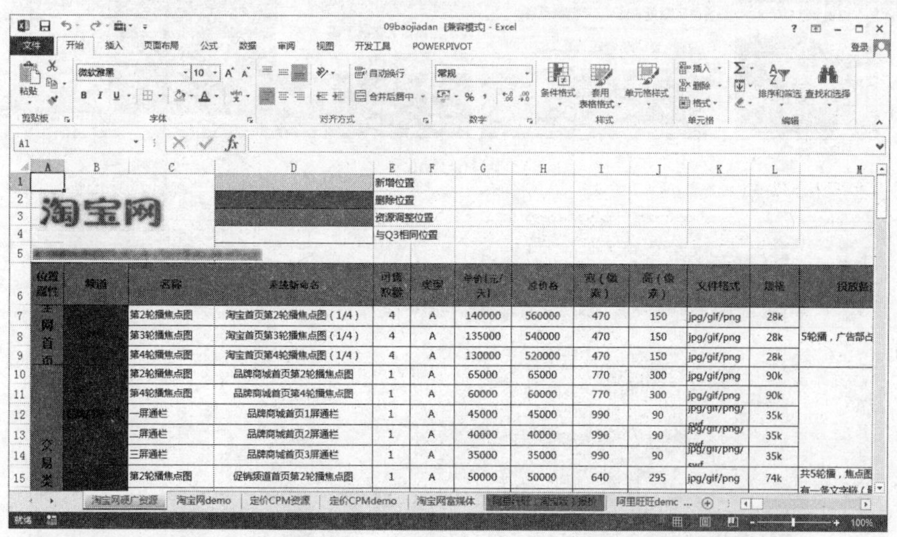

图10-164

03 图10-165所示截图中直观地展示了淘宝广告不同位置的投放价格，主要包括广告位置、所在频道、名称、每天的单价，以及广告图片格式和广告图片的尺寸规格等。

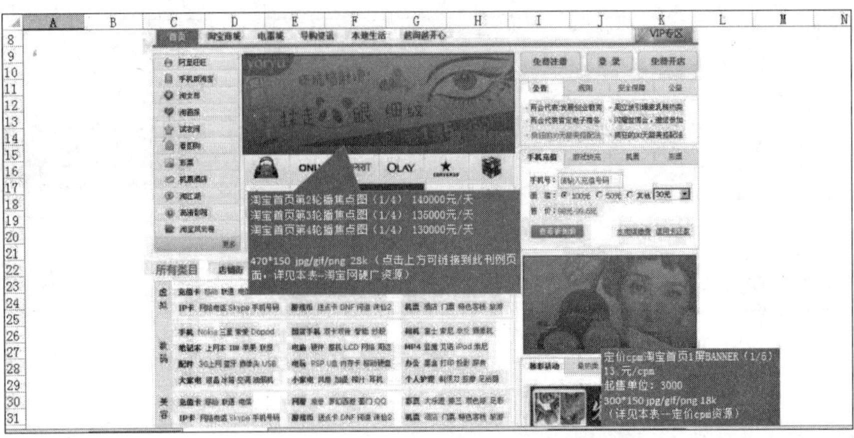

图10-165

04 买家在登录旺旺时都会弹出每日焦点图，可见其浏览量是非常大的，图10-166所示为焦点图中不同位置的详情及价格。买家在使用支付宝付款成功后，都会进入支付宝页面提示付款成功，在该页面的最下方也可以设置硬广，如图10-167所示。

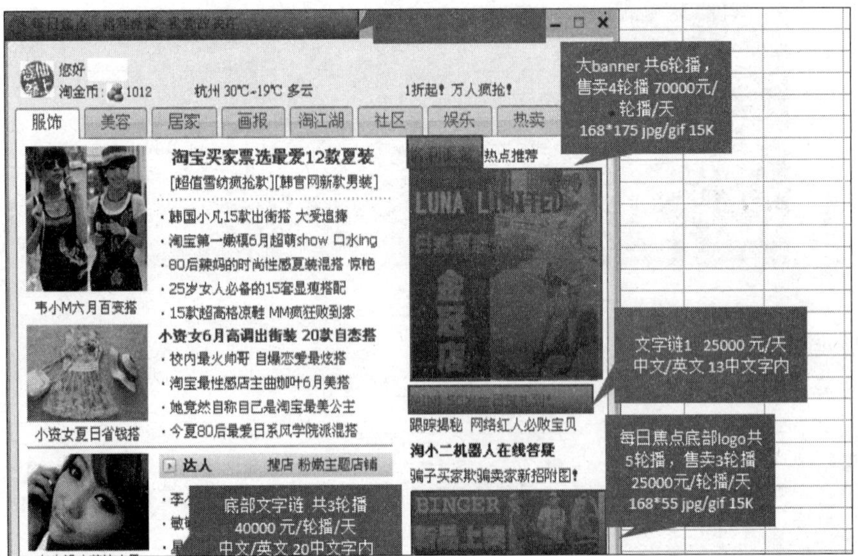

图10-166

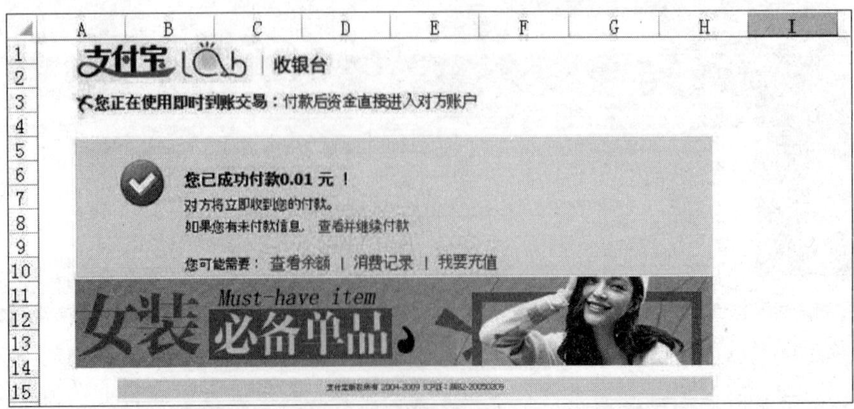

图10-167

对于一些有经济实力的天猫大客户而言，可以选择合适的硬广做推广，而且庞大的流量对于店铺来说也是一个大考验，大流量带来的必然是高咨询量、发货量，以及库存要求等，所以商家应当做到有备无患，有一个更好的服务团队，并且各个环节都要经得起考验。

小提示

每个广告位的具体价格都需要事先下载最新的广告价格单，通过谈判还可以拿到折扣价。

10.15 通过“橱窗推荐”做推广

橱窗推荐是指每位商家根据店铺实际经营情况，将店铺内最有竞争力的宝贝设置成橱窗推荐的一种方式。在淘宝搜索排序中，其他条件相同的情况下，橱窗推荐宝贝会获得优先展示机会。

每个商家根据销售情况可以获得不同数量的橱窗推荐位，根据天猫商家每月的销售金额，共分设7个层级，每个层级有不同的橱窗推荐位数量，具体见表10-2。

小提示

月销售金额是指上个自然月成交并且已成功的交易。

表10-2

月销售金额（M）	橱窗推荐位（个）
M<1.5万	60
1.5万=<M<10万	100
10万=<M<30万	200
30万=<M<100万	300
100万=<M<300万	500
300万=<M<500万	1000
M>=500万	2000

了解了橱窗推荐规则之后，下面介绍如何在天猫商铺中设置橱窗推荐。

01 进入天猫“我的工作台”后，在页面左侧的“宝贝管理”下单击“橱窗推荐”（如图10-168所示），打开橱窗推荐设置页面。

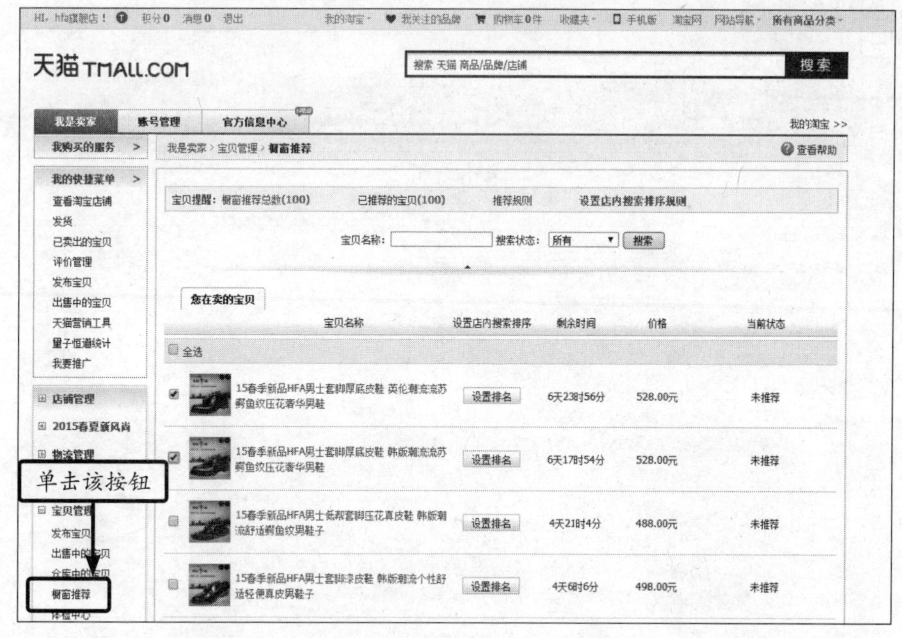

图10-168

02 勾选下方的“全选”复选框，单击“推荐”按钮（如图10-169所示），即可将所有宝贝添加至橱窗推荐。

图10-169

第3篇 微店

10年前错过淘宝的同学，今天还要错过微店吗？零成本，玩着手机就能赚钱，你不心动吗？本篇介绍了在两大主流平台“微盟”和“有赞”开通、管理微店的方法和技巧。

第11章　微信公众号注册与使用

随着“微信”的普及，大部分人的交际圈都转移到了该平台上，其中也不乏一些通过微信来做买卖的商家。

11.1　注册微信公众号

微信公众平台是腾讯公司在微信的基础上新增的功能模块，通过这一平台，个人和企业都可以打造一个微信公众号，可以群发文字、图片、语音、视频、图文消息五个类别的内容。

要想在微信上开店，首先要在微信公众平台上申请注册微信公众号。

微信公众号分为订阅号、服务号和企业号，个人只能注册微信订阅号，企业和组织可以注册微信服务号和企业号。注册服务号需要提供企业注册信息、税务号等；注册企业号需要提供企业信息、营业执照副本及手持证件等。而注册订阅号只需要提供身份证号和头像即可。

下面介绍如何注册微信订阅号，具体操作如下。

01 在浏览器中输入https://mp.weixin.qq.com，进入微信公众平台。单击右上角的“立即注册”链接（如图11-1所示），进入注册页面。

图11-1

02 在“1基本信息”页面中输入邮箱、密码、确认密码及验证码，并选中“我同意并遵守《微信公众平台服务协议》”复选框，如图11-2所示。

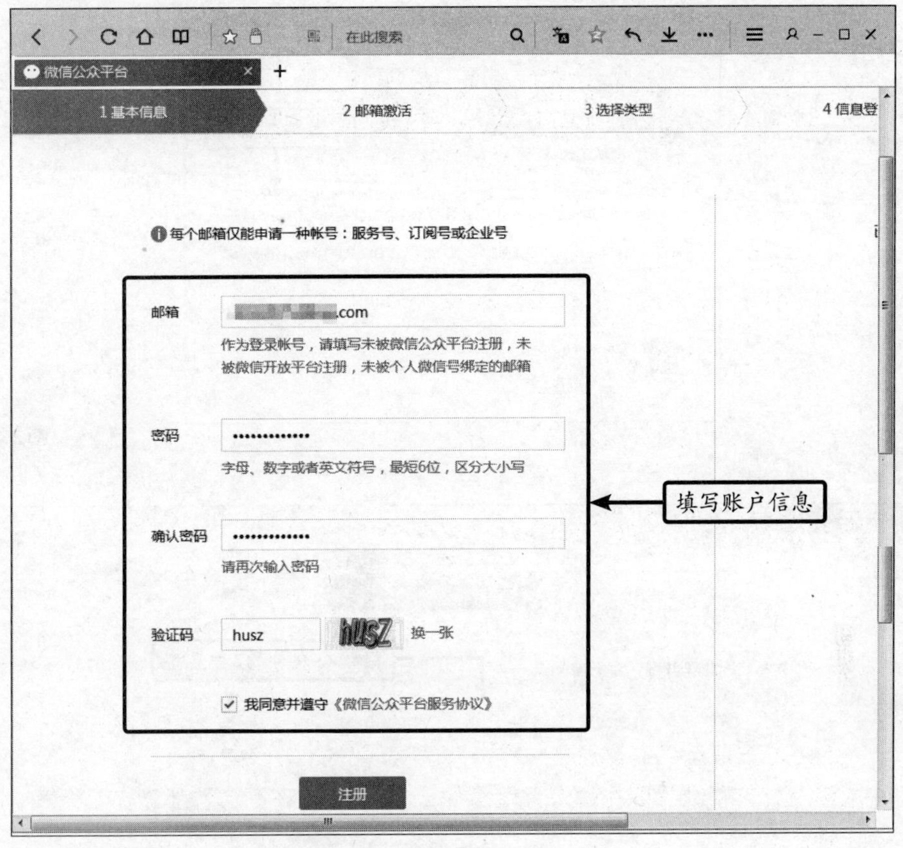

图11-2

03 单击“注册”按钮，进入“2邮箱激活”页面，如图11-3所示。

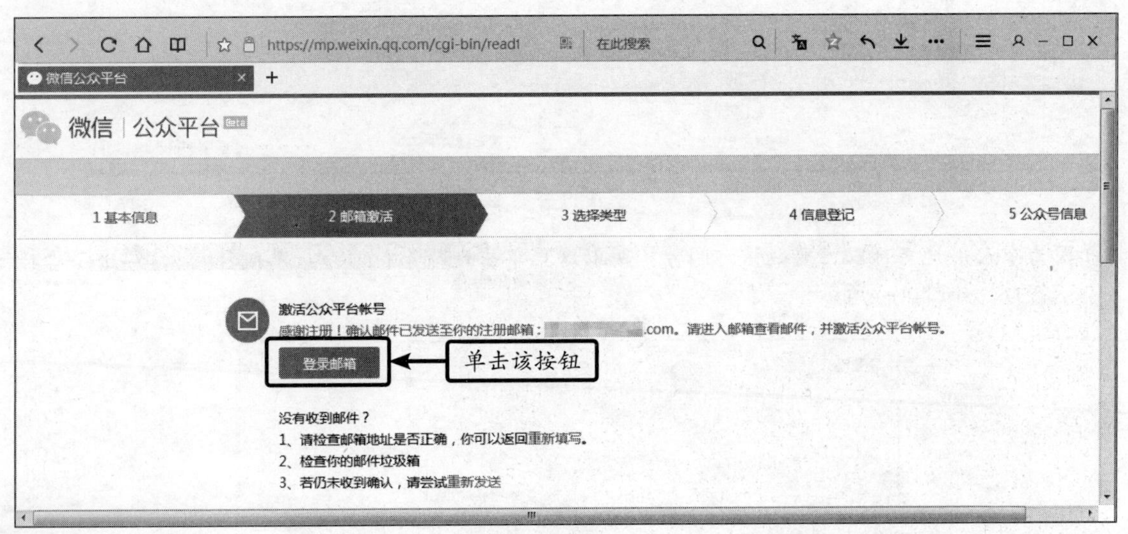

图11-3

04 单击“登录邮箱”按钮，系统自动跳转至注册邮箱中。在“收件箱”中可以看到微信公众平台发送的激活邮件，如图11-4所示。

05 根据要求单击激活链接进行激活，系统跳转至微信公众平台注册的“3选择类型”页面。在该页面中有3个类型可供选择，如图11-5所示。

图11-4

图11-5

06 因为个人用户只可以注册微信订阅号，所以这里单击选择第1个类型“订阅号”，弹出温馨提示窗口，如图11-6所示。

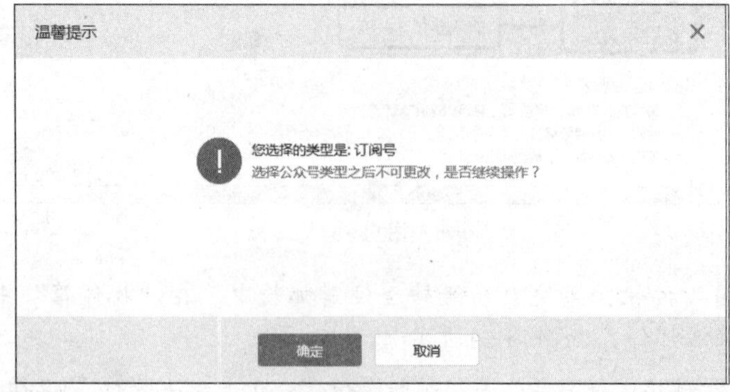

图11-6

07 单击“确定”按钮，进入“4信息登记”页面，选择主体类型“个人”，如图11-7所示。

https://mp.weixin.qq.com/cgi-bin/activ
在此搜索
微信公众平台
激活你的微信公众平台帐号 - QQ
微信公众平台
1 基本信息
2 邮箱激活
3 选择类型
4 信息登记
5 公众号信息
用户信息登记
微信公众平台致力于打造真实、合法、有效的品牌推广平台，我们有志与诚信守约、进取担当的第三方合作伙伴携手并进，建立和维护良性互动、健康有序的平台秩序。为了更好的保障你和广大微信用户的利益，请你认真填写以下登记信息。
用户信息登记审核通过后您可以：
1. 使用微信公众平台的所有功能；
2. 提高帐号可信任度；
3. 点击查看微信公众平台信息登记指引。
请确认你的微信公众账号属于政府、媒体、企业、其他组织或个人，并请按照对应的类别进行信息登记。
帐号类型
订阅号
主体类型
政府
媒体
企业
其他组织
个人
选择该主体类型
个人类型包括：由自然人注册和运营的公众帐号。暂不支持个人进行微信认证。

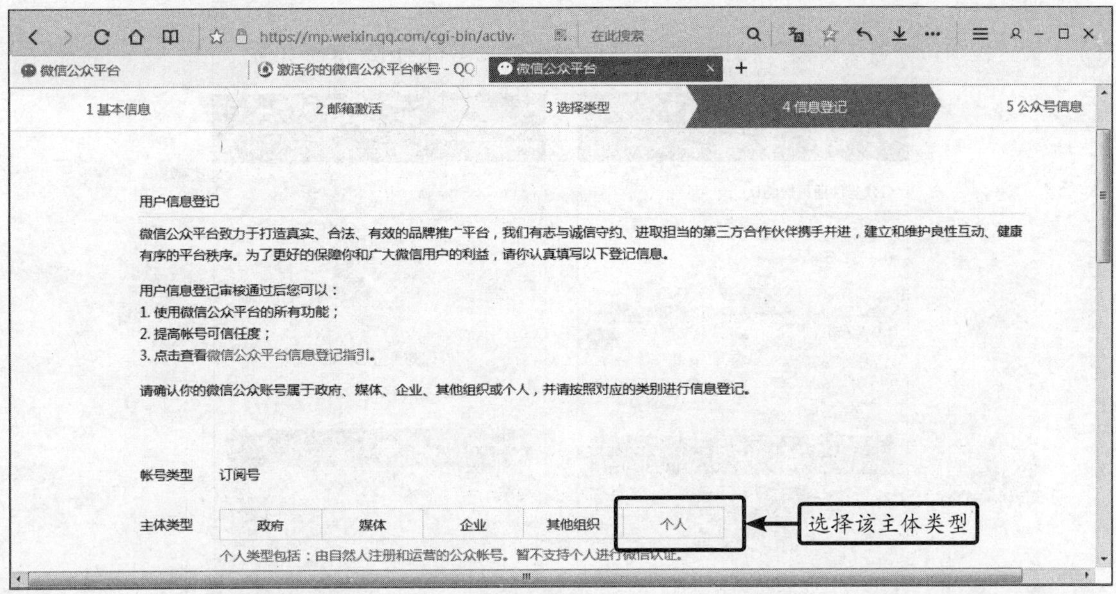

图11-7

08 此时，在其下方即可出现“主体信息登记”和“运营者信息登记”区域，输入身份证姓名、身份证号码、“运营者手机号码”及短信验证码，如图11-8所示。

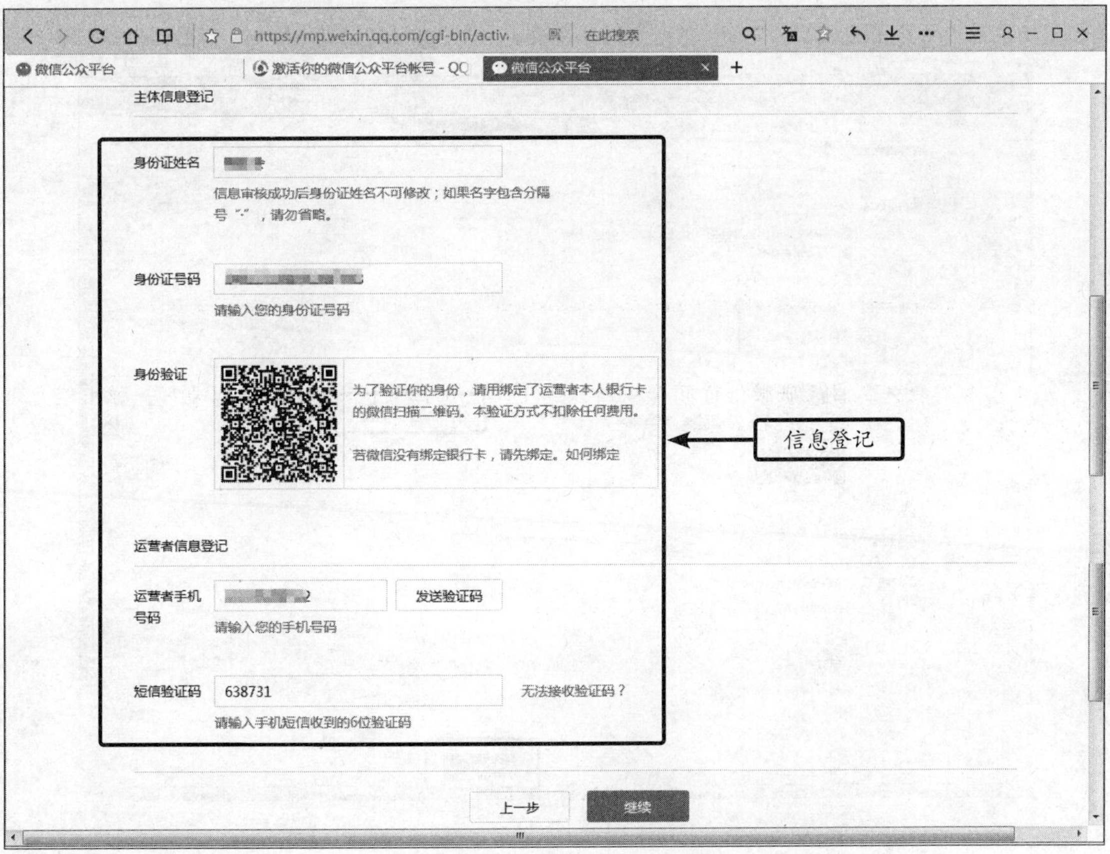

https://mp.weixin.qq.com/cgi-bin/activ
在此搜索
微信公众平台
激活你的微信公众平台帐号 - QQ
微信公众平台
主体信息登记
身份证姓名
信息审核成功后身份证姓名不可修改；如果名字包含分隔号“·”，请勿省略。
身份证号码
请输入您的身份证号码
身份验证
为了验证你的身份，请用绑定了运营者本人银行卡的微信扫描二维码。本验证方式不扣除任何费用。
若微信没有绑定银行卡，请先绑定。如何绑定
信息登记
运营者信息登记
运营者手机号码
发送验证码
请输入您的手机号码
短信验证码
638731
无法接收验证码？
请输入手机短信收到的6位验证码
上一步
继续

图11-8

09 用绑定了运营者本人银行卡的手机微信扫描图中的二维码，即可在手机中弹出图11-9所示的页面。

10 点击“我确认并遵从协议”按钮，即可在手机中弹出图11-10所示的页面。

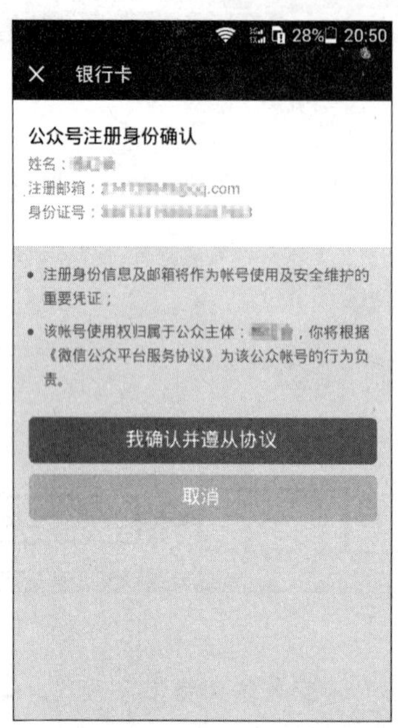

图11-9

图11-10

11 返回电脑中的“4信息登记”页面，即可看到身份验证成功，单击“继续”按钮，如图11-11所示。

图11-11

12 弹出如图11-12所示的提示窗口，单击“确定”按钮。

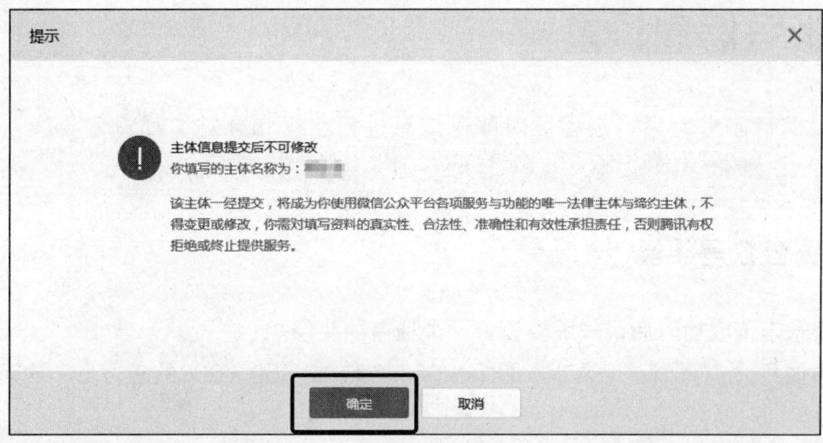

图11-12

13 进入“5公众号信息”页面，输入账号名称、功能介绍，并选择运营地区，如图11-13所示。

图11-13

14 输入完成后单击“完成”按钮，弹出“注册成功”窗口，即表示已经成功创建一个公众账号，如图11-14所示。

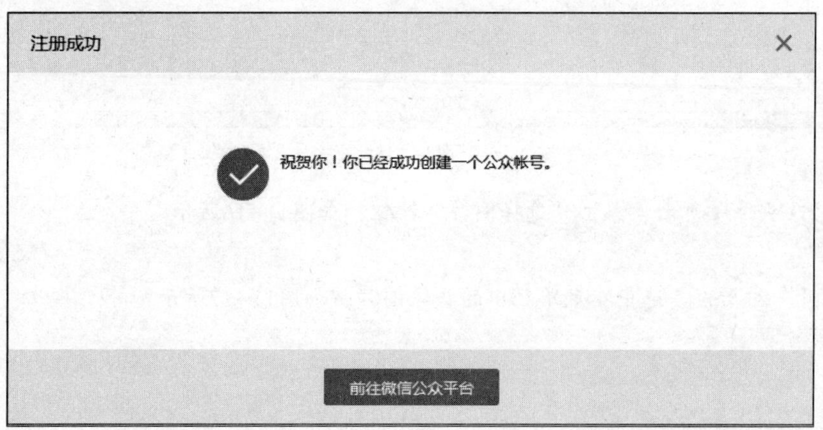

图11-14

11.2 账号信息设置

注册好微信订阅号之后，还需要对账号信息进行完善和补充，如设置头像、绑定微博账号等。

11.2.1 设置公众号头像

微信公众号申请成功以后，一般要设置一个独有的头像。

公众号头像尺寸、大小：无要求、最好 200×200 或 300×300的正方形，也可自行调整尺寸，宽和高相等即可。

公众号头像格式：图片只能以 BMP、JPEG、JPG、GIF 格式上传，大小在2MB以内。

在制作公众号头像时，最好使用能够突出企业或者个人微店LOGO或文字的图标，在不影响美观的前提下缩放控制在正方形内的“圆形”之中。这个比例既适合资料页面显示，也适合消息列表显示。

那么，如何设置公众号的头像呢，具体操作步骤如下。

01 成功创建公众账号后，系统自动跳转至“公众号设置”页面，单击“修改头像”链接，如图11-15所示。

图11-15

02 进入“1修改头像”页面，单击“选择图片”按钮，如图11-16所示。

03 弹出“打开”对话框。选中指定路径中的头像图片，如图11-17所示。

图11-16

图11-17

04 单击“打开”按钮，可预览到头像的效果，单击“下一步”按钮，如图11-18所示。

图11-18

05 进入“2确定修改”页面，如图11-19所示。

图11-19

06 单击“确定”按钮，即可成功修改头像，并返回“公众号设置”页面，如图11-20所示。

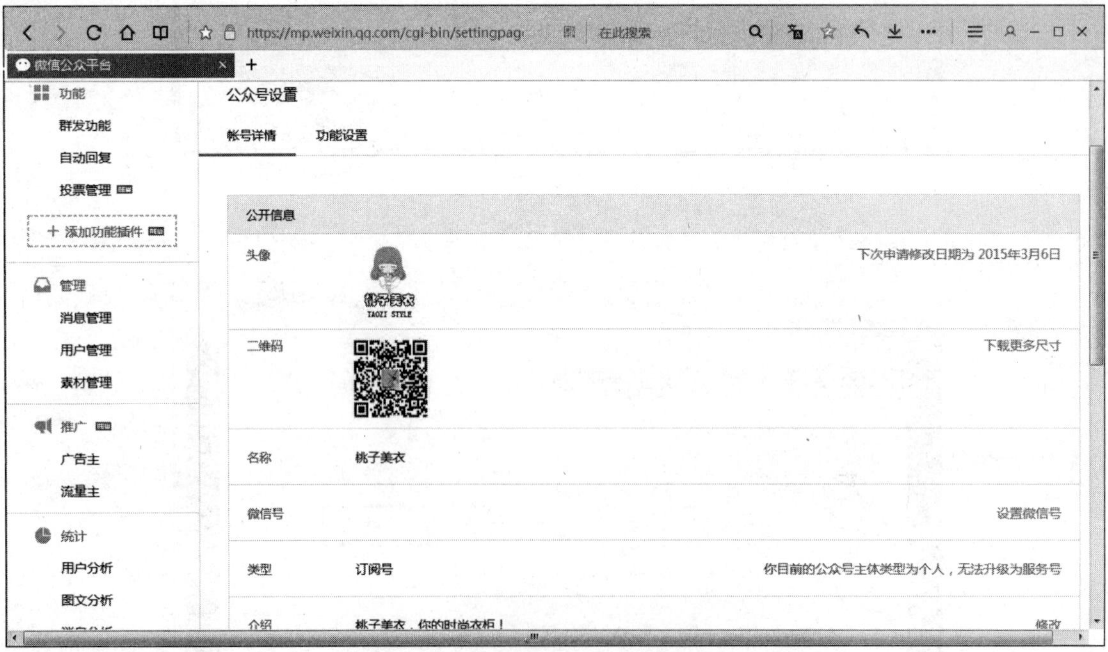

https://mp.weixin.qq.com/cgi-bin/settingpag
在此搜索
微信公众平台
功能
群发功能
自动回复
投票管理
+ 添加功能插件
管理
消息管理
用户管理
素材管理
推广
广告主
流量主
统计
用户分析
图文分析
公众号设置
帐号详情
功能设置
公开信息
头像
下次申请修改日期为 2015年3月6日
桃子美衣
TAOZI STYLE
二维码
下载更多尺寸
名称
桃子美衣
微信号
设置微信号
类型
订阅号
你目前的公众号主体类型为个人，无法升级为服务号
介绍
桃子美衣，你的时尚衣柜！
修改

图11-20

11.2.2 设置微信号

申请公众号之后，最好设置一个容易记住的ID，方便别人加自己的公众号。设置微信号的方法如下。

01 单击“设置微信号”链接，弹出“设置微信号”窗口，在文本框中输入微信号，如图11-21所示。

02 单击“确定”按钮，弹出警示信息，如图11-22所示。

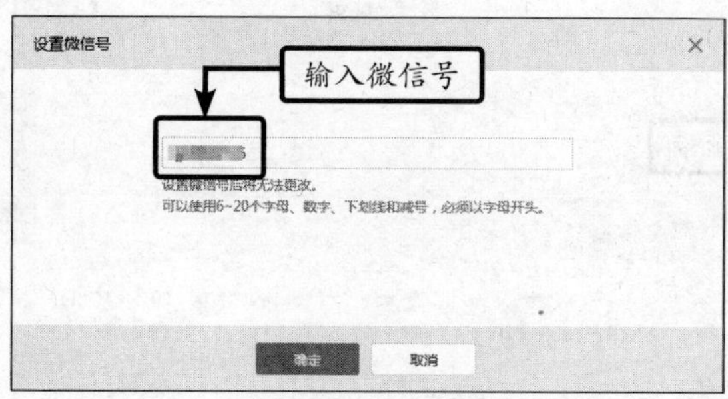

图11-21

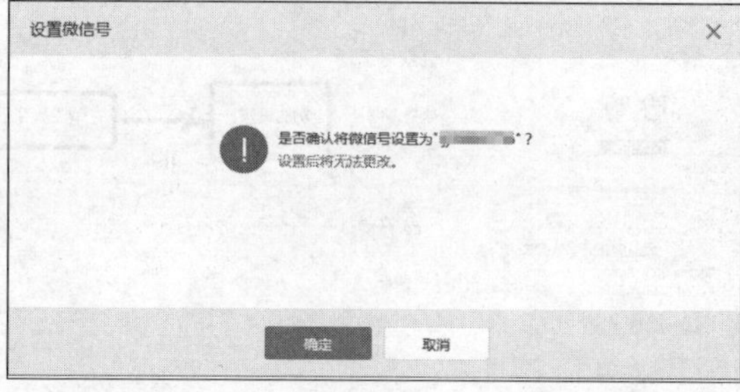

图11-22

03 单击“确定”按钮，完成微信号的设置，如图11-23所示。

图11-23

小提示

微信订阅号的头像每个月只能修改一次，所以选择头像的时候一定要慎重，上传以后不满意的话需要等到一个月之后才能修改。

微信号则只能设置一次，设置后无法更改。

11.2.3 绑定腾讯微博

绑定腾讯微博后，即可将群发的消息同步到腾讯微博。具体操作方法如下。

01 在“公众号设置”页面上方单击“功能设置”选项卡（如图11-24所示），进入“功能设置”页面。

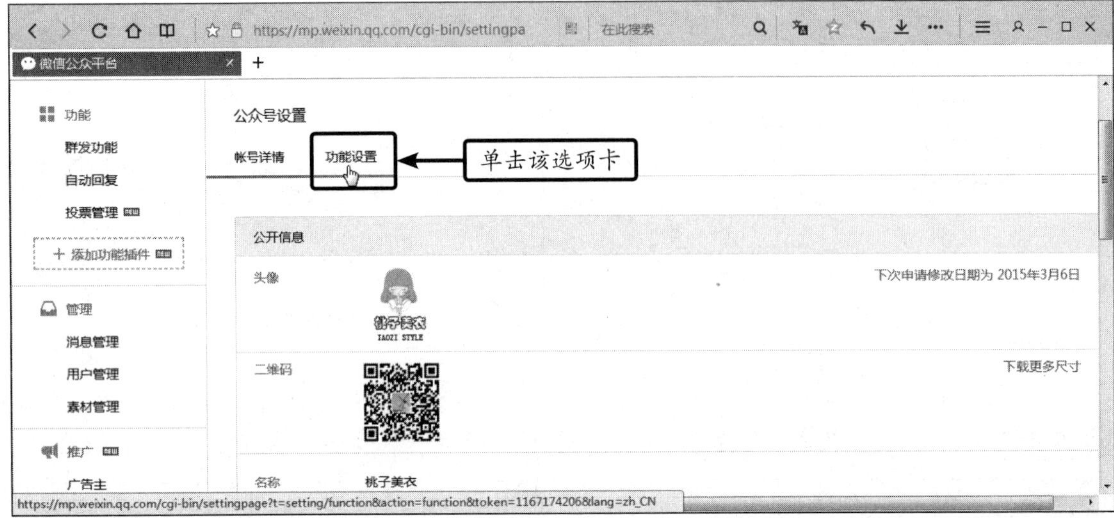

图11-24

02 单击“腾讯微博”后的“现在绑定”链接（如图11-25所示），系统自动跳转至“授权使用腾讯微博账号”页面。

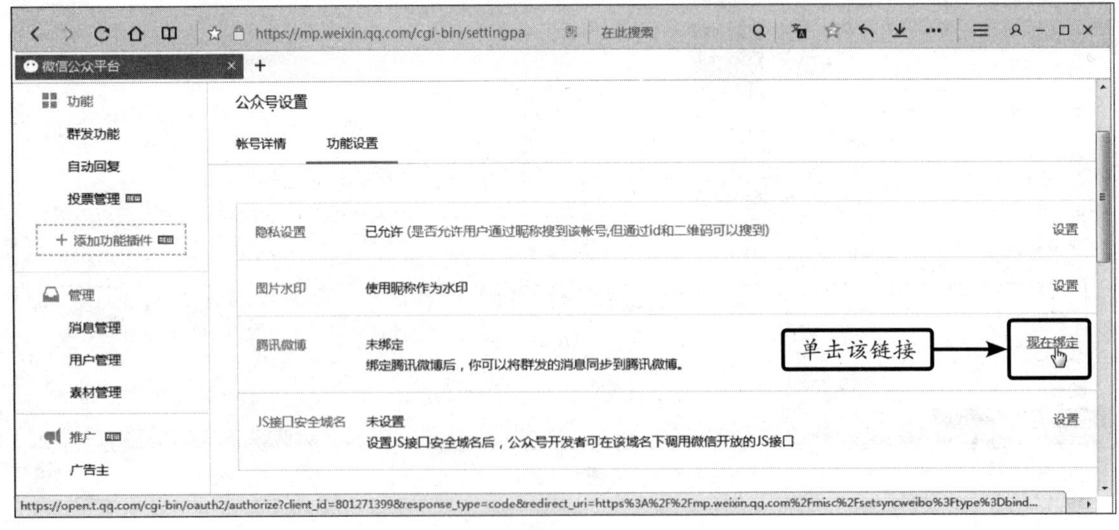

图11-25

03 在该页面中输入QQ号以及密码，如图11-26所示。

04 单击“登录”按钮，系统将自动绑定该QQ号已经开通的腾讯微博，如图11-27所示。

图11-26

图11-27

小提示

单击“解除绑定”链接，即可解除绑定该腾讯微博。

11.3 账号安全设置

11.3.1 绑定管理员微信号

管理员微信号，即是指公众号安全助手绑定的微信号，可设置风险操作保护、风险操作提醒等保护账号安全。一个公众号可绑定一个管理员微信号。一个管理员微信号可绑定并管理5个公众号。

具体操作方法如下：

01 在“微信公众平台”页面左侧栏中单击“安全中心”标签（如图11-28所示），进入“安全中心”页面。

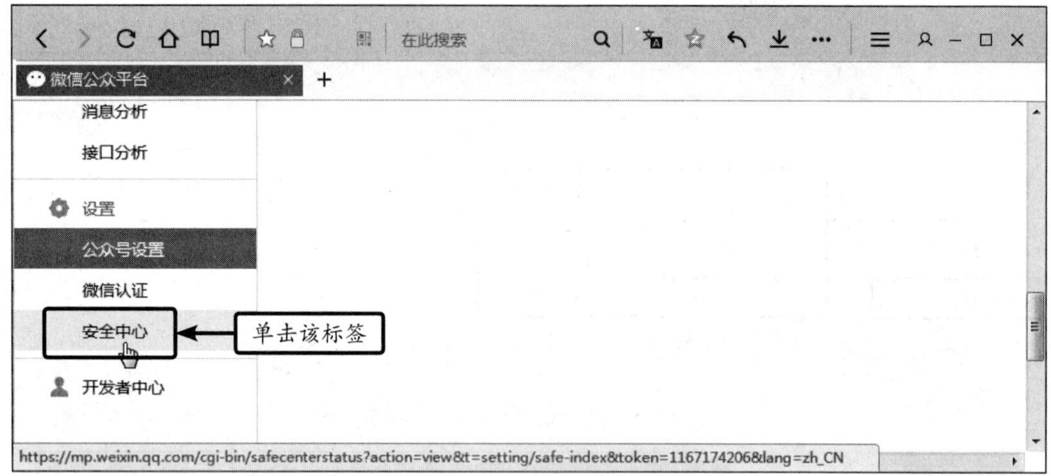

图11-28

02 单击“管理员微信号”后的“详情”链接（如图11-29所示），进入“管理员微信号”页面。

图11-29

03 单击“绑定管理员微信号”按钮（如图11-30所示），弹出“绑定公众号安全管理员”窗口，如图11-31所示。

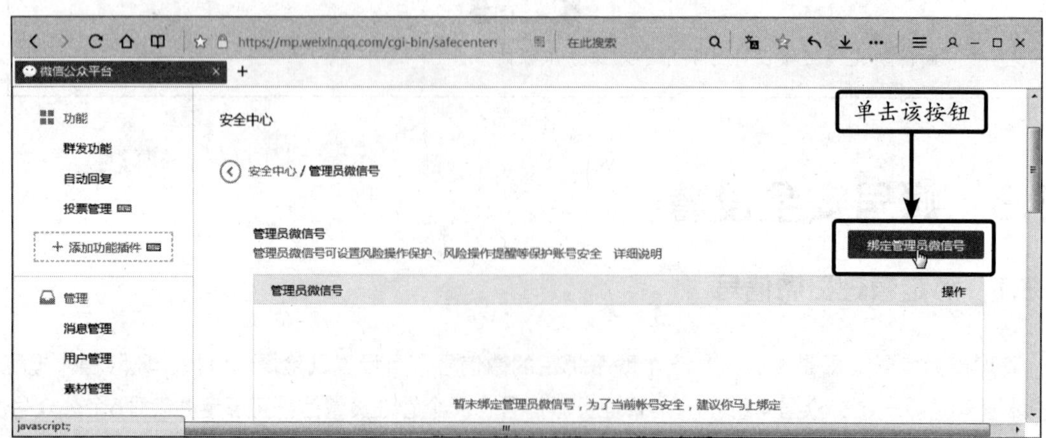

图11-30

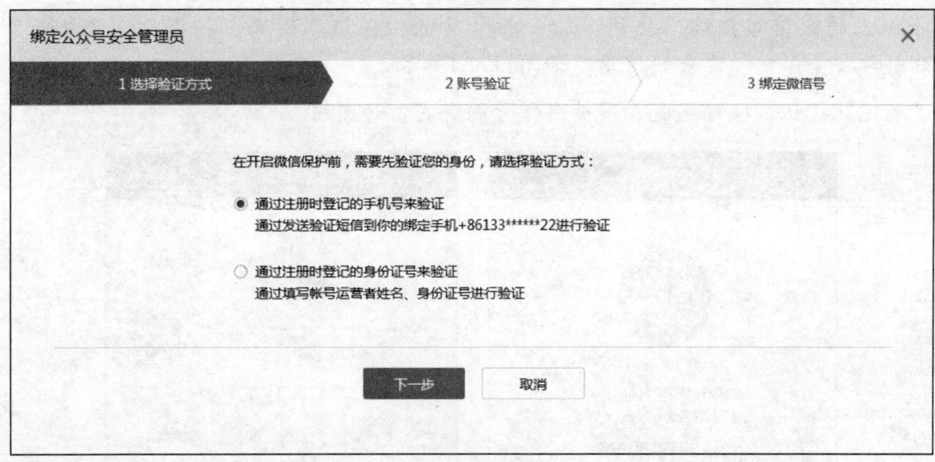

图11-31

04 单击“下一步”按钮，进入“2账号验证”页面。在“验证码”文本框中输入手机上收到的验证码，如图11-32所示。

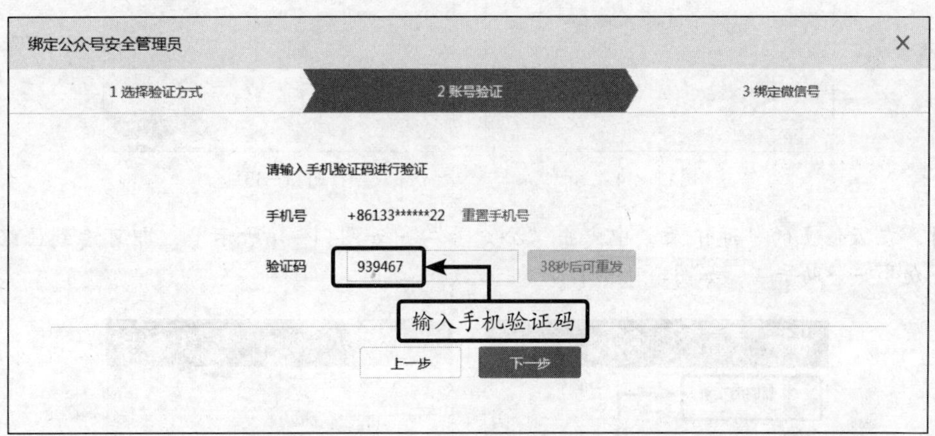

图11-32

05 单击“下一步”按钮，进入“3绑定微信号”页面。可以看到用来验证的二维码，如图11-33所示。

图11-33

06 打开手机上的微信客户端，使用“扫一扫”功能扫描该二维码。扫描后，手机微信会收到“公众平台安全保护”发来的信息，如图11-34所示。

07 点击“确定”按钮，即可完成管理员微信号的绑定，如图11-35所示。

图11-34

图11-35

08 此时，在微信上的“通讯录”中点击“公众号”（如图11-36所示），即可看到已经关注了“公众号安全助手”，如图11-37所示。

图11-36　　图11-37

09 在手机上确认之后，返回电脑页面中，可以看到已经绑定了管理员微信号，如图11-38所示。

图11-38

小提示

由于管理员微信号及运营者微信号都将被作为公众号风险操作的验证入口，请设置好管理员微信号，并加强对运营者微信号的保护及管理。

11.3.2 绑定运营者微信号

为了让多人管理公众号更方便与安全，每个公众号可由管理员添加绑定4个运营者微信号。运营者微信号可跳过管理员授权进行登录和群发操作。一个运营者微信号可绑定并管理5个公众号。

具体操作方法如下。

01 在图11-38中单击“绑定运营者微信号”按钮，弹出“绑定运营者微信号”窗口。输入需绑定的运营者微信号，如图11-39所示。

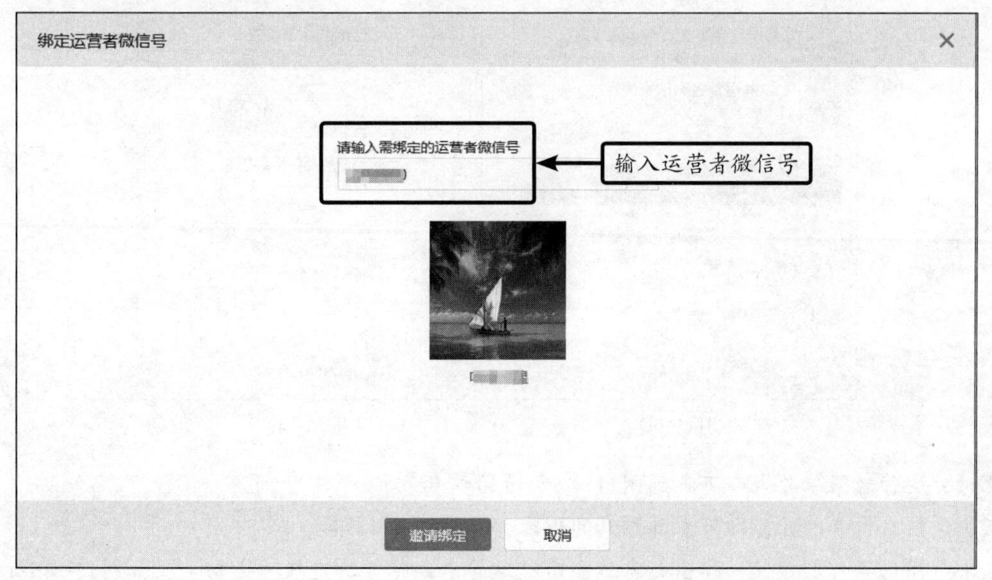

图11-39

02 单击“邀请绑定”按钮，弹出“微信验证”窗口，如图11-40所示。

图11-40

03 打开手机上的微信客户端，使用“扫一扫”功能扫描该二维码。扫描后，手机微信会收到“公众平台安全保护”发来的信息，如图11-41所示。

04 点击“确定”按钮，即可完成运营者微信号的绑定，如图11-42所示。

图11-41

图11-42

05 此时，运营者微信号上即可收到图11-43所示的信息。

06 点击该信息将其打开，即可看到信息的内容，如图11-44所示。

07 点击“同意操作”按钮，弹出新窗口显示“运营者微信号绑定操作成功”，如图11-45所示。

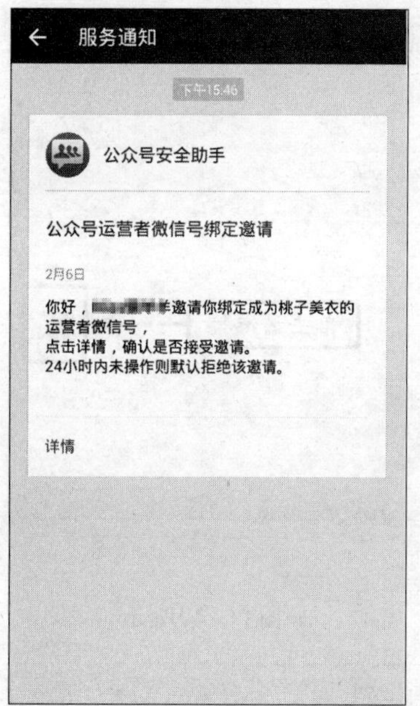

图11-43

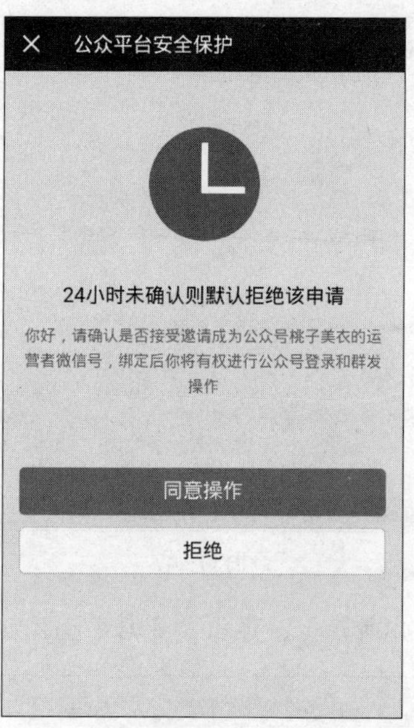

图11-44

图11-45

08 在手机上确认之后，返回电脑页面中，可以看到已经绑定了运营者微信号，如图11-46所示。

图11-46

小提示

绑定了运营者微信号之后，该微信号就将有权进行公众号的登录和群发操作。

单击“解除绑定”链接，即可解除该运营者微信号的绑定。

11.3.3 开启风险操作保护

为了使微信公众号的安全更加有保障，需要开启风险操作保护，具体操作方法如下。

01 返回“安全中心”页面，单击“风险操作保护”后的“详情”链接（如图11-47所示）进入“风险操作保护”页面。

图11-47

02 单击“开启”按钮（如图11-48所示），弹出“开启安全保护”窗口，如图11-49所示。

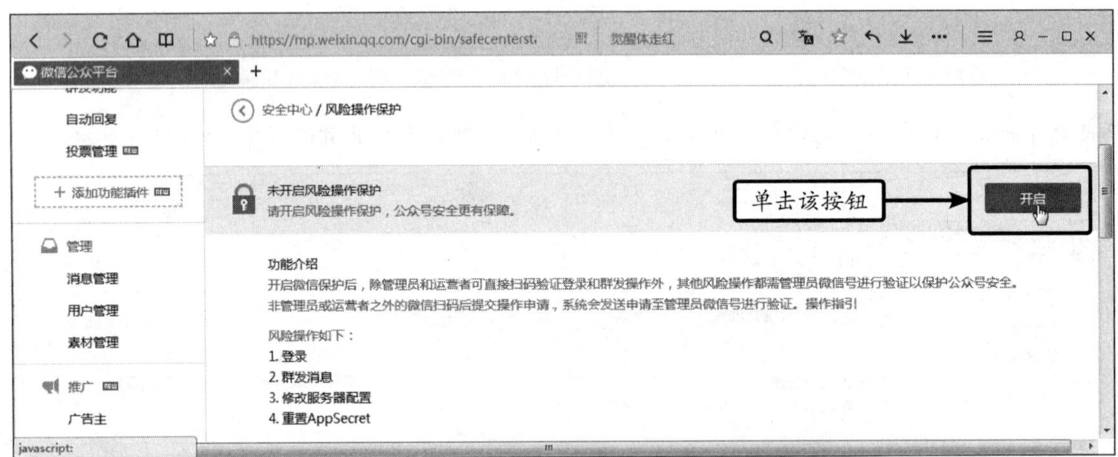

图11-48

图11-49

03 打开手机上的微信客户端，使用“扫一扫”功能扫描该二维码。扫描后，手机微信会收到“公众平台安全保护”发来的信息，如图11-50所示。

04 点击“确定”按钮，即可为微信公众号开启微信保护，如图11-51所示。

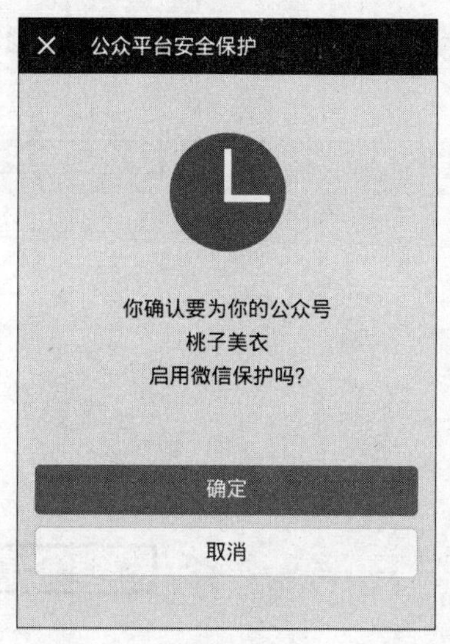

图11-50

图11-51

05 在手机上确认之后，返回电脑页面中，可以看到微信公众号已经开启了风险操作保护，如图11-52所示。

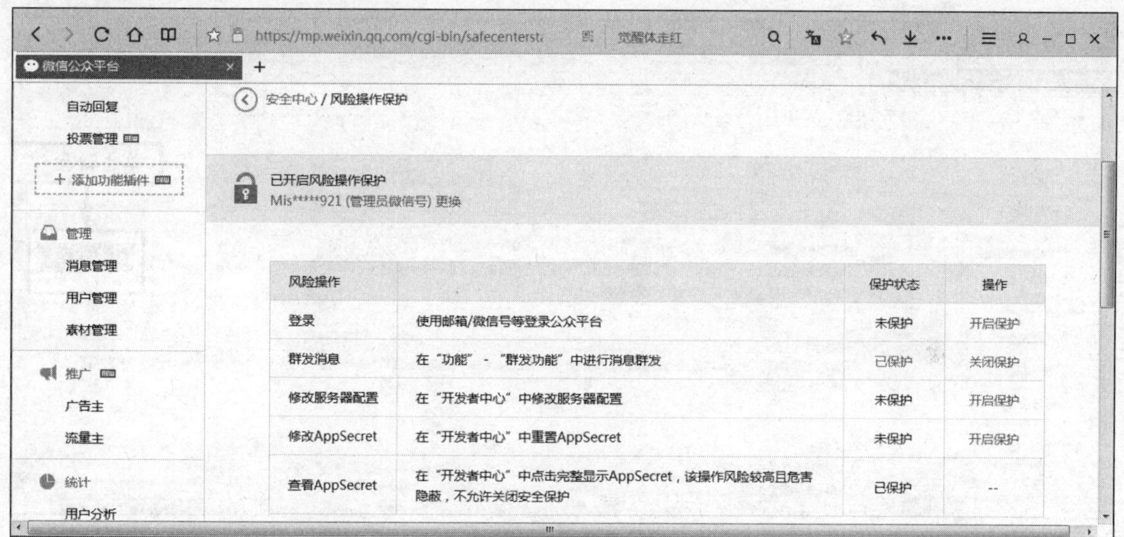

图11-52

小提示

开启微信保护后，除管理员和运营者可直接扫码验证登录和群发操作外，其他风险操作都需管理员微信号进行验证以保护公众号安全。

非管理员或运营者之外的微信扫码后提交操作申请，系统会发送申请至管理员微信号进行验证。

11.3.4 开启风险操作提醒

为了进一步提高微信公众号的安全性，用户还可以开启风险操作提醒。开通该提醒后，在公众号进行风险操作时，都将会提醒管理员（绑定的管理员微信号），保证公众号安全。

其中，风险操作包括登录、群发消息、修改服务器配置、重置AppSecret。

01 返回“安全中心”页面，单击“风险操作提醒”后的“详情”链接（如图11-53所示）进入“安全提醒”页面。

图11-53

02 单击“开启”按钮（如图11-54所示），弹出“开启安全提醒”窗口，如图11-55所示。

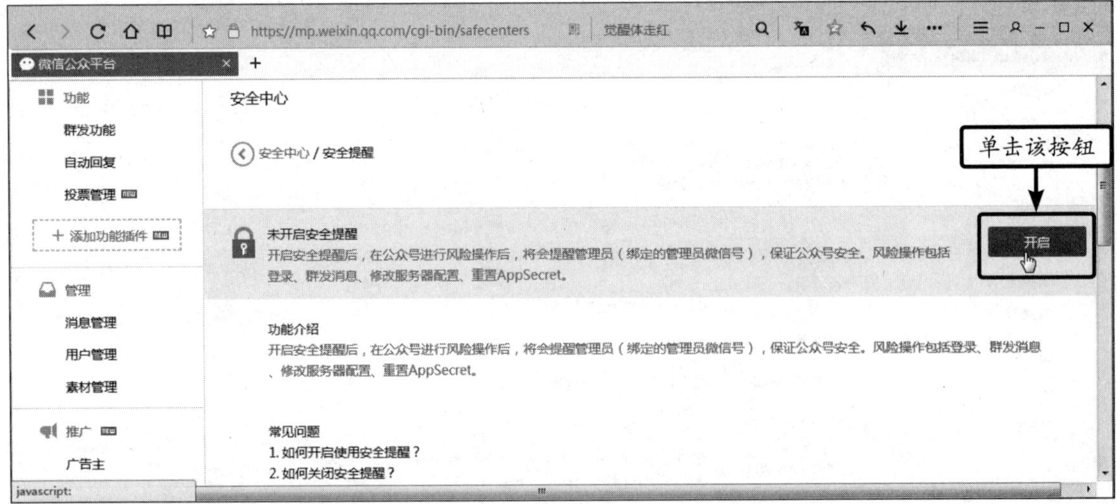

图11-54

图11-55

03 打开手机上的微信客户端，使用“扫一扫”功能扫描该二维码。扫描后，手机微信会收到“公众平台安全保护”发来的信息，如图11-56所示。

04 点击“确定”按钮，即可为微信公众号开启微信提醒，如图11-57所示。

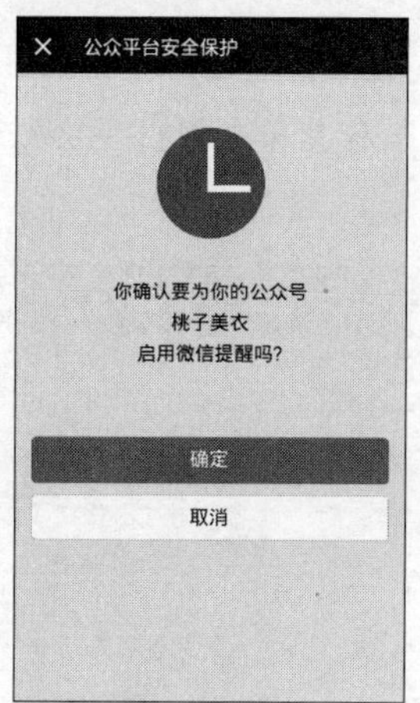

图11-56

图11-57

05 在手机上确认之后，返回电脑页面中，可以看到微信公众号已经开启了风险操作提醒，如图11-58所示。

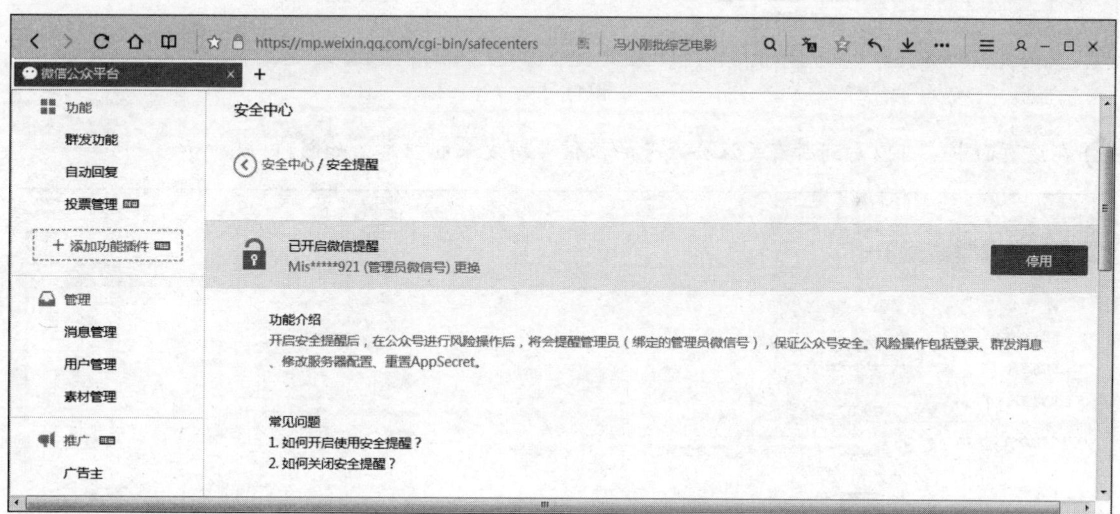

图11-58

小提示

单击“停用”按钮，即可关闭风险操作提醒。

11.4 信息管理

拥有了属于自己的微信公众号之后，可进行管理粉丝用户、管理消息、群发信息等常用的操作。

11.4.1 消息管理

用户可以对微信公众号中的文字、图片、语音、视频、图文等消息进行收藏、快捷回复等操作管理。具体操作步骤如下。

01 在“公众平台”页面左侧栏中单击“消息管理”标签（如图11-59所示），进入“消息管理”页面。

图11-59

02 在该页面中，可以看到所有关注公众号的微信号所发来的信息，如图11-60所示。

图11-60

03 单击“最近五天”下拉按钮，在其下拉列表中可以选择不同的选项，以查看指定时间段的信息，如图11-61所示。

04 单击消息后面的收藏消息按钮★，即可将其收藏为星标消息（此时★由灰色变为黄色），如图11-62所示。

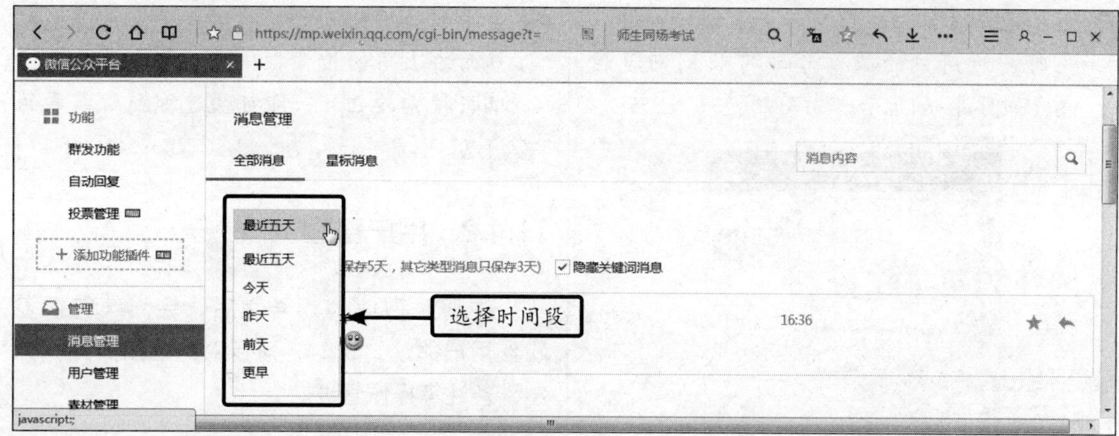

图11-61

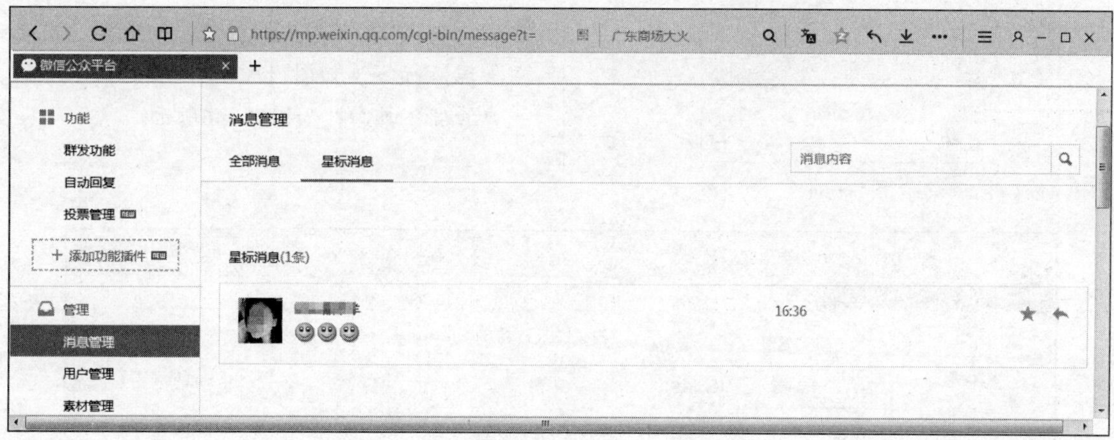

图11-62

05 单击消息后面的快捷回复按钮，即可在其下方显示出“快捷回复”文本框。输入需要回复的内容，如图11-63所示。

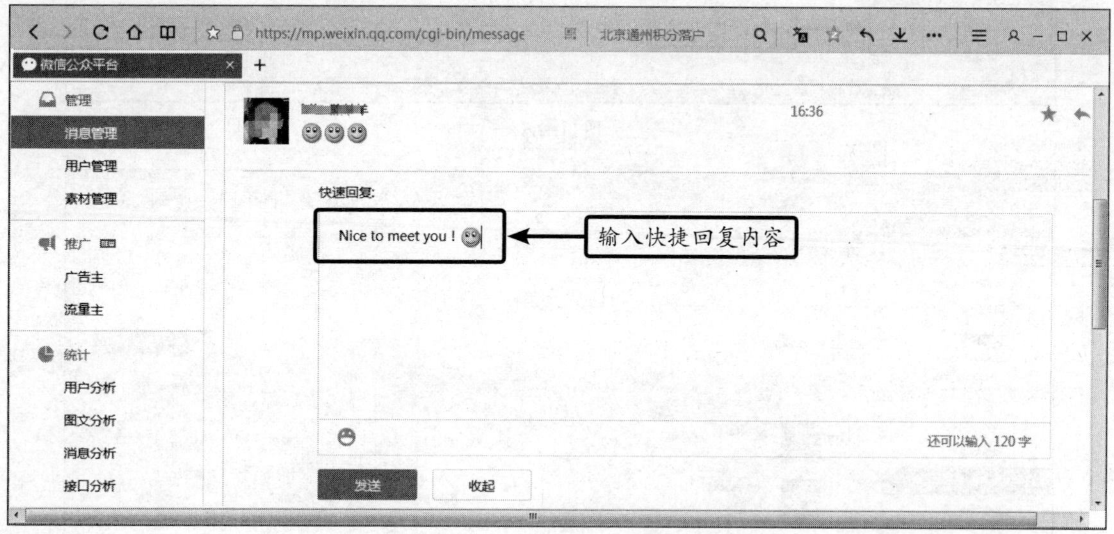

图11-63

06 单击“发送”按钮，即可完成快捷回复。此时，该用户的微信号即可收到回复信息，如图11-64所示。

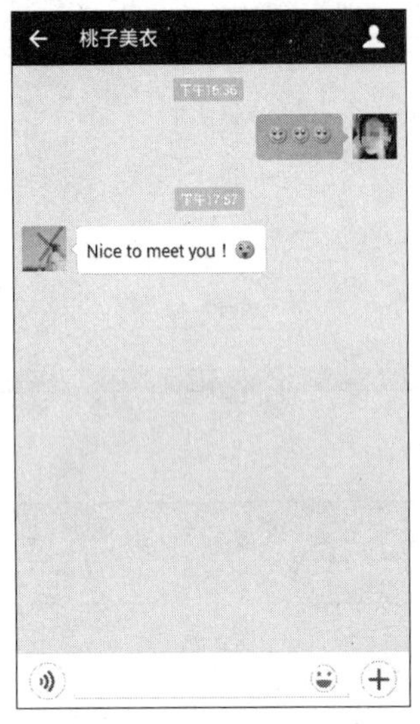

图11-64

07 当收到许多消息时，可以在“消息管理”页面右上角的搜索框中输入消息的内容，单击搜索按钮，即可快速搜到所需要的消息。

11.4.2 用户管理

注册了微信公众号之后，会陆续有很多粉丝用户关注，这时，可以对这些用户进行分组、备注等操作管理。

1. 新建分组

01 在“公众平台”页面左侧栏中单击“用户管理”标签（如图11-65所示），进入“用户管理”页面，如图11-66所示。

图11-65

图11-66

02 单击右上角的“新建分组”按钮，在弹出的窗口中输入分组的名称，如图11-67所示。

03 单击“确定”按钮，即可完成新建分组，如图11-68所示。

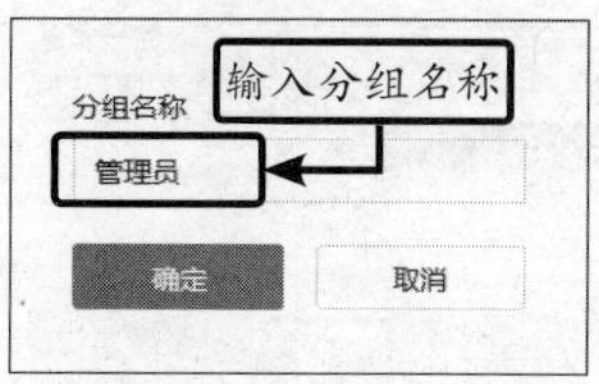

图11-67

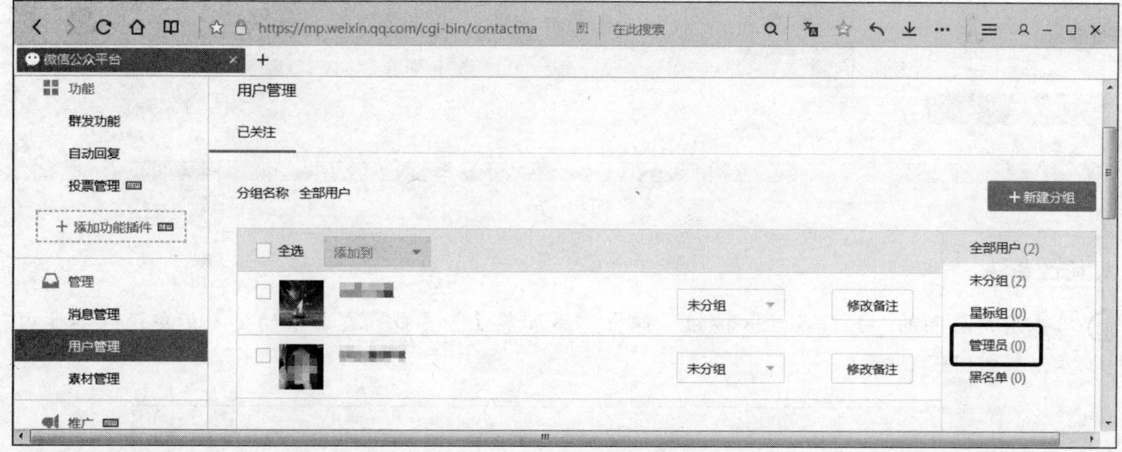

图11-68

2. 移动分组

01 单击用户后面的“未分组”下拉按钮，在其下拉列表中选择新建的分组，如图11-69所示。

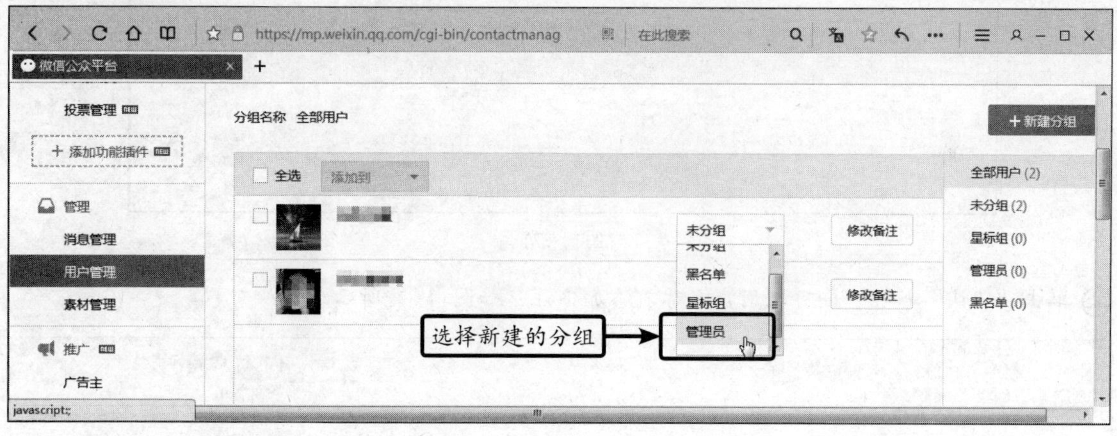

图11-69

小提示

用户隶属的分组可以随时更换。若将用户移至“黑名单”分组中，则取消该用户的关注，将无法收到和发出消息。

另外，单击用户上方的“重命名”和“删除”链接，分别可以重命名分组名称以及删除分组。

02 此时，即可将该用户添加至新建的分组中，如图11-70所示。

图11-70

3. 修改备注

01 单击用户后面的“修改备注”按钮，弹出“添加备注”窗口，在其中的文本框中输入备注内容，如图11-71所示。

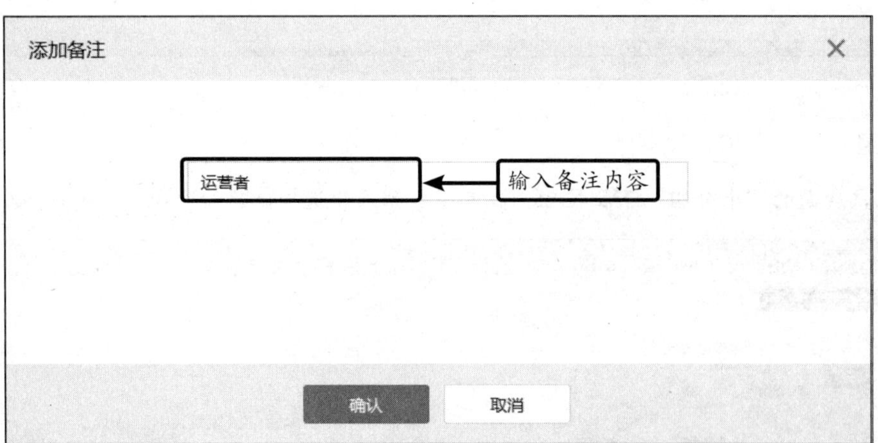

图11-71

02 单击“确认”按钮，即可在用户名称前添加备注，如图11-72所示。

图11-72

11.4.3 素材管理

素材管理，就是在公众平台发布图文、语音、视频等消息并对其进行管理。

1. 新建图文消息

01 在“微信公众平台”页面左侧栏中单击“素材管理”标签（如图11-73所示），进入“素材管理”页面，如图11-74所示。

图11-73

图11-74

02 将鼠标指针指向“图文消息列表”下方编辑框，则显示出“单图文消息”和“多图文消息”两个选项，选择其中的“单图文消息”选项（如图11-75所示），进入“新建图文消息”页面。

03 输入标题，单击“上传”按钮（如图11-76所示），弹出“打开”对话框。

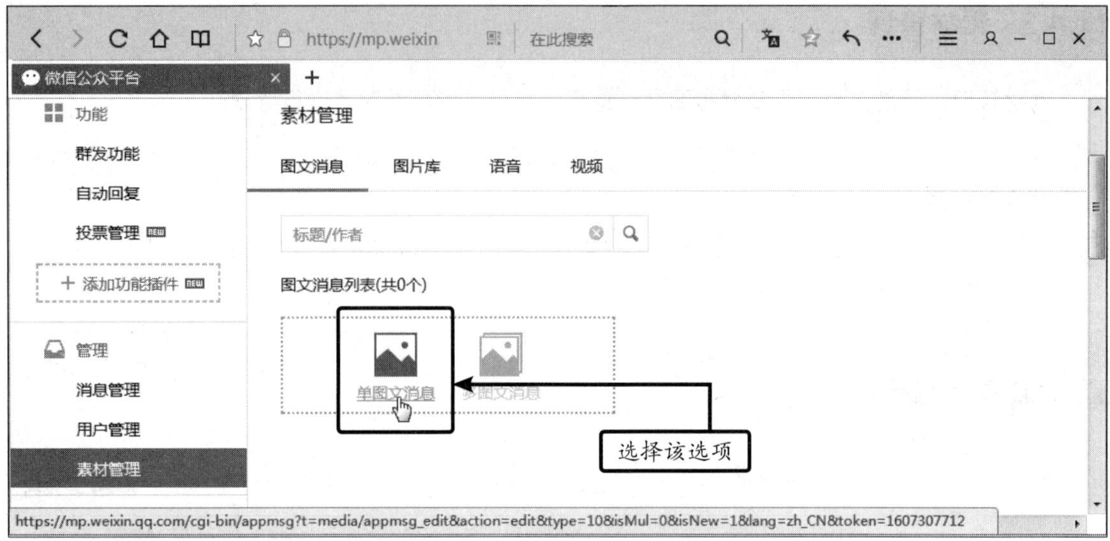

图11–75

图11–76

04 在指定路径中选择封面图片素材，如图11–77所示。

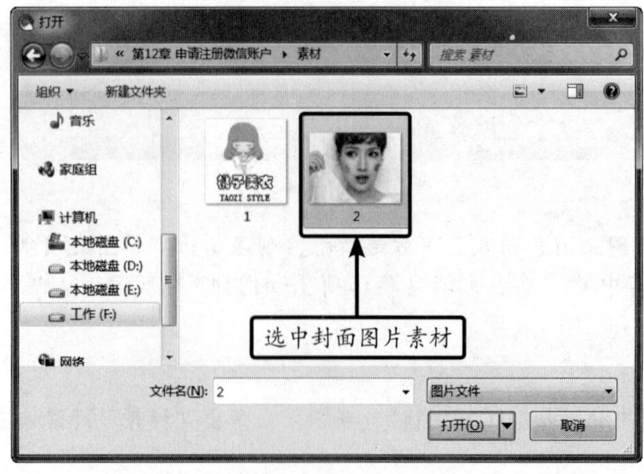

图11–77

05 单击“打开”按钮，即可将图片上传为封面图片，如图11-78所示。

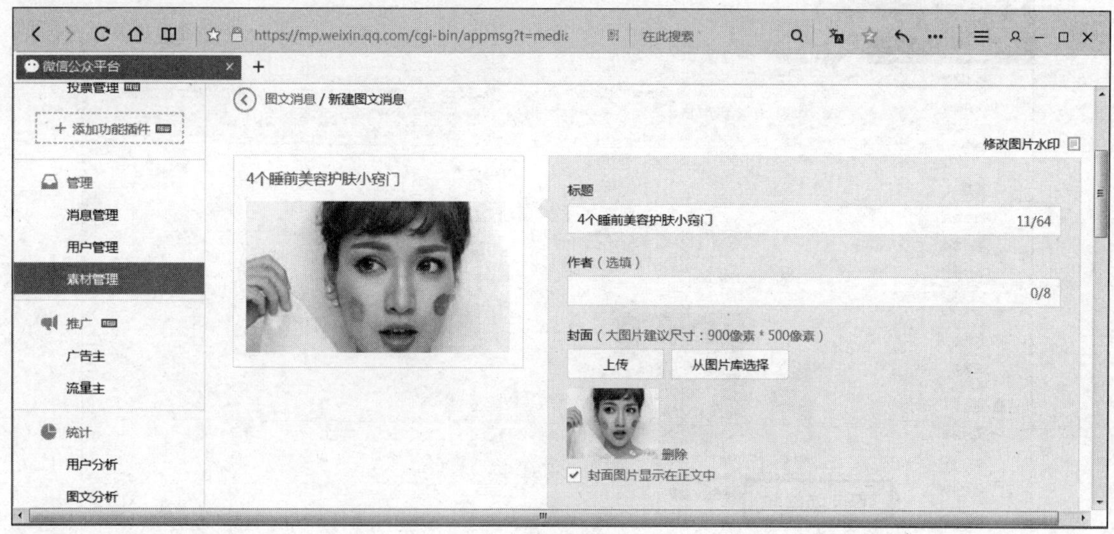

图11-78

06 接下来输入正文和原文链接，如图11-79所示。

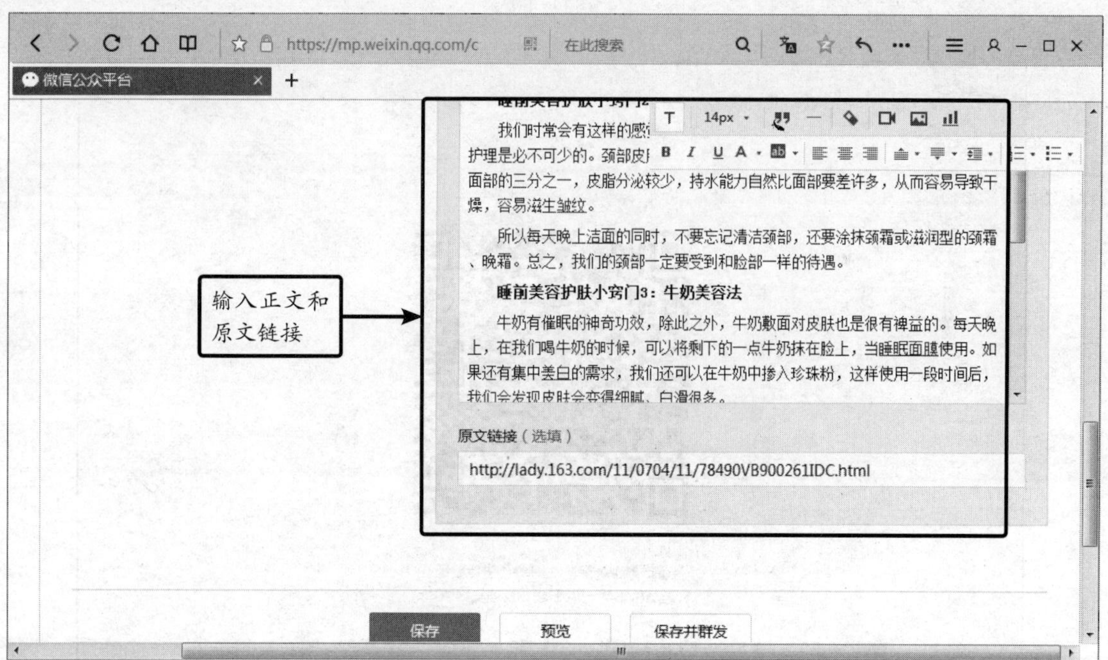

图11-79

2. 群发消息

01 单击“保存并群发”按钮，进入“群发功能”页面，单击“群发”按钮，如图11-80所示。

02 弹出“微信验证”窗口，如图11-81所示。

图11-80

图11-81

03 打开手机上的微信客户端，使用“扫一扫”功能扫描该二维码。扫描后，手机微信会收到“公众平台安全保护”发来的信息，如图11-82所示。

04 点击“确定”按钮，即可完成图文消息的群发，如图11-83所示。

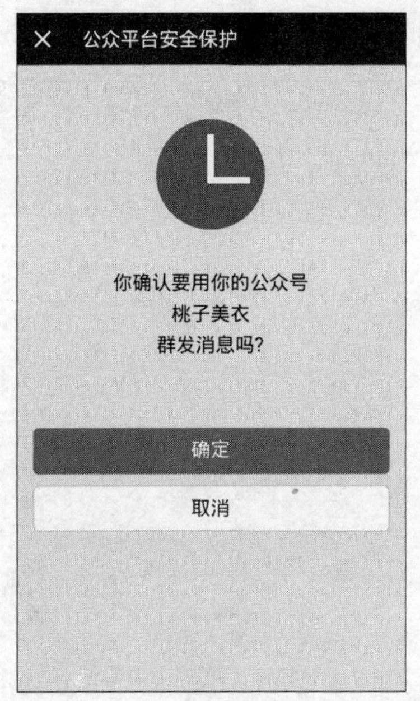

图11-82

图11-83

05 此时，关注该微信公众号的所有用户都将收到刚刚创建的图文消息，如图11-84所示。

06 点击该信息将其打开，即可看到信息的内容，如图11-85所示。

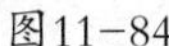
图11-84

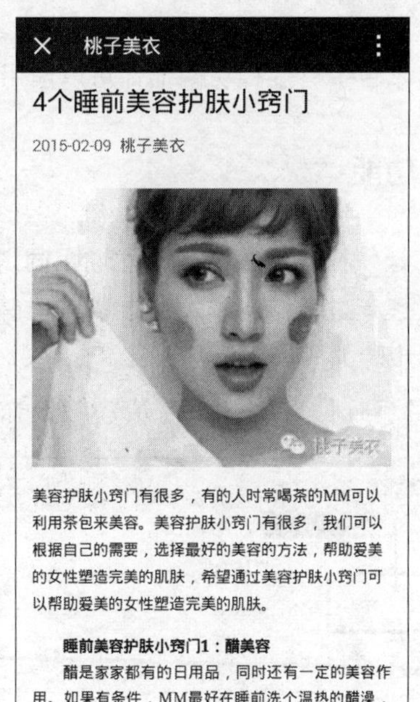

图11-85

小提示

单击消息下方的编辑按钮或删除按钮，可分别对其进行修改和删除。

在图文消息上方的搜索框中输入消息的标题或者作者，然后单击搜索按钮，即可快速找到所需要的信息。

07 在手机上确认之后，返回电脑页面中，可以看到创建的图文消息，如图11-86所示。

图11-86

11.5 功能使用

在微信公众平台中有多种功能插件可以使用，如群发功能、自动回复等。

11.5.1 群发功能

群发功能，是快捷地向多个用户发送相同消息的功能。利用该功能，可以定期向用户发送通知、促销消息，逢年过节给用户发送温馨问候等。还可以通过精准定位，给特定分组的用户发送消息。具体操作步骤如下。

01 在"公众平台"页面左侧栏中单击"群发功能"标签（如图11-87所示），进入"群发功能"页面。

图11-87

02 在该页面中设置"群发对象"为"按分组选择""管理员"；"性别"为"全部"。在文本框中输入要发送的消息，如图11-88所示。

图11-88

03 单击“群发”按钮，弹出“微信验证”窗口，如图11-89所示。

04 打开手机上的微信客户端，使用“扫一扫”功能扫描该二维码。扫描后，手机微信会收到“公众平台安全保护”发来的信息，如图11-90所示。

05 点击“确定”按钮，即可完成消息的群发，如图11-91所示。

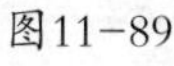

图11-89

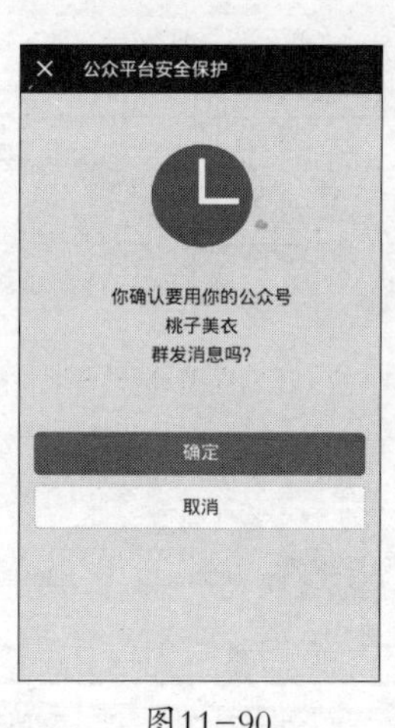

图11-90

图11-91

06 此时，“管理员”分组中的所有用户都将收到刚刚创建的消息。

小提示

注册微信订阅号的用户，每天只能群发一条消息。

为保障用户体验，微信公众平台严禁恶意营销以及诱导分享朋友圈，严禁发布色情低俗、暴力血腥、政治谣言等各类违反法律法规及相关政策规定的信息。一旦发现，将会受到严厉的打击和处理。

11.5.2 自动回复

自动回复，是快捷地向用户的指定操作发送相应的内容回复。如被添加自动回复、消息自动回复、关键词自动回复。

1. 被添加自动回复

01 在“公众平台”页面左侧栏中单击“自动回复”标签（如图11-92所示），进入“自动回复”页面。

02 在“被添加自动回复”下的文本框中输入自动回复的内容，如图11-93所示。

03 单击“保存”按钮，即可创建被添加自动回复的内容。即表示当有用户添加该微信公众号时，会自动回复该消息内容。

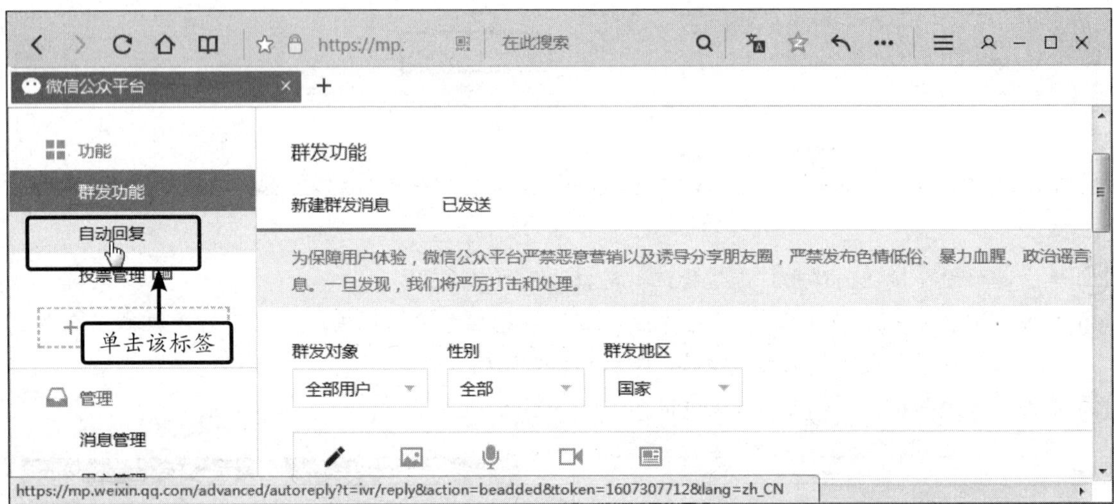

图11-92

图11-93

小提示

单击页面右上角的“停用”按钮，可关闭自动回复功能。

2. 消息自动回复

01 在“自动回复”页面单击“消息自动回复”标签，在该标签下方的文本框中输入自动回复的内容，如图11-94所示。

02 单击“保存”按钮，即可创建消息自动回复的内容。即表示当有用户向该微信公众号发送消息时，会进行自动回复。

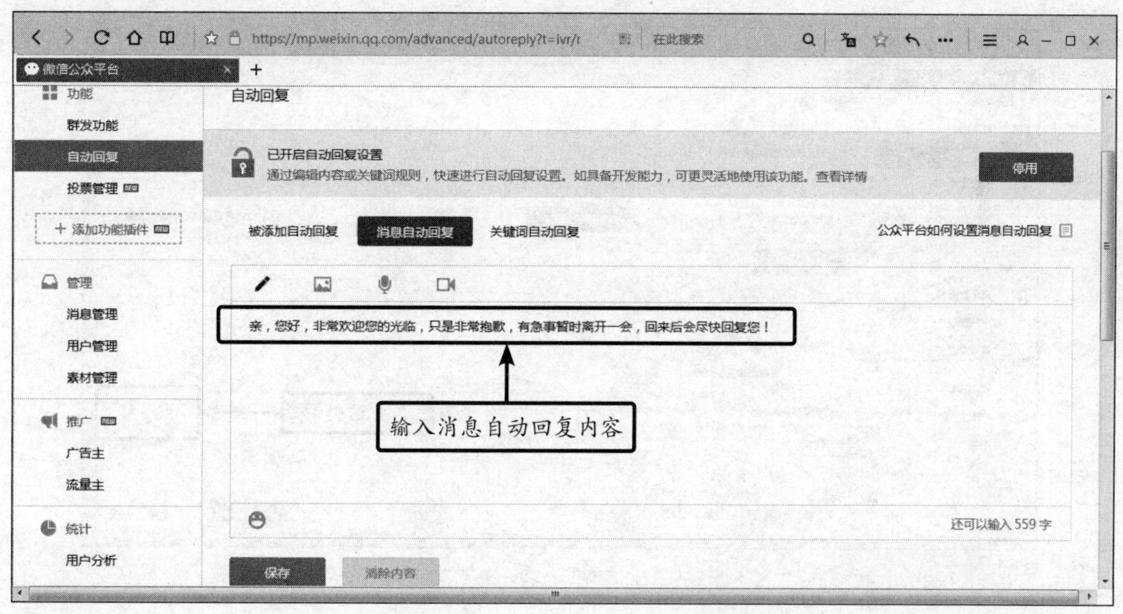

图11-94

3. 关键词自动回复

关键词自动回复，是指当用户向你的微信公众平台发送的内容中有你设置的关键词时，会自动向用户回复设置好的回复内容。

自动回复设置规则上限为200条规则（每条规则名，最多可设置60个汉字），每条规则内最多设置10条关键字（每条关键字，最多可设置30个汉字）、5条回复（每条回复，最多可设置300个汉字）。

01 在“自动回复”页面单击“关键词自动回复”标签，在该标签下方单击“添加规则”按钮（如图11-95所示），在其下方显示出“新规则”区域。

02 输入规则名，单击“添加关键字”链接（如图11-96所示），弹出“添加关键字”窗口。

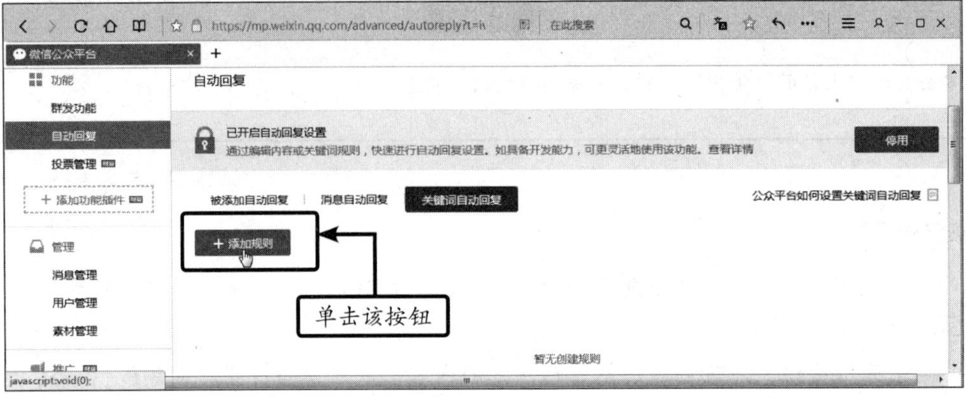

图11-95

图11-96

03 在窗口中的文本框中输入关键字，按“Enter”键即可添加，依次添加多条关键字（每条关键字少于30个汉字），如图11-97所示。

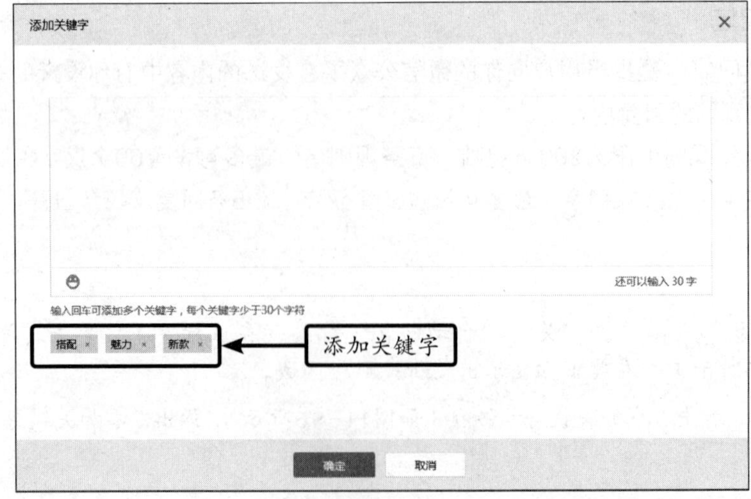

图11-97

04 单击"确定"按钮返回"自动回复"页面，即可看到添加的关键字，单击文字按钮✏，如图11-98所示。

图11-98

05 弹出"添加回复文字"窗口。在文本框中输入关键字自动回复的文字内容，如图11-99所示。

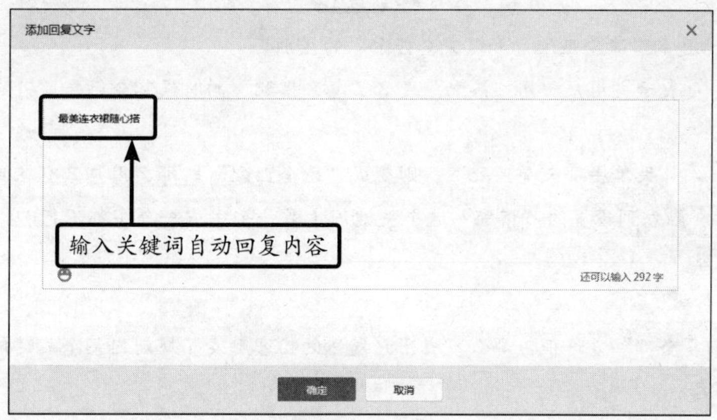

图11-99

06 单击"确定"按钮返回"自动回复"页面，即可看到添加的关键字自动回复内容，如图11-100所示。

图11-100

07 单击“保存”按钮，即可设置好自动回复的内容。

08 按上述操作继续添加自动回复内容，如图11-101所示。

图11-101

小提示

（1）关键词右边的“未全匹配”和“完全匹配”的区别。

“未全匹配”：表示当用户回复“搭配”或者“怎么搭配”的时候都会触发“搭配”这个关键词，然后自动回复。

“已全匹配”：如果单击“未全匹配”，则变成“已全匹配”。那么用户只有在回复“搭配”这个关键词的时候，才会触发到设置的“搭配”这个关键词（多一个字少一个字都不行），此时平台才会自动回复所设置的内容。

（2）“回复全部”。

如果选中“回复全部”复选框，那么，当用户发送的内容触发了规则内某个关键词的时候，就会全部回复规则内的内容。

如果不选中该复选框，则随机回复关键词设置的回复内容（如果设置了多条回复内容）。

09 单击“保存”按钮，即可设置好关键字及自动回复的内容，如图11-102所示。

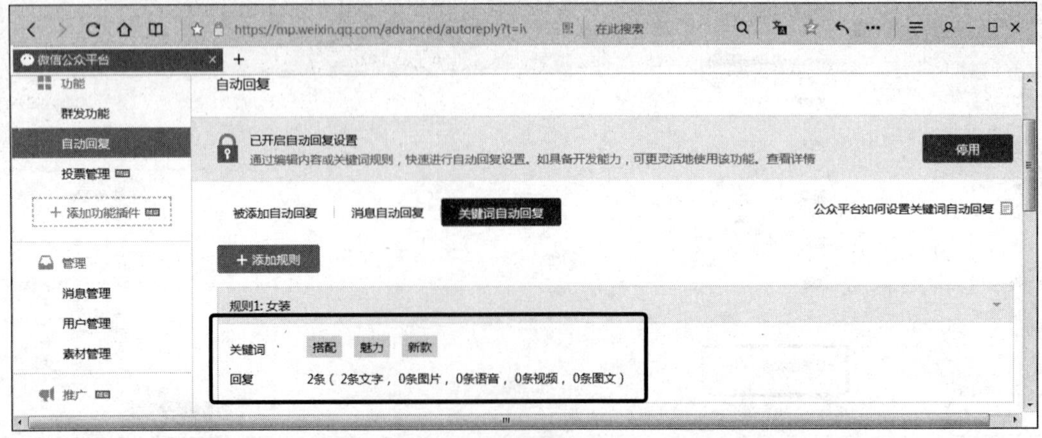

图11-102

第12章 开通“微盟”微店

微信订阅号暂时不支持开通微信支付功能，同时微信订阅号也不能在微信官方的微信小店平台开通微店。因此，在腾讯推出公众微信平台后，就陆续有了许多平台可以依托已开通的微信订阅号开店，例如微盟、微订、微商城、微生意宝等。

12.1 注册微盟平台账号

要通过微盟平台开通微信店铺，首先要在该平台上注册一个账号。具体操作如下。

01 在浏览器中输入http://www.weimob.com/，进入微盟平台。单击右上角的“注册”按钮（如图12-1所示），进入注册页面。

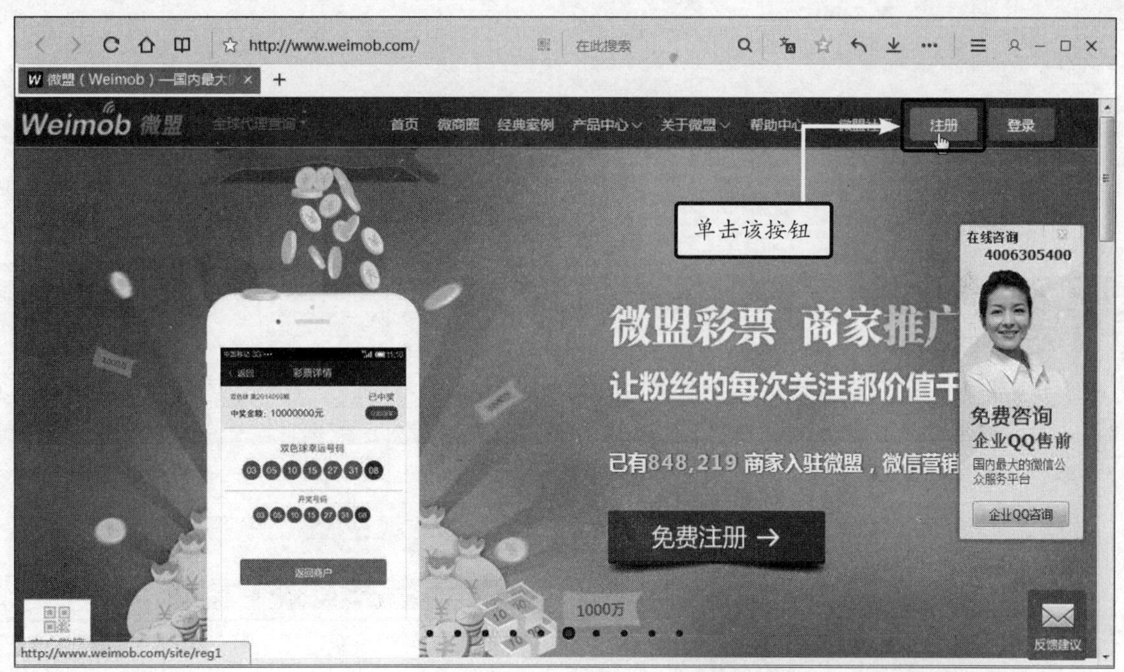

图12-1

02 输入并设置用户名、密码、确认密码、详细地址、手机号码、邮箱及验证码等信息，如图12-2所示。

03 单击“马上注册”按钮，弹出图12-3所示的提示窗口，即表示已经成功注册微盟。

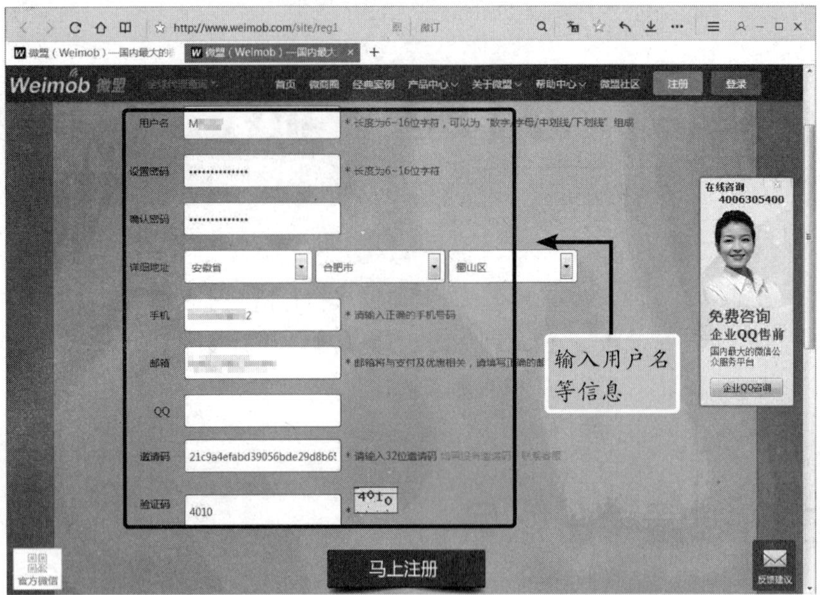

图12-2

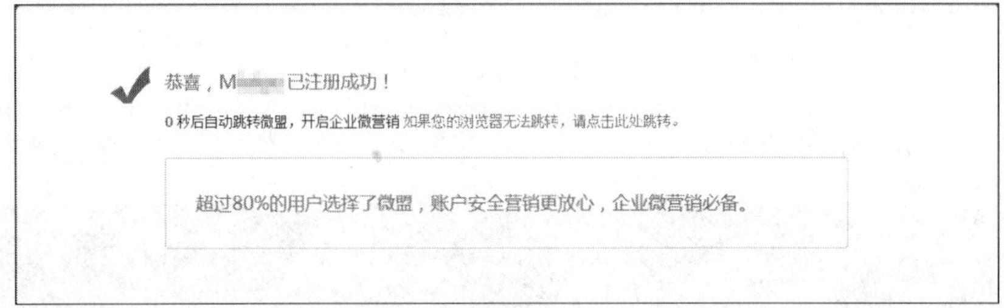

图12-3

12.2 添加微信公众账号

在微盟平台上注册完账号之后，接下来需要添加微信公众账号。具体操作步骤如下。

01 注册微盟平台账号成功3秒之后，系统自动转到“管理微信公众账号”页面，单击“添加公众账号”按钮，如图12-4所示。

图12-4

02 进入"手动绑定公众账号"页面。输入之前注册的微信公众号名称及其原始id、微信号、公众号邮箱等信息，如图12-5所示。

图12-5

03 单击"保存"按钮，弹出如图12-6所示的窗口。

图12-6

04 单击"确定"按钮，返回"管理微信公众账号"页面，即可看到已经成功地在微盟平台上添加了微信公众账号，如图12-7所示。

图12-7

12.3 添加支付方式

在开通微盟店铺之前，需要添加支付方式，这样买家才能通过该支付方式进行购物。微信订阅号属于个人申请的公众号，若要开店，无法使用在线支付，只能用货到付款。具体操作步骤如下。

01 在“管理微信公众账号”页面左侧栏中单击“支付方式管理”标签，进入“支付方式管理”页面，单击“添加支付”按钮，如图12-8所示。

图12-8

02 进入“选择支付方式”页面，单击“线下支付”后的安装按钮（如图12-9所示），进入“安装”页面。

图12-9

03 输入收款方名称，如图12-10所示。

图12-10

04 单击“保存”按钮，即可成功添加支付方式，如图12-11所示。

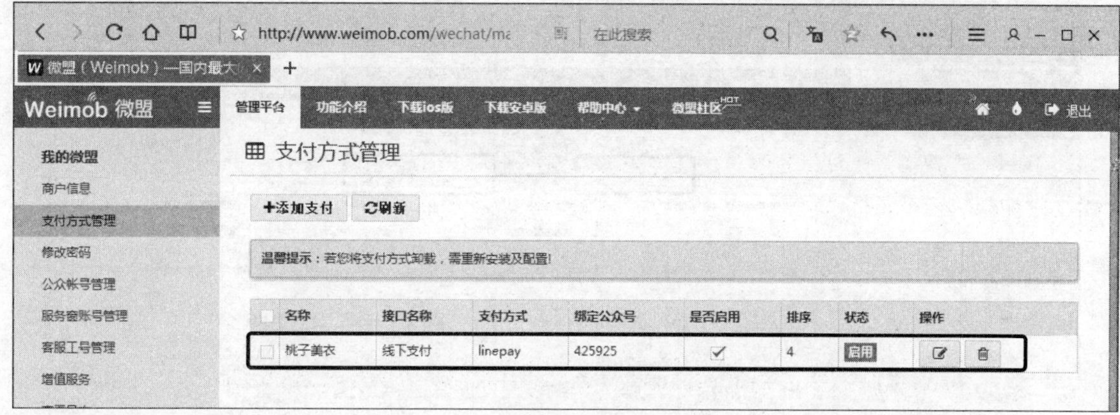

图12-11

12.4 在微盟平台上开通并管理店铺

微盟平台上的店铺，是开在微信公众账号里的，叫作微盟旺铺。只有微信公众账号里的粉丝才可以看到。当然，可以把微盟旺铺分享到朋友圈，这样微信好友也能看到。

12.4.1 查看店铺

微盟平台上有自带的店铺功能。当注册了微盟账号后，系统直接开通店铺，可免费试用3天，之后需要购买后升级。

01 单击公众号头像（如图12-12所示），进入“微盟商户管理后台”页面。

图12-12

02 在页面上方单击“未验证”链接（如图12-13所示），进入“授权设置”页面。

图12-13

03 选中“公众账号类型”为“订阅号”，如图12-14所示。

图12-14

04 单击“保存”按钮，返回“微盟商户管理后台”页面。可以看到已验证该账户为“订阅号”，如图12-15所示。

图12-15

05 在页面左侧的快捷菜单栏中单击“微盟旺铺”标签，在其下拉列表中选择“微盟旺铺”选项（如图12–16所示），进入“微盟旺铺”页面。

图12–16

06 在该页面中即可看到店铺的概况：如一周内的访问/交易数据、成交金额，以及待发货订单、待处理维权等信息，同时还能及时了解商城的更新动态，如图12–17所示。

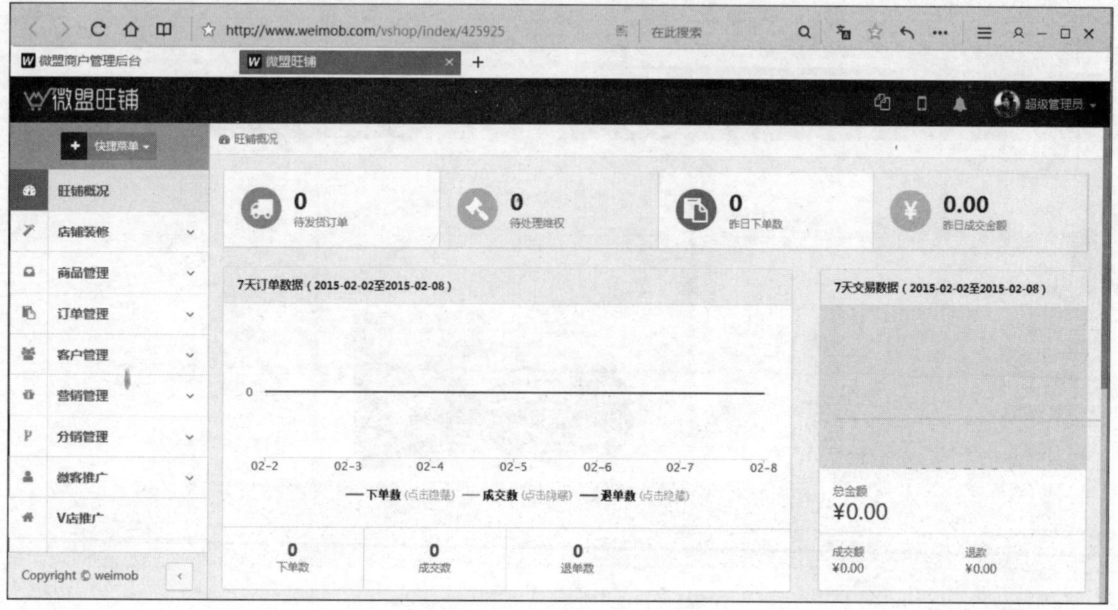

图12–17

12.4.2 店铺装修

和淘宝店铺一样，微盟旺铺也需要进行装修，主要包括店铺首页、分类列表、详情页面以及导航菜单等设置。

1. 首页装饰

01 在“微盟旺铺”页面左侧的快捷菜单栏中单击“店铺装修”标签，在其下拉列表中选择“首页装饰”选项（如图12-18所示），进入“首页装饰”页面。

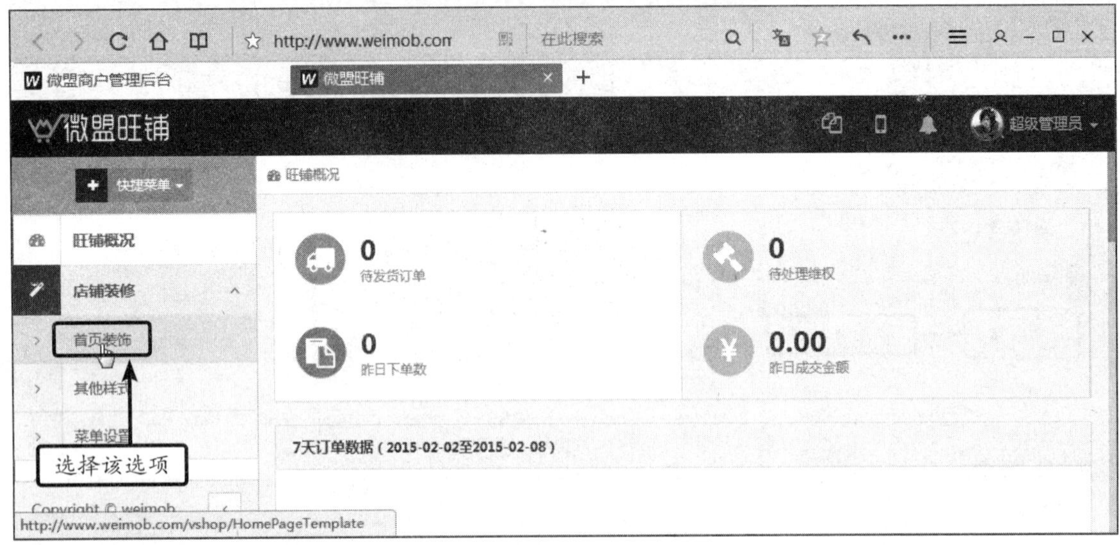

图12-18

02 该页面分为3个区域：“组件库”区、“手机预览”区、“组件设置”区，如图12-19所示。

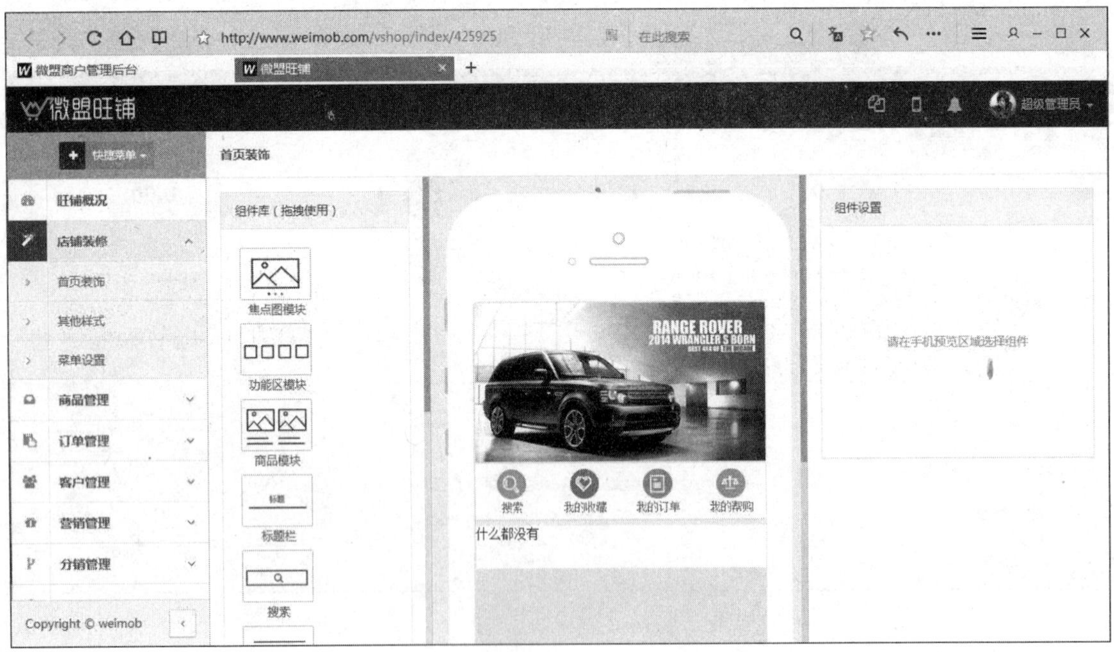

图12-19

03 “手机预览区”中默认已添加了“焦点图模块”“功能区模块”和“商品模块”。单击任意一个模块，均会在“组件设置”区显示出设置其样式的选项。如单击“焦点图模块”，则会出现焦点图样式的不同选项，如图12-20所示。

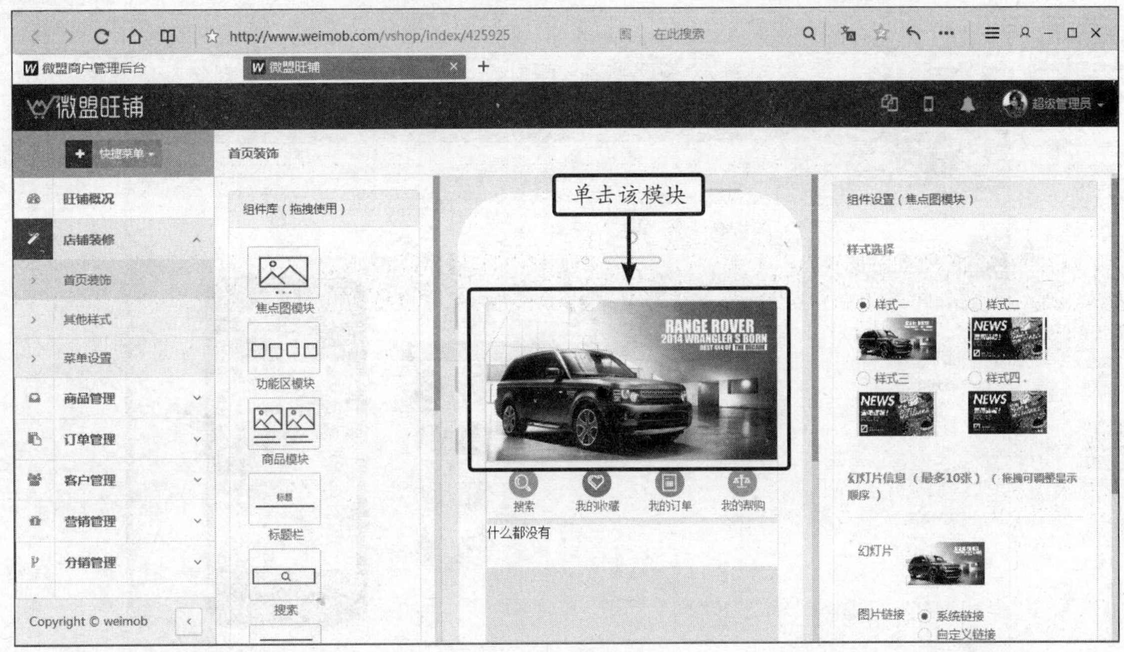

图12-20

04 将鼠标指针指向“手机预览”区中的组件，会出现移动按钮，可以调整各个组件的上下位置。并且在其右上角会出现删除按钮，可以直接删除不需要显示的组件，如图12-21所示。

05 将鼠标指针指向“组件库”区中的组件，也会出现移动按钮，如图12-22所示。

06 按住鼠标左键即可将其拖曳至“手机预览”区中，如图12-23所示。

图12-21

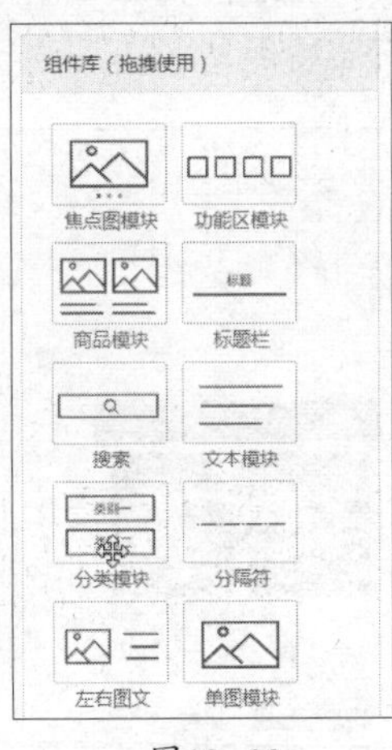

图12-22

图12-23

2. 其他样式

01 在“微盟旺铺”页面左侧的快捷菜单栏中单击“店铺装修”标签，在其下拉列表中选择“其他样式”菜单，进入“其他样式”页面。

02 在该页面中可对“分类模板”“列表模板”和“详情模板”3个模板进行设置，如图12-24所示。

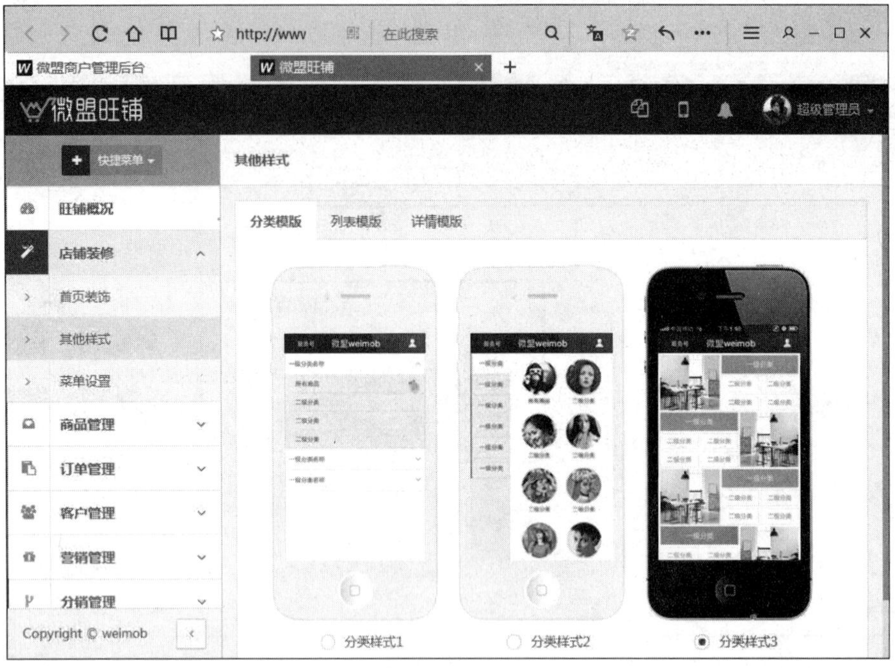

图12-24

03 首先介绍分类模板："分类样式1"属于传统分类展示样式，适用于名称字数较多的分类；"分类样式2"适用于名称字数较少的分类；"分类样式3"适用于二级分类类别较少的分类。

04 切换至"列表模板"选项卡中，该模板有两种样式，如图12-25所示。其中，"列表样式1"适用于较多商品展示，支持单图与双图浏览切换，可按照默认、销量、价格、评价进行排序；"列表样式2"则适用于较少的商品展示。

图12-25

05 切换至"详情模板"选项卡中，该模板有3种样式，如图12-26所示。其中，"详情样式1"适用于商品详情、商品参数、商品评价的独立页面展示；"详情样式2"适用于商品详情描述较少的单一页面展示；"详情样式3"则将商品图片以大图模式展现，商品规格在当前页点选，商品属性、商品详情、商品评价以标签切换的形式展现。

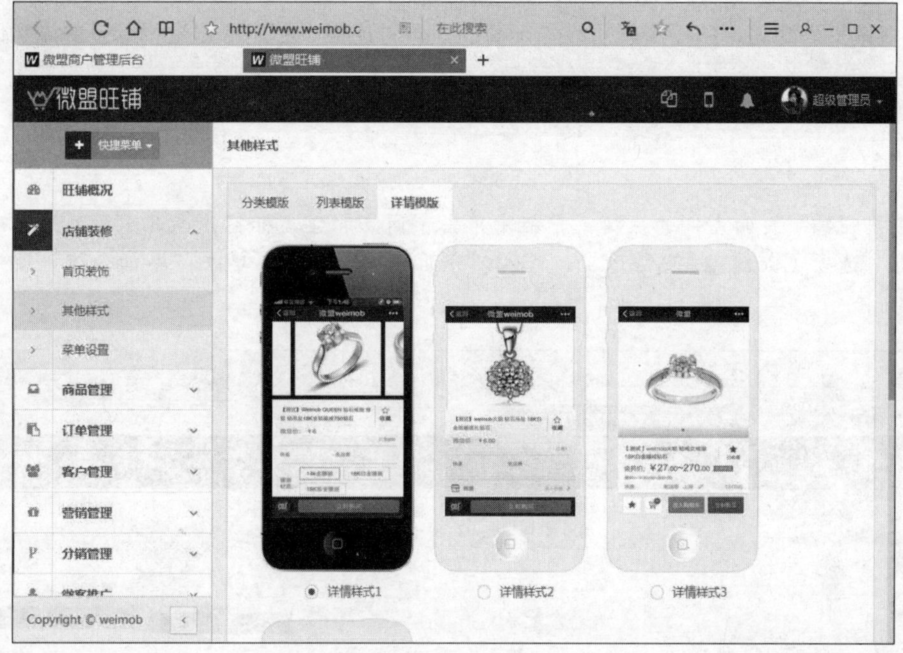

图12-26

3. 菜单设置

01 在“微盟旺铺”页面左侧的快捷菜单栏中单击“店铺装修”标签，在其下拉列表中选择“菜单设置”选项，进入“菜单设置”页面，如图12-27所示。

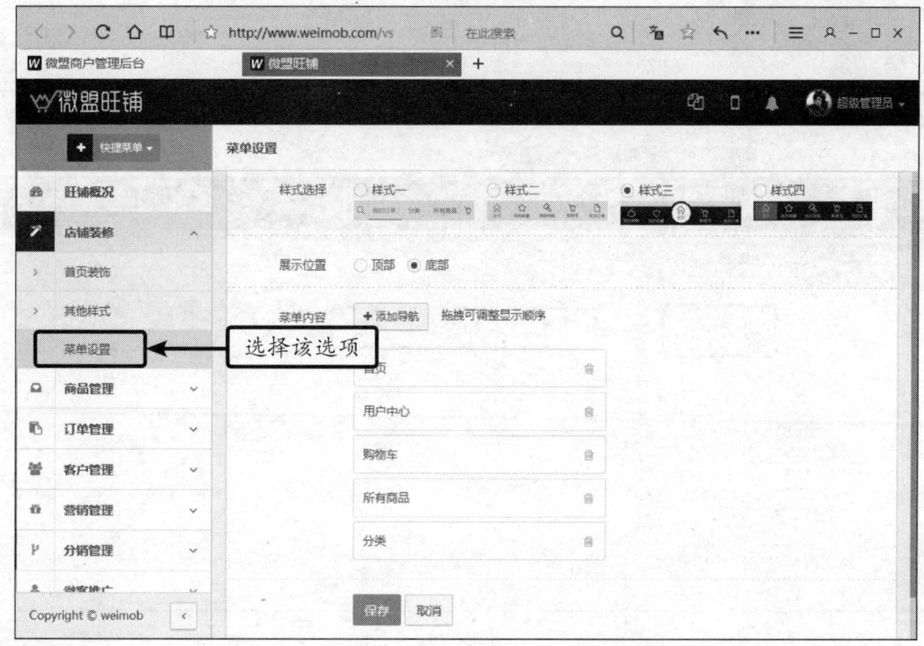

图12-27

02 在该页面中可以挑选菜单的展现样式、设置展示位置，还可以添加、删除菜单的内容（最多只能添加5个，所以要合理利用）。

12.4.3 商品管理

店铺装修完毕之后，接下来就可以添加商品了，对这些商品还可以进行标签的添加以及分组管理。

1. 分组管理

01 在“微盟旺铺”页面左侧的快捷菜单栏中单击“商品管理”标签，在其下拉列表中选择“分组列表”选项（如图12-28所示），进入“分组管理”页面，单击“添加分组”按钮，如图12-29所示。

图12-28

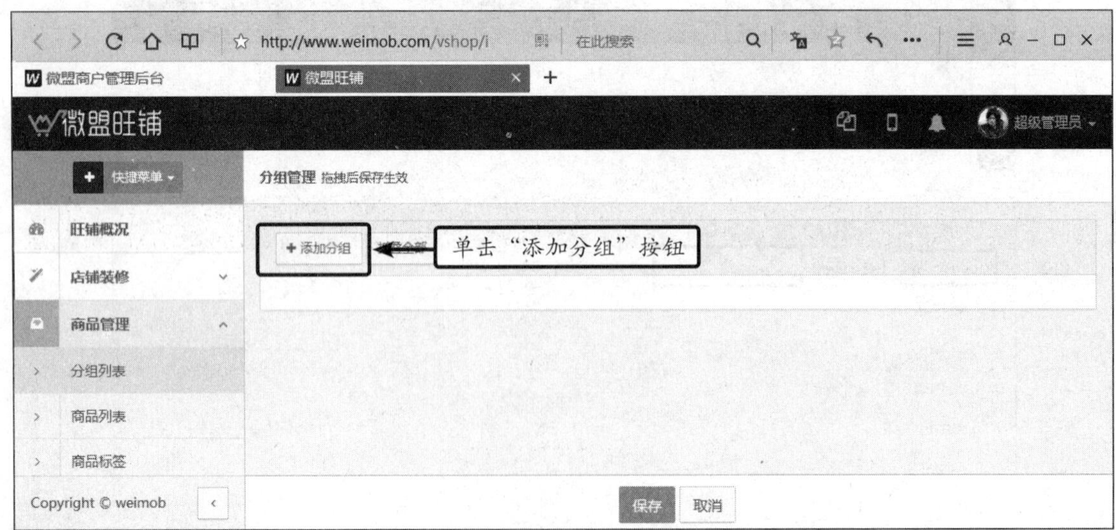

图12-29

02 弹出“新增分组”窗口，在文本框中输入分组名称，如图12-30所示。

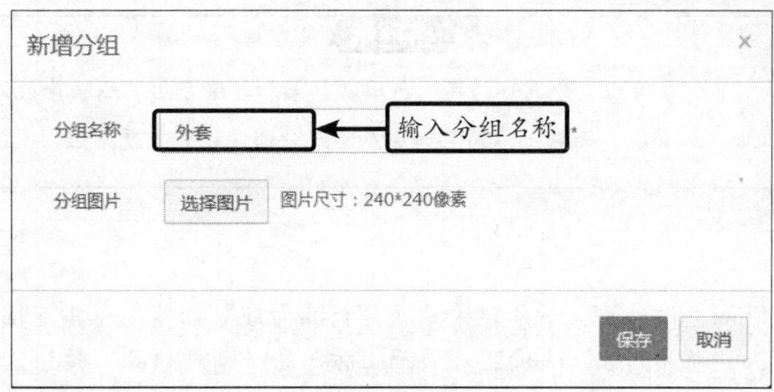

图12-30

03 单击“保存”按钮返回“分组管理”页面，即可完成分组的添加。

04 关闭“微盟旺铺”页面，重新从“微盟商户管理后台”页面进入该页面，再次进入“分组列表”页面，即可看到创建的分组，如图12-31所示。

图12-31

05 按照相同的方法添加其他分组，如图12-32所示。

图12-32

小提示

单击分组后的✎、+、🗑按钮，分别可对其进行编辑、添加二级分组、删除等操作。建议不要在此添加二级分组，而在上传商品时添加二级分组，以免重复分组。

2. 上传商品

01 在“微盟旺铺”页面左侧的快捷菜单栏中单击“商品管理”标签，在其下拉列表中选择“商品列表”选项，进入“商品列表”页面，在页面上方单击“新增商品”按钮，如图12-33所示。

图12-33

02 进入“添加商品”页面，选择商品的类目，如图12-34所示。

图12-34

03 单击“确定”按钮，进入“编辑商品”页面。首先，编辑商品的属性、名称、规格、价格、商品图片、商品详情等基本信息，如图12-35、图12-36所示。

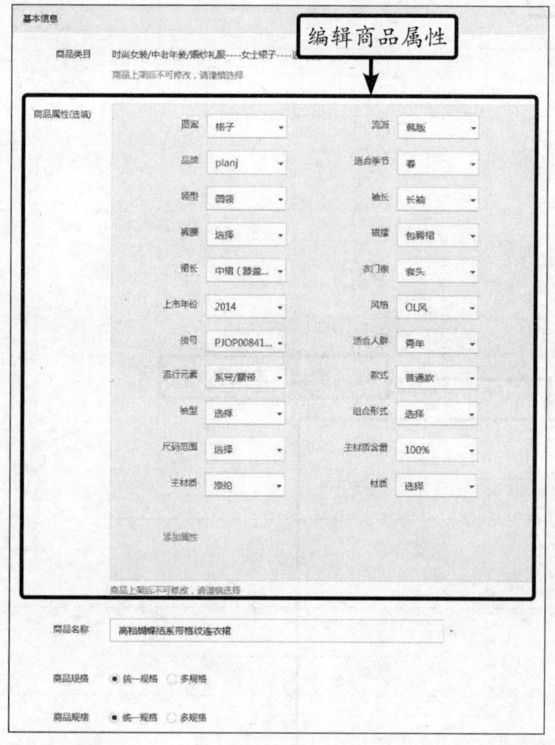

图12-35

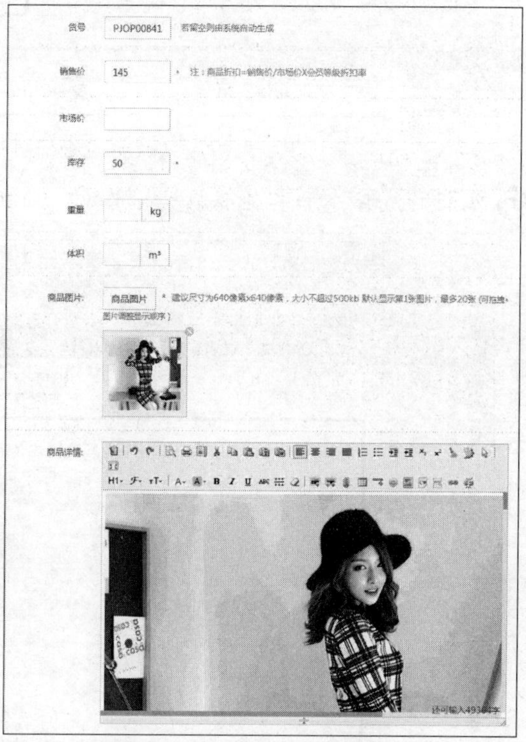

图12-36

04 在商品详情下方的“商品分组”后面单击“添加分组”按钮（如图12-37所示），弹出“添加分组”窗口，如图12-38所示。

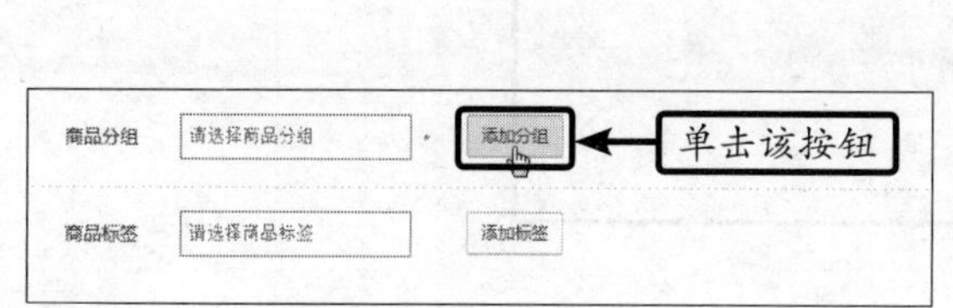

图12-37

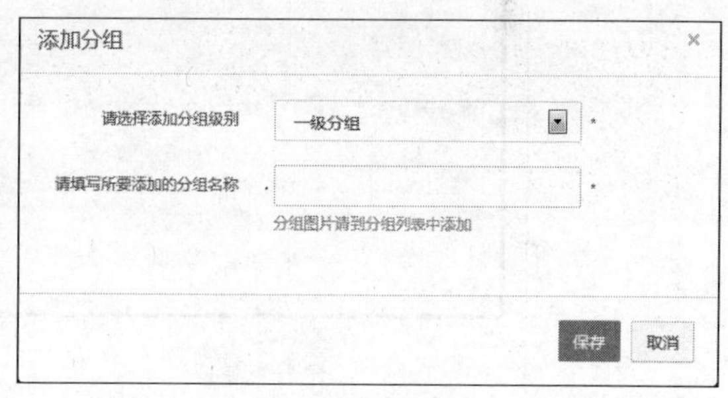

图12-38

05 单击“请选择添加分组级别”下拉按钮，在其下拉列表框中选择一级分组“裙子”，在“请填写所要添加的分组名称”文本框中输入该一级分组的二级分组名称（商品只能添加到二级分组下），如图12-39所示。

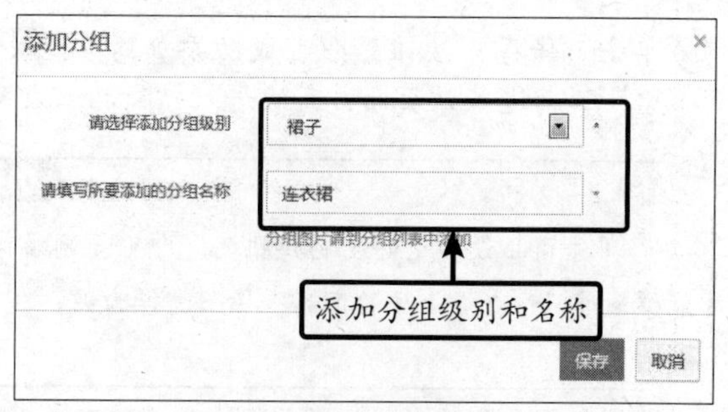

图12-39

06 单击“保存”按钮，即可为商品添加分组，如图12-40所示。

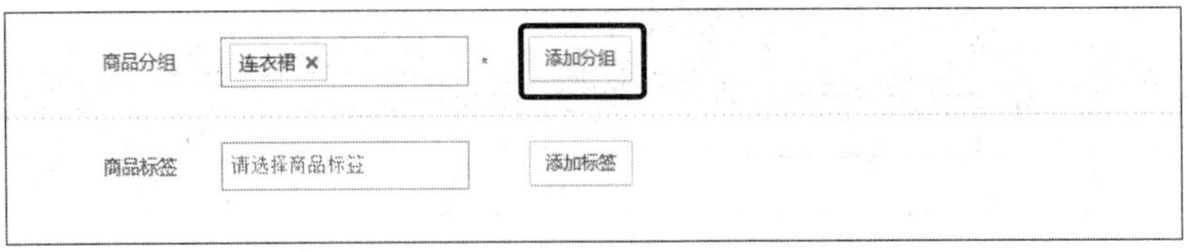

商品分组 连衣裙 × 添加分组
商品标签 请选择商品标签 添加标签

图12-40

07 编辑物流信息和其他信息，如图12-41所示。

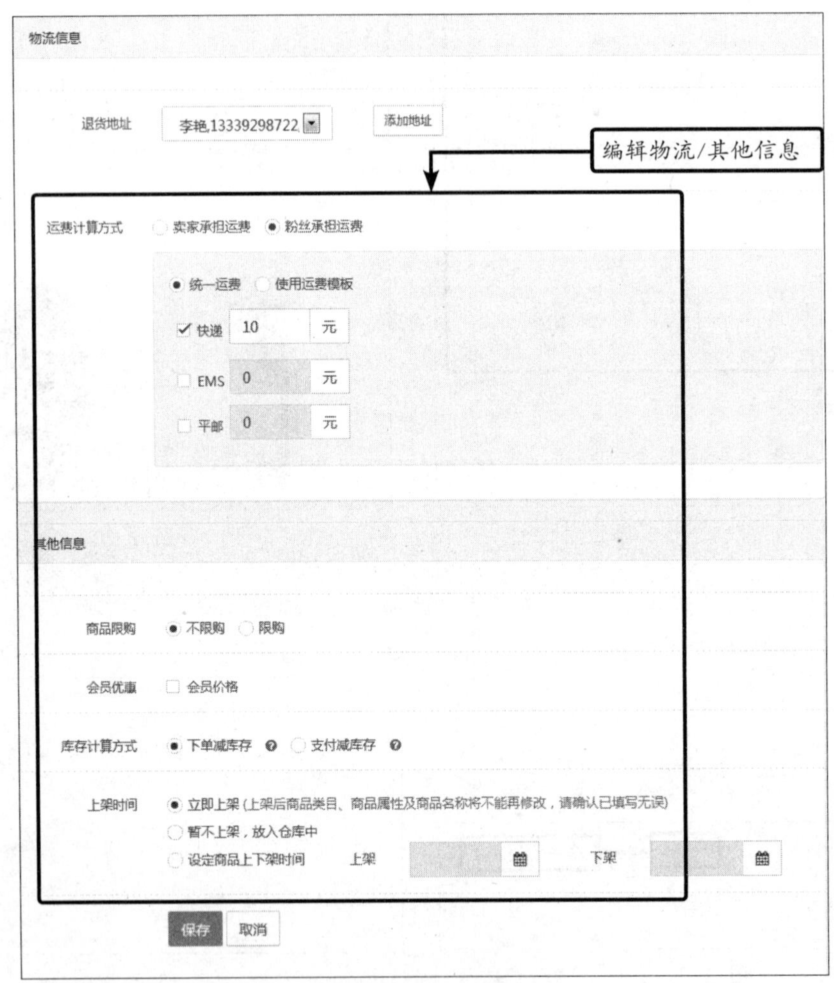

图12-41

08 单击“保存”按钮，即可成功添加商品。关闭“微盟旺铺”页面，重新从“微盟商户管理后台”页面进入该页面，再次进入“商品列表”页面，即可看到添加的商品，如图12-42所示。

小提示

单击商品最右边的复制按钮，即可复制该商品的链接。可以将其发送给微信好友，这样别人就能够通过微信查看上传的商品，从而进行购买。

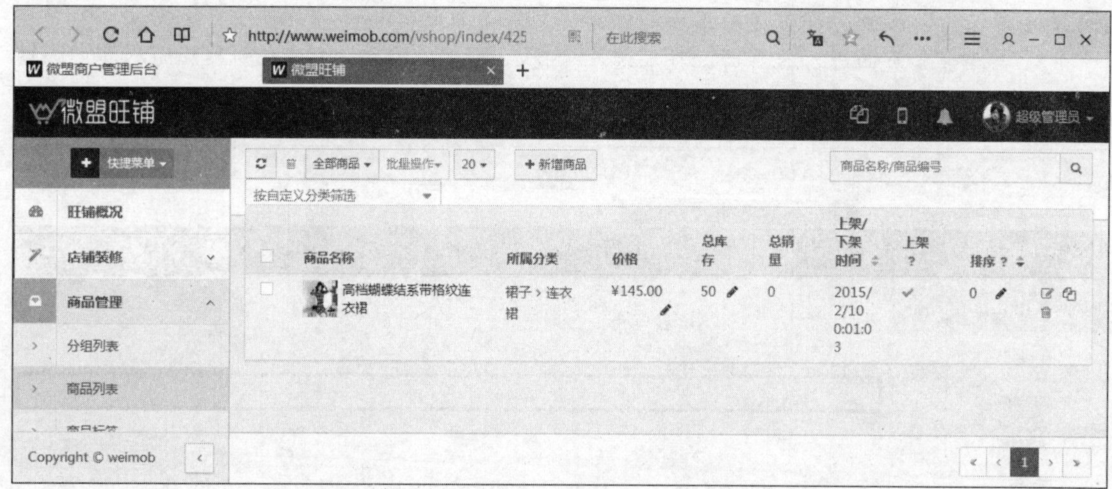

图12-42

3. 商品标签

为商品贴上标签，可以区分商品类别，有利于商品的美化和宣传。

01 在“微盟旺铺”页面左侧的快捷菜单栏中单击“商品管理”标签，在其下拉列表中选择“商品标签”选项，进入“商品标签”页面，如图12-43所示。

图12-43

02 单击“新增标签”按钮，弹出“修改标签”窗口。输入标签名称和排序，如图12-44所示。

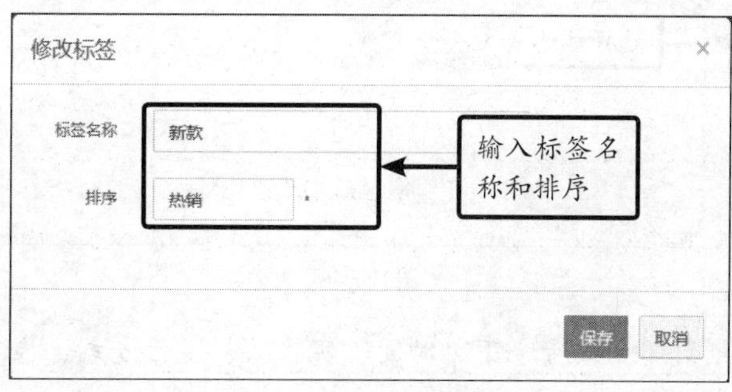

图12-44

03 单击“保存”按钮，即可成功添加商品的标签。关闭“微盟旺铺”页面，重新从“微盟商户管理后台”页面进入该页面，再次进入“商品标签”页面，即可看到添加的标签，如图12-45所示。

图12-45

小提示

也可在添加商品的过程中添加商品的标签。

12.4.4 订单管理

商品信息上传之后，会陆续产生订单。用户可以对这些订单进行信息查询与修改管理、维权管理、评论管理和发货管理。

1. 订单管理

01 在“微盟旺铺”页面左侧的快捷菜单栏中单击“订单管理”标签，在其下拉列表中选择“订单管理”选项（如图12-46所示），进入“订单管理”页面。

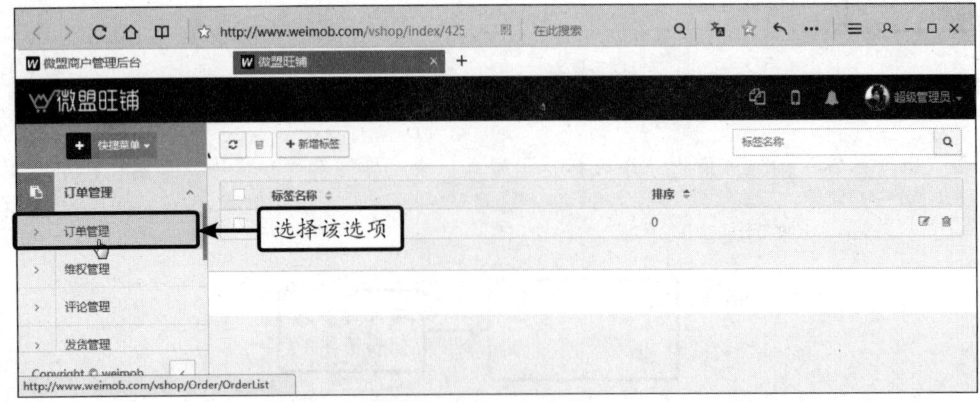

图12-46

02 在该页面中可以看到订单的编号、下单时间、实收款、支付方式、状态等信息，如图12-47所示。

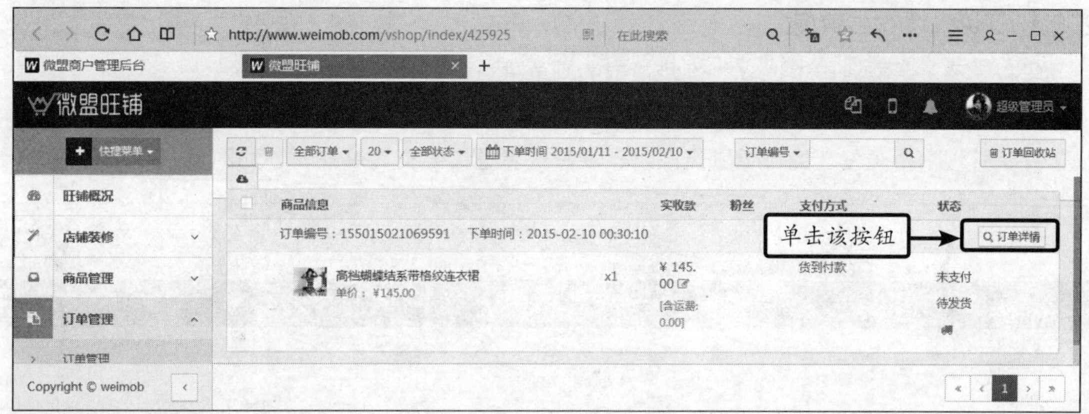

图12-47

03 单击订单右上角的“订单详情”按钮，可以查看其详细情况，如图12-48所示。

图12-48

04 当有多个订单时，还可以通过订单状态、下单时间、订单编号、粉丝昵称、商品名称/编号等进行精确的查询，如图12-49所示。

05 另外，单击订单中的修改价格按钮，可以直接修改价格；单击发货按钮，则可以进行发货操作。

图12-49

2. 管理/评论管理/发货管理

维权管理：是指对申请退款、退货退款的订单进行确认、拒绝等操作。

评论管理：回复用户评价过的订单，支持批量操作。

发货管理：对未发货的订单进行改价、发货或者是关闭交易等操作，如图12-50所示。

图12-50

12.4.5 营销管理

微盟旺铺可以通过会员营销和活动营销两种方式进行营销推广。

会员营销：可以选择优惠券和会员积分的优惠方式，具体使用时，这两种方式可以是单个使用，也可以是累加优惠。此处介绍会员积分优惠方式。

活动营销：通过创建促销活动进行推广，如包邮、满减等活动。

1. 会员营销

01 在“微盟旺铺”页面左侧的快捷菜单栏中单击“营销管理”标签，在其下拉列表中选择“会员营销”→“基本设置”选项（如图12-51所示），进入“基本设置”页面。

图12-51

02 在该页面中选中一种优惠方式，如“积分”，并设置积分抵扣金额及单次消费最高使用积分限额，如图12-52所示。

图12-52

03 单击“保存”按钮，即可完成基本设置。

04 在左侧快捷菜单栏的“营销管理”标签下，选择“会员营销”→“积分管理”选项，进入“积分管理”页面，如图12-53所示。

图12-53

05 单击“添加积分规则”按钮，进入“新建积分规则”页面。输入规则名称，并设置规则有效期及赠送条件、赠送分值，如图12-54所示。

图12-54

小提示

设置了单次消费100元送10积分，那么只要消费金额≥100，即送10积分，只送一次。如果同时选中了“上不封顶”复选框，那么消费满200元时可送20积分（若满220元也送20积分），消费300元送30积分，以此类推……

06 单击“保存”按钮，即可成功添加积分规则。关闭“微盟旺铺”页面，重新从“微盟商户管理后台”页面进入该页面，再次进入“积分管理”页面，即可看到添加的积分规则，如图12-55所示。

图12-55

2. 活动营销

01 在“微盟旺铺”页面左侧的快捷菜单栏中单击“营销管理”标签，在其下拉列表中选择“活动营销”选项，进入“活动营销”页面，如图12-56所示。

图12-56

02 单击“创建新活动”按钮，进入“编辑满减/包邮活动”页面。输入活动名称并设置活动标签和价格标签，如图12-57所示。

图12-57

03 单击“下一步”按钮，进入“2选择活动商品”页面。选中参加本次活动的商品，如图12-58所示。

图12-58

04 单击“下一步”按钮，进入“3设置活动详情”页面。设置商品的优惠信息，如图12-59所示。

图12-59

05 单击“完成并提交”按钮，即可成功创建营销活动。关闭“微盟旺铺”页面，重新从“微盟商户管理后台”页面进入该页面，再次进入“活动营销”页面，即可看到创建的营销活动，如图12-60所示。

图12-60

12.4.6 系统设置

系统设置，主要包括对店铺的基本信息（名称、行业等）、发货/退货地址、运费/运单模板，以及订单流程等进行设置。

1. 基本信息

01 在“微盟旺铺”页面左侧的快捷菜单栏中单击“系统设置”标签，在其下拉列表中选择“基本信息”选项（如图12-61所示），进入“基本信息”页面。

图12-61

02 在该页面中，可以设置行业类别、商城名称、商城LOGO、版权、币种、电话、地址、简介等信息，如图12-62所示。

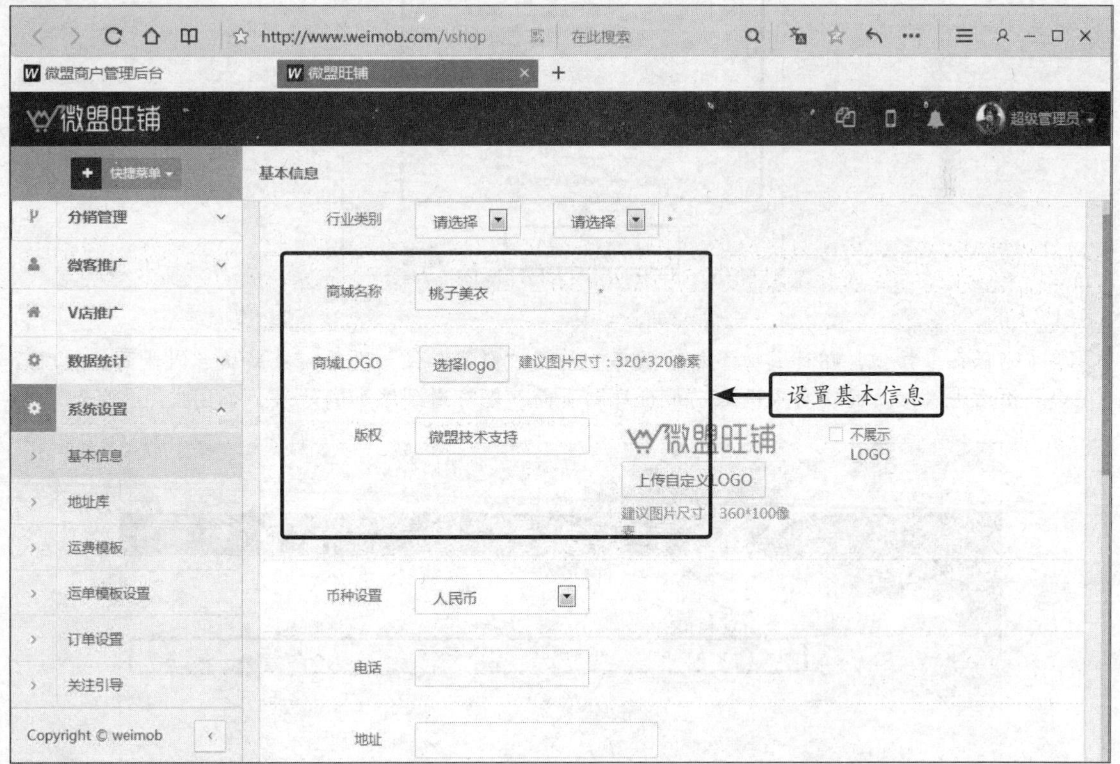

图12-62

2. 地址库

01 在“微盟旺铺”页面左侧的快捷菜单栏中单击“系统设置”标签，在其下拉列表中选择“地址库”选项，进入“地址库”页面，如图12-63所示。

图12-63

02 单击“新增地址库”按钮，弹出“编辑地址库”页面。编辑联系人、地区、详细地址、手机号码等信息，并选中“设为默认发货地址”复选框和“设为默认退货地址”复选框，如图12-64所示。

图12-64

03 单击“保存”按钮，即可成功添加地址库。关闭“微盟旺铺”页面，重新从“微盟商户管理后台”页面进入该页面，再次进入“地址库”页面，即可看到添加的地址，如图12-65所示。

图12-65

3. 运费模板

01 在“微盟旺铺”页面左侧的快捷菜单栏中单击“系统设置”标签，在其下拉列表中选择“运费模板”选项，进入“运费模板”页面，如图12-66所示。

图12-66

02 单击“新建运费模板”按钮，进入“新增运费模板”页面。编辑模板名称、计价方式、运送方式、运费设置等信息，如图12-67所示。

图12-67

03 单击“保存”按钮，即可成功创建运费模板。关闭“微盟旺铺”页面，重新从“微盟商户管理后台”页面进入该页面，再次进入“运费模板”页面，即可看到创建的运费模板，如图12-68所示。

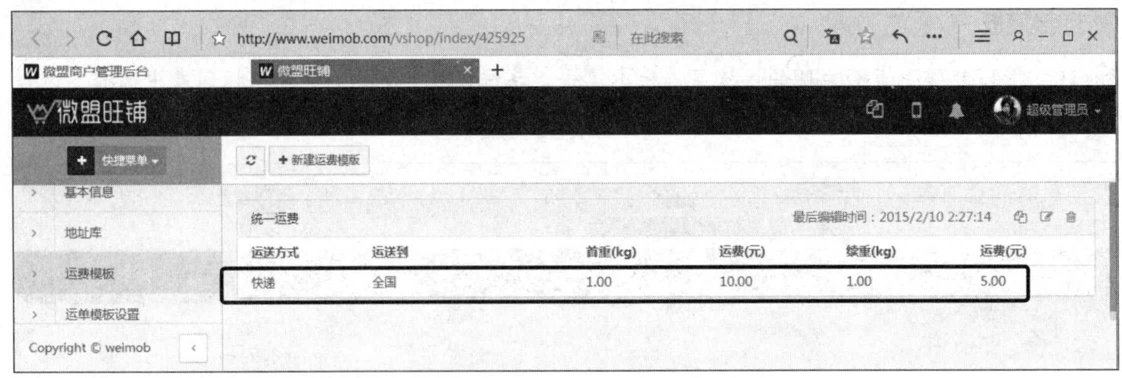

图12-68

4. 运单模板

01 在“微盟旺铺”页面左侧的快捷菜单栏中单击“系统设置”标签，在其下拉列表中选择“运单模板设置”选项，进入“运单模板设置”页面，如图12-69所示。

图12-69

02 单击“新建运单模板”按钮，进入“新增运单模板”页面。单击“使用系统模板”下拉按钮，在其下拉列表框中选择默认的快递，即可载入该快递公司的运单信息。选择需要体现在运单上的打印项（可拖曳调整位置，还可通过具体的高度、宽度、偏移量等参数进行设置），如图12-70所示。

03 单击“保存”按钮，即可成功创建运费模板。关闭“微盟旺铺”页面，重新从“微盟商户管理后台”页面进入该页面，再次进入“运单模板设置”页面，即可看到创建的运单模板，如图12-71所示。

使用系统模版 韵达快运

选择默认快递

模板名称 韵达快运 *

快递公司 韵达快运 *

模板尺寸 宽 300 mm 高 200 mm

运单图片 http://hs-net-shop-img.oss-cn 选择图片

选择打印项

选择打印项 ☑ 订单编号 ☑ 发件人姓名 ☑ 发件人电话 ☐ 备注 ☐ 发件人公司 ☑ 发件人地址 ☐ 发件人邮编 ☑ 收件人姓名 ☑ 收件人电话 ☑ 收件人地址 ☐ 收件人邮编 ☐ 代收金额 ☐ 货到付款物流编号

内容 订单编号 发件人姓名 收件人电话 发件人地址 收件人地址 发件人电话 收件人姓名

YUNDA 韵达快运

1000001286033

请用力填写

贵重物品务必保价

大笔正楷填写目的地城市

请正楷用力填写 PRESS HARD 1 0000 0128 6033 www.yundaex.com

偏移量X 0 *正数向右，负数向左

偏移量Y 0 *正数向上，负数向下

☐ 设为默认运单模版

保存 取消

图12-70

图12-71

5. 订单设置

01 在“微盟旺铺”页面左侧的快捷菜单栏中单击“系统设置”标签，在其下拉列表中选择“订单设置”选项，进入“订单设置”页面。

02 在该页面中，可进行订单提交设置和订单流程设置，如图12-72所示。

图12-72

12.5 微盟手机客户端的使用

微盟手机客户端，主要用于帮助商家利用碎片化时间管理自己的微信店铺。商家可以通过App与PC端的购物用户进行交互。

相比微信，微盟手机客户端实现了微信公众号在移动端的登录，令商家可以实时处理订单、掌握会员交易动态、了解微盟最新公告、与买家交互等功能。对于没有时间使用电脑或者不会使用电脑的商家来说，较为实用和方便。

具体功能介绍如下。

01 下载并安装微盟手机客户端并将其打开，如图12-73所示。

02 点击“登录”按钮，进入登录页面，如图12-74所示。

03 输入微盟账号及密码，点击“登录”按钮，进入“选择公众号”页面，如图12-75所示。

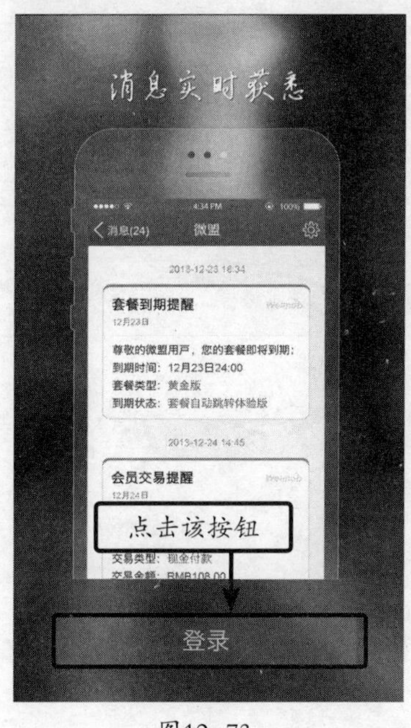

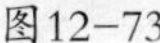

图12-73

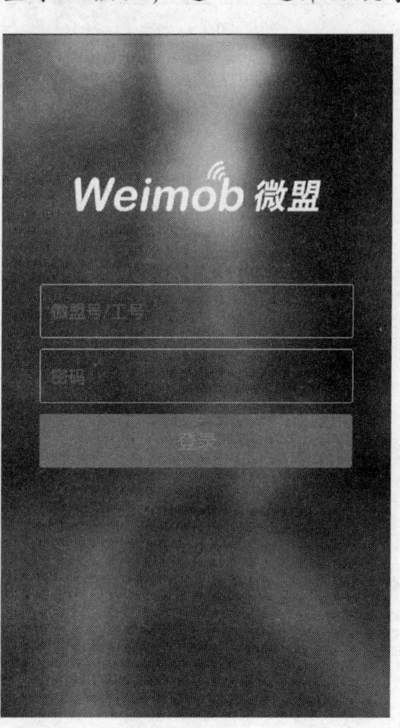

图12-74

图12-75

04 点击右上角的“进入”链接，即可进入微盟手机客户端。在默认的“消息”功能区中，可以查看及管理微盟消息、订单消息、会员消息，如图12-76所示。

05 切换至“最近联系人”功能区中，可以查看等待中、转接中及浏览中3个类别下的联系人，如图12-77所示。

06 切换至“设置”功能区中，可以进行通知设置、常用语设置、离开状态的自动回复语设置以及辅助功能的设置，如图12-78所示。

图12-76

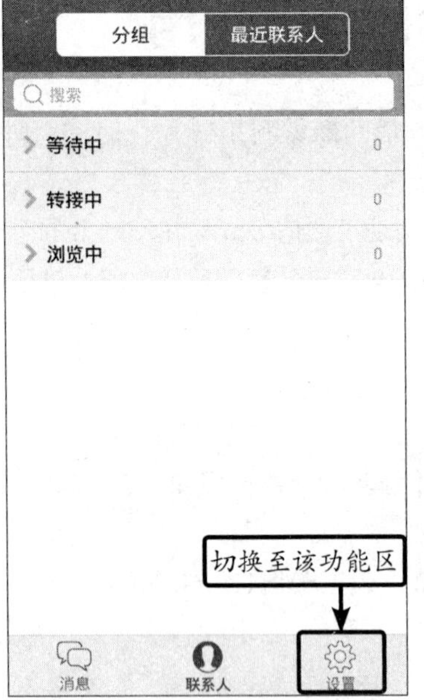

图12-77

图12-78

第13章　开通“有赞”微店

除了微盟平台，还有另一个口碑较好的平台可以依托已开通的微信订阅号开店，那就是“有赞”微商城。“有赞”微商城，原名口袋通，是帮助商家在微信上搭建微信商城的平台，提供店铺、商品、订单、物流、消息和客户的管理模块，同时还供丰富的营销应用和活动插件。

13.1　注册有赞账号

要通过有赞微商城开通店铺，首先要在该平台上注册一个账号。具体操作步骤如下。

01 在浏览器中输入http://youzan.com/，进入有赞微商城。单击右上角的“登录/注册”链接（如图13-1所示），进入“免费注册”页面。

图13-1

02 输入并设置个人昵称、密码、确认密码、手机号码、短信校验码等信息，如图13-2所示。

03 单击“确认注册”按钮，进入“选择公司/店铺”页面，如图13-3所示。

图13-2

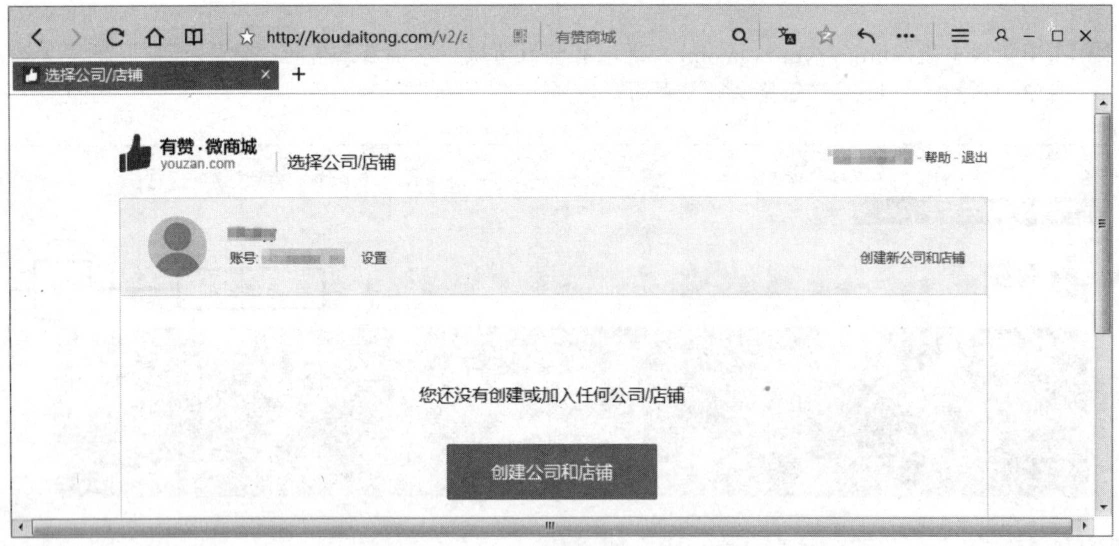

图13-3

13.2 新建店铺

注册账号之后，就可以在有赞商城上创建店铺了。具体操作步骤如下。

01 在“选择公司/店铺”页面中单击“创建公司和店铺”按钮，进入“1创建公司和店铺”页面。输入并设置公司名称、联系地址、店铺名称、主营类目、联系人姓名、联系人手机号等信息，如图13-4所示。

02 单击“创建公司和店铺”按钮，进入“2选择推荐模板”页面。选中右下角的“通用”模板，如图13-5所示。

http://koudaitong.com/v2/
有赞商城
登记你的公司和店铺
1.创建公司和店铺
2.选择推荐模版
3.完成！
公司名称：
联系地址：
安徽省
合肥市
蜀山区
店铺名称：
桃子美衣
是买家直接看到的店铺的名字，认证后不可修改
主营类目：
女装
店铺主营类目及类目细项，请点此查看详情
联系人姓名：
联系人手机号：
短信校验码：
648128
重新获取
联系人 QQ：
我已阅读并同意 有赞微商城代理销售服务和结算协议
创建公司和店铺
设置公司信息

图13-4

http://koudaitong.com/v2/
有赞商城
选择推荐模版
1.创建公司和店铺
2.选择推荐模版
3.完成！
有赞已为您准备了多种行业模板，请根据实际情况任选一种：
每个行业模板，都已经默认配置和启用了合适的功能，便于您能够快速的开店；
当然，您也可以根据自身情况，重新进行自定义设置的操作，满足你的日常经营；
餐饮行业
适合餐饮外卖、水果生鲜等有外送业务的商家使用，买家下单，卖家送货上门。
鲜花速递
适合花店商家使用，买家下单可指定送货时间，卖家送货上门或通过快递发货。
食品电商
适合茶叶、零食、特产、酒水等电商商家使用，买家线上下单，卖家快递发货。
选中该模板

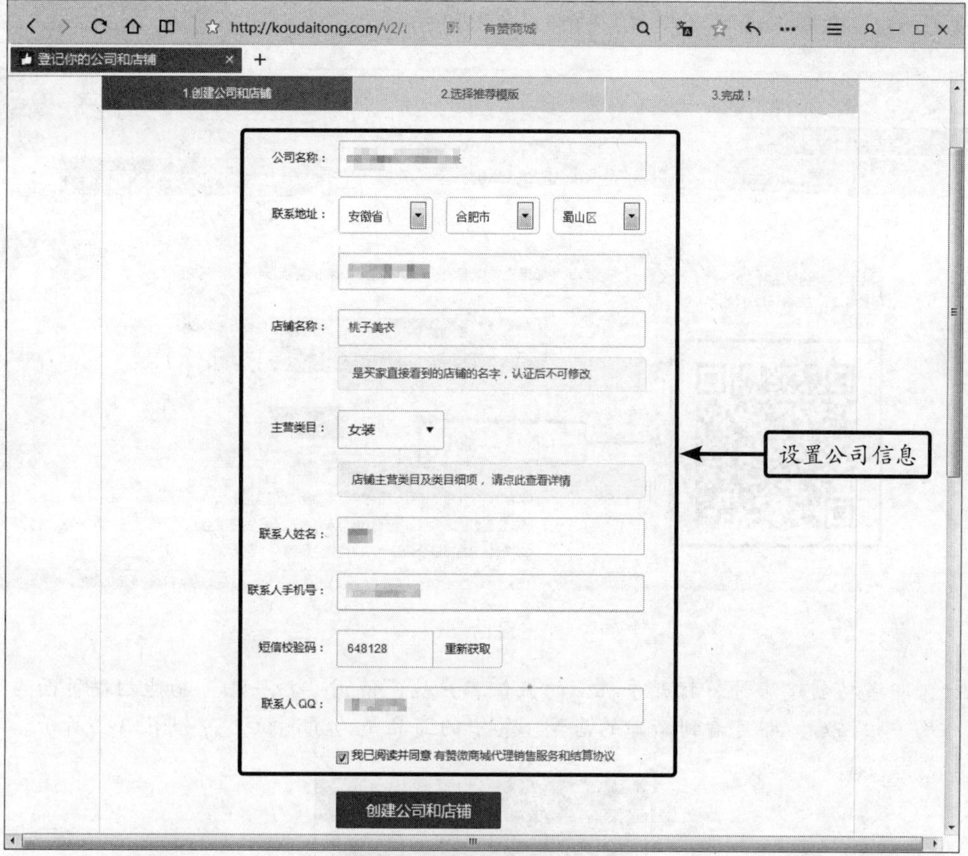

图13-5

03 单击“确定”按钮，进入“3完成”页面，如图13-6所示。

图13-6

04 此时，即成功创建店铺。打开手机上的微信客户端，使用“扫一扫”功能扫描页面左下角的二维码。扫描后，即可看到新建的店铺（其中的商品是为了测试），如图13-7所示。

图13-7

13.3 绑定微信公众账号

注册完账号并开通店铺之后，接下来需要绑定微信公众账号。具体操作步骤如下。

01 在图13-6中单击“我有微信公众号，立即设置”按钮，进入“公众号登录授权”页面。输入微信公众账号及密码，如图13-8所示。

图13-8

02 单击“登录并授权”按钮，进入“1安全助手验证”页面，打开手机上的微信客户端，使用“扫一扫”功能扫描该二维码，如图13-9所示。

图13-9

03 扫描后，手机微信会收到“公众平台安全保护”发来的信息，如图13-10所示。

04 点击“确定”按钮，即可完成安全助手验证，如图13-11所示。

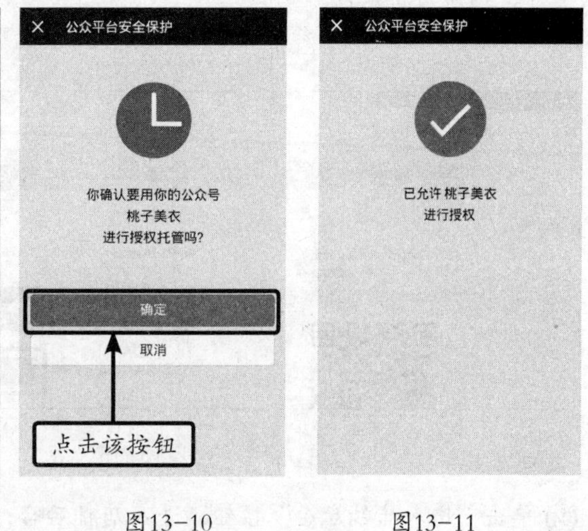

图13-10　图13-11

05 在手机上确认之后，返回电脑端，进入“2确认并授权”页面，单击“确认授权”按钮（如图13-12所示），即可完成微信公众号的绑定，如图13-13所示。

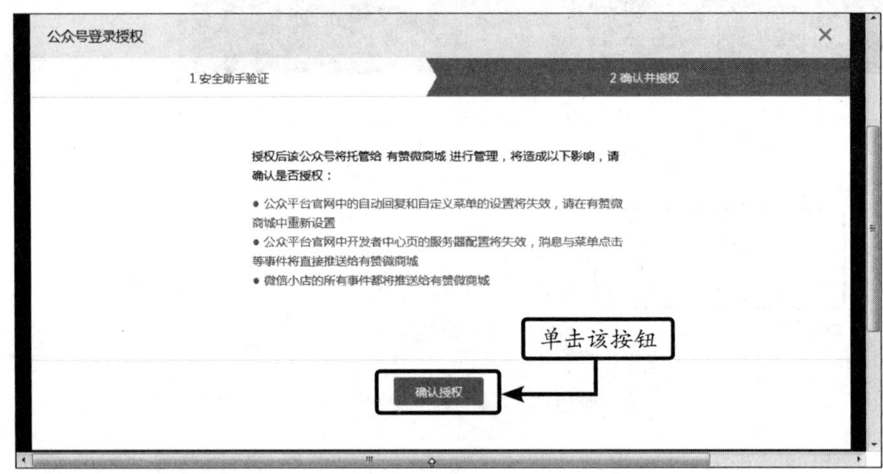

图13-12

图13-13

13.4 管理店铺

创建了店铺之后，接下来就可以对其进行管理了，如店铺设置、发布商品、装修店铺、推广店铺、完成交易等。

13.4.1 查看微店铺概况

创建店铺之后，就可以进入店铺后台查看店铺的概况了，具体方法如下。

01 图13-13在3秒之后会自动关闭，并弹出图13-14所示的窗口。

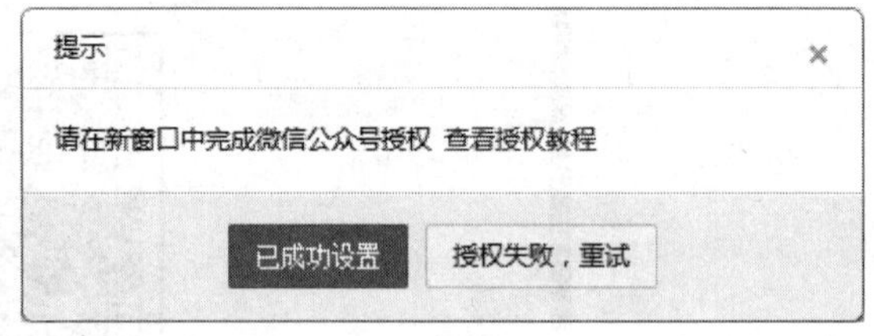

图13-14

02 单击“已成功设置”按钮，返回“3完成”页面，如图13-15所示。

03 单击“跳过此步”按钮，进入图13-16所示的页面。

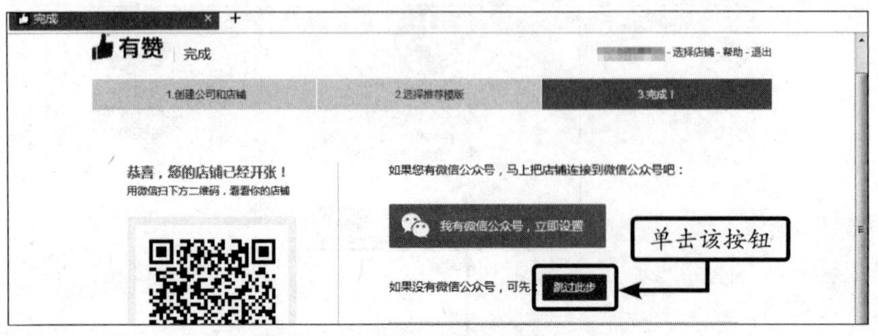

图13-15

图13-16

04 单击“进入店铺后台”按钮，进入店铺后台，如图13-17所示。

图13-17

05 单击页面左上角的“店铺”标签，进入“微店铺概况”页面，即可查看店铺的概况（包括近一周的流量趋势等数据），如图13-18所示。

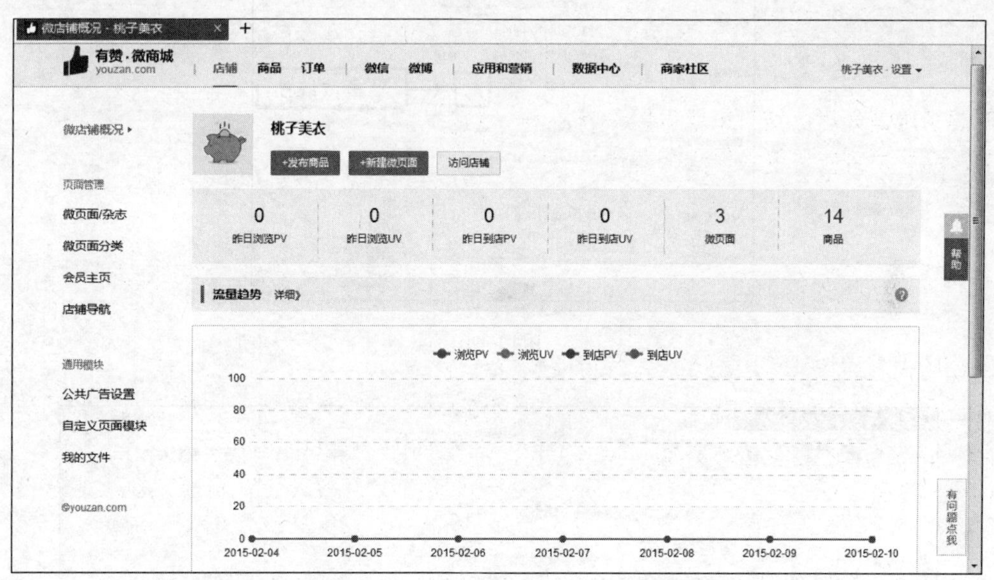

图13-18

13.4.2 店铺基本设置

店铺的基本设置，包括店铺设置、公司设置、账号设置。

1. 店铺设置

01 将鼠标指针指向店铺后台页面右上角的“设置”链接，在其下拉列表中选择“店铺设置”命令（如图13-19所示），进入“店铺信息”页面。

图13-19

02 在该页面中可以修改店铺名称、Logo、联系人姓名、QQ、手机号等信息，如图13-20所示。还可以单击“提交认证”链接，在弹出的“店铺认证”页面中选择一种认证方式进行店铺的认证操作（具体操作步骤此处略），如图13-21所示。

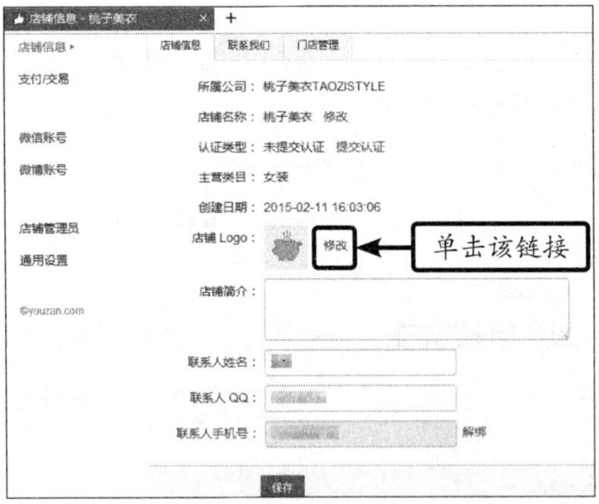

图13-20

图13-21

03 在图13-20中切换至“联系我们”标签，可以填写客服电话、联系地址等信息，以便买家能够通过该方式寻求帮助，如图13-22所示。

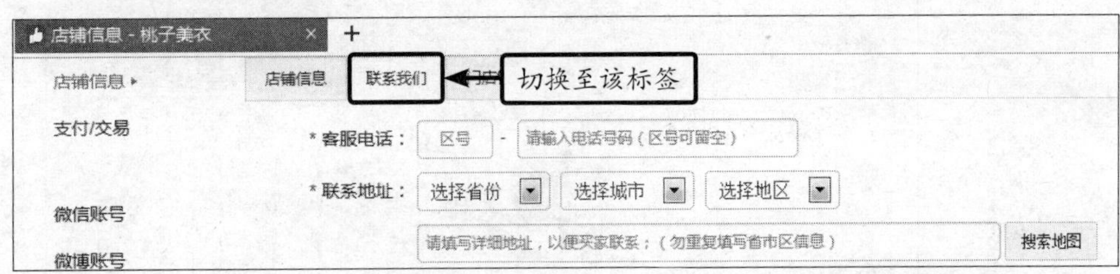

图13-22

04 切换至“门店管理”标签，如果有属于自己的门店，可以单击“新建”按钮，填写门店名称、联系电话、详细地址等信息，以便附近的买家能够进店购物，如图13-23所示。

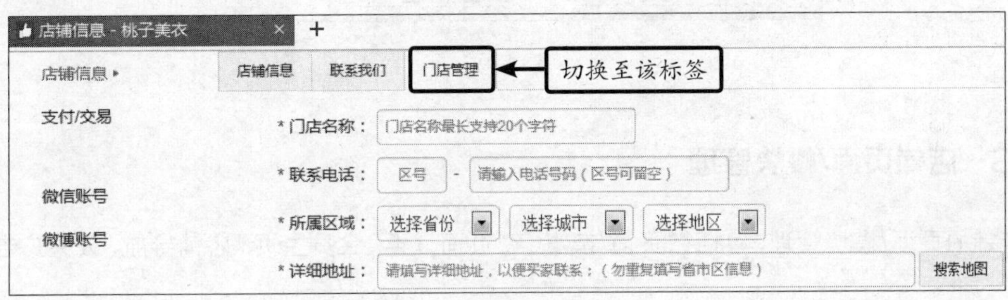

图13-23

2. 公司设置

01 将鼠标指针指向店铺后台页面右上角的“设置”链接，在其下拉列表中选择“公司设置”命令，进入“公司信息设置”页面。

02 在该页面中可以设置公司名称及地址，如图13-24所示。

图13-24

3. 账号设置

01 将鼠标指针指向店铺后台页面右上角的“设置”链接，在其下拉列表中选择“账号设置”命令，进入“个人账号设置”页面。

02 在该页面中可以修改密码、昵称、QQ、性别、头像等信息，如图13-25所示。

图13-25

13.4.3 店铺页面/模块管理

店铺的页面/模块管理，包括微页面/杂志、微页面分类、会员主页、店铺导航、公共广告等。

1. 创建微页面/杂志

微页面，就是可以自定义编辑的页面。既可以将其当作普通的页面来使用，也可以通过设为主页当作店铺主页来用。

当创建好一篇微页面后，可以通过添加文字、图片生成一篇带图的文章（纯文也可以），然后将链接分享到微信朋友圈等各个平台上；当然也可以直接添加广告图片、文字描述、搜索、带分类的商品图片、导航等，当作一主页来创建编辑。

01 在“微店铺概况”页面左侧栏中单击“微页面/杂志”标签（如图13-26所示），进入“微杂志”页面。系统默认有3个微页面，如图13-27所示。

图13-26

图13-27

02 单击“新建微页面”按钮，弹出“选择页面模板”窗口，如图13-28所示。

图13-28

03 选择一个中意的模板，如店铺主页模板，即可进入该模板的编辑页面，弹出“选择页面模板”窗口。

04 接下来开始逐步编辑模板下相应的内容。第1步：编辑页面名称、背景颜色等，如图13-29所示。

图13-29

05 第2步：设置背景图片、店铺Logo等（将鼠标指针指向下一个模块，即可显示出移动图标，并在该模块四周显示出红色虚线框），如图13-30所示。

图13-30

06 第3步：设置导航标题名、标题模板样式等，如图13-31所示。

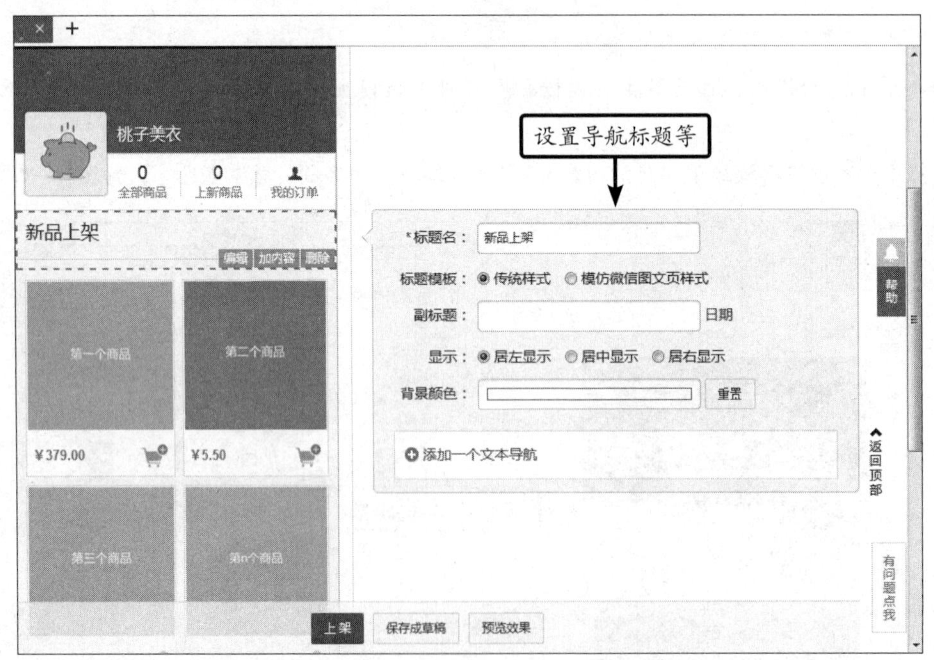

图13-31

07 第4步：设置商品来源、显示个数、列表样式等，如图13-32所示。

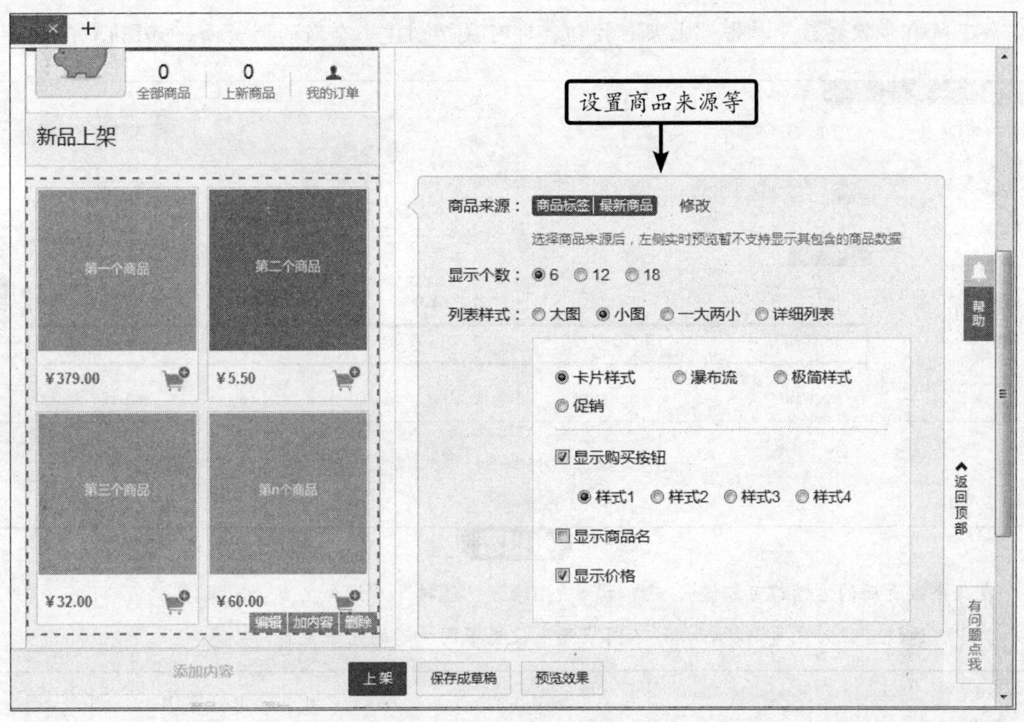

图13-32

08 完成了以上步骤之后，默认模板大体就完成了。还可以在各个模块中添加一些其他的内容，对自己的店铺进行自定义编辑，如图13-33所示。

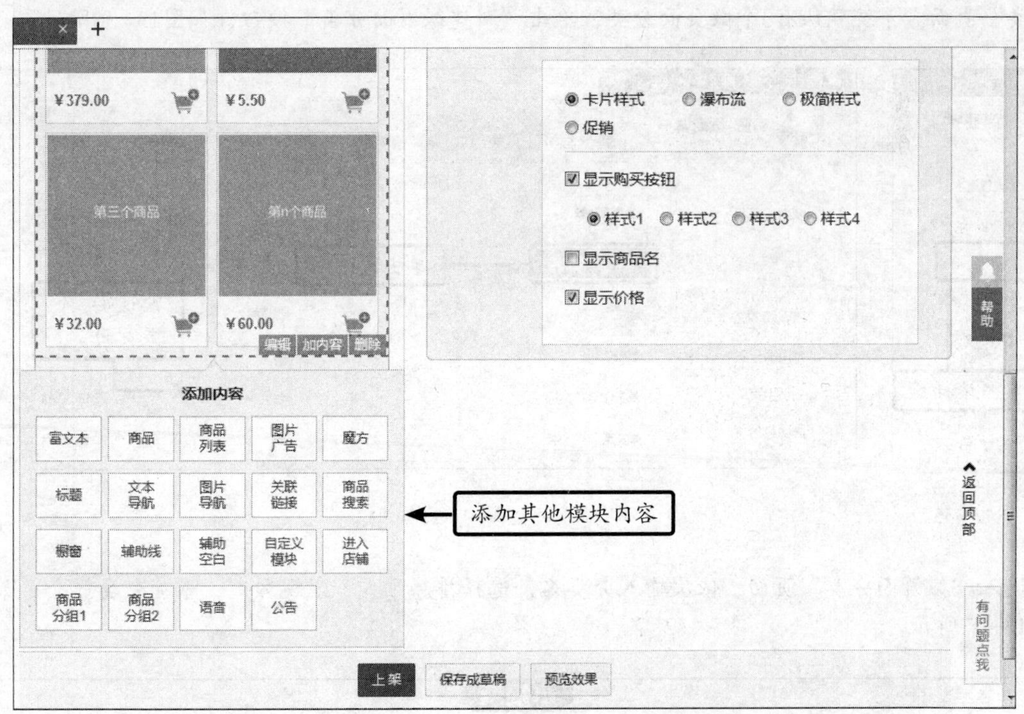

图13-33

09 完成了所有步骤之后，单击“上架”按钮，即可成功创建一个新的微页面，如图13-34所示。

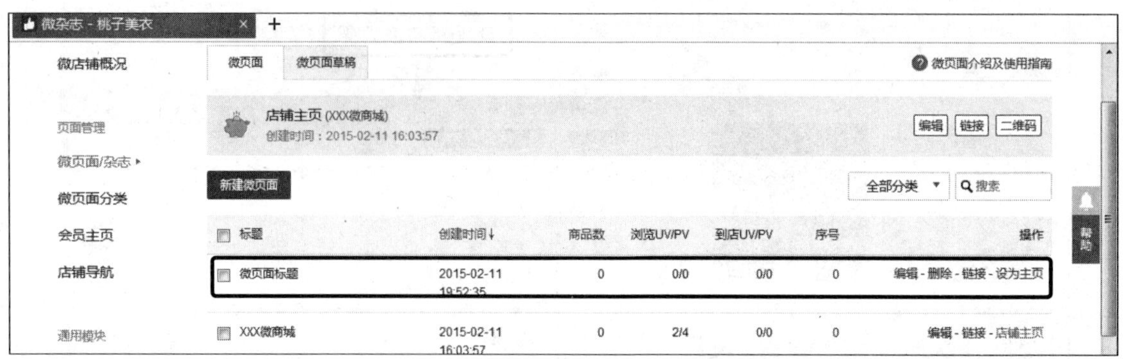

图13-34

小提示

在每个微页面的右侧都可以进行“编辑”“删除”“链接”“设为主页”等操作。其中，通过“设为主页”操作，按不同节气来设置不同主题的店铺主页。

2. 创建微页面分类

当创建的微页面越来越多时，可以为其添加不同的分类，以便更好地区分与查找。

01 在“微杂志”页面左侧栏中单击“微页面分类”标签（如图13-35所示），进入“微页面分类”页面。系统默认有3个微页面分类，单击“新建微页面分类”按钮，如图13-36所示。

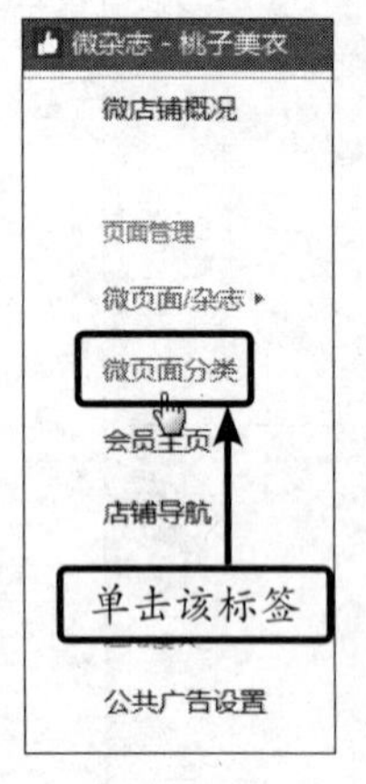

图13-35

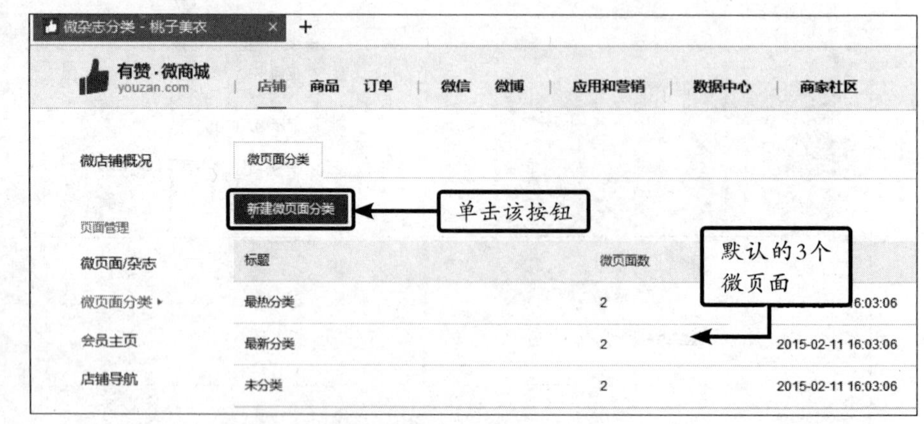

图13-36

02 进入“微页面分类”页面，依次输入分类名，选择排序方式、显现方式，添加分类简介，如图13-37所示。

小提示

“序号越大越靠前”的选择排序方式中的“序号”可在“微杂志”页面中设置，如图13-38所示。

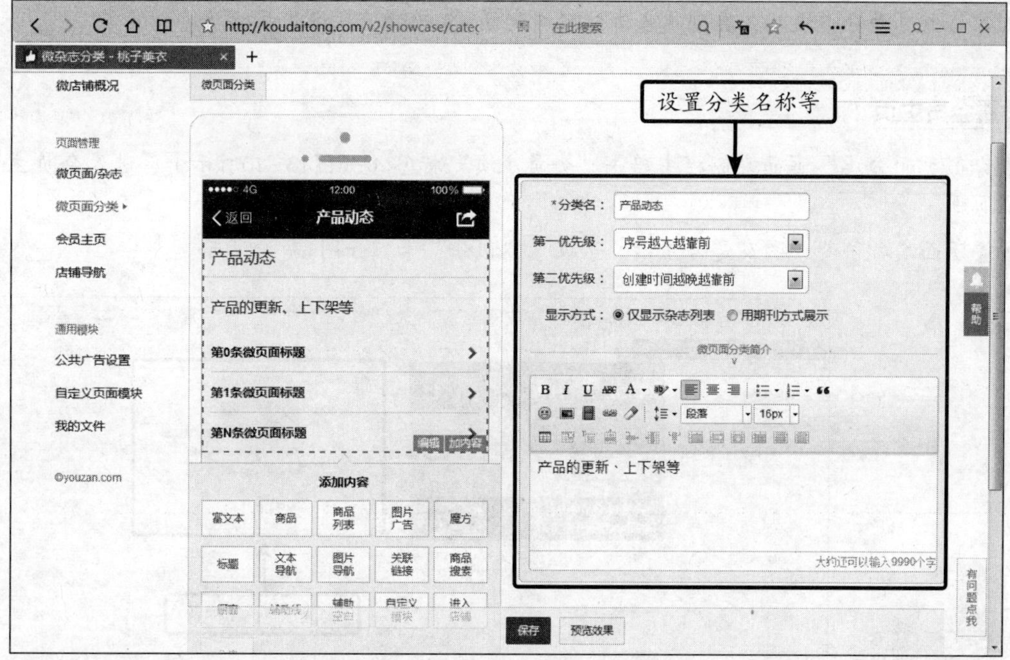

图13-37

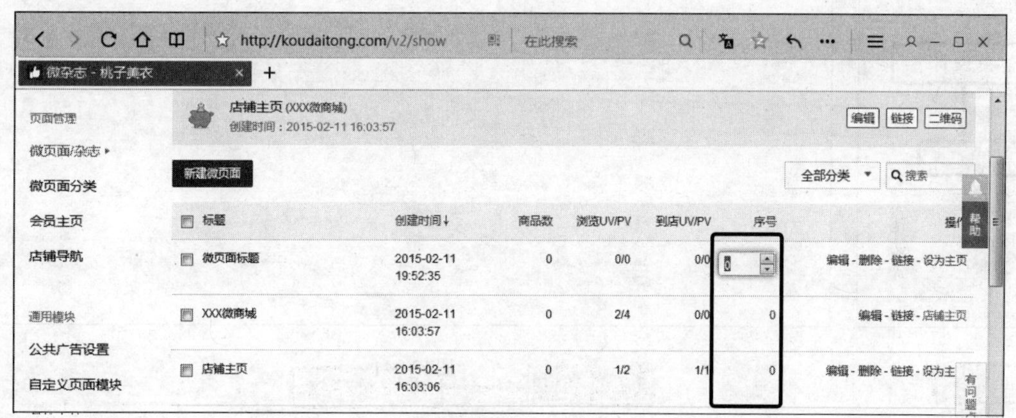

图13-38

03 单击“保存”按钮，即可成功创建微页面分类，如图13-39所示。

标题	微页面数	创建时间↓	操作
产品动态	0	2015-02-11 22:25:45	编辑 - 删除 - 链接
最热分类	2	2015-02-11 16:03:06	编辑 - 删除 - 链接
最新分类	2	2015-02-11 16:03:06	编辑 - 删除 - 链接
未分类	2	2015-02-11 16:03:06	编辑 - 删除 - 链接

图13-39

04 创建好微页面分类之后，在创建或者编辑微页面/杂志时即可将其添加至该分类中。

3. 设置会员主页

01 在“微页面分类”页面左侧栏中单击“会员主页”标签（如图13-40所示），进入会员主页设置页面。

02 设置页面名称、背景图及是否显示“等级”“积分”等，如图13-41所示。

图13-40 图13-41

> **小提示**
>
> 设置会员主页时，有哪些东西是通过“添加内容”关联是有必要的。可以好好想想，在顾客购买产品之后，来到会员主页查看订单时，关于“售后服务”“近期活动”“新品推荐”这些都是很好的关联。

03 单击“保存”按钮，即可成功设置会员主页。

4. 设置店铺导航

设置店铺导航，是为了将店铺的各个页面串联起来。通过精心设置的导航，方便买家在栏目间快速切换，引导其前往店主期望的页面。

01 在会员主页设置页面左侧栏中单击“店铺导航”标签（如图13-42所示），进入“店铺导航”页面。

图13-42

02 在页面右上角启用店铺导航，选中要应用导航的页面，如图13-43所示。

03 单击“修改模板”按钮，弹出“选择导航模板”窗口。选择一种模板样式，如图13-44所示。

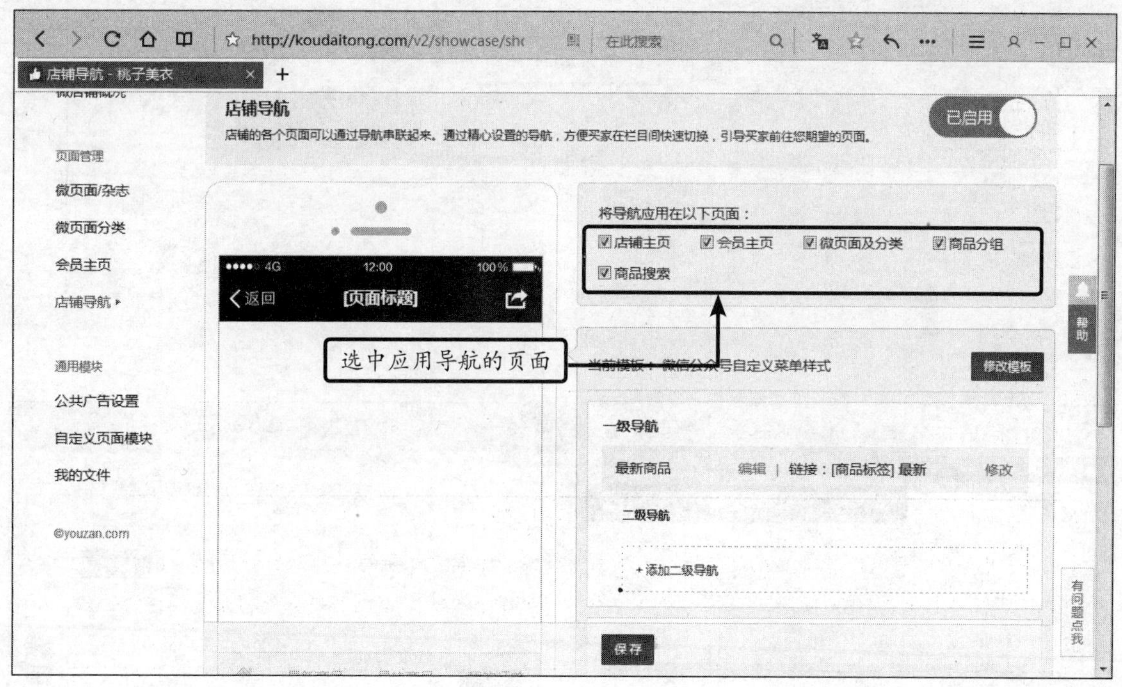

图13-43

04 单击“确定”按钮，返回“店铺导航”页面。在第1个“普通”图标上单击“选择”字样（如图13-45所示），弹出图13-46所示的窗口。

05 在窗口上方单击“图标库”标签，在其中通过设置导航图标的风格、颜色和类型，选择一种导航图标，如图13-47所示。

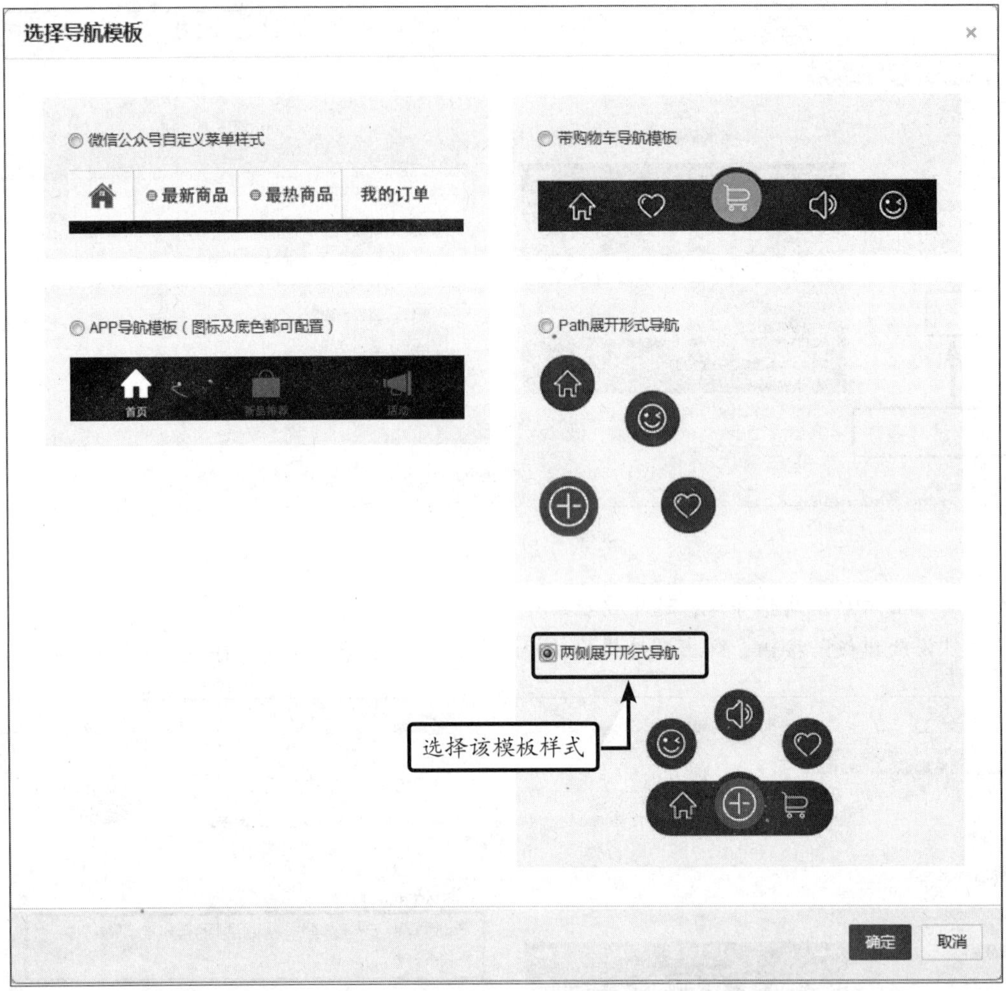
选择导航模板
微信公众号自定义菜单样式
最新商品
最热商品
我的订单
带购物车导航模板
APP导航模板（图标及底色都可配置）
首页
Path展开形式导航
两侧展开形式导航
选择该模板样式
确定
取消

图13-44

http://koudaitong.com/v2/showcase/shc
在此搜索
店铺导航 - 桃子美衣
店铺导航
通用模块
公共广告设置
自定义页面模块
我的文件
©youzan.com
返回
[页面标题]
当前模板：两侧展开形式导航
修改模板
添加两侧一级图标
普通：
选择
单击该字样
图片尺寸要求：不大于128*100像素，支持PNG格式
链接：选择链接页面
普通：
保存
帮助
返回顶部
有问题点我
javascript:;

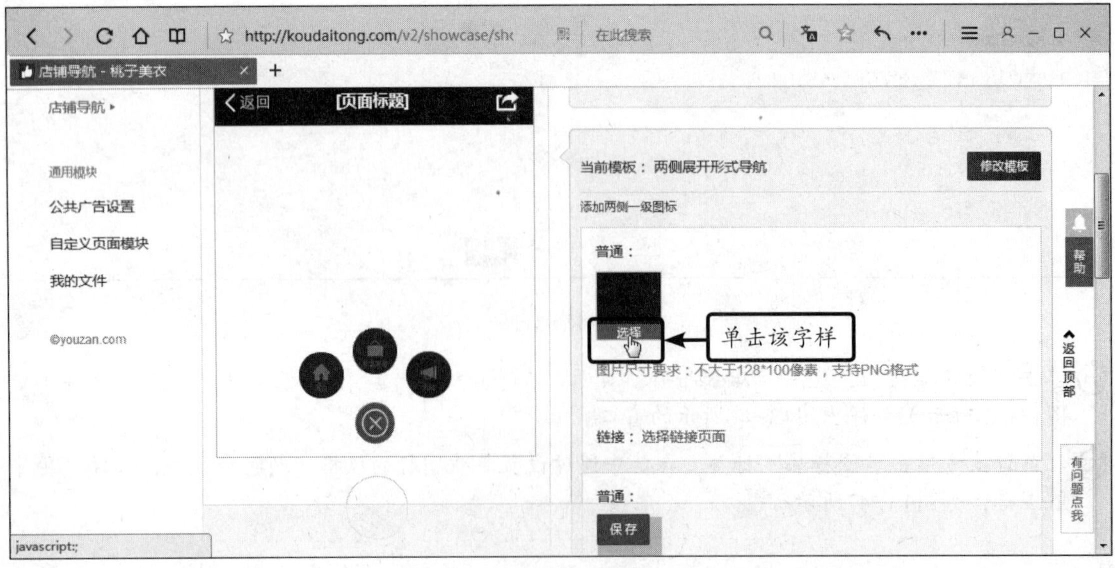

图13-45

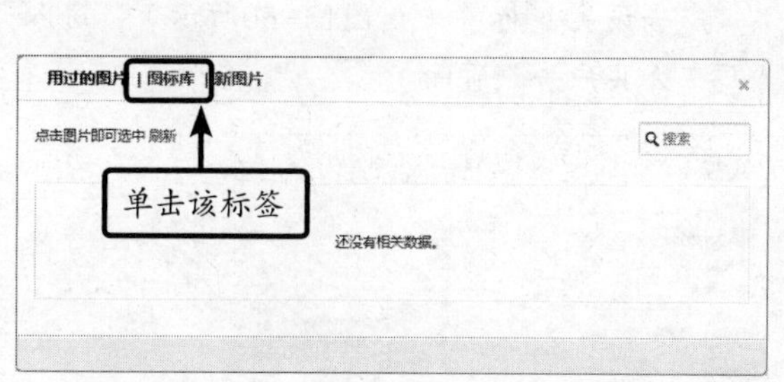

图13-46

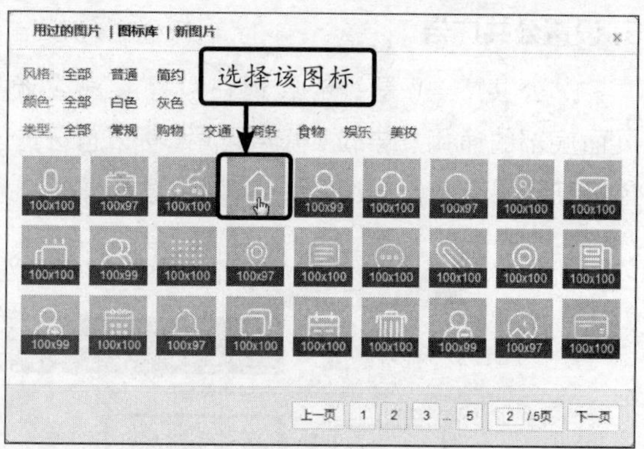

图13-47

06 选中图标之后，跳转至“店铺导航”页面，即可看到设置的一级图标。将鼠标指针指向其下方的“选择链接页面”链接，显示出包含多个页面选项的下拉列表，在其中选择该图标需要链接的页面选项，如图13-48所示。

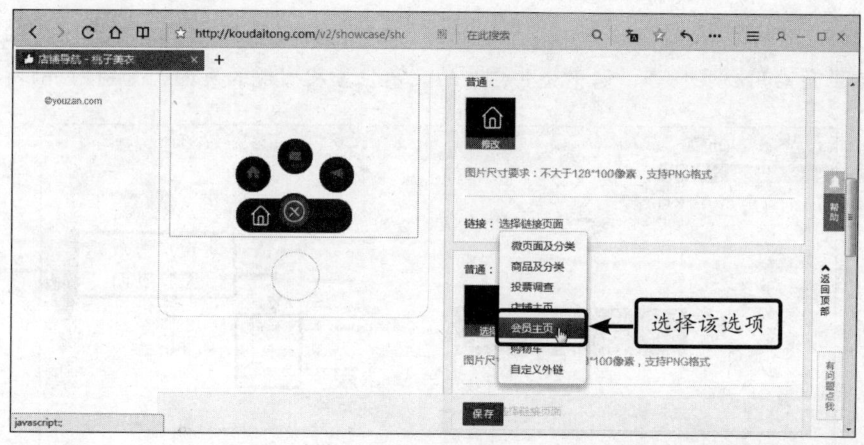

图13-48

07 按照相同的方法设置其他导航图标及其链接页面，如图13-49所示。

08 单击“保存”按钮，即可搭建出一个全新的店铺导航。

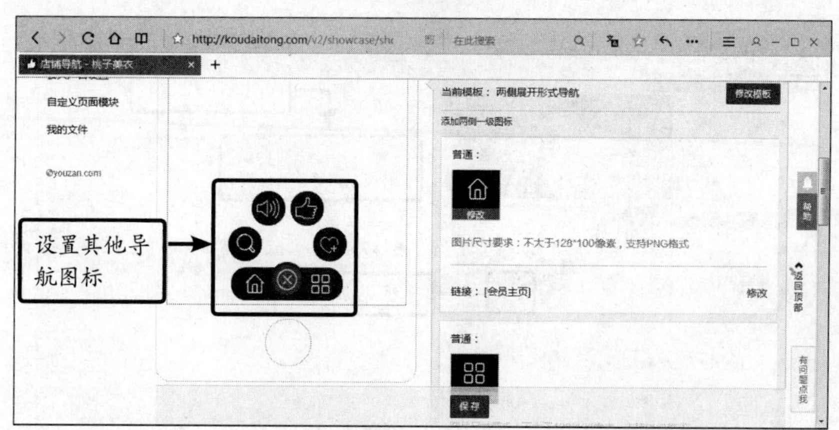

图13-49

5. 设置公共广告

“公共广告”是能够展现在页面头部或者页面底部的通用广告位，开启之后，可以自己选择将其应用在微杂志、商品、店铺主页等页面。

01 在“店铺导航”页面左侧栏中单击“公共广告设置”标签（如图13-50所示），进入“公共广告”页面。

图13-50

02 在页面右上角启用公共广告，选中公共广告的展示位置及出现的页面，如图13-51所示。

图13-51

03 在“添加内容”区域中选择添加的内容，在其右侧设置显示方式和显示大小，如图13-52所示。

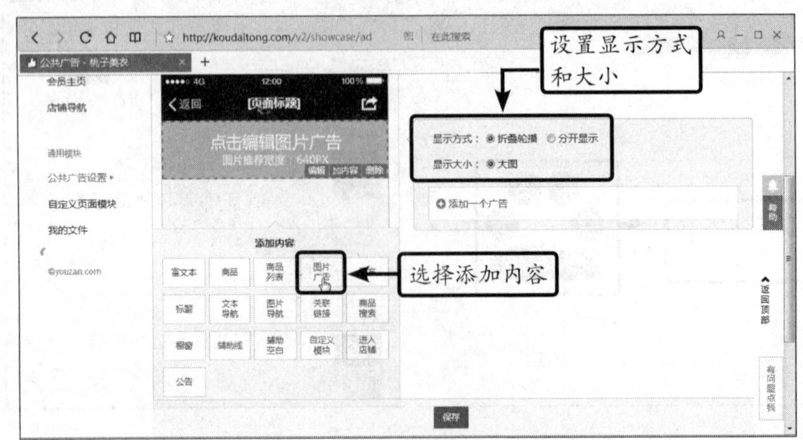

图13-52

04 单击“添加一个广告”链接，弹出如图13-53所示的窗口。

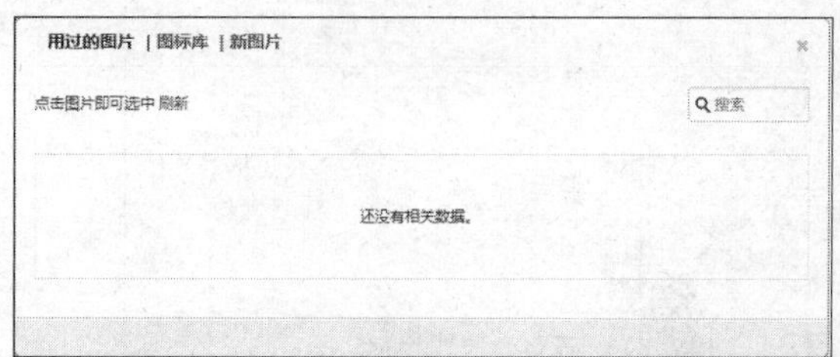

图13-53

05 在窗口上方单击“新图片”标签，在“本地图片”后单击添加按钮（如图13-54所示），弹出“打开”窗口。选中广告图片，如图13-55所示。

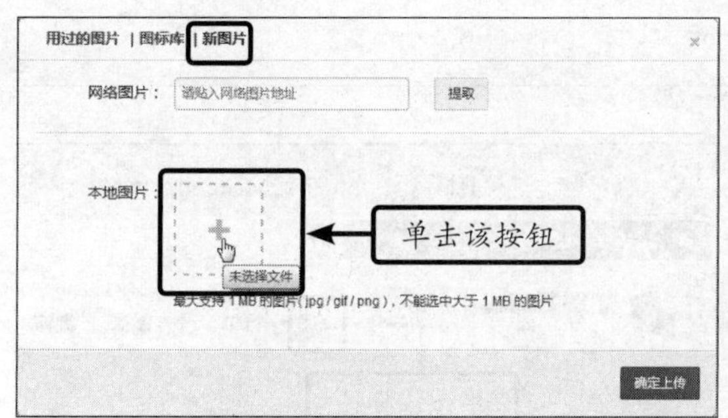

图13-54

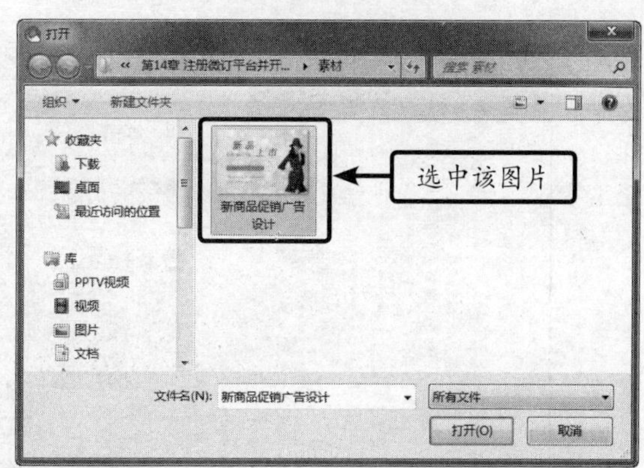

图13-55

06 单击“打开”按钮，返回之前的窗口中，可以预览到要添加的广告图片，如图13-56所示。

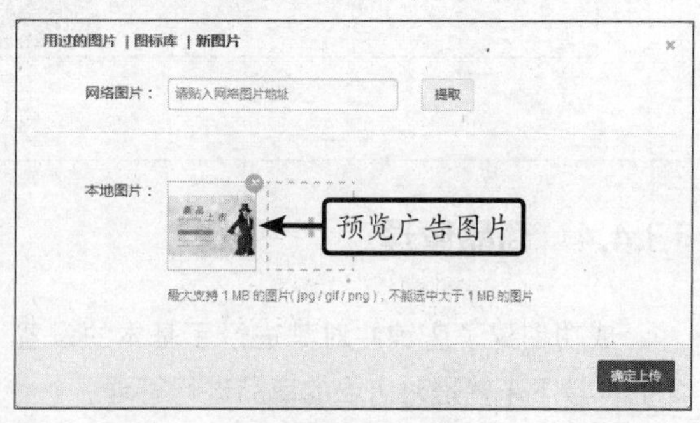

图13-56

07 单击“确定上传”按钮，返回“公共广告”页面。在“设置链接到的页面地址”下拉列表中选择一个页面选项，如图13-57所示。

图13-57

08 单击“保存”按钮，即可完成公共广告的设置。进入“会员主页”页面，预览效果如图13-58所示。

图13-58

13.4.4 商品管理

成功创建了店铺并对其进行了基本的设置之后，接下来就是对店里的商品进行管理。

1. 发布商品

01 在店铺后台页面上方单击“商品”标签（如图13-59所示），进入“商品管理”页面（可以看到之前创建店铺时系统用来测试添加的商品），如图13-60所示。

图13-59

图13-60

02 单击商品后的“删除”链接将其全部删除，单击左侧的“发布商品”按钮（如图13-61所示），进入“1选择商品品类”页面。选择商品的品类，如图13-62所示。

图13-61

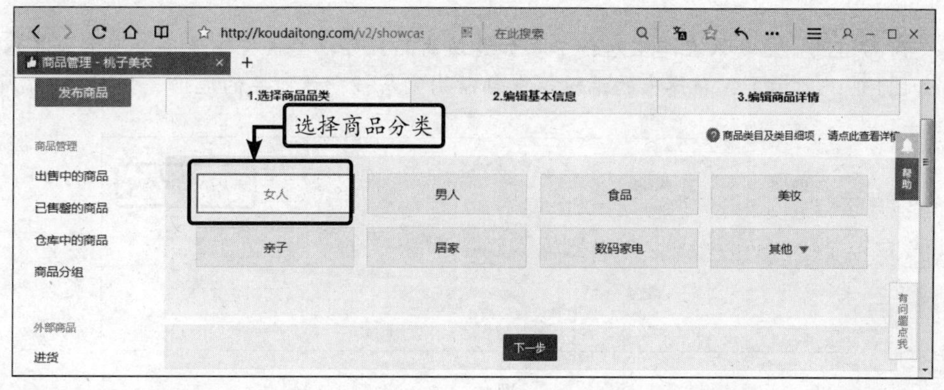

图13-62

03 单击“下一步”按钮，进入“2编辑基本信息”页面。首先设置商品的基本信息，如图13-63所示（其中，商品的分组如果事先已经设置好，可以在“选择商品分组”文本框中单击鼠标左键，在其下拉列表中选择；如果没有设置好，可以单击“新建分组”链接进行设置）。

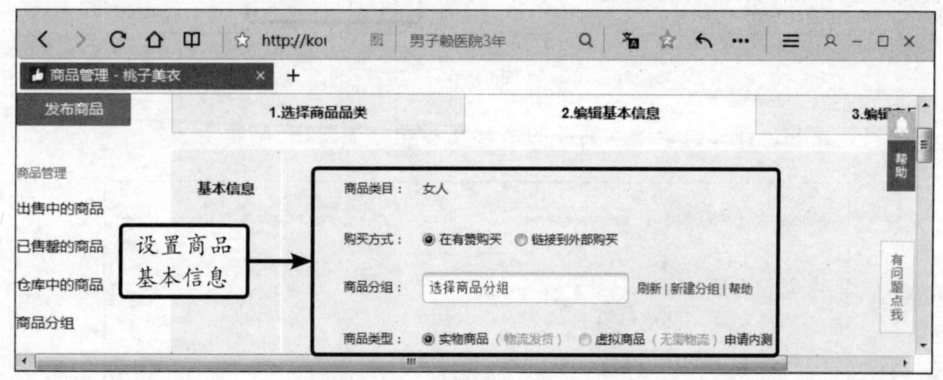

图13-63

04 设置商品的“库存/规格”，如图13-64所示。

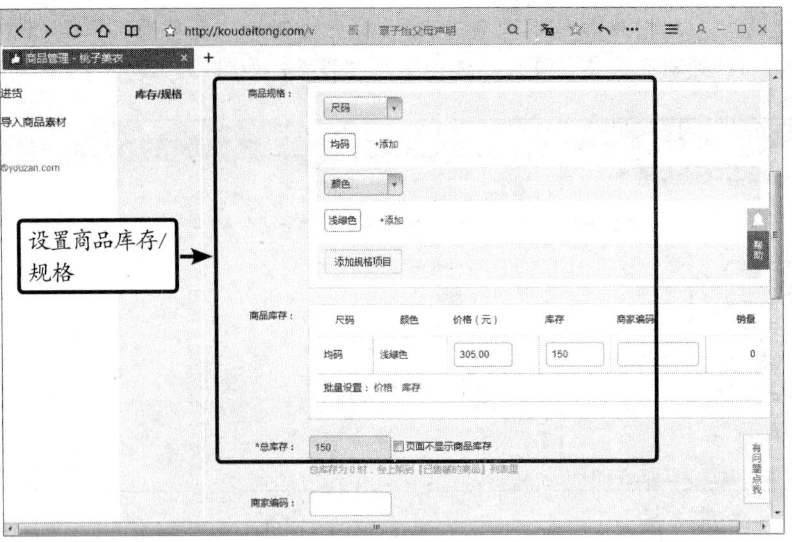

图13-64

05 设置“商品信息”。如果在淘宝店铺中添加过该商品，可以单击“快速导入淘宝商品信息”链接（如图13-65所示），在弹出的编辑框中粘贴淘宝店铺中该商品的地址，如图13-66所示。

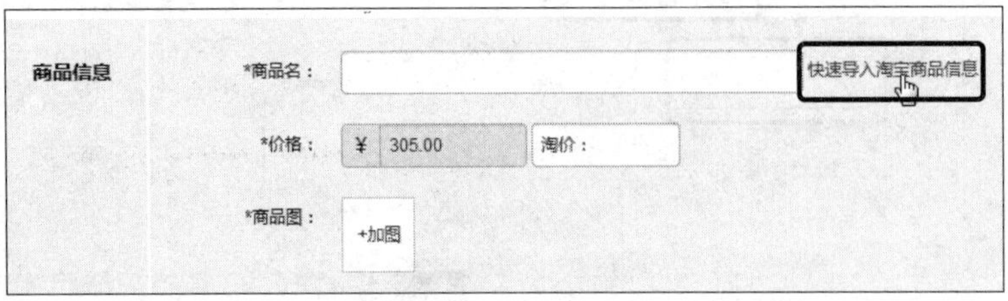

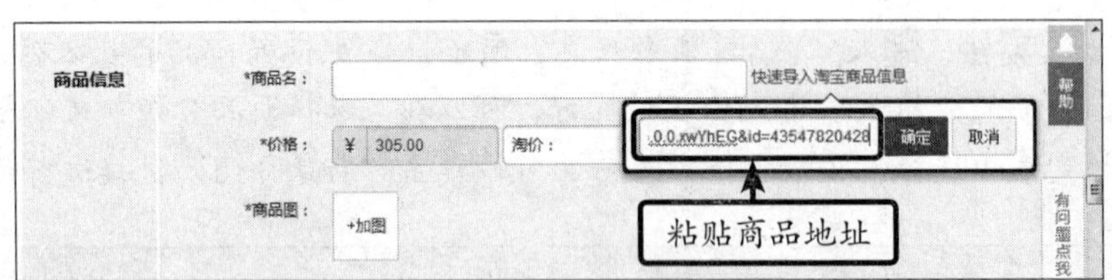

图13-65

图13-66

06 单击“确定”按钮，即可快速导入商品的名称及标题，如图13-67所示。

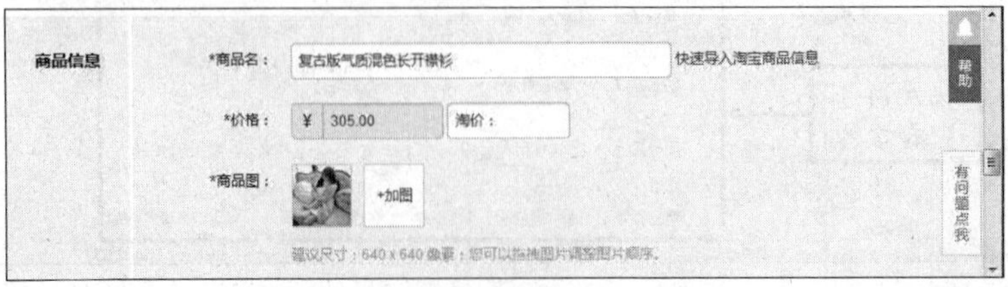

图13-67

07 设置“物流/其他”信息，如图13-68所示。

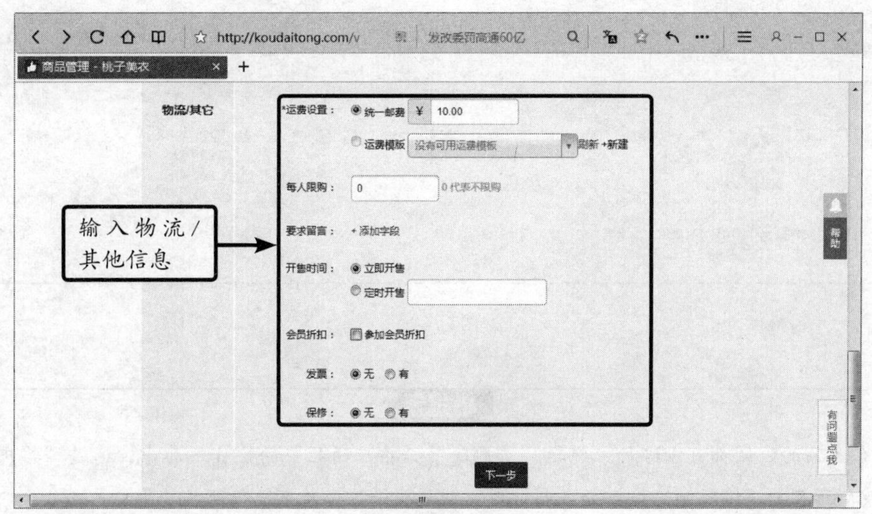

图13-68

08 单击“下一步”按钮，进入“3编辑商品详情”页面。添加商品简介及其他详情，如图13-69所示。

图13-69

09 单击“上架”按钮，返回“商品管理”页面，即可看到添加的商品，如图13-70所示。

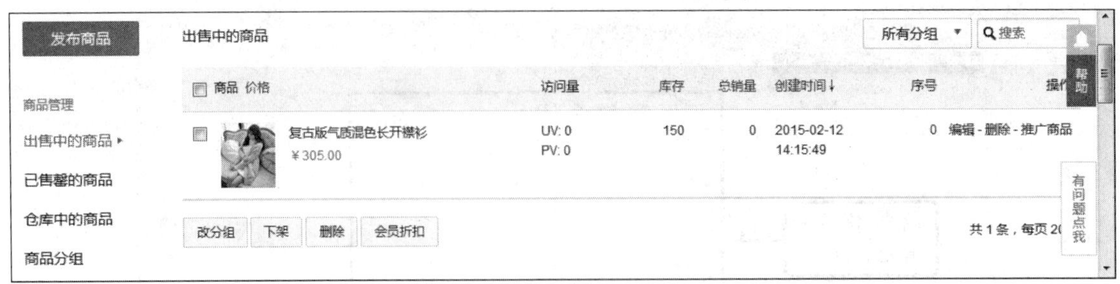

图13-70

小提示

在每个商品的右侧都可以进行“编辑”“删除”“推广商品”的操作。其中，通过“推广商品”操作，可以获得商品的二维码和链接，分享到微博、朋友圈等平台即可进行商品的推广。

另外，在商品的下方还可以进行“改分组”“下架”“删除”“会员折扣”的操作。

2. 商品分组

当店里的商品越来越多的时候，利用商品分组可以更好地管理商品，另外，也方便顾客能够更快地找到自己所需的商品。

01 在“商品管理”页面左侧栏中单击“商品分组”标签（如图13-71所示），进入“商品分组”页面。系统默认有4个分类，如图13-72所示。

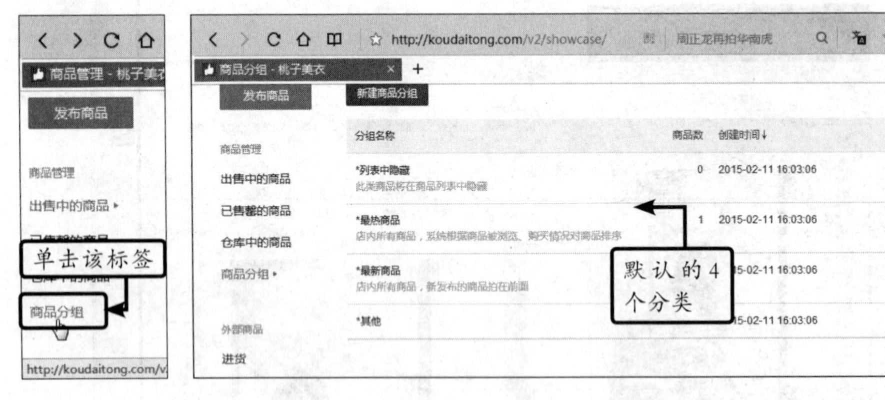

图13-71　　图13-72

02 单击“新建商品分组”按钮，进入商品分组设置页面。输入并设置分组名称、第一优先级、第二优先级、列表样式及商品标签简介，还可以添加很多自定义内容，如商品搜索框，如图13-73所示。

03 单击“保存”按钮，返回“商品分组”页面，即可看到新建的商品分组，如图13-74所示。

图13-73

分组名称	商品数	创建时间↓	操作
针织衫	0	2015-02-12 14:48:13	编辑 - 删除 - 链接
*列表中隐藏 此类商品将在商品列表中隐藏	0	2015-02-11 16:03:06	编辑 - 链接
*最热商品 店内所有商品，系统根据商品被浏览、购买情况对商品排序	1	2015-02-11 16:03:06	编辑 - 链接
*最新商品	1	2015-02-11 16:03:06	编辑 - 链接

图13-74

3. 入驻有赞分销平台

有赞分销平台，致力于打造成一个商品快速销售和流通的平台。一方面，帮助供货商更好更快地将货散出去。另一方面，结合有赞微商城，帮助中小卖家解决货源问题，让卖家能够精准地找到品质高、利润高的商品。

下面以分销商的身份入驻有赞分销平台，具体操作步骤如下。

01 在“商品分组”页面左侧栏中单击“进货”标签（如图13-75所示），打开“有赞分销平台”页面，单击“立即入驻”按钮，如图13-76所示。

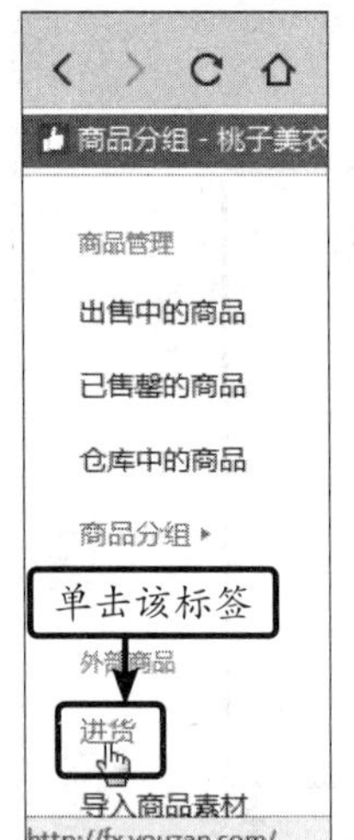

图13-75

图13-76

02 进入“选择身份”页面，单击“分销商入驻”按钮，如图13-77所示。

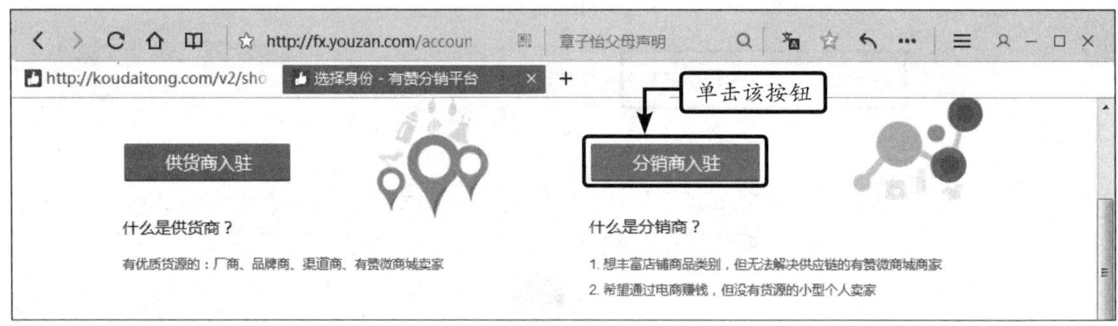

图13-77

03 进入“分销商 选择公司/店铺”页面，选中店铺（如图13-78所示），即可成功入驻有赞分销平台，如图13-79所示。

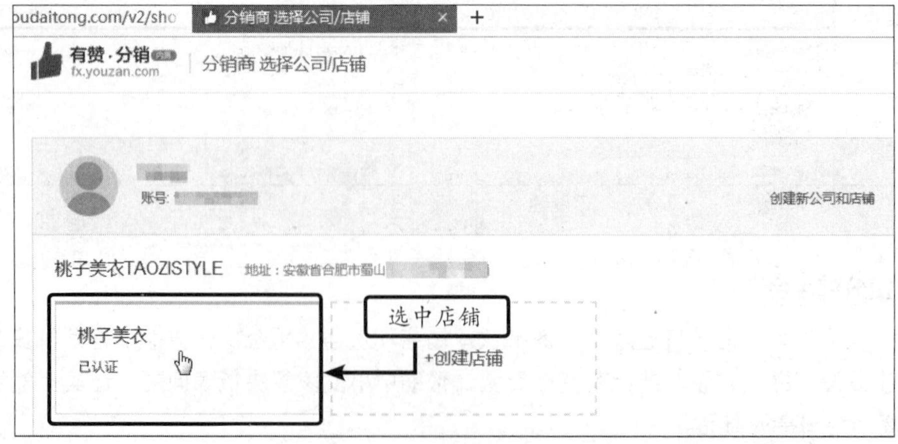

图13-78

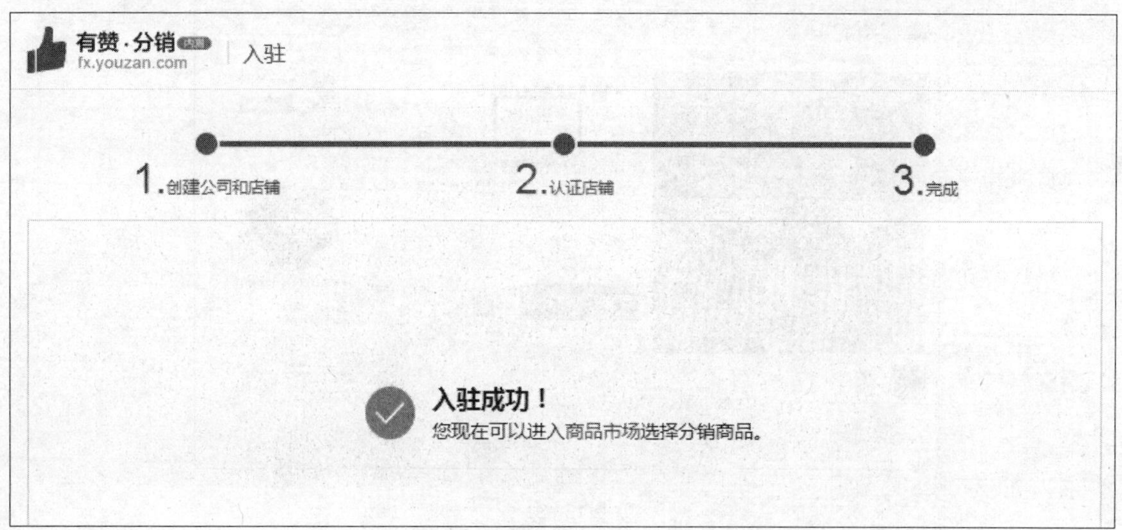

图13-79

小提示

入驻有赞分销平台之前，必须要认证店铺。具体认证方法参见13.4.2—1.店铺设置。

4. 分销商品

01 在图13-79所示图中单击“商品市场”链接，进入“商品市场”页面，单击商品标题，如图13-80所示。

02 进入商品详情页查看供货商指定的建议零售价（见图13-81），这样就可以算出每卖1单有多少利润了。

图13-80

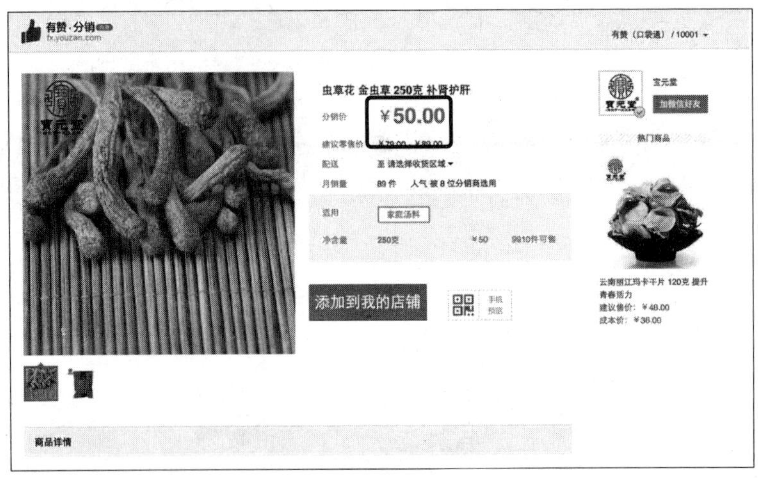

图13-81

03 返回“商品市场”页面，在分销商品后单击“添加到店铺”链接，弹出“编辑物流方式”窗口，如图13-82所示。可以使用买家的收货地址（供货商代发货），也可以使用自己的收货地址（自己处理发货）。

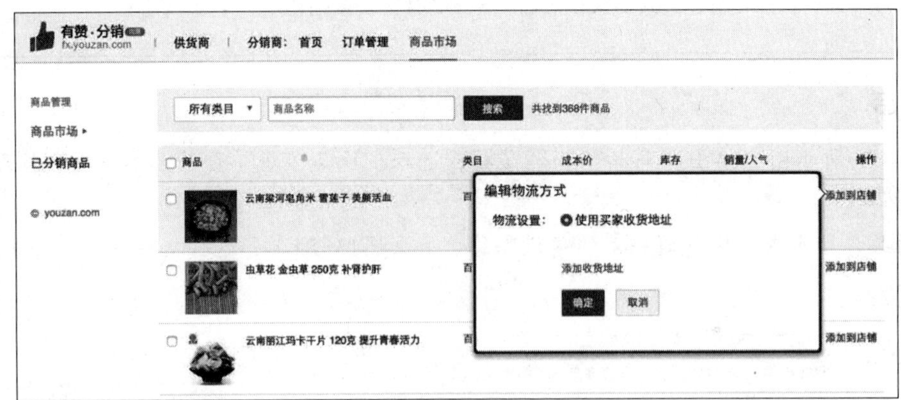

图13-82

04 单击“确定”按钮，即可将该商品添加至自己的微店铺里，如图13-83所示。

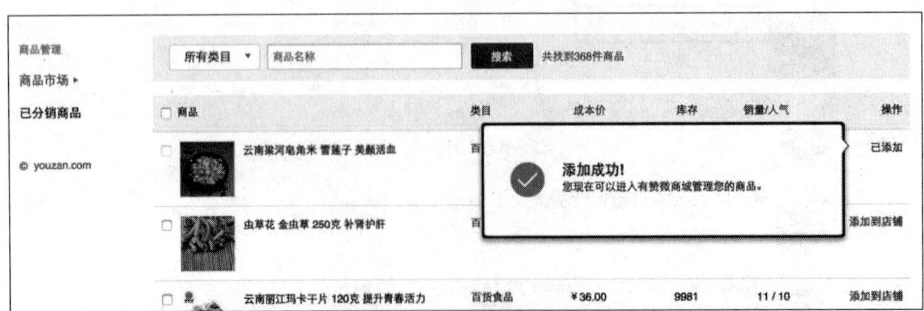

图13-83

05 分销商可以在店铺后台编辑分销商品的商品详情，如图13-84所示。单击“上架”按钮后可以开始售卖。

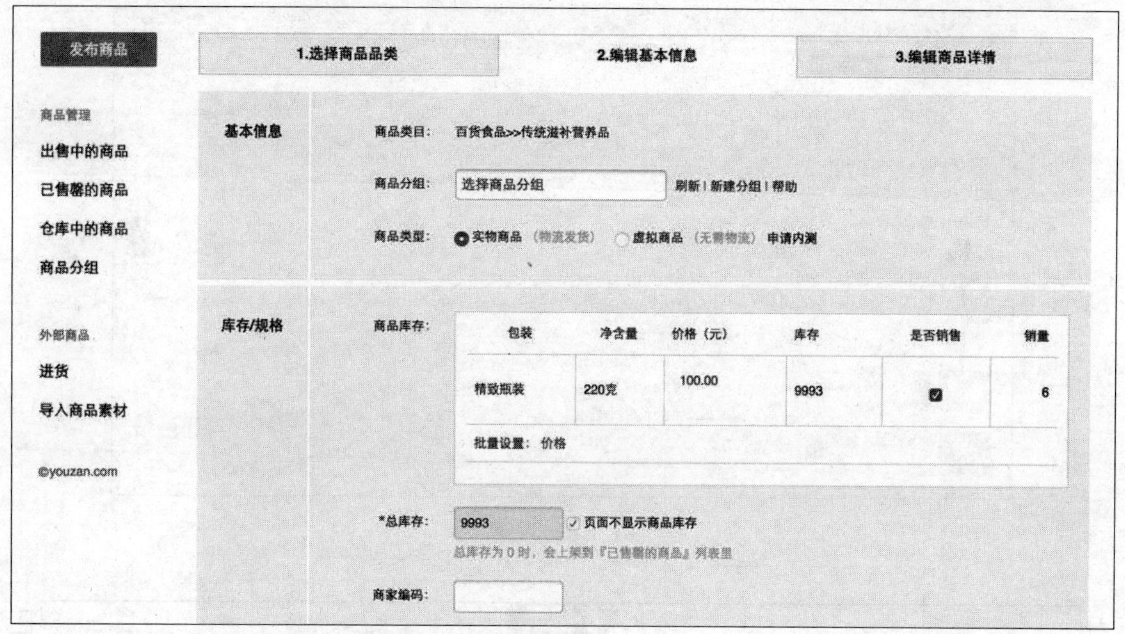

图13-84

13.4.5 订单管理

商品发布之后，会陆续产生订单。用户可以对这些订单进行信息查询，以及对订单产生的收入进行提现等操作。

1. 查询订单

01 在店铺后台页面上方单击“订单”标签（如图13-85所示），进入“订单概况”页面，可以看到店铺最近一周的订单趋势，如图13-86所示。

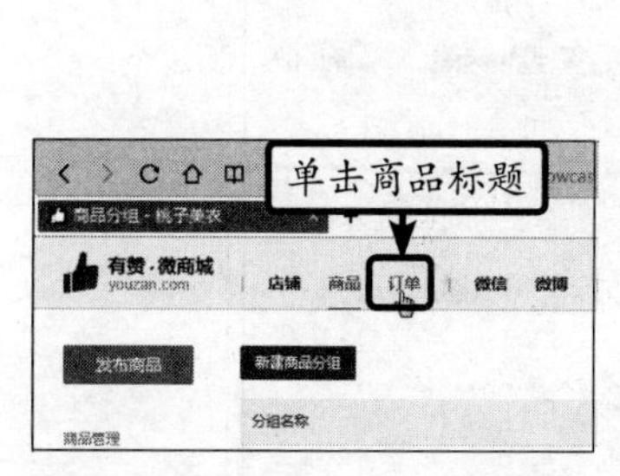

图13-85

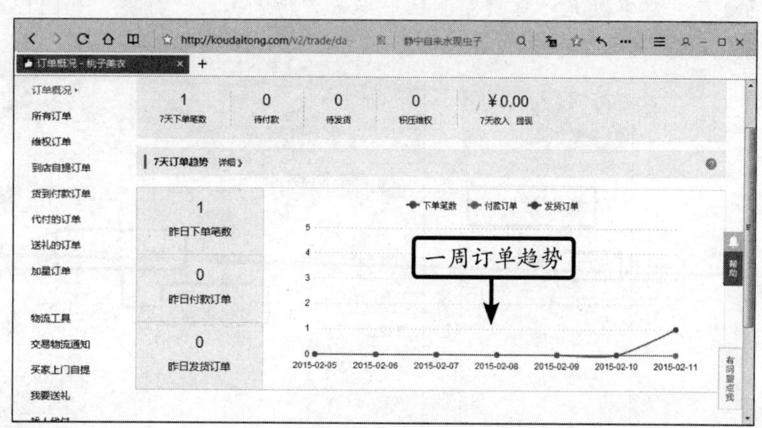

图13-86

02 在页面左侧栏中单击“所有订单”链接，进入“订单管理”页面。可以看到店铺中所有订单的详细情况。根据订单号、交易号、收货人姓名、手机、下单时间等方式还可以进行订单的筛选。另外，也可以将订单导出，存入电脑或移动硬盘中方便打印，如图13-87所示。

图13-87

小提示

在订单的后面单击“查看详情”“备注”“加星”链接，可分别查看订单详情、对订单进行备注以及为订单加星。

另外，在页面左侧栏中单击“维权订单”“到店自提订单”“货到付款订单”“代付的订单”“送礼的订单”“加星订单”链接，可分别查看相应类别的订单。

2. 新建运费模板

运费模板，就是为一批商品设置同一个运费。当您需要修改运费的时候，这些关联商品的运费将一起被修改（如果您在发布商品时不想使用运费模板，可以在发布商品时选择统一邮费）。

01 在“订单概况”页面左侧栏中单击“物流工具”标签（如图13-88所示），进入“物流工具”页面，如图13-89所示。

图13-88　图13-89

02 单击“新建运费模板”按钮，进入运费模板设置页面。输入模板名称，单击“指定可配送区域和运费”链接（如图13-90所示），弹出“选择可配送区域”窗口。

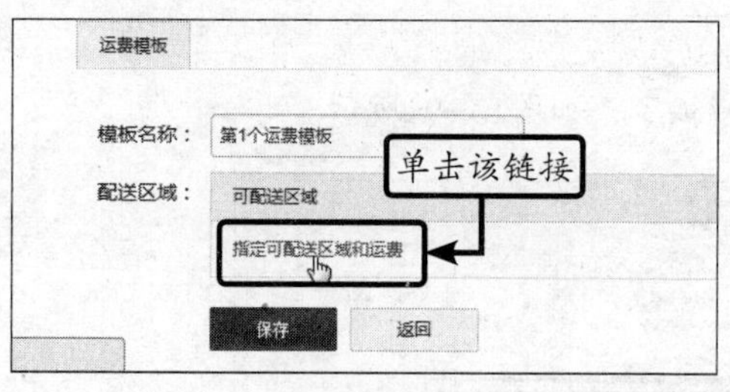

图13-90

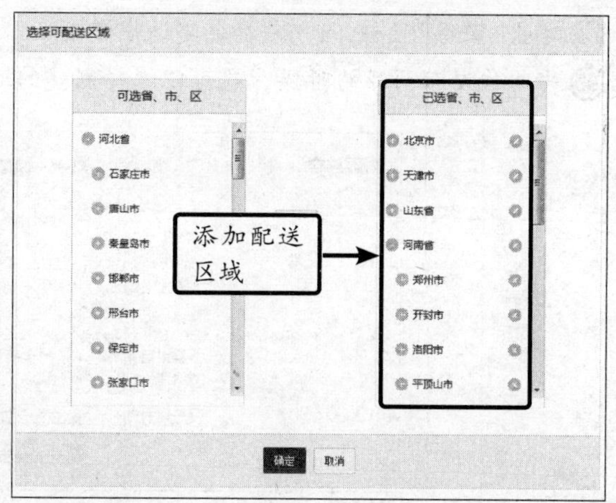

图13-91

03 在左侧的“可选省、市、区”下拉列表框中选中想要添加的项（单击前面的加号可以将其展开），单击中间的“添加”按钮，将其添加至右侧的“已选省、市、区”列表框中，如图13-91所示。

04 单击“确定”按钮，即可成功设置配送区域。在其后面设置运费及续费，如图13-92所示。

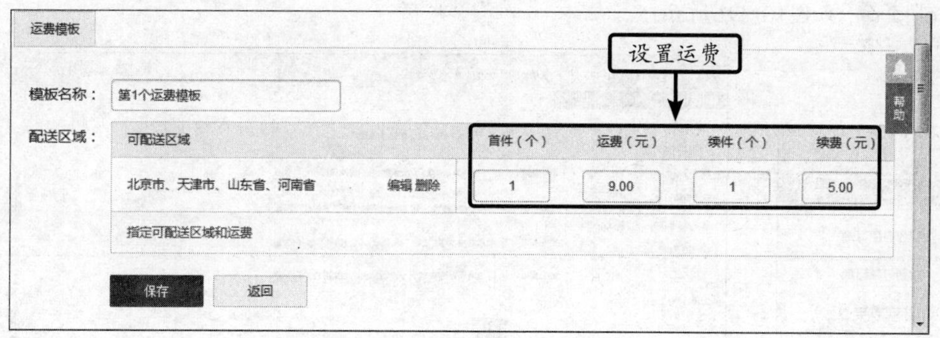

图13-92

05 按照相同的方法添加其他配送区域及运费，如图13-93所示。

图13-93

06 单击“保存”按钮，即可成功创建运费模板。

07 当再次发布商品的时候，就可以选择新建的运费模板了，如图13-94所示。

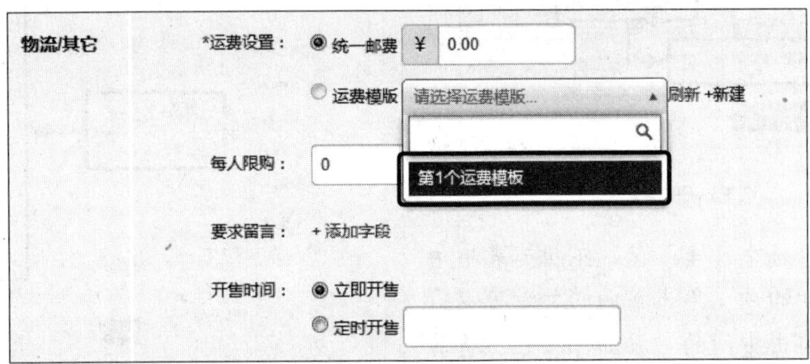

图13-94

3. 设置交易物流通知

01 在“物流工具”页面左侧栏中单击“交易物流通知”标签（如图13-95所示），进入“交易/物流通知”页面，如图13-96所示。

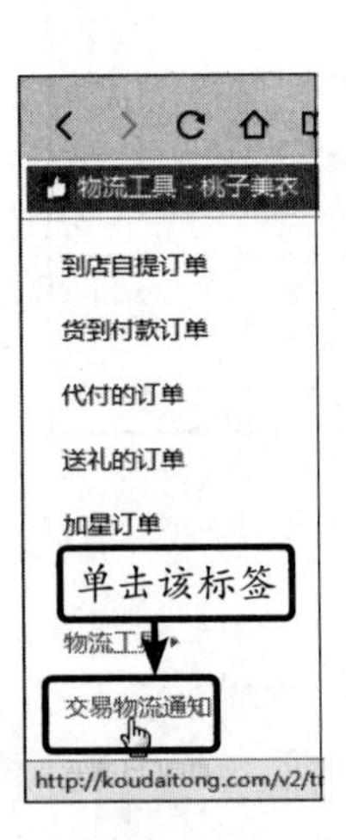

图13-95

图13-96

02 在该页面中可以设置催付通知、支付成功通知、发货通知、维权通知等，设置完毕之后单击“保存”按钮即可。

4. 收入提现

01 在“找人代付”页面左侧栏中单击“收入/提现”标签（如图13-97所示），进入“收入/提现”页面，单击“提现”按钮，如图13-98所示。

02 弹出“提现”窗口，设置提现金额，如图13-99所示。

03 单击“设置提现账户”链接，弹出“设置银行卡提现账号”窗口。设置开户银行、账户类型、银行卡卡号、开卡人姓名等，如图13-100所示。

04 单击“设置”按钮，返回“提现”窗口。即可看到添加的提现银行卡账号。

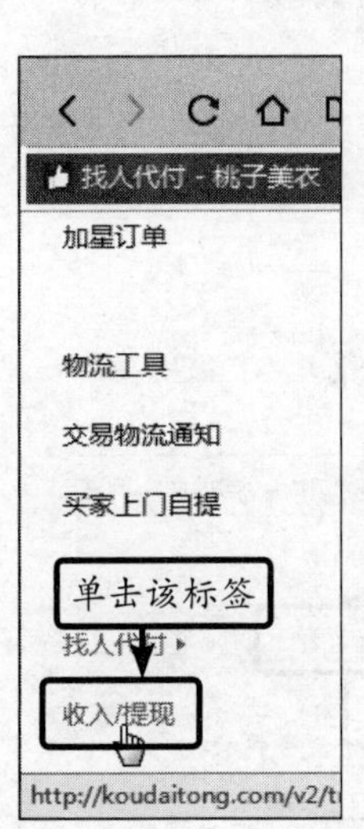

图13-97

图13-98

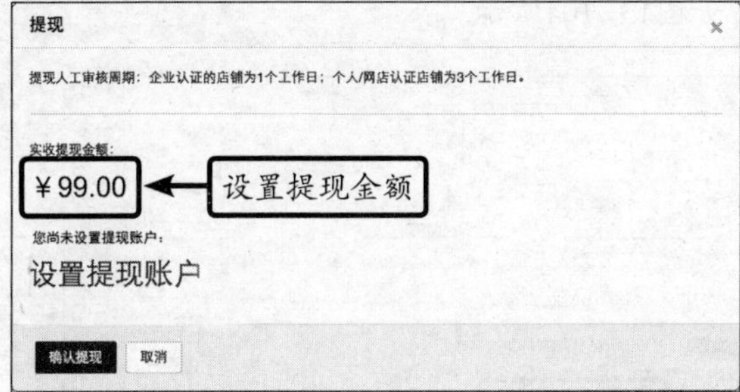

图13-99

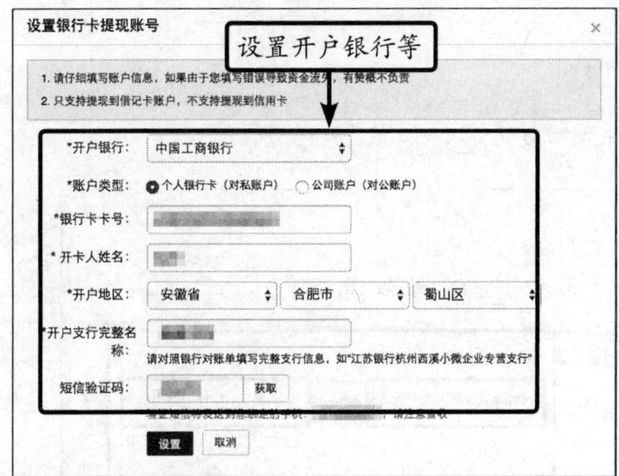

图13-100

05 单击“确认提现”按钮即可提交提现申请，3个工作日之后即可提现成功。

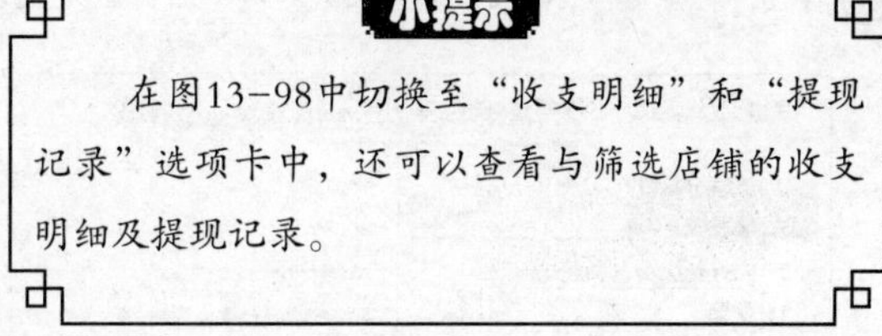
小提示

在图13-98中切换至“收支明细”和“提现记录”选项卡中，还可以查看与筛选店铺的收支明细及提现记录。

13.4.6 微信管理

这里主要介绍自动回复功能的使用与微信图文素材的创建。

1. 自动回复

自动回复，是快捷地向顾客的指定操作发送相应的内容回复。如关键词自动回复、关注后自动回复、消息托管等。

01 在店铺后台页面上方单击“微信”标签（如图13-101所示），进入“自动回复设置”页面。

02 在“关键词自动回复”选项卡下单击“新建自动回复”按钮，如图13-102所示，在弹出的窗口中输入规则名称，如女装，如图13-103所示。

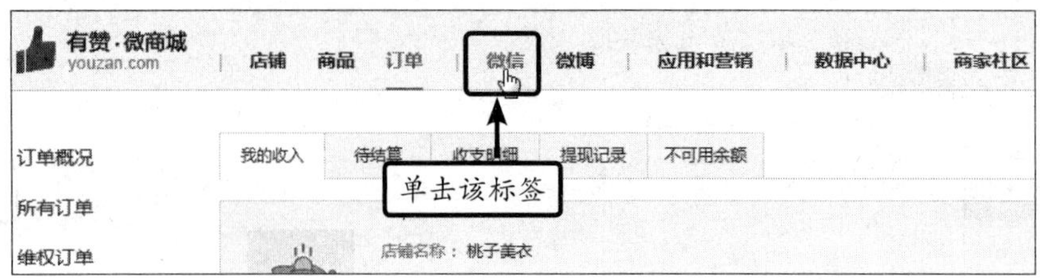

图13-101

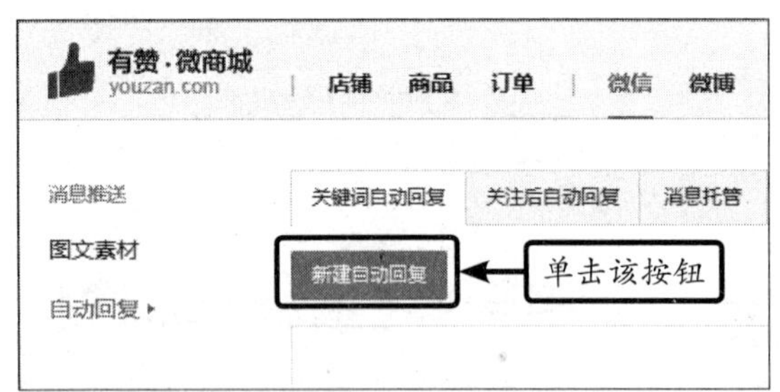

图13-102

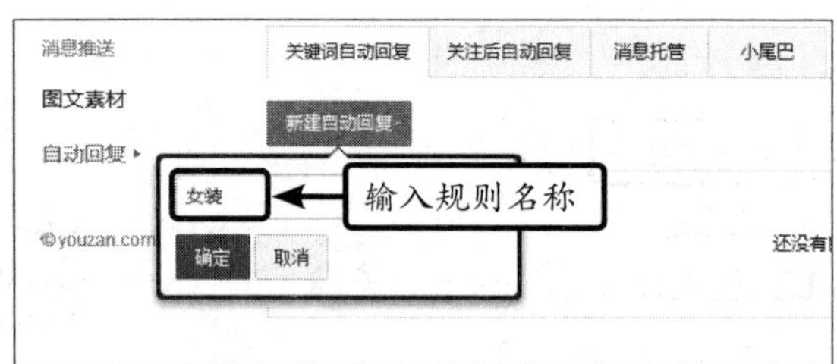

图13-103

03 单击“确定”按钮，显示出关键词的编辑区域，如图13-104所示。

图13-104

04 单击“添加一条回复”链接，在弹出的窗口中输入回复内容，如图13-105所示。

图13-105

05 单击“确定”按钮，即可完成关键词的自动回复设置，如图13-106所示。

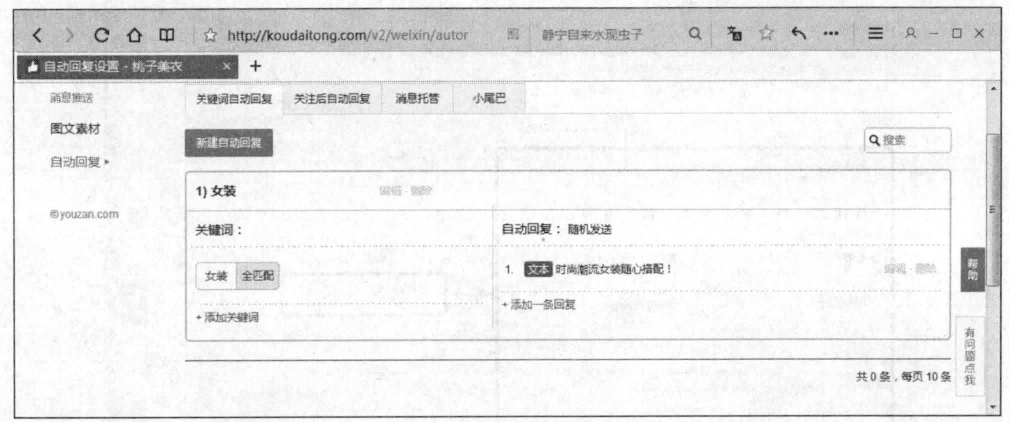

图13-106

小提示

图中的"全匹配"和微信公众后台关键词自动回复中的"已全匹配"是相同的。

顾客只有在回复"女装"这个关键词的时候，才会触发到设置的"女装"这个关键词（多一个字少一个字都不行），平台才会自动回复所设置的内容。

也可以设置为"模糊"（方法如图13-107所示），即微信公众平台的"未全匹配"。表示当顾客回复"女装"或者"最新女装"的时候都会触发"女装"这个关键词，然后自动回复。

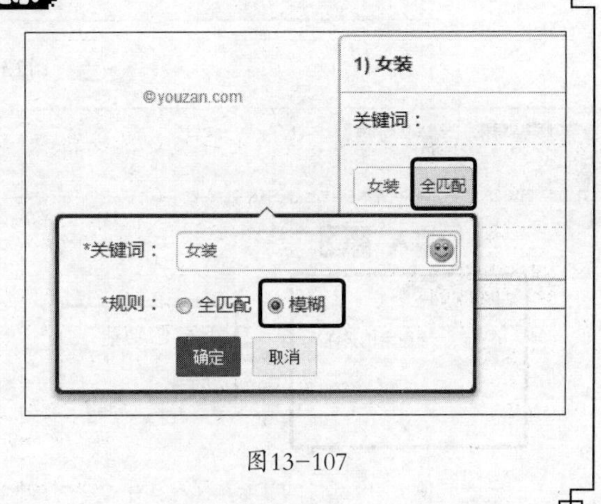

图13-107

06 同样，切换至"关注后自动回复"选项卡，可以设置当有粉丝关注你的微信时，会自动回复的消息内容。也可以在这上面设置关键词，这样，除了关注自动回复，粉丝发送了触发关键词，也会发送出设置好的关注自动回复的内容，如图13-108所示。

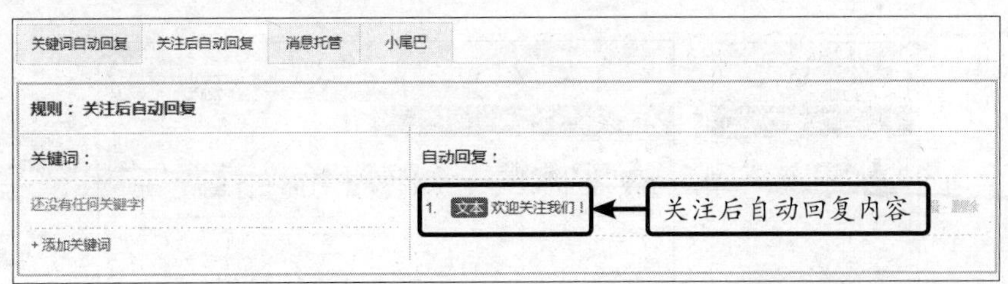

图13-108

07 切换至"消息托管"选项卡，可以启用信息托管模式，即表示不管粉丝发什么信息，未触发其他自动回复规则时就会回复信息托管中设置的内容（对于消息托管，如果设置了22:00～08:00时间段开启，那么消息托管只有在当日晚上10点到第二日上午8点生效），如图13-109所示。

08 切换至"小尾巴"选项卡，可以开启小尾巴功能。这样，回复给粉丝的文本消息末尾都会自动加上"小尾巴"里的内容，如图13-110所示。

图13-109

图13-110

2. 创建图文素材

有赞微商城后台的图文素材分为高级图文和微信图文。微信图文除了可以群发，其他的功能和高级图文一样，可以用于自动回复、一对一回复、自定义菜单等。

下面介绍微信图文的创建方法，具体操作步骤如下。

01 在“自动回复”页面左侧栏中单击“图文素材”标签（如图13-111所示），进入“图文素材”页面。

02 在默认的“微信图文”选项卡下单击“新建图文”按钮，如图13-112所示。

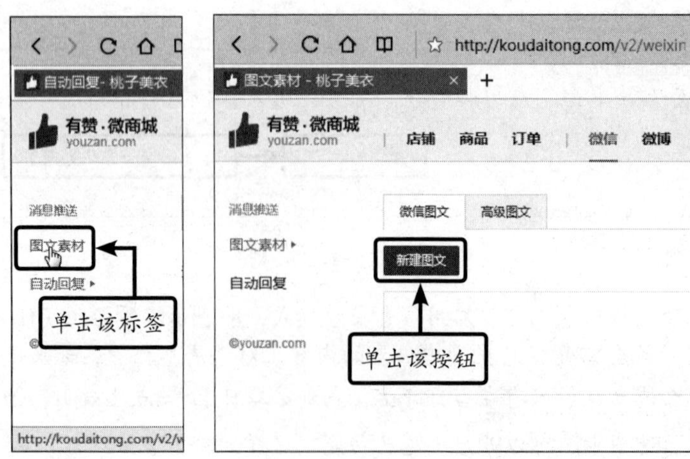

图13-111　　图13-112

03 弹出如图13-113所示的窗口，单击“单条图文素材”选项，进入编辑页面。设置图文标题、封面、正文等，如图13-114所示。

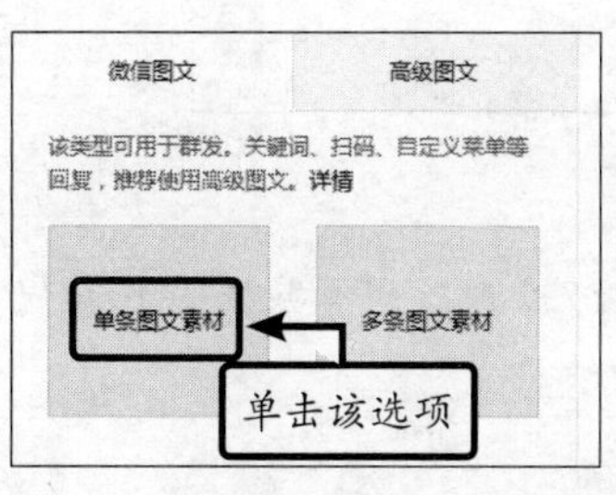

图13-113

图13-114

04 单击“上架”按钮，即可成功创建微信图文素材，如图13-115所示。

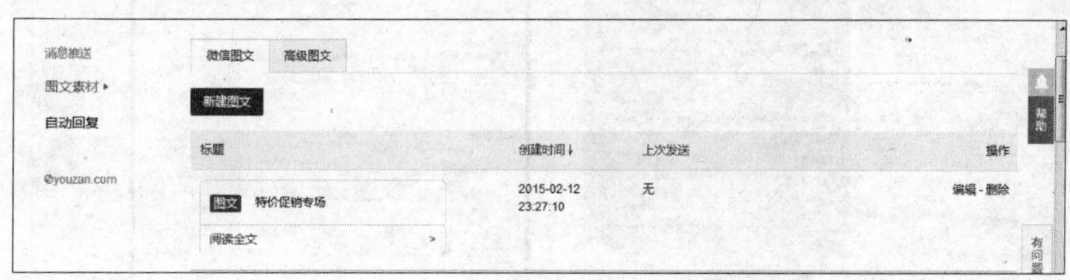

图13-115

13.4.7 营销管理

和淘宝店铺一样，有赞商城里的微店铺也可以通过设置优惠券、满减满送等优惠活动进行营销推广。

1. 创建店铺优惠券

01 在店铺后台页面上方单击“应用和营销”标签，进入“应用营销概况”页面，如图13-116所示，单击“优惠奖品设置”标签。

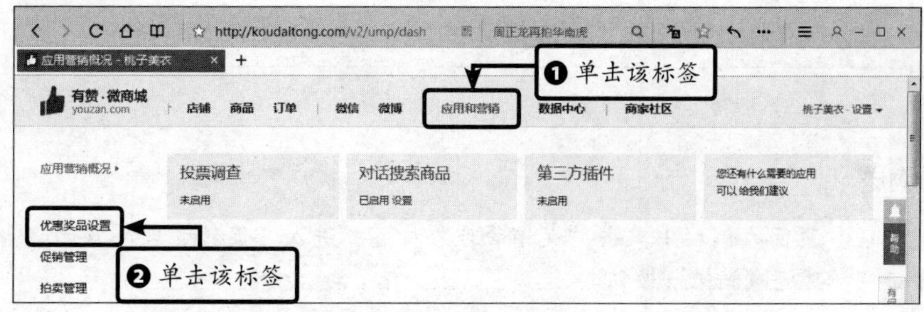

图13-116

02 进入“优惠管理”页面。将鼠标指针指向左上角的“新建优惠”链接，在其下拉列表中选择一种优惠选项，如“店铺优惠券”（如图13-117所示），进入“店铺优惠券”页面。

图13-117

03 设置优惠券名称、面值、订单金额、会员等级、发放总量、生效/过期时间等基本信息和规则，如图13-118所示。

图13-118

04 单击“保存”按钮，即可成功创建店铺优惠券，如图13-119所示。

所有优惠 | +新建优惠▾ 搜索

优惠名称	类型	价值	领取限制	有效期		领取人/次	已使用	操作
特价促销 最低消费：¥100	店铺优惠券	5	一人2张 库存：100	2015-02-12 23:40:53	2015-03-12 23:40:53	0/0	0	链接 - 编辑 - 使失效

共1条，每页20条

图13-119

2. 创建满减满送

01 在“优惠管理”页面左侧栏中单击“促销管理”标签，进入“促销管理”页面，如图13-120所示，单击“新建满减满送”按钮。

02 进入“满就送”页面。设置活动名称、生效时间、优惠方式、优惠条件等，如图13-121所示。

图13-120

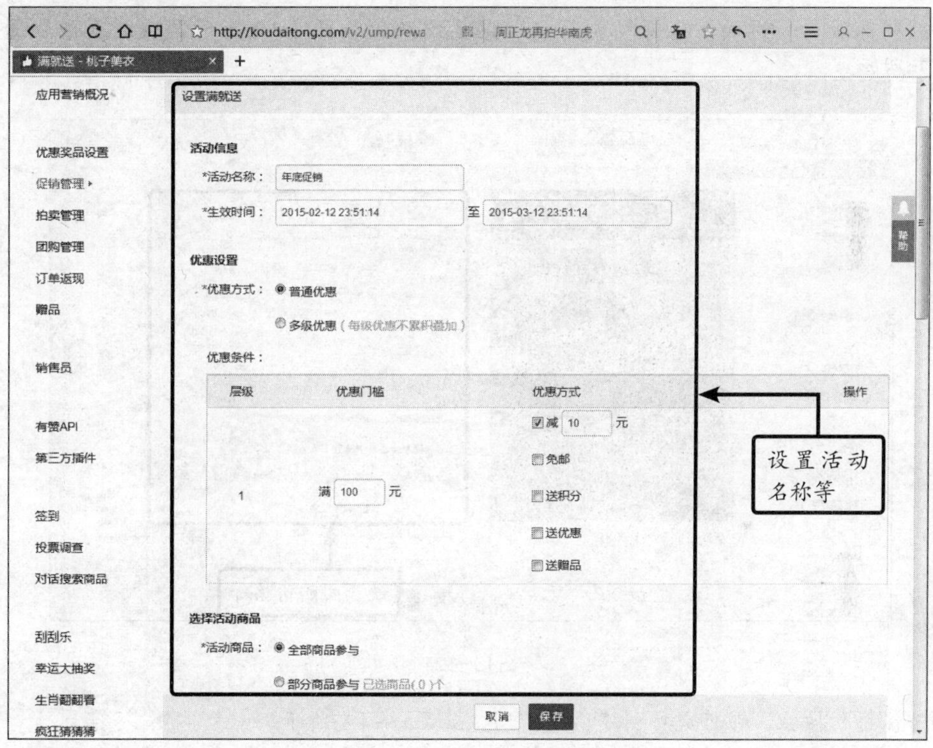

图13-121

03 单击“保存”按钮，即可成功创建满减满送活动，如图13-122所示。

所有促销 未开始 进行中 已结束

新建满减满送 搜索

活动名称	有效时间	活动状态	操作
年底促销	2015-02-12 23:51:14 至 2015-03-12 23:51:14	正在进行	编辑 - 删除

图13-122

3. 创建团购

01 在“促销管理”页面左侧栏中单击“团购管理”标签，进入“团购管理”页面，如图13-123所示，单击“新建团购”按钮。

图13-123

02 进入“团购编辑”页面。选择团购商品、设置团购价、开始/结束时间及返现条件等，如图13-124所示。

图13-124

03 单击“保存”按钮，即可成功创建团购活动，如图13-125所示。

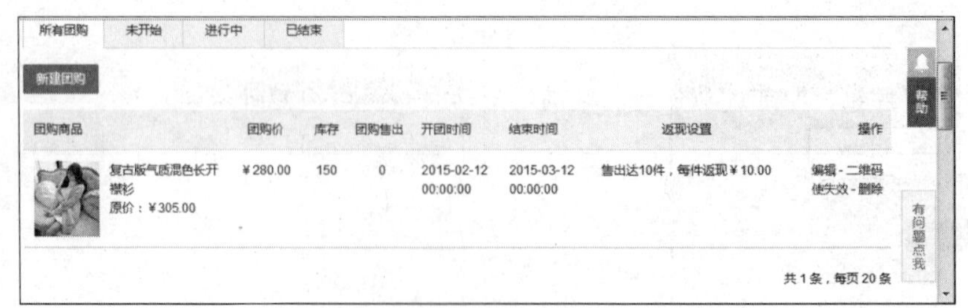

图13-125

小提示

在页面的左侧栏中单击“拍卖管理”“订单返现”“赠品”“签到”“刮刮乐”“幸运大抽奖”等标签，还可以分别创建拍卖活动、订单返现活动、赠品、签到送积分、刮刮乐、幸运大抽奖活动等。具体创建方法大致相同，不再赘述。

13.5 有赞微商城手机客户端的使用

和微盟平台一样，有赞微商城也有自己的手机客户端，主要用于帮助商家实时处理订单、与买家交互等。

1. 登录有赞微商城手机客户端

01 下载并安装有赞微商城手机客户端，并将其打开，如图13-126所示。

02 点击“登录”按钮，进入登录页面，如图13-127所示。

图13-126

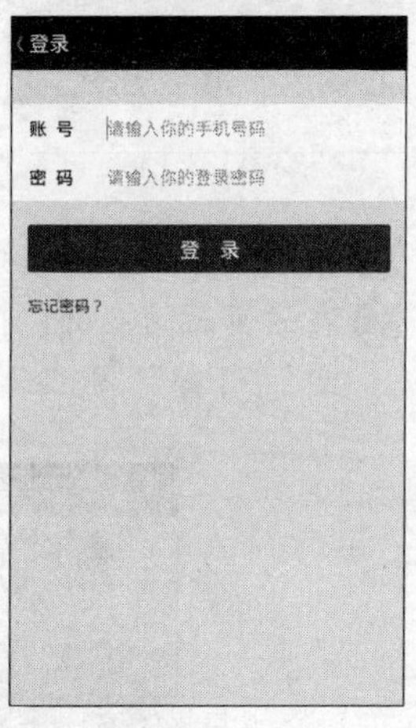

图13-127

03 输入有赞账号及密码，点击“登录”按钮，进入选择店铺页面，选中注册的有赞微店铺，如图13-128所示。

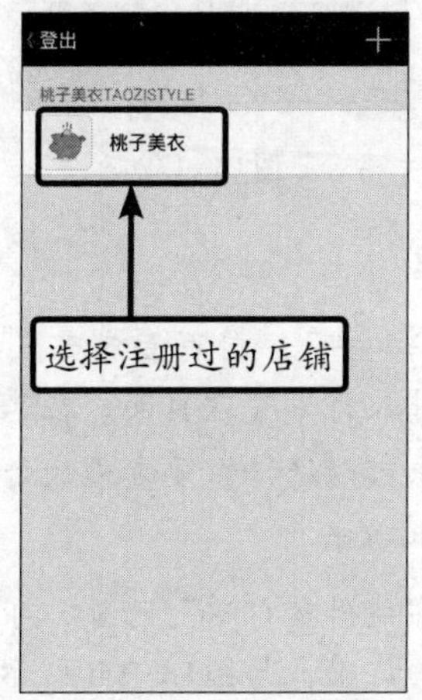

图13-128

04 即可进入有赞微商城手机客户端的主页。在该页面中可以看到店铺的基本概况，包括在售商品、可提现金额、七日订单和今日访客，如图13-129所示。

图13-129

2. 店铺/个人设置

01 点击店铺的图标，进入“店铺设置”页面。可以重新设置店铺的联系人、QQ号、手机号等基本信息，如图13-130所示。

02 返回店铺主页，点击“发布商品”按钮左侧的圆圈图标，进入“个人设置”页面。可以重新设置昵称、QQ号、性别及个人签名等基本信息，如图13-131所示。

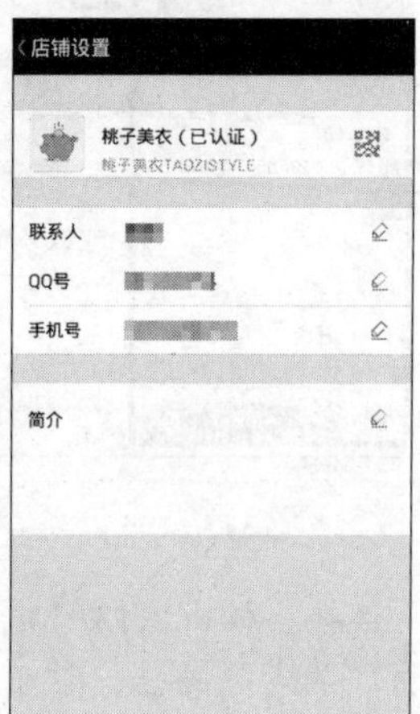

图13-130

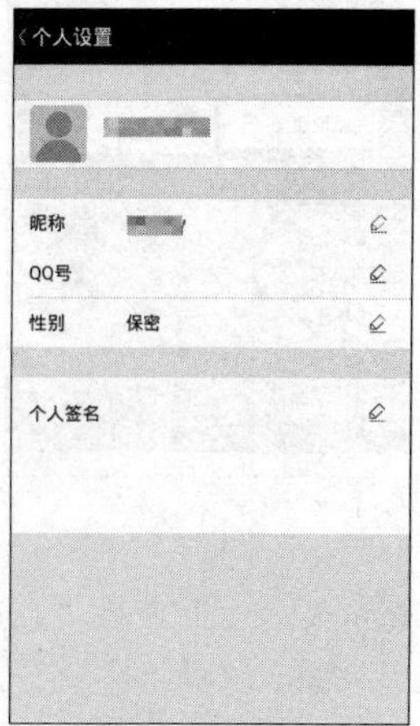

图13-131

3. 发布商品

01 返回店铺主页，点击“发布商品”按钮，弹出选择商品图片的页面，点击“从相册中选择”链接，如图13-132所示。

02 进入手机相册，在指定路径中找到选中商品的图片，如图13-133所示。

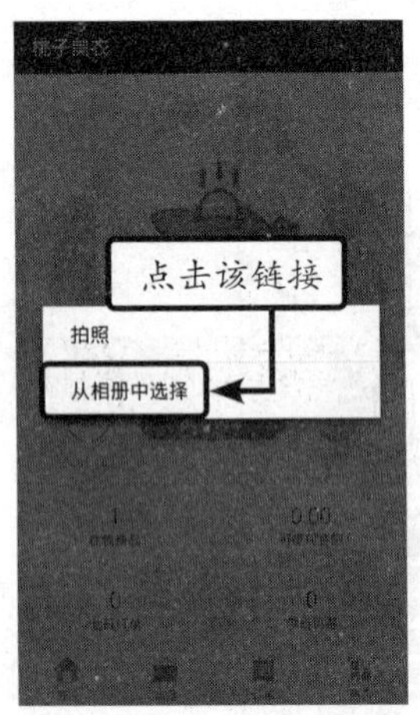

图13-132

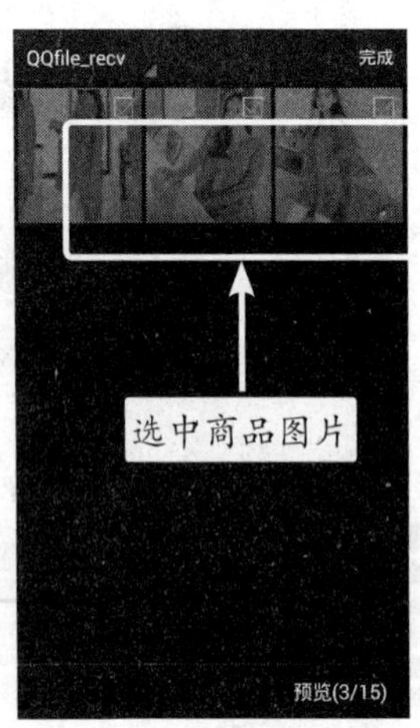

图13-133

03 点击右上角的“完成”链接，弹出图13-134所示的窗口，点击“使用原图”链接。

04 进入“新增商品”页面，输入商品标题、规格、价格、库存、运费、描述等详情，如图13-135所示。

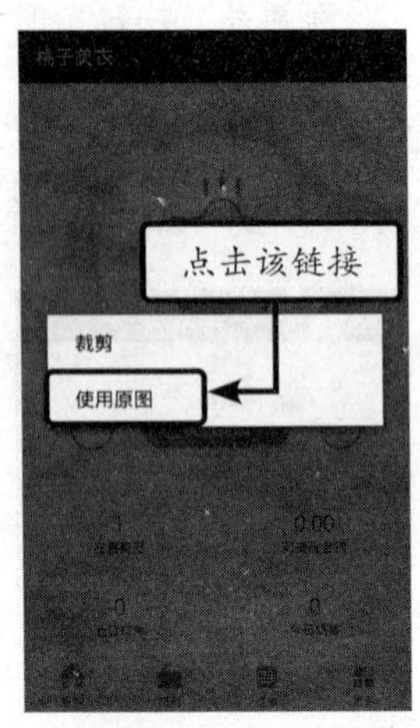

图13-134

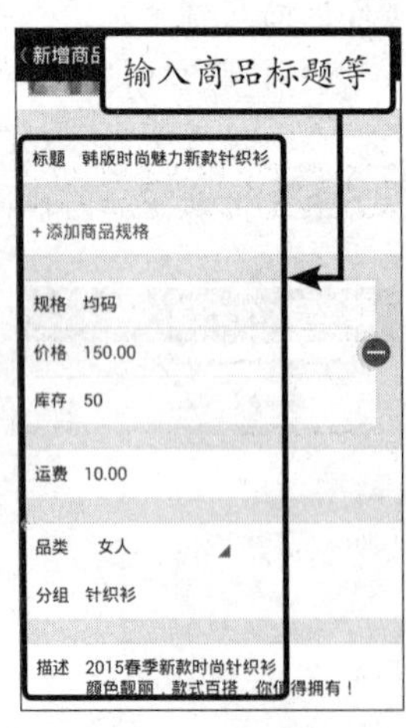

图13-135

05 点击右上角的“完成”链接，弹出图13-136所示的提示窗口，点击“确定”链接，即可成功发布商品。

06 返回店铺主页，在页面底部点击“商品”链接，进入商品管理页面，即可看到新发布的商品，点击该商品，如图13-137所示。

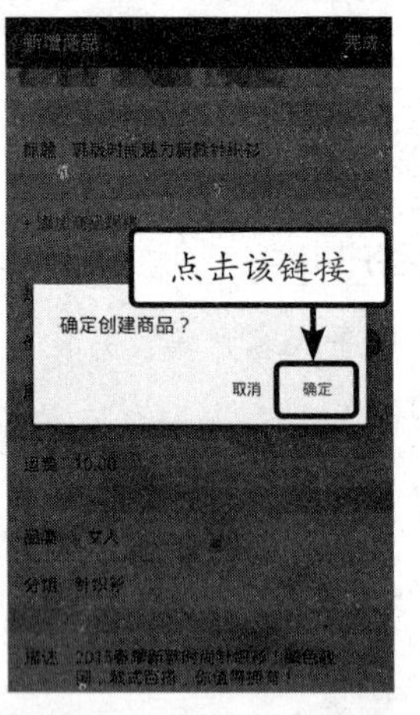

图13-136

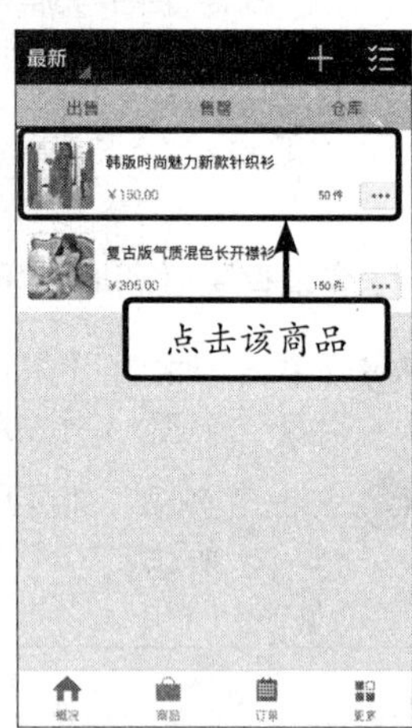

图13-137

07 即可进入其详情页面，如图13-138所示。

08 在该页面的底部，可对商品进行“编辑”“分组”“下架”“删除”及“转发”操作。

图13-138

4. 订单管理

01 返回店铺主页，在页面底部点击“订单”链接，进入订单管理页面。在其左上角的下拉列表中可以选择需要查看的订单类别，如图13-139所示。

02 如点击“待付款订单”选项，即可查看所有未付款的订单，如图13-140所示。

03 点击订单，即可查看其详情，如图13-141

所示。

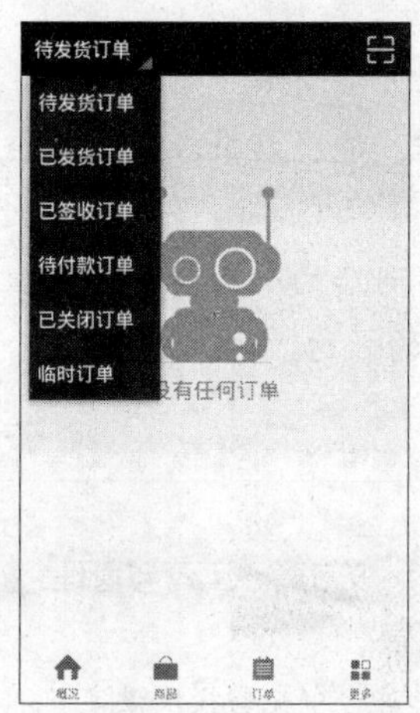

图13-139

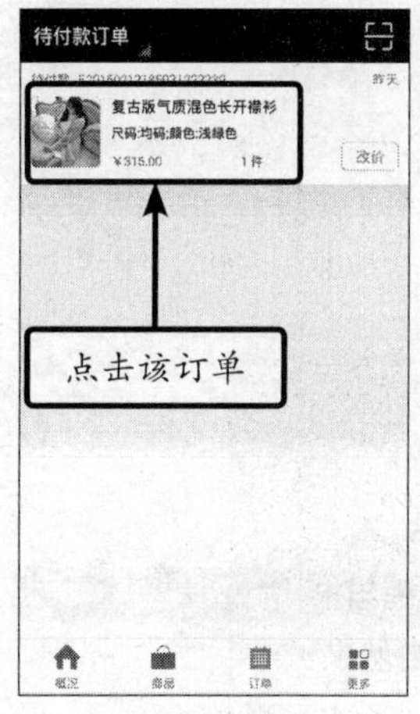

图13-140

图13-141

04 在该页面的底部，可对订单进行“改价”“关闭”等操作。

5. 推广店铺

01 返回店铺主页，点击“发布商品”按钮右侧的圆圈图标，弹出图13-142所示的窗口。

02 在该窗口中有多个推广方式可供选择，如选择“微信好友”，进入“选择”页面，如图13-143所示。

03 在搜索框中输入微信昵称进行搜索，或者选择最近聊天中的一位微信好友，弹出图13-144所示的窗口。

04 点击“分享”链接，即可成功向微信好友推广店铺，如图13-145所示。

图13-142

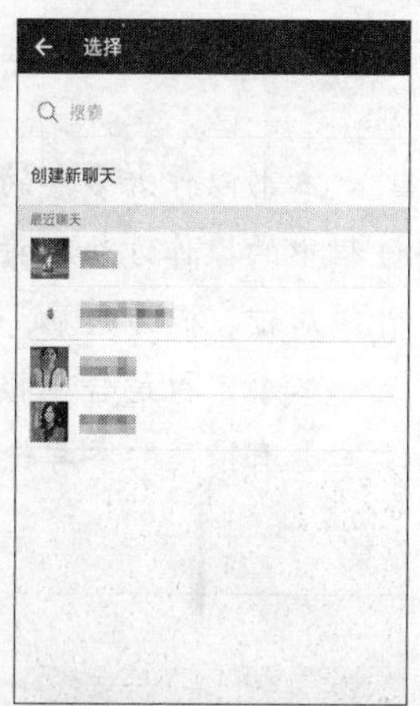

图13-143

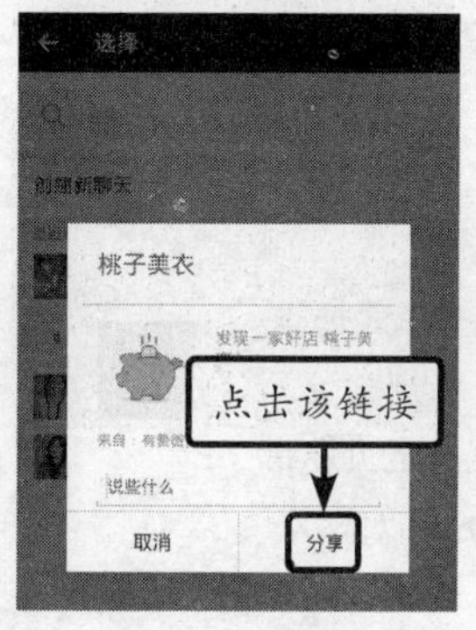

图13-144

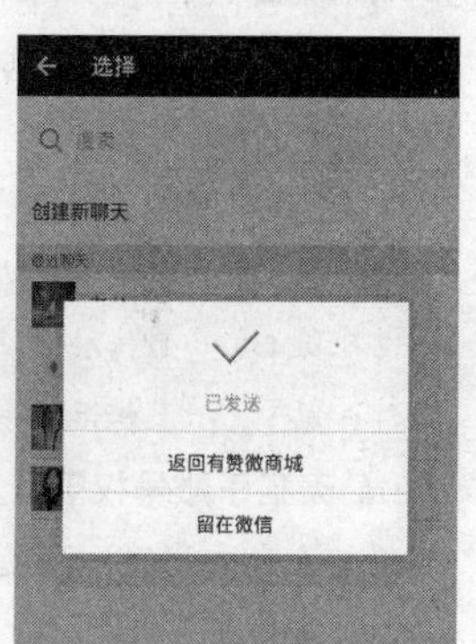

图13-145

6. 收入提现

01 返回店铺主页，在页面底部点击“更多”链接，进入店铺其他设置页面，如图13-146所示。

02 点击“收入提现”链接，进入“收入提现”页面，如图13-147所示。

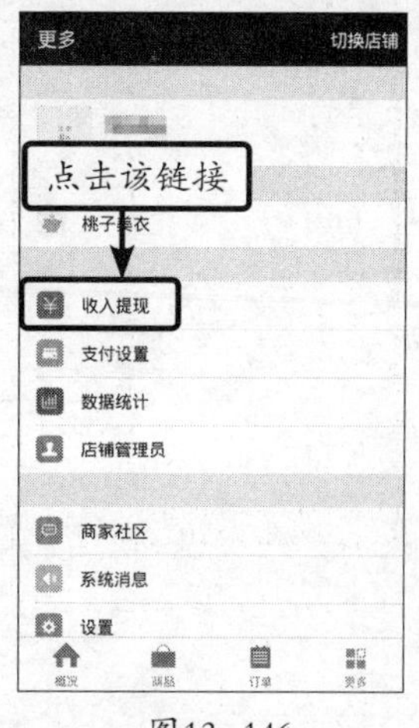

图13-146

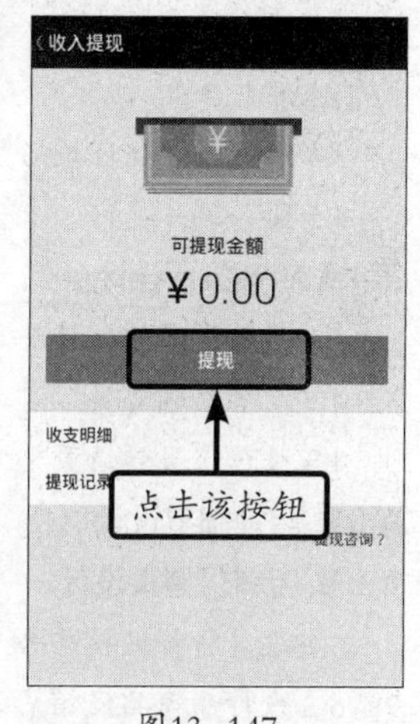

图13-147

03 点击“提现”链接，进入“提现”页面，即可进行提现申请。

延伸阅读…… 天猫开店、装修、营销与推广实战一本通

本书以作者多年的网店管理经验为基础，详细地介绍了在天猫商城开店、装修、营销与推广过程中的操作方法，希望本书所介绍的这些实用、有效的操作，能帮助个人卖家、企业卖家顺利开通店铺、提升销量，经营好自己的淘品牌、微品牌。

本书不仅适合刚接触网店的新手阅读，同时对于正在经营网店的个人卖家、企业卖家、兼职卖家也有很高的参考价值，亦可作为各大中专院校、培训机构的教材。

简要目录